민쌤의 기출문제 분석집
각론과 누리과정 영역별 내용

JN364929

들어가는 말

변화하는 이 세상을 살아갈 때 변치 않는 존재를 바라봄으로써 불안감을 잠재우게 되는 듯합니다. 유행도, 사람 간의 관계도, 세상에 필요한 지식도 모든 것이 끊임없이 변화할 때 나름의 리듬에 따라 변화하는 듯 또한 한결같이 존재하는 자연을 바라보면 마음이 평안해지는 것 같아요. 그런 점에서 수험기간 동안 불안감이 엄습할 때마다, 마음이 흔들릴 때마다, 기출 문제로 돌아와 일희일비하기보다 다시 묵묵히 나의 하루를 지켜나가기 위한 기준점으로 삼으시기를 바랍니다.

수험생활은 몸과 마음이 고되고 희비가 하루하루 엇갈리는 불안한 시간일 수도 있습니다. 이러한 불안은 어쩌면 매우 근본적인 것이지요. 저는 그럴 때마다 '의미'를 다시 되새기며 좋은 마음과 태도를 회복하는 것이 유일한 답이라는 것을 지난 시간들을 통해 깨달았습니다. 좋은 태도를 가진 사람은 결국 자신의 때에 꽃을 피우게 된다는 것과 함께요. 지난 시간들을 통해 저는 제가 아닌 다른 사람을 빛나게, 꽃을 피울 수 있도록 돕는 것이 지금 하는 일의 의미라는 것을 알게 되었는데요. 선생님들께서도 힘이 드실 때마다 나를 다시 원점으로 회복시켜줄 '의미'를 발견하신다면 그것이 흔들리는 시간들 속에서 휩쓸리지 않고 나를 지키는 변함 없는 기준이 되어 줄 것이라고 저는 믿습니다.

마지막으로 기출문제를 대하실 때 제가 부탁드리고 싶은 것은 마음가짐입니다. 너무 오래된 사이라 내가 다 알고 있는 연인처럼 대하지 마시기를, 오래된 사이라도 다정한 마음으로 새롭게 바라봐주시기를, 출제한 분의 마음을 정성스럽게 들여다보는 것과 같이 내가 이 상대방을 정말 잘 알고 이해하고 있었는지 살피려 노력하는, 마치 첫사랑을 회복하는 마음과 태도로 대해주시기를요.

2025년 선생님들이 세상을 아름답게 이겨내는
꽃처럼 피어나기를 기대하는 **민쌤** 드림

"산들이 떠나며 언덕들은 옮겨질지라도 나의 자비는 네게서 떠나지 아니하며 나의 화평의 언약은 흔들리지 아니하리라.
너를 긍휼히 여기시는 여호와께서 말씀하셨느니라."

「이사야 55장 10절 말씀」

감사한 분들,

✿ 직강에서 작년 한 해 호흡했던 여러 선생님들께서 개정본의 교정 작업에 함께 애써주셨습니다. 참여해 주신 한 분 한 분의 좋은 에너지가 수험생 분들에게 전달되었으면 좋겠습니다. 모든 분들께 건강과 축복이 하루하루 더해지기를 바랍니다.

✿ 가장 좋은 친구인 치치랑 코만두에게도 고마운 마음과 응원을 보냅니다.

✿ 함께 작업해주신 출판사 분들께, 그리고 언제나 우리를 돌보시는 **하나님**의 '**은혜**'에 감사드립니다.

"나, 꽃으로 태어났어요. 따스한 햇살을 받고 따듯한 기운을 나누며 살아가요. 알록달록 꽃들과 어우러지면 더욱 아름답게 빛나지요.
난 사람들을 가깝게 이어 주고 사랑을 전해 주기도 해요. …(중략)… 난 가녀리고 연약하지만 세상을 아름답게 이겨냅니다."

— 「나, 꽃으로 태어났어」, 엠마 줄리아니

 교재 보는 법

✶ 각 챕터의 도입부에는 [출제빈도표]가 제시되어 있습니다. 출제빈도표에는 각 주제 영역별로 연도순에 따라 문제 기술방식, 답안을 이끌어낸 지문, 답안이 요약되어 있으므로 공부에 활용해주세요!

 **기본적인 출제유형 살펴보기**

- 이는 [출제빈도표]와 [최근 출제영역 살펴보기] 뒤에 이어지는 내용으로 각 영역별로 가장 기본이 되는 출제 유형들을 '기입형' 문제와 '서술형' 문제로 나누어 간략히 제시한 것입니다.
- 이러한 유형의 문제들은 시험의 가장 큰 배점을 차지하는 기본 유형이므로 이론 공부를 할 때 내용 범위, 중요도 등을 결정하는 기준이 됩니다.
- 이는 가장 기본적인 주요 개념의 용어와 정의에 대한 암기를 확인해 볼 수 있는 문제들이라고 할 수 있습니다. 따라서 초수 선생님들이시라면 이러한 유형의 문제부터 익숙해지도록 도전해 보시기를 추천드립니다.

 **변별력 있는(높은) 출제유형 살펴보기**

- 이는 [기본적인 출제유형] 뒤에 이어지는 내용으로 영역에 따라 변별력이 높은 문제의 출제방식을 간략히 정리하여 제시한 것입니다. 영역에 따라 변별력 높은 유형이 다양하게 나오기도 하고, 이러한 난이도의 문제가 나오지 않기도 합니다.
- 이는 결국 1차 시험의 합격선을 넘느냐를 결정짓는 차이를 만들어내는 영역이므로 시간을 두고 내 것으로 만들어나가야 합니다. 그래서 문제의 유형별로 표시를 해주시고 수험기간 동안 시간의 차이를 두고 반복적으로 돌아와 완전히 이해했는지 확인하며 진보를 스스로 확인할 필요가 있습니다.

 **답안 해설**

- 이는 문제가 출제된 시점과 현재 이론서들의 차이가 발생한 경우 이를 설명하거나 혹은 그 외 문제 해석과 관련하여 부연 설명이 필요한 부분을 추가로 제시한 박스입니다.

 **더 읽어보기**

- 이는 예시 답안(출제된 영역)의 근거 이론을 제시해 놓은 박스입니다.

* 선생님의 한 해 다짐을 구름 속에 채워 넣어보세요

PART 01 각론과 누리과정

CHAPTER 05-1 사회성 발달(사회화)
01 사회성 발달(사회화) 기출경향 분석 ·········· 10
02 애착, 자아개념 및 정서발달 기출문제 분석 ·········· 32
03 성 역할 발달 기출문제 분석 ·········· 48
04 사회 인지 발달 기출문제 분석 ·········· 62
05 친 사회적 행동 발달 기출문제 분석 ·········· 78
06 공격성 기출문제 분석 ·········· 84
07 또래 관계 및 갈등중재 기출문제 분석 ·········· 92
08 도덕성 발달 기출문제 분석 ·········· 108

CHAPTER 05-2 사회교육
01 사회교육 기출경향 분석 ·········· 122
02 유아사회과학지식영역 기출문제 분석 ·········· 140
03 유아사회교육의 내용/교수방법/접근법 기출문제 분석 ·········· 174

CHAPTER 06-1 과학교육
01 과학교육 기출경향 분석 ·········· 210
02 구성주의 과학교육 내용 기출문제 분석 ·········· 228
03 과학적 탐구과정 기술 및 태도 기출문제 분석 ·········· 282
04 창의성 인지적·성향적 요인/창의성 기법 기출문제 분석 ·········· 304

CHAPTER 06-2 수학교육

01 수학교육 기출경향 분석 ·········· 312
02 구성주의 수학교육(수학적 과정기술 등) 기출문제 분석 ·········· 330
03 수학교육 내용 : 수와 연산(수 개념) 기출문제 분석 ·········· 338
04 수학교육 내용 : 공간과 도형 기출문제 분석 ·········· 354
05 수학교육 내용 : 측정(비교하기/순서짓기 등) 기출문제 분석 ·········· 374
06 수학교육 내용 : 규칙성(패턴) 기출문제 분석 ·········· 392
07 수학교육 내용 : 자료수집 및 결과 나타내기(분류 등) 기출문제 분석 ··· 404

CHAPTER 07-1 건강교육

01 건강교육 기출경향 분석 ·········· 416
02 건강관리 및 감염병 대응 기출문제 분석 ·········· 422
03 기본 생활습관 지도 기출문제 분석 ·········· 434
04 식습관 지도 기출문제 분석 ·········· 436
05 정신건강 증진 기출문제 분석 ·········· 442

CHAPTER 07-2 안전교육

01 안전교육 기출경향 분석 ·········· 448
02 안전사고대처 및 관리 기출문제 분석 ·········· 458
03 안전교육 교수방법 및 접근법 기출문제 분석 ·········· 462
04 생활안전교육 기출문제 분석 ·········· 466
05 교통안전교육 기출문제 분석 ·········· 472
06 폭력 예방 및 신변보호교육 기출문제 분석 ·········· 482
07 약물 및 사이버 중독예방교육 기출문제 분석 ·········· 496
08 재난안전 교육 기출문제 분석 ·········· 500
09 응급처치 기출문제 분석 ·········· 510
10 관련법령 기출문제 분석 ·········· 525

PART 01

각론과 누리과정

CHAPTER 05-1 사회성 발달(사회화)
CHAPTER 05-2 사회교육
CHAPTER 06-1 과학교육
CHAPTER 06-2 수학교육
CHAPTER 07-1 건강교육
CHAPTER 07-2 안전교육

05-1 사회성 발달(사회화)

01 사회성 발달(사회화) 기출경향 분석

❶ 주제별 출제빈도

✱ 다음의 표에서는 내용 주제별로 모든 문제가 분리되어 있으나 실제 기출문제와 해답이 제시된 '기출 문제 분석' 챕터에서는 각각의 주제별로 문제가 분리되어 제시되기도 하고 혹은 동일한 문항 내에서 분리되지 않고 함께 제시되기도 합니다.

✱ 아래 표의 '내용' 중 사례나 답안을 제시하는 괄호 안에 ※ 표기를 넣은 경우는 사례나 답안이 길어 요약하여 제시했을 때를 의미합니다.

주제		출제연도		내용
애착, 자아 개념 및 정서 발달	애착 발달	2025	A5-3)	[C] 어릴 때부터 제가 없으면 심하게 울고 장난감이 있어도 저에게 집착하는 모습을 보였어요. 돌이켜 보니 ㉠ 제가 기분 좋고 편할 때는 지수가 요구하는 걸 무엇이든 들어주고 반응해 주다가, 제가 힘들면 지수가 울면서 저를 부를 때 냉담하게 대했던 것 같아요. 지금도 어떨 때는 아기 대하듯 먹여 주고 입혀 주고 다 해 주다가, 또 어떨 때는 너 스스로 하라고 야단치게 돼요. - 안정애착유형의 유아와 [C]에 나타난 애착유형의 유아가 에인스워스의 '낯선 상황 실험'에서 엄마와 재회했을 때 보이는 전형적 행동 특성을 비교하여 쓰기(**안정애착 유형의 유아가 엄마와 재회하였을 때 엄마에게 위로받고 심리적 안정을 찾는 것**(다시 편안한 상태가 되는 것)**과 달리 불안-저항 애착**(anxious resistant attachment) **유형의 유아는 접촉하려는 애착 행동을 보이다가도** (안아 주면) **화를 내면서 어머니를 밀어내는**(~밀어내고 저항하는) **양면적인 행동**(양가 감정)**을 보이는 특징이 있다**) - ㉠에 대해 교사가 제안해야 할 양육태도 쓰기(**애정을 가지고 자녀를 대할 때 행동의 한계를 설정하는 등 기준에 따라 자녀가 스스로 행동을 통제하도록 돕는 일관성 있는 양육태도를 제안한다**)
	정서발달	2015	B3-2) B3-3)	- ㉣(네가 프라이팬을 빼앗을 때 세희 기분이 어땠을까?), ㉤(네가 프라이팬을 빼앗을 때 세희가 슬프고 화가 났대)에 해당하는 메이어, 카루소와 살로베이의 정서 지능 관련 용어 1가지 쓰기(**정서지각**) - ㉥(지영 : 아니에요. 세희가 먼저 놀고 그 다음에 내가 가지고 놀게요./ 교사 : 지영이는 왜 지금 세희랑 같이 안 놀고, 나중에 놀려고 하니?/ 지영 : 난 혼자서 요리사 놀이를 하고 싶은데 지금 놀면 세희랑 같이 프라이팬을 나눠 써야 되잖아요. 그런데 나중에 놀면 프라이팬을 혼자 가지고, 마음껏 놀 수 있으니까요)에서 지영이에게 나타나는 것으로, 미셸과 에브슨의 실험을 통해 밝혀진 정서 규제 관련 용어 1가지 쓰기(**만족지연능력**)

		2017	B4-2)	[A]에서 박 교사의 질문 중 골만의 5가지 정서지능 구성요소인 ① 자기조절의 방법을 제시하는 질문 1가지를 찾아 쓰고(**숨을 한번 크게 쉬어 보는 건 어떨까?**), ㉠(**토돌이가 장난감을 가지고 노는 동안 토순이는 다른 장난감을 가지고 놀면 어떨까?**)에 해당하는 구성요소 1가지 쓰기(**자기동기화**)
		2021	B3-1)	살로베이와 메이어의 정서지능 3요소에 근거하여, ㉠(화를 참으며)과 ㉡ (재윤이를 위로하기 위해 안아 주며)에 공통으로 나타난 구성요소를 쓰고(**정서의 조절**), 그 하위 요소에 근거하여 ㉠과 ㉡을 각각 설명하기(**㉠은 사회문화적으로 수용되는 방식으로 '자신의 정서'를 조절한 것이고, ㉡은 타인의 정서를 조절한 것이다**(~조절하기 위해 도움이 되는 행동을 한 것이다))
	자아개념 발달	1997	객07	유아의 자아 존중감을 향상시키는 교사의 발문으로 가장 적절한 것 고르기("**이 퍼즐을 어제는 어려워하더니 오늘은 다 맞추는구나**")
		2019	B3-1)	㉠(다문화가정의 유아는 (㉠) 형성에 어려움을 겪을 수 있으니 다양한 형태의 활동을 전개하는 것이 좋겠어요.)에 대한 설명 → ㉠에 들어갈 말 쓰기(**정체성**) 환경이나 상황이 변해도 자신이 일관되게 유지되는 존재임을 깨닫는 것
		2020	B2-1) B2-2)	- (※ 나는 다섯 살이에요. (㉠)자아 – 나이/ 성별) → ㉠에 들어갈 말 쓰기(**범주적**) - 자아존중감에 대한 위계적 구조에서 ㉡에 해당하는 명칭 쓰기 (**사회적 자아존중감**) ◈ 자아존중감이란? 전반적 자아존중감 ├ 학업적 자아존중감 (읽기/셈하기/기타 과목) ├ (㉡) (또래 관계/부모와의 관계) └ 신체적 자아존중감 (신체적 능력/외모)
성역할 발달	성역할 발달 이론 및 양성평등 교육	2001	주09	실내 자유선택활동 시간에 유아들이 놀이에 참여하는 모습 → 유아들의 행동이 이렇게 나타나는 원인과 개선 방법을 3가지씩 제시하기 여느 때와 마찬가지로 활동실에 들어서자, 대부분의 남자 아이들은 쌓기놀이 영역에 모여 블록으로 집짓기 활동에 열중하고 있다. 한편, 활동실의 반대편에 위치한 역할놀이 영역에서는 여자 아이들끼리 모여 인형을 가지고 놀고 있다. [원인] ① 쌓기놀이 영역과 역할놀이 영역이 떨어져 배치되어 있기 때문이다/ ② 이 시기의 유아들은 성역할에 적합하다고 생각하는 행동이 있기 때문에 놀이에 있어서도 동성끼리 놀거나 성역할에 적합한 놀이를 하려는 경향을 보이기 때문이다/ ③ 부모, 교사, 미디어로부터 성역할에 대한 고정관념이 전달되었기 때문이다/ ④ 영역별 교구가 성별의 선호에 따라 배치되어 있을 수 있다. [개선 방법] ① 두 영역을 근접하게 배치함으로써 남녀 유아들이 어울려 놀 수 있는 물리적 환경을 만든다/ ② 성역할 고정관념을 보이거나 하는 행동, 말, 태도 등에 개입하여 발전적인 성역할 개념을 확립할 수 있도록 지도한다/ ③ 교사 자신의 말, 행동, 생각 등을 되돌아 보고

CHAPTER 05-1 사회성 발달(사회화)

	2006	주9-1) 주9-2)	스스로 성역할 고정관념에서 벗어나려 노력하며 이에 관련된 가정통신문을 만들어 가정과 연계해 지도한다/ ④ 놀이 영역에 성차별이 없는 놀이를 진행할 수 있는 교구 및 교재(예를 들어 역할놀이 영역에 경찰놀이 혹은 소방서 놀이 등)를 제시하여 함께 어울려 놀 수 있도록 한다 - 제시된 내용 중 양성 평등 교육의 관점에서 부적절한 교사의 인식과 태도를 모두 쓰기(철수가 남자아이들과 함께 쌓기놀이와 목공놀이를 하도록 하도록 지도하겠다'라는 말에서 (남아와 여아를 위한 놀이가 따로 있다는) 교사의 성역할 고정관념이 드러난다. 이러한 교사의 말에는 철수가 동성인 남아들과 놀이할 때 남성성을 학습할 수 있다는 잘못된 인식 또한 반영되어 있다. 게다가 박 교사는 양성평등교육 관점에서 볼 때 적절하지 않은 철수 아버지의 (성역할 발달에 관한) 잘못된 인식을 변화시키려는 노력을 하고 있지 않으므로 이 또한 적절하지 않은 태도라고 할 수 있다.) - 유치원에서 양성 평등 교육을 실천할 때 사용할 수 있는 지도 전략의 일반적인 적용 예 쓰기

지도 전략	적용 예
물리적 환경	- 역할 영역에 경찰서놀이, 병원놀이, 미용실놀이 등 다양한 활동 및 교구를 제공한다. - 유아의 물품 등에서 색을 남녀의 성차로 구분하지 않는다.
교수-학습 매체	- 남자는 영웅으로서 혹은 독립적이거나 문제 해결력이 뛰어난 존재로, 여자는 부드럽고 약하고 상냥하며 가정일을 돌보는 존재로 묘사되어 있는 그림책 등이 성편견을 가져오게 될 수 있으므로 그림책의 선정에 노력을 기울인다. - 간호사는 여자로, 경찰관은 남자로 되어 있는 등의 교수 매체나 그림 자료 등은 성편견을 심어줄 수 있다. 따라서 정형화된 외양과는 다른 양성평등적인 매체를 제작하고 활용하는 데 적극적으로 개입하고 노력한다. 예 정형화된 외양과 다른 그림 및 사진 자료(머리 긴 남자, 힘센 여자), 여러 가지 직업을 가진 남녀(남자 간호사, 여자 군인), 다양한 일상생활의 모습(운전하는 엄마, 아기를 돌보는 아빠, 설거지하는 아빠, 전등을 교환하는 엄마)
유아교육 과정	- 남녀 모두 다양한 활동(정적이고 동적인)에 참여할 수 있는 기회를 제공하고 함께 다양한 일들을 할 수 있다는 인식을 심어주도록 노력한다.
교사교육	- 자신이 지닌 성역할에 대한 고정관념이나 가치관 등에 대한 반성적 태도를 지닌다. - 교육과정을 운영해 나가는 데 있어 양성평등의 교육을 실시하기 위해 적극적인 노력을 기울이고 개입한다.
부모교육	- 다양한 방법을 통해(부모교육, 워크샵, 가정통신문 등) 부모와의 소통을 함으로써 성역할 고정관념에 대한 부모들의 인식을 변화시키고 가정과 연계된 양성평등교육을 실천할 수 있도록 노력한다.

	2010	A1-1)	성역할 개념 발달에 관한 콜버그 등의 인지발달론적 관점을 1가지 쓰고, 이에 기초하여 〈사례 1〉의 ①~③에 해당하는 성역할 개념 발달단계와 각 단계의 특징, 발달단계의 순서에 대해 논하기

<사례 1>
은지, 민아는 여자 유아이고, 준수는 남자 유아이다.
① 은지는 자기가 여자인지 알고, 커서 남자인 아빠가 될 수 있다고 생각한다.
② 민아는 아빠가 여자 옷을 입고 있어도 아빠는 남자임을 안다.
③ 준수는 자기가 남자이기 때문에 커서 아빠가 될 수 있다고 생각하고, 아빠가 엄마 옷을 입으면 여자라고 생각한다.

인지발달론적 관점에 따르면 인지가 발달함에 따라 유아는 (외부의 환경적 자극을 통해/ **상호작용을 통해**) **성역할에 적합한 행동 및 규칙 등을 스스로 학습하고 구조화해 나가며 성역할 개념을 발달시킨다.**
- 은지는 '성 정체성 단계'에 해당한다. 이 단계의 유아는 자신의 성별을 인식하고 성 명칭을 사용하지만 외양에 의해 성별을 구별하고 시간이 흘러도 자신의 성별이 유지된다는 사실을 모르는 특징이 있다.
- 민아는 '성 항상성 단계'이다. 이 단계의 유아는 타고난 성은 일생 불변으로 지속되는 것임을 깨닫고 외양의 변화 등과 상관없이 자신의 성이 유지된다는 것을 알게 된다.
- 준수는 '성 안정성 단계'에 해당한다. 이 시기가 되면 유아는 자신의 성별을 인식할뿐만 아니라 자신의 성이 성인이 되어서까지 안정적으로 유지될 것이라는 사실을 깨달아 가지만 외양의 변화와 무관하게 유지될 것이라는 항상성의 개념은 아직 깨닫지 못하는 특징이 있다.

성역할 개념발달은 은지(성 정체성 단계)**에서 준수로**(성 안정성 단계), **그리고 민아**(성 항상성 단계)**의 순서로 발달해 나가게 된다.**

연도	문항	내용
2013	B4-2) B4-3)	- 성역할 개념 발달에 대한 콜버그의 견해에 비추어 볼 때, 다빈이가 보인 ⊙(가발 쓰고 구두 신는다고 남자가 엄마가 되냐?)과 같은 반응은 다빈이가 (①) 단계에 이르렀음을 보여준다. ①을 쓰고(**성 항상성**), 그 의미 설명하기(**성 항상성이란 의복, 머리 모양과 같은 외양이 달라지더라도 성이 결코 변화하지 않는다는 불변적 특성을 인식하고 있다는 것을 의미한다**) - ⓒ(밥은 여자만 하는 거야)과 ⓒ(집은 우리 남자들만 짓는 거야)은 유아들의 성역할에 대한 고정관념을 보여준다. 이에 박 교사는 (②) 교육의 필요성을 느끼게 되어 누리과정에서 그 근거를 찾아 '우리 가족이 하는 일'이라는 활동을 계획하였다. 범교육과정적 주제 중 하나인 ② 쓰기(**양성평등**)
2017	A3-2)	ⓒ("남자는 힘이 세니까 배달을 잘할 수 있어")에 해당하는 성역할 개념 쓰기(**성역할 고정관념**)
2018	A1-1) A1-2)	- ⊙(마치 유아들 내면에, 이 놀잇감이 남자에게 적합한 것인지 또는 여자에게 적합한 것인지를 스스로 판단하고 분류하는 (⊙)이/가 있어서, 유아들이 이에 따라 행동하는 것처럼 보였다. 뿐만 아니라 유아들은 자신의 성에 적합한 역할에 대한 정보를 더 많이 수집하여 자신의 (⊙)에 적합한 정보를 더 잘 기억하여 정보를 처리하고 학습하는 것 같다는 생각을 했다)은 벰의 성역할 이론에서 제시된 개념으로 이는 정보처리 이론의 관점에서 유아가 선택적인 기억과 선호과정을 통해 자신의 성역할을 학습하는 인지적 구조를 뜻한다. ⊙에 들어갈 용어 쓰기(**성도식**(Gender-schema)) - ⓒ(여자놀이와 남자놀이에 대한 고정관념)을 예방하기 위한 교육의 명칭을 쓰고(**양성평등교육**), ② 이와 관련하여 교사가 이미 실

CHAPTER 05-1 사회성 발달(사회화)

			천한 사례를 (가)에서 1가지를 찾아 쓰기(**역할놀이 영역 벽에 남녀 운전기사, 남녀 간호사, 남녀 경찰관 사진을 붙여둔 것**)
		2019	A4-1) A4-3)	– [A]에서 성역할 고정관념의 예가 드러난 부분을 찾아 쓰기(**남아들은 의사 역할을 하고 여아들은 간호사 역할을 하더라구요**) – ⓒ(지난번 '양성평등교육'을 주제로 한 연수에서도 그 부분을 강조했어요. 특히, 유아가 남성과 여성이 가지고 있는 긍정적인 특성을 함께 지니는 심리적 (ⓒ)을/를 키워주는 게 필요하다고 하더라구요)에 들어갈 말 쓰기(**양성성(androgyny)**)
사회인지발달	조망수용능력	1998	객25	모래 놀이 영역에서 친구를 따돌리고 있는 유아들을 보고, 교사가 《"모래 놀이를 못하고 있는 친구의 마음은 어떻겠니?"》와 같은 반응을 보였다. 이에 대한 설명으로 바른 것 고르기(**교사는 유아들의 조망 수용 능력을 향상시키려고 있다(○)**)
		2011	객20	아동의 사회적 조망 수용 능력의 발달 수준을 판단해 볼 수 있는 예문을 들려주고 "이때 철수는 어떻게 할까? 철수 아빠는 그 결정에 대해 어떻게 생각하실까?"라는 질문을 했을 때 나타날 수 있는 아동의 반응을 셀먼이 제시한 발달 수준에 따라 〈보기〉에서 낮은 수준부터 골라 순서대로 나열한 것 고르기(ㄱ. "철수는 나무에 올라가 고양이를 데리고 내려와요. 철수가 고양이를 구하면 아빠는 좋아하실 거예요. 왜냐하면 아빠도 고양이를 좋아하거든요."라고 대답한다. → ㄴ. "철수는 나무에 올라가 고양이를 데리고 내려와요. 아빠는 철수가 왜 올라갔는지 모른다면 화내실 지도 몰라요. 그런데 고양이가 다칠지도 몰라서 철수가 구했다고 하면 잘했다고 하실 거예요."라고 대답한다. → ㄷ. "철수는 나무에 올라가 고양이를 데리고 내려와요. 아빠는 고양이가 다칠지도 몰라서 철수가 나무에 올라가게 된 것은 이해하실 거예요. 그래도 아빠는 철수가 다칠까 봐 걱정이 되어 야단치실 거예요."라고 대답한다.)
		2014	B3-3)	셀만의 역할수용이론에 비추어 볼 때, ⓔ(철수는 자전거를 타고 외할머니께 갈 것 같아요. 나는 우리 외할머니 좋아하는데, 철수도 엄마도 외할머니를 좋아하니까 기뻐할 거예요.)의 지호가 해당되는 수준의 명칭 1가지를 쓰고(**자기중심적 역할수용(미분화된 조망수용)**), 이 수준의 특징 1가지 쓰기(**타인이 자신과 다른 관점을 가지고 있다는 점을 인식하지 못하기 때문에 자신과 동일한 방식으로 생각한다고 가정한다.**)
		2018	B3-1)	ⓒ(유아들이 자아중심성에서 벗어나 친구들의 관점에서 상황과 정보를 이해하는 능력)에 해당하는 개념 쓰기(**조망수용(역할수용)능력**)
	공감 능력	2013	B3-2)	최 교사는 ⓒ(교사 : 그렇구나. 그런데, 동민이가 너의 친구가 아니라는 말을 들으면 속상해 하지 않을까?/ 지호 : (잠깐 머뭇거리다가) 아니요/교사 : 그럼, 네가 동민이라면 기분이 어떨까?)을 근거로 지호가 ( )와(과) 같은 능력이 부족하다고 생각하였다. 괄호 안에 공통적으로 해당하는 용어 쓰기(**공감(감정이입)**) • ( )은(는) 타인의 감정이나 기분을 마치 자신의 것처럼 느끼는 것이다. • ( )은(는) 다른 사람의 감정 상태를 대리적으로 경험하는 것이다.
		2024	B2-1)	(태현 : 예찬아, 오늘 토끼 밥 주는 거 네 차례지? 나도 같이 갈래. 난 토끼가 너무 좋아/ 예찬 : 진짜? 난 가기 싫어. 토끼 무섭단 말이

				야/ 태현: ____㉠____ 그러면 오늘은 너 대신에 내가 토끼 밥 줄까?) → 호프만의 감정 이입 발달 단계에 근거하여, 3단계에 해당하는 ㉠에 들어갈 유아의 발화 쓰기(**아, 토끼가 무서우니까 밥 주러 가는 게 무서워서 싫었구나**)
	마음이론	2012	객20	유아의 '마음이론'(theory of mind) 발달을 측정하는 과제 → (가)는 이 과제의 질문에 대한 유아 A와 유아 B의 반응이다. 두 유아의 '마음이론' 발달의 특징을 기술한 것으로 적절하지 않은 것 고르기(**유아 B는 유아 A보다 상위인지 능력이 더 발달되어 있을 가능성이 높다**(×)) • ㉠ 철수는 찬장 X에 초콜릿을 넣어 두고 놀러 나간다. • ㉡ 철수가 나간 사이에 어머니가 들어와 초콜릿을 찬장 Y로 옮겨 놓고 나간다. • ㉢ 철수가 돌아온다. 유아 A와 유아 B에게 위의 ㉠~㉢ 장면을 보여 주고 설명한 후, "철수는 초콜릿을 찾기 위해 어디로 갔을까?"라고 묻는다. (가) • 유아 A : 철수는 찬장 X로 가요. • 유아 B : 철수는 찬장 Y로 가요. • ① 유아 A는 유아 B보다 철수의 관점을 더 잘 읽을 수 있다.(○) • ② 유아 A는 유아 B보다 마음이론이 더 잘 발달되어 있을 수 있다.(○) • ④ 유아 A는 철수의 생각이나 믿음이 실제와 다를 수 있다는 것을 이해한다.(○) • ⑤ 유아 B는 자기가 알게 된 정보를 이용하여 철수의 행동을 자기중심적으로 설명한다.(○)
		2018	A8-3)	사회성 발달을 위한 인지적 능력을 나타내는 것으로, 밑줄 친 ㉥(다정이의 행동을 보고 다정이가 어떤 생각으로 그런 행동을 했는지 추론), ㉦(사람에게는 감정, 욕구, 의도, 믿음, 지식과 같은 내적 정신 과정이 있고, 이것이 사람의 행동을 이끌고 사람마다 다를 수 있다는 것을 이해)을 통해 설명할 수 있는 이론 1가지 쓰기(**마음이론**)
		2021	B2-1)	– ⓐ에 들어갈 용어 쓰기(**틀린 믿음**) (ⓐ)은/는 주어진 상황에서 어떤 사건이 사실이 아님에도 불구하고 사실이라고 생각하는 것이다. 유아가 타인의 (ⓐ)을/를 이해한다는 것은 '타인의 생각이나 바람, 감정 등을 추론하고 이런 추론에 따라 타인의 행동을 예측하고 이해하는 능력'인 '마음이론'을 형성했다는 것이다. – [A]에서 ⓐ를 이해한 유아의 이름을 쓰고, 그렇게 판단한 이유를 사례와 관련지어 쓰기(**윤기, 삽이 있는 장소가 바뀌는 것을 보지 못한 훈이가 실제와 다른 자신의 틀린 믿음에 따라 행동**(처음에 삽을 두었던 장소에서 삽을 찾는 행동)**할 것이라고 추론하고 있기 때문이다**)
친사회적 행동	친사회적 행동 개념	2013 (추)	B4-3)	(※ 쌓기놀이 영역에서 블록으로 탑을 만들다가 블록 한 개를 서로 가지려 하다가 갈등이 발생한 사례)교사는 위 놀이 상황을 관찰한 후, 왈쉬 등이 주장하는 다음 내용에 근거하여 유아의 사회성 발달을 돕는 활동을 계획하고자 한다. ①에 해당하는 용어 쓰기(**친사회적 행동**)

CHAPTER 05-1 사회성 발달(사회화)

				이타주의와 혼용하여 쓰이는 (①)은(는) 타인에 대한 배려에서 오는 바람직한 행동이다. 또한 사회생활 속에서 그 사회가 요구하는 사회규범에 맞는, 그리고 사회집단 내 다른 사람들의 행복을 증진시키는 행위를 의미한다. 유아기에 습득하는 (①)의 구체적인 예는 돕기, 나누기, 협동하기, 공감하기, 배려하기, 양보하기 등으로 나타난다.
	친사회적 행동 발달 단계	2025	B1-2)	(지수 : 승재야! 장난감 바구니 옮기는 거 도와줄래?/승재 : (가만히 서서) 도와주기 싫어/ 김 교사 : 시장놀이는 우리 다 같이 준비하는 거니까 승재가 지금 도와주면 좋겠어요/승재 : 네, 선생님. (걸어가서 바구니를 옮긴다.)/지수 : 기현아, 너는 바구니에 있는 장난감을 책상 위에 놓아 줄 수 있어? (사탕을 보여 주며) 잘 놓으면 누나가 사탕 줄게/ 기현 : (장난감을 책상 위에 한 개씩 올려놓으며) 응, 나 그거 할 수 있어) → – 바탈의 돕기 행동 발달 단계에 근거하여 기현이의 돕기 행동에 나타난 동기 요소 1가지 쓰기(※ 기현 : 1단계 순응–구체적으로 언급되는 강화(compliance–concrete and defined reinforcement)) (순응–구체적으로 언급되는 강화 단계의 유아는 (지수가 약속한 사탕과 같이) **구체적인 보상에 대한 (분명한) 약속에 의해 동기화된다**/ ~~단계 유아의 친사회적 행동은 구체적인 보상에 대한 분명한 약속이나 강압적 처벌에 의해 이루어진다) – 승재의 돕기 행동이 그 다음 단계로 발달하도록 지원하는 활동 1가지 쓰기(※ 승재 : 현재 2단계 응락(Compliance) → 3단계 구체적으로 보상에 대한 내면적 주도성(Internal initiative Concrete reward)으로 발달하도록 지원하기)(**도움이 필요한 다른 사람(친구)의 상황과 요구를 인식(이해)하도록 돕는 이야기 나누기(토의) 활동/ 타인(친구)의 입장(관점)이 되어봄으로써 도움이 필요한 다른 사람(친구)의 상황과 요구를 인식(이해)하도록 돕는 역할극 등의 활동**)
	친사회적 행동지도	2017	B4-3)	(※ 장난감을 혼자 가지고 놀고 싶던 토돌이가 친구를 밀친 사건에 대한 이야기 나누기 장면 → 그래서 토돌이가 화가 났구나. 화가 나면 밀쳐도 될까?/ 그럼 토돌이가 토순이를 밀치지 않으려면 어떻게 해야 할까?/ 친구가 장난감을 가지고 놀지 못하게 하면 너희들은 기분이 어떻겠니? 등의 교사 발문이 제시됨) → 박 교사는 유아를 위한 친사회적 행동 지도법 중 하나를 활용하여 ⓒ(친구들과 장난감을 나눠 써요)과 같은 결과를 얻었다. 다음의 ⓐ에 들어갈 말을 쓰고, ⓑ에 들어갈 내용 쓰기(ⓐ **귀납적**, ⓑ **갈등상황에 대해 적합한 귀납적 결과와 타인의 감정을 추론해보도록 한다**(~함으로써 판단능력과 친사회적 행동발달을 촉진할 수 있다)) 지도법: (ⓐ) 추론 방법 특 징: (ⓑ)
공격성	공격성 유형	2015	B3-1)	아래의 A와 B에 해당하는 공격성 유형을 각각 1가지씩 쓰고(A **도구적**, B **적대적**), 각 유형의 연령에 따른 변화 설명하기(**연령이 증가하면서 도구적 공격성이 감소하고 적대적 공격성이 증가하게 된다**)

				하트업에 의하면 유아들에게 나타나는 공격성은 위 사례의 ㉠((세희의 몸을 세게 밀치며) 나 이거 필요해.)처럼 자신의 이익을 위해 타인에게 해를 가하는 (A) 공격성과, ㉡(지영이의 어깨를 세게 밀친다)과 ㉢(지영이가 미워서 아프라고 그랬어요)처럼 타인을 해치려는 의도를 가지고 행하는 (B) 공격성이 있다.
	공격성 지도	2021	B2-2)	㉠(화가 나서 훈이를 밀치며 교사에게 달려간다)에 나타난 예린이의 공격성 유형 1가지를 쓰고(**적대적 공격성**), 그 유형을 사례와 관련지어 설명하기((자신을 오해하는) **친구에게 화가 나 친구를 밀치는 행동을 보인 사례와 같이 적대적 공격성은 그 대상자가 자신을 상처 주었다고 생각하고 이에 화가 나**(보복하기 위해) **공격적 행동을 나타내는 것을 말한다**)
		2010	객31	만 5세반에서 일어난 공격적 행동의 사례이다. 이 사례에 대한 교사의 판단으로 가장 적절한 것 고르기(**성현이가 자신의 필요와 요구를 긍정적인 방법으로 표현할 수 있도록 도와야 한다**(○))
		2011	객24	만 4세반 교실의 쌓기놀이 영역에서 놀고 있는 준희를 관찰한 기록이 제시됨 → 준희는 평소 공룡 만화 영화 보기를 좋아하고, 혼자놀이를 자주 하는 편/ 김 교사는 준희가 자신의 감정을 조절하고 친구와 잘 어울려 지낼 수 있도록 지도하고자 한다. 거친 놀이를 즐기는 준희를 지도하는 방법으로 적절하지 않은 것 고르기(**교사는 준희가 혼자 노는 거친 놀이는 허용하지만 친구와 하는 거친 놀이는 유치원에서는 무조건 금지한다**(×))
또래 관계 및 갈등 중재	우정 발달	2013	B3-1)	셀만이 제시한 우정발달단계 중 지호에게 해당하는 단계의 특징 2가지를 쓰고, ㉠(교사: 아까는 동민이가 친구라면서? 왜 지금은 준서가 친구라고 생각하니?/지호: 동민이는 지금 나랑 안 노니까요. 지금은 준서가 친구예요. 준서가 나랑 같이 자동차놀이를 하잖아요.)에서 사례를 찾아 특징별로 각각 1가지씩 쓰기(① 특징: **우정관계는 쉽게 변하고 순간적인 특징이 있다**(우정의 지속성은 일시적이다) → 사례: "**동민이는 지금 나랑 안 노니까요. 지금은 준서가 친구예요.**"/ ② 특징: 친구의 개념은(우정관계는) **주어진 시간동안 자신과 유사한 신체활동에 참여하는 유아로 제한된다**(지금-여기에서 자신과 유사한 신체활동에 참여하는 유아를 친구로 생각한다) → 사례: "**준서가 나랑 같이 자동차놀이를 하잖아요**)
		2020	B2-4)	셀만이 제시한 우정 발달 단계 중, (마)(신체적 상호작용이 중심이 돼요/ 또래관계가 쉽게 변하고 순간적이에요/ 친구의 내적 사고나 감정에 대해 이해를 못해요/ 놀이친구를 지향해요)의 특징에 해당하는 단계의 명칭 쓰기(**일시적**(일시적·물리적) **놀이동료 단계**)
	사회성 측정법과 또래 수용	2015	A2-2)	(나)에서 사용한 모레노가 개발한 조사 방법 1가지를 쓰고(**사회성 측정 기법**(사회성 측정법)), ㉡과 ㉢(조사 결과를 분석해 보니, 우리 반에서 슬기와 보경이는 (㉡)(으)로, 용우는 (㉢)(으)로 나타났다)에 들어갈 말을 각각 쓰기(㉡ **인기아**, ㉢ **고립아**)

CHAPTER 05-1 사회성 발달(사회화)

	2020	A2-1) A2-2)	- 〈표 1〉과 〈표 2〉(※ 사회성측정행렬표가 제시됨)를 비교하여 유아와 관련된 변화 내용 중 1가지를 쓰고(유아 C가 4월에는 A와 E를 선택했으나, 10월에는 A와 B를 선택했다/4월에는 무시된 아동(고립아)이었던 B가 10월에는 학급의 인기아인 C에게 선택을 받은 점이 변화된 내용이다), 4월과 10월에 두 번 실시한 이유를 사회성측정법의 목적을 고려하여 1가지 쓰기(집단 내 또래수용도(교우관계)의 변화를 알아보기 위해서이다) - [가]의 대화에서 〈사회성 측정법 예시 자료〉를 통해 알 수 있는 내용에 해당하지 않는 것을 2가지 찾아 쓰기(특정 또래 그룹이 형성된 이유를 알 수 있어서 좋을 것 같아요/ 사회적 관계에서 무시되고 있는 유아의 놀이 유형에 대해서도 파악할 수 있겠네요)
	2023	B2-3) ①	김 교사 학급의 사회관계도에 근거하여 ⑦번 유아의 사회관계와 ⑩번 유아의 사회관계를 각각 해석하여 쓰기(⑦번 유아는 또래 집단의 구성원에게 지명을 받지 못한 '무시된 아동(neglected children/ 혹은 고립아(isolate))'인 반면 ⑩번 유아는 또래 집단의 많은 구성원에게 선택을 받은(~좋아하는) '인기 있는 아동(인기아, popular children)'이다)
사회성 지도 방법	2023	B2-3) ②	ⓒ(다른 유아의 도움을 받을 수 있게 하는 방법)에 해당하는 사회성 지도 방법의 명칭 쓰기(또래기술 훈련하기(또래 짝짓기))
	1998	주08	쌓기영역에서의 갈등상황이 벌어졌을 때 단계적 문제해결방안 쓰기
	2010	객28	제시된 사례에서 교사의 지도 내용으로 적절한 것 고르기
갈등 중재	2012	A4-2)	김 교사가 사용한 ㉠(너는 오래 놀았으니까 이제 동생한테 양보하자)의 갈등 지도 방법의 제한점 1가지를 유치원 교육과정 사회 생활 영역의 '지도상의 유의점'에 근거하여 쓰고, 그 대안 제시하기(권위를 가진 교사가 개입해 일방적으로 지시(지도)하여 문제를 해결할 경우 또래 간 갈등 해결을 통해 유아가 사회적·인지적으로 성장할 수 있는 기회를 제한하게 된다. 따라서 교사는 사회적 관계에서 겪을 수 있는 갈등과 문제를 유아 스스로 해결할 수 있도록 문제제기, 문제해결 사고를 촉진하는 발산적 발문을 사용하는 등(사용하거나 해결과정을 격려하는 등을 통해) 중재자의 역할을 해야 한다. 또한 공동 작업, 협동 게임 등을 계획하여 사회적 관계를 증진하도록 지원하거나 토의 활동을 통해 관련 문제의 원인과 해결 방법을 생각해 볼 수 있는 기회를 제공할 수 있다)
	2019 (추)	B2-1) B2-2)	- [A]에서 유아 간 갈등에 대하여 밑줄 친 ㉠(친구들끼리 다투는 건 나쁜 거예요)에 나타난 교사의 인식이 적절하지 않은 이유 쓰기(갈등 상황을 교육의 기회로 활용하여 유아들이 갈등을 해결하도록 도움으로써(갈등을 스스로 해결해 나가는 과정을 지원함으로써)

			유아들이 조망수용능력이나 사회적 기술을 발달시킬 수 있도록 촉진할 수 있기 때문이다) – [A]의 밑줄 친 ⓒ(수빈이는 쌓기놀이 영역에 들어가고 싶고, 동호는 약속 때문에 안 된다고 생각하는구나)과 관련하여 코스텔닉 등의 갈등중재모델에서 ⓐ에 해당하는 단계의 명칭을 쓰고(**각 아동의 관점을 분명히 하기**), [B]의 교사 발화 중 ⓑ에 해당하는 문장 1가지 찾아 쓰기(**더 많은 아이들이 함께 놀 수 있는 방법이 있을까?**) 중재과정 시작하기 → (ⓐ) → 요약하기 → ⓑ 대안 찾기 → 해결책에 동의하기 → 문제해결과정 강화하기 → 실행하기
		2023 B2-1) B2-2)	– [A](오늘 현수랑 민준이랑 영호가 장난감 자동차를 서로 먼저 가지고 놀겠다고 싸우다가 민준이가 화를 참지 못하고 자동차를 바닥에 던져 버렸다. 그러자 현수가 "야! 자동차가 부서졌잖아." 하면서 민준이를 때리려고 해서 깜짝 놀랐다)에서 갈등 해결 지도를 위해 교사가 즉시 개입해야 하는 이유 쓰기(**공격적 행동이 일어날 것 같은 순간이나 공격적 행동을 그만두게 하기 위해 교사는 갈등 중재자로서 직접 개입을 시작해야 하기 때문이다**(갈등 상황 속 유아의 행동이 공격적으로 변하기 직전의 순간이기 때문이다)) – 코스텔닉 등의 갈등중재모델에 근거하여 ㉠(현수, 민준, 영호에게 왜 싸웠는지, 원하는 것이 무엇인지 차례대로 말해 보도록 하였다)에 해당하는 단계를 쓰고(**각 아동의 관점을 분명히 하기**), ㉡(나는 유아들에게 해결 방법이 있는지 물어보았고, 영호가 "팽이가 부족하니까 내가 색종이로 팽이를 한 개씩 만들어 줄게. 팽이 시합하는 거 어때?"라고 말하였다)에 나타난 갈등중재 내용을 설명하기(**'대안찾기' 단계에서 교사는 유아들이 가능한 몇 가지(다양한) 대안을 찾도록 중재해야 한다**(~ 각 유아가 가능한 해결책을 찾는 과정에 참여하도록 도와야 한다)
도덕성 발달	피아제	2013 (추) B3-2)	피아제의 도덕성 발달이론에 따르면, ㉡(너 때문에 엉망 됐어. 주호는 2벌만 떨어뜨렸는데 너는 4벌이나 떨어뜨렸으니까 네가 더 나빠!)과 ㉢(안 돼! 선생님이 역할놀이 영역은 5명만 들어올 수 있다고 했어! 너까지 들어오면 6명이라 절대 안 돼)은 선재와 은아가 (①) 단계임을 보여준다. ①에 들어갈 말을 쓰고(**타율적 도덕성**), ①의 단계로 판단되는 이유 1가지를 유아별로 각각 쓰기(선재의 이유 : **행위의 옳고 그름을 판단할 때 의도를 고려하지 않고 결과의 물리적 손상 정도에 의해 판단하고 있기 때문이다**/ 은아의 이유 : (규칙의 개념 발달에 있어) **교사로부터 부과된 규칙을 절대적이고 고정된 것**(변할 수 없는 절대적인 것)**으로 인식하고 있기 때문이다**)
		2023 B1-2)	피아제의 도덕성 발달 단계에 근거하여 ㉠(㉠일부러 그런 거 아니어도 네가 무너뜨렸으니까 네 잘못이야)과 ㉡(선생님이 친구가 만든 건 망가뜨리면 안 된다고 했어. 선생님한테 말할 거야)에 나타난 단계의 특징을 각각 순서대로 쓰기 • **타율적 도덕성 발달 단계의 유아는 행위의 옳고 그름을 판단할 때 행위자의 의도를 고려하지 않고 결과에 의해 판단하는 특성이 있다.** • **또한 이 단계**(타율적 도덕성 발달 단계)**의 유아는 규칙은 권위자에 의해 만들어지는 것으로 절대로 침해할 수 없으며 위반 시 벌을 받아야 한다고 생각하는 특징이 있다**(~침해할 수 없다고 생각하는 특징이 있다.)
	콜버그	2008 주6-1) 주6-2)	콜버그의 도덕성 발달 단계와 관련하여 다음 질문에 답하기 – 유아에게 아래의 이야기를 제시하고 "정윤이가 친구의 고양이를

CHAPTER 05-1 사회성 발달(사회화)

		주6-3)	구하기 위해 아빠와의 약속을 어겨도 될까?"라는 질문 → 빈칸에 콜버그의 도덕성 발달 단계의 특성을 쓰고, 이 질문에 대해 각 발달 단계별로 예상되는 유아의 답변 쓰기 |	단계의 특성	유아의 답변
---	---	---
1단계	처벌을 피할 수 있거나 힘 있는 사람에게 무조건 복종하는 것이 도덕적 가치를 가진다(처벌과 복종 지향).	아빠와의 약속을 어기면 벌을 받기 때문에 고양이를 구하러 나무에 올라가면 안 돼요.
2단계	자신이나 타인의 욕구를 도구적으로 충족시키는 것이 옳다고 생각한다(도구적 상대주의 지향).	고양이를 구해주면 정윤이가 힘들 때 친구가 도와줄 테니까 구해줘야 해요.(혹은 고양이를 구해주면 친구가 상을 줄 거예요.)
3단계	옳은 행동은 타인을 기쁘게 하거나 도와주는 것이며 타인으로부터 인정받는 것이라고 생각한다(대인 간 조화 / 착한 아이 지향).	아빠와 약속을 어기는 건 나쁘지만, 만일 친구의 고양이를 구해주지 않으면 친구를 도와주지 않는 나쁜 아이라고 비난할 것이라서 고양이를 구해줘야 해요.	 - 위 이야기를 가지고 유아들과 도덕적 토의를 하려고 한다. 이 이야기에서 갈등 상황이 무엇인지 쓰고(**아빠와 나무에 올라가지 않기로 한 약속을 지킬 것인가 혹은 친구의 부탁대로 위기에 처한 고양이를 구해줄 것인가의 딜레마 상황이다**), 유아의 도덕성 발달을 위해 토의를 이끌어갈 때 교사가 설정할 수 있는 목표를 2가지 쓰기(**친구의 의견을 존중하며 토의활동에 즐겁게 참여한다/ 토의 활동 과정을 통해 어떻게 하는 게 올바른 행동인지 해결책을 제시해 본다/도덕적 갈등상황에 대해 자신의 생각을 표현한다(~ 자신의 생각을 자신 있게 말할 수 있다.)/ 이야기를 주의깊게 듣고, 도덕적 갈등상황에 대해 이해한다(~ 주인공의 감정을 이해한다.))** - 아래 상황에서 콜버그의 도덕성 발달 단계로 본다면 영수는 어떤 단계에 있으며(**처벌과 복종지향**), 영수의 도덕성 발달을 돕기 위해 교사가 어떤 질문으로 개입할 수 있는지 쓰기('**어떻게 하다가 민호가 블록을 넘어뜨리게 되었는지 들어볼까?', '민호가 일부러 블록을 넘어뜨렸을까? 아니면 실수로 블록이 넘어지게 되었을까?' 등 결과만이 아닌 의도에 대해 생각해 볼 수 있도록 하는 발문을 한다**) 쌓기 놀이 영역을 지나가던 민호가 높이 쌓아놓은 영수의 블록을 무너뜨렸다. 영수는 화를 내며 민호를 때리려고 쫓아가다가 선생님을 보고는 "선생님, 민호가 내 것을 무너뜨렸어요. 혼내 주세요."라고 말했다
	2010	객27	콜버그에 의하면 도덕성 발달은 Ⅲ수준 6단계로 전개된다. 도덕성 발달의 Ⅰ수준에 해당되는 것을 〈보기〉에서 모두 고르기(**숙현이는 벌을 받을까봐 친구를 괴롭히거나 장난감 빼앗는 행동을 하지 않는다/ 영민이는 장난감을 둘러싼 다툼에서, 자기가 좋아하는 장난감이기 때문에 친구에게 양보하지 않아도 괜찮다고 주장한다**)
	2021	B3-2)	콜버그의 도덕성 발달 단계 중 전인습 수준에 근거하여, [A]에 나타난 은서(※ 아니야! 불판이 없으면 내가 놀이를 못해서 안 돼. 불판이 있어야 더 재미있게 놀 수 있어)와 혜민이(※ 옆 반에서 바구니를

			가져오면 안 돼. 그러면 선생님한테 혼나)의 도덕성 발달 특징을 사례와 관련지어 각각 설명하기(혜민이는 옆 반에서 바구니를 가져오면 선생님에게 혼난다고 이야기하는 것으로 볼 때 권위를 가진 성인의 관점에서 도덕성(옳고 그름)을 판단하는 '처벌과 복종 지향'의 단계의 특징을 나타내고 있다/ 은서는 자신의 놀이를 위해서 불판이 있어야 한다고 말하는 것으로 볼 때 자신의 흥미와 욕구를 만족시키는 것이 옳은 것이라고 생각하고 자신의 판단에 따라 결정을 내리는 '도덕적 상대주의(목적과 상호교환 지향)' 단계의 특징이 드러난다)
	데이몬	2011 B2-1)	데이몬은 분배 정의의 발달을 6단계로 제시하였다. 데이몬의 이론에 근거하여 ㉠의 지석과 동호의 사례에서 나타나는 분배 정의 발달의 경향을 발달 순서대로 쓰고, 지석과 동호의 분배정의 발달 단계의 특징을 ㉠(동호는 "너랑 나랑 무조건 모두 똑같이 가져야 해!"라고 말한다. 지석은 "아니야, 내가 더 키가 크니까 내가 더 많이 가져야 돼."라고 말한다)에서 해당되는 사례와 함께 1가지씩 찾아 각각 논하기(분배정의 발달의 경향 : 지석이가(0-B단계) 보여주고 있는 '외현적 속성에 의한 정당화의 단계'에서부터 동호가(1-A단계) 보여주는 '무조건적인 평등의 단계(절대적 공평성)'로 발달해 나간다 / 지석이의 특징 : '키가 크니까 내가 더 많이 가져야 한다.'고 말하는 것은 외현적 속성에 의해 자신의 요구를 정당화시키는 단계의 특성에 해당한다/ 동호의 특징 : '무조건 똑같이 가져야 한다.'고 말하는 것은 철저한 동등분배가 공평하다고 생각하는 단계의 특성을 드러내 준다)
		2019 (추) B2-3)	[B]의 밑줄 친 ㉢(아이들이 다 좋아하는 영역이니까 무조건 한 번만 가서 놀아요), ㉣(정리를 잘하는 애들만 두 번 가게 하고 안 그러면 한 번만 가게 해요), ㉤(그냥 남자 아이들이 쌓기놀이를 좋아하니까 더 많이 가게 해요)을 데이몬의 공정성 추론 이론에 근거하여 추론 발달 수준이 낮은 것부터 순서대로 기호를 쓰고(㉤, ㉢, ㉣), 가장 높은 수준의 특징 1가지 쓰기((각자의) 행위에 따라 보상받아야 한다(행위에 대한 호혜적인 개념)는 행위의 상보성의 원리를 적용하는 특징이 있다)
		2025 B1-3) ②	데이몬의 분배 정의 개념 발달 수준에 근거하여 ㉡(동주 : 얘들아! ㉠ 유치원 텃밭에서 키운 가지를 팔아서 막대 사탕 10개랑 바꿨어/ 민서 : 정말? ㉡ 그럼 나 사탕 5개 줘. 나도 물 줬어/동주 : 나는 가지에 매일매일 물을 주면서 키웠는데 너는 별로 안 했잖아/ 민서 : 그래도 나랑 똑같이 나눠야지. 나도 물 줬단 말이야)에 나타난 수준을 그다음 수준으로 발달시키기 위한 교사의 발문 1가지 쓰기(※ 민서 : 현재 1-A 수준(철저한 평등) → 1-B 수준(행위에 따른 호혜성)으로 발달시키기)(매일 물을 준 친구들도 있고, 가끔 물을 준 친구들도 있구나. 이럴 때는 어떻게 나누어 갖는 것이 공평할까?/ 매일 물을 준 친구와 가끔 물을 준 친구가 똑같이 사탕을 나누어 가진다면 공평할까요?)
	길리건	2018 A8-4)	◎(경수뿐 아니라 다른 유아들도 아직 다른 사람을 이해하고 (◎) 하는 것이 어려운가 봐요)과 다음 ( ) 안에 공통으로 들어갈 말 쓰기(배려) 콜버그는 개인의 권리와 공정성에 기초하여 도덕성 발달이론을 제안하였지만 길리건은 ( ) 지향적 도덕성 발달 이론을 제안하였다.

CHAPTER 05-1 사회성 발달(사회화)

국가수준 교육과정	**2019 개정 누리과정**	2024	B2-3)	2019 개정 유치원 교육과정의 사회관계 내용범주 중 '나를 알고 존중하기'에 근거하여, ㉣~㉧ 중 교사의 반응으로 적절하지 않은 2가지의 기호와 그 이유를 각각 쓰기(㉣, **'나의 감정을 알고 상황에 맞게 표현한다.'에 근거하여 유아가** (다양한 상황에서) **자신의 감정을 적절하게**(적절한 방법으로) **표현할 수 있도록 지도해야하기 때문이다**(~지도하지 않고 화를 참도록 했기 때문이다/ ㉧, **'내가 할 수 있는 것을 스스로 한다.'에 근거해 유아가 자신이 할 수 있는 일을 알고** (자신감을 가지며) **자율적으로 실천해 갈 수 있도록 지도해야 하기 때문이다**(~지도하지 않고 다른 유아의 도움을 받도록 했기 때문이다) • 성욱이 성이 망가져서 기분이 많이 안 좋겠다. ㉣ <u>그래도 친구들이랑 함께 있는 교실에서는 화를 참아야지.</u> • ㉤ <u>그러네, 정원이가 예쁜 눈을 너무 잘 그렸네!</u> • ㉥ <u>태현이는 스스로 정리도 잘하는구나.</u> • ㉧ <u>그럼 선생님이 정원이 가방을 챙겨 주는 동안 성욱이가 정원이 펭귄 풍선 좀 챙겨 줄래?</u>
		2022	B2-2)	그 사회적 기술(**개인정서조절**)을 증진시키기 위한 교사 발문 1가지를 2019 개정 유치원 교육과정 '나를 알고 존중하기'의 내용을 반영하여 쓰기(**친구들과 게임을 하다 속상하거나 화가 날 때도 있지요. 그럴 때 어떻게 내 마음을 전하면 다시 함께 즐겁게 놀이할 수 있을까요?**)(※ 나의 감정을 알고 상황에 맞게 표현한다)
	누리과정 이전	1997	객21	제시된 활동과 관련된 사회생활 영역 고르기
		1997	객28	제시된 활동들에서 공통적으로 기대할 수 있는 유아의 사회성 고르기(책임감)
		1998	객10	5차 유치원 교육과정의 사회 생활 영역 중 "기본 생활 습관"의 내용에 해당되는 것 고르기
		2000	주11	감성 계발 교육에서 지도해야 할 내용을 개인생활과 집단생활 측면에서 각각 제시하기
		2002	주10	쌓기놀이 영역에서 친구에게 공격적인 행동을 하는 유아를 지도하는 방법을 쓰고, 이와 관련된 교육과정 내용을 제6차 유치원 교육과정의 사회생활 영역에서 제시하기
		2005	주9-1) 주9-2)	– 다른 사람을 이해하고 수용하는 태도를 길러주기 위하여 교육활동을 전개할 때, '개인생활'과 '집단생활'에서 적절한 내용 쓰고, 해당되는 Ⅱ수준 내용을 쓰기 – 유치원에서 따돌림을 받는 원인과 따돌림을 하는 원인을 쓰고, 이에 알맞은 지도 내용 쓰기
		2006	주08	정리정돈 시간에 다투는 상황을 계기로 '자신의 감정과 욕구를 조절하기'와 관련하여 이야기 나누기 활동을 계획할 때 적절한 활동 목표 쓰기
		2007	주8-1) 주8-2) 주8-3)	– 사회적 변화와 관련하여 최근 증가하고 있는 가족의 형태 쓰기 – 가족구조를 주제로 한 활동을 제시하고, 그 활동에 해당하는 제6차 유치원 교육과정의 사회생활영역 중 '가정생활'의 수준별 내용 쓰기 – 활동을 계획할 때 교사가 반드시 고려해야할 점을 쓰고, 구체적인 예 쓰기
		2009	객21	보기에 해당되는 말 고르기

		2009	주B1	유치원 교육과정 사회 생활 영역의 '두레의 소중함을 알고 협력하기' 지도 방법과 관련하여 제시된 활동 계획안의 문제점을 찾고, 그 이유와 대안을 제시하기
		2009	객26	교사의 자유선택활동에 대한 지도 계획에 관한 적절한 설명 고르기
		2009	객29	교사가 지도하고자 한 것에 해당하는 사회 생활 영역 '이웃과 더불어 생활하기' 하위 내용을 바르게 짝지은 것 고르기
		2010	객24	유치원 교육과정에서의 사회 생활 영역의 변천에 관련된 설명으로 옳지 않은 것 고르기
		2010	객30	'사람의 서로 다른 점을 존중하며 함께 지낸다.'의 사회 생활 영역의 수준별 내용을 반영한 활동 후 이 활동과 같은 하위 내용의 활동으로 적합한 것 고르기
		2011	객14	제시된 활동 계획안의 내용 중 적절한 것 모두 고르기
		2011	객19	활동 계획안에 제시된 활동 목표, 교육과정 관련 요소, 활동 방법에 부합되는 확장활동의 예를 모두 고르기
		2011	B2-2)	2007년 개정 유치원 교육과정 사회 생활 영역의 하위 목표를 기초로 사례별 유아의 행동과 관련하여 활동 목표를 설정하여 논하기, 사례에 나타난 유아의 행동을 근거로, '두레의 소중함을 알고 협력하기'와 '나의 감정 알고 조절하기'의 수준 내용 중에서 지도내용 추출하여 논하기
		2012	객22	제시된 활동 계획안을 유치원 교육과정 사회 생활 영역에 비추어 볼 때, 설명으로 적절하지 않은 것 고르기
	3-5세 연령별 누리과정	2013	B3-3)	제시된 사례에 적합한 누리과정 사회관계 영역의 '내용 범주'를 쓰기 (나와 다른 사람의 감정 알고 조절하기)
		2014	B3-2)	제시된 사례와 관련된 3-5세 누리과정 사회관계 영역 중 표에 들어갈 '세부 내용' 쓰기(친구와의 갈등을 긍정적인 방법으로 해결한다.)
		2017	A3-1)	사례와 관련하여 2015 개정 유치원 교육과정 '사회관계' 영역에 나와 다른 사람의 감정 알고 조절하기 내용범주에 들어갈 세부 내용 쓰기 (다른 사람의 감정을 알고 공감한다.)
		2020	A5-2)	2015 개정 유치원 교육과정에 해당하는 교사의 말을 지문에서 찾아 쓰기(지금부터는 친구랑 손잡고 서로 도와서 두 발로 점프해 다음 후프로 넘어가는 거예요.)

❷ 최근 출제영역 살펴보기

교육과정 변화 1 3-5세 연령별 누리과정

(★표시는 새롭게 확장된 출제 영역을, ♥은 기존 영역에서 새로운 방식으로 출제된 것을 의미합니다.)

순	내용	2013	2013(추)	2014	2015	2016	2017	2018	2019	연도별 횟수
1	자아발달								★B3-1)	1회
2	정서발달				★B3-2) ★B3-3)		★B4-2)			3회
3	성역할 개념발달	B4-2) B4-3)					♥A3-2)	★A1-1) A1-2)	A4-1) ★A4-3)	7회
4	마음이론							A8-3)		1회
5	감정이입	B3-2)								1회
6	조망수용 (역할수행능력)			B3-3)				B3-1)		2회
7	도덕성발달		B3-2)					★A8-4)		2회
8	우정 발달	★B3-1)								1회
9	또래수용 /사회측정기법				★A2-2)					1회
10	공격성 유형				★B3-1)					1회
11	친사회적 행동 발달 및 지도		★B4-3)				★B4-3)			2회
12	누리과정 내용범주/내용	B3-3)								1회
13	누리과정 세부내용			B3-2)			A3-1)			2회

교육과정 변화 2 · 2019 개정 누리과정

(★표시는 새롭게 확장된 출제 영역을, ♥은 기존 영역에서 새로운 방식으로 출제된 것을 의미합니다.)

순	내용	2019(추)	2020	2021	2022	2023	2024	2025	연도별 횟수
1	애착 및 자아발달		★B2-1) ★B2-2)					★A5-3)	3회
2	정서발달			★B3-1)					1회
3	조망수용								
4	감정이입(공감)						★B2-1)		1회
5	마음이론			★B2-1)					1회
6	도덕성발달	B2-3)		B3-2)		♥B1-2)		♥B1-3)②	4회
7	우정 발달		♥B2-4)						1회
8	또래수용/사회측정기법/사회성 지도		♥A2-1) ♥A2-2)			♥2-3)① ★2-3)②			4회
9	친사회적 행동 발달							★B1-3)	1회
10	공격성 유형			B2-2)					1회
11	갈등중재		★B2-1) ★B2-2)			♥B2-1) ♥B2-2)			4회
12	누리과정 세부내용		A5-2)		B2-2)②		B2-3)		3회

CHAPTER 05-1 사회성 발달(사회화)

누리과정 이후 사회성 발달(사회화) 관련 영역의 문제 유형 및 난이도 살펴보기

 **기본적인 출제 유형**　　　　　난이도 중하에 해당하는 문제 유형

❶ 기입형 문제 유형

교사 간, 유아-유아 간, 유아-교사 간 대화, 놀이나 활동 장면 등에서 문제에서 요구한 개념 혹은 단계에 해당하는 예시를 찾아 제시하거나 개념 혹은 단계의 명칭을 제시하도록 요구하는 문제들이 이에 해당합니다.

• 사회성 발달의 주요 영역의 **발달 단계**, **주요 개념**에 해당하는 **용어**(명칭) 제시하기

2020 B형 02-1) 문제 예시 (가)의 ㉠에 들어갈 말을 쓰시오.

(가)

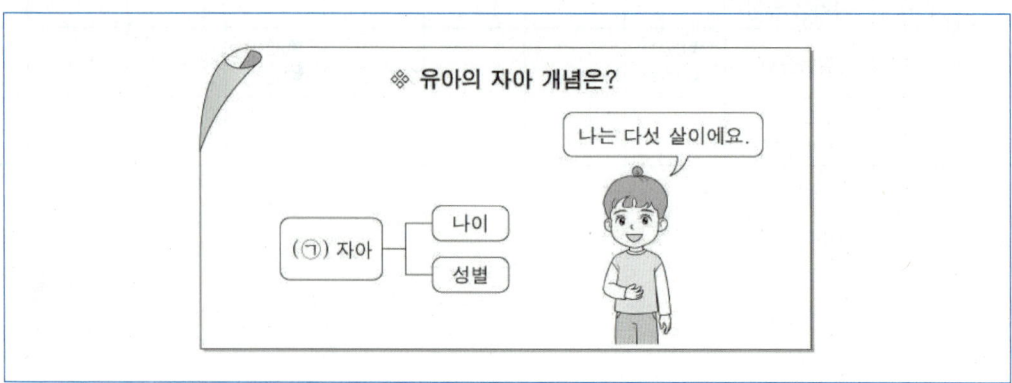

2018 A형 01-1) 문제 예시 (가)의 ⊙은 벰의 성역할 이론에서 제시된 개념으로 이는 정보처리 이론의 관점에서 유아가 선택적인 기억과 선호과정을 통해 자신의 성역할을 학습하는 인지적 구조를 뜻한다. ⊙에 들어갈 용어를 쓰시오.

(가)

> … (상략) …
>
> 유아들 놀이를 관찰하던 중, 남자 유아들은 주로 쌓기놀이 영역에서 로봇을 합체하며 놀이하고, 여자 유아들은 역할놀이 영역에서 공주 놀이를 하거나, 미술 영역에서 그림을 그리며 놀이하는 빈도가 높다는 것을 알게 되었다. 관찰하면서 새롭게 발견한 점은 유아들이 자신의 성과 관련된 놀잇감을 선택하여 놀이하기를 좋아한다는 것이었다. 마치 유아들 내면에, 이 놀잇감이 남자에게 적합한 것인지 또는 여자에게 적합한 것인지를 스스로 판단하고 분류하는 (⊙)이/가 있어서, 유아들이 이에 따라 행동하는 것처럼 보였다. 뿐만 아니라 유아들은 자신의 성에 적합한 역할에 대한 정보를 더 많이 수집하여 자신의 (⊙)에 적합한 정보를 더 잘 기억하여 정보를 처리하고 학습하는 것 같다는 생각을 했다.
>
> … (하략) …

❷ 서술형 문제 유형

교사 간, 유아-유아 간, 유아-교사 간 대화, 놀이나 활동 장면 등에서 문제에서 요구한 개념 혹은 단계에 해당하는 예시를 찾아 제시하거나 개념 혹은 단계의 특징을 설명하도록 요구하는 문제들이 이에 해당합니다.
- 사회성 발달의 주요 영역의 발달 단계, 주요 개념에 해당하는 **예시 찾아 쓰기**
- 사회성 발달의 주요 영역의 발달 단계, 주요 개념에 해당하는 **정의나 특성 설명하기**

2025 A형 05-3) 문제 예시 ① 안정애착유형의 유아와 [C]에 나타난 애착유형의 유아가 에인스워스(M. Ainsworth)의 '낯선 상황 실험'에서 엄마와 재회했을 때 보이는 전형적 행동 특성을 비교하여 쓰고,

> … (상략) …
>
> 교사 : 그러실 것 같아요. 어머니와 지수의 관계는 어떤가요?
> 지수 어머니 : 어릴 때부터 제가 없으면 심하게 울고 장난감이 있어도 저에게 집착하는 모습을 보였어요. 돌이켜 보니 ⊙ 제가 기분 좋고 편할 때는 지수가 요구하는 걸 무엇이든 들어주고 반응해 주다가, 제가 힘들면 지수가 울면서 저를 부를 때 냉담하게 대했던 것 같아요. 지금도 어떨 때는 아기 대하듯 먹여 주고 입혀 주고 다 해 주다가, 또 어떨 때는 너 스스로 하라고 야단치게 돼요. ┐ [C]
>
> … (하략) …

CHAPTER 05-1 사회성 발달(사회화)

2019 A형 04-4) 문제 예시 (나)의 [A]에서 박 교사의 발문 중 골만의 5가지 정서지능 구성요소인 ① 자기조절의 방법을 제시하는 질문 1가지를 찾아 쓰고,

(나)

> ··· (상략) ···
>
> 박 교사 : 그럼 토돌이의 기분은 어떨까?
> 영　희 : 토돌이는 장난감을 혼자만 가지고 놀고 싶었는데 토순이가 와서 화가 났어요.
> 박 교사 : 그래서 토돌이가 화가 났구나. 화가 나면 밀쳐도 될까?
> 유아들 : 그러면 안 돼요. 나빠요.
> 박 교사 : 그럼 토돌이가 토순이를 밀치지 않으려면 어떻게 해야 할까?
> 진　희 : 참아요.
> 박 교사 : 그래, 진희 말대로 참을 수도 있구나. 숨을 한번 크게 쉬어 보는 건 어떨까?
> 준　영 : 우리 엄마가 셋까지 세어 보래요.
> 영　민 : 맞아. 하나, 둘, 셋!
> 박 교사 : 친구가 장난감을 가지고 놀지 못하게 하면 너희들은 기분이 어떻겠니?
> 유아들 : 속상해요. 나도 가지고 놀고 싶어요.
> 박 교사 : 그런데 너희들이 가지고 놀고 싶어 하는 장난감이 하나밖에 없을 때는 어떻게 해야 할까?
> 민　수 : 기다려요.
>
> ··· (하략) ···

[A]

 **변별력 있는(높은) 출제 유형** 난이도 중상에 해당하는 문제 유형

❶ 단계의 특성을 반영한 응용문제 유형

교사 간, 유아–유아 간, 유아–교사 간 대화, 놀이나 활동 장면 등에서 사회성 발달의 주요 영역의 특정 단계에 해당하는 예시를 범위로 설정하고 그 다음 수준으로 발달하도록 도울 수 있는 교사의 역할을 제시하도록 요구하는 문제들이 이에 해당합니다.
- 특정 발달 수준에 있는 유아 사례 → **다음 단계로 발달**시키도록 돕는 **교사 발문/ 활동예시** 예시 제시하기
- 특정 발달 수준에 있는 유아 사례 → **해당 발달 수준을 반영**하는 **유아의 발화 예시** 제시하기

2025 B형 01-2) 문제 예시 바탈(D. Bar-Tal)의 돕기 행동 발달 단계에 근거하여 (나)의 ② 승재의 돕기 행동이 그다음 단계로 발달하도록 지원하는 활동 1가지를 쓰시오.

(나)

> (김 교사와 3~5세 유아들이 강당에 모여 시장놀이를 준비하고 있다. 3세 기현, 5세 지수와 승재가 유아들을 보고 있다.)
> 지　　수 : 승재야! 장난감 바구니 옮기는 거 도와줄래?
> 승　　재 : (가만히 서서) 도와주기 싫어.
> 김 교사 : 시장놀이는 우리 다 같이 준비하는 거니까 승재가 지금 도와주면 좋겠어요.
> 승　　재 : 네, 선생님. (걸어가서 바구니를 옮긴다.)
> 지　　수 : 기현아, 너는 바구니에 있는 장난감을 책상 위에 놓아 줄 수 있어? (사탕을 보여 주며) 잘 놓으면 누나가 사탕 줄게.
> 기　　현 : (장난감을 책상 위에 한 개씩 올려놓으며) 응, 나 그거 할 수 있어.
> … (중략) …

CHAPTER 05-1 사회성 발달(사회화)

2025 B형 01-3) 문제 예시 ② 데이몬(W. Damon)의 분배 정의 개념 발달 수준에 근거하여 (나)의 밑줄 친 ⓒ에 나타난 수준을 그 다음 수준으로 발달시키기 위한 교사의 발문 1가지를 쓰시오.

(나)

> … (중략) …
> (시장놀이 중 4세 민서와 5세 동주가 이야기를 나누고 있다.)
> 동 주 : 얘들아! ㉠ 유치원 텃밭에서 키운 가지를 팔아서 막대 사탕 10개랑 바꿨어.
> 민 서 : 정말? ⓒ 그럼 나 사탕 5개 줘. 나도 물 줬었어.
> 동 주 : 나는 ⓒ 가지에 매일매일 물을 주면서 키웠는데 너는 별로 안 했잖아.
> 민 서 : 그래도 나랑 똑같이 나눠야지. 나도 물 줬단 말이야.
> … (하략) …

2024 B형 02-1) 문제 예시 호프만(L. Hoffman)의 감정 이입 발달 단계에 근거하여, 3단계에 해당하는 (가)의 ㉠에 들어갈 유아의 발화를 쓰시오.

(가)

> 태 현 : 예찬아, 오늘 토끼 밥 주는 거 네 차례지? 나도 같이 갈래. 난 토끼가 너무 좋아.
> 예 찬 : 진짜? 난 가기 싫어. 토끼 무섭단 말이야.
> 태 현 : _____㉠_____ 그러면 오늘은 너 대신에 내가 토끼 밥 줄까?
> … (하략) …

MEMO

CHAPTER 05-1 사회성 발달(사회화)

02 애착, 자아개념 및 정서발달 기출문제 분석

2025년 A

05 다음은 ○○유치원 3세 반 교사의 부모상담 내용의 일부이다. 물음에 답하시오. [5점]

> 교사 : 지수의 행동 관찰 기록을 살펴보니, 학기 초부터 지금까지 두 달 이상 등원할 때마다 심하게 울면서 엄마와 헤어지지 않으려고 매달리고 있어요. 그래서 다시 상담 요청드렸습니다.
> 지수 어머니 : 배가 아프다고 울면서 유치원에 안 가겠다고 발버둥치니 아침마다 전쟁이에요. 집에서도 제 옆에만 붙어 있으려 하고 잠시 떨어지는 것도 두려워해요. 엄마가 죽으면 어떡하냐고 지나치게 걱정하기도 해요. ——[A]
>
> 교사 : 그렇군요. 상담 요청을 드린 또 한 가지 이유는 지수가 유치원에서 선생님과 친구들에게 전혀 이야기를 하지 않는다는 거예요. 친구들이 놀자며 다가가면 지수는 피해 버려요. 저희 반 유아들이 지수가 말을 안 한다고 매일 저에게 말해요.
> 지수 어머니 : 집에서 가족과는 말을 잘해요. 그런데 돌봐 주시던 외할머니께서 작년에 돌아가신 후 밖에 나가거나 낯선 사람이 있으면 꼭 말을 해야 하는 상황에서도 말문을 닫기 시작했어요. 지난번 병원에 다녀온 후에도 '언젠가는 하겠지.'라는 기대를 갖고 있었는데 이제는 너무 걱정되네요. ——[B]
>
> 교사 : 그러실 것 같아요. 어머니와 지수의 관계는 어떤가요?
> 지수 어머니 : 어릴 때부터 제가 없으면 심하게 울고 장난감이 있어도 저에게 집착하는 모습을 보였어요. 돌이켜 보니 ⊙ 제가 기분 좋고 편할 때는 지수가 요구하는 걸 무엇이든 들어주고 반응해 주다가, 제가 힘들면 지수가 울면서 저를 부를 때 냉담하게 대했던 것 같아요. 지금도 어떨 때는 아기 대하듯 먹여 주고 입혀 주고 다 해 주다가, 또 어떨 때는 너 스스로 하라고 야단치게 돼요. ——[C]
> … (하략) …

3) ① 안정애착유형의 유아와 [C]에 나타난 애착유형의 유아가 에인스워스(M. Ainsworth)의 '낯선 상황 실험'에서 엄마와 재회했을 때 보이는 전형적 행동 특성을 비교하여 쓰고, ② 밑줄 친 ⊙에 대해 교사가 제안해야 할 양육태도를 쓰시오. [2점]

① _____

② _____

답안 3) • ① : 안정애착 유형의 유아가 엄마와 재회하였을 때 엄마에게 위로받고 심리적 안정을 찾는 것(다시 편안한 상태가 되는 것)과 달리 불안-저항 애착(anxious resistant attachment) 유형의 유아는 접촉하려는 애착 행동을 보이다가도 (안아 주면) 화를 내면서 어머니를 밀어내는(~밀어내고 저항하는) 양면적인 행동(양가 감정)을 보이는 특징이 있다.

• ② : 애정을 가지고 자녀를 대하며(대할 때 행동의 한계를 설정하는 등) 기준에 따라 자녀가 스스로 행동을 통제하도록 돕는 일관성 있는 양육태도를 제안한다.

> **더 읽어보기** 에인스워스(Ainsworth, 1983) : 애착 유형
>
> 에인스워스(Ainsworth, 1983)는 낯선 상황 실험을 실시하여 애착형성을 안정애착, 회피애착, 저항애착으로 분류하였으며, 이후 메인과 솔로몬(Main & Solomon, 1986)은 낯선 상황 실험에서 분리와 재결합 상황을 분석한 결과, 이들 세 유형에 속하지 않는 또 다른 유형을 혼란애착으로 명명하였다.
> 주 양육자가 가지고 있는 인성적·심리적 특성은 영아의 애착 유형을 결정하는 매우 중요한 요인이다. 명랑하고 사교적이며 자신감이 있고 활동적인 주 양육자로부터 돌보아진 영유아일수록 안정 애착을 형성하게 된다(Goldsmith & Alansky, 1987). 또한 영아의 정서적·행동적 신호에 민감하게 반응하는 주 양육자의 적절한 상호작용에 따라 영아는 안정적인 애착관계에 있게 된다. 주 양육자가 제공하는 **일관되고 민감한 반응**을 통하여 이루어지는 양육은 영유아의 안정 애착 형성에 지대한 영향을 미친다. 반면, 영유아와 신체접촉을 좋아하지 않거나 불안 및 우울수준이 높은 주 양육자들의 영아들은 불안정 애착을 형성할 가능성이 높다(Egeland & Faber, 1984).
>
> - **안정애착**(secure attachment) : 연구 대상의 65% 정도를 차지하는 안정애착 유형은 주위를 탐색하기 위해 어머니로부터 쉽게 떨어진다. 그러나 낯선 사람보다 어머니에게 더 많은 관심을 보이며, 어머니와 함께 놀 때에 밀접한 관계를 유지한다. 또한 어머니와 분리되었을 때에도 능동적으로 위안을 찾고 다시 탐색을 한다. 어머니가 돌아오면 반갑게 맞이하며 편해진다. 이러한 애착 유형의 부모들은 자신의 아동기 시기 애착관계에 대해 긍정적이고 자율적인 내적 표상을 가지고 있었다.
> - **불안정-회피애착**(avoidant attachment) : 연구 대상의 20% 정도를 차지하는 회피애착 유형은 어머니에게 반응을 별로 보이지 않는다. 이들은 어머니가 방을 떠나도 울지 않고, 어머니가 돌아와도 무시하거나 회피한다. 어머니와의 관계에서 친밀감을 추구하지 않으며, 낯선 사람이나 어머니에게나 유사한 반응을 보인다.
> - **불안정-저항애착**(resistent attachment) : 연구 대상의 10~15%를 차지하는 저항애착 유형은 어머니가 방을 떠나기 전부터 불안해하며, 어머니의 옆에 붙어서 탐색을 거의 하지 않는다. 어머니가 방을 나가면 심한 분리불안을 보인다. 어머니가 돌아와서 안아주어도 안정감을 얻지 못하고 심한 분노를 보이면서 소리를 지르거나 밀어낸다.
> - **불안정-혼란애착**(disorganized attachment) : 연구 대상의 5~10%를 차지하는 혼란애착 유형은 불안정애착의 가장 심한 형태로 회피애착과 저항애착이 혼합된 것이다. 어머니와 재결합했을 때에는 얼어붙은 표정으로 어머니에게 접근하거나 어머니가 안아줘도 먼 곳을 쳐다본다.

CHAPTER 05-1 사회성 발달(사회화)

2024년 B

02 (가)는 5세반 교실에서 유아들이 나눈 대화의 일부이고, (나)는 교사와 유아 간 대화의 일부이다. 물음에 답하시오. [5점]

(나)

> 교 사 : (블록을 마구 던지는 성욱이에게 다가간다.)
> 성 욱 : 누가 내가 만든 블록 성을 망가뜨리고 그냥 가 버렸어요.
> 교 사 : 성욱이 성이 망가져서 기분이 많이 안 좋겠다. ㉣ <u>그래도 친구들이랑 함께 있는 교실에서는 화를 참아야지.</u>
> 성 욱 : (시무룩한 표정으로 고개를 푹 숙이며) 네…
> 정 원 : 선생님, 이거 보세요. 거울에 보이는 나를 그렸어요. 어때요?
> 교 사 : ㉤ <u>그러네. 정원이가 예쁜 눈을 너무 잘 그렸네!</u>
> 태 현 : 선생님, 오늘은 제가 교실 도우미 하는 날이에요. 이제 집에 갈 시간이라 저기 책이랑 장난감 정리도 다 했어요.
> 교 사 : ㉥ <u>태현이는 스스로 정리도 잘하는구나.</u> 얘들아, 우리 이제 집에 갈 시간인데, 무엇을 해야 할까?
> 예 찬 : 가방 챙겨야 해요.
> 교 사 : 다들 오늘 만든 펭귄 풍선도 잘 챙겼니?
> 성 욱 : (가방을 챙기지 않는 정원이를 보더니) 정원이는 또 다 안 챙겼어요.
> 교 사 : ㉦ <u>그럼 선생님이 정원이 가방을 챙겨 주는 동안 성욱이가 정원이 펭귄 풍선 좀 챙겨 줄래?</u>

3) 2019 개정 유치원 교육과정의 사회관계 내용범주 중 '나를 알고 존중하기'에 근거하여, (나)의 ㉣~㉦ 중 교사의 반응으로 적절하지 않은 2가지의 기호와 그 이유를 각각 쓰시오. [2점]

• _____

• _____

답안 3) • : ⓔ. '나의 감정을 알고 상황에 맞게 표현한다.'에 근거하여 유아가 (다양한 상황에서) 자신의 감정을 적절하게(적절한 방법으로) 표현할 수 있도록 지도해야 하기 때문이다(~지도하지 않고 화를 참도록 했기 때문이다.).
(※ 자신의 감정에 대해 알고 다양한 상황에서 자신의 감정을 적절하게 표현하는 내용)

• : ⓐ. '내가 할 수 있는 것을 스스로 한다.'에 근거해 유아가 자신이 할 수 있는 일을 알고 (자신감을 가지며) 자율적으로 실천해 갈 수 있도록 지도해야 하기 때문이다(~지도하지 않고 다른 유아의 도움을 받도록 했기 때문이다.).
(※ 자신이 할 수 있는 일을 알고 자신감을 가지며 자율적으로 실천해 가는 내용)

더 읽어보기 — 2019 개정 누리과정 : 사회관계 영역 – '나를 알고 존중하기' 내용범주

- **나를 알고 소중히 여긴다.**
유아가 자신을 나타내는 나이, 성별, 모습 등에 대해 알고, 자신을 소중히 여기며 가치 있는 존재로 느끼는 내용이다.

- **나의 감정을 알고 상황에 맞게 표현한다.**
유아가 자신의 감정에 대해 알고 다양한 상황에서 자신의 감정을 적절하게 표현하는 내용이다.

- **내가 할 수 있는 것을 스스로 한다.**
유아가 자신이 할 수 있는 일을 알고 자신감을 가지며 자율적으로 실천해 가는 내용이다.

CHAPTER 05-1 사회성 발달(사회화)

2021년 B

03 다음은 캠핑 놀이 상황이다. 물음에 답하시오. [5점]

교실에 있는 텐트 앞 캠핑 의자에 재윤이와 혜민이가 앉아 있다. 은서가 보이자 재윤이는 캠핑 놀이를 함께 하자고 제안한다.
은서 : (재윤이의 캠핑 의자를 가리키며) 내가 캠핑 의자에 앉게 해 주면 캠핑 놀이 같이 할게.
재윤 : (화를 내며) 그건 싫어. 내가 먼저 앉았잖아.
은서 : 그럼 난 캠핑 놀이 안 할 거야.
재윤 : ㉠ (화를 참으며) 좋아. 그럼 네가 여기 앉아. 이제 캠핑 놀이 같이 하는 거지?
은서 : 응.
재윤 : 그런데 나는 어디 앉지?
　주위를 둘러보던 재윤이가 앉을 곳이 없자 시무룩한 표정으로 텐트 안으로 들어간다. 재윤이를 지켜보던 혜민이가 텐트 안으로 따라 들어간다.
혜민 : 재윤아, 왜 혼자 텐트에 들어왔어? 캠핑 의자에 못 앉아서 속상해?
재윤 : 응.
혜민 : ㉡ (재윤이를 위로하기 위해 안아 주며) 괜찮아?
재윤 : (미소를 지으며) 응.
　　　　　　　　　… (중략) …
　은서와 혜민이가 블록으로 만든 모닥불 주위에 앉아 있고, 재윤이가 다가온다.
재윤 : 블록으로 모닥불 만들었네. 여기에 고기 굽자. 어, 그런데 고기 구울 불판이 없네. 어떻게 하지?
은서 : 옆 반에서 불판이랑 비슷하게 생긴 은색 바구니를 봤어.
재윤 : 나도 봤어. 구멍이 뚫린 게 불판이랑 비슷해. 가져올까?　　　[A]
혜민 : 옆 반에서 바구니를 가져오면 안 돼. 그러면 선생님한테 혼나.
은서 : 아니야! 불판이 없으면 내가 놀이를 못해서 안 돼. 불판이 있어야 더 재미있게 놀 수 있어.
재윤 : 그럼 어떻게 하지? 내가 선생님께 여쭤보고 올게.

1) 살로베이와 메이어(P. Salovey & J. Mayer)의 정서지능 3요소에 근거하여, ① ㉠과 ㉡에 공통으로 나타난 구성 요소를 쓰고, ② 그 하위 요소에 근거하여 ㉠과 ㉡을 각각 설명하시오. [3점]

① _____

② _____

답안 1) • ① : 정서의 조절
• ② : ㉠은 사회문화적으로 수용되는 방식으로 '자신의 정서'를 조절한 것이고, ㉡은 타인의 정서를 조절한 것이다.(~조절하기 위해 도움이 되는 행동을 한 것이다.)

더 읽어보기 Salovey와 Mayer(1990)의 정서지능 3요인 모형

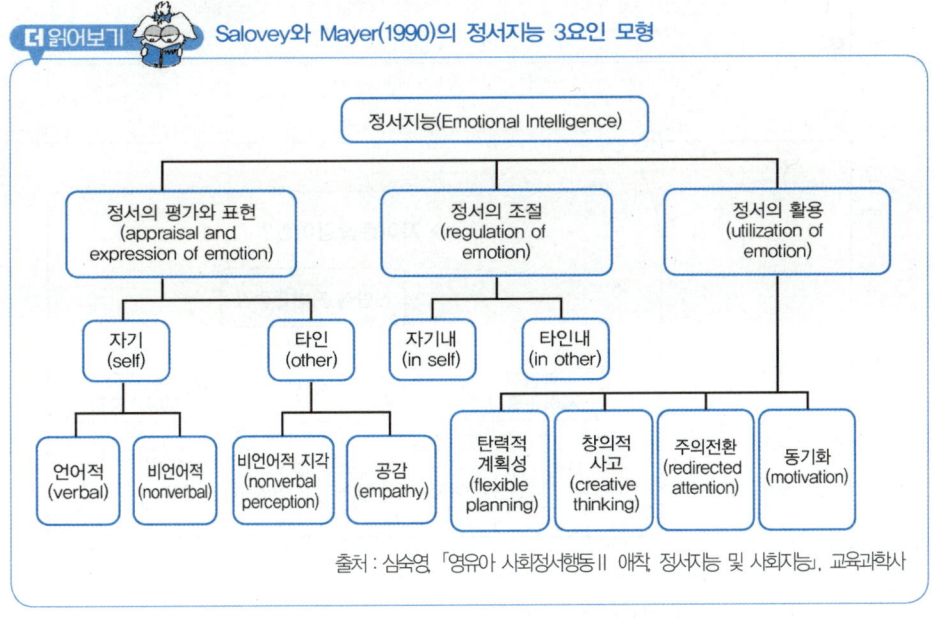

출처 : 심숙영 「영유아 사회정서행동Ⅱ 애착, 정서지능 및 사회지능」, 교육과학사

CHAPTER 05-1 사회성 발달(사회화)

2020년 B

02 (가)~(마)는 ○○유치원 학부모 연수 자료의 일부이다. 물음에 답하시오. [5점]

(가)

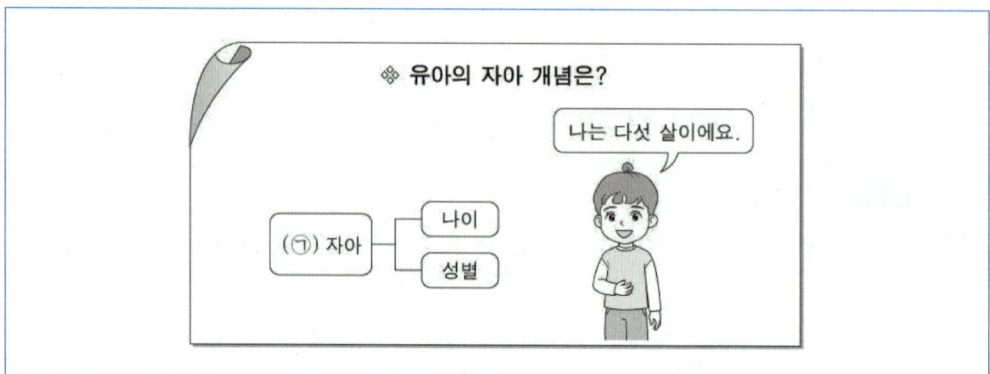

(나)

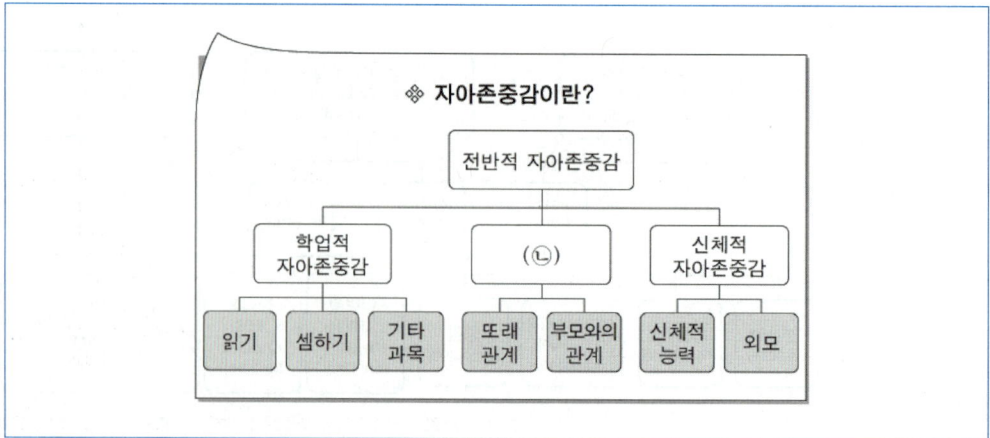

1) (가)의 ㉠에 들어갈 말을 쓰시오. [1점]

2) (나)의 자아존중감에 대한 위계적 구조에서 ㉡에 해당하는 명칭을 쓰시오. [1점]

답안

1) • 범주적

2) • 사회적 자아존중감

♣ 유아기 자아 개념 발달

영아기를 거친 유아기에는 훨씬 뚜렷한 자아개념이 형성되는데 이 시기는 자아인식이 발달하면서 유아는 자신이 소속되거나 자신과 관계 맺고 있는 사람들의 사회적 특성에 맞추어 자신의 행동과 표현을 조절하면서 사회적 자아를 발달시킨다. 자신과 타인이 분리되어 있음을 인식한 유아는 사람들이 어떤 점에서 서로 다른지 주목하고 그 차원에서 분류하기 시작한다. 이 시기에는 주로 연령과 성에 따라 분류하는데 이러한 분류를 통해 자신의 위치를 개념 짓는 것을 사회적 범주에 기초한 **범주적 자아**(categorical self)라고 한다.

♣ 자아존중감의 위계적 구조

유아는 점차 자신의 영역을 넓혀나가며 자신의 이름을 중시하고 자신의 소유로 자아는 인식하는데 이러한 자아는 소유적 자아라고 한다. 또한 유아는 발달하면서 자신의 신체적·심리적 특성들을 이해할 뿐만 아니라 자신이 지각하고 있는 속성들의 질을 평가하기 시작하는데 이러한 자아의 평가적 측면을 **자아존중감**이라고 한다(Shaffer, 2000).

자아존중감은 연령의 증가에 따라 그 수준이 변화한다. 일반적으로 유아기에 자아존중감이 가장 높고, 아동기가 되면서 점차 현실적인 수준으로 맞춰진다. 이는 아동이 또래들과 어울리게 되면서 자신의 외모, 능력, 행동 등 여러 영역에 걸쳐 타인과 비교하는 사회적 비교(social comparisons)가 가능하기 때문이다.

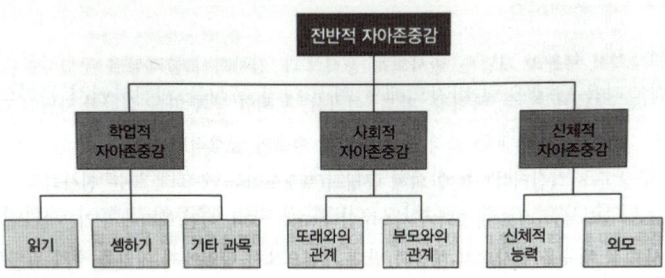

CHAPTER 05-1 사회성 발달(사회화)

2019년 B

03 (가)는 만 5세반 교사와 원감의 대화 중 일부이며, (나)는 가정통신문의 일부이다. 물음에 답하시오.
[5점]

(가)

> 교사 : 이번에 엄마가 외국인인 수지가 우리 반에 왔어요. 수지가 아주 낯설어하고 잘 적응하지 못하는 것 같아서 신경이 쓰여요. 수지가 다른 유아들과 잘 어울리도록 도와줄 방법이 없을까요?
> 원감 : 협동학습의 기회를 자주 가지는 게 어떨까요? 가령 모둠에서 자신의 역할을 수행하면서 공동으로 미술작품을 완성한다면 수지가 성취감을 느끼면서 쉽게 어울릴 수 있을 거예요.
> 교사 : 네.
> 원감 : 그리고 다문화가정의 유아는 (㉠) 형성에 어려움을 겪을 수 있으니 다양한 형태의 활동을 전개하는 것이 좋겠어요.
> 교사 : 개개인 모두 소중한 존재이고 특별한 능력이 있음을 유아들 모두가 깨달을 수 있도록 도와주어야 할 것 같아요.
> 원감 : 그렇죠. 수지의 경우에는 엄마와 아빠 두 나라의 문화에 자부심을 느끼는 데 중점을 두는 게 좋겠어요.
> 교사 : 네. 알겠습니다.
> 원감 : 다음 달에 열릴 바자회에서 여러 나라 음식을 체험하면서 문화의 유사점과 차이점을 살펴볼 수 있겠네요.
> 교사 : 이번 바자회에 수지 어머니도 꼭 오시도록 말씀드릴게요.
> 원감 : 그러세요. 요즘 급속한 사회변화에 따라 가족의 유형이 바뀌면서 우리 원에도 다문화가정의 유아가 늘고 있어요. 앞으로 여러 문화의 의미와 특성을 파악하는 활동을 늘려야겠어요.
> 교사 : 우리 동네의 △△다문화박물관을 방문하는 ㉡ 현장학습도 시행하면 좋겠어요.
> … (하략) …

1) 다음은 (가)의 ㉠에 대한 설명이다. ㉠에 들어갈 말을 쓰시오. [1점]

> • 환경이나 상황이 변해도 자신이 일관되게 유지되는 존재임을 깨닫는 것

• _____

답안 정체성

MEMO

CHAPTER 05-1 사회성 발달(사회화)

2017년 B

04 (가)는 ○○유치원 4세반 박 교사의 저널이고, (나)는 유아들과 함께 한 이야기 나누기 활동이다. 물음에 답하시오. [5점]

(가)

> 오늘 블록영역에서 영민이와 지희가 서로 장난감을 차지하겠다고 싸우던 중 영민이가 지희를 밀어서 넘어뜨렸다.
> … (중략) …
> 최근에 교실에서 종종 일어나는 일이라 더 이상 싸움이 발생하지 않도록 이야기 나누기를 계획해야겠다.

(나)

> 박 교사는 유아들에게 그림 자료를 보여주며 그림에서 보이는 상황에 대해 이야기를 한다.
>
>
>
> … (중략) …
>
> 박 교사 : 그럼 토돌이의 기분은 어떨까?
> 영　희 : 토돌이는 장난감을 혼자만 가지고 놀고 싶었는데 토순이가 와서 화가 났어요.
> 박 교사 : 그래서 토돌이가 화가 났구나. 화가 나면 밀쳐도 될까?
> 유아들 : 그러면 안 돼요. 나빠요.
> 박 교사 : 그럼 토돌이가 토순이를 밀치지 않으려면 어떻게 해야 할까?
> 진　희 : 참아요.
> 박 교사 : 그래, 진희 말대로 참을 수도 있구나. 숨을 한번 크게 쉬어 보는 건 어떨까?
> 준　영 : 우리 엄마가 셋까지 세어 보래요.
> 영　민 : 맞아. 하나, 둘, 셋!
> 박 교사 : 친구가 장난감을 가지고 놀지 못하게 하면 너희들은 기분이 어떻겠니?
> 유아들 : 속상해요. 나도 가지고 놀고 싶어요.
> 박 교사 : 그런데 너희들이 가지고 놀고 싶어 하는 장난감이 하나밖에 없을 때는 어떻게 해야 할까?
> 민　수 : 기다려요.
> 박 교사 : 그래, 민수가 말한 것처럼 기다리면 되겠구나. 그럼 ㉠ 토돌이가 장난감을 가지고 노는 동안 토순이는 다른 장난감을 가지고 놀면 어떨까?

[A]

유아들 : 좋아요.
박 교사 : 그럼 기다리지 않으면 어떻게 될까?
유아들 : 싸워요. 사이좋게 놀지 못해요.
박 교사 : 그럼 친구들과 사이좋게 지내려면 어떻게 해야 할까?
유아들 : ⓒ 친구들과 장난감을 나눠 써요.

2) (나)의 [A]에서 박 교사의 질문 중 골만(D. Goleman)의 5가지 정서지능 구성요소인 ① 자기조절의 방법을 제시하는 질문 1가지를 찾아 쓰고, ② ㉠에 해당하는 구성요소 1가지를 쓰시오. [2점]

• ① : _____

• ② : _____

 2) • ① : 숨을 한번 크게 쉬어 보는 건 어떨까?
• ② : 자기동기화(동기부여)

지문의 맥락에서 볼 때 ㉠은 '자신이 놀고 싶은 장난감'을 기다리기 위한 조절의 방법을 제시한 것에 해당하므로 '대인관계기술'이 아닌 '자기동기화'를 답안으로 제시하였습니다.

더 읽어보기 — 골만(Goleman) : 정서지능

골만은 메이어와 살로베이(Mayer & Salovey, 1990)의 정서지능 개념을 기초로 정서지능이란 좌절상황에서도 개인을 동기화시키고 자신을 지켜 낼 수 있으며 충동이나 통제 스트레스로 인해 합리적인 사고를 억누르지 않으며 타인의 행동에 대해 공감할 수 있는 희망을 버리지 않는 능력이라고 보았다. 이를 자기 인식, 자기조절, 자기 동기화, 감정이입, 대인관계 기술 등 다섯 영역으로 나누었다.

• **자신의 정서인식**(자기인식)이란 자신이 느끼는 정서를 재빠르게 인식하고 알아차리는 능력이다.
• **자신의 정서조절**(자기조절)이란 자신의 감정을 균형 있게 조절하고 처리할 수 있는 능력이다.
• (정서의) **자기 동기화**는 어려움을 극복하고 자신의 성취를 위해 노력할 수 있는 능력이다.
• **감정이입**은 타인이 느끼는 감정을 자신의 것처럼 느끼고 타인의 감정을 읽어 내는 능력이다.
• **대인관계**(대인관계 기술)는 자신의 감정인식을 바탕으로 타인의 감정을 인식하고 난 후 이에 근거하여 대인 관계 안에서 적절하게 행동하고 문제를 해결할 수 있는 능력이다.

CHAPTER 05-1 사회성 발달(사회화)

 자기동기화

목표를 향한 주의집중, 완전함과 창의성에 대한 추구를 의미하는 능력이기도 하며 **목표달성을 위해 일시적인 만족이나 충동을 억제할 수 있는 능력**을 말한다. 개인을 동기화시킬 수 있는 주요 요인으로 골만은 '**낙관주의**'를 강조하고 있는데 이는 희망의 수준이 높은 사람은 더 큰 목표를 설정하고 이를 위해 더 많은 노력을 기울이기 때문이다. 이때 '낙관주의'는 현재 자신의 목표와 다른 상황으로 인한 좌절에도 다시 잘될 것이라는 기대를 갖고 노력함으로써 부정적 정서를 완충시켜 주는 역할을 할 수 있다고 보았다. 또한 골만은 자기동기화의 측면에서 '**만족지연능력**'을 강조하고 있는데 유아들의 만족지연능력에서 매우 강조되는 것이 만족을 지연시키기 위한 효과적인 방법(전략)을 가르쳐주는 것이다. 따라서 만족지연을 위한 효과적 방법의 제시가 교사의 역할 중 중요한 측면으로 제시되고 있다.

2015년 B

03 다음은 자유 선택 활동 시간에 일어난 상황이다. 물음에 답하시오. [5점]

자유 선택 활동 시간에 역할놀이 영역에서 프라이팬으로 요리하며 놀고 있는 세희 옆으로 지영이가 다가갔다.

지영 : ㉠ (세희의 몸을 세게 밀치며) 나 이거 필요해.
세희 : (다시 프라이팬을 빼앗으며) 내 거야.
지영 : 안 돼.
세희 : ㉡ (지영이의 어깨를 세게 밀친다.)
교사 : 세희야, 왜 그랬니?
세희 : ㉢ 지영이가 미워서 아프라고 그랬어요.
교사 : 지영아, ㉣ 네가 프라이팬을 빼앗을 때 세희 기분이 어땠을까?
지영 : 몰라요. (큰 소리로) 나도 프라이팬이 필요하다고요.
세희 : 슬프고 화가 났어요.
교사 : 지영아, ㉤ 네가 프라이팬을 빼앗을 때 세희가 슬프고 화가 났대. 너희 둘 다 프라이팬을 가지고 놀고 싶은 거구나. 그럼 서로 싸우지 않고 놀 수 있는 방법이 뭐가 있을까?
세희 : 지영이랑 같이 가지고 놀아요.
지영 : 아니에요. 세희가 먼저 놀고 그 다음에 내가 가지고 놀게요.
교사 : 지영이는 왜 지금 세희랑 같이 안 놀고, 나중에 놀려고 하니?
지영 : 난 혼자서 요리사 놀이를 하고 싶은데 지금 놀면 세희랑 같이 프라이팬을 나눠 써야 되잖아요. 그런데 나중에 놀면 프라이팬을 혼자 가지고, 마음껏 놀 수 있으니까요. ㉥
… (생략) …

2) ㉣, ㉤에 해당하는 메이어(J. D. Mayer), 카루소(D. R. Caruso)와 살로베이(P. Salovey)의 정서 지능 관련 용어 1가지를 쓰시오. [1점]

   • _____

3) ㉥에서 지영이에게 나타나는 것으로, 미셸(W. Mischel)과 에브슨(E. B. Ebbesen)의 실험을 통해 밝혀진 정서 규제 관련 용어 1가지를 쓰시오. [1점]

   • _____

CHAPTER 05-1 사회성 발달(사회화)

 2) • 정서지각

3) • 만족지연능력

2) ㉣과 ㉤의 사례는 타인의 정서를 인식하고 이해하는 것과 관련된 내용이므로 이는 정서지능 요인 중 '정서지각'에 해당합니다.

3) ㉥에서 지영이는 '혼자서 마음껏 놀기 위해'(더 큰 보상을 받기 위해) 현재 친구들의 놀이에 참여하지 않고 프라이팬으로 놀이하는 것을 뒤로 미루고 있습니다. 따라서 이는 '즉각적인 보상을 받는 것보다 만족을 지연시킴으로써 더 큰 보상을 받으려는' 만족지연능력을 나타내주고 있다고 볼 수 있습니다.

더 읽어보기 | 메이어, 살로베이, 카루소(Mayer & Salovey, Caroso) : 정서지능

메이어와 살로베이 등은 정서지능을 4단계로 나누었다.

- 첫째, **정서지각**(정서의 인식과 표현)의 단계로, 자신의 정서를 얼마나 잘 파악하느냐와 관련되며 더 나아가 정서를 정확하게 표현하는 단계이다. 유아가 자신과 타인의 정서를 잘 파악하고 표현하며 이를 구분하는 것을 익히게 되는 단계이다.
- 둘째, **정서통합**(정서에 의한 사고촉진) 단계이다. 이는 정서가 지능에 영향을 미칠 수 있다고 보는 단계로, 정서를 이용한 사고와 판단 및 문제해결 촉진이 일어난다.
- 셋째, **정서이해**(정서지식의 활용) 단계이다. 이는 정서를 통해 수집한 다양한 지식과 정보를 활용하는 능력이다.
- 넷째, **정서관리**(정서의 반영적 조절) 단계이다. 자신과 타인의 정서를 반영적으로 보며 정서를 조절하는 능력과 관련 있다. 이들은 이러한 네 가지 영역을 정리하여 다음의 표와 같이 정서지능의 영역을 4단계에 각각 하위수준 4개씩을 두어 4영역 4수준 전체 16요소로 나누어 제시했다.

영역	수준	내용
영역 Ⅰ 정서의 인식과 표현	수준1	자신의 정서 파악하기
	수준2	자신 외부의 정서 파악하기
	수준3	정서를 정확하게 표현하기
	수준4	표현된 정서들을 구분하기
영역 Ⅱ 정서에 의한 사고 촉진	수준1	정서정보를 이용하여 사고의 우선순위 정하기
	수준2	정서를 이용하여 판단하고 기억하기
	수준3	정서를 이용하여 다양한 관점 취하기
	수준4	정서를 활용하여 문제해결 촉진하기
영역 Ⅲ 정서지능의 활용	수준1	미묘한 정서 간의 관계를 이해하고 명명하기
	수준2	정서 속에 담긴 의미를 해석하기
	수준3	복잡하고 복합적인 감정을 이해하기
	수준4	정서들 간의 전황을 이해하기
영역 Ⅳ 정서의 반영적 조절	수준1	정적·부적 정서들을 모두 받아들이기
	수준2	자신의 정서에서 거리를 두고 반영적으로 보기
	수준3	자신과 타인의 관계 속에서 정서를 반영적으로 보기
	수준4	자신과 타인의 정서를 조절하기

[1997년 객관식]

07 유아의 자아 존중감을 향상시키는 교사의 발문으로 가장 적절한 것은?

① "너는 왜 이렇게 느리니, 언제 이 장난감을 다 치울래?"
② "성민이는 정리를 잘 하는데 너는 아마 잘 못할거야"
③ "이 퍼즐을 어제는 어려워하더니 오늘은 다 맞추는구나"
④ "오늘은 누가 시낭 정돈을 제일 잘 했는지 볼까?"

[답안] ③

 **2007년 개정 교육과정 관련내용**

자아 존중감은 유아가 자신을 사랑하고 가치 있게 느끼며 무엇이든 자신감을 가지고 할 수 있다고 생각하는 마음이다. 이는 유아가 삶을 긍정적으로 받아들이고 행복감을 느끼며 살아가는 데 중요한 영향을 미친다. 따라서 유아들이 **'나는 소중한 사람이다'라고 느끼는 자존감**과 **'나는 ~을 할 수 있다.'라고 생각하는 자신감을 형성하도록 하는 데에 교육의 중점**을 두어야 한다. … (중략) … 유아가 자신감을 가질 수 있도록 하기 위해서는 자신이 가지고 있는 능력을 인정하고 만족감을 느끼도록 해야 하는데, 유아 자신이 한 일이나 활동 결과물을 친구 또는 사람들에게 소개하고 격려 받을 수 있는 기회를 통해서 얻어질 수 있다. 특히, 자신감이 부족한 유아의 작품은 그 특징을 살려주는 환경 구성과 함께 여러 사람이 볼 수 있는 공간에 전시해 준다. 유아들에게 서로를 칭찬할 수 있는 기회를 자주 마련해 주는 것도 중요하다. '오늘의 친절(노력, 웃음 등)왕 뽑기', '칭찬 저금 통장 만들기', '도전! 우리 반 칭찬 ○개 모으기' 등 다양한 방법으로 칭찬 활동을 해 보면서, 유아가 긍정적 자아 개념을 형성할 수 있도록 한다. 또한 누구나 나이가 들면서 또는 노력함으로써 할 수 있는 일이 점차 많아질 수 있음을 알도록 지도해야 한다. 예전에는 못했지만 지금은 잘할 수 있게 된 일을 찾아보며 과거와 현재의 능력의 변화를 생각해보고 자신의 성취와 성공을 느끼도록 한다.

무엇보다도 교사는 유아가 해낸 만큼 구체적이면서도 명확하게 칭찬해야 한다. 예를 들어 "정리를 잘했구나!"보다는 "○○이가 다른 친구의 실내화까지 정리해 주고 참 보기가 좋구나!"라고 칭찬한다면, 유아는 자기가 칭찬받은 이유를 분명히 알고 있어 이후에도 같은 행동을 계속해야겠다는 자부심이 생길 수 있다.

CHAPTER 05-1 사회성 발달(사회화)

03 성 역할 발달 기출문제 분석

2019년 A

04 (가)는 교사들이 나눈 대화의 일부이고, (나)는 교사 저널의 일부이다. 물음에 답하시오. [5점]

(가)

> 윤 교사 : 제가 얼마 전 역할 영역에서 우리 반 아이들의 놀이를 관찰하고 있었는데, 남아들은 의사 역할을 하고 여아들은 간호사 역할을 하더라구요.
> 박 교사 : 저도 가끔 그런 놀이 행동을 관찰할 수 있었어요.
> 윤 교사 : 아이들은 이미 3세 무렵이 되면 여자, 남자라는 자신들의 성을 인지하게 되잖아요. [A]
> 박 교사 : 맞아요. 그리고 유아들은 자신이 인지한 성이 나중에 커서도 여자는 여성, 남자는 남성이라는 성을 유지하게 된다는 것도 인지하게 되는 것 같아요.
> 윤 교사 : 어제 우리 반 수호 어머니가 상담 시간에 오셨다가 ㉠ <u>요즘 수호가 집에서 아빠 흉내를 많이 낸다고 하시더라구요. 아빠 면도기로 면도하는 흉내도 내고 아빠 신발을 신고 돌아다니기도 한다는 거예요.</u>
> … (중략) …
> 박 교사 : 유아들이 남성적 혹은 여성적이라는 이분법적 사고를 하지 않고 여성성과 남성성의 균형을 이룰 수 있도록 교육해야겠다는 생각이 들어요.
> 윤 교사 : 맞아요! 지난번 '양성평등교육'을 주제로 한 연수에서도 그 부분을 강조했어요. 특히, 유아가 남성과 여성이 가지고 있는 긍정적인 특성을 함께 지니는 심리적 (㉡)을/를 키워주는 게 필요하다고 하더라구요.
> … (하략) …

1) [A]에서 성역할 고정관념의 예가 드러난 부분을 찾아 쓰시오. [1점]
- _____

3) (가)의 ㉡에 들어갈 말을 쓰시오. [1점]
- _____

답안 1) • 남아들은 의사 역할을 하고 여아들은 간호사 역할을 하더라구요.
3) • 양성성(androgyny)

답안해설

1) 성역할 고정관념(gender role stereotype)이란 특정행동이나 활동이 남자 혹은 여자 등 한쪽 성에게만 적용되는 것으로 생각하는 관념입니다. 남아들이 의사역할을 하고 여아들은 간호사 역할을 하는 놀이행동은 활동이나 직업에 대한 유아들의 성역할 고정관념이 드러난 것이라고 볼 수 있습니다.

더 읽어보기  **양성성**

남성적 특성과 여성적 특성을 모두 지닌 제3의 성역할 정체감을 말한다. 즉, 한 개인 내에 두 가지 특성이 결합하여 동시에 존재하는 것이다. 양성성을 지닌 사람은 성역할 고정관념에 구애받지 않으므로 미래 사회의 역동적 변화에 잘 대처할 수 있다는 점에서 이는 바람직한 성역할의 표상으로 떠오르고 있다.

CHAPTER 05-1 사회성 발달(사회화)

2018년 A

01 (가)는 교사의 저널이고, (나)는 교사 협의 장면의 일부이다. 물음에 답하시오. [5점]

(가)

> 학부모 면담을 앞두고 한 달 전부터 유아들의 놀이를 관찰하고 있다. 생활주제 '우리 동네'를 진행하며 우리 반 역할놀이 영역 벽에 남녀 운전기사, 남녀 간호사, 남녀 경찰관 사진을 붙여 두었다.
> 유아들 놀이를 관찰하던 중, 남자 유아들은 주로 쌓기놀이 영역에서 로봇을 합체하며 놀이하고, 여자 유아들은 역할놀이 영역에서 공주 놀이를 하거나, 미술 영역에서 그림을 그리며 놀이하는 빈도가 높다는 것을 알게 되었다. 관찰하면서 새롭게 발견한 점은 유아들이 자신의 성과 관련된 놀잇감을 선택하여 놀이하기를 좋아한다는 것이었다. 마치 유아들 내면에, 이 놀잇감이 남자에게 적합한 것인지 또는 여자에게 적합한 것인지를 스스로 판단하고 분류하는 (㉠)이/가 있어서, 유아들이 이에 따라 행동하는 것처럼 보였다. 뿐만 아니라 유아들은 자신의 성에 적합한 역할에 대한 정보를 더 많이 수집하여 자신의 (㉠)에 적합한 정보를 더 잘 기억하여 정보를 처리하고 학습하는 것 같다는 생각을 했다.
> 오늘도 지난주와 마찬가지로 미영이가 쌓기놀이 영역에 가서 로봇을 가지고 놀이하고 싶어 하였는데, 민수가 "넌, 여자니까 역할놀이 영역에 가서 놀아. 우리끼리 놀 거야."라고 말하며, 로봇놀이에서 미영이를 제외시켰다. 이 광경을 보고 유아들이 ㉡ <u>여자놀이와 남자놀이에 대한 고정관념</u>을 갖지 않을까 염려가 되었다. 앞으로 유아들이 성별에 관계없이 자신의 소질과 능력을 충분히 개발할 수 있도록 좀더 적극적으로 개입하여 교육계획을 세워야겠다고 생각했다. 그러기 위해서는 무엇보다 성역할에 대한 나 자신의 생각이나 가치관을 먼저 돌아봐야 하겠다.

1) (가)의 ㉠은 벰(S. L. Bem)의 성역할 이론에서 제시된 개념으로 이는 정보처리 이론의 관점에서 유아가 선택적인 기억과 선호과정을 통해 자신의 성역할을 학습하는 인지적 구조를 뜻한다. ㉠에 들어갈 용어를 쓰시오. [1점]

  • _____

2) ① 밑줄 친 ㉡을 예방하기 위한 교육의 명칭을 쓰고, ② 이와 관련하여 교사가 이미 실천한 사례를 (가)에서 1가지를 찾아 쓰시오. [2점]

  • ① _____

  • ② _____

답안 1) • 성 도식(Gender-schema)

2) • ① 양성평등교육
   • ② 역할놀이 영역 벽에 남녀 운전기사, 남녀 간호사, 남녀 경찰관 사진을 붙여둔 것
   (우리 반 역할놀이 영역 벽에 남녀 운전기사, 남녀 간호사, 남녀 경찰관 사진을 붙여 두었다.)

답안해설

1)번 문항에서는 성도식이론의 핵심용어인 '성도식'에 대한 개념설명이 제시되어 있습니다. 또한 지문에서는 '성도식'에 따라 정보를 처리한다는 이 이론의 특징이 기술되어 있습니다.

2) 마틴(Martin, 1994)은 성차를 고려하는 양성평등교육은 성차를 무시하거나 혹은 성차를 제거하는 극단적인 방법이 아니라는 점을 강조하였습니다. 성차에 민감하게 대처하는 동시에 성차를 적극적으로 고려한 양성평등교육이 이루어지기 위해서는 교사의 적극적 중재와 개입이 필요하며 다음과 같은 방법을 그 예로 들 수 있습니다.

• 자유선택활동 시 남녀가 동등하게 다양한 놀이에 접근할 수 있도록 교사가 적극적으로 유도하고 환경을 조성하는 것
  예 여아가 많이 모이게 되는 역할놀이 영역에 엄마, 아빠역할 중심의 소꿉놀이 소품만 제시하는 것이 아니라 경찰서와 관련된 소품을 제공하거나, 역할놀이 영역을 구체적으로 꾸며 이와 관련된 소품을 제공하는 것
• 성차별적 요소가 내재해 있을 수 있는 물리적 환경을 점검하여 성역할 고정관념에서 탈피할 수 있도록 환경을 조성하는 것
  예 직업에 대한 성역할 고정관념이 생기지 않도록 다양한 직업의 남녀 사진 혹은 교구를 제공하는 것

성도식(gender schema) **이론**

성도식 이론에서는 정보처리 이론을 적용한 성도식화(gender schematization) 과정을 통해 성 유형화 형성을 설명한다.

• **성도식**(gender schema)이란 성역할과 관련한 인지 도식으로 일상생활에서 남성적 특성과 여성적 특성을 구분하게 해준다. 유아는 성 도식에 근거하여 자신의 성과 적합한 정보를 선별하여 조직화함으로써 성 유형화를 이루고 성역할을 발달시켜 간다.

CHAPTER 05-1 사회성 발달(사회화)

2017년 A

03 다음은 ○○유치원 5세반 역할놀이 영역에서 일어난 놀이에 대한 일화기록이다. 물음에 답하시오.
[5점]

관찰대상 : 권임규 (남)   관찰자 : ○○○
… (생략) …
관찰일시 : 2016년 ○월 ○일 09 : 45∼09 : 55

임규는 혜미, 민호, 지수가 놀고 있는 역할놀이 영역에 와서 두리번거린다. 혜미가 민호에게 "야, 우리 과일가게놀이 하자! 여기가 과일가게야."라고 말한다. 민호가 "그래, 좋아. 난 배달할래."라고 말하자 혜미가 "배달? 그래. 너 배달해."라고 말한다. 옆에 있던 임규가 "나도 가게놀이 하고 싶다. 배달하면 재밌을 것 같은데……."라고 중얼거린다. 이 말을 듣고 지수가 임규에게 ㉠ "너 우리랑 놀고 싶구나. 그럼 함께 놀자. 네가 손님 해."라고 말한다. 임규는 ㉡ "남자는 힘이 세니까 배달을 잘할 수 있어."라고 지수에게 말한다. 그러자 지수가 "민호가 배달하고 있는데 어떡하지……."라고 말한다. 임규는 "알았어. 손님 할게. 여기 사과 있나요? 얼마예요?"라고 말하자 지수가 "천 원입니다. 아주 맛있어요."라고 말한다. 임규가 주머니에서 놀이카드를 꺼내며 "여기 천 원 있어요."라고 말한다. 갑자기 혜미가 "손님이 한 명밖에 없어서 가게놀이 재미없다. 우리 미용실놀이 하자."라고 말한다. 지수가 "그거 재밌겠다. ㉢ 난 미용사 할래."라고 말한다. 그러자 민호는 "난 미용실놀이 재미없어."라고 말하자 임규도 "나도!"라고 하면서 함께 과학영역으로 간다. 그러자 혜미가 지수에게 "우리 다른 놀이 하자."라고 하면서 둘은 미술영역으로 간다.

〈분 석〉
… (생략) …

2) ㉡에 해당하는 성역할 개념을 쓰시오. [1점]
  •

답안 2) • 성역할 고정관념

> • **성유형화**(gender typing) : 자신이 속한 사회나 문화에서 기대되는 성역할 특성을 발달시켜 나가는 과정으로 성전형화된 장난감, 활동을 선호하거나 놀이친구(성별분리)에 대한 선호가 강화되어 나감. 일반적으로 남아가 성유형화 압력을 더 많이 받고 사회가 그들에게 무엇을 기대하는지를 더 배우며 이러한 성유형화를 더 빨리 받아들이는 것으로 나타난다.
> • **성역할 고정관념**(gender role stereotypes) : 성유형화를 통해 사회적 기대를 내면화하게 되면서 남녀의 특성을 규정지으며 특정 행동이나 활동이 남자에게만 혹은 여자 등의 한 성에게만 적용되는 것으로 생각하는 관념으로 흥미, 활동, 직업에 대한 엄격한 고정관념을 의미한다.

2013년 B

04 다음 사례는 하늘유치원 만 5세반 박 교사가 자유선택활동 시간에 관찰한 내용의 일부이다. 물음에 답하시오. [5점]

> 자유선택활동 시간에 역할놀이 영역에서 남아인 지훈이와 여아인 다빈이가 같이 놀이를 하고 있다.
>
> … (중략) …
>
> 지훈이가 놀잇감 속에서 여성용 머플러와 가발, 여성용 구두를 꺼내든다. 그리고 가발과 머플러를 머리 위에 뒤집어쓰고 구두를 신고는 거울 앞에 선다. 지훈이가 거울에 비친 자기의 모습을 바라보더니 요리하는 엄마 흉내를 낸다.
>
> 이것을 본 다빈이가 "야, 넌 왜 남자가 엄마처럼 하고 있냐? ⊙ 가발 쓰고 구두 신는다고 남자가 엄마가 되냐? 그리고 ⓒ 밥은 여자만 하는 거야."라고 말한다. 그러자 지훈이는 재빨리 가발과 머플러, 구두를 바구니에 던져 넣고는 쌓기 영역으로 가서 다른 남아들과 집짓기 놀이를 한다. 집짓기 놀이 중 지훈이가 무거운 블록을 들고 와 집을 짓자 남아들이 "야! 지훈이는 아빠같이 힘이 세고 집도 잘 짓네."라고 하며 좋아한다. 그 말을 듣고 지훈이는 블록을 많이 들고 와서 더 열심히 집짓기에 참여한다. 집을 다 지은 후, 남아들이 ⓒ "집은 우리 남자들만 짓는 거야."라는 말을 한다.

2) 성역할 개념 발달에 대한 콜버그(L. Kohlberg)의 견해에 비추어 볼 때, 다빈이가 보인 ⊙과 같은 반응은 다빈이가 (①) 단계에 이르렀음을 보여준다. ①을 쓰고, 그 의미를 설명하시오. [2점]

• ① : _____

• ①의 의미 : _____

3) ⓒ과 ⓒ은 유아들의 성역할에 대한 고정관념을 보여준다. 이에 박 교사는 (①) 교육의 필요성을 느끼게 되어 누리과정에서 그 근거를 찾아 '우리 가족이 하는 일'이라는 활동을 계획하였다. 범교육과정적 주제 중 하나인 ①을 쓰시오. [1점]

• ① : _____

CHAPTER 05-1 사회성 발달(사회화)

답안 2) • ① : 성 항상성
• ①의 의미 : 성 항상성이란 의복, 머리 모양과 같은 외양이 달라지더라도 성이 결코 변화하지 않는다는 불변적 특성을 인식하고 있다는 것을 의미한다.

3) • 양성평등

답안해설

2) '성 항상성 단계'는 "네가 머리를 여자아이같이 기른다면(남자같이 자른다면) 너는 여자가(남자가) 될 수 있니?"와 같은 질문으로 측정될 수 있습니다. 성 항상성의 개념을 가진 유아는 **성이란 개인의 바람이나 외모의 변화 또는 놀이의 종류와 관계 없이 변하지 않는다는 것**을 이해하기 때문에 이러한 질문을 던졌을 때 '머리가 자란다고 여자가 될 수 없다(남아의 경우).'는 사실을 이해하고 있음을 드러냅니다. 이에 근거해 볼 때 사례에서 다빈이의 말을 통해 다빈이가 성 항상성 단계에 이르렀음을 알 수 있습니다.

더 읽어보기  **콜버그**(Kohlberg, 1966) **: 성역할 발달 단계**

인지발달론적 관점에서는 성역할 개념에 대한 인지발달을 강조한다. 이에 따르면 유아는 자신의 경험을 능동적으로 구조화해 나가면서 성역할에 대한 개념을 형성해 간다. 유아는 성장해 가면서 생물학적 성의 영속성을 이해하는 성 항상성(gender constancy)을 습득하고 성역할 행동을 발달시킨다.
콜버그는 유아 자신이 남아 혹은 여아라는 성별 개념을 인식한 후 성역할 행동이 발달된다고 보았다. 인지 경험을 통해 성에 대한 개념을 점진적으로 획득하면서 적합한 성역할을 규정하고 학습하게 된다고 보고 유아기 동안 다음의 세 단계를 거쳐 성 항상성 개념 발달이 이루어진다고 주장하였다.

• **성 정체성** 단계 : 2~3세 유아는 자신과 다른 사람의 성별을 구분하여 남자 또는 여자로 지칭할 수 있다. 하지만 남아가 자라서 엄마가 될 수 있다거나 여아도 원하면 남자가 될 수 있다는 것처럼 성별이 바뀔 수 있다고 여긴다.
• **성 안정성** 단계: 4세 무렵의 유아는 성은 안정된 것임을 알게 된다. 즉, 시간이 지나면 남아는 성인 남성이 되고 여아는 성인 여성이 된다는 것을 이해한다. 그러나 여전히 머리 모양이나 옷 등을 변화시키면 성별도 바뀐다고 생각한다.
• **성 항상성**(일관성) 단계 : 5~7세가 되면 성이란 생물학적으로 결정된 것이며, 옷이나 머리 모양이 바뀌어도 성별이 변화되지 않는다는 것을 이해한다. 즉, 성 항상성이 형성된다.

2010년 A

01 다음은 성역할 개념 발달과 성역할 행동 학습에 관련된 사례들이다.

> 〈사례 1〉
> 은지, 민아는 여자 유아이고, 준수는 남자 유아이다.
> ① 은지는 자기가 여자인지 알고, 커서 남자인 아빠가 될 수 있다고 생각한다.
> ② 민아는 아빠가 여자 옷을 입고 있어도 아빠는 남자임을 안다.
> ③ 준수는 자기가 남자이기 때문에 커서 아빠가 될 수 있다고 생각하고, 아빠가 엄마 옷을 입으면 여자라고 생각한다.

1) 성역할 개념 발달에 관한 콜버그(L. Kohlberg) 등의 인지발달론적 관점을 1가지 쓰고, 이에 기초하여 〈사례 1〉의 ①~③에 해당하는 성역할 개념 발달단계와 각 단계의 특징, 발달단계의 순서에 대해 논하시오.

답안 1) 인지발달론적 관점에 따르면 인지가 발달함에 따라 유아는 (외부의 환경적 자극을 통해/ 상호작용을 통해) 성역할에 적합한 행동 및 규칙 등을 스스로 학습하고 구조화해 나가며 성역할 개념을 발달시킨다.

- 은지는 '성 정체성 단계'에 해당한다. 이 단계의 유아는 자신의 성별을 인식하고 성 명칭을 사용하지만 외양에 의해 성별을 구별하고 시간이 흘러도 자신의 성별이 유지된다는 사실을 모르는 특징이 있다.

- 민아는 '성 항상성 단계'이다. 이 단계의 유아는 타고난 성은 일생 불변으로 지속되는 것임을 깨닫고 외양의 변화 등과 상관없이 자신의 성이 유지된다는 것을 알게 된다.

- 준수는 '성 안정성 단계'에 해당한다. 이 시기가 되면 유아는 자신의 성별을 인식할뿐만 아니라 자신의 성이 성인이 되어서까지 안정적으로 유지될 것이라는 사실을 깨달아 가지만 외양의 변화와 무관하게 유지될 것이라는 항상성의 개념은 아직 깨닫지 못하는 특징이 있다.

성역할 개념발달은 은지(성 정체성 단계)에서 준수로(성 안정성 단계), 그리고 민아(성 항상성 단계)의 순서로 발달해 나가게 된다.

① **은지는 자기가 여자인지 알고, 커서 남자인 아빠가 될 수 있다고 생각한다.** : 자신의 성별에 대해 알고 있지만 아직 다음 단계인 여자는 여자로, 남자는 남자로 계속 자라난다는 성 안정성의 개념을 깨닫지 못하고 있으므로 은지는 성정체성의 단계에 해당합니다.

② **민아는 아빠가 여자 옷을 입고 있어도 아빠는 남자임을 안다.** : 타고난 성이 외양의 변화 등과 관계 없이 일생 불변으로 지속된다는 사실을 알고 있으므로, 이는 성 항상성의 단계에 해당하는 사례입니다.

③ **준수는 자기가 남자이기 때문에 커서 아빠가 될 수 있다고 생각하고, 아빠가 엄마 옷을 입으면 여자라고 생각한다.** : 성 정체감이 더 확고히 자리잡아 가면서 자신의 성이 성인이 되어서까지 일정 기간 유지될 것이라는 사실을 깨달아가고 있지만 아직 다음 단계인 외양의 변화 등으로 성이 불변한다는 성 항상성의 개념을 가지고 있지 못하므로, 준수는 성 안정성의 단계에 해당합니다.

CHAPTER 05-1 사회성 발달(사회화)

> 2006년 주관식

09 다음을 읽고 각 문항에 답하시오. [총 8점]

> 철수 아버지 : 박 선생님! 철수가 인형을 자주 가지고 놉니까?
> 박 교사 : 예, 철수가 인형놀이를 아주 좋아합니다.
> 철수 아버지 : 저는 철수가 인형놀이 하는 것을 원하지 않습니다.
> 박 교사 : 자유선택활동 시간에는 원하는 놀이를 자유롭게 하는 것이라서요……
> 철수 아버지 : 아니 선생님! 우리 철수는 5대 독자입니다. 우리 아이는 남자답게 강하고 씩씩하게 키우고 싶습니다. 세상 살기가 얼마나 힘든데, 저런 인형놀이나 하고 있어서야……
> 박 교사 : 네, 아버님 알겠습니다. 다음부터는 철수가 남자아이들과 함께 쌓기놀이나 목공놀이를 하도록 지도하겠습니다.

1) 위의 내용 중 양성 평등 교육의 관점에서 부적절한 교사의 인식과 태도를 모두 쓰시오. [3점]
   - _____

2) 유치원에서 양성 평등 교육을 실천할 때 다음의 지도 전략을 사용할 수 있다. 각 지도 전략의 일반적인 적용 예를 쓰시오. [5점]

지도 전략	적용 예
물리적 환경	
교수-학습 매체	
유아 교육과정	
교사 교육	
부모 교육	

답안 1) • '철수가 남자아이들과 함께 쌓기놀이와 목공놀이를 하도록 하도록 지도하겠다'라는 말에서 (남아와 여아를 위한 놀이가 따로 있다는) 교사의 성역할 고정관념이 드러난다. 이러한 교사의 말에는 철수가 동성인 남아들과 놀이할 때 남성성을 학습할 수 있다는 잘못된 인식 또한 반영되어 있다. 게다가 박 교사는 양성평등교육 관점에서 볼 때 적절하지 않은 철수 아버지의 (성역할 발달에 관한) 잘못된 인식을 변화시키려는 노력을 하고 있지 않으므로(~하지 않고 부모의 관점을 그대로 수용하고 있으므로) 이 또한 적절하지 않은 태도라고 할 수 있다.

2)

지도 전략	적용 예
물리적 환경	- 역할 영역에 경찰서놀이, 병원놀이, 미용실놀이 등 다양한 활동 및 교구를 제공한다. - 유아의 물품 등에서 색을 남녀의 성차로 구분하지 않는다.
교수-학습 매체	- 남자는 영웅으로서 혹은 독립적이거나 문제 해결력이 뛰어난 존재로, 여자는 부드럽고 약하고 상냥하며 가정일을 돌보는 존재로 묘사되어 있는 그림책 등이 성편견을 가져오게 될 수 있으므로 그림책의 선정에 노력을 기울인다. - 간호사는 여자로, 경찰관은 남자로 되어 있는 등의 교수 매체나 그림 자료 등은 성편견을 심어줄 수 있다. 따라서 정형화된 외양과는 다른 양성평등적인 매체를 제작하고 활용하는 데 적극적으로 개입하고 노력한다. 예 정형화된 외양과 다른 그림 및 사진 자료(머리 긴 남자, 힘센 여자), 여러 가지 직업을 가진 남녀(남자 간호사, 여자 군인), 다양한 일상생활의 모습(운전하는 엄마, 아기를 돌보는 아빠, 설거지하는 아빠, 전등을 교환하는 엄마)
유아 교육과정	- 남녀 모두 다양한 활동(정적이고 동적인)에 참여할 수 있는 기회를 제공하고 함께 다양한 일들을 할 수 있다는 인식을 심어주도록 노력한다.
교사 교육	- 자신이 지닌 성역할에 대한 고정관념이나 가치관 등에 대한 반성적 태도를 지닌다. - 교육과정을 운영해 나가는 데 있어 양성평등의 교육을 실시하기 위해 적극적인 노력을 기울이고 개입한다.
부모 교육	- 다양한 방법을 통해(부모교육, 워크샵, 가정통신문 등) 부모와의 소통을 함으로써 성역할 고정관념에 대한 부모들의 인식을 변화시키고 가정과 연계된 양성평등교육을 실천할 수 있도록 노력한다.

1) 성역할 고정관념
성역할 개념은 개인의 감정, 인지, 태도, 심리사회적 적응에 매우 중요한 영향을 미친다. 성역할 고정관념이란 '성에 따라 외모, 행동양식, 말씨, 감정을 표현하는 방식 및 다른 여러 특성들이 다르다고 규정하는 인식'을 뜻한다. 예를 들어 여자는 남자보다 더 온순하고 남자는 더 성취지향적이라고 생각하는 경향을 둔 것들이 잘못된 고정관념들이다. 성역할 고정관념은 아주 어린 시기부터 강하게 형성되는데 2세 유아도 성역할 고정관념의 지식을 소유하고 있으며 동성의 부모와 동일시가 이루어지고 3~5세 유아기는 이러한 고정관념이 더욱 증가되는 시기이다. 직업이나 활동, 장래 희망에 대한 고정관념에 있어 남아가 여아보다 훨씬 강한 고정관념을 나타내었으며 연령이 높아질수록 성역할 개념은 융통성을 가지는 것으로 나타났다. 양성성의 개념을 토대로 양성평등적 역할 모델을 그린 동화와 같은 교재를 활용하여 유아의 성역할 태도 변화를 살펴본 연구들이 이루어지고 있으며 그 결과 유아의 성역할 고정관념이 완화된 것으로 나타났다.

2) 성역할 개념의 발달을 돕는 교사의 역할
유아기는 성역할 고정관념이 형성되기 시작하는 시기로 성역할 개념의 발달과정에서 교육적 개입이 가장 적절한 시기이다. 교사는 조화로운 성역할 개념에 대한 바른 인식을 토대로 유아들이 다양한 학습경험을 통해 건강한 성역할 개념을 발달시켜 갈 수 있도록 도울 수 있다. 유아의 조화로운 성역할 발달을 돕기 위해 교사는 다음의 내용을 고려하도록 한다.
• 성별에 관계없이 학급에서 이루어지는 모든 일에 동등한 책임을 맡을 수 있도록 안내하기

CHAPTER 05-1 사회성 발달(사회화)

- 집단을 구성할 때 남아와 여아가 한 집단 안에서 서로 돕고 영향을 미칠 수 있는 형태로 계획하기
- 자신의 타고난 성을 기쁘고 소중히 여기는 마음을 가질 수 있는 분위기 조성하기
- 다양한 놀이를 선택하도록 안내하고 격려하기
- 유아들이 특정 놀이를 선호하는 경향성이 남아의 놀이 혹은 여아의 놀이로 제한되거나 굳어지지 않도록 유아들이 다양한 놀이 영역에 골고루 참여하는 것을 격려하고 필요한 지원하기
- 남성과 여성이 다양한 직업에 종사하여 서로 협력하고 능력을 발휘하는 다양한 사례들을 탐색하고 의견을 나눔으로써 유아들이 양성성에 관심을 가지도록 안내하기
- 남성과 여성의 신체적 차이와 성 정체성에 대한 이해를 도울 수 있는 활동을 제공하기
- 양성성을 바탕으로 한 성역할 동화 및 극화활동을 하기
- 성역할에 대한 다양성을 반영하여 환경을 구성하기(가정이나 직장에서 남녀가 다양한 일을 하는 사진 혹은 그림)
- 다양한 직업을 가진 가족 구성원을 초청하여 유아들과 토론하는 기회 갖기
- 남녀의 성차가 부각된 교재를 통해 고정관념이 강화되지 않도록 주의하기

2001년 주관식

09 다음은 한 유치원에서 실내 자유선택활동 시간에 유아들이 놀이에 참여하는 모습을 기술한 것이다.

여느 때와 마찬가지로 활동실에 들어서자, 대부분의 남자 아이들은 쌓기놀이 영역에 모여 블록으로 집짓기 활동에 열중하고 있다. 한편, 활동실의 반대편에 위치한 역할놀이 영역에서는 여자 아이들끼리 모여 인형을 가지고 놀고 있다.

유아들의 행동이 이렇게 나타나는 원인과 개선 방법을 3가지씩 제시하시오. [총 8점]

• 원인 [4점]
①

②

③

• 개선 방법 [4점]
①

②

③

CHAPTER 05-1 사회성 발달(사회화)

답안 [원인]

① 쌓기놀이 영역과 역할놀이 영역이 떨어져 배치되어 있기 때문이다.

② 이 시기의 유아들은 성역할에 적합하다고 생각하는 행동이 있기 때문에 놀이에 있어서도 동성끼리 놀거나 성역할에 적합한 놀이를 하려는 경향을 보이기 때문이다.

③ 부모, 교사, 미디어로부터 성역할에 대한 고정관념이 전달되었기 때문이다.

④ 영역별 교구가 성별의 선호에 따라 배치되어 있을 수 있다.

[개선 방안]

① 두 영역을 근접하게 배치함으로써 남녀 유아들이 어울려 놀 수 있는 물리적 환경을 만든다.

② 성역할 고정관념을 보이거나 하는 행동, 말, 태도 등에 개입하여 발전적인 성역할 개념을 확립할 수 있도록 지도한다.

③ 교사 자신의 말, 행동, 생각 등을 되돌아 보고 스스로 성역할 고정관념에서 벗어나려 노력하며 이에 관련된 가정통신문을 만들어 가정과 연계해 지도한다.

④ 놀이 영역에 성차별이 없는 놀이를 진행할 수 있는 교구 및 교재(예를 들어 역할놀이 영역에 경찰놀이 혹은 소방서 놀이 등)를 제시하여 함께 어울려 놀 수 있도록 한다.

MEMO

CHAPTER 05-1 사회성 발달(사회화)

04 사회 인지 발달 기출문제 분석

2024년 B

02 (가)는 5세반 교실에서 유아들이 나눈 대화의 일부이고, (나)는 교사와 유아 간 대화의 일부이다. 물음에 답하시오. [5점]

(가)

> 태 현 : 예찬아, 오늘 토끼 밥 주는 거 네 차례지? 나도 같이 갈래. 난 토끼가 너무 좋아.
> 예 찬 : 진짜? 난 가기 싫어. 토끼 무섭단 말이야.
> 태 현 : _____㉠_____
> 　　　 그러면 오늘은 너 대신에 내가 토끼 밥 줄까?
> 정 원 : 그건 안 되지! 우리 반 규칙이 있잖아.
> 예 찬 : 아, 맞네. 지난번에 우리 반 친구들이 서로 토끼 밥 주겠다고 싸우니까 선생님이 토끼 밥 주는 순서를 정해 주셨지.
> 정 원 : ㉡ 우리가 토끼를 키우고 싶어서 데려온 거니까, 선생님이 토끼에게 밥 주는 건 우리가 해야 한다고 알려 주셨어. ┐
> 성 욱 : 선생님이 토끼에게 밥 주면 안 되나?　　　　　　　　　　　　　　　　　　　[A]
> 태 현 : 그러면 안 되지. 우리 반에서 토끼를 키우기로 결정한 건 우리들이잖아. ㉢ 그러니까 당연히 우리가 토끼를 잘 돌봐 주어야 하는 거야. ┘

1) 호프만(L. Hoffman)의 감정 이입 발달 단계에 근거하여, 3단계에 해당하는 (가)의 ㉠에 들어갈 유아의 발화를 쓰시오. [1점]

 1) • 아, 토끼가 무서우니까(무서웠기 때문에) 밥 주러 가는 게(것이) 무서워서 싫었구나.

[조망수용능력 3단계의 특징]

3단계 유아는 다양한 정서를 구별하고, 타인이 자신의 감정과는 다르게 느낄 수 있음을 안다. 조망수용능력이 발달되기 때문에 타인의 감정은 자신과 다른 타인의 욕구에 근거한다는 것을 인식하기 때문에 타인의 감정을 쉽게 알아차리고 도움이 필요할 때 적절한 방법으로 도와주기도 한다.

> **더 읽어보기**  **공감능력의 발달**(Hoffman, 1984)
>
> - **포괄적 공감**(0~1세) : 타인의 강한 정서와 비슷한 정서를 만들어 내지만 타인과 자신을 분리하지 못하기 때문에 혼란스럽다. 그러나 서서히 영아는 마치 자신이 경험을 한 것처럼 행동한다.
> - **자기중심적 공감**(1~2, 3세) : 자신이 타인과 분리되어 있음을 안다. 타인의 정서와 비슷한 정서를 이야기하고, 경험하지 못한 것도 알게 된다. 타인이 부정적인 정서를 나타내고 있으면 긍정적인 정서를 표현하도록 노력한다.
> - **타인의 감정을 공감**(유치원과 초등학교 시기) : 다양한 정서를 구별하고, 자신의 감정과 타인의 감정이 다르게 느낄 수 있음을 안다. 또한 타인의 감정을 쉽게 알아차리고 도움이 필요할 때 도와주기도 한다.
> - **타인의 생활조건을 공감**(후기 아동기~) : 정서가 빈곤이나 차별과 같은 생활조건이나 상황에 기인할 수 있다는 것을 알기 시작한다. 타인의 아픔을 공감하며, 특히 어려운 상황에 있는 이들에게 더 강하게 공감한다.

CHAPTER 05-1 사회성 발달(사회화)

2021년 B

02 다음은 4세반 흙 놀이 상황이다. 물음에 답하시오. [5점]

  훈이는 혼자 흙으로 개미집을 만들고 있다.
예린 : (훈이가 만든 개미집 주변 흙을 손으로 가지고 가며) 나도 개미집 만들어야지!
훈이 : 야! 내 흙 가져가지 마. 내 개미집 부서지잖아! 저기 가면 흙 많이 있어.
예린 : 싫어. 나도 여기에 있는 흙으로 만들 거야.
훈이 : 개미집 더 크게 만들려면 흙이 더 필요한데….
  바구니를 들고 흙을 가지러 다른 곳으로 간다.
윤기 : (개미집 주변을 지나가다가 삽을 밟아 넘어지며) 아야! 이거 누구 거야?
예린 : (윤기를 보지 않고 땅을 파면서) 몰라.
  윤기는 삽을 들고 정리함이 있는 곳으로 간다.
  … (중략) …
훈이 : (흙이 담긴 바구니를 들고) 어? 내 삽 어디 있지? (예린이 삽을 보며) 이 삽 내 거지?
예린 : 아니거든. 이거 내 거야.
훈이 : (주변을 살피며) 내 삽이랑 똑같이 생겼네. 야! 너 이거 내 거 맞잖아. 다른 사람 물건 갖고 가면 안 돼!
예린 : 아니야! 선생님한테 다 이를 거야. ㉠ (화가 나서 훈이를 밀치며 교사에게 달려 간다.)   ［A］
  … (중략) …
  예린이 주변으로 유아들이 모여든다.
예린 : (울먹거리며) 나 훈이 삽 안 갖고 갔는데 훈이가 내가 가져갔다고 해.
윤기 : 알았다. 훈이 너, 개미집 옆에서 네 삽 찾으려 했지?
훈이 : 응.
윤기 : 그 삽을 내가 정리함에 갖다 놨어. 다 쓴 줄 알고. 바닥에 있는 거 내가 밟아서 넘어 졌거든.
예린 : 훈이 너 나빠.
훈이 : (작은 목소리로) 예린아, 미안해.
윤기 : 예린아, 훈이는 내가 삽을 정리함에 놓은 걸 몰랐잖아. 그래서 네가 가지고 갔다고 생각한 거야.
  … (하략) …

1) ① ⓐ에 들어갈 용어를 쓰시오. ② [A]에서 ⓐ를 이해한 유아의 이름을 쓰고, 그렇게 판단한 이유를 사례와 관련지어 쓰시오. [3점]

> (ⓐ)은/는 주어진 상황에서 어떤 사건이 사실이 아님에도 불구하고 사실이라고 생각하는 것이다. 유아가 타인의 (ⓐ)을/를 이해한다는 것은 '타인의 생각이나 바람, 감정 등을 추론하고 이런 추론에 따라 타인의 행동을 예측하고 이해하는 능력'인 '마음이론'을 형성했다는 것이다.

① _____

② _____

답안 1) • ① : 틀린 믿음
- ② - 예 1 : 윤기, 삽이 있는 장소가 바뀌는 것을 보지 못한 훈이가 실제와 다른 자신의 틀린 믿음에 따라 행동(처음에 삽을 두었던 장소에서 삽을 찾는 행동)할 것이라고 추론하고 있기 때문이다.
- ② - 예 2 : 윤기, 삽의 위치가 바뀌어 훈이가 가지고 있는 믿음이 실재와 일치하지 않다는 사실을 알고, 훈이가 이러한 틀린 믿음에 근거하여 행동할 것이라는 것을 추론(이해)하고 있기 때문이다.
- ② - 예 3 : 윤기, 자신이 가지고 있는 '실재와 일치하는 믿음'과 '실재와 일치하지 않는 훈이의 틀린 믿음'을 구분할 수 있고, 훈이의 관점에서 틀린 믿음에 따른 행동을 예측(추론)하고 있기 때문이다.

더 읽어보기  틀린 믿음(false belief)
- **믿음은 어떤 사실에 대한 자신의 표상**이며 이 표상의 내용은 자신이 가지고 있는 **정보의 정확성에 따라 사실과 일치할 수도 있고 일치하지 않을 수도** 있다.
- 틀린 믿음(false belief)이란 주어진 상황에서 어떤 사건이 진실이 아님에도 불구하고 진실이라고 믿는 것을 말한다. **사실과 일치하지 않은 믿음**을 가질 때 우리는 사실에 대한 틀린 믿음을 갖게 되는 것이다. 실제로 우리는 일상생활에서 틀린 믿음을 많이 갖게 되는데, 이는 사실에 대한 정확한 정보가 부족하기 때문에 나타난다.
- 유아는 만 4세가 되면 표상이라는 것을 이해하고, 정신적 표상에 대한 지식이 증가하여 특정 사실을 직접 보거나 듣지 않았을 경우에도 사실과 다른, 주어진 상황에서 어떤 사건이 진실이 아님에도 불구하고 진실이라고 믿는 것, 즉 틀린 믿음을 이해하게 된다.

CHAPTER 05-1 사회성 발달(사회화)

2018년 A

08 다음은 김 교사와 박 원감의 대화이다. 물음에 답하시오. [5점]

> 박 원감 : 선생님, 현장학습은 잘 다녀오셨어요?
> 김 교사 : 네. ㉠ 추석맞이 전통 놀이 체험 코너를 운영한다고 해서 다녀왔어요. 아이들이 추석에 관한 여러 전시와 공연을 보고 놀이체험도 했어요.
> 박 원감 : 추석과 관련된 후속 활동도 계획하셨나요?
> 김 교사 : 그럼요. ㉡ 행사 참여로 끝나면 관광하는 것처럼 본래의 취지나 의미를 생각하지 못하는 일회성의 교육이 되잖아요.
> 박 원감 : 어떤 후속 활동을 계획 중이세요?
> 김 교사 : 유치원에서 송편을 만들어 보려고 해요. 올해, 작년과 다른 모양의 송편을 만들지만 매년 같은 일이 반복된다는 것을 이해하도록 도우려고 합니다.
> 박 원감 : 유아들이 ㉢ 시간의 흐름을 이해하고, ㉣ 시간이 지나며 나타나는 여러 변화가 있지만 ㉤ 여전히 지속되는 경험이 있다는 것을 이해하도록 도울 수 있겠네요.
> 김 교사 : 네. 그렇게 해보려고 해요.
> 박 원감 : 아이들이 좋아하겠네요. 그런데 견학지에서 다른 특별한 일은 없었나요?
> 김 교사 : 다정이가 박물관 입구에 있는 장승을 보고 너무 놀라 안으로 들어가지 않겠다고 했어요. 그러자 경수가 다정이에게 "너 놀이터에서 놀고 싶어서 그러는거지?"라고 해서 다정이가 아니라며 울었어요. 경수는 아직 ㉥ 다정이의 행동을 보고 다정이가 어떤 생각으로 그런 행동을 했는지 추론하지 못하는 것 같아요.
> 박 원감 : ⓐ 사람에게는 감정, 욕구, 의도, 믿음, 지식과 같은 내적 정신 과정이 있고, 이것이 사람의 행동을 이끌고 사람마다 다를 수 있다는 것을 이해하는 것이 아직 유아들에게는 어렵죠.
> 김 교사 : 네. 경수뿐 아니라 다른 유아들도 아직 다른 사람을 이해하고 (㉧)하는 것이 어려운가 봐요. 현정이도 친구들을 걱정하고 도와주려 하면서도 지시하고 평가하는 말투를 자주 사용하네요. 이런 유아들을 어떻게 도와주어야 할지 모르겠어요.
> 박 원감 : 자신의 생각이나 기분을 그대로 표현하는 방법을 알려주면 어떨까요? 주로 부모들에게 소개되었던 방법이어서 유아들에게는 좀 어려울 수도 있지만 시도해 볼 만한 것 같아요.
> 김 교사 : 네. 자신의 감정이나 생각에 대한 책임을 상대방에게 전가하지 않아 상대방의 감정도 상하지 않게 하는 방법이라고 배웠어요. 문제가 생긴 상황과 그 결과에 대한 자신의 느낌을 표현하는 방법이지요. [A]
>
> … (하략) …

3) 사회성 발달을 위한 인지적 능력을 나타내는 것으로, 밑줄 친 ㉥, ⓐ을 통해 설명할 수 있는 이론 1가지를 쓰시오. [1점]

•

답안 3) • 마음이론

 마음이론

마음이론은 다른 사람의 믿음, 바람, 의도 등과 같은 **마음상태를 추론하는 능력**과 다른 사람이 한 말의 뜻과 행동의 의미를 이해하고, **앞으로 하게 될 행동을 예측하기 위해 다른 사람의 마음 상태에 대한 정보를 사용하는 능력**을 의미한다(Baron-cohen, Howlin & Hadwin, 1999). 즉, 마음이론은 어떤 사람이 특정 행동을 하는 것은 그 사람이 특정 믿음이나 바람, 의도를 가지고 있기 때문이라고 해석하는 능력이다.

2018년 B

03 (가)는 최 원감이 김 교사와 유아사회교육에 대한 면담을 마치고 그 내용을 정리한 것이고, (나)는 홍 교사의 교육계획에 대한 저널이다. 물음에 답하시오. [5점]

(가)

> 김 교사는 매 학기 초에 유아들이 타인과 긍정적인 유대관계를 맺는 데 필요한 의사소통하기, 공유하기, 협력하기, 갈등 해결하기와 같은 (㉠)을/를 발달시키기 위해 '서로 화목하게 지내요' 등의 주제로 활동들을 진행한다. 지난해, 김 교사는 ㉡<u>유아들을 한곳에 모아 놓고 교실에서 발생하는 갈등상황이나 공통적인 관심사에 대해 각자 생각이나 느낌을 말하고, 의견을 공유하는 방법</u>으로 활동을 전개하였다. 그런데 올해 김 교사는 다음과 같은 활동계획을 구성하고 있다고 보여 주었다.
>
> | 활동명 | 고마움을 표현해요 |
> |---|---|
> | 활동형태 | 대·소집단활동 |
> | 활동목표 | 고마움을 표현하는 다양한 방법이 있음을 안다. |
> | 교육과정 관련요소 | … (생략) … |
> | 활동자료 | 도움을 받는 상황 그림 |
> | 활동방법 | 1) 그림 상황에 대한 사전 경험을 나눈다.
2) 고마움을 표현하는 방법을 이야기 나눈다.
3) 고마움을 표현하기 위한 '감사 카드 만들기', '악기 연주하기', '선물상자 만들기'로 유아들을 3개의 소집단으로 나눈다.
4) 교사는 소집단별로 유아와 함께 활동계획을 세우고, 유아들은 역할을 분담한다.
5) 각 소집단별로 활동을 전개한다.
6) 활동이 마무리되면, 각 소집단별로 자신들이 한 활동을 정리해서 이야기한다.
7) 전체 유아가 모여 소집단별 활동 결과물을 함께 공유한다. [A] |
>
> 김 교사는 지난해에 적용한 방법 ㉡과 올해 적용하려는 방법 [A]가 모두 ㉢<u>유아들이 자아중심성에서 벗어나 친구들의 관점에서 상황과 정보를 이해하는 능력</u>을 가질 수 있게 도와주는 좋은 방법이라고 생각하고 있다.

1) ① (가)의 ㉠에 들어갈 말을 쓰고, ② (가)의 밑줄 친 ㉡과 [A]에 나타난 교수-학습방법을 각각 1가지씩 순서대로 쓰고, ③ (가)의 밑줄 친 ㉢에 해당하는 개념을 쓰시오. [3점]
   (※ ①, ②는 [ch. 05-2 사회교육]에서 살펴봅니다.)
   • ③ _____

답안 1) • ③ 조망수용(역할수용)능력

>  **조망수용(perspective taking) 능력**
>
> • **조망수용능력**이란 자아중심적 사고를 탈피하여 **타인의 생각과 의도를 이해하고 감정을 수용할 수 있는 능력**을 말한다. 어떤 상황 속에서 다른 사람의 생각을 느껴보고 그 사람의 입장이 되어 보는 과정으로 정서적 측면에서 공감을 하는 것이다.
> • **조망수용능력**이란 다른 사람의 입장에서 그의 인지, 사고, 정서 등 내적인 심리 상태를 추측하는 것으로 자기중심적인 사고에서 벗어나 타인의 입장을 이해하고 받아들이는 것이다. 타인의 입장이 되어 그 사람의 감정과 생각을 상상할 수 있는 능력이라는 점에서 역할수용(role taking)이란 용어와 같은 의미로 사용되기도 한다(박찬옥, 김영중, 황혜경, 엄정혜, 조경서, 2001).

CHAPTER 05-1 사회성 발달(사회화)

2014년 B

03 (가)는 유아들이 방송국 놀이를 하는 장면이고, (나)는 교사가 유아들과 딜레마에 대해 이야기를 나누는 장면의 일부이다. 물음에 답하시오. [5점]

(나)

> 교사가 딜레마가 있는 짧은 생활동화를 유아들에게 들려준 후, 질문을 하였다.
>
> > 동화내용 : 철수는 한 달 전에 혼자 자전거를 타다가 크게 다칠 뻔해서 엄마를 많이 걱정시키고 혼이 났어요. 그 후 절대 혼자 자전거를 타지 않기로 엄마랑 약속을 했는데, 오늘 외할머니께서 급한 일이 있으니, 빨리 와서 도와달라고 전화를 했어요. 걸어가기에는 시간이 많이 걸려서 엄마한테 전화로 자전거를 타고가도 될지 물어보려 했지만 엄마는 전화를 받지 않았어요. 철수는 외할머니께 늦게 가면 나쁜 일이 생길 것 같아 고민을 했어요.
> >
> >
>
> 교사 : 철수는 외할머니 댁에 자전거를 타고 갈까? 철수가 혼자 자전거를 타고 간 것을 엄마가 알면 어떻게 하실까?
> 지호 : ㉣ 철수는 자전거를 타고 외할머니께 갈 것 같아요. 나는 우리 외할머니 좋아하는데, 철수도 엄마도 외할머니를 좋아하니까 기뻐할 거예요.

3) 셀만(R. Selman)의 역할수용(role-taking)이론에 비추어 볼 때, (나)에서 ㉣의 지호가 해당되는 수준의 명칭 1가지를 쓰고, 이 수준의 특징 1가지를 쓰시오. [2점]

• 명칭 : _____

• 특징 : _____

답안 3) • 명칭 : 자기중심적 역할수용(미분화된 조망수용)

• 특징 : 타인이 자신과 다른 관점을 가지고 있다는 점을 인식하지 못하기 때문에 자신과 동일한 방식으로 생각한다고 가정한다.

답안해설

이 문제에서 제시한 용어인 셀만의 '역할수용'과 '조망수용'은 혼용되고 있는 용어이므로 동일한 개념으로 보실 수 있습니다. 조망수용능력이나 도덕성발달 단계 이론에서는 '자전거를 타고 갈 것이다' 등과 같이 유아가 자신의 선택에 대한 이유를 어떻게 설명하는지가 단계를 구분하는 기준이 될 수 있습니다.

3) 위 사례에서 지호는 철수가 자전거를 타고 외할머니께 갈 거라는 사실에 대한 이유를 '나는 외할머니를 좋아하니까, 철수도 엄마도 외할머니를 좋아할 것이다'라고 설명하고 있습니다. 이는 **타인이 자신과 다른 관점을 가지고 있다는 점을 이해하지 못하는 미분화된 조망을 가진 '자기중심적' 역할수행**의 단계에 해당하는 특징이라고 볼 수 있습니다.

더 읽어보기 셀만(Selman) : 조망수용능력 발달 단계

• **미분화된**(자아중심적) **조망수용**(대략 3~6세) : 아동은 자신과는 다른 어떤 조망도 인식하지 못한다. 자신이 Holy가 하는 것이 옳다고 느끼는 것은 다른 사람들의 동의를 얻을 것이라고 가정한다.
• **주관적**(사회정보적) **조망수용**(6~8세) : 아동은 이제 사람들이 자신의 조망과는 다른 조망을 가질 수 있다는 것을 인식하지만, 이것은 단지 사람들이 다른 정보를 받았기 때문에 일어난다고 믿는다.
• **자기반영적**(자기 반성적) **조망수용**(대략 8~10세) : 아동은 이제 같은 정보를 받았을 때도 자신과 타인의 관점이 갈등할 수 있다는 것을 안다. 이제 아동은 타인의 관점을 고려할 수 있다. 또한 아동은 타인은 아동의 입장에 설 수 있다는 것을 인식하고, 따라서 자신의 행동에 대한 타인의 반응을 예측할 수 있다. 그러나 아동은 자신의 관점과 타인의 관점을 동시에 고려할 수 없다.
• **상호적 역할수용**(대략 10~12세) : 아동은 이제 자신과 타인의 관점을 동시에 고려하고 타인도 같은 일을 할 수 있다는 것을 인식할 수 있다. 또한 아동은 공평한 제3자의 관점을 추정하고 각자(자신과 타인)가 파트너의 관점에 대해 어떻게 반응할 것인지를 예측할 수 있다.

(※ 이하 단계 생략)

CHAPTER 05-1 사회성 발달(사회화)

2013년 B

03 (가)는 만 5세반 최 교사가 친구 관계에 대하여 지호와 이야기한 내용이고, (나)는 (가)의 이야기를 나눈 후에 최 교사가 작성한 활동계획안의 일부이다. 물음에 답하시오. [5점]

(가)	
	교사 : 지호야, 동민이가 친구라고 했지? 지호 : 어, 이젠 동민이는 친구 아니에요. 교사 : 그래? 그럼 누가 친군데? 지호 : 준서요. ㉠ ┌ 교사 : 아까는 동민이가 친구라면서? 왜 지금은 준서가 친구라고 생각하니? 　└ 지호 : 동민이는 지금 나랑 안 노니까요. 지금은 준서가 친구예요. 준서가 나랑 같이 자동차놀이를 하잖아요. ㉡ ┌ 교사 : 그렇구나. 그런데, 동민이가 너의 친구가 아니라는 말을 들으면 속상해 하지 않을까? 　│ 지호 : (잠깐 머뭇거리다가) 아니요. 　│ 교사 : 그럼, 네가 동민이라면 기분이 어떨까? 　└ 지호 : ……

2) 최 교사는 ㉡을 근거로 지호가 (　　)와(과) 같은 능력이 부족하다고 생각하였다. 다음은 이 능력에 대한 설명이다. 괄호 안에 공통적으로 해당하는 용어를 쓰시오. [1점]

- (　　)은(는) 타인의 감정이나 기분을 마치 자신의 것처럼 느끼는 것이다.
- (　　)은(는) 다른 사람의 감정 상태를 대리적으로 경험하는 것이다.

- _____

답안 2) • 공감(감정 이입)

2012년 객관식

20 다음은 유아의 '마음이론'(theory of mind) 발달을 측정하는 과제이고, (가)는 이 과제의 질문에 대한 유아 A와 유아 B의 반응이다. 두 유아의 '마음이론' 발달의 특징을 기술한 것으로 적절하지 <u>않은</u> 것은?

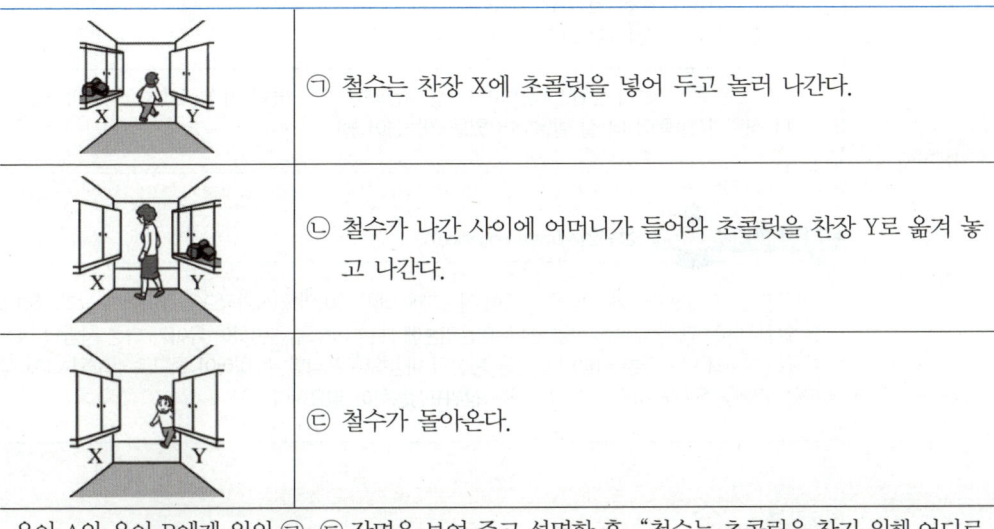

	㉠ 철수는 찬장 X에 초콜릿을 넣어 두고 놀러 나간다.
	㉡ 철수가 나간 사이에 어머니가 들어와 초콜릿을 찬장 Y로 옮겨 놓고 나간다.
	㉢ 철수가 돌아온다.

유아 A와 유아 B에게 위의 ㉠~㉢ 장면을 보여 주고 설명한 후, "철수는 초콜릿을 찾기 위해 어디로 갔을까?"라고 묻는다.

| (가) | • 유아 A : 철수는 찬장 X로 가요.
• 유아 B : 철수는 찬장 Y로 가요. |

① 유아 A는 유아 B보다 철수의 관점을 더 잘 읽을 수 있다.
② 유아 A는 유아 B보다 마음이론이 더 잘 발달되어 있을 수 있다.
③ 유아 B는 유아 A보다 상위인지 능력이 더 발달되어 있을 가능성이 높다.
④ 유아 A는 철수의 생각이나 믿음이 실제와 다를 수 있다는 것을 이해한다.
⑤ 유아 B는 자기가 알게 된 정보를 이용하여 철수의 행동을 자기중심적으로 설명한다.

 ③

> 유아 A : 철수는 찬장 X로 가요. (원래 있던 곳)
> 유아 B : 철수는 찬장 Y로 가요. (초콜릿 옮긴 곳)

③ 유아 B는 유아 A보다 상위인지능력이 더 잘 발달되어 있을 가능성이 높다. (×) → 유아 A는 유아 B보다 상위인지능력이 더 잘 발달되어 있을 가능성이 높다.

 **상위인지**(meta cognition)

상위인지는 자신이 어떻게 지식을 습득해 가는지에 대한 유아의 인식과정으로 유아가 표상과 문제해결능력을 발달시키는 데 중요한 역할을 한다. 마음이론에 대한 이해와 관련하여 유아가 다른 사람의 정신상태를 추론하기 위해서는 다른 사람의 마음을 자신의 마음속에 표상할 수 있어야 하므로 실재와 그에 상반되는 다른 모델을 동시에 표상하고 생각하는 **상위표상능력이 필요**하다.

2011년 객관식

20 다음은 아동의 사회적 조망 수용 능력의 발달 수준을 판단해 볼 수 있는 예문이다. 이 예문을 들려주고 "이때 철수는 어떻게 할까? 철수 아빠는 그 결정에 대해 어떻게 생각하실까?"라는 질문을 했을 때 나타날 수 있는 아동의 반응을 셀먼(R. L. Selman)이 제시한 발달 수준에 따라 〈보기〉에서 낮은 수준부터 골라 순서대로 나열한 것은?

철수는 동네에서 나무타기를 가장 잘한다. 어느 날 나무에 올라갔다가 떨어졌으나 다치지는 않았다. 마침 아빠는 철수가 떨어지는 것을 보시고 화를 내시며 앞으로 나무에 올라가지 말라고 하셨고 철수도 올라가지 않겠다고 약속했다. 그 후 철수는 친구를 우연히 만났는데 그 친구의 새끼 고양이가 나무에 걸려서 내려오지도 못하고 자칫 잘못하다간 떨어질 지경이었다.
고양이를 나무에서 데리고 내려올 수 있는 사람은 철수뿐이었으나 철수는 아빠와의 약속 때문에 주저하며 머뭇거렸다.

〈보기〉

ㄱ. "철수는 나무에 올라가 고양이를 데리고 내려와요. 철수가 고양이를 구하면 아빠는 좋아하실 거예요. 왜냐하면 아빠도 고양이를 좋아하거든요."라고 대답한다.
ㄴ. "철수는 나무에 올라가 고양이를 데리고 내려와요. 아빠는 철수가 왜 올라갔는지 모른다면 화내실 지도 몰라요. 그런데 고양이가 다칠지도 몰라서 철수가 구했다고 하면 잘했다고 하실 거예요."라고 대답한다.
ㄷ. "철수는 나무에 올라가 고양이를 데리고 내려와요. 아빠는 고양이가 다칠지도 몰라서 철수가 나무에 올라가게 된 것은 이해하실 거예요. 그래도 아빠는 철수가 다칠까 봐 걱정이 되어 야단치실 거예요."라고 대답한다.

① ㄱ → ㄴ → ㄷ   ② ㄱ → ㄷ → ㄴ   ③ ㄴ → ㄱ → ㄷ
④ ㄴ → ㄷ → ㄱ   ⑤ ㄷ → ㄴ → ㄱ

CHAPTER **05-1 사회성 발달(사회화)**

 ①

> ㄱ. "철수는 나무에 올라가 고양이를 데리고 내려와요. 철수가 고양이를 구하면 아빠는 좋아하실 거예요. 왜냐하면 아빠도 고양이를 좋아하거든요." ⇨ 다른 사람이 나와 다른 관점과 의도를 가질 수 있다는 점을 이해하지 못하는 **0단계의 미분화된 조망수용**을 나타냅니다.
>
> ㄴ. "철수는 나무에 올라가 고양이를 데리고 내려와요. 아빠는 철수가 왜 올라갔는지 모른다면 화내실지도 몰라요. 그런데 고양이가 다칠지도 몰라서 철수가 구했다고 하면 잘했다고 하실 거예요." ⇨ 타인의 조망이 자신과 다름을 인지하기 시작하지만(아빠가 화낼 수도 있음.) 이는 여전히 주관적인 이해의 수준으로 아빠의 진짜 의도(철수가 위험한 상황에 빠질 수 있음을 걱정하심.)를 이해한 것이 아니라 아빠와 자신이 서로 다른 정보를 가지고 있기 때문에 다른 관점을 가지고 있는 것이라고 판단하고 있습니다(서로 다른 정보 : **왜 올라갔는지 모름.** ⇨ 정보가 같다면 문제가 해결됨. : **왜 올라갔는지 알면** 잘했다고 하실 것). 따라서 여전히 상대방의 반응을 예측하지 못하는 단계로 볼 수 있으며(고양이가 다칠지도 몰라서 구했다고 하면 잘했다고 하실 거예요.) 이는 **1단계인 사회정보적 조망수용 단계**의 특징에 해당합니다.
>
> ㄷ. "철수는 나무에 올라가 고양이를 데리고 내려와요. 아빠는 고양이가 다칠지도 몰라서 철수가 나무에 올라가게 된 것은 이해하실 거예요. 그래도 아빠는 철수가 다칠까 봐 걱정이 되어 야단치실 거예요." ⇨ 타인의 관점을 이해하기 시작하는 단계로 아빠의 관점에서 아빠의 생각, 느낌, 행동을 이해하지만(철수가 나무에 올라간 것을 이해하지만 다칠까 봐 걱정이 되어 야단치실 거다.) 아직 이를 통합하여 상호적 수준으로 고려하고 있지는 못합니다. 이는 **2단계인 자기반성적(반영적) 조망수용 단계**에 해당합니다.

[1998년 객관식]

25 모래 놀이 영역에서 친구를 따돌리고 있는 유아들을 보고, 교사가 〈보기〉와 같은 반응을 보였다. 이에 대한 설명으로 바른 것은?

> 보기
> 교사 : 모래 놀이를 못하고 있는 친구의 마음은 어떻겠니?

① 교사는 유아들에게 규칙을 잘 지킬 것을 요구하고 있다
② 교사는 유아들의 조망 수용 능력을 향상시키려하고 있다
③ 교사는 유아들에게 수렴적 질문을 하고 있다
④ 교사는 유아들의 행동을 수정하고 있다

답안 ②

CHAPTER 05-1 사회성 발달(사회화)

05 친 사회적 행동 발달 기출문제 분석

2025년 B

01 (가)는 교사 간 대화의 일부이고, (나)는 3~5세 반 유아들의 시장놀이 상황의 일부이다. 물음에 답하시오. [5점]

(나)

> (김 교사와 3~5세 유아들이 강당에 모여 시장놀이를 준비하고 있다. 3세 기현, 5세 지수와 승재가 유아들을 보고 있다.)
> 지　수 : 승재야! 장난감 바구니 옮기는 거 도와줄래?
> 승　재 : (가만히 서서) 도와주기 싫어.
> 김 교사 : 시장놀이는 우리 다 같이 준비하는 거니까 승재가 지금 도와주면 좋겠어요.
> 승　재 : 네, 선생님. (걸어가서 바구니를 옮긴다.)
> 지　수 : 기현아, 너는 바구니에 있는 장난감을 책상 위에 놓아 줄 수 있어? (사탕을 보여 주며) 잘 놓으면 누나가 사탕 줄게.
> 기　현 : (장난감을 책상 위에 한 개씩 올려놓으며) 응, 나 그거 할 수 있어.
> … (하략) …

2) 바탈(D. Bar-Tal)의 돕기 행동 발달 단계에 근거하여 (나)의 ① 기현이의 돕기 행동에 나타난 동기 요소 1가지를 쓰고, ② 승재의 돕기 행동이 그다음 단계로 발달하도록 지원하는 활동 1가지를 쓰시오. [2점]

① _____

② _____

답안 2) • ① - 예 1 : 순응-구체적으로 언급되는 강화 단계의 유아는 (지수가 약속한 사탕과 같이) 구체적인 보상에 대한 (분명한) 약속에 의해 동기화된다.
• ① - 예 2 : 순응-구체적으로 언급되는 강화 단계 유아의 친사회적 행동은 구체적인 보상에 대한 분명한 약속이나 강압적 처벌에 의해 이루어진다.
(※ 기현 : 1단계 순응-구체적으로 언급되는 강화(compliance-concrete and defined reinforcement))
• ② - 예 1 : 도움이 필요한 다른 사람(친구)의 상황과 요구를 인식(이해)하도록 돕는 이야기 나누기(토의) 활동

- ② - 예 2 : 타인(친구)의 입장(관점)이 되어봄으로써 도움이 필요한 다른 사람(친구)의 상황과 요구를 인식(이해)하도록 돕는 역할극 활동

(※ 승재 : 현재 2단계 응락(Compliance) → 3단계 구체적으로 보상에 대한 내면적 주도성(Internal initiative Concrete reward)으로 발달하도록 지원하기)

 **바탈 등**(Bar-tal, Raviv, & Leiser, 1980) **: 친사회적 행동 발달 단계**

친사회적 기술의 발달을 하위 범주별로 살펴보면, 먼저 돕기는 다음과 같이 6단계 발달과정을 거친다.

- 1단계 **순응**(응락) **구체적이면서 정해진 강화**(구체적으로 언급되는 강화) : 이 시기의 아동은 다른 사람의 요구나 관점, 감정을 이해할 수 없으며, 타인의 요청, 또는 명령, 지시가 있을 때 친사회적 행동을 수행하나 구체적인 보상에 대한 분명한 약속이 있거나 강압적인 처벌행위가 있을 때 행해진다. 유아들은 책임감이나 의무감 심지어 권위에 대한 존경심 때문에 행동을 보이는 것이 아니라 보상의 약속(기쁨)이나 벌의 위협(고통)에 의해서만 유도된다.
- 2단계 **응락** : 이 단계의 아동은 자신보다 우세하고 권위를 가진 타인의 지시와 요청에 따른다. 그러므로 돕기 행동의 동기가 내면화된 것이 아니라 외부적인 힘에 따라 나타난다. 유아들은 돕기 행동을 주도하지 않고, 자신보다 힘과 특권이 우월한 다른 사람의 명령이나 요청에 복종할 뿐이다. 구체적 강화는 필요하지 않다.
- 3단계 **구체적으로 보상에 대한 내면적인 주도성** : 이 단계의 특성은 타인의 상황과 요청을 알며 이해할 수는 있어서 자발적으로 돕기 행동을 하지만 자신이 받게 될 구체적이고 명백한 보상을 기대하는 것이 근본적으로 나타난다. 다시 말하면 강화를 바람으로써 동기화되지만 다른 사람의 필요를 인식할 수는 있다.
- 4단계 **규범적 행동** : 이 단계의 특성은 사회의 요구가 어떠한 것이며 사회적 인정과 승인을 얻기 위해서는 어떻게 할 것인가를 잘 알고서 돕기 행동이 수행된다. 이 시기의 아동은 공감적이어서 위기 상황의 타인을 도울 수 있으며, 동시에 사회적인 질서와 규범을 어길 때는 여러 가지의 손실을 겪게 됨을 인식한다.

(※ 이하 단계 생략)

CHAPTER 05-1 사회성 발달(사회화)

2017년 B

04 (가)는 ○○유치원 4세반 박 교사의 저널이고, (나)는 유아들과 함께 한 이야기 나누기 활동이다. 물음에 답하시오. [5점]

(나)

박 교사는 유아들에게 그림 자료를 보여주며 그림에서 보이는 상황에 대해 이야기를 한다.

… (중략) …

박 교사 : 그럼 토돌이의 기분은 어떨까?
영 희 : 토돌이는 장난감을 혼자만 가지고 놀고 싶었는데 토순이가 와서 화가 났어요.
박 교사 : 그래서 토돌이가 화가 났구나. 화가 나면 밀쳐도 될까?
유아들 : 그러면 안 돼요. 나빠요.
박 교사 : 그럼 토돌이가 토순이를 밀치지 않으려면 어떻게 해야 할까?
진 희 : 참아요.
박 교사 : 그래, 진희 말대로 참을 수도 있구나. 숨을 한번 크게 쉬어 보는 건 어떨까?
준 영 : 우리 엄마가 셋까지 세어 보래요.
영 민 : 맞아. 하나, 둘, 셋!
박 교사 : 친구가 장난감을 가지고 놀지 못하게 하면 너희들은 기분이 어떻겠니?
유아들 : 속상해요. 나도 가지고 놀고 싶어요.
박 교사 : 그런데 너희들이 가지고 놀고 싶어 하는 장난감이 하나밖에 없을 때는 어떻게 해야 할까?
민 수 : 기다려요.
박 교사 : 그래, 민수가 말한 것처럼 기다리면 되겠구나. 그럼 ㉠ 토돌이가 장난감을 가지고 노는 동안 토순이는 다른 장난감을 가지고 놀면 어떨까?
유아들 : 좋아요.
박 교사 : 그럼 기다리지 않으면 어떻게 될까?
유아들 : 싸워요. 사이좋게 놀지 못해요.
박 교사 : 그럼 친구들과 사이좋게 지내려면 어떻게 해야 할까?
유아들 : ㉡ 친구들과 장난감을 나눠 써요.

[A]

3) (나)에서 박 교사는 유아를 위한 친사회적 행동 지도법 중 하나를 활용하여 ⓒ과 같은 결과를 얻었다. ① 다음의 ⓐ에 들어갈 말을 쓰고, ② ⓑ에 들어갈 내용을 쓰시오. [2점]

지도법	(ⓐ) 추론 방법
특 징	(ⓑ)

- ① : _____

- ② : _____

답안 3) • ① : 귀납적

- ② : 갈등상황에 대해 적합한 귀납적 결과와 타인의 감정을 추론해보도록 한다.
  (~함으로써 판단능력과 친사회적 행동발달을 촉진할 수 있다)

답안해설

3) 일반적으로 '인지적인 측면'이 강조되는 것을 '도덕적 추론'으로, 감정이입을 포함하여 갈등상황을 다루는 것을 '귀납적 추론'으로 구분합니다. 이에 근거하여 '귀납적 추론'으로 답안을 제시하였으나 '친사회적 행동지도'라는 내용 안에서 '도덕적 추론'과 '귀납적 추론'의 용어를 혼용하여 제시하고 있는 각론서들도 있다는 점을 밝혀드립니다.

더 읽어보기 사회교육의 교수-학습 방법 : 사회적 추론

유아가 자신이 한 행동이 어떤 결과를 만드는지 알 수 있도록 하여 사회에서 유아가 일반적으로 수용되는 행동을 하도록 하는 교수 방법이다. 사회적 추론은 인지적 측면과 정의적 측면으로 설명할 수 있다.

- 인지적 측면이 강조된 **도덕적 추론**은 유아에게 문제 상황과 관련된 딜레마 상황을 제시하고, 이 상황에서 주인공이 어떻게 해야 할지, 왜 그렇게 해야 하는지를 이야기하도록 한다. 이 방법은 유아가 자신의 실제 상황이 아닌 가설적 상황이기 때문에 좀 더 자유로운 추론적 사고가 가능하다는 장점이 있지만 유아의 도덕적 추론을 행동에 쉽게 적용하지 못하는 단점도 있다.
- 정의적 측면이 강조된 **귀납적 추론**은 유아들이 왜 착한 행동을 해야 하고 잘못된 행동을 하지 말아야 하는지를 이해하도록 돕는 방법이다. 이 방법은 어떠한 상황이 유아에게 어떤 결과로 일어나는지 즉, **자신의 행동이 미친 영향**(타인의 감정 등)**과 결과를 인식**할 수 있도록 돕는다. 또한 이러한 과정을 교사가 논리적이고 설득력 있게 설명할 때 효과가 있다.

CHAPTER 05-1 사회성 발달(사회화)

2013년 추시 B

04 다음은 3세반 자유선택활동 시간의 놀이 상황이다. 물음에 답하시오. [5점]

> ㉠ 민수와 영희는 쌓기놀이 영역에서 블록으로 탑을 만들고 있다. 가까이에서 놀이하지만, 서로 대화는 하지 않는다. 잠시 후, 영희가 만들어 놓은 탑에서 민수가 블록 한 개를 빼내자 탑이 무너지면서 시끄러운 소리가 난다.
> 영희 : 내 거야, 이리 줘.
> 민수 : 나도 이거 필요해!
> (교사는 유아들의 놀이 상황을 주의 깊게 관찰하며, 스스로 갈등을 해결할 수 있도록 기다린다.)
> 영희 : 싫어. 내 거야. 줘!
> 교사 : (민수에게 블록을 가져다주며) 민수는 이 블록을 가지고 다시 만들도록 하자.
> 민수 : (불만스런 표정으로 블록을 영희 앞에 떨어뜨리며) 여기 있어.
> 영희 : 선생님, 민수가 내 탑 무너뜨렸어요.
> 교사 : 민수 때문에 영희가 만든 탑이 무너졌구나.
> 영희 : 네.
> 교사 : 민수야! 영희가 만든 탑이 무너졌는데, 어떻게 하면 좋을까?
> 민수 : 몰라요.
> 영희 : 또 만들려면 힘들어.
> 교사 : (영희에게) 그럼, 민수랑 같이 만들어 보자.

3) 교사는 위 놀이 상황을 관찰한 후, 왈쉬(H. Walsh) 등이 주장한 다음 내용에 근거하여 유아의 사회성 발달을 돕는 활동을 계획하고자 한다. ①에 해당하는 용어를 쓰시오. [1점]

> 이타주의와 혼용하여 쓰이는 (①)은(는) 타인에 대한 배려에서 오는 바람직한 행동이다. 또한 사회생활 속에서 그 사회가 요구하는 사회규범에 맞는, 그리고 사회집단 내 다른 사람들의 행복을 증진시키는 행위를 의미한다. 유아기에 습득하는 (①)의 구체적인 예는 돕기, 나누기, 협동하기, 공감하기, 배려하기, 양보하기 등으로 나타난다.

- _____

답안 • 친사회적 행동

 **친사회적 행동**(prosocial behavior)

친사회적 행동이란 타인을 이롭게 하는 행동이며, 자신보다 행운이 적은 누군가와 공유하고 곤경에 처한 사람을 위로하거나 구해주고 누군가와 협동하거나 목적을 달성하도록 돕고 누군가의 외모나 성취에 대해 칭찬해서 기분 좋게 만드는 것과 같은 행동 등이다. 공유하기, 돕기, 위로하기 등으로 나타난다. 인간이 친사회적 성향이 되도록 진화되었는가에 대해 Martin Hoddman(1981, 2000)은 감정이입 능력, 즉 타인의 정서에 의해 각성되고 대리적으로 경험하는 경향은 이타적 관심을 위한 생물학적 기질(substrate)이라고 제안하였다. 이타성에 관련한 인지이론은 친사회적 행동의 증가가 역할수용기술(셀만), 친사회적 도덕추론(아이젠버그), 감정이입(호프만) 등에 대한 발달과 밀접한 관련이 있다고 본다. 친사회적 행동은 다음과 같은 특성이 있다.
- 행위자가 외적 보상을 기대하지 않고 다른 사람에게 이롭게 하려는 행동으로 오히려 행위자는 자기희생과 위험을 감수해야 한다.
- 어떤 사람을 이롭게 하려는 그 자체에 목적을 가지고 의도적으로 수행된 비이기적 자발적 행동이다.
- 행위자가 보상을 기대하든지 하지 않든지 또는 동기가 무엇이든 간에 결과적으로 타인을 이롭게 하는 행동이다.
- 나누어주기 행동은 친사회적 행동 중 가장 대표적 행동 특성으로 나누기는 자신이 가지고 있는 것을 반드시 포기해야 하므로 자기희생이 뒤따른다.

 **친사회적 도덕추론**(prosocial moral reasoning)

친사회적 도덕추론은 타인을 돕거나 공유하거나 위로하는 행동들 때문에 자신이 대가를 치러야 할 때 이 행동들을 할 것인지를 결정할 때 표출하는 생각을 말한다.

 **이타성**(altruism)

이타성은 친사회적 행동과 혼용하여 쓰이며 공유하기, 협동하기, 돕기와 같은 친사회적 행동을 통해 표현되는 타인의 복지에 대한 관심이다. 이타성의 행동적 정의는 행위자의 동기와 상관없이(사심 없는 관심을 가지고/ 돌아오는 이익을 기대하지 않고) 타인을 이롭게 하는 행동을 말한다.

CHAPTER 05-1 사회성 발달(사회화)

06 공격성 기출문제 분석

2021년 B

02 다음은 4세반 흙 놀이 상황이다. 물음에 답하시오. [5점]

> 훈이는 혼자 흙으로 개미집을 만들고 있다.
> 예린 : (훈이가 만든 개미집 주변 흙을 손으로 가지고 가며) 나도 개미집 만들어야지!
> 훈이 : 야! 내 흙 가져가지 마. 내 개미집 부서지잖아! 저기 가면 흙 많이 있어.
> 예린 : 싫어. 나도 여기에 있는 흙으로 만들 거야.
> 훈이 : 개미집 더 크게 만들려면 흙이 더 필요한데….
> 바구니를 들고 흙을 가지러 다른 곳으로 간다.
> 윤기 : (개미집 주변을 지나가다가 삽을 밟아 넘어지며) 아야! 이거 누구 거야?
> 예린 : (윤기를 보지 않고 땅을 파면서) 몰라.
> 윤기는 삽을 들고 정리함이 있는 곳으로 간다.
> … (중략) …
> 훈이 : (흙이 담긴 바구니를 들고) 어? 내 삽 어디 있지? (예린이 삽을 보며) 이 삽 내 거지?
> 예린 : 아니거든. 이거 내 거야.
> 훈이 : (주변을 살피며) 내 삽이랑 똑같이 생겼네. 야! 너 이거 내 거 맞잖아. 다른 사람 물건 갖고 가면 안 돼!
> 예린 : 아니야! 선생님한테 다 이를 거야. ㉠ (화가 나서 훈이를 밀치며 교사에게 달려 간다.)
> … (중략) …
> 예린이 주변으로 유아들이 모여든다.
> 예린 : (울먹거리며) 나 훈이 삽 안 갖고 갔는데 훈이가 내가 가져갔다고 해.
> 윤기 : 알았다. 훈이 너, 개미집 옆에서 네 삽 찾으려 했지?
> 훈이 : 응.
> 윤기 : 그 삽을 내가 정리함에 갖다 놨어. 다 쓴 줄 알고. 바닥에 있는 거 내가 밟아서 넘어 졌거든.
> 예린 : 훈이 너 나빠.
> 훈이 : (작은 목소리로) 예린아, 미안해.
> 윤기 : 예린아, 훈이는 내가 삽을 정리함에 놓은 걸 몰랐잖아. 그래서 네가 가지고 갔다고 생각한 거야.
> … (하략) …

[A]

2) ① ㉠에 나타난 예린이의 공격성 유형 1가지를 쓰고, ② 그 유형을 사례와 관련지어 설명하시오.
[2점]

①＿＿＿＿＿＿＿＿＿＿＿＿＿＿＿＿＿＿＿＿＿＿＿＿＿＿＿＿＿＿＿＿＿＿＿＿＿

②＿＿＿＿＿＿＿＿＿＿＿＿＿＿＿＿＿＿＿＿＿＿＿＿＿＿＿＿＿＿＿＿＿＿＿＿＿

답안 2) • ① : 적대적 공격성
- ② : (자신을 오해하는) 친구에게 화가 나 친구를 밀치는 행동을 보인 사례와 같이 적대적 공격성은 그 대상자가 자신을 상처 주었다고 생각하고 이에 화가 나(보복하기 위해) 공격적 행동을 나타내는 것을 말한다.

공격성의 기본적 분류

공격성은 학자에 따라 다양한 유형으로 분류된다. 일반적으로 공격성은 목적에 따라 **도구적** 공격성과 **적대적** 공격성으로 구분된다.
- **도구적**(instrumental) 공격성은 자신의 욕구나 원하는 바를 성취하려는 수단으로 공격행동을 하는 것을 말한다. 사물이나 영역, 권리 등 목표를 달성하거나 이익을 보호하려는 과정에서 의도되지 않았으나 공격행동이 나타난다. 어린 아동들 사이에서 발생하는 공격행동은 주로 이와 같은 도구적 공격성으로 분류된다.
- 이에 비해 **적대적**(hostile) 공격성은 타인에게 신체적 혹은 심리적으로 해를 가하려는 의도적인 목적을 갖는다. 적개심, 분노, 원망 등 부정적인 정서에 의해 충동적으로 나타나는 경우가 많지만 보복이나 맞대응을 위해 고의적으로 행해지기도 한다.

CHAPTER 05-1 사회성 발달(사회화)

2015년 B

03 다음은 자유 선택 활동 시간에 일어난 상황이다. 물음에 답하시오. [5점]

> 자유 선택 활동 시간에 역할놀이 영역에서 프라이팬으로 요리하며 놀고 있는 세희 옆으로 지영이가 다가갔다.
>
> 지영 : ㉠ (세희의 몸을 세게 밀치며) 나 이거 필요해.
> 세희 : (다시 프라이팬을 빼앗으며) 내 거야.
> 지영 : 안 돼.
> 세희 : ㉡ (지영이의 어깨를 세게 밀친다.)
> 교사 : 세희야, 왜 그랬니?
> 세희 : ㉢ 지영이가 미워서 아프라고 그랬어요.
> 교사 : 지영아, ㉣ 네가 프라이팬을 빼앗을 때 세희 기분이 어땠을까?
> 지영 : 몰라요. (큰 소리로) 나도 프라이팬이 필요하다고요.
> 세희 : 슬프고 화가 났어요.
> 교사 : 지영아, ㉤ 네가 프라이팬을 빼앗을 때 세희가 슬프고 화가 났대. 너희 둘 다 프라이팬을 가지고 놀고 싶은 거구나. 그럼 서로 싸우지 않고 놀 수 있는 방법이 뭐가 있을까?
> 세희 : 지영이랑 같이 가지고 놀아요.
> 지영 : 아니에요. 세희가 먼저 놀고 그다음에 내가 가지고 놀게요.
> 교사 : 지영이는 왜 지금 세희랑 같이 안 놀고, 나중에 놀려고 하니?
> 지영 : 난 혼자서 요리사 놀이를 하고 싶은데 지금 놀면 세희랑 같이 프라이팬을 나눠 써야 되잖아요. 그런데 나중에 놀면 프라이팬을 혼자 가지고, 마음껏 놀 수 있으니까요. ㉥
> … (생략) …

1) 아래의 A와 B에 해당하는 공격성 유형을 각각 1가지씩 쓰고, 각 유형의 연령에 따른 변화를 설명하시오. [3점]

> 하트업(W. W. Hartup)에 의하면 유아들에게 나타나는 공격성은 위 사례의 ㉠처럼 자신의 이익을 위해 타인에게 해를 가하는 (A) 공격성과, ㉡과 ㉢처럼 타인을 해치려는 의도를 가지고 행하는 (B) 공격성이 있다.

- ① A : _____
- ② B : _____
- ③ 연령에 따른 변화 : _____

답안 1) • ① 도구적
- ② 적대적
- ③ 연령이 높아짐에 따라 도구적 공격성이 감소하고 적대적 공격성이 증가하게 된다.

> **답안해설**
>
> 1) • ㉠의 사례에서 지영이는 '프라이팬'을 빼앗기 위해 공격행동을 보이고 있으므로 '자기의 이익을 위해 다른 사람에게 해를 가하는' 도구적 공격성을 보인다고 볼 수 있습니다.
>
> • ㉡과 ㉢의 사례에서 세희의 행동과 말은 물건과 같은 어떤 목표를 얻기 위한 공격행동이 아니라 '자신이 상대에게 상처를 받았거나 화가 나 있기 때문에 단순히 그 상대를 해치려는 동기를 가지고 있는 것'이므로 이는 적대적 공격성의 예시에 해당합니다.

CHAPTER 05-1 사회성 발달(사회화)

2011년 객관식

[23~24] 다음은 만 4세반 교실의 쌓기놀이 영역에서 놀고 있는 준희를 관찰한 기록이다. 준희는 평소 공룡 만화 영화 보기를 좋아하고, 혼자놀이를 자주 하는 편이다.

준희는 티라노사우루스의 흉내를 내며 바닥에 있는 공룡 장난감을 발로 요란스럽게 차고, 넘어뜨리며 "너의 뼈를 부러뜨릴 거야. 너를 부숴 버릴 거야."라고 말한다. 잠시 후 스테고사우루스 2개를 집어든 준희는 그 중 하나로 바닥에 놓여 있는 공룡들에게 "빨리 내 뒤에 숨어. 난 너희를 해치지 않아. 난 널 도우려는 거야."라고 말한다. 다른 공룡들을 의자 뒤로 숨기며 "여기 있어, 너희들은 안전해."라고 한다. 도와주는 스테고사우루스가 된 준희는 티라노사우루스를 내리치며 "널 죽일 거야."라고 말한다. 준희는 티라노사우루스를 다른 곳으로 옮긴 후 "야! 티라노사우루스를 무찔렀어!"라고 소리치며 숨겨 놓았던 다른 공룡들을 모두 가지고 온다. 준희는 공룡들에게 "이제 너희들은 모두 안전해."라고 말하고 티라노사우루스를 블록으로 만든 우리에 가둔 후 "넌 나쁜 짓을 했으니까 친구들과 헤어져 여기에 있어야 해."라고 말한다. 준희는 티라노사우루스가 나오지 못하도록 우리를 더 튼튼하게 만들고 있다.

24 김 교사는 준희가 자신의 감정을 조절하고 친구와 잘 어울려 지낼 수 있도록 지도하고자 한다. 거친 놀이를 즐기는 준희를 지도하는 방법으로 적절하지 <u>않은</u> 것은?

① 교사는 공격 행동으로 인해 생길 수 있는 결과에 대해 준희가 생각할 수 있도록 질문한다.
② 교사는 준희가 혼자 노는 거친 놀이는 허용하지만 친구와 하는 거친 놀이는 유치원에서는 무조건 금지한다.
③ 교사는 준희의 거친 놀이에 드러난 공격성이나 폭력성을 미술, 대화, 그림책 읽기와 같은 방법을 통해 다룰 수 있게 한다.
④ 준희가 공격 행동을 모방하고 반복할 때 교사는 준희의 놀이에 등장하지 않는 역할 모델을 제안하여 새로운 놀이가 될 수 있도록 도와준다.
⑤ 교사는 준희가 또래와 함께 거친 놀이를 할 수 있는 장소, 시간, 놀잇감 종류 등에 대한 규칙을 정할 수 있는 기회를 제공하고, 이를 지키며 놀이하도록 한다.

답안 ②

① 교사는 공격행동으로 인해 생길 수 있는 결과에 대해 준희가 생각할 수 있도록 질문한다. / ⑤ 교사는 준희가 또래와 함께 거친 놀이를 할 수 있는 장소, 시간, 놀잇감 종류 등에 대한 규칙을 정할 수 있는 기회를 제공하고 이를 지키며 놀이하도록 한다(인지발달이론적 관점).

② **교사는 준희가 혼자 노는 거친 놀이는 허용하지만 친구와 하는 거친 놀이는 유치원에서는 무조건 금지한다. (×)** ⇨ 친구와 하는 거친 놀이는 친사회적 행동을 습득할 기회이므로 이를 교사가 무조건적으로 금지하는 것은 부적절합니다.

③ 교사는 준희의 거친 놀이에 드러난 공격성이나 폭력성을 미술, 대화, 그림책 읽기와 같은 방법을 통해 다룰 수 있게 한다(정신분석이론적 관점).

④ 준희가 공격행동을 모방하고 반복할 때 교사는 준희의 놀이에 등장하지 않는 역할 모델을 제안하여 새로운 놀이가 될 수 있도록 도와준다(사회학습이론적 관점).

CHAPTER 05-1 사회성 발달(사회화)

2010년 객관식

31 다음은 만 5세반에서 일어난 공격적 행동의 사례이다. 이 사례에 대한 교사의 판단으로 가장 적절한 것은?

> 성현이가 유치원 교실에 들어서니 벌써 친구들이 도착하여 놀이를 하고 있었다. 쌓기 놀이 영역에서는 여러 친구들이 자동차 길, 주차장, 집 등을 함께 만들며 재미있게 놀고 있었다. 성현이는 쌓기 놀이 영역 근처에서 잠시 머뭇거리더니 친구들이 만들어 놓은 블록을 발로 차고 던져 망가뜨렸다.
> "으~ 앙, 선생님! 성현이가 우리가 만든 거 다 부쉈어요."

① 성현이의 행동은 공격성 유형 중 우연적 공격성에 해당된다.
② 성현이가 자신의 필요와 요구를 긍정적인 방법으로 표현할 수 있도록 도와야 한다.
③ 성현이의 공격적 에너지인 리비도가 내부로 지향되었기 때문에 이러한 행동이 나타났다.
④ 다른 유아들처럼 성현이도 연령이 증가하면서 신체적 공격은 증가하고 언어적 공격은 감소할 것이다.
⑤ 성현이가 화난 감정을 표출할 수 있도록 즉시 인형과 같은 안전한 물건을 던지거나 때릴 수 있게 해 주어야 한다.

 ②

답안해설

① 성현이는 친구들이 재미있게 놀고 있던 쌓기 놀이 영역 근처에서 머뭇거리다 친구들이 만들어 놓은 블록을 발로 차고 던져 망가뜨렸으므로 이 행동은 '우연한 행동에 의한 결과'로 피해를 입힌 우연적 공격성에 해당한다고 볼 수 없습니다.

 우연적 공격성

의도를 가지지 않고 **우연한 행동에 의한 결과가 타인에게 피해를 입히는 것**을 의미한다.

③ 프로이트의 정신분석이론적 관점에서 볼 때 성현이의 공격적 행동은 공격적 추동(타나토스)이 내부로 지향하여 자아를 파괴하는 것을 피하고자 외부로 향했기 때문에 나타나는 것으로 볼 수 있습니다.

④ 유아들의 공격성은 연령이 증가하면서 신체적 공격성은 감소하고 언어적 공격성은 증가하는 경향을 보이게 됩니다. 연령이 어린 유아들의 경우 자신의 욕구를 관철시키기 위한 도구적 공격성이 더 많이 나타나며 아직은 언어적 발달과 자신의 욕구를 사회에서 인정받는 방식으로 해결할 수 있는 사회적 기술이 부족하기 때문에 신체적 공격이 대부분을 차지합니다.

⑤ 놀이치료나 아동상담 센터의 경우 인형과 같은 무생물의 안전한 물건을 통해 공격성을 표출하도록 하는 경우도 있으나 이러한 기법은 상담실 밖의 환경에서 흔히 사용되지 않습니다. 또한 이러한 정화기법이 공격성의 감소에 효과가 없었으며 오히려 공격성을 학습하도록 만들었다는 결과를 제시하는 연구들도 있습니다. 학급이나 가정에서는 미술, 음악, 신체 표현 등의 활동을 제공하여 부정적 정서를 표출하도록 도움으로써 심리적 정화작용을 경험할 수 있도록 돕는 방법이 일반적으로 가장 많이 활용됩니다.

출처 : David R. Shaffer저, 『사회성격발달』(CENGAGE Learning, 2008)

프로이트의 **정화가설**(catharsis hypothesis)에 의하며 공격적 충동이 위험한 수준에 도달하여 진짜 폭력적으로 폭발을 하기 전에 이를 때때로 방출하는 무해한 방식을 찾으라고 권한다. 만일 어린 아동에게 자신의 분노나 좌절을 보보인형과 같은 무생물에게로 향하도록 격려한다면, 그들은 자신의 공격적인 에너지를 소모하여 타인을 해치려는 경향이 덜할 것이다.

이런 정화기법은 인기가 있었지만, 효과적이지 않으며 역화(backfire)될 수도 있다. 한 연구(Walters & Brown, 1963)에서 고무풍선 보보인형을 때리고 치라는 격려를 받은 아동은 인형을 때릴 기회가 없었던 또래들보다 이후 또래들과의 상호작용에서 훨씬 더 공격적이었다. 다른 연구자들은 처음에 또래로 인해 화가 났고 그 후 무생물에게 공격할 기회가 주어진 아동이 처음에 자신을 화나게 했던 또래에게 덜 공격적이 되는 것은 아님에 주목했다. 따라서 공격성에 있어서 정화기법은 아동이나 성인에게서 공격적 충동을 감소시키지 못한다고 나타났다(Geen, 1998).

CHAPTER 05-1 사회성 발달(사회화)

07 또래 관계 및 갈등중재 기출문제 분석

2023년 B

02 다음은 김 교사가 작성한 저널의 일부이다. 물음에 답하시오. [5점]

○월 ○일
코로나19 이전보다 유아 지도가 더 힘들어진 것 같다. 예전에는 유아들끼리 다퉈도 금방 화해하곤 했는데 사회적 거리 두기를 오래 해서 그런지 요즘은 내가 개입해야 해결되는 경우가 많아졌다.
오늘 현수랑 민준이랑 영호가 장난감 자동차를 서로 먼저 가지고 놀겠다고 싸우다가 민준이가 화를 참지 못하고 자동차를 바닥에 던져 버렸다. 그러자 현수가 "야! 자동차가 부서졌 [A] 잖아." 하면서 민준이를 때리려고 해서 깜짝 놀랐다.

… (중략) …

○월 ○일
현수, 민준, 영호가 팽이 놀이를 하다가 갈등이 발생하여 갈등중재모델의 단계를 순서대로 적용해 보았다.

✓ 팽이를 가지고 놀고 싶어 하는 유아들 사이에 갈등이 발생하여, 팽이를 치워 놓고 갈등중재를 시작했다.

✓ ㉠ 현수, 민준, 영호에게 왜 싸웠는지, 원하는 것이 무엇인지 차례대로 말해 보도록 하였다.

✓ 세 명 모두 팽이를 가지고 놀고 싶은데, 팽이가 부족하여 유아들 사이에 다툼이 생겼다는 것을 알려 주고, 해결 방법을 찾도록 하였다.

✓ ㉡ 나는 유아들에게 해결 방법이 있는지 물어보았고, 영호가 "팽이가 부족하니까 내가 색종이로 팽이를 한 개씩 만들어 줄게. 팽이 시합하는 거 어때?"라고 말하였다.

✓ 유아들에게 영호의 제안에 대한 의견을 물어보았고, 현수와 민준이도 영호의 제안에 동의하였다.

✓ 모두가 만족하는 해결 방법을 찾아낸 것에 대해 유아들을 칭찬해 주었다.

✓ 색종이로 만든 팽이를 가지고 충분히 놀이하도록 하였다.

○월 ○일
　친구들과 잘 어울리지 못하는 유아가 관찰되어, 유아들에게 누구와 짝이 되고 싶은지 물어서 학급 내 유아들의 사회관계를 조사해 보았다.

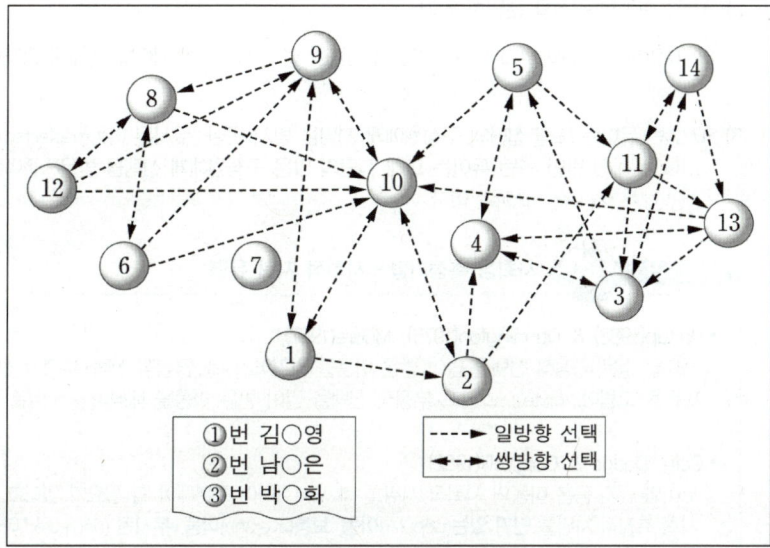

우리 학급에는 사회성 지도가 필요한 유아가 있다. 이번에는 ⓒ 다른 유아의 도움을 받을 수 있게 하는 방법으로 지도해 보고 싶다.

1) [A]에서 갈등 해결 지도를 위해 교사가 즉시 개입해야 하는 이유를 쓰시오. [1점]
　•_____

2) 코스텔닉 등(M. Kostelnik et al.)의 갈등중재모델에 근거하여 ① ㉠에 해당하는 단계를 쓰고, ② ㉡에 나타난 갈등중재 내용을 설명하시오. [2점]
　① _____

　② _____

3) ① 김 교사 학급의 사회관계도에 근거하여 ⑦번 유아의 사회관계와 ⑩번 유아의 사회관계를 각각 해석하여 쓰고, ② ⓒ에 해당하는 사회성 지도 방법의 명칭을 쓰시오. [2점]
　① _____

　② _____

CHAPTER 05-1 사회성 발달(사회화)

답안
1) 공격적 행동이 일어날 것 같은 순간이나 공격적 행동을 그만두게 하기 위해 교사는 갈등중재자로서 직접 개입을 시작해야 하기 때문이다(갈등 상황 속 유아의 행동이 공격적으로 변하기 직전의 순간이기 때문이다.).
(※ 공격성이 일어나거나(공격적 행동을 그만두게 하기 위해) 무엇을 해야 할지 모르는 경우 교사는 갈등 중재자로서 직접 개입할 수 있다.)

2) ① 각 아동의 관점을 분명히 하기
   ② '대안찾기' 단계에서 교사는 유아들이 가능한 몇 가지(다양한) 대안을 찾도록 중재해야 한다(~ 각 유아가 가능한 해결책을 찾는 과정에 참여하도록 도와야 한다.).

3) ① ⑦번 유아는 또래 집단의 구성원에게 지명을 받지 못한 '무시된 아동(neglected children/ 혹은 고립아(isolate)'인 반면 ⑩번 유아는 또래 집단의 많은 구성원에게 선택을 받은(~좋아하는) '인기 있는 아동(인기아, popular children)'이다.

> **더 읽어보기 — 사회성 측정기법 – 사회적 지위 유형**
>
> • Hartup(1983) & Dunnington(1975), Moore(1967)
>   : 하트업 등은 긍정적 선택을 많이 받은 아동을 **인기아**(stars), 긍정적 선택·부정적 선택 모두 받지 않은 아동을 **고립아**(isolates), 그리고 부정적 선택을 많이 받은 아동을 **배척아**(rejects)로 범주를 나누었다.
>
> • Coie, Dodge & Copptelli(1982)
>   : 코이와 닷지 등은 아동의 사회적 지위를 더 세분화하여 구분해야 할 필요가 있다고 주장하면서 아동의 사회 측정적 지위를 **인기 있는**(popular)**아동**, **보통**(average)**아동**, **무시된**(neglected)**아동**, **배척**(rejected)**아동**, 그리고 인기아와 배척아의 두 집단의 특성을 모두 갖는 **양면성**(controversial)**아동**으로 분류하였다.
>
> • 그 외 – Newcomb 등(1983)
>   : 이들은 **인기아**(star), **고립아**(isolate, outsider : 사회성 측정 검사에서 아무런 선택을 받지 않은 개인), **소외아**(neglectee), **배척아**(rejectee), 외에도 **상호선택**(mutual choice : 두 사람이 서로 선택한 경우), **파벌**(sociometric clique : 서로를 선택했으나 그들 이외의 집단성원들에게는 선택을 하지 않은 경우)를 제시하였다.

② 또래기술 훈련하기(또래 짝짓기)

> **더 읽어보기 — 또래기술 훈련하기(또래 짝짓기)**
>
> 이는 친구관계에서의 사회적 기술을 발달시키기 위한 지원 방법 중 하나로서 친구관계가 우수한 유아를 덜 유능한 유아와 짝을 짓는 것을 말한다. 그리고 교사는 이러한 과정을 코칭하는 역할을 하게 되는데 단순하게 유능한 유아와 그렇지 못한 유아를 짝을 짓는 것만으로는 효과를 보기 어렵기 때문이다. 이는 특히 **무시된 유아**의 사회적 기술과 지위를 향상시키는데 유용하다고 알려져 있다.

더 읽어보기 — 갈등중재

갈등 중재는 유아가 문제의 해결책을 찾도록 처음 중재의 시작부터 마지막 실행하기까지 교사가 함께하며 도와주는 것이다. 유아는 갈등 중재 과정을 경험하면서 평화적으로 문제를 해결하는 기술을 배우게 된다. 갈등 주재의 단계는 다음과 같다.

- **중재 과정 시작하기** : 교사는 중재자의 역할을 맡고 사물, 영역, 권리에 대해 중립적 입장을 취한다.
- **각 아동의(유아의) 관점을 분명히 하기** : 각 유아의 관점에서 갈등을 분명히 한다.
- **요약하기** : 분쟁을 중립적으로 정의한다. 각 유아가 문제와 해결 방법에 책임이 있다는 것을 분명히 한다.
- **대안 찾기** : 해당 유아와 주변 유아들에게 대안을 제시해 보게 한다.
- **해결책에 동의하기** : 서로 만족할 수 있는 행동 계획을 만들도록 한다.
- **문제 해결 과정 강화하기** : 노력해서 서로 만족할 수 있는 해결 방안을 만들어 낸 것에 대해 칭찬한다.
- **실행하기** : 유아가 동의한 것을 실행하도록 돕는다.

CHAPTER 05-1 사회성 발달(사회화)

[2020년 A]

02 다음은 ○○유치원의 원내 교사 연구 모임에서 나눈 대화의 일부이다. 물음에 답하시오. [5점]

박 교사 : 지난 연구 모임에서 사회성 측정법(sociometry)에 대해 알아보았어요. 오늘은 사회성 측정법을 사용한 예시 자료를 보여 드리려고 해요. 자료를 보면서 결과 해석이나 활용 측면에서 다양한 의견을 교환해 주세요.

<사회성 측정법 예시 자료>

○○반 유아들에게 '생일잔치에 초대하고 싶은 친구 2명'을 선택하도록 한 결과이다.

<표 1> 2018년 4월 ○일 조사 결과*

선택 유아 피선택 유아	A	B	C	D	E	F	계
A	-	1	1	0	0	0	2
B	0	-	0	0	0	0	0
C	1	0	-	1	1	1	4
D	1	0	0	-	0	1	2
E	0	0	1	1	-	0	2
F	0	1	0	0	1	-	2
계	2	2	2	2	2	2	

<표 2> 2018년 10월 ○일 조사 결과*

선택 유아 피선택 유아	A	B	C	D	E	F	계
A	-	1	1	0	0	0	2
B	0	-	1	0	0	0	1
C	1	0	-	1	1	1	4
D	1	0	0	-	0	1	2
E	0	0	0	1	-	0	1
F	0	1	0	0	1	-	2
계	2	2	2	2	2	2	

* 각 칸의 1은 선택, 0은 비선택을 의미함

송 교사 : 표를 살펴보니 여러 가지를 알 수 있네요. 이 방법을 사용하면 유아들이 많이 선호하는 대상이 누구인지 알 수 있겠어요.
민 교사 : 친한 유아들끼리만 놀이를 해서 걱정이었는데, 또래들로부터 적게 선택 받는 유아가 누구인지도 알 수 있겠군요. 그리고 특정 또래 그룹이 형성된 이유를 알 수 있어서 좋을 것 같아요. [가]
하 교사 : 사회적 관계에서 무시되고 있는 유아의 놀이 유형에 대해서도 파악할 수 있겠네요.

송 교사 : 저도 유아들을 지도하는 데 사회성 측정법을 활용하는 것이 유용하다고 생각해요. 그런데 이 방법을 사용하여 수집된 결과를 해석할 때 유의할 점도 있어요. 예를 들면, 유아의 선택을 (   ) 측면에서 고려할 필요가 있지요. 유아들이 서로 다투기 전과 후에 선택이 다를 수도 있으니까요.

박 교사 : 맞아요. 그 점은 조사나 관찰을 포함한 평가에서 중요한 것 같아요. 지난 번 연구 모임에서 이야기 나누기 동영상을 보면서 시간표집법으로 교사의 상호작용 유형을 분석했었잖아요. 반복하여 관찰한 내용을 분석할 때는 관찰자 내 (   )이/가 중요하지요.

1) ① 〈표 1〉과 〈표 2〉를 비교하여 유아와 관련된 변화 내용 중 1가지를 쓰고, ② 4월과 10월에 두 번 실시한 이유를 사회성 측정법의 목적을 고려하여 1가지 쓰시오. [2점]

① _____

② _____

2) [가]의 대화에서 〈사회성 측정법 예시 자료〉를 통해 알 수 있는 내용에 해당하지 <u>않는</u> 것을 2가지 찾아 쓰시오. [2점]

• _____

CHAPTER 05-1 사회성 발달(사회화)

답안 1) • ① – 예 1 : (※ 사회성 측정 행렬표 자체를 읽어낼 경우)

　　　유아 C가 4월에는 A와 E를 선택했으나, 10월에는 A와 B를 선택했다(유아 C가 10월에는 E를 선택하지 않고 B를 선택한 점이 변화된 부분이다.)

• ① – 예 2 : (※ 또래수용 지위의 용어를 사용해 해석할 경우)

　　　4월에는 무시된 아동(고립아)이었던 B가 10월에는 학급의 인기아인 C에게 선택을 받은 점이 변화된 내용이다.

• ② : 집단 내 또래수용도(교우관계)의 변화를 알아보기 위해서이다.

2) • 특정 또래 그룹이 형성된 이유를 알 수 있어서 좋을 것 같아요. 사회적 관계에서 무시되고 있는 유아의 놀이 유형에 대해서도 파악할 수 있겠네요.

더 읽어보기 — 사회성 측정법(sociometry)

사회성 측정법은 집단을 이룬 구성원 간의 상호수용이나 거부 정도 및 형태를 조사하여 개인의 사회적 지위와 집단의 구조를 발견해 내는 방법으로, 영유아 간의 상호선택 또는 배척을 통해 영유아 개인의 사회적 수용도나 인기도를 평가하는 데 이용된다. 모레노(Moreno)가 1932년 미국 뉴욕 시의 브루클린에 있는 공립학교의 유치원부터 8학년까지의 학생들에게 옆에 앉기를 원하는 학생들을 선택하도록 함으로써 처음 개발되었다. 사회성 측정법의 결과를 표상하는 방법으로는 사회성 측정 행렬표와 소시오그램(사회도, sociogram)가 있다. 유아의 사회성 측정이 마무리되면 '사회성 측정 행렬표'를 작성하고 일반적으로 이에 기초하여 '사회도(sociogram)'를 작성한다.

• **사회성 측정 행렬표** : 이는 선택과 피선택 반응을 정리한 이원표를 뜻하는 것으로, 세로열에는 선택한 유아의 이름을 쓰고 가로 열에는 선택받은 유아의 이름을 쓴 다음 각 칸에서 선택받은 경우를 1, 선택받지 않은 경우를 0으로 표시하여 작성한다.

• **소시오그램**(사회도, sociogram) : 클락(Clark, 1969) 등은 어린이집 유아들을 관찰하여 누가 누구와 노는지를 관찰하고 기록하며 이러한 기록을 바탕으로 소시오그램(사회도)을 만들었다. 소시오그램이란 집단 내의 대인관계를 시각적 표상으로 나타낸 것이다.

2020년 B

02 (가)~(마)는 ○○유치원 학부모 연수 자료의 일부이다. 물음에 답하시오. [5점]

(마)

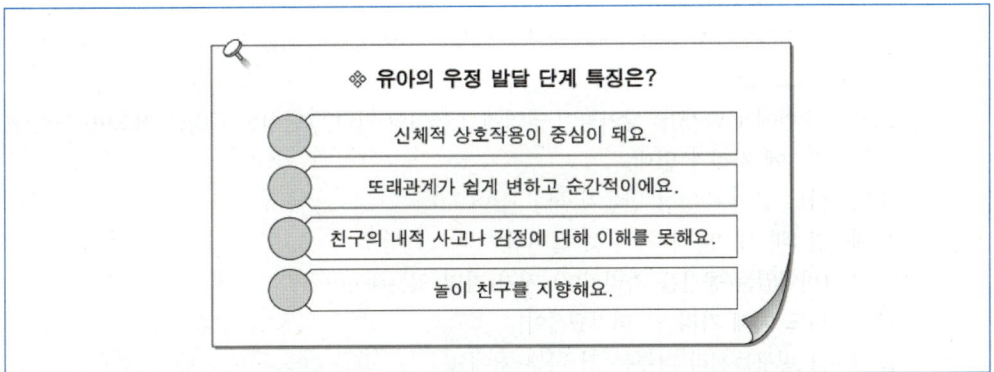

4) 셀만(L. Selman)이 제시한 우정 발달 단계 중, (마)의 특징에 해당하는 단계의 명칭을 쓰시오. [1점]

• _____

답안 4) • 일시적(일시적·물리적) 놀이동료 단계

더읽어보기 Selman의 우정 발달 과정

단계	과정	특성
1단계	일시적·물리적 놀이동료의 단계 (momentary physicalistic playmate)	우정은 물리적이고 지리적인 관계, 일시적인 행동과 자기의 소망에 기초하여 주관적인 특성을 보이며, 놀이친구와의 신체적 상호작용만 이루어지는 단계
2단계	일방적인 도움의 단계 (one-way assistant)	일방적인 도움으로 이루어지며 친구를 자신의 목적을 달성하기 위한 활동의 대행자로 생각하는 단계
3단계	공평한 협력의 단계 (fair-weather cooperation)	이 시기가 되면 친구 관계에서 서로의 관점을 모두 고려할 수 있으며 공정성의 개념을 가진다. 다만 공정성은 서로 이익을 공평하게 주고받는 관계라고 생각하는 특성이("어제 나에게 인형을 빌려줬으니까 오늘은 내가 이거 빌려줄게.", "내가 사탕도 줬는데 넌 왜 나한테 이거 안 줘? 불공평해.") 있다.
4단계	공유의 단계 (intimate and mutually shared relationships)	우정의 관계를 시간이 지남에 따라 발달되는 관계로 인식하며, 상호적 관심을 표현하여 그 관계가 더욱 강해지고 안정된다고 생각하는 단계
5단계	자율적인 상호의존적 우정의 단계 (autonomous interdependent friendship)	우정은 변화하며 성장할 수 있으며 유연성 있는 개방적인 단계

출처 : 문혁준 외 6인 공저, 「유아사회교육」, 창지사

CHAPTER 05-1 사회성 발달(사회화)

> 2019년 추시 B

02 다음은 ○○유치원 5세반의 '쌓기놀이 영역 약속'에 대한 유아 갈등 해결 과정의 일부이다. 물음에 답하시오. [5점]

쌓기놀이 영역에서 유아 4명이 오랫동안 놀고 있어서 수빈이는 이름판 앞에서 계속 자기 차례를 기다리고 있다.

교사 : (수빈에게 다가가) 쌓기놀이 영역에서 놀이할 거니? (난처한 표정을 지으며) 그런데 저기에 자리가 없네.
수빈 : 나도 같이 수영장 만들기 하고 싶어요.
다혜 : 안 돼! 네 명 다 차서 못 들어와.
수빈 : (비어있는 공간을 가리키며) 저기 자리 있는데…….
다혜 : 너도 어제 자리 안 비켜줬잖아!
교사 : ㉠ 친구들끼리 다투는 건 나쁜 거예요.   [A]
동호 : 우리도 같이 놀고 싶은데 쌓기 영역 약속 때문에 안 돼요.
교사 : ㉡ 수빈이는 쌓기놀이 영역에 들어가고 싶고, 동호는 약속 때문에 안 된다고 생각하는구나. 그러면 이야기 나누기 시간에 쌓기놀이 영역 약속에 대해서 다 같이 이야기해 보자.

… (중략) …

교사 : 오늘 쌓기놀이 영역에서 놀고 싶어도 놀지 못하는 친구들이 있었어. 더 많은 아이들이 함께 놀 수 있는 방법이 있을까?
동은 : ㉢ 아이들이 다 좋아하는 영역이니까 무조건 한 번만 가서 놀아요.
연재 : ㉣ 정리를 잘하는 애들만 두 번 가게 하고 안 그러면 한 번만 가게 해요.
교사 : 연재는 왜 그렇게 생각해?
연재 : 쌓기놀이를 하고 정리 안 하는 애들이 많아요.   [B]
교사 : 선생님도 가끔 본 적 있어. 연재는 정리 안 하는 아이들이 있으니까 그런 아이들은 한 번만 가는 게 좋다고 생각하고 있구나.
민수 : ㉤ 그냥 남자 아이들이 쌓기놀이를 좋아하니까 더 많이 가게 해요.
교사 : 정말 우리 반에서 남자 아이들이 쌓기놀이를 더 좋아하니?
수빈 : 아니에요. 여자 아이들도 좋아해요.

1) [A]에서 유아 간 갈등에 대하여 밑줄 친 ㉠에 나타난 교사의 인식이 적절하지 <u>않은</u> 이유를 쓰시오. [1점]

• _____

2) [A]의 밑줄 친 ⓒ과 관련하여 코스텔닉 등(M. Kostelnik et al.)의 갈등중재모델에서 ⓐ에 해당하는 단계의 명칭을 쓰고, [B]의 교사 발화 중 ⓑ에 해당하는 문장 1가지를 찾아 쓰시오. [2점]

> 중재과정 시작하기 → (ⓐ) → 요약하기 → ⓑ <u>대안 찾기</u> → 해결책에 동의하기 → 문제해결과정 강화하기 → 실행하기

ⓐ _____

ⓑ _____

답안
1) • 갈등 상황을 교육의 기회로 활용하여 유아들이 갈등을 해결하도록 도움으로써(갈등을 스스로 해결해 나가는 과정을 지원함으로써) 유아들이 조망수용능력이나 사회적 기술을 발달시킬 수 있도록 촉진할 수 있기 때문이다.

2) • ⓐ : 각 아동의 관점을 분명히 하기 / • ⓑ : 더 많은 아이들이 함께 놀 수 있는 방법이 있을까?

CHAPTER 05-1 사회성 발달(사회화)

2015년 A

02 (가)~(다)는 교사저널이다. 물음에 답하시오. [5점]

> (나)
> 우리 반 유아들의 사회적 관계와 상호 작용 형태를 알아 보기 위해 '소풍 갈 때 버스에 같이 앉아서 가고 싶은 친구'를 조사해 보았다. 조사 결과를 분석해 보니, 우리 반에서 슬기와 보경이는 (ⓒ)(으)로, 용우는 (ⓒ)(으)로 나타났다. 이를 통해 겉으로 드러나지 않았던 우리 반 유아들의 사회적 역학 관계를 알 수 있었다. (2014년 ○월 ○일)
>
>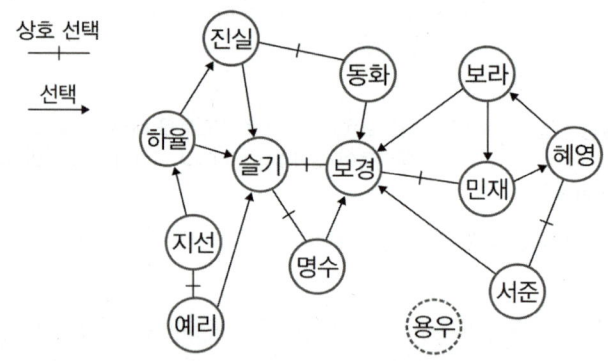

2) (나)에서 사용한 모레노(J. L. Moreno)가 개발한 조사 방법 1가지를 쓰고, ⓒ과 ⓒ에 들어갈 말을 각각 쓰시오. [2점]

- 조사 방법 : _____

- ⓒ : _____, ⓒ : _____

답안 2) • 조사 방법 : 사회성 측정법(측정 기법)
• ⓒ : 인기아, ⓒ : 고립아

답안해설

위 문제의 소문항 1)번은 일화기록 작성 방법에 관련된 문제로 유아교육과정의 운영 파트에서 다루게 되며 소문항 3)번은 가드너의 다중지능이론에 관련된 문제로 개론 파트의 발달이론에서 다루었으므로 생략합니다.

2) • 사회도를 분석해 보면, 용우는 어느 누구의 선택도 받지 않은 것으로 나타났으므로 또래집단의 구성원들로부터 좋거나 싫다는 지명을 거의 받지 않은 아동의 범주인 '**고립아**'에 속합니다.
• 보경이의 경우에는 슬기, 명수, 민재와 상호선택을 한 것으로 나타나며 그 외에도 동화, 명수, 보라, 서준이에게 선택을 받은 것을 알 수 있으므로 또래집단의 많은 구성원이 좋아하고 매우 적은 아동들이 싫어하는 아동의 범주인 '**인기아**'에 속합니다.

더 읽어보기  또래에 대한 인기측정

일반적으로 발달학자들은 **또래 수용**을 **사회측정 기법**(sociometric techniques)으로 측정한다. 사회측정 기법은 아동들에게 **특정 기준에 따라 집단 구성원들에 대한 그들의 선호를 말하게 하는 것**인데, 대부분의 사회측정 연구들에서는 학급의 또래들 중 그들이 좋아하는 친구들과 좋아하지 않는 친구들의 이름을 말하도록 요구받는다. 또는 친구들 각각을 호감의 5점 척도('정말로 같이 놀고 싶은'부터 '정말로 같이 놀기 싫은'까지의)로 표시하라고 할 수도 있다.

CHAPTER 05-1 사회성 발달(사회화)

2013년 B

03 (가)는 만 5세반 최 교사가 친구 관계에 대하여 지호와 이야기한 내용이고, (나)는 (가)의 이야기를 나눈 후에 최 교사가 작성한 활동계획안의 일부이다. 물음에 답하시오. [5점]

(가)	교사 : 지호야, 동민이가 친구라고 했지? 지호 : 어, 이젠 동민이는 친구 아니에요. 교사 : 그래? 그럼 누가 친군데? 지호 : 준서요. ㉠ 교사 : 아까는 동민이가 친구라면서? 왜 지금은 준서가 친구라고 생각하니? 　　지호 : 동민이는 지금 나랑 안 노니까요. 지금은 준서가 친구예요. 준서가 나랑 같이 자동차놀이를 하잖아요. ㉡ 교사 : 그렇구나. 그런데, 동민이가 너의 친구가 아니라는 말을 들으면 속상해 하지 않을까? 　　지호 : (잠깐 머뭇거리다가) 아니요. 교사 : 그럼, 네가 동민이라면 기분이 어떨까? 지호 : ……

	목표	누리과정 관련 요소
(나)	• 친구의 생각과 느낌을 고려하여 말한다. • ㉢ 친구의 감정을 알고 함께 느낄 수 있다. • 친구에게 바르게 행동한다.	• 의사소통 : 말하기-상황에 맞게 바른 태도로 말하기 • 사회관계 : (㉣)-(생략) • 사회관계 : 다른 사람과 더불어 생활하기 　-사회적 가치를 알고 지키기

(나)
(창의·인성 관련)
• 창의성 : (생략)-(생략)
• 인성 : (㉤)-친구에 대한 (㉥)

〈활동방법〉
• 친구와 함께 놀이해 본 경험에 대해 이야기 나눈다.
　- 친구와 함께 놀면 어떤 마음이 드니?
　- 친구와 함께 있으면 어떤 점이 좋을까?
• 친구가 느끼는 감정에 대해 이야기 나눈다.
　- ㉦ 친구의 감정은 생각하지 않고 자기가 하고 싶은 말만 하면 친구의 마음은 어떨까?
　- 친구가 기쁘거나 슬플 때 어떤 말을 해주면 좋을까?
　　　　　　　　… (후략) …

1) 셀만(R. L. Selman)이 제시한 우정발달단계 중 지호에게 해당하는 단계의 특징 2가지를 쓰고, ㉠에서 사례를 찾아 특징별로 각각 1가지씩 쓰시오. [2점]

• 특징 ① : _____
  사례 ① : _____

• 특징 ② : _____
  사례 ② : _____

답안 1) • ① 특징 : 우정관계는 쉽게 변하고 순간적인 특징이 있다. (우정의 지속성은 일시적이다.)

  사례 : "동민이는 지금 나랑 안 노니까요. 지금은 준서가 친구예요."

• ② 특징 : 친구의 개념은(우정관계는) 주어진 시간동안 자신과 유사한 신체활동에 참여하는 유아로 제한된다. (지금-여기에서 자신과 유사한 신체활동에 참여하는 유아를 친구로 생각한다.)

  사례 : "준서가 나랑 같이 자동차놀이를 하잖아요."

CHAPTER 05-1 사회성 발달(사회화)

2012년 A

04 (가)는 만 4~5세 오후 재편성 종일반 김 교사가 유아들의 갈등을 중재한 상황이다. 이와 관련하여 (나)는 만 4세반 윤 교사가, (다)는 만 5세반 박 교사가 작성한 활동 계획안이다.

(가)

> 은미는 건반악기를 가지고 놀기 위해 차례를 기다리고 있다. 민서가 계속 건반악기를 가지고 놀자 은미는 기다리다 울먹이면서 김 교사에게 간다.
> 김 교사 : 은미야, 무슨 일이니?
> 은미 : 나도 키보드 치고 싶은데 민서 언니만 해요.
> 김 교사 : 그랬구나, 속상했겠다.
> 은미 : (선생님의 팔을 잡으며) 선생님, 언니한테 같이 가요.
> 김 교사 : 그래, 같이 가서 언니에게 얘기해 보자.
> (김 교사와 은미가 민서에게 간다.)
> 김 교사 : 은미야, 네가 언니한테 '언니, 나도 놀고 싶어.'라고 말해 보자.
> 은미 : (잠시 머뭇거리며 민서에게 다가가) 언니, 나도 놀고 싶어.
> 민서 : (들은 척도 하지 않고 계속 건반악기를 가지고 논다.) …….
> 김 교사 : (민서에게) 은미도 키보드 가지고 놀고 싶다고 하는데 놀게 해 줄래?
> 민서 : 싫어요. 저도 조금밖에 못 놀았어요.
> 김 교사 : ㉠ 너는 오래 놀았으니까 이제 동생한테 양보하자.
> (민서가 시무룩하게 자리를 비켜 준다.)

2) 김 교사가 사용한 ㉠의 갈등 지도 방법의 제한점 1가지를 유치원 교육과정 사회 생활 영역의 '지도 상의 유의점'에 근거하여 쓰고, 그 대안을 제시하시오.

• _____

답안 2) • 권위를 가진 교사가 개입해 일방적으로 지시(지도)하여 문제를 해결할 경우 또래 간 갈등 해결을 통해 유아가 사회적·인지적으로 성장할 수 있는 기회를 제한하게 된다. 따라서 교사는 사회적 관계에서 겪을 수 있는 갈등과 문제를 유아 스스로 해결할 수 있도록 문제제기, 문제해결 사고를 촉진하는 발산적 발문을 사용하는 등(사용하거나 해결과정을 격려하는 등을 통해) 중재자의 역할을 해야 한다. 또한 공동 작업, 협동 게임 등을 계획하여 사회적 관계를 증진하도록 지원하거나 토의 활동을 통해 관련 문제의 원인과 해결 방법을 생각해 볼 수 있는 기회를 제공할 수 있다.

㉠과 관련된 2007년 개정 유치원 교육과정의 지도상 유의점

넷째, 유아가 다양한 사회적 관계를 경험할 수 있도록 교사의 언어적 설명이나 지시보다는 따뜻한 격려와 직접적인 문제 제기, 문제 해결을 위한 유도, 확산적 질문 등을 사용하도록 한다. 그리고 공동 작업, 협동 게임, 소집단 토의 활동, 극화 활동 등을 통해 유아들 간의 갈등과 경쟁을 극복하여, 경험을 공유하고 협동하는 능력을 기르도록 한다. 또한 현장을 견학하거나 자원 인사를 초빙하여 일터의 소중함과 일하는 사람의 보람 등을 직접 공감하는 기회를 갖도록 한다.

유아가 바람직한 사회적 관계를 형성해 나가도록 하기 위해서는 일상생활에서 직면하게 되는 다양한 사회적 갈등상황이 발생했을 때, 교사가 일방적으로 도와주기보다 유아 스스로 문제의 원인과 해결방법을 생각해 보도록 도와주는 것이 중요하다. 이를 위해 교사는 유아가 문제 상황을 바르게 인식하고 나와 다른 사람의 입장이 다를 수 있음을 이해하고 수용할 수 있도록 돕는 세심한 언어적 상호작용이 요구된다. 또한 다양한 유형의 집단 활동을 계획하여 자신의 생각과 느낌을 다른 사람과 공유하고, 공동의 목표를 이루기 위해 함께 노력해 봄으로써 유아가 함께 하는 즐거움과 기쁨을 느낄 수 있는 경험들을 마련해 주어야 할 것이다. 이러한 경험들을 통해 유아는 의사소통하기, 협력하기, 문제해결하기와 같은 사회적 기능과 양보하기, 존중하기, 이해하기, 배려하기 등의 사회적 태도를 형성하게 된다.

CHAPTER 05-1 사회성 발달(사회화)

08 도덕성 발달 기출문제 분석

2025년 B

01 (가)는 교사 간 대화의 일부이고, (나)는 3~5세 반 유아들의 시장놀이 상황의 일부이다. 물음에 답하시오. [5점]

(나)

> (김 교사와 3~5세 유아들이 강당에 모여 시장놀이를 준비하고 있다. 3세 기현, 5세 지수와 승재가 유아들을 보고 있다.)
> … (중략) …
> (시장놀이 중 4세 민서와 5세 동주가 이야기를 나누고 있다.)
> 동　주 : 얘들아! ㉠ <u>유치원 텃밭에서 키운 가지를 팔아서 막대 사탕 10개랑 바꿨어.</u>
> 민　서 : 정말? ㉡ <u>그럼 나 사탕 5개 줘. 나도 물 줬었어.</u>
> 동　주 : 나는 ㉢ <u>가지에 매일매일 물을 주면서 키웠는데 너는 별로 안 했잖아.</u>
> 민　서 : 그래도 나랑 똑같이 나눠야지. 나도 물 줬단 말이야.
> … (하략) …

3) ① (나)의 밑줄 친 ㉠, ㉢에 공통으로 나타난 유아 경제 교육의 개념 요소 1가지를 쓰고, ② 데이몬(W. Damon)의 분배 정의 개념 발달 수준에 근거하여 (나)의 밑줄 친 ㉡에 나타난 수준을 그다음 수준으로 발달시키기 위한 교사의 발문 1가지를 쓰시오. [2점]
(※ ①은 [ch. 05-2 사회교육]에서 살펴봅니다.)
②_____

답안 3) (※ 민서 : 현재 1-A 수준(철저한 평등) → 1-B 수준(행위에 따른 호혜성)으로 발달시키기)

- ② – 예 1 : 매일 물을 준 친구들도 있고, 가끔 물을 준 친구들도 있구나. 이럴 때는 어떻게 나누어 갖는 것이 공평할까?
- ② – 예 2 : 매일 물을 준 친구와 가끔 물을 준 친구가 똑같이 사탕을 나누어 가진다면 공평할까요?

 **도덕성 발달 : 데이몬(Damon, 1976)의 분배 정의**

공정성의 개념은 연령과 사회적 개념과 함께 크게 변화·발전한다. 데이몬은 분배 정의에 대한 이해 수준의 발달을 6단계로 설명하고 있는데 이런 발달단계는 권위개념의 발달단계와도 일맥상통한다.

- level 0–A는 분배 정의의 선택은 행동을 하게 되는 **개인의 소망**으로부터 유도된다. 행동의 합리화를 시도하기보다 단순히 선택을 주장한다. 이때 공정성은 유아 자신의 욕구와 혼동되어 있다(예 내가 갖고 싶으니까 가져야 한다.).
- level 0–B는 선택은 아직도 개인의 욕구를 반영한다. 그러나 **외적으로 드러나는 특성**, 즉 크기, 성별, 개인의 신체적 특징 등과 같은 요인들을 바탕으로 **합리화**하게 된다.
- level 1–A는 선택은 행동으로 표현되는 **철저하고 단순한 평등**의 개념으로부터 나온다. 그에 대한 근거나 이유로서 이러한 직접적인 공평의 원리를 일방적으로 융통성 없이 적용하고 있다. 공정성의 개념과 평등한 행동이 혼동되어 있다.
- level 1–B는 **상호 호혜적인 행동** 개념으로 발전되며 개인은 그가 한 일에 따라 받아야 된다는 생각을 갖는다. 장점과 그에 대한 보상 개념이 시작된다. 그러나 그에 대한 근거나 합리화는 융통성을 보이지 못한다. 공정성은 한 일에 대한 보상과 혼동되어 있다
- level 2–A는 각기 다른 사람들이 각기 다른 근거를 가질 수 있음을 이해함으로써 **도덕적인 상대성**이 발달한다. 특별한 결핍이나 필요가 있는 사람들의 요구에 더욱 비중을 두게 된다. 공정성이 보충 또는 보완의 개념과 혼동되어 있다.
- level 2–B는 **평등과 상호 호혜성을 함께 고려**하여 조정하게 된다. 따라서 공정한 선택은 다양한 개인들의 욕구와 구체적인 상황의 요인들을 모두 고려하여 이루어진다. 공정성이 상황윤리와 혼동되어 있으며 모든 가능한 정의에도 요구, 즉 평등성, 필요, 보상, 결손의 보충 등이 고려되나 특히 구체적인 상황에서 보상의 기능이라는 관점에서 선택된다.

CHAPTER 05-1 사회성 발달(사회화)

2023년 B

01 다음은 유아들의 놀이 상황의 일부이다. 물음에 답하시오. [5점]

> 유아들이 여러 가지 블록을 가지고 놀이를 하고 있다.
> 민성: 우와! 정말 높다. 이게 뭐야?
> 지후: 에펠탑이야.
> 민성: 나도 진짜 높게 만들어야지.
> 　(민성이와 지후가 만든 것을 보고 다른 놀이를 하던
> 연희와 수아도 관심을 보이기 시작한다.)
> 연희: (지후를 보며) 탑이야? 진짜 높다.
> 수아: (연희에게) 우리도 만들자.
> 　(연희가 실수로 지후가 만든 것을 무너뜨린다.)
> 지후: 야, 그렇게 하면 어떻게 해? 이거 만드느라고 얼마나 힘들었는데.
> 연희: 미안해. 일부러 그런 거 아니야.
> 지후: ㉠ 일부러 그런 거 아니어도 네가 무너뜨렸으니까 네 잘못이야.
> 민성: 맞아, ㉡ 선생님이 친구가 만든 건 망가뜨리면 안 된다고 했어. 선생님한테 말할 거야.
> … (중략) …

[A]

2) 피아제(J. Piaget)의 도덕성 발달 단계에 근거하여 ㉠과 ㉡에 나타난 단계의 특징을 각각 순서대로 쓰시오. [2점]

- _____
- _____

답안 2) • 타율적 도덕성 발달 단계의 유아는 행위의 옳고 그름을 판단할 때 행위자의 의도를 고려하지 않고 결과에 의해 판단하는 특성이 있다.
　　　　• 또한 이 단계(타율적 도덕성 발달 단계)의 유아는 규칙은 권위자에 의해 만들어지는 것으로 절대로 침해할 수 없으며 위반 시 벌을 받아야 한다고 생각하는 특징이 있다(~침해할 수 없다고 생각하는 특징이 있다.).

 **타율적 도덕성의 단계**(heteronomous morality)

• 2단계 **타율적 도덕성**의 단계(heteronomous morality : 5~6세) : 규칙이란 절대적이고 변하지 않는 것으로 예외를 인정하지 않는다. 그렇기 때문에 도덕적 실재론 단계(moral realism stage)라고도 부른다. 규칙이란 부모나 신이 만든 것이고, 내재적 정의에 대한 믿음이 규칙에 대한 절대성을 강하게 하기에 규칙을 어기면 반드시 벌을 받아야 한다고 믿는다. 따라서 규칙은 무조건 지켜야 하며, 옳고 그름에 대한 이분법적 사고를 가지고 있으면서 행동의 의도보다는 결과에 초점을 맞춰 판단한다.

2021년 B

03 다음은 캠핑 놀이 상황이다. 물음에 답하시오. [5점]

교실에 있는 텐트 앞 캠핑 의자에 재윤이와 혜민이가 앉아 있다. 은서가 보이자 재윤이는 캠핑 놀이를 함께 하자고 제안한다.
은서 : (재윤이의 캠핑 의자를 가리키며) 내가 캠핑 의자에 앉게 해 주면 캠핑 놀이 같이 할게.
재윤 : (화를 내며) 그건 싫어. 내가 먼저 앉았잖아.
은서 : 그럼 난 캠핑 놀이 안 할 거야.
재윤 : ㉠ (화를 참으며) 좋아. 그럼 네가 여기 앉아. 이제 캠핑 놀이 같이 하는 거지?
은서 : 응.
재윤 : 그런데 나는 어디 앉지?
　주위를 둘러보던 재윤이가 앉을 곳이 없자 시무룩한 표정으로 텐트 안으로 들어간다. 재윤이를 지켜보던 혜민이가 텐트 안으로 따라 들어간다.
혜민 : 재윤아, 왜 혼자 텐트에 들어왔어? 캠핑 의자에 못 앉아서 속상해?
재윤 : 응.
혜민 : ㉡ (재윤이를 위로하기 위해 안아 주며) 괜찮아?
재윤 : (미소를 지으며) 응.

… (중략) …

　은서와 혜민이가 블록으로 만든 모닥불 주위에 앉아 있고, 재윤이가 다가온다.
재윤 : 블록으로 모닥불 만들었네. 여기에 고기 굽자. 어, 그런데 고기 구울 불판이 없네. 어떻게 하지?
은서 : 옆 반에서 불판이랑 비슷하게 생긴 은색 바구니를 봤어.
재윤 : 나도 봤어. 구멍이 뚫린 게 불판이랑 비슷해. 가져올까? ⎫
혜민 : 옆 반에서 바구니를 가져오면 안 돼. 그러면 선생님한테 혼나. ⎬ [A]
은서 : 아니야! 불판이 없으면 내가 놀이를 못해서 안 돼. 불판이 있어야 더 재미있게 놀 수 있어. ⎭
재윤 : 그럼 어떻게 하지? 내가 선생님께 여쭤보고 올게.

2) 콜버그(L. Kohlberg)의 도덕성 발달 단계 중 전인습 수준에 근거하여, [A]에 나타난 은서와 혜민이의 도덕성 발달 특징을 사례와 관련지어 각각 설명하시오. [2점]

• _____

CHAPTER 05-1 사회성 발달(사회화)

답안 2) • 혜민이는 옆 반에서 바구니를 가져오면 선생님에게 혼난다고 이야기하는 것으로 볼 때 권위를 가진 성인의 관점에서 도덕성(옳고 그름)을 판단하는 '처벌과 복종 지향'의 단계의 특징을 나타내고 있다.
은서는 자신의 놀이를 위해서 불판이 있어야 한다고 말하는 것으로 볼 때 자신의 흥미와 욕구를 만족시키는 것이 옳은 것이라고 생각하고 자신의 판단에 따라 결정을 내리는 '도덕적 상대주의(목적과 상호교환 지향)' 단계의 특징이 드러난다.

 **콜버그(Kohlberg)의 도덕성 발달 단계**

콜버그는 성인에 이르기까지 도덕성 발달단계를 크게 3단계로 나누어 보았으며 각 단계마다 하위 2단계로 구분하였다. 콜버그의 도덕적 이해의 발달단계는 기본적으로 정의의 개념과 옳고 그름을 판단하는 합리적 사고의 근거를 바탕으로 형성되었다.

단계		개념
전 인습적 도덕 단계	1단계	벌과 두려움으로 인한 도덕성 발달단계로 처벌과 복종 지향한다. 도덕적 행동은 처벌과 힘에 대한 의심 없는 맹종지향이다. 의미나 가치와 상관없이 행위의 물리적 결과가 선과 악을 결정한다.
	2단계	보상의 단계로 수단적 쾌락주의 수단적으로 자신의 욕구를 만족시키고 경우에 따라 타인의 욕구를 만족시키는 행위를 옳은 것으로 본다.
인습적 도덕 단계	3단계	관계지향적 관점으로 타인을 기쁘게 해 주거나 돕는 행위는 누군가에게 인정을 받는 행동이 착한 행동으로 판단된다.
	4단계	규칙준수의 관점으로 권위 유지의 도덕적 행동의 권위, 고정된 규칙, 사회적 질서의 유지 지향이다. 옳은 행동은 자신의 의무를 하는 것, 권위에 존경을 표하는 것, 사회적 질서를 유지하는 것이다.

(※ 이하 단계 생략)

2019년 추시 B

02 다음은 ○○유치원 5세반의 '쌓기놀이 영역 약속'에 대한 유아 갈등 해결 과정의 일부이다. 물음에 답하시오. [5점]

> … (중략) …
>
> 교사 : 오늘 쌓기놀이 영역에서 놀고 싶어도 놀지 못하는 친구들이 있었어. 더 많은 아이들이 함께 놀 수 있는 방법이 있을까?
> 동은 : ⓒ 아이들이 다 좋아하는 영역이니까 무조건 한 번만 가서 놀아요.
> 연재 : ② 정리를 잘하는 애들만 두 번 가게 하고 안 그러면 한 번만 가게 해요.
> 교사 : 연재는 왜 그렇게 생각해?
> 연재 : 쌓기놀이를 하고 정리 안 하는 애들이 많아요.   [B]
> 교사 : 선생님도 가끔 본 적 있어. 연재는 정리 안 하는 아이들이 있으니까 그런 아이들은 한 번만 가는 게 좋다고 생각하고 있구나.
> 민수 : ⓜ 그냥 남자 아이들이 쌓기놀이를 좋아하니까 더 많이 가게 해요.
> 교사 : 정말 우리 반에서 남자 아이들이 쌓기놀이를 더 좋아하니?
> 수빈 : 아니에요. 여자 아이들도 좋아해요.

3) [B]의 밑줄 친 ⓒ, ②, ⓜ을 데이몬(W. Damon)의 공정성 추론 이론에 근거하여 ① 추론 발달 수준이 낮은 것부터 순서대로 기호를 쓰고, ② 가장 높은 수준의 특징 1가지를 쓰시오. [2점]

① _____

② _____

답안 3) • ① : ⓜ, ⓒ, ②
  • ② : (각자의) 행위에 따라 보상받아야 한다(행위에 대한 호혜적인 개념)는 행위의 상보성의 원리를 적용하는 특징이 있다.

CHAPTER 05-1 사회성 발달(사회화)

2018년 A

08 다음은 김 교사와 박 원감의 대화이다. 물음에 답하시오. [5점]

박 원감 : 선생님, 현장학습은 잘 다녀오셨어요?
김 교사 : 네. ㉠ 추석맞이 전통 놀이 체험 코너를 운영한다고 해서 다녀왔어요. 아이들이 추석에 관한 여러 전시와 공연을 보고 놀이 체험도 했어요.
박 원감 : 추석과 관련된 후속 활동도 계획하셨나요?
김 교사 : 그럼요. ㉡ 행사 참여로 끝나면 관광하는 것처럼 본래의 취지나 의미를 생각하지 못하는 일회성의 교육이 되잖아요.
박 원감 : 어떤 후속활동을 계획 중이세요?
김 교사 : 유치원에서 송편을 만들어 보려고 해요. 올해, 작년과 다른 모양의 송편을 만들지만 매년 같은 일이 반복된다는 것을 이해하도록 도우려고 합니다.
박 원감 : 유아들이 ㉢ 시간의 흐름을 이해하고, ㉣ 시간이 지나며 나타나는 여러 변화가 있지만 ㉤ 여전히 지속되는 경험이 있다는 것을 이해하도록 도울 수 있겠네요.
김 교사 : 네. 그렇게 해보려고 해요.
박 원감 : 아이들이 좋아하겠네요. 그런데 견학지에서 다른 특별한 일은 없었나요?
김 교사 : 다정이가 박물관 입구에 있는 장승을 보고 너무 놀라 안으로 들어가지 않겠다고 했어요. 그러자 경수가 다정이에게 "너 놀이터에서 놀고 싶어서 그러는거지?"라고 해서 다정이가 아니라며 울었어요. 경수는 아직 ㉥ 다정이의 행동을 보고 다정이가 어떤 생각으로 그런 행동을 했는지 추론하지 못하는 것 같아요.
박 원감 : ㉦ 사람에게는 감정, 욕구, 의도, 믿음, 지식과 같은 내적 정신 과정이 있고, 이것이 사람의 행동을 이끌고 사람마다 다를 수 있다는 것을 이해하는 것이 아직 유아들에게는 어렵죠.
김 교사 : 네. 경수뿐 아니라 다른 유아들도 아직 다른 사람을 이해하고 (㉧)하는 것이 어려운가 봐요. 현정이도 친구들을 걱정하고 도와주려 하면서도 지시하고 평가하는 말투를 자주 사용하네요. 이런 유아들을 어떻게 도와주어야 할지 모르겠어요.
박 원감 : 자신의 생각이나 기분을 그대로 표현하는 방법을 알려 주면 어떨까요? 주로 부모들에게 소개되었던 방법이어서 유아들에게는 좀 어려울 수도 있지만 시도해 볼 만한 것 같아요. ⎤
김 교사 : 네. 자신의 감정이나 생각에 대한 책임을 상대방에게 전가하지 않아 상대방의 감정도 상하지 않게 하는 방법이라고 배웠어요. 문제가 생긴 상황과 그 결과에 대한 자신의 느낌을 표현하는 방법이지요. ⎦ [A]

… (하략) …

4) ⓒ과 다음 (   ) 안에 공통으로 들어갈 말을 쓰시오. [1점]

> 콜버그(L. Kohlberg)는 개인의 권리와 공정성에 기초하여 도덕성 발달이론을 제안하였지만 길리건(C. Gilligan)은 (   ) 지향적 도덕성 발달 이론을 제안하였다.

• _____

답안 4) • 배려

- 도덕적 판단 : 도덕적 판단능력은 행위의 옳고 그름을 올바르게 판단하며 적용하는 능력으로, 도덕적 가치 규범을 토대로 도덕적 문제를 판단할 수 있는 능력을 말한다. 도덕성 발달은 도덕적 판단의 결과로 보는 관점을 인지발달론의 영향을 받은 견해로 피아제에서 시작하여 콜버그와 튜리엘을 거쳐 발전되어 왔다.
- 배려행동(도덕적 행동) : 도덕적 행동이란 도덕적인 규칙이나 도덕원리에 따르는 행동으로 어떤 문제상황에 대해 숙고하고 선택하는 과정이다. 도덕적 행동은 도덕적 판단력과 그에 따른 행동의 과정에서 의지, 동기, 감정, 배려 등의 요소들이 작용한다. 길리건 등의 학자는 '배려'적 사고에 기반한 도덕성 발달이라는 새로운 측면을 제시하였다.

CHAPTER 05-1 사회성 발달(사회화)

2013년 추시 B

03 (가)는 5세반 최 교사의 저널 일부이고, (나)는 자유선택활동 시간에 관찰한 내용의 일부이다. 물음에 답하시오. [5점]

> (나) 5명의 유아들이 역할놀이를 하고 있다. 선재는 옷가게 주인 역할을 하고 동수, 주호, 은아, 세희는 손님 역할을 한다.
> 주호 : (옷걸이에 걸린 옷 2벌을 일부러 떨어뜨리며) 재밌네.
> 동수 : (바닥에 떨어진 옷을 걸어주려고 도와주다가 실수로 옷 4벌이 떨어지자) 어떡하지…….
> 선재 : (화를 내며) 내가 걸어 놓은 옷들이 모두 떨어졌잖아.
> 동수 : (다시 옷을 걸며) 도와주려다가 그런 거야.
> 선재 : ⓒ 너 때문에 엉망 됐어. 주호는 2벌만 떨어뜨렸는데 너는 4벌이나 떨어뜨렸으니까 네가 더 나빠!
> … (중략) …
> 희영 : 얘들아, 나도 끼워 줘. 나도 손님 역할하고 싶어.
> 은아 : ⓒ 안 돼! 선생님이 역할놀이 영역은 5명만 들어올 수 있다고 했어! 너까지 들어오면 6명이라 절대 안 돼.

2) 피아제(J. Piaget)의 도덕성 발달이론에 따르면, ⓒ과 ⓒ은 선재와 은아가 (①) 단계임을 보여준다. ①에 들어갈 말을 쓰고, ①의 단계로 판단되는 이유 1가지를 유아별로 각각 쓰시오. [3점]

- ① : _____

- 선재의 이유 : _____

- 은아의 이유 : _____

답안 2) • ① : 타율적 도덕성

- 선재의 이유 : 행위의 옳고 그름을 판단할 때 의도를 고려하지 않고 결과의 물리적 손상 정도에 의해 판단하고 있기 때문이다.
  (※ 2벌을 떨어뜨린 주호보다 4벌을 떨어뜨린 동수가 더 나쁘다고 말한 사례)

- 은아의 이유 : (규칙의 개념 발달에 있어) 교사로부터 부과된 규칙을 절대적이고 고정된 것(변할 수 없는 절대적인 것)으로 인식하고 있기 때문이다.
  (※ 선생님이 역할놀이 영역에 5명밖에 들어올 수 없다고 했기 때문에 더 들어올 수 없다고 말한 사례)

2011년 B

02 다음은 만 5세반의 자유 선택 활동 시간에 쌓기 놀이 영역에서 일어난 상황이다.

> 지석과 동호는 쌓기 놀이 영역으로 간다. 지석과 동호는 나무 블록을 교구장에서 꺼내어 가진다. 이때, ㉠ <u>동호는 "너랑 나랑 무조건 모두 똑같이 가져야 해!"라고 말한다. 지석은 "아니야, 내가 더 키가 크니까 내가 더 많이 가져야 돼."라고 말한다.</u>
> … (중략) …
> 지석과 동호는 나무 블록을 이용하여 탑을 쌓고 있다. 지석은 동호에게 나무 블록을 더 달라고 계속 말하지만 ㉡ <u>동호는 자기 탑만 만들 뿐 나무 블록을 더 나누어 주지 않는다.</u> 지석은 큰 목소리로 "블록도 안 주고……, 너랑 이제 안 놀 거야! 너랑 이제 친구 안 해!"라고 말하면서 ㉢ <u>바닥에 있는 나무 블록을 발로 찬다.</u>

1) 데이몬(W. Damon)은 분배 정의의 발달을 6단계로 제시하였다. 데이몬의 이론에 근거하여 ㉠의 지석과 동호의 사례에서 나타나는 분배 정의 발달의 경향을 발달 순서대로 쓰고, 지석과 동호의 분배정의 발달 단계의 특징을 ㉠에서 해당되는 사례와 함께 1가지씩 찾아 각각 논하시오.

    • ────────────────────────────────

답안 1) • : (※ 분배정의 발달의 경향) : 지석이가(0-B단계) 보여주고 있는 '외현적 속성에 의한 정당화의 단계'에서부터 동호가(1-A단계) 보여주는 '무조건적인 평등의 단계(절대적 공평성)'로 발달해 나간다.

• : (※ 지석이의 특징) : '키가 크니까 내가 더 많이 가져야 한다.'고 말하는 것은 외현적 속성에 의해 자신의 요구를 정당화시키는 단계의 특성에 해당한다.

• : (※ 동호의 특징) : '무조건 똑같이 가져야 한다.'고 말하는 것에서 철저한 동등분배가 공평하다고 생각하는 단계의 특성을 드러내 준다.

CHAPTER 05-1 사회성 발달(사회화)

2010년 객관식

27 콜버그(L. Kohlberg)에 의하면 도덕성 발달은 Ⅲ수준 6단계로 전개된다. 도덕성 발달의 Ⅰ수준에 해당되는 것을 〈보기〉에서 모두 고른 것은?

〈보기〉

ㄱ. 숙현이는 벌을 받을까봐 친구를 괴롭히거나 장난감 빼앗는 행동을 하지 않는다.
ㄴ. 미연이는 엄마, 아빠로부터 착한 아이라는 인정을 받기 위해 아픈 동생을 잘 돌보아 준다.
ㄷ. 영수는 교통 법규를 법이라서 지켜야 한다고 생각하기 때문에 사람이 없어도 신호등의 규칙을 지켜 건넌다.
ㄹ. 영민이는 장난감을 둘러싼 다툼에서, 자기가 좋아하는 장난감이기 때문에 친구에게 양보하지 않아도 괜찮다고 주장한다.

① ㄱ, ㄴ　　② ㄱ, ㄹ　　③ ㄴ, ㄷ
④ ㄷ, ㄹ　　⑤ ㄱ, ㄴ, ㄹ

답안 ②

답안해설

콜버그의 도덕성 발달단계는 인습이전 수준, 인습적 수준, 후 인습적 수준의 Ⅲ 수준으로 나뉘며 각각의 수준은 다시 2단계의 하위 단계로 나누어 총 Ⅲ 수준 6단계로 전개됩니다.

ㄱ. 숙현이는 **벌을 받을까 봐** 친구를 괴롭히거나 장난감 빼앗는 행동을 하지 않는다. ➪ 숙현이의 도덕적 행동의 이유는 '벌을 받을까 봐'이므로 이는 벌을 받을까에 따라 자신의 행동을 결정하는 도덕성 **발달단계인 Ⅰ 수준 1단계인 처벌과 복종을 지향하는 단계**에 해당합니다.

ㄴ. 미연이는 **엄마, 아빠로부터 착한 아이라는 인정을 받기 위해** 아픈 동생을 잘 돌보아준다. ➪ 미연이의 도덕적 행동의 이유는 '엄마, 아빠에게 착한 아이라는 인정을 받기 위해서'이므로 미연이는 다른 사람, 사회의 기대와 승인에 따라(착한 사람이 하는 일들) 행동하는 **Ⅱ 수준 3단계인 착한 아이를 지향하는 단계**에 해당합니다.

ㄷ. 영수는 교통법규를 **법이라서 지켜야 한다고 생각하기 때문에** 사람이 없어도 신호등의 규칙을 지켜 건넌다. ➪ 영수의 도덕적 행동의 이유는 '법이라서 지켜야 한다'이므로 영수는 법의 준수가 도덕이라고 생각하고 행동하는 **Ⅱ 수준 4단계인 법과 질서 지향의 단계**에 해당합니다.

ㄹ. 영민이는 장난감을 둘러싼 다툼에서, **자기가 좋아하는 장난감이기 때문에** 친구에게 양보하지 않아도 괜찮다고 주장한다. ➪ 영민이는 자신의 행동의 타당성을 '자기가 좋아하는 장난감이기 때문'으로 말하고 있으므로 이는 자신의 생각, 판단에 따라 결정을 내리고 자신의 흥미와 욕구를 만족시키기 위한 규범을 따르는 **Ⅰ 수준 2단계인 목적과 상호교환을 지향하는(도구적 상대주의 지향) 단계**에 해당합니다.

MEMO

CHAPTER 05-1 사회성 발달(사회화)

> 2008년 주관식

06 콜버그(L. Kohlberg)의 도덕성 발달 단계와 관련하여 다음 질문에 답하시오. [총 8점]

1) 유아에게 아래의 이야기를 제시하고 "정윤이가 친구의 고양이를 구하기 위해 아빠와의 약속을 어겨도 될까?"라는 질문을 하였다. 빈칸에 ① 콜버그의 도덕성 발달 단계의 특성을 쓰고, ② 이 질문에 대해 각 발달 단계별로 예상되는 유아의 답변을 쓰시오. [3점]

> 나무에 올라가기를 좋아하는 정윤이는 어느 날 나무에 올라가다가 떨어져 크게 다쳤다. 치료를 받고 난 후 정윤이는 앞으로 나무에 절대 올라가지 않겠다고 아빠와 굳게 약속했다. 그런데 며칠 후 그 나무 앞을 지나가던 중 친구의 고양이가 나무 위에서 내려오지 못하고 떨어질 위기에 처한 것을 보게 되었다. 친구는 정윤이에게 나무에 올라가서 고양이를 구해 달라고 애걸했다.

	① 단계의 특성	② 유아의 답변
1단계		
2단계		
3단계		

2) 위 이야기를 가지고 유아들과 도덕적 토의를 하려고 한다. ① 이 이야기에서 갈등 상황이 무엇인지 쓰고, ② 유아의 도덕성 발달을 위해 토의를 이끌어갈 때 교사가 설정할 수 있는 목표를 2가지 쓰시오. [3점]

- ① 갈등상황 [1점] : _____

- ② 토의목표 [2점] : _____
  _____

3) 아래 상황에서 ① 콜버그의 도덕성 발달 단계로 본다면 영수는 어떤 단계에 있으며, ② 영수의 도덕성 발달을 돕기 위해 교사가 어떤 질문으로 개입할 수 있는지 쓰시오. [2점]

> 쌓기 놀이 영역을 지나가던 민호가 높이 쌓아놓은 영수의 블록을 무너뜨렸다. 영수는 화를 내며 민호를 때리려고 쫓아가다가 선생님을 보고는 "선생님, 민호가 내 것을 무너뜨렸어요. 혼내 주세요."라고 말했다.

- ① 영수의 도덕성 발달단계 [1점] : _____

- ② 교사의 질문 [1점] : _____

답안 1)

	단계의 특성	유아의 답변
1단계	처벌을 피할 수 있거나 힘 있는 사람에게 무조건 복종하는 것이 도덕적 가치를 가진다(처벌과 복종 지향).	아빠와의 약속을 어기면 벌을 받기 때문에 고양이를 구하러 나무에 올라가면 안 돼요.
2단계	자신이나 타인의 욕구를 도구적으로 충족시키는 것이 옳다고 생각한다(도구적 상대주의 지향).	고양이를 구해주면 정윤이가 힘들 때 친구가 도와줄 테니까 구해줘야 해요.(혹은 고양이를 구해주면 친구가 상을 줄 거예요.)
3단계	옳은 행동은 타인을 기쁘게 하거나 도와주는 것이며 타인으로부터 인정받는 것이라고 생각한다 (대인 간 조화 / 착한 아이 지향).	아빠와 약속을 어기는 건 나쁘지만, 만일 친구의 고양이를 구해주지 않으면 친구를 도와주지 않는 나쁜 아이라고 비난할 것이라서 고양이를 구해줘야 해요.

2) • ① : 아빠와 나무에 올라가지 않기로 한 약속을 지킬 것인가 혹은 친구의 부탁대로 위기에 처한 고양이를 구해줄 것인가의 딜레마 상황이다.

  • ② : • 친구의 의견을 존중하며 토의활동에 즐겁게 참여한다.
    • 토의활동 과정을 통해 어떻게 하는 게 올바른 행동인지 해결책을 제시해 본다.
    • 도덕적 갈등상황에 대해 자신의 생각을 표현한다.(~ 자신의 생각을 자신 있게 말할 수 있다.)
    • 이야기를 주의깊게 듣고, 도덕적 갈등상황에 대해 이해한다. (~ 주인공의 감정을 이해한다.)

3) • ① 영수의 도덕성 발달단계 : 처벌과 복종지향
  • ② 교사의 질문 : '어떻게 하다가 민호가 블록을 넘어뜨리게 되었는지 들어볼까?', '민호가 일부러 블록을 넘어뜨렸을까? 아니면 실수로 블록이 넘어지게 되었을까?' 등 결과만이 아닌 의도에 대해 생각해 볼 수 있도록 하는 발문을 한다.

답안해설

3) 영수는 민호가 블록을 무너뜨린 사건에 대해 '결과'만 가지고 판단하고 있습니다. 또한 잘못된 결과에 대해서는 무조건 '벌'을 받아야 하며 힘 있는 권위자에 의해 처벌이 이루어질 수 있다고 생각하고 있으므로 1수준 1단계인 '처벌과 복종지향'의 단계에 해당합니다. 결과에 의해서만 판단하는 단계의 영수에게 의도하지 않아도 부정적 결과가 일어날 수 있다는 것을 생각해 볼 수 있도록 촉진하는 질문을 해볼 수 있습니다. 또한 교사의 권위에 의한 처벌이 아니라 자율적 규칙에 의해 사고를 줄일 수 있는 방법에 대해 토의해 볼 수 있도록 질문을 던져볼 수 있습니다.
예 선생님이 혼을 내준다면 이런 일이 다시 생기지 않을까? 친구들이 자주 지나다니는 길목에서 블록을 쌓으면 어떤 일이 생길까? 친구가 블록을 쌓고 있을 때는 어떻게 지나가는 것이 좋을까?

CHAPTER 05-2 사회교육

01 사회교육 기출경향 분석

❶ 주제별 출제빈도

✱ 다음의 표에서는 내용 주제별로 모든 문제가 분리되어 있으나 실제 기출문제와 해답이 제시된 '기출문제 분석' 챕터에서는 각각의 주제별로 문제가 분리되어 제시되기도 하고 혹은 동일한 문항 내에서 분리되지 않고 함께 제시되기도 합니다.

✱ 아래 표의 '내용' 중 사례나 답안을 제시하는 괄호 안에 ※ 표기를 넣은 경우는 사례나 답안이 길어 요약하여 제시했을 때를 의미합니다.

주제		출제연도		내용
사회교육 내용	사회적 기술	2018	B3-1)	㉠(김 교사는 매 학기 초에 유아들이 타인과 긍정적인 유대 관계를 맺는 데 필요한 의사소통하기, 공유하기, 협력하기, 갈등 해결하기와 같은 (㉠)을/를 발달시키기 위해 '서로 화목하게 지내요' 등의 주제로 활동들을 진행한다)에 들어갈 말 쓰기(**사회적 기술**)
		2022	B2-2)	[B](서연 : (큰 소리로) 그런 게 어딨어? 나 안 해! (서연이가 울먹거리며 윷을 던지고 자리를 떠난다. 지현이가 서연이에게 다가가 안으며 토닥거린다)) 상황과 (나)의 자료에 나타난 서연이의 부족한 사회적 기술 쓰기(**개인 정서조절**(개인의 정서를 조절하는 기술))
	기본생활 습관	1997	주05	기본 생활 습관 중 절약 덕목을 강조하기 위하여 유치원에서 '종이 아껴 쓰기'를 지도하고자 한다. 이를 위한 지도방안 중 5가지 사례 들기 ① 토의활동 : 종이를 아껴 쓸 수 있는 방법에 대해 토의를 진행한다. ② 도서활동 : 관련된 동화를 통해 종이를 아껴써야 하는 이유(필요성)를 알도록 한다. ③ 모델링 : 교사가 종이를 아껴 쓰는 생활 속의 모델을 보여준다. ④ 문제해결활동 : 종이가 없으면 어떤 일이 일어날지 확산적 문제해결의 방법으로 접근해 본다. ⑤ 가정연계활동 : 가정통신문 등을 통해 가정과 연계하여 지도함으로써 효과를 높인다.
		2024	A3-2) ②	[A](※ 존대어를 사용해 상호작용하는 교사에게 계속 반말을 하는 유아 사례)를 근거로 교사가 민수의 기본생활습관 중 언어와 관련하여 지도해야 할 내용을 1가지 쓰기((예절교육의 측면에서) **어른에게 존댓말을 사용하도록 지도한다**) [✱ 해당 문제는 기출 분석 1권에 제시되어 있습니다.]

사회과학 지식 영역 (내용)	경제교육	2016	B4-3	ⓐ, ⓑ에 들어갈 용어와 각 용어에 해당되는 유아의 말을 (나)에서 찾아 쓰기(ⓐ: **희소성**, "공책이랑 연필 사고 싶다. 그리고 저 인형도 사고 싶어. 하지만 돈이 2장뿐이야." / ⓑ: **기회비용**, 유아의 말: **가희** "공책 못 사서 아쉽지만, 이번엔 연필이랑 인형 사야지.") ① (ⓐ)은/는 경제 개념으로 사람들의 무한한 욕망에 비해 그 욕망을 충족시켜 주는 재화나 서비스가 충분하지 않은 것을 의미한다. ② 레니(J. Laney)와 셔그(M. Schug)는 교사들이 유아에게 (ⓑ)(이)라는 경제 개념을 가르칠 것을 제안하였는데, 이는 어떤 것을 얻기 위해 포기한 대가를 의미한다.
		2019 (추)	B1-1	〈보기〉 희소성, 용역, 화폐가치, 저축, 재화 - [A](마트에 가면/ 문어탐험대의 탐사선/ 작은특공대의 로봇/ 다 사고 싶어)에 해당하는 경제개념 1가지와 그에 해당하는 동시내용을 모두 찾아 쓰기(**재화**,(문어 탐험대의) **탐사선**, (작은 특공대의) **로봇**) - [B](마트에 가면/ 오백원으로 한 개/ 이천원으로 여러 개/ 아니, 아니 다 사고 싶어)에 해당하는 경제개념 1가지와 그에 해당하는 동시내용을 모두 찾아 쓰기(**화폐가치, 오백원으로 한 개, 이천원으로 여러 개**)
		2025	B1-3 ①	㉠(유치원 텃밭에서 키운 가지), ㉢(가지에 매일매일 물을 주면서 키웠는데)에 공통으로 나타난 유아 경제 교육의 개념 요소 1가지 쓰기(**생산**)
	역사교육	2018	A8-2	사회 과학 지식의 영역에서 밑줄 친 ㉢(시간의 흐름), ㉣(시간이 지나며 나타나는 여러 변화), ㉤(여전히 지속되는 경험이 있다)을 포함하는 영역 1가지 쓰기(**역사**)
		2022	B3-1	㉠(우리 모두 달라졌어)에 해당하는 역사교육의 개념을 쓰고 그 개념을 [A]((유아들이 가족사진을 보고 있다.)/ 준수: 아기 때 사진을 보니 진짜 작다/ 도은: (대호의 사진을 가리키며) 이건 누구야?/ 대호: 나야. 나 진짜 작지?/ 미영: 지금 나 키 많이 컸어/준수: (도은이를 보며) 너도 컸어/ 도은: ㉠ 우리 모두 달라졌어/ 미영: 진짜 많이 달라졌네)에 비추어 설명하기(**변화**(change), **유아들이 아기 때 사진을 보며 자신의 신체적 성장에 따른 변화를 확인하고 있는 것과 같이 변화란 시간(시간의 흐름)에 따라 자신과 주변 환경이 어떻게 변화했는지를 이해하는 것이다**(~시간의 흐름에 따라 계속되는 자신과 주위 환경의 변화와 그 영향을 이해하는 것을 의미한다))
	환경교육	2022	B1-1	㉠(북극곰을 내가 지켜 주고 싶어)에 해당하는 환경교육의 내용 1가지 쓰기(**환경감수성과 배려**)
	지리교육	2006	주02	'과수원 견학' 후에 유아들과 나눈 이야기 내용(교사: 우리가 어제 어디를 다녀왔니?/ 유아 1: 과수원이요/교사: 과수원은 어디에 있었니?/ 유아 2: ① 그 과수원은 ○○동에 있었어요/교사: 우리 동네와 무엇이 달랐니?/ 유아 1: ② 그곳은 산이 많고 사과나무가 많았어요/교사: 우리가 그 과수원에 어떻게 갔다왔지?/ 유아 3: ③ 버스를 타고 갔다왔어요) → 유아들의 대화 속에 포함되어 있는 지리의 개념을 보기에서 찾아 쓰기(**위치, 장소, 이동**) 〈보기〉 장소, 관계, 이동, 기후, 위치, 기능

CHAPTER 05-2 사회교육

	2024	B3-1)	[A](오 교사 : 동네를 산책하면서 여러 가게도 보고 우리가 가고 싶었던 마트에도 갔었어. 산책할 때 찍었던 사진을 보드판에 붙여 두었으니, 같이 보고 궁금한 것이 있으면 이야기해 볼까?/ 유아들 : (사진을 함께 보며) 우리가 봤던 것이 사진에 다 있네!/ 정은 : 꽃집이 유치원 길 건너에 있었죠? 거기에 벌레 잡아먹는 식물도 팔아요?/ 서준 : 내가 아까 봤는데 거기에서 팔았어요/ 재호 : 우리가 마트에서 그림책 봤는데 몇 층이었어요?/ 정은 : 2층이었잖아. 마트에서 찍은 사진 보니까 2층에 그림책이 있어)에서 유아들의 발화에 나타난 지리 탐구기술 2가지 쓰기(**지리적 질문하기, 지리적 정보 수집(획득)하기**)
		B3-2)	[B](재호 : 아! 1층에서 계단으로 위로 올라갔던 거 기억난다/ 정은 : 그림책 파는 곳 지나서 옆으로 가면 장난감도 있었어.)에 나타난 지리 교육내용 ㉠과 ㉡을 각각 쓰기(**방향, 위치**)
		B3-3)	[C](㉢ 지도는 공간을 나타내는 중요한 상징이기도 하고 의사소통 수단이잖아요/ ㉣ 유아들이 지도로 처음 놀이할 때 지도의 기능을 더 잘 보여 주려고 기호가 많은 지도를 사용했어요/ ㉤ 블록 같은 3차원 사물로 길이나 가게를 만들면 지도 만들기가 표상 활동이라는 걸 유아들이 잘 이해할 것 같아요/ ㉥ 교실의 영역 재배치 같은 실내 경험에서도 지리 개념을 경험할 수 있죠/ ㉦ 지도를 만들기 위해서 동네를 걸어 다니기 보다 동네 사진을 유아에게 보여주면 좋겠어요)에서 지도 만들기를 위한 교사의 인식 또는 지도 방법 중 적절하지 않은 2가지를 찾아 기호와 그 이유를 각각 쓰기(㉣, (유아는 아직 지도의 여러 가지 참조체계를 이해하기 어려우므로) **지도를 처음 활용할 때는 유아의 발달 수준을 고려하여 단순한 그림 지도 등을 이용한 흥미롭고 구체적인 경험을 통해 지도의 기능을 탐구할 수 있도록 해야 하기 때문이다**/ ㉦, (어떤 장소를 표상하는) **지도 만들기 활동은 동네를 걸어 다니는 실제(직접) 경험을 바탕으로 할 때 '지도가 어떤 장소를 표상한다는 것'을 유아가 이해할 수 있기 때문이다**))
민주시민 교육	2024	B2-2)	- 유아 시민교육 내용에 근거하여, [A]에서 추론할 수 있는 교사의 행동 중 적절하지 않은 1가지를 찾아 쓰기((지난번에 우리 반~~ 싸우니까) **선생님이 토끼 밥 주는 순서를 정해 주셨지**) - ㉠(우리가 토끼를 키우고 싶어서 데려온 거니까, 선생님이 토끼에게 밥 주는 건 우리가 해야 한다고 알려 주셨어)과 ㉡(그러니까 당연히 우리가 토끼를 잘 돌봐 주어야 하는 거야)에서 공통적으로 유추할 수 있는 시민교육의 내용 1가지 쓰기(**기본권리 및 책임과 의무**(기본 권리와 책임)(※ 그 외 '권리와 의무', '의무와 역할'))
다문화/ 반편견 교육	2008	주10-2)	다문화에 대한 이해 부족에서 비롯된 오 교사의 잘못된 지도 방법을 ㉮와 ㉯ 상황에서 1가지씩 찾아 쓰고, 각각에 해당하는 바람직한 지도 방법을 1가지씩 제시하기

	(가)의 사례	(나)의 사례
잘못된 지도	지민이가 진주를 "애는 이상하게 생겼어."라고 손가락질하며 놀리는 점은 무시하고, 진주에게 "유치원에서는 베트남 말은 하지 말고 한국말만 쓰자."라고 말한 점이다.	수수께끼 놀이에서 한국 말을 잘 알아듣지 못한다는 이유로 진주를 배제시키고 혼자 소꿉놀이를 하도록 한 것이다.

			바람직한 지도	- 사람의 외모는 모두 서로 다르며 외모를 가지고 놀리는 행동은 옳지 않은 행동이라는 점을 지도해야 한다. 이 상황과 관련된 토의 활동을 진행하여 놀림 받은 다른 사람의 감정을 생각해 보도록 하거나 더 나아가 친구를 어떻게 도와줄 수 있는지 등에 대해 생각해 볼 기회를 제공한다. - 베트남어 사용을 제한하기보다는 이를 허용하는 동시에 일상생활에서의 적합한 어휘와 표현을 익힐 수 있도록 그림책을 자주 읽어주는 등 관심을 가지고 지도해야 한다.	수수께끼의 내용을 진주도 참여할 수 있는 쉬운 내용을 포함하여 진행하도록 한다. 또한 천천히 잘 알아들을 수 있도록 들려주어 활동에 함께 참여할 수 있도록 배려해야 한다.
	2010	B1-1)	최 교사가 다문화 교육의 일환으로 만 5세 Ⅱ수준 유아를 대상으로 베트남에 관하여 수업한 후 작성한 수업 일지 중 일부 → 교수 방법 측면에서, 최 교사가 진행한 수업의 활동 유형, 활동 자료, 활동 기간의 문제점을 각각 1가지씩 찾고, 그에 대한 적절한 개선방안을 종합하여 1가지로 논하기(문제점-① 활동 유형 : (다른 나라의 문화를 소개할 때) 개념을 간략히 소개하고 넘어가는 이야기 나누기 활동만을 전개하여 표면적(피상적)으로 다룬 점이 문제이다/ ② 활동 자료 : 그림 자료만을 이용하여 유아들이 다문화를 감각적이고 직접적으로(체험적으로) 경험하지 못한 점이다/ ③ 활동 기간 : (매년 10월에 한정하여) 2주 동안 여러 나라의 문화를 알아보게 되면 유명한 것에 대한 활동 위주로 진행하여 관광식 수업에 그칠 수 있다는 점이다)(개선방안 : 특정 생활주제에 국한하여 일시적으로 다루기보다는 모든 주제와 자연스럽게 연계한 범교육과정으로 다문화 교육내용을 다루어야 한다. 또한 교구교재 및 환경 구성에 있어서 그림 자료뿐만 아니라 영상자료, 실물자료 등의 다양한 자료를 제시하고 교수방법적인 측면에서도 이야기 나누기를 토대로 역할놀이, 미술, 음악, 요리 등의 다양한 활동으로 직접 경험의 기회를 지속적으로 제공하도록 한다)		
	2014	B4-4)	ⓗ(지영이가 119 구조대원 역할을 하려고 하니 태수가 "구조대원은 위험해서 여자는 못해."라고 말했다. 윤재도 "그래, 구조대원은 남자만 하는 거야."라고 하자, 지영이가 "정말? 나도 하고 싶은데……."라고 했다. 유아들의 대화를 통해 성역할에 대한 유아들의 생각을 알 수 있었다. 그래서 나는 '3-5세 누리과정'의 '편성' 내용을 근거로, 유아가 성별, 종교, 신체적 특성, 가족 및 민족 배경 등에 관계없이 모든 사람을 존중하고 수용하도록 (ⓗ) 교육을 범교육과정적 주제로 다뤄야겠다)에 들어갈 용어 1가지 쓰기(**반편견**)		
	2016	B4-1)	뱅크스의 다문화 교육이론에 근거하여 ㉠(기념품을 제시하는 것만으로는 문화의 차이나 가치를 이해하기 어려울 것 같아요. '세계 여러 나라' 생활주제를 다룰 때 교육과정 목표나 내용은 그대로 두고, 우리 반 다문화 가정 아이의 나라별 전통 음식과 일상 용품을 추가해서 다루기로 해요)에 해당하는 단계 쓰기((※ 2단계)**부가적 접근법**)		
	2017	B3-1)	ⓐ는 (가)의 놀이 상황(굴렁쇠를 굴려 보려 애쓰지만 자꾸 넘어지는 다문화 가정의 유아를 흉내 내며 놀리는 유아들의 상황)과 (나)(반편견		

CHAPTER 05-2 사회교육

			교육에 관한 교사의 저널)에서 공통적으로 추출할 수 있는 사회과학 지식 영역 중 하나이다. ⓐ에 들어갈 말 쓰기(**다문화**(문화)) 미국의 전국사회교육협회(NCSS, 2010)에서는 사회교육에서 다루어야 할 사회과학 지식 영역으로 지리, 역사, 경제, 정치, 사회, (ⓐ), 세계, 인류, 환경, 시민정신을 제시하였다.
		B3-2)	㉠(세계 여러 나라의 인사법, 의상, 음식, 노래 등에 관한 다양한 정보와 지식을 제공해 주고 함께 활동)을 지칭하는 용어를 ㉡(반편견 교육과정을 제시한 더만-스파크스도 이런 방법으로 수업하는 것이 바람직하지 않다고 주장하였다)과 관련하여 쓰고(**관광식 접근**), 더만-스파크스가 제시한 반편견 교육 목표 중 ㉢(다른 사람에 대한 편견을 버리고, 서로 협력하는)에서 언급되지 않은 것 1가지 쓰기(**정체성**)
		B3-1)	김 교사가 지도해야 할 다문화교육의 내용 요소로 ㉠("나 한국 사람이에요? 아니에요?")과 ㉡(차별적 선입견에 대해 알아보고, 유아들이 이러한 문제에 대처할 수 있도록)에 해당하는 것을 각각 순서대로 쓰기(① **정체성**, ② **반편견**(편견))
	2023	B3-2)	㉢(특별 행사를 준비하여 유아들에게 여러 나라의 전통 의상, 민속춤과 노래, 인사법, 음식을 소개)의 박 교사가 사용한 다문화교육 접근방식의 한계점 1가지 쓰기(('**기여적 접근법**(contributions approach)'은 (다른 인종과 민족의 옷, 음식, 축제, 영웅, 공휴일 등 소개하기 쉬운) **개별적인 문화적 요소에 대하여 접근하는 방법이기 때문에 단편적인 관광식 접근이 되어 편견을 줄 수 있다**)
		B3-3)	㉣(우리는 혼자 살 수 없고, 여러 나라가 서로 도움을 주고받으며 협력해야 살 수 있다는 것)에 나타난 다문화교육의 개념 쓰기(**세계시민 교육**) ㉤(동화주의)의 문제점 1가지 쓰기(**동화주의는 다수**(주류)**의 문화를 중시하고 이를 따르도록**(소수의 문화가 흡수되도록) **하는 접근이므로 구성원들의 다양성을 간과하게 되는 문제가 있다**)
	2025	B2-1) ①	브론펜브레너의 생태학적 체계 이론에 근거하여 (가)의 [A]에서 중간체계를 찾아, 그 체계를 활용한 다문화 교육의 예시 1가지 쓰기(※ 중간체계 : 부모와 유치원 간의 관계)(**다문화 가정 유아의 학부모를 다문화 교육을 위한 전문인사로 교실에 초청하기**(~학부모가 직접 참여하는 다문화 교육 프로그램 운영하기)/ **유치원 교육과정 내 진행되고 있는 다문화 교육활동에 대한 가정 연계자료**(안내 자료)**를 지역의 관련 기관과 협력하여 다국어로 제작하여 제공하기**)
		B2-2)	㉡(유아와 함께 점자책을 만져 보고 시니어 모델 사진을 보며)에 해당하는 문화적 다양성의 요소 3가지 쓰기(**능력**(ability) 혹은 예외성(exceptionality), **연령**(age), (사회)**계층**(class))
사회교육 교수방법	사회교육 접근법 (씨펠트)	2014 B4-1) B4-2)	- ㉠(역사나 지리, 경제, 환경과 같은 분야의 기본 개념을 가르치는 것도 필요하다고 생각해요. 사회 각 분야의 핵심개념을 가르치는 거죠)에 해당되는 유아 사회교육의 접근방식 1가지 쓰기(**사회과학 개념의 구조화 접근방식**(접근법)) - ㉡에 들어갈 용어 1가지를 쓰고, ㉢~㉤을 활동단계에 맞게 순서대로 기호를 쓰기(㉡ : **가설**/ 순서 : ㉣, ㉤, ㉢)

- 사회적 탐구 모형을 활용하여 우리 동네 119 구조대원이 하는 일을 알아본다.

활동단계	활동내용
문제 구성	우리 동네 119 구조대원이 하는 일을 알아본다.
(ⓒ) 설정	'우리 동네 119 구조대원이 없으면 사람들이 편하고 안전하게 살 수 없다.'는 (ⓒ)을(를) 세운다.
주제의 명료화	ⓒ 우리 동네 119 구조대원이 하는 일을 표, 그림, 동시 짓기 등 다양한 방법으로 나타낸다.
자료수집	㉣ 우리 동네에 119 구조대원이 없으면 어떻게 될지, 우리 동네 구조대원은 어떤 일을 하는지에 대해서 알아보기로 한다.
자료평가 및 분석	㉤ 소방서에 가서 우리 동네 119 구조대원이 하는 일을 조사하고, 책이나 동영상에서 관련 정보를 찾아본다.
(ⓒ) 검증 및 일반화	우리 동네에 119 구조대원이 없으면 사람들이 편하고 안전하게 살 수 없다는 것을 알고, 119 구조대원이 하는 일을 안다.

연도	번호	내용
2016	B4-1)	씨펠트의 유아사회교육 접근 방식 중 최 교사(그런데 이번 가게 놀이에서는 아이들이 좋아하는 물건을 직접 고르고 사 보게 하는 것이 좋겠어요. 아이들이 현재 자신이 있는 곳부터 출발하여 주변 세계를 자꾸 경험하다 보면 그 과정 속에서 스스로 중요한 개념과 가치를 발견할 수 있거든요)의 접근 방식 유형 쓰기 (**직접환경 접근방식**)
2018	A8-1)	시펠트가 구분한 유아사회교육 접근법으로, ㉠(추석맞이 전통놀이 체험 코너를 운영한다고 해서 다녀왔어요. 아이들이 추석에 관한 여러 전시와 공연을 보고 놀이 체험도 했어요), ㉡(행사 참여로 끝나면 관광하는 것처럼 본래의 취지나 의미를 생각하지 못하는 일회성의 교육이 되잖아요)을 통해 설명할 수 있다. ( ) 안에 들어갈 말을 쓰기 (**공휴일**(중심) **접근법**) ( )은/는 유아가 가족, 지역사회, 국가에 대하여 자연스럽게 인식할 수 있도록 도울 수 있다.
2019 (추)	B1-2)	[C](※ 유아의 동시에는 소비와 자원 관련 개념뿐 아니라 자연을 보호하고 배려하는 가치적인 측면이 함께 드러나고 있다. 이를 볼 때, 유아도 도덕, 윤리, 환경, 경제 등을 서로 연결하여 학습할 수 있다는 생각이 든다. 그동안 나는 유아의 생활 속 경험에만 국한하여 통합적인 사회교육을 계획하고 실행해왔다. 앞으로는 지금까지와 달리 사회과학 제영역에서 다루는 개념들을 미리 살펴보고, 이를 체계적으로 사회교육에 반영하는 방법도 고민해 봐야겠다)에서 교사가 앞으로 시도하고자 하는 사회교육 접근법 1가지를 쓰고, 그 접근법을 설명하기(**사회과학 개념의 구조화 접근법. 이는 환경, 경제와 같은 사회과학 분야(영역)의 핵심 개념들을 선정하고 능동적으로 탐구하는 과정을 통해 사회교육이 이루어지도록 하는 접근법이다**(~하는 과정을 통해 지식, 기술, 태도 및 가치를 형성해 나가도록 하는 사회교육의 접근방법이다))
2025	B1-1)	시펠트가 제시한 전통적인 사회교육 접근 방식 중 (가)의 [A](우리 동네를 돌아보면서 유치원 근처의 시장에 가서 어떤 물건을 파는지 알아

CHAPTER 05-2 사회교육

활동유형			보고, 가져간 돈으로 직접 물건을 사기도 했어요. 그 후에 시장에 대한 유아들의 관심이 더 높아져서 교실에서 가게놀이를 하고 있어요. 그런데 유아들이 유치원에서도 시장을 열었으면 좋겠다고 해서 3, 4세 반 유아들과 함께 하는 시장놀이를 하려고 합니다)에 해당하는 접근 방식의 장점 1가지 쓰기('**직접 환경 접근법(Here and Now Curriculum)**'은 유아가 자신을 둘러싼 환경을 직접적으로(직접적이고 감각적으로) 경험하며 관련된 사실이나 개념을 능동적으로 구성해 나갈 수 있다는 장점이 있다/ ~은 유아가 자신을 둘러싼 환경을 직접 경험하며 발견하는 사실이나 현상들 간의 관계를 (감각적으로) 인식하고 스스로 이해하게 된다는 장점이 있다)
	1999	주05	현장 견학을 위해 통신문 발송시 넣어야 할 사항 8가지 들기(**견학장소 / 목적 / 일시 / 준비물 / 출발시간 / 도착시간 / 학부모 참여 여부 / 현장견학 동의서 / 복장**)
	2004	주05	유치원에서 자연체험 활동을 효과적으로 운영하기 위해서는 사전 준비와 철저한 계획이 수립되어야 한다. 자연체험 활동을 위해 유치원에서 가까운 공원으로 걸어서 산책하려고 할 때, 사전 준비 및 활동, 본 활동, 사후 활동을 위해 교사가 해야 할 일을 각각 2가지씩 제시하기 1) 사전 준비 및 활동(**산책할 공원에 대해 유아들과 이야기 나누기 활동을 하여 산책에 대한 흥미를 유발한다/유아들이 산책할 공원에 대한 사전 답사를 통해 안전한 장소를 찾아보는 등 안전성 여부를 확인한다**) 2) 본 활동(**공원에 도착한 후 유아들에게 공원에서 지켜야 할 안전 약속 등의 유의사항을 다시 한 번 알려준다/ 공원에 있는 자연물을 관찰하고 떨어져 있는 자연물을**(나뭇잎, 돌멩이 등) **수집한다**) 3) 사후 활동(**공원에서 수집해 온 자연물을 과학 영역에 전시한 후 관찰한다/ 공원산책을 통해 느낀 점에 대해 유아들과 이야기 나누기 활동을 한 후** (그림, 신체표현, 동시 짓기 등) **표현**(표상)**활동을 전개한다**)
	2005	주04	박물관 견학 시 사전 답사에서 점검할 사항(**견학의 목적에 부합되고 전시물이 유아의 수준에 적합한지 확인한다/ 유아를 위한 부대시설**(화장실, 식수, 휴식공간)**의 여부 및 위치를 파악한다/ 견학 과정에 필요한 물품을 확인한다/ 박물관에 견학을 안내해 줄 사람이 있는지 여부를 확인한다/ 박물관까지 갈 수 있는 방법이나 거리, 소요 시간, 정확한 지리를 파악한다**)
	2015	B4-1)	(가)('도서관에 가요')에서 이루어지는 활동과 같이 유아 교육 기관 내에서 직접 경험할 수 없는 정보들을 얻는 데 효과적인 사회 교육 활동 유형 1가지 쓰기(**견학**(현장학습))
	2017	B1-4)	ⓒ(전화로 확인했던 것보다 시장이 넓어서 떡집을 찾느라 너무 헤맸어요)과 같은 문제가 발생하지 않도록 하기 위해 현장학습 준비단계에서 송 교사가 했어야 할 일 1가지 쓰기(**사전 답사**(사전 답사를 통해 오고 가는 길, 위험한 장소, 시설을 파악하고 대비한다))
	2018	B3-1)	ⓒ(유아들을 한곳에 모아 놓고 교실에서 발생하는 갈등상황이나 공통적인 관심사에 대해 각자 생각이나 느낌을 말하고, 의견을 공유하는 방법)에 나타난 교수-학습방법 쓰기(**토의**(토의활동))
	2019	B3-2)	다음은 ⓒ(현장학습)에 대한 내용이다. ⓐ와 ⓑ에 해당하는 말을 각각 쓰기(ⓐ : **사전답사** / ⓑ : **현장학습**(견학) **동의서**)

교수학습 모형 (교수법)			• 필요 시 현장학습 장소에 협조 공문을 발송한다. • 현장학습 전 장소를 (ⓐ)하고 안전사항을 점검한다. • 학습 목표를 명확히 설정한다. • 사전활동과 본 활동, 사후활동을 연계한다. • 부모에게 현장학습에 대한 가정통신문을 보내고 (ⓑ)을/를 받는다.
		B3-3)	ⓒ(△△다문화박물관의 관장님을 모시고 '다문화 사회와 시민교육'이라는 주제로 강연회를 개최)에 해당하는 지역사회 연계 활동의 명칭 쓰기(**지역사회 인사 초빙 학습**(지역사회 인사 초청))
	2019 (추)	B1-3)	[D]에 나타난 교사의 토의활동 지도방법 중 적절하지 않은 것 1가지를 찾아(토의 중간에 유아 간 의견충돌이 일어나서 내가 개입하여 문제를 해결해 주고 토의활동을 지속하게 하였다) 그 이유를 쓰기(**유아 간 의견충돌이 일어났을 때 교사가 개입하여 문제를 해결해 준 것은 적절하지 않다. 토의 활동을 지도할 때 교사는 중재자가 되어 유아들이 스스로 갈등이나 문제를 해결하고 의사결정을 할 수 있도록 지원하는 역할을 해야 하기 때문이다**(~함으로써 가치관을 형성해 나가거나 사회적 기술을 습득할 수 있도록 도와야 하기 때문이다/ ~~~할 수 있는 기회를 제한한 것이기 때문이다))
	2022	B1-1)	[A](정후 : (ⓛ 지도 위에 ⓒ 동물 모형을 놓으며) 여기 북극곰이 살아/ 유미 : (ⓔ 동물 사진을 들고) 난 ⓜ 지구본에 붙여 볼래.)상황에서 유아들이 놀이 자료로 ⓛ~ⓜ을 사용하는 것의 장점 1가지 쓰기(**유아기의 학습과 지각 특성을 고려할 때 ⓛ~ⓜ은 시·공간적으로 실제 경험하기 어려운 부분에 대한 시각적이고 구체적인 자료**(참고 대상물, 참조 대상)**가 된다는 장점이 있다**(~자료가 되어 배움을 효과적으로 이끈다)/ 직접 경험할 수 없는 사회적 경험들을 간접적으로 경험할 수 있는 기회를 제공한다)
	2022	B3-3)	ⓒ((ⓒ) 활동을 하면 실제 상황을 재연하니까 더 효과적일 거야)에 적합한 활동 유형 1가지를 쓰고(**극놀이**(역할극, dramatic play)), 그 활동 유형의 장점 1가지를 2019 개정 유치원 교육과정 '더불어 생활하기'의 내용을 반영하여 쓰기((사회학습의 한 형태인) **극놀이를 통해 유아는 다른 사람의 역할을 맡아 모방**(수행)**해보며 사람들의 '서로 다른 감정, 생각, 행동을 존중한다'의 내용을 경험할 수 있다**)
	2018	B3-1)	[A](※ '고마움을 표현해요' 대소집단 활동 → '감사카드 만들기', '악기 연주하기', '선물상자 만들기'의 3개 소집단으로 나누고 역할을 분담해 활동을 전개 → 소집단별 활동 결과물 함께 공유)에 나타난 교수-학습방법 쓰기(**협동**(협력)**학습법**(협동활동))
	2021	B1-2)	– [A](교사는 진호와 수민이의 다툼이 시작되려고 하자 다가간다/ 교사 : 무슨 일이니?/수민 : 유치원 휴지를 진호가 다 써서 우리가 쓸 게 없어요/진호 : 휴지로 멋진 눈길을 만들려고 했어요/수민 : 그래도 유치원 휴지니까 모두 같이 써야 해요. 혼자 다 쓰면 안 돼요/진호 : 내가 멋진 걸 만들 거니까 휴지 다 써도 돼요/교사 : 둘이 휴지 사용에 대한 생각이 다르구나/수민 : 네/교사 : 휴지 사용에 대해 서로 자기 생각을 말해 보자/진호 : 저는 하얗고 구불구불한 눈길을 만들 거니까 휴지를 꼭 써야 해요/수민 : 함께 쓰는 휴지니까 혼자 다 쓰면 안 돼요. 만들기하면서 휴지를 마음대로 쓰면 안 돼요/진호 : 길을 만들 때 휴지를 사용하면 왜 안 돼요?)에서 나타나는 가치 분석 과정 2가지 쓰기(**가치 확인, 가치 비교와 대조**) – [B](교사 : 진호는 어떻게 하면 좋겠니?/ 진호 : 저는 휴지로 눈길을

CHAPTER 05-2 사회교육

				만들래요/ 교사 : ⓒ 진호가 눈길을 다 만들면 어떤 일이 생길 것 같니?/ 진호 : 제가 다 만들면 우리 반이 눈썰매장처럼 될 거예요. 그 속에서 친구들과 신나게 놀이할 수 있을 거예요./ 교사 : 그런데 진호가 길을 만드느라 휴지를 다 써 버리면 어떻게 될까?)에서 ⓒ과 같은 발문이 필요한 이유 쓰기(**자신이 내린 판단의 결과를 예측해봄으로써 가치 판단을 지지하거나 대안을 찾아보도록 하기 위해서이다**)
		2022	B1-2) B1-3)	– 문제해결학습 과정 중 [B](※ 교사 : 지금 이야기한 것 중에서 우리가 무엇을 할 수 있을까? … (중략 : 유아들이 다양한 대안을 제시함) … 교사 : 모두 같은 생각이니?/ 유아들 : 네. 유미 : ⓑ 오늘부터 종이 아껴 쓰기 해요)에 해당하는 단계의 명칭을 쓰고(**다양한 해결안 검토**(여러 대안에 대한 검토, 문제 해결을 위해 제시한 여러 대안 검토)), 그 단계에서 ⓑ(오늘부터 종이 아껴 쓰기 해요)이 적절한 이유를 [B] 상황에 비추어 설명하기(**교사가 제기한 질문인 '이야기한 것 중 우리가 할 수 있는 것'에 대하여 유아들이 충분히**(체계적, 논리적으로) **생각**(검토)**하는 과정을 거치며 적합한 결론을 도출하도록 하고 있기 때문이다**) – 문제해결학습 과정 중 [B]의 다음 단계에 적합한 교사 발문 1가지 쓰기(※ **최선의 대안 선택 단계**)(**우리가 함께 결정한 '종이 아껴 쓰기'를 실천하기 위한 약속을 함께 정해 볼까요?/ 그럼 이제부터 우리가 함께 결정한 '종이 아껴 쓰기'를 유치원에서, 그리고 집에서 실천해 보기로 해요**(~실천해 보고, 어떻게 실천되고 있는지 또 이야기 나누기로 해요))
		2025	B2-3)	래스, 하민과 사이먼의 가치명료화 모형에 근거하여 – ⓒ(요즘 그 모형을 적용해 보고 있어요. 프랑스로 이사간 정혜가 선물을 보내 줘서 우리도 각자 작은 선물을 보내기로 했거든요. 먼저 어떤 선물을 할지 자유롭게 생각해 보았어요. ⓒ 두 번째 단계의 활동 후, 우리가 준비한 선물을 정혜가 받으면 어떤 기분이 들지 생각해 보고 정혜에게 보낼 선물을 결정했어요) 단계에 해당하는 교사 발문 1가지를 쓰고(※ 2단계 다양한 대안들로부터 선택하기)(**여러 가지 다른 선물들 중에서 다른 선물이 아닌 그 선물을 고른 이유는 무엇인가요**(~이 프랑스에 사는 정혜에게 좋을 것 같다고 생각한 이유는 무엇이니?)?/ **이제 자유롭게 생각해 본 선물들 중에서 어떤 선물을 하면 가장 좋을지 한 가지를 골라보고, 어떤 점 때문에** (다른 선물들이 아닌) **그 선물을 선택했는지, 그 선물로 결정을 내릴 때 어떤 고민을 했는지 이야기해 보도록 할까요?**) – ⓔ(이제 두 번째 과정 안의 세부 단계 2가지를 모두 실행하려고 해요. 먼저 유아들이 자신의 결정을 소중히 여기도록 아이들의 선택을 지지해 주고 ⓔ 그 다음 단계를 진행하려고요. 그런 다음에 유아들이 각자 선택한 선물을 정혜에게 보낼 거예요.)에 해당하는 단계 쓰기((※ 5단계) **선택을 공개적으로 발표하기**(~다른 사람에게 확언하기/ 공언하기))
국가수준 교육과정	2019 개정 누리과정	2022	B3-3)	그 활동 유형(※ 극놀이)의 장점 1가지를 2019 개정 유치원 교육과정 '더불어 생활하기'의 내용을 반영하여 쓰기(※ 내용 : 서로 다른 감정, 생각, 행동을 존중한다)
	누리과정 이전	2000	주01	'전통 문화 교육의 충실'이라는 사항을 강조하게 된 이유를 쓰고, 구체적인 실천 방안을 제시하기
		2003	주02	'아껴서 생활하기'의 내용을 쓰고, 각 내용별로 실천 활동의 예를 제시하기

	2005	주08	제6차 유치원 교육과정 '통일에 대한 관심 가지기' 내용으로 남북한 간의 동질성 회복과 이질성 포용을 지도하기 위한 교육목표 쓰기
	2009	객31	사회 생활 영역의 '경제생활에 관심 가지기'와 관련된 설명으로 적절한 것 고르기
	2008	주10-1)	제6차 유치원 교육과정 사회 생활 영역의 '집단 생활'에서 사례의 상황에 관련된 내용 쓰고, 이에 해당하는 수준의 내용 쓰기
	2010	객06	2007년 개정 유치원 교육과정에 비추어 볼 때, 다문화 교육에 관한 사항으로 적절하지 않은 것 고르기
	2010	B1-2)	2007년 개정 유치원 교육과정 사회 생활 영역 중 '다른 사람을 이해하고 존중하기'와 '다양한 문화에 관심 가지기'의 수준별 내용 제시하고, 이에 근거하여 수업 일지 중 사례의 문제점, 적절한 수업 내용과 부적절한 수업 내용을 찾아 논하기
	2011	객21	주간 교육 계획안에서 제시된 소주제에 따라 적절하게 연결된 활동을 모두 고르기
3-5세 연령별 누리과정	2016	B4-2)	2015 개정 유치원 교육과정 사회관계 영역의 '사회에 관심 갖기' 세부 내용을 근거로, 사례에서 교사가 유아에게 지도해야 할 교육 내용 쓰기 (물건을 살 때 돈이 필요함을 아는 내용)
	2013 (추)	B3-3)	사례와 관련하여, 경제교육의 근거가 되는 '3-5세 누리과정'의 '사회에 관심 갖기'에 제시되어 있는 5세 '세부 내용' 쓰기(일상생활에서 돈의 쓰임에 대해 안다.)
	2014	B4-3)	사례와 관련된 '3-5세 누리과정' 사회관계 영역의 '세부 내용' 쓰기 (우리 동네 사람들이 하는 일에 관심을 갖는다.)
	2015	B4-1)	사례와 관련된 '3~5세 누리과정' 사회관계 영역의 내용 쓰기(지역사회에 관심 갖고 이해하기)
	2017	B3-3)	사례와 관련하여 2015 개정 유치원 교육과정 '사회관계' 영역 사회에 관심 갖기) 내용범주 중 내용 쓰기(세계와 여러 문화에 관심 가지기)
	2018	B3-2)	제시된 기호에 해당하는 세부 내용을 반영한 교육활동을 사례에서 찾아 쓰기(친구의 물건을 소중히 다루는 방법 알아보기 / 생활 속에서 절약하는 방법 알고 실천하기)
	2019	B3-4)	세부내용에 해당하는 말 쓰기(협력, 존중)

 **CHAPTER 05-2 사회교육**

❷ 최근 출제영역 살펴보기

교육과정 변화 1 **3-5세 연령별 누리과정**

(★표시는 새롭게 확장된 출제 영역을, ♥은 기존 영역에서 새로운 방식으로 출제된 것을 의미합니다.)

순	내용	2013	2013 (추)	2014	2015	2016	2017	2018	2019	연도별 횟수
1	사회교육의 내용 (사회적 기술, 사회과학지식 영역)					B4-3)	B4-3)	★A8-2) ★B3-1)		4회
2	다문화/반편견 교육			★B4-4)		★B4-1)	♥B3-1) ★B3-2)			4회
3	사회교육 접근법			★B4-1) ★B4-2)				★A8-1)		3회
4	사회교육의 활동유형				B4-1)		♥B1-4)	B3-1)	B3-2) B3-3)	5회
5	사회교육의 교수-학습 모형							★B3-1)		1회
6	누리과정 내용범주/내용				B4-1)		B3-3)			2회
7	누리과정 세부내용		B3-3)	B4-3)		B4-2)		B3-2)	B3-4)	5회

교육과정 변화 2 2019 개정 누리과정

(★표시는 새롭게 확장된 출제 영역을, ♥은 기존 영역에서 새로운 방식으로 출제된 것을 의미합니다.)

순	내용	2019 (추)	2020	2021	2022	2023	2024	2025	연도별 횟수
1	사회교육의 내용 (사회적 기술 등)	♥B1-1)			★B2-2)①				2회
2	다문화/반편견 교육					★B3-1) ★B3-2) ★B3-3)		♥B2-1)①	4회
3	민주시민교육						★B3-2)		1회
4	지리교육						★B3-1) B3-2) ★B3-3)		3회
5	경제교육				B1-1)			B1-3)①	2회
6	역사교육				★B3-1)				1회
7	사회교육 접근법	B1-2)			★B1-2)			♥B1-1)	3회
8	사회교육의 활동유형	♥B1-3)			★B1-1) ★B3-3)①				3회
9	사회교육의 교수-학습 모형			★B1-2)	★B1-3)			★B2-3)	3회
10	누리과정 내용범주/내용				B3-3)②				1회

누리과정 이후 사회교육 관련 영역의 문제 유형 및 난이도 살펴보기

기본적인 출제 유형　　　　　　　　　난이도 중하에 해당하는 문제 유형

❶ 기입형 문제 유형

교사 간, 유아-교사 간 대화, 교사의 저널, 사회교육 활동 장면 등을 통해 사회교육의 주요한 활동 유형, 접근법, 교수-학습 모형 등의 명칭, 주요 단계에 해당하는 용어나 사회과학지식 영역의 교육 명칭, 이에 근거한 주요 개념에 해당하는 용어를 제시하도록 요구하는 문제들이 이에 해당합니다.
- 유아사회교육의 **활동 유형**, **접근법**, **교수-학습 모형**의 **명칭** 제시하기
- 사회과학지식 영역의 **교육 명칭**, **주요 개념**에 해당하는 **용어** 제시하기
- 유아사회교육의 **내용 영역**에 해당하는 **용어** 제시하기

2025 B형 01-3) 문제 예시　① (나)의 밑줄 친 ㉠, ㉢에 공통으로 나타난 유아 경제 교육의 개념 요소 1가지를 쓰고

> 동　주: 애들아! ㉠ 유치원 텃밭에서 키운 가지를 팔아서 막대 사탕 10개랑 바꿨어.
> 민　서: 정말? ㉡ 그럼 나 사탕 5개 줘. 나도 물 줬었어.
> 동　주: 나는 ㉢ 가지에 매일매일 물을 주면서 키웠는데 너는 별로 안 했잖아.
> 　　　　　… (하략) …

2025 B형 02-3) 문제 예시　래스, 하민과 사이먼(L. Raths, M. Harmin, & S. Simon)의 가치 명료화 모형에 근거하여 (나)의 ② 밑줄 친 ㉣에 해당하는 단계를 쓰시오.

> 　　　　　… (중략) …
> 윤 교사: 편지랑 그림책, 사탕, 장난감, 우리 반 사진도 준비했더라고요. 이제 두 번째 과정 안의 세부 단계 2가지를 모두 실행하려고 해요. 먼저 유아들이 자신의 결정을 소중히 여기도록 아이들의 선택을 지지해 주고 ㉣ 그다음 단계를 진행하려고요. 그런 다음에 유아들이 각자 선택한 선물을 정혜에게 보낼 거예요.

2 서술형 문제 유형

교사 간, 유아-교사 간 대화, 교사의 저널, 사회교육 활동 장면 등을 통해 사회교육의 주요한 활동 유형, 접근법, 교수-학습 모형 등의 명칭, 주요 단계에 해당하는 용어나 사회과학지식 영역의 교육 명칭, 이에 근거한 주요 개념에 근거하여 서술하도록 요구하는 문제들이 이에 해당합니다.

- 사회과학지식 영역에 근거하여 **주요 개념 설명**하기
- 사회과학지식 영역에 근거하여 **주요 개념**에 해당하는 **예시 찾아쓰기**

`2022 B형 03-1) 문제 예시` (가)의 ㉠에 해당하는 역사교육의 개념을 쓰고, 그 개념을 [A]에 비추어 설명하시오.

(가)

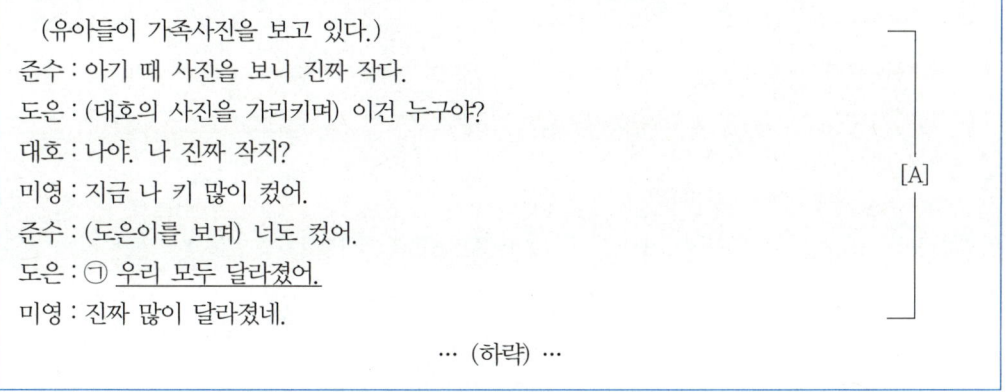

`2019 추시 B형 01-1) 문제 예시` ② [B]에 해당하는 경제개념 1가지와 그에 해당하는 동시내용을 모두 찾아 쓰시오.

(가)

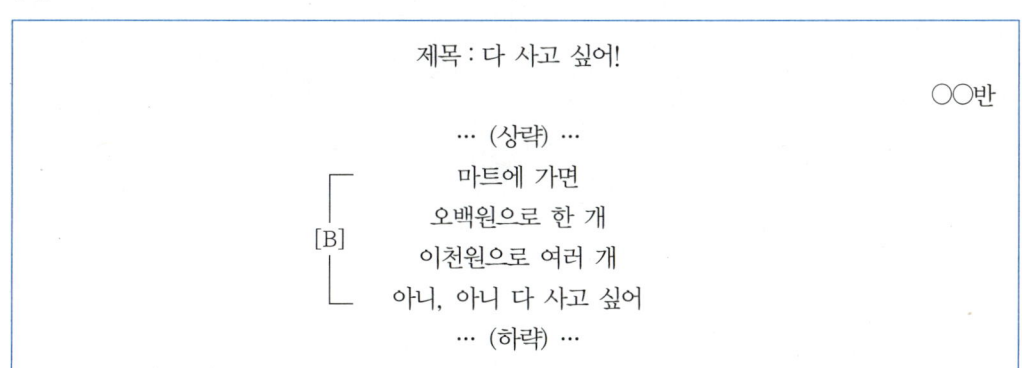

CHAPTER 05-2 사회교육

2019 추시 B형 01-1) 문제 예시 (나)의 [C]에서 교사가 앞으로 시도하고자 하는 사회교육 접근법 1가지를 쓰고, 그 접근법을 설명하시오.

(나)

[C]
동시의 마지막에 유아들이 환경에 대한 이야기를 해서 깜짝 놀랐다. 유아의 동시에는 소비와 자원 관련 개념뿐 아니라 자연을 보호하고 배려하는 가치적인 측면이 함께 드러나고 있다. 이를 볼 때, 유아도 도덕, 윤리, 환경, 경제 등을 서로 연결하여 학습할 수 있다는 생각이 든다. 그동안 나는 유아의 생활 속 경험에만 국한하여 통합적인 사회교육을 계획하고 실행해 왔다. 앞으로는 지금까지와 달리 사회과학 제영역에서 다루는 개념들을 미리 살펴보고, 이를 체계적으로 사회교육에 반영하는 방법도 고민해 봐야겠다.

… (중략) …

변별력 있는(높은) 출제 유형

난이도 중상에 해당하는 문제 유형

❶ 개념 정의를 반영한 응용문제 유형

교사 간, 유아-교사 간 대화, 교사의 저널 등을 통해 사회교육의 주요한 활동 유형, 접근법, 교수-학습 모형 등의 장점, 특징, 의의 등을 서술하도록 요구하는 문제들이 이에 해당합니다.

- 유아사회교육의 교수방법/모형, 접근법, 활동 유형 등의 **장점**, **의의** → **개념정의에 근거**해 서술하기
- 유아사회교육의 교수방법/모형, 접근법, 활동 유형 등의 **한계**, **문제점** → **개념정의**(이에 근거해 가장 큰 특징이 나오므로)**에 근거**해 서술하기
- 사회과학지식 영역의 주요 개념, 교수-학습 방법에 근거하여 **적절하지 않은 지도** → **이유** 서술하기

2025 B형 01-1) 문제 예시 시펠트(C. Seefeldt)가 제시한 전통적인 사회교육 접근 방식 중 (가)의 [A]에 해당하는 접근 방식의 장점 1가지를 쓰시오.

> 이 교사 : 선생님, 지난주에 시장에 다녀온 후 놀이에 변화가 있었나요?
> 김 교사 : 네. 우리 동네를 돌아보면서 유치원 근처의 시장에 가서 어떤 물건을 파는지 알아보고, 가져간 돈으로 직접 물건을 사기도 했어요. 그 후에 시장에 대한 유아들의 관심이 더 높아져서 교실에서 가게놀이를 하고 있어요. 그런데 유아들이 유치원에서도 시장을 열었으면 좋겠다고 해서 3, 4세 반 유아들과 함께 하는 시장놀이를 하려고 합니다. [A]
> … (하략) …

CHAPTER 05-2 사회교육

2024 B형 03-3) 문제 예시 (나)의 [C]에서 지도 만들기를 위한 교사의 인식 또는 지도 방법 중 적절하지 않은 2가지를 찾아 기호와 그 이유를 각각 쓰시오.

(나)

> 오 교사 : 우리 반 유아들이 동네 지도를 만들고 싶어 해요. 작년 4세반에서 지도로 놀이한 적 있어요?
> 신 교사 : 네. ⓒ 지도는 공간을 나타내는 중요한 상징이기도 하고 의사소통 수단이잖아요. 그래서 ⓔ 유아들이 지도로 처음 놀이할 때 지도의 기능을 더 잘 보여 주려고 기호가 많은 지도를 사용했어요.
> 오 교사 : ⓜ 블록 같은 3차원 사물로 길이나 가게를 만들면 지도 만들기가 표상 활동이라는 걸 유아들이 잘 이해할 것 같아요.
> 신 교사 : ⓗ 교실의 영역 재배치 같은 실내 경험에서도 지리 개념을 경험할 수 있죠.
> 오 교사 : ⓢ 지도를 만들기 위해서 동네를 걸어 다니기 보다 동네 사진을 유아에게 보여 주면 좋겠어요. [C]

2023 B형 03-3) 문제 예시 ② ⓜ의 문제점을 1가지 쓰시오.

> … (상략) …
> 최 교사 : 지난번 교사 연수에서 ⓜ 동화주의, 다문화주의, 상호문화주의와 같은 다문화 관점을 배웠는데, 그 관점들을 자세히 공부해 보고 싶어요.

❷ 유아사회교육의 교수-학습 모형에 대한 이해도를 묻는 유형

교사 간, 유아-교사 간 대화, 사회교육의 활동 장면 등을 통해 사회교육의 주요한 교수-학습 모형의 적용 단계의 주안점, 교사 발문 예시 등을 제시하도록 요구하는 문제들이 이에 해당합니다.

- 유아사회교육의 **모형**의 **특정 단계를 대표**할 수 있는 **교사 발문 예시 제시**하기
- 유아사회교육의 **모형**의 **특정 단계**에서 제시된 **교사 발문이 필요한 이유 제시**하기
- 유아사회교육의 **모형**을 적용한 **특정 단계**에서 나타난 **유아반응이 적절한 이유 제시**하기

2025 B형 02-3) 문제 예시 래스, 하민과 사이먼(L. Raths, M. Harmin, & S. Simon)의 가치 명료화 모형에 근거하여 (나)의 ① 밑줄 친 ⓒ 단계에 해당하는 교사 발문 1가지를 쓰고,

윤 교사 : 우리 같이 살펴보았던 가치명료화 모형 기억나세요?
　　　　　　　　　… (중략) …
윤 교사 : 요즘 그 모형을 적용해 보고 있어요. 프랑스로 이사 간 정혜가 선물을 보내 줘서 우리도 각자 작은 선물을 보내기로 했거든요. 먼저 어떤 선물을 할지 자유롭게 생각해 보았어요. ⓒ 두 번째 단계의 활동 후, 우리가 준비한 선물을 정혜가 받으면 어떤 기분이 들지 생각해 보고 정혜에게 보낼 선물을 결정했어요.

2022 B형 01-2) 문제 예시 문제해결학습 과정 중 ① [B]에 해당하는 단계의 명칭을 쓰고 ② 그 단계에서 ㉥이 적절한 이유를 [B] 상황에 비추어 설명하시오.

　　　　　　　　　… (상략) …
교사 : 지금 이야기한 것 중에서 우리가 무엇을 할 수 있을까?
정후 : 에어컨을 틀지 않아요.
서연 : 그건 더워서 싫어. 나는 못 해.
은서 : 자동차 타지 마요. 자전거 타면 돼요.
건우 : 안 돼. 유치원에 어떻게 와?
유미 : 손 씻을 때 물을 아껴 쓸 수 있을 거 같아요.
건우 : 맞아요. 나는 집에서 양치할 때 물컵 써요.
혜성 : 종이를 조금만 써요.
정후 : 종이 아껴 쓰는 것은 우리가 할 수 있어요.   [B]
은서 : 맞아. 종이는 필요한 만큼 잘라 쓰면 돼.
서연 : 그건 할 수 있겠다.
건우 : 나도 할 수 있어.
유미 : 우리 해 봐요.
교사 : 모두 같은 생각이니?
유아들 : 네.
유미 : ㉥ 오늘부터 종이 아껴 쓰기 해요.

02 유아사회과학지식영역 기출문제 분석

2025년 B

01 (가)는 교사 간 대화의 일부이고, (나)는 3~5세 반 유아들의 시장놀이 상황의 일부이다. 물음에 답하시오. [5점]

(나)

> (김 교사와 3~5세 유아들이 강당에 모여 시장놀이를 준비하고 있다. 3세 기현, 5세 지수와 승재가 유아들을 보고 있다.)
> … (중략) …
> (시장놀이 중 4세 민서와 5세 동주가 이야기를 나누고 있다.)
> 동　주 : 얘들아! ㉠ <u>유치원 텃밭에서 키운 가지를 팔아서 막대 사탕 10개랑 바꿨어.</u>
> 민　서 : 정말? ㉡ <u>그럼 나 사탕 5개 줘. 나도 물 줬었어.</u>
> 동　주 : 나는 ㉢ <u>가지</u>에 매일매일 물을 주면서 키웠는데 너는 별로 안 했잖아.
> 민　서 : 그래도 나랑 똑같이 나눠야지. 나도 물 줬단 말이야.
> … (하략) …

3) ① (나)의 밑줄 친 ㉠, ㉢에 공통으로 나타난 유아 경제 교육의 개념 요소 1가지를 쓰고, ② 데이몬(W. Damon)의 분배 정의 개념 발달 수준에 근거하여 (나)의 밑줄 친 ㉡에 나타난 수준을 그다음 수준으로 발달시키기 위한 교사의 발문 1가지를 쓰시오. [2점]
(※ ②는 [ch. 05-1 사회성 발달]에서 살펴봅니다.)

① _____

답안 3) • ① : 생산

 경제교육의 개념요소

개념요소	교육적 의미
희소성과 선택	희소성이란 사람들의 무한한 욕망에 비해 그 욕망을 충족시켜주는 재화나 서비스가 부족한 현상이다. 사람마다 욕구가 다르고 필요로 하는 것이 다르기 때문에 희소성도 사람마다 다르게 작용하며, 사람들은 선택(choice)의 문제에 직면하게 됨을 이해해야 한다.
기회비용	기회비용이란 어떤 것을 얻기 위해 포기한 대가로, 실제로 지출하지는 않았다고 해도 비용의 성격을 가지고 있으면 모두 비용에 포함된다. 선택을 해야 하는 상황에서 되도록 포기한 것에 대한 기회비용이 작은 것을 선택하는, 즉 합리적 선택을 할 수 있어야 한다.
의사결정	희소한 것일수록 가격이 비싸기 때문에 자신에게 가장 필요한 것이 무엇인지를 심사숙고하여 구매하는 합리적인 의사결정을 통해 효용극대화를 경험할 수 있어야 한다.
화폐가치	화폐로 살 수 있는 재화와 용역의 양을 말하며, 모든 경제 활동의 기본이 됨. 화폐의 종류와 기능에 대한 기본적 이해가 선행되어야 한다.
생산	다양한 상품이 나에게 오기까지의 과정을 이해하고 우리는 누구나 생산자인 동시에 소비자임을 이해해야 한다.
소비	계획적이고 합리적인 소비행위를 경험하고 소비자의 권리와 책임을 이해하고 실천해야 한다.
분배	생산된 재화와 용역이 그 사회구성원 개개인 또는 집단에 귀속되는 일을 말한다. 분배의 의미와 가치를 경험하고 이해해야 한다.
절제	계획적인 소비생활을 위해 기초가 되는 절제의 필요성을 인식하고, 절약과 저축하는 습관을 형성해야 한다.
재활용	제품을 다시 자원으로 만들어, 새로운 제품의 원료로 이용하는 일로 자원이 한정되어 있기 때문에 재활용(recycling)은 필수적이다. 리듀스(reduce, 쓰레기 줄이기), 리유스(reuse, 재사용하기)와 함께 3R을 실천할 수 있어야 한다.

CHAPTER 05-2 사회교육

2025년 B

02 (가)와 (나)는 ○○유치원 내 교사 학습공동체에서 나눈 교사 간 대화의 일부이다. 물음에 답하시오. [5점]

(가)

> 김 교사 : 학습공동체 주제를 다문화 교육으로 정하고 나니 다문화 가정 유아에 대한 지원 방법에 관심이 더 생겼어요.
> 윤 교사 : 저는 다른 것을 틀린 것으로 보는 사회적 인식이 먼저 변해야 한다고 생각해요. 가끔 편견을 가진 유아를 보는데 또래에게도 영향을 주더라고요.
> 김 교사 : ㉠ <u>그런 사회적 인식이 유아가 보는 TV 프로그램에 드러나기도 해요.</u>
> 최 교사 : 지난달에 여러 나라의 놀잇감으로 놀이도 했잖아요.   [A]
> 김 교사 : 그때 다른 나라의 문화에 대한 유아들의 관심이 높아져 우리 반은 지역 다문화 축제까지 갔었어요.
> 윤 교사 : 다문화 가정 유아를 지원하는 데 부모와 유치원 간의 관계도 중요한 것 같아요.
> 김 교사 : 유치원 다문화 교육에서 고려할 것이 많네요.
> 최 교사 : 저는 국가나 인종 외에 다른 문화적 다양성의 요소도 다루고 싶어서 ㉡ <u>유아와 함께 점자책을 만져 보고 시니어 모델 사진을 보며 이야기 나누기 활동도 했어요.</u>

1) 브론펜브레너(U. Bronfenbrenner)의 생태학적 체계 이론에 근거하여 (가)의 ① [A]에서 중간 체계를 찾아, 그 체계를 활용한 다문화 교육의 예시 1가지를 쓰고, ② 밑줄 친 ㉠에 나타난 체계간 관계를 체계의 명칭 2가지를 사용하여 설명하시오. [2점]
(※ ②는 [기출 1권 ch1. 발달이론]에서 살펴봅니다.)

① _____

② _____

2) (가)의 밑줄 친 ㉡에 해당하는 문화적 다양성의 요소 3가지를 쓰시오. [1점]

답안 1) ①(※ 중간체계 : 부모와 유치원 간의 관계)

- ① : 다문화 가정 유아의 학부모를 다문화 교육을 위한 전문인사로 교실에 초청하기(~학부모가 직접 참여하는 다문화 교육 프로그램 운영하기)

  (※ 그 외 : 유치원 교육과정 내 진행되고 있는 다문화 교육활동에 대한 가정 연계자료(안내 자료)를 지역의 관련 기관과 협력하여 다국어로 제작하여 제공하기)

2) • : 능력(ability) 혹은 예외성(exceptionality), 연령(age), (사회)계층(class)

(※ 서적에 따라 '능력' 혹은 '예외성'이라는 두 가지 용어 중 하나로 제시됩니다.)

답안해설

이는 '문화적 다양성의 요소'라고도 하고 '문화 수용의 영역', 혹은 '편견 및 문화 수용의 영역'이라고도 합니다. 학자에 따라 8가지 혹은 9가지, 10가지로 제시합니다. 25년도에 이 영역이 처음으로 확장되었기 때문에 문제는 이러한 학자별 차이에 영향을 받지 않는 공통적 요인 중에 출제되었습니다.

더 읽어보기  **문화적 다양성의 요소**

(※ 다양성 요소를 8가지로 제시하는 경우)

- **국적**(Nationality) : 자신 혹은 부모의 출생과 관련된 국가의 근원
- **종족/인종성**(Race/Ethnicity) : 자아정체성 형성에 영향을 준 집단의 전통적 문화
- **종교**(Religion) : 개인이 지닌 신념체계
- **사회계층**(Social Class)/ 계층(Class) : 개인이 소속된 사회적 집단(교육, 직업, 수입, 생활방식, 집단이 공유한 전형적 가치)
- **언어**(Language) : 자신의 근원과 관련된 언어
- **성**(Gender) : 남성과 여성에게 부여된 사회적으로 수용되는 기대 혹은 역할
- **예외성**(Exceptionality)/ **능력**(ability) : 천재 또는 영재와 같은 특별한 능력을 가진 사람 혹은 신체적·정신적으로 여러 가지 장애를 가진 사람
- **연령**(Age) : 연령 집단에 기초하여 부여된 사회적으로 수용하는 책임 또는 기대(개인이 속한 문화적 집단에 따라 다름)

CHAPTER 05-2 사회교육

2024년 B

02 (가)는 5세반 교실에서 유아들이 나눈 대화의 일부이고, (나)는 교사와 유아 간 대화의 일부이다. 물음에 답하시오. [5점]

(가)

> 태 현 : 예찬아, 오늘 토끼 밥 주는 거 네 차례지? 나도 같이 갈래. 난 토끼가 너무 좋아.
> 예 찬 : 진짜? 난 가기 싫어. 토끼 무섭단 말이야.
> 태 현 : _____ ㉠ _____ 그러면 오늘은 너 대신에 내가 토끼 밥 줄까?
> 정 원 : 그건 안 되지! 우리 반 규칙이 있잖아.
> 예 찬 : 아, 맞네. 지난번에 우리 반 친구들이 서로 토끼 밥 주겠다고 싸우니까 선생님이 토끼 밥 주는 순서를 정해 주셨지.
> 정 원 : ㉡ 우리가 토끼를 키우고 싶어서 데려온 거니까, 선생님이 토끼에게 밥 주는 건 우리가 해야 한다고 알려 주셨어.
> 성 욱 : 선생님이 토끼에게 밥 주면 안 되나?
> 태 현 : 그러면 안 되지. 우리 반에서 토끼를 키우기로 결정한 건 우리들이잖아. ㉢ 그러니까 당연히 우리가 토끼를 잘 돌봐 주어야 하는 거야.   [A]

2) 유아 시민교육 내용에 근거하여, ① [A]에서 추론할 수 있는 교사의 행동 중 적절하지 않은 1가지를 찾아 쓰고, ② ㉡과 ㉢에서 공통적으로 유추할 수 있는 시민교육의 내용 1가지를 쓰시오. [2점]

① _____

② _____

답안 2) • ① : (지난번에 우리 반~~ 싸우니까) 선생님이 토끼 밥 주는 순서를 정해 주셨지.
  • ② : 기본권리 및 책임과 의무(기본 권리와 책임)
    (※ 그 외에 일부 각론서에서는 다음과 같이 다양하게 용어를 제시하고 있으므로 '권리와 의무', '의무와 역할'이 답안의 범위에 포함될 수 있겠습니다.)

민주시민 교육의 내용

- 멜렌데즈 등(Melendez, Beck & Flectcher, 2000)은 민주시민교육의 내용으로 규칙(수립/ 준수), 기본권리와 책임, 의무와 역할, 참여, 선택, 법, 정부 등을 제시함
- 드브리스 등(DeVries & Zan)은 규칙수립과 준수, 기본 권리와 책임과 의무, 민주적인 의사결정 등을 제시함
- 씨펠트(Seefeldt)는 민주적 가치와 정치개념을 제시함
- NCSS에서는 시민 의식과 실천(Civic Ideals and Practices)을 제시함
→ 이에 근거해서 제시하는 유아 민주 시민 교육의 내용은 다음과 같다.

• 인간의 존엄성 • 규칙 • 책임 • 권리와 의무 • 의사결정	• 규칙(규칙 수립과 준수) • 기본권리와 책임(기본권리 및 책임과 의무) • 민주적인 의사결정	• 규칙 • 기본권리와 책임 • 의무와 역할
예) 유치원에서 역할 담당(간식 당번, 화분에 물주기 당번, 교구장 정리정돈)		
⇨ 권리와 의무	⇨ 기본 권리와 책임(기본권리 및 책임과 의무)	⇨ 의무와 역할

※ 그 외 : 주요 개념으로 협동(cooperation), 배려(caring), 관용(tolerance), 양보(yield), 공유(sharing) 등을 제시하는 경우가 예외적으로 있음

더 읽어보기 — 민주시민 교육의 개념 요소

- **규칙수립과 준수** : 사회구성원 모두가 안정된 생활을 하기 위해서는 공동체의 규칙이 필요함을 인식하고, 이를 지켜야 함을 이해하는 것을 말한다. 다만 강압적으로 타인에 의해 규칙을 지키도록 할 경우 자발적으로 이를 준수할 역량을 기르기 어려우므로 규칙 수립에 유아가 참여하도록 해야 한다.
- **기본권리 및 책임과 의무** : 모든 사람은 권리를 가지고 있으며, 이러한 권리는 동등하게 존중되어야 함을 이해하는 것이다. 또한 권리를 가짐과 동시에 공동체 안에서 구성원으로써 지켜야할 의무와 책임이 있음을 이해하는 것을 말한다.
- **민주적인 의사결정** : 민주적인 절차를 통해 모든 구성원이 수긍할 수 있는 공동의 합의를 도출하는 과정을 경험하도록 하는 것을 말한다. 다양한 의사결정에 참여할 기회를 가질 때 합리적 의사결정 능력 또한 기를 수 있게 된다.

> 2024년 B

03 (가)는 5세반 동네 산책 후 교사와 유아 간 나눈 이야기의 일부이고, (나)는 방과 후에 교사 간 나눈 대화의 일부이다. 물음에 답하시오. [5점]

(가)

> 오 교사 : 동네를 산책하면서 여러 가게도 보고 우리가 가고 싶었던 마트에도 갔었어. 산책할 때 찍었던 사진을 보드판에 붙여 두었으니, 같이 보고 궁금한 것이 있으면 이야기해 볼까?
> 유아들 : (사진을 함께 보며) 우리가 봤던 것이 사진에 다 있네!
> 정　은 : 꽃집이 유치원 길 건너에 있었죠? 거기에 벌레 잡아먹는 식물도 팔아요?　　　[A]
> 서　준 : 내가 아까 봤는데 거기에서 팔았어요.
> 재　호 : 우리가 마트에서 그림책 봤는데 몇 층이었어요?
> 정　은 : 2층이었잖아. 마트에서 찍은 사진 보니까 2층에 그림책이 있어.
> 재　호 : 아! 1층에서 계단으로 위로 올라갔던 거 기억난다.　　　[B]
> 정　은 : 그림책 파는 곳 지나서 옆으로 가면 장난감도 있었어.
> 오 교사 : 우리 반 친구들이 마트에 갔다 오니까 (㉠)와/과 (㉡)을/를 잘 넣어서 말하는구나.
> 서　준 : 우리 동네에서 다른 가게도 가고 싶어요.
> 재　호 : 선생님, 우리 동네 지도 만들기 하면 재밌을 것 같아요!

(나)

> 오 교사 : 우리 반 유아들이 동네 지도를 만들고 싶어 해요. 작년 4세반에서 지도로 놀이한 적 있어요?
> 신 교사 : 네. ㉢ 지도는 공간을 나타내는 중요한 상징이기도 하고 의사소통 수단이잖아요. 그래서 ㉣ 유아들이 지도로 처음 놀이할 때 지도의 기능을 더 잘 보여 주려고 기호가 많은 지도를 사용했어요.
> 오 교사 : ㉤ 블록 같은 3차원 사물로 길이나 가게를 만들면 지도 만들기가 표상 활동이라는 걸 유아들이 잘 이해할 것 같아요.　　　[C]
> 신 교사 : ㉥ 교실의 영역 재배치 같은 실내 경험에서도 지리 개념을 경험할 수 있죠.
> 오 교사 : ㉦ 지도를 만들기 위해서 동네를 걸어 다니기 보다 동네 사진을 유아에게 보여 주면 좋겠어요.

1) (가)의 [A]에서 유아들의 발화에 나타난 지리 탐구기술 2가지를 쓰시오. [2점]

• _____

• _____

2) (가)의 [B]에 나타난 지리 교육내용 ㉠과 ㉡을 각각 쓰시오. [1점]

  • _____

  • _____

3) (나)의 [C]에서 지도 만들기를 위한 교사의 인식 또는 지도 방법 중 적절하지 <u>않은</u> 2가지를 찾아 기호와 그 이유를 각각 쓰시오. [2점]

  • _____

  • _____

 1) • : 지리적 질문하기

  • : 지리적 정보 수집(획득)하기

> 국제적인 지리 기준(GESP : Geography for Life, 1994), 멜란데즈 등(Melendez, Beck, & Fletcher, 2000)은 유아들이 유아교육기관과 초등학교에서 발달시킬 수 있는 지리 기술로 '지리적 질문하기', '지리적 정보 수집하기', '지리적 정보 조직하기', '지리적 정보 분석하기', '지리적 질문에 대답하기'의 5가지 기술을 제시하였다.
>
> • **지리적 질문하기** : 자신이 살고 있는 주변 세계(장소에 있는 사물, 지형의 특징, 사물이나 지역의 위치 등)에 호기심을 자연스럽게 나타내며 질문하는 것을 의미한다.
> • **지리적 정보 수집하기** : 주변 공간을 직접 탐색하거나 방문해 보고, 방문한 장소를 사진 찍거나 그림을 그리거나 녹음하여 정보를 기록하는 등의 방법으로 정보를 획득하는 것을 의미한다.

2) • : 방향

  • : 위치

 **지리교육의 개념 中 방향과 위치**

> 이는 우리가 살고 있는 장소에서 자신과 다른 사람, 사물과의 관계를 의미하는 것(Sunal, 1993)으로 상대적 위치를 나타내는 것이다. 유아들은 먼저 자신의 신체를 움직여 보면서 방향과 위치를 파악하고, 다음으로 사물과 다른 사람의 위치를 어떤 기준에 의해서 이해하게 된다. 유아들에게 각종 지역, 건물, 박물관, 동물원 등 다양한 곳을 탐방, 견학하거나 산책을 하는 활동은 유아들에게 직접적으로 방향과 위치를 깨닫게 하는 활동이 될 수 있다.

3) • : ㉢, (유아는 아직 지도의 여러 가지 참조체계를 이해하기 어려우므로) 지도를 처음 활용할 때는 유아의 발달 수준을 고려하여 단순한 그림 지도 등을 이용한 흥미롭고 구체적인 경험을 통해 지도의 기능을 탐구할 수 있도록 해야 하기 때문이다.

• : ㉠, (어떤 장소를 표상하는) 지도 만들기 활동은 동네를 걸어 다니는 실제(직접) 경험을 바탕으로 할 때(~경험을 통해) '지도가 어떤 장소를 표상한다는 것'을 유아가 이해할 수 있기 때문이다(~이해할 수 있도록 도와야 하기 때문이다).

더 읽어보기 — 지리교육의 교수학습 방법

- '유의미한 사회학습'이 되기 위해서는 발달 단계(유아의 수준)를 고려해야 한다. 따라서 지도 개념 발달에 있어, 취학 전 지도 활동 경험은 유아의 실제 경험을 바탕으로 해야 한다. 이를 통해 지도가 장소를 표상한다는 생각을 유아 스스로 할 수 있도록 도울 수 있다.
- '흥미로운(자발적인) 사회학습'이 되기 위해서는 흥미롭고 구체적인 경험을 통해 자발적인 탐구가 이루어지도록 해야 한다. 자신이 사는 곳, 유치원 등의 위치와 관련하여 운동장에서 보물찾기를 하는 등 구체적이고 흥미로운 경험을 통해 지도의 기능을 인식하도록 도울 수 있다.

2023년 B

03 다음은 다문화교육에 관하여 교사들이 나눈 대화의 일부이다. 물음에 답하시오. [5점]

> 김 교사 : 오늘 지성이가 ㉠"나 한국 사람이에요? 아니에요?"라고 물었어요. 지성이는 다문화가정 유아거든요. 며칠 전에는 피부색이 달라 이상하다고 놀림을 받았다며 속상해하더라고요. 그래서 유아들과 다양성 존중에 대해 이야기를 나누려고요. 그리고 ㉡ 차별적 선입견에 대해 알아보고, 유아들이 이러한 문제에 대처할 수 있도록 토의를 하려고요.
> 박 교사 : 우리 반에도 다문화가정 유아가 있어요. 그래서 ㉢ 특별 행사를 준비하여 유아들에게 여러 나라의 전통 의상, 민속춤과 노래, 인사법, 음식을 소개해 주었어요.
> 김 교사 : 유아들에게 그렇게 지도하는 것도 좋지만 다른 접근 방식도 있지 않을까요?
> … (중략) …
> 최 교사 : 저는 우리 반 유아에게 초콜릿을 만드는 재료는 가나에서 온 것이고, 자동차 휘발유의 원유는 사우디아라비아에서 온 것이라고 이야기했어요. ㉣ 우리는 혼자 살 수 없고, 여러 나라가 서로 도움을 주고받으며 협력해야 살 수 있다는 것을 알려 주고 싶었거든요.
> 김 교사 : 그럴 필요가 있다고 생각해요.
> 최 교사 : 지난번 교사 연수에서 ㉤ 동화주의, 다문화주의, 상호문화주의와 같은 다문화 관점을 배웠는데, 그 관점들을 자세히 공부해 보고 싶어요.

1) 김 교사가 지도해야 할 다문화교육의 내용 요소로 ㉠과 ㉡에 해당하는 것을 각각 순서대로 쓰시오. [2점]

    • _____

    • _____

2) ㉢의 박 교사가 사용한 다문화교육 접근 방식의 한계점을 1가지 쓰시오. [1점]

    • _____

3) ① ㉣에 나타난 다문화교육의 개념을 쓰고, ② ㉤의 문제점을 1가지 쓰시오. [2점]

    ① _____

    ② _____

 CHAPTER 05-2 사회교육

답안 1) • ① 정체성
- ② 반편견(편견)

> **더 읽어보기 다문화 교육 요소**(교육부, 육아정책연구소, 2013)
>
> - **문화 이해** : 문화 간의 유사점과 차이점을 알고, 각 문화에 대한 이해와 존중심을 기르며, 문화 간 긍정적인 태도를 발달시키는 것
> - **정체성** : 긍정적인 자아개념과 자아 정체감 및 집단 정체성을 형성하도록 하는 것
> - **다양성** : 우리 모두 어떤 차원에서는 유사하고 다른 측면에서는 다른 점이 존재한다는 점을 인식하고 수용하며 존중하는 것
> - **평등성** : 인종, 출신 국가, 성별, 사회계층 등에 관련 없이, 모든 사람은 소중하다는 내용을 포함하며 이러한 가치를 익히는 것은 세계시민교육과도 직결됨
> - **반편견** : 다문화 교육에는 인종, 민족, 성별, 장애, 연령, 종교 등의 어떠한 사회적 범주로 인해서도 차별받지 아니하고, 다른 집단에 대한 긍정적 태도를 촉진하는 것
> - **협력** : 다양한 사람들과의 상호작용 능력과 협동 능력을 길러주는 것으로서 이질적인 구성원으로 구성된 집단 내에서도 원만하게 의사소통을 하며 긍정적인 상호작용을 할 수 있도록 하는 내용을 포함함

2) '기여적 접근법(contributions approach)'은 (다른 인종과 민족의 옷, 음식, 축제, 영웅, 공휴일 등 소개하기 쉬운) 개별적인 문화적 요소에 대하여 접근하는 방법이기 때문에 단편적인 관광식 접근이 되어 편견을 줄 수 있다.

3) ① 세계시민교육

> **더 읽어보기 다문화 교육의 범주/개념**
>
> - **반편견교육** : 성이나 인종, 민족, 장애, 사회·경제적 배경, 종교 등에 상관없이 모든 사람을 존중하고 선입견이나 고정관념, 편견을 갖지 않도록 한다.
> - **국제이해교육** : 다른 지역이나 다른 문화에 대한 이해의 증진을 목표로 전쟁이나 착취와 같은 힘의 지배에 따른 삶이 아니라 서로 존중하고 존중받으면서 모두 함께 잘 살기 위해 다른 나라의 문화와 역사, 인종, 습관 등을 이해하도록 한다.
> - **세계시민교육** : 세계가 하나의 공동체라는 인식을 바탕으로 세계의 안녕과 번영을 위해 다양한 사람들과 함께 협력하는 지식과 기술 그리고 태도를 갖도록 한다. 세계시민 교육은 유아들로 하여금 세계 각국의 **'상호의존성'**을 이해하고 다른 국가에 대해 분명한 태도를 지니며 세계 공동체의 일원으로서의 정체성을 갖도록 돕는 것을 목적으로 삼는다.

② 동화주의는 다수(주류)의 문화를 중시하고 이를 따르도록(소수의 문화가 흡수되도록) 하는 접근이므로 구성원들의 다양성을 간과하게 되는 문제가 있다.

> **더 읽어보기 다문화 관점**
>
> - **동화주의** : 동화주의는 소수자가 다수자인 주류에 편입되는 것이다. 소수자들은 원래 가지고 있던 문화와 관습을 버리고 다수의 가치와 규범에 맞추어 주류의 일부가 되어야 한다고 보는 관점이다. 사적영역에서는 차이를 그대로 인정하지만 공적영역에서는 차이보다는 동질성을 추구한다. 그 결과 자신의 정체성을 추구하기보다는 주류 사회의 문화를 그대로 수용해야 한다.
> - **다문화주의** : 다문화주의는 다수자와 다양한 소수자들이 섞여 있지만, 융합과 달리 개체들이 고유의 특성을 다문화적으로 그대로 가지고 있다. 이러한 다문화주의론은 샐러드볼 속 야채와 과일들처럼 각각의 고

유한 민족성을 간직한 채 살아간다는 모자이크 이론(Theory of Mosaic) 또는 샐러드볼 이론(Theory of salad bowl)이라고도 한다. 그러나 이는 융합론에서처럼 화학적인 반응이 일어나 전혀 다른 새로운 것이 만들어지는 것이 아니라 한 공간에 함께 하는 공간적인 결합만이 이루어진 것이라는 한계가 있다.
- **상호문화주의** : 상호문화주의는 다문화주의의 한계점을 극복하기 위해 1990년대 후반 나타났다. 다문화가 여러 문화와의 공존을 지칭하는 표현이라면, 상호문화주의는 문화와 문화 사이의 상호 연관성과 상호작용을 드러내는 표현이다. 이를 위해 상호문화주의 교육은 다양한 다문화 집단의 관점과 지식을 반영하여 교육과정이 재조직되는 것을 강조한다. 그리고 문화 간의 차이가 있는 곳에 관심을 둔다. 또한 주류문화와 소수문화가 소통할 수 있는, 영역을 확장하는 것을 중요시한다. (※ 이러한 소통과 확장은 주류문화에만 국한되지 않는다. 소수문화와 주류문화가 대등하게 제시됨을 의미한다.)

2022년 B

01 다음은 교사가 문제해결학습 과정을 적용한 상황이다. 물음에 답하시오. [5점]

> 유미 : (그림책을 본 후) 북극곰 집이 사라지고 있대.
> 혜성 : 맞아. 나도 TV에서 봤어.
> 은서 : 북극의 얼음이 녹아서 그래.
> 정후 : ㉠ 북극곰을 내가 지켜 주고 싶어.
> 건우 : 여기 숲에 사는 호랑이랑 나무늘보도 그렇다고 나왔어.
> 서연 : 이 책에는 두루미도 강이 더러워져 살 수 없다고 나오는데….
> 교사 : 살 곳이 없어진 동물이 많구나.
> 건우 : 맞아요. 정말 많아요.
> 정후 : (㉡ 지도 위에 ㉢ 동물 모형을 놓으며) 여기 북극곰이 살아. ⎤
> 유미 : (㉣ 동물 사진을 들고) 난 ㉤ 지구본에 붙여 볼래.　　　　　　⎬ [A]
> 은서 : 난 북극곰을 그릴래. ⎦
> 　　　　　　　　　　　　　　　… (하략) …

1) ① ㉠에 해당하는 환경교육의 내용 1가지를 쓰고, ② [A] 상황에서 유아들이 놀이 자료로 ㉡~㉤을 사용하는 것의 장점 1가지를 쓰시오. [2점]

　① _____

　② _____

답안 1)
- ① : 환경감수성과 배려
- ② - 예1 : (유아기의 학습과 지각 특성을 고려할 때) ⓒ~ⓜ은 시·공간적으로 실제 경험하기 어려운 부분에 대한 시각적이고 구체적인 자료(참고 대상물, 참조 대상)가 된다는 장점이 있다.(~자료가 되어 배움을 효과적으로 이끈다.)
- ② - 예2 : 직접 경험할 수 없는 사회적 경험들을 간접적으로 경험할 수 있는 기회를 제공한다.

더 읽어보기 — 환경교육의 내용

교육내용	대영역	중영역
	환경관과 환경윤리	환경관 / 환경윤리와 환경정의 / 전통과 환경지혜
	환경의 구성	자연환경 / 생활환경
	환경문제	공기 / 물과 바다 / 흙 / 폐기물 / 소음과 진동 / 유해화학물질 / 자연재해 / 자원과 에너지
	인간활동과 환경	시장경제와 환경 / 사회활동과 환경 / 문화활동과 환경 / 건강과 환경 / 복지와 환경
	지속가능발전	지속가능발전교육
	환경현상의 탐구	관찰 및 발견 / 조사 및 분석
	환경 감수성과 배려	환경 감수성 기르기 / 환경에 대한 배려
	환경 문제 해결	쟁점 탐구
	환경 보전 실천	절약하기 / 참여하기

출처 : 유아 환경교육 프로그램 - 교사용 지도서 - 국가환경교육센터(2017)

♣ **환경감수성과 배려**
- **환경감수성 기르기** : 주변의 동식물을 비롯한 자연환경의 아름다움을 느끼고 동식물을 아끼고 소중히 여기는 마음을 가지는 내용
- **환경에 대한 배려** : 동식물의 특징을 이해하고 사람들이 동식물을 기르는 이유를 알아보는 내용과 주변의 동물과 식물을 배려하는 태도를 기르도록 하는 내용

CHAPTER 05-2 사회교육

2022년 B

03 (가)는 유아들의 놀이 상황이고, (나)는 놀이가 끝난 후 교사가 작성한 메모이다. 물음에 답하시오.
[5점]

(가)

> (유아들이 가족사진을 보고 있다.)
> 준수 : 아기 때 사진을 보니 진짜 작다.
> 도은 : (대호의 사진을 가리키며) 이건 누구야?
> 대호 : 나야. 나 진짜 작지?
> 미영 : 지금 나 키 많이 컸어.   [A]
> 준수 : (도은이를 보며) 너도 컸어.
> 도은 : ㉠ <u>우리 모두 달라졌어.</u>
> 미영 : 진짜 많이 달라졌네.
>
> … (중략) …
>
> (유아들이 가족사진을 보며 점토로 얼굴을 만들고 있는데, 도은이는 점토를 들고만 있다.)
> 준수 : (도은이를 보며) 왜 안 해?
> 대호 : 도은아, 마음대로 만들면 돼.
> 미영 : 나는 엄마 만들어야지. 얼굴은 동그랗게 하고 눈도 붙여야지.
>   (도은이가 미영이의 만드는 모습을 물끄러미 쳐다본다.)
> 도은 : (작은 목소리로) 그럼 나도 엄마 만들어야지.   [B]
>   (도은이가 점토로 엄마 얼굴을 만든다.)
> 미영 : 아빠도 만들어야지.
> 도은 : 나도 아빠 만들래.
>   (도은이가 점토로 아빠 얼굴을 만든다.)
> 도은 : ㉡ <u>(자신이 만든 점토를 보면서 뿌듯한 표정으로) 와, 멋지다.</u>
>
> … (중략) …
>
> 미영 : 점토 때문에 교실이 너무 지저분해졌어.
> 준수 : 나중에 정리하면 되지.
> 미영 : 아니야, 놀이하고 바로 치워야 돼.
> 대호 : 맞아.
> 준수 : 그럼 자기 것 자기가 정리하면 되겠네.
> 미영 : 그러면 바닥은 어떻게 해?
> 대호 : 그러니까 다 같이 정리하자.
> 도은 : 싫어. 다 놀고 나중에 정리할 거야.
>   (준수와 도은이가 다른 쪽으로 이동한다.)

대호 : 어떻게 하지?
미영 : 또 우리 둘이 정리하는 거야? 아이 속상해.
　　　　　　　　　　　… (하략) …

1) (가)의 ㉠에 해당하는 역사교육의 개념을 쓰고 그 개념을 [A]에 비추어 설명하시오. [1점]
   • _____

답안 1) • 변화(change). 유아들이 아기 때 사진을 보며 자신의 신체적 성장에 따른 변화를 확인하고 있는 것과 같이 변화란 시간(시간의 흐름)에 따라 자신과 주변 환경이 어떻게 변화했는지를 이해하는 것이다.(~시간의 흐름에 따라 계속되는 자신과 주위 환경의 변화와 그 영향을 이해하는 것을 의미한다.)

 역사교육의 내용

주요개념	하위내용
시간	• 과거·현재·미래 구분하기 • 시간의 흐름에 대해 이해하기 • 과거와 현재의 연계과정 이해하기
변화	• 주변의 변화 탐색하기 • 변화의 계속성 이해하기 • 변화의 결과와 영향 알기
인과관계	• 사건(사실)의 원인과 결과 탐색하기 • 과거의 사건이 현재에 미치는 영향 이해하기 • 현재의 사건이 미래에 미칠 영향 예측하기
생활의 연속성	• 과거의 생활과 현재의 생활 비교하기 • 각 세대의 삶을 통하여 생활의 연속성 이해하기
리더쉽	• 역사적 인물들의 배경과 존재 이해하기 • 개인의 지도력이 역사에 미치는 영향 이해하기

출처 : 교육인적자원부(2005), 유아를 위한 역사교육활동자료

CHAPTER 05-2 사회교육

2019년 추시 B

01 (가)는 ○○유치원 5세 ○○반 유아들이 마트 견학 후 지은 동시이고, (나)는 교사가 쓴 반성적 저널의 일부이다. 물음에 답하시오. [5점]

(가)

제목 : 다 사고 싶어!

○○반

[A] 　마트에 가면
　　문어탐험대의 탐사선
　　작은특공대의 로봇
　　다 사고 싶어

[B] 　마트에 가면
　　오백원으로 한 개
　　이천원으로 여러 개
　　아니, 아니 다 사고 싶어

… (중략) …

유치원 와서
까고, 까고, 또 까서
드디어 짠!
탐사선이 나왔어

어? 근데,
상자들이 쌓여
높은 쓰레기 산이 되었어

사고 싶은 것을 다 사면
쓰레기가 많아져
지구가 아프겠지

---

1) 〈보기〉에서 ① [A]에 해당하는 경제개념 1가지와 그에 해당하는 동시내용을 모두 찾아 쓰고, ② [B]에 해당하는 경제개념 1가지와 그에 해당하는 동시내용을 모두 찾아 쓰시오. [2점]

보기

희소성, 용역, 화폐가치, 저축, 재화

① _____

② _____

답안 1) • ① : 재화, (문어 탐험대의) 탐사선, (작은 특공대의) 로봇

• ② : 화폐가치, 오백원으로 한 개, 이천원으로 여러 개

 더 읽어보기

- **희소성(제한된 자원, scarcity)** : 자원이 유한하다는 사실은 경제교육에서 가장 핵심이 되는 개념이다. **사람들이 원하는 욕구를 모두 만족시킬 만큼 자원이 충분하지 않다**는 희소성은, 제한된 자원 안에서 어떻게 수요와 공급을 잘 조절할 수 있는가 하는 중요한 질문을 던지게 한다.

- '**재화**'는 **인간이 바라는 바를 충족시켜 주는 모든 물건**을 의미하며 '**용역**'은 **물질이 아닌 것으로 인간의 욕망을 만족시켜 주는 행위**를 의미한다. 그래서 재화는 눈으로 볼 수 있고 만질 수 있는 형태가 있는 물건인 반면에 용역은 다른 사람을 위해 하는 행위나 활동으로 눈으로 보거나 손으로 만질 수 없다.

- **화폐가치** : 화폐는 상품이나 서비스를 사고팔 때 지불하는 것, 즉 **물건을 구매하거나 서비스를 얻기 위해 사용하는 교환의 매개체**로서 모든 경제활동의 기본이 된다. 따라서 경제활동을 위해서는 **화폐의 종류와 기능에 대한 기본적인 이해**가 선행되어야 한다. 현재 사용되고 있는 동전과 지폐의 단위, 환전, 화폐의 가치 등을 알아보기 위해서는 관련된 그림책이나 교구 활용, 실물 화폐 탐색 등의 활동을 진행할 수 있고, 역할놀이를 하거나 실제 시장(마트)에서 구매 활동을 해 보는 것도 효과적이다.

CHAPTER 05-2 사회교육

08 다음은 김 교사와 박 원감의 대화이다. 물음에 답하시오. [5점]

> 박 원감 : 선생님, 현장학습은 잘 다녀오셨어요?
> 김 교사 : 네. ㉠ <u>추석맞이 전통 놀이 체험 코너를 운영한다고 해서 다녀왔어요. 아이들이 추석에 관한 여러 전시와 공연을 보고 놀이 체험도 했어요.</u>
> 박 원감 : 추석과 관련된 후속 활동도 계획하셨나요?
> 김 교사 : 그럼요. ㉡ <u>행사 참여로 끝나면 관광하는 것처럼 본래의 취지나 의미를 생각하지 못하는 일회성의 교육이 되잖아요.</u>
> 박 원감 : 어떤 후속활동을 계획 중이세요?
> 김 교사 : 유치원에서 송편을 만들어 보려고 해요. 올해, 작년과 다른 모양의 송편을 만들지만 매년 같은 일이 반복된다는 것을 이해하도록 도우려고 합니다.
> 박 원감 : 유아들이 ㉢ <u>시간의 흐름</u>을 이해하고, ㉣ <u>시간이 지나며 나타나는 여러 변화가 있지만</u> ㉤ <u>여전히 지속되는 경험이 있다는 것</u>을 이해하도록 도울 수 있겠네요.
> 김 교사 : 네. 그렇게 해보려고 해요.
> 박 원감 : 아이들이 좋아하겠네요. 그런데 견학지에서 다른 특별한 일은 없었나요?
> 김 교사 : 다정이가 박물관 입구에 있는 장승을 보고 너무 놀라 안으로 들어가지 않겠다고 했어요. 그러자 경수가 다정이에게 "너 놀이터에서 놀고 싶어서 그러는거지?"라고 해서 다정이가 아니라며 울었어요. 경수는 아직 ㉥ <u>다정이의 행동을 보고 다정이가 어떤 생각으로 그런 행동을 했는지 추론하지 못하는 것</u> 같아요.
> 박 원감 : ⓐ <u>사람에게는 감정, 욕구, 의도, 믿음, 지식과 같은 내적 정신 과정이 있고, 이것이 사람의 행동을 이끌고 사람마다 다를 수 있다는 것을 이해하는 것이 아직 유아들에게는 어렵죠.</u>
> 김 교사 : 네. 경수뿐 아니라 다른 유아들도 아직 다른 사람을 이해하고 (ⓞ)하는 것이 어려운가 봐요. 현정이도 친구들을 걱정하고 도와주려 하면서도 지시하고 평가하는 말투를 자주 사용하네요. 이런 유아들을 어떻게 도와주어야 할지 모르겠어요.
> 박 원감 : 자신의 생각이나 기분을 그대로 표현하는 방법을 알려주면 어떨까요? 주로 부모들에게 소개되었던 방법이어서 유아들에게는 좀 어려울 수도 있지만 시도해 볼 만한 것 같아요.   ⎫
> 김 교사 : 네. 자신의 감정이나 생각에 대한 책임을 상대방에게 전가하지 않아 상대방의 감정도 상하지 않게 하는 방법이라고 배웠어요. 문제가 생긴 상황과 그 결과에 대한 자신의 느낌을 표현하는 방법이지요.   ⎬ [A]
>   ⎭
> … (하략) …

2) 사회 과학 지식의 영역에서 밑줄 친 ㉢, ㉣, ㉤을 포함하는 영역 1가지를 쓰시오. [1점]

•

답안 2) • 역사

- ⓒ **시간** : 역사교육의 가장 기본적인 것은 시간개념이다. 시간은 유아들이 점진적으로 습득하는 사회적 개념으로 날마다 주기적이고, 반복적이고, 연속적이며, 일상적인 경험에 의해 발달한다(Seefeldt, 1995). 유아들은 현재와 가까운 시간이나 먼 시간에 일어난 사건을 순서 지어봄으로써 과거와 현재의 흐름을 알고 그에 따른 결과를 이해할 수 있다. 또한 교육기관에서 매일의 일상적인 활동 참여를 통해 시간에 대해 이해할 수 있다. 교사는 규칙적인 일과의 구성과 시간개념을 다룬 이야기책을 읽어줌으로써 유아들에게 시간의 개념을 지도할 수 있다. 교사는 유아들의 경험과 관련하여 시간에 관한 올바른 말(오늘, 다음, 조금 후, 오후, 어제)을 유아들에게 제시할 수 있다.

- ⓔ **변화** : 변화는 우리가 삶을 살아가는 동안 생활 속에서 끊임없이 계속적으로 일어난다. 즉 변화는 삶의 일부이고 변화를 받아들이고 적응하는 것은 삶을 풍요롭게 사는 데 있어 아주 중요하다. 유아교육기관의 변화, 이웃의 변화, 자연의 변화, 유아 자신의 변화는 끊임없이 발생하며 유아들의 삶에 영향을 미치고 있다. 유아들에게 변화를 두려워하기보다 피할 수 없는 것으로 받아들이도록 해야 하며, 변화에 적응하는 방법을 배우게 해야 한다.

- ⓜ **삶의 연속성** : 삶은 지속적으로 변하고 있지만 인간의 경험은 연속성을 가진다. 유아는 가족의 역사를 살펴보면서 이러한 연속성을 느낄 수 있다. 유아들에게 기념일을 축하하는 것은 유아에게 과거 역사의 풍부한 유산을 보게 할 뿐 아니라 삶의 연속성을 이해할 수 있도록 하는 데 도움이 되며, 세대 간의 접촉을 통해서도 유아들은 연속성을 이해하게 된다.

2017년 B

03 (가)는 ○○유치원 5세반 유아의 굴렁쇠 놀이 상황이고, (나)는 굴렁쇠 놀이 상황을 지켜본 민 교사가 반편견 교육을 실시한 후 작성한 저널이며, (다)는 「인성교육진흥법」[시행 2015.7.21.] [법률 제13004호, 2015.1.20., 제정]의 일부이다. 물음에 답하시오. [5점]

(가)

> 용호와 진수가 굴렁쇠놀이를 하고 있다. 다문화가정의 용호가 굴렁쇠를 굴려 보려 애를 쓰지만 굴렁쇠는 자꾸 넘어진다. 그것을 본 진수가 깔깔거리면서 용호의 흉내를 내며 놀린다.
> 진수 : (흉내내며 놀리듯) 에, 꽈당! (넘어지는 시늉을 하며)
>   야, 말도 제대로 못하면서 이것도 못하냐?
> 용호 : (눈물을 글썽이며) 네가 좀 가르쳐주면 되잖아!
> 진수 : 내가 왜 널 가르쳐 주냐? 넌 뭘 잘하냐, 대체?
> 용호 : 난 영어 할 줄 아는데…….
> 진수 : 영어면 다냐?
>   … (하략) …

(나)

> 나는 효과적인 반편견 교육을 위해 유아들에게 세계 여러 나라의 다양한 정보와 지식을 알려주는 것이 무엇보다 필요하다고 생각했다. 그래서 나는 유아들에게 ㉠ <u>세계 여러 나라의 인사법, 의상, 음식, 노래 등에 관한 다양한 정보와 지식을 제공해 주고 함께 활동하였다.</u>
> 원래 반편견 교육이란 인종이나 성에 관계없이 모든 사람을 존중하고 특정 부분에 대해 편견을 갖지 않도록 지도하는 것인데, 결과적으로 내가 실시한 방법은 단순히 피상적인 지식 전달에만 그쳤다는 것을 알게 되었다. 이와 관련하여 ㉡ <u>반편견 교육과정을 제시한 더만-스파크스(L. Derman-Sparks)</u>도 이런 방법으로 수업하는 것이 바람직하지 않다고 주장하였다.
> 그래서 앞으로 나도 이런 점에 주의하여 일상생활 속에서 유아들의 경험과 밀접하게 연관된 활동을 통해 수업을 전개해야겠다. 나는 유아들이 자연스럽게 ㉢ <u>다른 사람에 대한 편견을 버리고, 서로 협력하는</u> 진정한 시민정신을 함양할 수 있도록 생활 속에서 지도해 주어야겠다.

1) 다음의 ⓐ는 (가)의 놀이 상황과 (나)의 저널에서 공통적으로 추출할 수 있는 사회과학 지식 영역 중 하나이다. ⓐ에 들어갈 말을 쓰시오. [1점]

> 미국의 전국사회교육협회(NCSS, 2010)에서는 사회교육에서 다루어야 할 사회과학 지식 영역으로 지리, 역사, 경제, 정치, 사회, (ⓐ), 세계, 인류, 환경, 시민정신을 제시하였다.

2) ① (나)의 ㉠을 지칭하는 용어를 ㉡과 관련하여 쓰고, ② 더만-스파크스가 제시한 반편견 교육 목표 중 ㉢에서 언급되지 않은 것 1가지를 쓰시오. [2점]

- ① : _____

- ② : _____

3) ① (나)와 관련하여 2015 개정 유치원 교육과정 '사회관계' 영역 사회에 관심 갖기 내용범주 중 내용 1가지를 쓰고, ② (다)의 ㉣에 들어갈 말을 쓰시오. [2점]
(※ ③은 [기출 1권]에서 살펴봅니다.)

- ① : _____

1) • 다문화(문화)

2) • ① : 관광식 접근
   • ② : 정체성

3) • ① : 세계와 여러 문화에 관심 가지기

> **더 읽어보기**
>
> (※ NCSS가 제시한 사회교육 내용 10가지의 용어는 서적마다 번역이 다소 다를 수 있습니다.)
> NCSS(2010)에서 제시하는 사회교육에서 다루어지는 열 가지 주제는 유아사회교육 내용 선정의 근거가 될 수 있다. ⇨ 문화 / 시간의 연속성과 변화 / 민족, 지역, 환경(사람, 장소, 상황) / 개인적 발달과 정체성 / 개인, 단체, 기관 / 힘, 권력, 지배 / 생산, 분배, 소비 / 과학, 기술, 사회 / 세계 / 시민의 정신과 실천

> **더 읽어보기**
>
> Derman-Sparks는 1989년 전국유아교육연합회(NAEYC) 워크숍에서 'Anti-bias'라는 용어와 '반편견 (anti-bias) 교육과정'을 제안하였다. '반편견'이란 'against'의 개념인 'anti'와 편견의 'bias'가 결합되어 선입견, 고정관념, 편견에 저항하는 능동적인 접근을 의미한다.
> • 이러한 반편견교육의 교수-학습방법은 반응적 접근법, 활동중심의 통합적 접근법, 반편견 반영 도서를 이용한 문학적 접근법으로 정리할 수 있다. 반편견 교육의 목표는 정체성을 확립하고 다른 사람에 대한 편견을 버리며 서로 협력하는 것으로 이러한 교육의 기회를 제시해야 한다고 보았다. 특히 더만-스파크스는 반편견교육의 내용으로 민족의 차이점과 공통점, 성 정체성, 문화적 유사성과 차이점, 고정관념과 차별적 행동 등을 강조했다.
> • 더만 스파크스는 반편견 교육과정에서 다른 문화에 대한 편견의 감소 없이 단순히 표면적이고 부가적으로 이를 다룰 경우 오히려 아동에게 다른 문화와 사람들에 대한 이질적인 측면만을 소개함으로써 편견과 잘못된 개념을 강화하는 결과를 가져올 수 있다고 말하며, 이러한 관광식 접근을 지양할 것을 강조하였다.

2016년 B

04 (가)는 ○○유치원의 가게 놀이 계획과 관련된 4세반 교사들의 대화이며, (나)는 4세반의 가게 놀이 상황이다. 물음에 답하시오. [5점]

(가) 4세반 교사들의 대화

김 교사 : 가게 놀이를 할 때 역할 영역에 각 나라의 기념품을 비치해서 사고파는 물건으로 사용하면 어떨까요? 지난주 시장 견학을 갔을 때, 아이들이 다른 나라의 기념품에 관심을 많이 가지더라고요. 가게 놀이도 하고 다문화에 대한 이해도 높일 수 있는 기회가 될 것 같아요.

임 교사 : ㉠ 기념품을 제시하는 것만으로는 문화의 차이나 가치를 이해하기 어려울 것 같아요. '세계 여러 나라' 생활주제를 다룰 때 교육과정 목표나 내용은 그대로 두고, 우리 반 다문화 가정 아이의 나라별 전통 음식과 일상 용품을 추가해서 다루기로 해요.

최 교사 : 좋은 생각이에요. 그런데 이번 가게 놀이에서는 아이들이 좋아하는 물건을 직접 고르고 사 보게 하는 것이 좋겠어요. 아이들이 현재 자신이 있는 곳부터 출발하여 주변 세계를 자꾸 경험하다 보면 그 과정 속에서 스스로 중요한 개념과 가치를 발견할 수 있거든요.

(나) 4세반 가게 놀이

  (유아들이 색종이로 만든 돈을 가지고 가게 놀이를 시작한다.)

민호 : (연수와 가희를 향해) 어서 오세요, 손님.
연수 : (가희에게) 나 오늘 공책이랑 연필 살 거야.
가희 : (연수에게) 나는 더 구경하고 살래.
연수 : (공책과 연필을 보여주며) 이거 귀엽지?
가희 : 응. 공책이랑 연필 사고 싶다. 그리고 저 인형도 사고 싶어. 하지만 돈이 2장뿐이야.
연수 : (혼잣말로) 가게 놀이는 사고 싶은 거 다 살 수 있는 건데…….
… (중략) …
가희 : 공책 못 사서 아쉽지만, 이번엔 연필이랑 인형 사야지.
  (가희와 연수는 자신이 고른 물건을 민호에게 건넨다.)
민호 : (물건을 돌려주며) 손님, 여기 있어요.
연수 : 고맙습니다. ㉡ (다른 영역으로 이동하며) 재미있다. 또 사러 오자.
민호 : 어, 그냥 가면 안 되는데.
… (하략) …

1) ① 씨펠트(C. Seefeldt)의 유아사회교육 접근 방식 중 (가)에 나타난 최 교사의 접근 방식 유형을 쓰고, ② 뱅크스(J. Banks)의 다문화 교육이론에 근거하여 ㉠에 해당하는 단계를 쓰시오. [2점]
   (※ ①은 [03 유아사회교육의 내용/교수방법/접근법]에서 살펴봅니다.)
   - ② : _____

2) 2015 개정 유치원 교육과정 사회관계 영역의 '사회에 관심 갖기' 세부 내용을 근거로, ㉡에서 교사가 연수에게 지도해야 할 교육 내용을 쓰시오. [1점]
   - _____

3) 다음의 ⓐ, ⓑ에 들어갈 용어와 각 용어에 해당되는 유아의 말을 (나)에서 찾아 쓰시오. [2점]

   ① (ⓐ)은/는 경제 개념으로 사람들의 무한한 욕망에 비해 그 욕망을 충족시켜 주는 재화나 서비스가 충분하지 않은 것을 의미한다.
   ② 레니(J. Laney)와 셔그(M. Schug)는 교사들이 유아에게 (ⓑ)(이)라는 경제 개념을 가르칠 것을 제안하였는데, 이는 어떤 것을 얻기 위해 포기한 대가를 의미한다.

   - ① ⓐ 용어 : _____
     유아의 말 : _____

   - ② ⓑ 용어 : _____
     유아의 말 : _____

CHAPTER 05-2 사회교육

답안 1) • ② (※ 2단계) 부가적 접근법

2) • ⓒ에는 연수가 물건을 살 때 물건에 해당하는 가치의 돈을 주어야 함을 모르고 그냥 다른 영역으로 이동하는 모습이 나타나고 있다. (※ 돈의 필요성과 쓰임새를 인식하지 못하고 있음.) 따라서 교사는 갖고 싶다고 해서 무엇이든 살 수 있는 것이 아니며 물건을 사고팔 때는 (돈이 필요하고 또한) 물건에 해당하는 가치의 돈을 주어야 함을 연수가 알도록 지도해야 한다.

3) • ① ⓐ 용어 : 희소성
    유아의 말 : 가희 "공책이랑 연필 사고 싶다. 그리고 저 인형도 사고 싶어. 하지만 돈이 2장뿐이야."
  • ② ⓑ 용어 : 기회비용
    유아의 말 : 가희 "공책 못 사서 아쉽지만, 이번엔 연필이랑 인형 사야지."

답안해설

1) 'ⓒ 교육과정 목표나 내용은 그대로 두고 / 나라별 전통음식과 일상용품을 추가해서 다루기로'의 사례는 기존 교육과정 틀을 유지한 상태에서 다문화 관련된 내용, 개념, 주제, 그리고 사회적 요구 등을 추가하여 반영하는 '**부가적 접근법**'에 해당합니다.

더 읽어보기 뱅크스(1993) 다문화 교육과정 접근법

기존 교육과정 구조 유지	1단계 기여적 접근법	다문화 교육의 초점이 소수 집단의 영웅, 공휴일 등 개별 문화요소에 한정되어 있음
	2단계 부가적 접근법	기존의 교육과정 구조를 변경시키지 않은 상태에서 다문화와 관련된 내용, 개념, 주제 그리고 관점 등 사회적 요구들이 반영되어 추가됨
기존 교육과정의 구조적 변화	3단계 전환적 접근법	기존 교육과정 패러다임 자체를 다문화 교육 관점에서 재구조화하여 다양한 종족, 문화집단들의 관점, 개념, 쟁점, 사건, 주제들을 바라볼 수 있도록 함
	4단계 사회행동(사회적 행동) 접근법	학습자들이 중요한 사회쟁점들에 대해 의사결정을 하고 해결을 위한 행동을 취함(의사결정 학습과 유사함)

더 읽어보기

2015 개정 유치원 교육과정(만 3~5세 누리과정) 관련내용 : 사회에 관심 갖기

내용	3세	4세	5세
지역사회에 관심 갖고 이해하기		물건을 살 때 돈이 필요함을 안다.	일상생활에서 돈의 쓰임에 대해 안다.

4세〉 '물건을 살 때 돈이 필요함을 안다.'
• 물건을 사고 팔 때에는 돈이 필요하며 물건에 해당하는 가치의 돈을 주어야 함을 아는 내용이다.
• 만 4세 유아는 돈이 있으면 무엇이든 원하는 것을 얻을 수 있다고 인식할 수 있으므로 물건을 구입해 본 경험 속에서 필요한 물건은 돈으로 살 수 있지만, 갖고 싶다고 무엇이든 살 수 있는 것은 아니라는 것을 알도록 하는 내용을 포함한다.
• 또한 물건의 가치에 따라 값이 달라지는 것을 인식하는 내용도 함께 다룬다.

5세〉 '일상생활에서 돈의 쓰임에 대해 안다.'
- 유아가 돈의 쓰임에 대해 물건을 사는 것에서 확대하여 보다 다양한 돈의 기능, 경제활동의 기초적 정보 및 지식을 갖춰 바람직한 돈의 쓰임을 이해하는 내용이다.
- 만 5세 유아에게 돈의 사용법을 알게 하고 바람직한 소비습관과 절약하는 태도를 기르도록 하는 내용을 포함한다.

지침서〉 지도 원리 및 유의점〉
물건을 사고파는 경험 및 일상생활에서 돈을 사용하는 놀이 등을 계획하여, 유아가 돈의 쓰임새 및 기초적인 경제개념을 이해하도록 한다.
예 – "요리에 필요한 재료를 사러 어디로 가야 할까?"
　　– "이 사과를 사려면 돈을 얼마나 내야 할까?"

더 읽어보기

1) **희소성**은 사람들의 욕망에 비해 이를 충족시켜 주는 재화나 서비스는 부족함을 의미하는 경제개념이며 이로 인해 사람들은 선택의 문제에 직면하게 된다. 따라서 가희가 공책이랑 연필, 인형을 모두 사고 싶어 하지만 돈은 2장뿐이라고 고민하고 있는 부분은 '희소성'의 개념과 관련된 내용이다.
2) **기회비용**이란 어떤 것을 얻기 위해 포기한 대가(실제 지출이 아니더라도)를 의미한다. 합리적인 소비자가 되기 위해서는 기회비용이 작은 것을 선택할 수 있는 능력을 기르도록 해야 한다. 가희가 이번에 연필이랑 인형을 사기 위해 공책을 포기하며 공책을 못 사서 아쉽지만 이번에는 연필과 인형을 사기로 결정했다고 말하고 있는 부분은 기회비용의 개념과 관련된 내용이라고 볼 수 있다.

2014년 B

04 (가)는 유치원 교사들의 대화이고, (나)는 4세반 활동계획안의 일부이며, (다)는 장 교사가 쓴 저널의 일부이다. 물음에 답하시오. [5점]

(다)

> 지영이가 119 구조대원 역할을 하려고 하니 태수가 "구조대원은 위험해서 여자는 못해."라고 말했다. 윤재도 "그래, 구조대원은 남자만 하는 거야."라고 하자, 지영이가 "정말? 나도 하고 싶은데……."라고 했다. 유아들의 대화를 통해 성역할에 대한 유아들의 생각을 알 수 있었다. 그래서 나는 '3-5세 누리과정'의 '편성' 내용을 근거로, 유아가 성별, 종교, 신체적 특성, 가족 및 민족 배경 등에 관계없이 모든 사람을 존중하고 수용하도록 (㉥) 교육을 범교육과정적 주제로 다뤄야겠다.

4) ㉥에 들어갈 용어 1가지를 쓰시오. [1점]
  • ㉥ : _____

답안 4) • ㉥ : 반편견

더 읽어보기 — 사회교육과정 관련용어

반편견 교육	성, 민족, 인종, 장애, 사회계층 등에 대한 편견, 정형화, 선입견 등 다양한 편견에 도전하고 반대할 수 있으며, 편견 없이 각각의 인간을 존중할 수 있는 개방성과 감수성을 높여 주는 교육
다문화 교육	모든 사람들이 각기 다른 능력, 외모, 문화, 믿음, 계층 등을 갖고 있음을 알고 이러한 문화적 차이를 이해할 수 있는 능력을 길러주는 교육 / 한 국가 내 존재하는 문화적 차이나 갈등에서 오는 어려움을 줄이기 위해 다양한 문화권을 존중하는 것을 교육
세계시민교육	국가 간 경계를 넘어 전 세계인에 대한 공동체적 시각을 갖고 세계의 안녕과 번영을 위해 다양한 사람들과 협력하는 지식과 기술, 태도를 갖도록 하는 교육
국제이해 교육	'국가' 간의 경계를 인정한 상태에서 타 지역의 사람들이나 문화에 대한 이해의 증진을 목표로 하는 교육 / 서로 간의 오해와 갈등을 줄이기 위한 이해를 중요시하는 교육
양성평등 교육	기본적으로 남녀가 동등한 인권을 가진 인간이라는 것을 인지하는 과정으로 기존 사회의 성역할 교육과정을 타파하고 타고난 성별에 관계없이 자신의 소질과 능력을 충분히 개발할 수 있도록 도와줌으로써 교육에의 접근 기회뿐 아니라 학업 성취 등 교육의 과정이나 결과에 있어서 성 간 격차가 없도록 하는 교육

2010년 B

01 다음은 최 교사가 다문화 교육의 일환으로 만 5세 Ⅱ수준 유아를 대상으로 베트남에 관하여 수업한 후 작성한 수업 일지 중 일부이다.

> 매년 10월에는 '세계 여러 나라'를 생활주제로 2주 동안 매일 한 나라씩 여러 나라의 문화를 알아보고 있다. 오늘은 ㉠'베트남의 고유하고 독특한 문화를 알고, 베트남 문화와 비교하여 우리나라 문화에 대한 우월감을 갖는다.'를 수업목표로 하여 베트남의 다양한 문화에 대해서 알아보았다. 베트남에 관한 수업도 다른 나라의 경우와 마찬가지로 이야기 나누기 시간을 통해서만 약 20분 동안 이루어졌다. 다양한 내용을 다루기 위해 주로 내가 간략하게 소개하는 형태로 진행하였다. 베트남 문화의 소개는 준비된 그림 자료를 사용하여 유아들이 구체적이고 직접적인 경험을 하도록 하였다. 이야기 나누기 중 지난 주제에서 다루었던 우리나라의 문화를 베트남 문화와 비교해 보며 비슷한 점과 다른 점을 알아보았다. 또한 베트남 문화의 장점과 단점에 대해서도 알아보았다.

1) 교수 방법 측면에서, 최 교사가 진행한 수업의 활동 유형, 활동 자료, 활동 기간의 문제점을 각각 1가지씩 찾고, 그에 대한 적절한 개선방안을 종합하여 1가지로 논하시오.

•_____

답안 1) 문제점

- ① 활동 유형 : (다른 나라의 문화를 소개할 때)개념을 간략히 소개하고 넘어가는 이야기 나누기 활동만을 전개하여 표면적(피상적)으로 다룬 점이 문제이다.
- ② 활동 자료 : 그림 자료만을 이용하여 유아들이 다문화를 감각적이고 직접적으로(체험적으로) 경험하지 못한 점이다.
- ③ 활동 기간 : (매년 10월에 한정하여) 2주 동안 여러 나라의 문화를 알아보게 되면 유명한 것에 대한 활동 위주로 진행하여 관광식 수업에 그칠 가능성이 있다는 점이다.

– 개선방안을 종합하여 1가지로 논하기

특정 생활주제에 국한하여 일시적으로 다루기보다는 모든 주제와 자연스럽게 연계한 범교육과정으로 다문화 교육내용을 다루어야 한다. 또한 교구교재 및 환경 구성에 있어서 그림 자료뿐만 아니라 영상자료, 실물자료 등의 다양한 자료를 제시하고, 교수방법적인 측면에서도 이야기 나누기를 토대로 역할놀이, 미술, 음악, 요리 등의 다양한 활동으로 직접 경험의 기회를 지속적으로 제공하도록 한다(~제공함으로써 자연스럽게 다른 문화를 경험하고(체험하고) 이를 통해 존중하는 마음을 갖도록 돕는다).

CHAPTER 05-2 사회교육

> 2008년 주관식

10 다음은 유치원 교실에서 일어난 상황이다. [총 6점]

> ㉮ 베트남 어머니와 한국 아버지 사이에서 태어난 진주는 한국어를 전혀 못하는 어머니와 함께 지내다 보니, 한국말을 잘 하지 못한다. 자유선택활동 시간에 지민이가 진주를 유심히 쳐다보더니, "얘들아, 얘는 이상하게 생겼어."라고 손가락질 하며 놀린다. 진주는 화를 내면서 베트남 말로 소리를 지른다. 이것을 본 오 교사는 진주에게 다가가 부드러운 목소리로 "진주야, 유치원에서는 베트남 말은 하지 말고 한국말만 쓰자."라고 말한다.
>
> ㉯ 오 교사는 대집단활동이 시작되기 전에 진주에게 "진주야, 우리는 지금부터 수수께끼 놀이를 할 거야. 너는 한국말을 잘 알아듣지 못하니까, 네가 좋아하는 소꿉놀이를 해도 돼."라고 말한다. 오 교사는 나머지 유아들과 수수께끼 놀이를 하고, 그 사이에 진주는 혼자서 소꿉놀이를 한다.

2) 다문화에 대한 이해 부족에서 비롯된 오 교사의 <u>잘못된</u> 지도 방법을 ㉮와 ㉯ 상황에서 1가지씩 찾아 쓰고, 각각에 해당하는 바람직한 지도 방법을 1가지씩 제시하시오. [2점]

	잘못된 지도 방법	바람직한 지도 방법
㉮		
㉯		

답안 2) 잘못된 지도방법과 바람직한 지도방법

	(가)의 사례	(나)의 사례
잘못된 지도	지민이가 진주를 "얘는 이상하게 생겼어."라고 손가락질하며 놀리는 점은 무시하고, 진주에게 "유치원에서는 베트남 말은 하지 말고 한국말만 쓰자."라고 말한 점이다.	수수께끼 놀이에서 한국말을 잘 알아듣지 못한다는 이유로 진주를 배제시키고 혼자 소꿉놀이를 하도록 한 것이다.
바람직한 지도	– 사람의 외모는 모두 서로 다르며 외모를 가지고 놀리는 행동은 옳지 않은 행동이라는 점을 지도해야 한다. 이 상황과 관련된 토의 활동을 진행하여 놀림 받은 다른 사람의 감정을 생각해 보도록 하거나 더 나아가 친구를 어떻게 도와줄 수 있는지 등에 대해 생각해 볼 기회를 제공한다. – 베트남어 사용을 제한하기보다는 이를 허용하는 동시에 일상생활에서의 적합한 어휘와 표현을 익힐 수 있도록 그림책을 자주 읽어주는 등 관심을 가지고 지도해야 한다.	수수께끼의 내용을 진주도 참여할 수 있는 쉬운 내용을 포함하여 진행하도록 한다. 또한 천천히 잘 알아들을 수 있도록 들려주어 활동에 함께 참여할 수 있도록 배려해야 한다.

 **사회적 통합 : 교수내용**

출처 : 장애 이해 및 통합활동(교육인적자원부, 2008)

장애이해 및 통합과 관련된 내용이지만 '사회적 통합'이라는 관점에서 위 문제와 연결해 생각해 볼 수 있습니다.

1) 내용영역(목표) : 다양성 수용(존중)하기
유아기 아동들에게 '차이는 나쁜 것이 아니며 서로 다르다는 것은 다른 사람과 비교했을 때 누군가 더 낫거나 못하다는 것을 의미하지 않는다.'는 것을 알게 하는 것은 편견을 막는 유용한 접근이다. 특히 장애를 가진 친구가 나와 다른 점보다는 비슷한 점이 더 많다는 것을 인식할 때 유아들은 장애를 친구의 여러 가지 특성 중 하나로 편안하게 받아들일 수 있다.
• 모든 사람이 다르지만 같은 점이 있음을 경험
• 사람은 모두 달라서 특별함을 강조
• 서로 다른 점이 도움이 되기도 함을 경험
• 장애를 설명 시 장애 특성을 알려주기보다 반 친구의 특성을 알 수 있게 하는 것이 바람직함. / 이때 별도의 활동을 통하기보다 자연스러운 활동 내에서 알려주는 것이 도움이 됨.

2) 내용영역(목표) : 자신과 타인에 대한 이해와 상호존중
유아들이 장애나 장애를 지닌 친구들을 긍정적으로 수용하는 것은 다른 사람을 존중하고 다른 사람의 느낌을 이해하는 사회-정서적 능력 향상을 통해서 이루어지며 다른 사람에 대한 존중과 이해는 자기 자신에 대한 긍정적인 인식을 토대로 한다.
• 자신이 소중한 존재임을 경험하도록
• 내가 소중한 것처럼 다른 사람도 소중한 존재임을 생각하도록
• 여러 가지 느낌을 인식하고 다른 사람의 느낌을 이해할 수 있는 기회를 제공
• 다양한 능력과 특성을 가진 사람을 배려할 때가 언제인지 함께 생각해 보고 구체적 방법 이야기해 보기

3) 내용영역(목표) : 다양한 친구들과 상호작용하기

사회적 통합이 이루어지기 위해서는 또래 간의 사회적 상호작용이 반드시 선행되어야 하며 질적인 상호작용을 하기 위해 유아들은 적절한 사회적 기술을 배워야 한다. 유아기 상호작용이 주로 놀이를 통해 이루어지기 때문에 친구들과의 놀이에 참여하는 방법, 혼자 노는 친구들에게 같이 놀자고 말하는 방법, 다양한 친구들과 함께 놀기 위해 놀이를 수정하는 방법 등 유아기에 적절한 상호작용 전략들을 지도하기 위한 활동들을 포함하였다.

- 다양한 능력과 특성을 가진 사람들과 의사소통을 하기 위한 여러 방법이 있음을 경험하도록 함(예 수화, 손짓 등).
- 또래와 함께 놀기 위한 구체적 기술(예 놀이를 시작하는 방법, 같이 놀자고 말하는 방법 등)을 가르치기
- 실제로 함께 놀 수 있는 기회를 제공해 상호작용 과정에서 나타날 수 있는 문제를 스스로 해결할 능력 키우기

4) 내용영역(목표) : 우정과 협력을 촉진하는 학급문화 만들기

장애 유아의 사회적 통합은 장애 유아가 한 학급의 구성원으로서 교사와 또래들로부터 인정받을 때 가능하다. 장애 유아가 학급의 구성원으로 인정받는다는 것은 장애 유아를 특별한 도움이 필요한 존재로 대하는 대신 우리 반 친구로 자연스럽게 대하는 것을 의미한다. 따라서 장애 유아의 진정한 사회적 통합은 '장애 유아만을 위한 특별한 도움'으로 성취되는 것이 아니라 서로 돕고 아껴주는 학급의 분위기를 통해서만이 이루어질 수 있다.

- 공동체 의식을 높이기 위한 협동작업의 실시
- 긍정적 상호작용과 우정을 촉진하는 학급 차원의 활동 실시

2006년 주관식

02 다음은 '과수원 견학' 후에 유아들과 나눈 이야기 내용이다. 유아들의 대화 속에 포함되어 있는 지리의 개념을 보기에서 찾아 쓰시오. [3점]

> 교사 : 우리가 어제 어디를 다녀왔니?
> 유아 1 : 과수원이요.
> 교사 : 과수원은 어디에 있었니?
> 유아 2 : ① 그 과수원은 ○○동에 있었어요.
> 교사 : 우리 동네와 무엇이 달랐니?
> 유아 1 : ② 그곳은 산이 많고 사과나무가 많았어요.
> 교사 : 우리가 그 과수원에 어떻게 갔다왔지?
> 유아 3 : ③ 버스를 타고 갔다왔어요.

보기
장소, 관계, 이동, 기후, 위치, 기능

유아의 대화	지리의 개념
①	
②	
③	

CHAPTER 05-2 사회교육

답안 ① 위치, ② 장소, ③ 이동

① 그 과수원은 ○○동에 있었어요. ⇨ '일정한 곳에 자리한'은 **위치**의 개념에 해당합니다.

② 그곳은 산이 많고 사과나무가 많았어요. ⇨ 보기에 제시된 용어인 '장소'는 지리교육의 내용인 '**우리가 살고 있는 지역**'에 해당합니다.

③ 버스를 타고 갔다왔어요. ⇨ 움직여서 공간을 옮기는 '**이동**'의 개념은 지리교육의 내용 중 '**다른 지역에 사는 사람들 간의 상호작용**'에 해당합니다.

 지리 교육이란

출처 : 교사와 유아를 위한 유아 사회교육 활동자료(2008)

① '공간과 장소의 과학'이라 불리는 지리교육은 공간에 대한 감각을 발달시키고 장소의 물리적 요소와 인적 요소, 그리고 이들 요소가 어떻게 상호작용하며 장소의 특성에 영향을 미치는가에 대해 가르치는 교육임.
② 유아가 주변 환경을 탐색하기 시작하고 사물을 구별, 인식하고 경험하게 됨으로써 자신의 머릿속에 장소, 공간, 사물, 환경에 대한 개념을 형성하게 되고, 이에 대한 사람들의 대처방식 및 상호작용에 대해서도 이해할 수 있도록 가르치는 교육임.

○ **지리교육의 내용**
① 방향과 위치
  • 위, 아래, 앞, 뒤, 옆, 오른쪽, 왼쪽 등 방향과 위치를 나타내는 용어에 대해 알기
② 지도
  • 위치나 장소를 나타내기 위해 지도 사용하기
③ 우리가 살고 있는 지역
  • 우리가 사는 지역의 자연적이고 물리적인 특성에 대해 인식하기
  • 땅(딱딱한 땅, 모래, 진흙 등), 물로 덮인 부분(강, 호수, 바다 등), 평평한 곳, 언덕과 같이 솟아오른 부분이 있음.
④ 지리적 환경과 사람들의 대처 양식
  • 기후와 환경에 따라 사람들의 생활방식이 다름에 대해 알기
  • 사람들은 편리한 생활을 위해 산을 깎아 도로를 만들거나 댐이나 저수지를 만들어 지형을 변화시킴.
⑤ 다른 지역에 사는 사람들 간의 상호작용
  • 멀리 떨어져 사는 사람들은 교통수단(자동차, 기차, 비행기, 배 등)을 사용하여 왕래하거나 통신 수단(편지, 전화, 컴퓨터 등)을 사용하여 연락을 함.

★ **지리교육의 교수-학습방법**
① 유아에게 적합한 지리교육 자료의 준비 및 제공
  • 친숙하거나 낯선 장소에 대한 사진이나 그림, 다양한 블록들, 사람·동물·교통기관의 사진, 동서남북의 기본적인 표시들, 다양한 측정도구, 땅파기 도구, 컴퍼스, 돋보기 등의 도구, 지도와 지구본(학교, 시, 지방, 국가, 세계 등이 표시), 폴라로이드 카메라, 지도 만들기 재료(그리기 도구, 크레용, 점토), 참고 자료(도해서, 로드맵 북, 정보를 주는 도서)
② 문학책 활용
  • 지리교육 개념별로 동화책 목록 구성하여 활용하기
③ 지리교육을 촉진하기 위한 교실 환경 준비

- 다양한 공간과 형태를 갖춘 교실로 설계하기, 주기적으로 공간을 변화하기, 여러 가지 놀잇감과 동식물, 재질을 포함시키기, 교실 지도 개발하기

④ 현장 견학
- 유아들의 흥미, 지역사회 자원, 소요시간, 운송 방법, 유아와 교사 및 자원봉사자 수, 안전, 견학의 목적 및 특성, 방법(관찰, 질문, 비교 등)에 대해 고려하기

2015 기출	– '도서관에 가요' 활동 계획안 제시 (목표 : 우리 동네 도서관에 관심을 가진다 / 도서관에서 하는 일을 안다) ▷ 이와 같이 유아 교육 기관 내에서 직접 경험할 수 없는 정보들을 얻는 데 효과적인 사회교육 활동 유형 1가지를 쓰고, 이와 관련된 누리과정 사회관계 영역의 내용 1가지를 쓰시오. 활동 유형 : 견학(현장학습) 내용 : 지역사회에 관심 갖고 이해하기

⑤ 지도 사용 및 제작
- 지도의 5가지 요소(원근법, 축척, 위치와 방향, 기호, 내용과 목적)에 기초하여 지도를 소개하고, 다양한 도구와 재료를 이용하여 지도 만들어 보기

⑥ 지구본 사용
- 가족들이 태어난 장소의 위치 찾아보기, 이야기 또는 현재 사건이 일어난 장소 찾아보기, 거리 재어보기, 특징적인 지형 찾아보고 표시하기

03 유아사회교육의 내용/교수방법/접근법 기출문제 분석

2025년 B

01 (가)는 교사 간 대화의 일부이고, (나)는 3~5세 반 유아들의 시장놀이 상황의 일부이다. 물음에 답하시오. [5점]

(가)

> 이 교사 : 선생님, 지난주에 시장에 다녀온 후 놀이에 변화가 있었나요?
> 김 교사 : 네. 우리 동네를 돌아보면서 유치원 근처의 시장에 가서 어떤 물건을 파는지 알아보고, 가져간 돈으로 직접 물건을 사기도 했어요. 그 후에 시장에 대한 유아들의 관심이 더 높아져서 교실에서 가게놀이를 하고 있어요. 그런데 유아들이 유치원에서도 시장을 열었으면 좋겠다고 해서 3, 4세 반 유아들과 함께 하는 시장놀이를 하려고 합니다. ⎤ [A]
> … (하략) …

1) 시펠트(C. Seefeldt)가 제시한 전통적인 사회교육 접근 방식 중 (가)의 [A]에 해당하는 접근 방식의 장점 1가지를 쓰시오. [1점]

답안 1) • 예1 : '직접 환경 (중심) 접근법(Here and Now Curriculum)'은 유아가 자신을 둘러싼 환경을 직접적으로(직접적이고 감각적으로) 경험하며 관련된 사실이나 개념을 능동적으로 구성해 나갈 수 있다는 장점이 있다.
• 예2 : '직접 환경 (중심) 접근법(Here and Now Curriculum)'은 유아가 자신을 둘러싼 환경을 직접 경험하며 발견하는 사실이나 현상들 간의 관계를 (감각적으로) 인식하고 스스로 이해하게 된다는 장점이 있다.

 **직접환경 접근방식**

지금-여기에 기초한 교육과정으로 유아는 주변환경을 직접 경험함으로써 학습이 이루어질 수 있다는 것을 전제로 하고 있다. 미첼은 사회교육에서 근본적으로 중요한 것은 유아가 현재 서 있는 곳에서부터 직접적으로 경험하며 점차 세계를 발견하는 것이라고 보았으며 현재 서 있는 곳에서 경험하는 사실이나 현상들 간의 관계망이 형성되는 것이 중요하다고 보았다. 이러한 접근에서는 직접 경험을 통해 능동적으로 사실과 사실 간, 현상과 현상 간, 아이디어와 아이디어 간에 연결을 통한 개념의 형성을 중시한다.
⇨ 최 교사 : 이번 가게놀이에서는 아이들이 좋아하는 물건을 직접 고르고 사 보게 하는 것이 좋겠어요. 아이들이 현재 서 있는 곳부터 출발하여 주변 세계를 자꾸 경험하다 보면 그 과정 속에서 스스로 중요한 개념과 가치를 발견할 수 있거든요.

MEMO

CHAPTER 05-2 사회교육

[2025년 B]

02 (가)와 (나)는 ○○유치원 내 교사 학습공동체에서 나눈 교사 간 대화의 일부이다. 물음에 답하시오.
[5점]

(나)

> 윤 교사 : 우리 같이 살펴보았던 가치명료화 모형 기억나세요?
> 최 교사 : 그럼요. 그 모형은 크게 3가지 과정으로 구성되어 있고, 세부적으로는 총 7단계가 있는 것으로 알고 있어요.
> 윤 교사 : 요즘 그 모형을 적용해 보고 있어요. 프랑스로 이사 간 정혜가 선물을 보내 줘서 우리도 각자 작은 선물을 보내기로 했거든요. 먼저 어떤 선물을 할지 자유롭게 생각해 보았어요. ㉢<u>두 번째 단계</u>의 활동 후, 우리가 준비한 선물을 정혜가 받으면 어떤 기분이 들지 생각해 보고 정혜에게 보낼 선물을 결정했어요.
> 김 교사 : 유아들은 무슨 선물들을 준비했어요?
> 윤 교사 : 편지랑 그림책, 사탕, 장난감, 우리 반 사진도 준비했더라고요. 이제 두 번째 과정 안의 세부 단계 2가지를 모두 실행하려고 해요. 먼저 유아들이 자신의 결정을 소중히 여기도록 아이들의 선택을 지지해 주고 ㉣<u>그다음 단계</u>를 진행하려고요. 그런 다음에 유아들이 각자 선택한 선물을 정혜에게 보낼 거예요.

3) 래스, 하민과 사이먼(L. Raths, M. Harmin, & S. Simon)의 가치명료화 모형에 근거하여 (나)의 ① 밑줄 친 ㉢ 단계에 해당하는 교사 발문 1가지를 쓰고, ② 밑줄 친 ㉣에 해당하는 단계를 쓰시오. [2점]

① _____

② _____

답안 3) (※ 2단계 다양한 대안들로부터 선택하기)

- ① – 예 1 : 여러 가지 다른 선물들 중에서 다른 선물이 아닌 그 선물을 고른 이유는 무엇인가요(~이 프랑스에 사는 정혜에게 좋을 것 같다고 생각한 이유는 무엇이니?)?
- ① – 예 2 : 이제 자유롭게 생각해 본 선물들 중에서 어떤 선물을 하면 가장 좋을지 한 가지를 골라보고, 어떤 점 때문에 (다른 선물들이 아닌) 그 선물을 선택했는지, 그 선물로 결정을 내릴 때 어떤 고민을 했는지 이야기해 보도록 할까요?
- ② : (※ 5단계) 선택을 공개적으로 발표하기(~다른 사람에게 확인하기/ 공언하기)

 **가치교육의 방법 : 가치명료화**

가치명료화란 유아가 주어진 상황에 대한 자신의 느낌을 인식하고 의사결정과정에서 최선의 가치를 선택할 수 있도록 돕는 가치교육의 방법이다. 가치결정에 관련된 문제를 여러 각도에서 생각해 보고, 선택한 가치에 만족함으로써 가치를 확고히 하여 실행에 옮기는 과정으로 이루어진다.

♣ **가치명료화의 3가지 과정/ 7단계**

- **선택하기**(choosing) : 이 과정은 여러 대안이 존재하는 상황에서 이루어진다. 유아는 여러 가지 대안과 그 대안의 가능성을 생각한 후 스스로 선택한다.
  1단계 : 자유롭게 선택하기
  2단계 : 다양한 대안들로부터 선택하기
  3단계 : 대안들의 결과를 심사숙고한 후 선택하기

- **만족하고 격려받기**(선택을 소중히 하기, prizing) : 이 과정에서는 자신의 선택에 대한 긍정적 평가 과정이 포함된다. 선택한 가치를 소중히 여기고 그것에 만족하여 다른 사람들에게도 이를 확인하려 한다.
  4단계 : 선택을 즐거워하고 소중히 여기기
  5단계 : 선택을 공개적으로 발표하기

- **행동하기**(acting) : 행동하기는 선택한 가치에 부합하게 행동하고 이를 일관되게 반복 실천하는 것이다.
  6단계 : 선택에 따라 행동하기
  7단계 : 삶의 패턴속에서 반복적으로 행동하기(삶의 양식으로 반복하기)

2022년 B

01 다음은 교사가 문제해결학습 과정을 적용한 상황이다. 물음에 답하시오. [5점]

… (상략) …

유아들이 며칠 동안 여러 가지 자료를 찾아 본 후 이야기를 나누고 있다.
혜성 : 선생님, 동물들의 집이 왜 많이 없어지는지 알아요.
유미 : 지구가 뜨거워져서 그래요.
교사 : 그래? 그럼 어떻게 하면 좋을까?
혜성 : 종이를 아껴 써요. 애들이 큰 종이를 조금만 쓰고 버렸어요.
유미 : 우리 엄마가 물을 아껴 써야 한다고 그러셨어.
정후 : 에어컨을 안 틀면 어때? 더우면 얼음 먹으면 되잖아.
은서 : 자동차도 조금만 타요.
교사 : 지금 이야기한 것 중에서 우리가 무엇을 할 수 있을까? ─┐
정후 : 에어컨을 틀지 않아요.
서연 : 그건 더워서 싫어. 나는 못 해.
은서 : 자동차 타지 마요. 자전거 타면 돼요.
건우 : 안 돼. 유치원에 어떻게 와?
유미 : 손 씻을 때 물을 아껴 쓸 수 있을 거 같아요.
건우 : 맞아요. 나는 집에서 양치할 때 물컵 써요.
혜성 : 종이를 조금만 써요.   [B]
정후 : 종이 아껴 쓰는 것은 우리가 할 수 있어요.
은서 : 맞아. 종이는 필요한 만큼 잘라 쓰면 돼.
서연 : 그건 할 수 있겠다.
건우 : 나도 할 수 있어.
유미 : 우리 해 봐요.
교사 : 모두 같은 생각이니?
유아들 : 네.
유미 : ⓑ 오늘부터 종이 아껴 쓰기 해요.   ─┘

2) 문제해결학습 과정 중 ① [B]에 해당하는 단계의 명칭을 쓰고, ② 그 단계에서 ⓑ이 적절한 이유를 [B] 상황에 비추어 설명하시오. [2점]

① _____

② _____

3) 문제해결학습 과정 중 [B]의 다음 단계에 적합한 교사 발문 1가지를 쓰시오. [1점]
 • _____

답안 2) • ① : 다양한 해결안 검토(여러 대안에 대한 검토, 문제 해결을 위해 제시한 여러 대안 검토)
 • ② : 교사가 제기한 질문인 '이야기한 것 중 우리가 할 수 있는 것'에 대하여 유아들이 충분히(체계적, 논리적으로) 생각(검토)하는 과정을 거치며 적합한 결론을 도출하도록 하고 있기 때문이다.
3) • 예 1 : 우리가 함께 결정한 '종이 아껴 쓰기'를 실천하기 위한 약속을 함께 정해 볼까요?
 • 예 2 : 그럼 이제부터 우리가 함께 결정한 '종이 아껴 쓰기'를 유치원에서, 그리고 집에서 실천해 보기로 해요.(~실천해 보고, 어떻게 실천되고 있는지 또 이야기 나누기로 해요)
(※ 최선의 대안 선택 단계)

 **문제해결학습법**(problem solving learning)

문제해결학습법은 유아가 일상생활에서 발생한 문제 상황을 주도적으로 해결하는 과정을 통해 학습이 이루어지도록 하는 교수-학습 방법이다. 이 모형은 일반적으로 다음과 같은 5단계로 이루어진다(박찬옥 외, 2005).
• 1단계 **문제의 인지** : 문제가 내포된 상태에서 문제가 무엇인가를 확인하고 그것을 전체적인 상황과 관련 지어 생각한다.
• 2단계 **문제에 대해 정확한 규명과 정의 내리기** : 문제를 정확하게 진단한다.
• 3단계 **가능한 해결 방안의 제시** : 문제에 대한 가능한 해결 방안과 잠정적인 해답을 내린다.
• 4단계 **여러 대안에 대한 검토** : 문제 해결을 위해 제시한 여러 대안을 체계적으로 검토한다.
• 5단계 **최선의 대안 선택** : 논리적인 추론을 거쳐 해결안을 결론으로 채택하는 단계이다.

CHAPTER 05-2 사회교육

2022년 B

02 (가)는 5세반 놀이 상황이고, (나)는 교사가 유아를 평정한 자료의 일부이다. 물음에 답하시오. [5점]

(가)

(동우와 지현이가 판을 놓고 윷놀이를 하고 있다.)
동우 : (윷을 던지고) 어, 걸이다. 세 칸.
지현 : (윷을 던지고) 윷이다. 한 번 더!   ⎤
동우 : 맞아. 너 한 번 더 해.   [A]
지현 : (윷을 한 번 더 던지고) 이번에는 도야, 한 칸. ⎦
… (중략) …
(서연이와 민호가 한 팀으로 윷놀이에 참여한다.)
지현 : 윷이 판 밖으로 나갔네. 그럼 이제 우리 차례야.
서연 : 아니야. 밖으로 나가도 돼.
민호 : 맞아. 나가도 돼.
동우 : 안 돼. 윷이 나가면 말을 옮기지 못해.
서연 : (큰 소리로) 그런 게 어딨어? 나 안 해!   ⎤
(서연이가 울먹거리며 윷을 던지고 자리를 떠난다. [B]
지현이가 서연이에게 다가가 안으며 토닥거린다.) ⎦
… (하략) …

(나)

〈사회적 기술 평정 척도〉

유아명	번호	내 용	전혀 그렇지 않다	그렇지 않다	그렇다	매우 그렇다
서연	1	친구들과 함께 놀이한다.			∨	
	2	정리 정돈을 잘한다.	∨			
	3	친구들과 장난감을 같이 가지고 논다.			∨	
	4	자신의 의견이 거절되면 화를 낸다.				∨
	10	친구의 놀이를 방해한다.			∨	

2) [B] 상황과 (나)의 자료에 나타난 ① 서연이의 부족한 사회적 기술을 쓰고, ② 그 사회적 기술을 증진시키기 위한 교사 발문 1가지를 2019 개정 유치원 교육과정 '나를 알고 존중하기'의 내용을 반영하여 쓰시오. [2점]

① _____

② _____

답안 2) • ① : 개인 정서조절(개인의 정서를 조절하는 기술)

• ② : 친구들과 게임을 하다 속상하거나 화가 날 때도 있지요. 그럴 때 어떻게 내 마음을 전하면 다시 함께 즐겁게 놀이할 수 있을까요?

「2019 개정 누리과정」 관련성 살펴보기

내용범주	내용
나를 알고 존중하기	나를 알고 소중히 여긴다. **나의 감정을 알고 상황에 맞게 표현한다.** 내가 할 수 있는 것을 스스로 한다.

[내용이해] 유아가 자신의 감정에 대해 알고 다양한 상황에서 자신의 감정을 적절하게 표현하는 내용이다.

더읽어보기　　사회적 기술(McGinnis & Goldstein)

• **개인정서 조절**(개인의 정서를 조절하는) **기술** : 다른 사람과 더불어 살아가기 위해 유아가 자율적으로 자신의 욕구, 충동, 감정을 적절하게 통제해 자신의 행동을 조절할 수 있는 능력
• **대인관계 형성 기술** : 타인과 관계를 맺기 위해 필요한 능력으로 타인의 감정, 생각, 의도를 알고 공유, 협동 등 적절히 사회적 상호작용을 할 수 있는 능력
• (기관) **적응 기술** : 새로운 환경이나 사회적 상황에서 문제발생 시 상호 동의나 타협을 통해(사회적으로 수용될 수 있는 방법으로) 스스로 문제를 해결하는 능력

CHAPTER 05-2 사회교육

2022년 B

03 (가)는 유아들의 놀이 상황이고, (나)는 놀이가 끝난 후 교사가 작성한 메모이다. 물음에 답하시오. [5점]

(나)

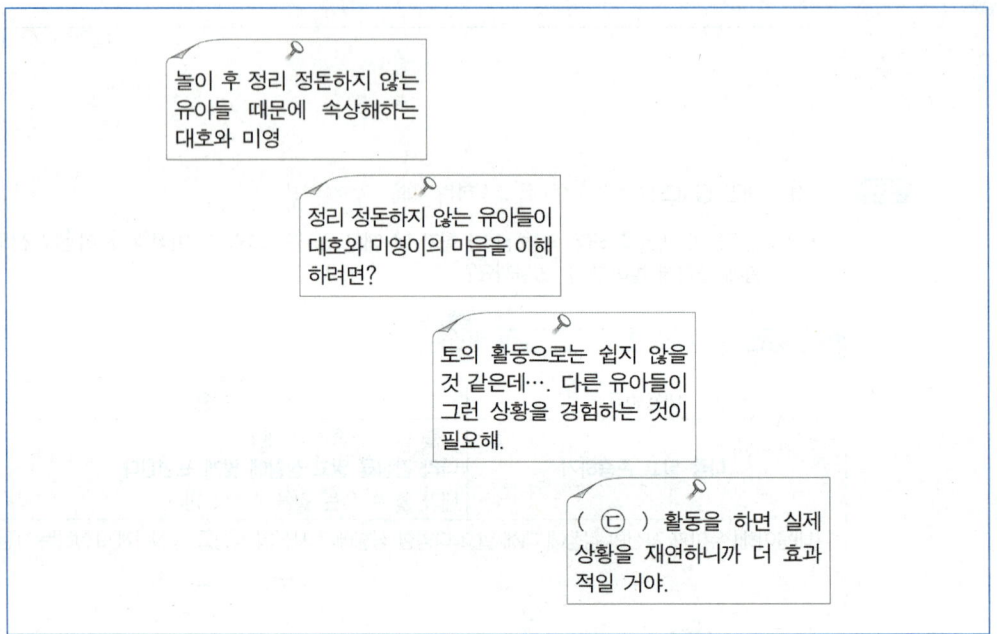

3) (나)의 ① ㉢에 적합한 활동 유형 1가지를 쓰고, ② 그 활동 유형의 장점 1가지를 2019 개정 유치원 교육과정 '더불어 생활하기'의 내용을 반영하여 쓰시오. [2점]

① _____

② _____

답안 3) • ① : 극놀이(역할극, dramatic play)
  • ② : (사회학습의 한 형태인) 극놀이를 통해 유아는 다른 사람의 역할을 맡아 모방(수행)해보며 사람들의 '서로 다른 감정, 생각, 행동을 존중한다'의 내용을 경험할 수 있다.

MEMO

CHAPTER 05-2 사회교육

[2021년 B]

01 다음은 놀이 상황에서 유아와 교사가 나눈 대화이다. 물음에 답하시오. [5점]

수민 : (휴지를 풀고 있는 진호를 보고 약간 화난 목소리로) 너 지금 뭐 해?
진호 : 휴지로 멋진 눈길을 만드는 중이야. 우리 엄마 친구가 휴지로 작품을 만드셨다고 들었어.
지영 : ㉠ <u>나도 TV에서 그런 전시회를 본 적 있어.</u>
수민 : 그래도 진호 혼자 우리 휴지를 다 쓰고 있잖아.
진호 : 다 쓰고 있다고?
수민 : 다른 사람이 못 쓰도록 네가 낭비하고 있어.
진호 : 낭비? 이게 왜 낭비야?
수민 : 이렇게 막 쓰니까 낭비지.

　　교사는 진호와 수민이의 다툼이 시작되려고 하자 다가간다.

교사 : 무슨 일이니?
수민 : 유치원 휴지를 진호가 다 써서 우리가 쓸 게 없어요.
진호 : 휴지로 멋진 눈길을 만들려고 했어요.
수민 : 그래도 유치원 휴지니까 모두 같이 써야 해요. 혼자 다 쓰면 안 돼요.
진호 : 내가 멋진 걸 만들 거니까 휴지 다 써도 돼요.
교사 : 둘이 휴지 사용에 대한 생각이 다르구나.
수민 : 네.
교사 : 휴지 사용에 대해 서로 자기 생각을 말해 보자.
진호 : 저는 하얗고 구불구불한 눈길을 만들 거니까 휴지를 꼭 써야 해요.
수민 : 함께 쓰는 휴지니까 혼자 다 쓰면 안 돼요. 만들기하면서 휴지를 마음대로 쓰면 안 돼요.
진호 : 길을 만들 때 휴지를 사용하면 왜 안 돼요?
　　　엄마 친구가 휴지로 작품을 만든 것처럼 나도 멋진 눈길을 꼭 만들어 보고 싶어요. [A]

… (중략) …

교사 : 진호는 어떻게 하면 좋겠니?
진호 : 저는 휴지로 눈길을 만들래요.
교사 : ㉡ <u>진호가 눈길을 다 만들면 어떤 일이 생길 것 같니?</u>
진호 : 제가 다 만들면 우리 반이 눈썰매장처럼 될 거예요. 그 속에서 친구들과 신나게 놀이 할 수 있을 거예요. [B]
교사 : 그런데 진호가 길을 만드느라 휴지를 다 써 버리면 어떻게 될까?

… (하략) …

2) ① [A]에서 나타나는 가치 분석 과정 2가지를 쓰고, ② [B]에서 ⓒ과 같은 발문이 필요한 이유를 쓰시오. [3점]

① _____

② _____

답안 2) • ① : 가치 확인, 가치 비교와 대조
• ② : 자신이 내린 판단의 결과를 예측해 봄으로써 가치 판단을 지지하거나 대안을 찾아보도록 하기 위해서이다.

 가치분석(values analysis)

가치분석은 교사가 아동에게 도덕적 혹은 가치 질문에 대해 추론하는 과정을 가르침으로써 아동이 이성적이고 논리적으로 반응하고 판단하는 능력을 신장시키고자 하는 것이다(Brophy, 1990). 가치분석은 도덕적 판단이 이성적이고 논리적인 정도에서 다양할 수 있지만, 가치 교육의 목적이 개인에게 논리적이고 합리적인 도덕적 판단을 하도록 하는 것이라고 본다. 이 목적을 성취하기 위해 아동은 특별한 가치의 결과, 둘 이상의 가치 간에 발생하는 갈등, 해당 가치 선택의 근거를 이해하도록 하는 도덕과 가치 질문을 추론하는 데 필수적인 일련의 기술을 배운다.
• 1단계 **가치를 확인하기** : 아동은 그 상황에서 사람들이 지지하는 가치를 확인한다. 상황은 아동에게 일어났던 것이거나 혹은 어떤 이야기, 또는 다른 사람에게 주어진 문제일 수 있다.
• 2단계 **가치를 비교하고 대조하기** : 교사의 질문을 통해 아동은 사람의 여러 가지 가치 선택에서 유사성과 차이점을 확인할 수 있다.
• 3단계 **감정을 탐색하기** : 아동은 자신의 가치와 타인의 가치에서 강한 정서적 요소를 이해할 수 있다.
• 4단계 **가치 판단 분석하기** : 선택한 행동이 야기할 결과를 생각해 봄으로써 아동은 특별한 가치 판단을 지지하거나 반대할 증거를 제시할 수 있다.
• 5단계 **가치 갈등을 분석하기** : 가치 딜레마를 통해 아동은 어떤 갈등이 있으며, 어떤 대안이 가능하고, 각각의 결과와 어떤 대안이 가장 좋은 결과를 가져올 것일지 살펴봄으로써 왜 그런지에 대해 결정하게 되는 단계이며 이를 다른 사람과 공유할 수 있다.

2019년 추시 B

01 (가)는 ○○유치원 5세 ○○반 유아들이 마트 견학 후 지은 동시이고, (나)는 교사가 쓴 반성적 저널의 일부이다. 물음에 답하시오. [5점]

(나)

[C] 동시의 마지막에 유아들이 환경에 대한 이야기를 해서 깜짝 놀랐다. 유아의 동시에는 소비와 자원 관련 개념뿐 아니라 자연을 보호하고 배려하는 가치적인 측면이 함께 드러나고 있다. 이를 볼 때, 유아도 도덕, 윤리, 환경, 경제 등을 서로 연결하여 학습할 수 있다는 생각이 든다. 그동안 나는 유아의 생활 속 경험에만 국한하여 통합적인 사회교육을 계획하고 실행해 왔다. 앞으로는 지금까지와 달리 사회과학 제영역에서 다루는 개념들을 미리 살펴보고, 이를 체계적으로 사회교육에 반영하는 방법도 고민해 봐야겠다.

… (중략) …

[D] 유아들이 관심을 보인 '과대 포장된 장난감'을 주제로 토의활동을 하였다. 먼저 유아들을 소집단으로 나누고 주제와 관련된 장난감 포장지, 사진, 그림책 등을 보여주어 유아가 다양한 의견을 내도록 하였다. 토의 중간에 유아 간 의견충돌이 일어나서 내가 개입하여 문제를 해결해 주고 토의활동을 지속하게 하였다. 토의활동의 마무리에서는 모든 유아들에게 발표할 기회를 주어 다른 유아들의 생각을 들어 보도록 하였다. 다음에도 유아가 사회·환경 문제에 관심을 보일 경우에는 토의활동을 해야겠다.

2) (나)의 [C]에서 교사가 앞으로 시도하고자 하는 사회교육 접근법 1가지를 쓰고, 그 접근법을 설명하시오. [2점]

• _____

3) (나)의 [D]에 나타난 교사의 토의활동 지도방법 중 적절하지 <u>않은</u> 것 1가지를 찾아 그 이유를 쓰시오. [1점]

• _____

답안 2) • 사회과학 개념의 구조화 접근법. 이는 환경, 경제와 같은 사회과학 분야(영역)의 핵심 개념들을 선정하고 능동적으로 탐구하는 과정을 통해 사회교육이 이루어지도록 하는 접근법이다.(~하는 과정을 통해 지식, 기술, 태도 및 가치를 형성해 나가도록 하는 사회교육의 접근방법이다.)

3) • 유아 간 의견충돌이 일어났을 때 교사가 개입하여 문제를 해결해 준 것은 적절하지 않다. 토의 활동을 지도할 때 교사는 중재자가 되어 유아들이 스스로 갈등이나 문제를 해결하고 의사결정을 할 수 있도록 지원하는 역할을 해야 하기 때문이다. (~함으로써 가치관을 형성해 나가거나 사회적 기술을 습득할 수 있도록 도와야 하기 때문이다./ ~~~할 수 있는 기회를 제한한 것이기 때문이다.)

2019년 B

03
(가)는 만 5세반 교사와 원감의 대화 중 일부이며, (나)는 가정통신문의 일부이다. 물음에 답하시오.
[5점]

(가)

> 교사 : 이번에 엄마가 외국인인 수지가 우리 반에 왔어요. 수지가 아주 낯설어하고 잘 적응하지 못하는 것 같아서 신경이 쓰여요. 수지가 다른 유아들과 잘 어울리도록 도와줄 방법이 없을까요?
> 원감 : 협동학습의 기회를 자주 가지는 게 어떨까요? 가령 모둠에서 자신의 역할을 수행하면서 공동으로 미술작품을 완성한다면 수지가 성취감을 느끼면서 쉽게 어울릴 수 있을 거예요.
> 교사 : 네.
> 원감 : 그리고 다문화가정의 유아는 (㉠) 형성에 어려움을 겪을 수 있으니 다양한 형태의 활동을 전개하는 것이 좋겠어요.
> 교사 : 개개인 모두 소중한 존재이고 특별한 능력이 있음을 유아들 모두가 깨달을 수 있도록 도와주어야 할 것 같아요.
> 원감 : 그렇죠. 수지의 경우에는 엄마와 아빠 두 나라의 문화에 자부심을 느끼는 데 중점을 두는 게 좋겠어요.
> 교사 : 네. 알겠습니다.
> 원감 : 다음달에 열릴 바자회에서 여러 나라 음식을 체험하면서 문화의 유사점과 차이점을 살펴볼 수 있겠네요.
> 교사 : 이번 바자회에 수지 어머니도 꼭 오시도록 말씀드릴게요.
> 원감 : 그러세요. 요즘 급속한 사회변화에 따라 가족의 유형이 바뀌면서 우리 원에도 다문화가정의 유아가 늘고 있어요. 앞으로 여러 문화의 의미와 특성을 파악하는 활동을 늘려야겠어요.
> 교사 : 우리 동네의 △△다문화박물관을 방문하는 ㉡ <u>현장학습</u>도 시행하면 좋겠어요.
> … (하략) …

(나)

> **가정통신문**
>
> 안녕하세요. 2학기의 가장 큰 행사인 바자회를 다음 달 마지막 주에 열고자 합니다. 이번 바자회에는 여러 나라의 음식을 즐기는 시간이 있습니다. 다문화가정의 학부모님들께서 자국의 전통음식을 직접 만들어 오실 예정입니다. 바자회의 첫 부분에는 ○○ 나라에서 오신 어머니가 ○○ 나라의 역사와 전통문화를 소개하는 시간을 가질 것입니다. 그리고 바자회의 끝부분에는 ㉢ △△다문화박물관의 관장님을 모시고 '다문화 사회와 시민교육'이라는 주제로 강연회를 개최하려고 합니다.
> … (하략) …

2) 다음은 (가)의 ⓒ에 대한 내용이다. ⓐ와 ⓑ에 해당하는 말을 각각 쓰시오. [2점]

> • 필요 시 현장학습 장소에 협조 공문을 발송한다.
> • 현장학습 전 장소를 (ⓐ)하고 안전사항을 점검한다.
> • 학습 목표를 명확히 설정한다.
> • 사전활동과 본 활동, 사후활동을 연계한다.
> • 부모에게 현장학습에 대한 가정통신문을 보내고 (ⓑ)을/를 받는다.

• ⓐ _____

• ⓑ _____

3) (나)의 ⓒ에 해당하는 지역사회 연계 활동의 명칭을 쓰시오. [1점]

• _____

4) 다음은 (가), (나)와 연관된 2015 개정 유치원 교육과정 '사회관계' 영역의 세부내용이다. ⓐ와 ⓑ에 해당하는 말을 각각 쓰시오. [1점]

> ○ 세계 여러 나라에 대해 관심을 갖고, 서로 (ⓐ)해야 함을 안다.
> ○ 다양한 인종과 문화를 알아보고 (ⓑ)한다.

• ⓐ _____

• ⓑ _____

답안 2) • ⓐ : 사전답사 / • ⓑ : 현장학습(견학) 동의서

3) • 지역사회 인사 초빙 학습(지역사회 인사 초청)

4) • ⓐ : 협력 / • ⓑ : 존중

> **「2019 개정 누리과정」 관련성 살펴보기**
>
> ❖ **3~5세 연령별 누리과정**(2015 개정 유치원 교육과정)
> • (5세) 세계 여러 나라에 대해 관심을 갖고, 서로 협력해야 함을 안다.
> • (5세) 다양한 인종과 문화를 알아보고 존중한다.
>
> ❖ **2019 개정 누리과정** '사회에 관심가지기'
> • 다양한 문화에 관심을 가진다.

> 2018년 A

08 다음은 김 교사와 박 원감의 대화이다. 물음에 답하시오. [5점]

> 박 원감 : 선생님, 현장학습은 잘 다녀오셨어요?
> 김 교사 : 네. ㉠ 추석맞이 전통놀이 체험 코너를 운영한다고 해서 다녀왔어요. 아이들이 추석에 관한 여러 전시와 공연을 보고 놀이 체험도 했어요.
> 박 원감 : 추석과 관련된 후속활동도 계획하셨나요?
> 김 교사 : 그럼요. ㉡ 행사 참여로 끝나면 관광하는 것처럼 본래의 취지나 의미를 생각하지 못하는 일회성의 교육이 되잖아요.
> 박 원감 : 어떤 후속활동을 계획 중이세요?
> 김 교사 : 유치원에서 송편을 만들어 보려고 해요. 올해, 작년과 다른 모양의 송편을 만들지만 매년 같은 일이 반복된다는 것을 이해하도록 도우려고 합니다.
> 박 원감 : 유아들이 ㉢ 시간의 흐름을 이해하고, ㉣ 시간이 지나며 나타나는 여러 변화가 있지만 ㉤ 여전히 지속되는 경험이 있다는 것을 이해하도록 도울 수 있겠네요.
> 김 교사 : 네. 그렇게 해 보려고 해요.
> 박 원감 : 아이들이 좋아하겠네요. 그런데 견학지에서 다른 특별한 일은 없었나요?
> 김 교사 : 다정이가 박물관 입구에 있는 장승을 보고 너무 놀라 안으로 들어가지 않겠다고 했어요. 그러자 경수가 다정이에게 "너 놀이터에서 놀고 싶어서 그러는거지?"라고 해서 다정이가 아니라며 울었어요. 경수는 아직 ㉥ 다정이의 행동을 보고 다정이가 어떤 생각으로 그런 행동을 했는지 추론하지 못하는 것 같아요.
> 박 원감 : ⓐ 사람에게는 감정, 욕구, 의도, 믿음, 지식과 같은 내적 정신 과정이 있고, 이것이 사람의 행동을 이끌고 사람마다 다를 수 있다는 것을 이해하는 것이 아직 유아들에게는 어렵죠.
> 김 교사 : 네. 경수뿐 아니라 다른 유아들도 아직 다른 사람을 이해하고 (ⓞ)하는 것이 어려운가 봐요. 현정이도 친구들을 걱정하고 도와주려 하면서도 지시하고 평가하는 말투를 자주 사용하네요. 이런 유아들을 어떻게 도와주어야 할지 모르겠어요.
> 박 원감 : 자신의 생각이나 기분을 그대로 표현하는 방법을 알려주면 어떨까요? 주로 부모들에게 소개되었던 방법이어서 유아들에게는 좀 어려울 수도 있지만 시도해 볼 만한 것 같아요. ⎤
> 김 교사 : 네. 자신의 감정이나 생각에 대한 책임을 상대방에게 전가하지 않아 상대방의 감정도 상하지 않게 하는 방법이라고 배웠어요. 문제가 생긴 상황과 그 결과에 대한 자신의 느낌을 표현하는 방법이지요. ⎦ [A]
> … (하략) …

1) 다음 ( )는 시펠트(C. Seefeldt)가 구분한 유아사회교육 접근법으로, 위의 밑줄 친 ㉠, ㉡을 통해 설명할 수 있다. ( ) 안에 들어갈 말을 쓰시오. [1점]

> ( )은/는 유아가 가족, 지역사회, 국가에 대하여 자연스럽게 인식할 수 있도록 도울 수 있다.

• _____

답안 1) • 공휴일(중심) 접근법

> 공휴일 접근방식은 공휴일이 유아와 교사 모두에게 **흥미로운 주제**가 되므로 교실에서 **사회교육을 실시하는 데 좋은 자원**이 될 수 있다고 보는 관점에서 출발하였다. 이를 통해 유아가 즐겁고 재미있는 활동을 하는 가운데 가족, 지역사회, 국가에 대해 자연스럽게 인식하고, 다른 나라 지역의 문화를 이해하는 데 도움을 줄 수 있다. 그러나 이러한 공휴일 접근법은 **다른 문화를 방문(visit)하는 수준에 그치게 될 때 다른 문화에 대한 편견의 감소 없이 부가적으로 이루어지는 관광자적(tourist) 접근이 될 수 있다는 한계**를 지니고 있다.

CHAPTER 05-2 사회교육

2018년 B

03 (가)는 최 원감이 김 교사와 유아사회교육에 대한 면담을 마치고 그 내용을 정리한 것이고, (나)는 홍 교사의 교육계획에 대한 저널이다. 물음에 답하시오. [5점]

(가)

> 김 교사는 매 학기 초에 유아들이 타인과 긍정적인 유대 관계를 맺는 데 필요한 의사소통하기, 공유하기, 협력하기, 갈등 해결하기와 같은 (㉠)을/를 발달시키기 위해 '서로 화목하게 지내요' 등의 주제로 활동들을 진행한다. 지난해, 김 교사는 ㉡<u>유아들을 한곳에 모아 놓고 교실에서 발생하는 갈등상황이나 공통적인 관심사에 대해 각자 생각이나 느낌을 말하고, 의견을 공유하는 방법</u>으로 활동을 전개하였다. 그런데 올해 김 교사는 다음과 같은 활동계획을 구성하고 있다고 보여주었다.
>
> | 활동명 | 고마움을 표현해요 |
> |---|---|
> | 활동형태 | 대·소집단활동 |
> | 활동목표 | 고마움을 표현하는 다양한 방법이 있음을 안다. |
> | 교육과정 관련요소 | … (생략) … |
> | 활동자료 | 도움을 받는 상황 그림 |
> | 활동방법 | 1) 그림 상황에 대한 사전 경험을 나눈다.
2) 고마움을 표현하는 방법을 이야기 나눈다.
3) 고마움을 표현하기 위한 '감사 카드 만들기', '악기 연주하기', '선물상자 만들기'로 유아들을 3개의 소집단으로 나눈다.
4) 교사는 소집단별로 유아와 함께 활동계획을 세우고, 유아들은 역할을 분담한다.
5) 각 소집단별로 활동을 전개한다.
6) 활동이 마무리되면, 각 소집단별로 자신들이 한 활동을 정리해서 이야기한다.
7) 전체 유아가 모여 소집단별 활동 결과물을 함께 공유한다. |
>
> (4)~(7)은 [A]로 묶여 있음
>
> 김 교사는 지난해에 적용한 방법 ㉡과 올해 적용하려는 방법 [A]가 모두 ㉢<u>유아들이 자아중심성에서 벗어나 친구들의 관점에서 상황과 정보를 이해하는 능력</u>을 가질 수 있게 도와주는 좋은 방법이라고 생각하고 있다.

1) ① (가)의 ㉠에 들어갈 말을 쓰고, ② (가)의 밑줄 친 ㉡과 [A]에 나타난 교수·학습 방법을 각각 1가지씩 순서대로 쓰고, ③ (가)의 밑줄 친 ㉢에 해당하는 개념을 쓰시오. [3점]
(※ ③은 [ch. 05-1 사회성 발달]에서 살펴봅니다.)

- ① _____

- ② _____

답안 1) • ① 사회적 기술

　　　• ② ㉡ : 토의(토의활동)

　　　　　[A] : 협동(협력)학습법(협동활동)

더 읽어보기 — 사회적 능력과 사회적 기술

유아의 사회적 유능감(Social competence)은 자신이 속한 사회의 규준을 이해하여 정서와 행동을 인식하고 조절하는 능력뿐 아니라, 사회적 상호작용 과정 속에서 다른 사람과 원만한 관계를 유지하며 효과적으로 상호작용하는 능력을 말한다. 이러한 유아의 '**사회적 능력**'에는 친사회적 행동, 정서조절, 자아존중감 등이 포함되기도 한다.

- **사회적 기술** : '사회적 능력'과 용어적으로 혼용되기도 하는 개념으로서 사회적 기술이란 사회적 능력을 쌓는 기반이 되는 것으로 **관찰되고 평가될 수 있는 것**이라고 본다. 사회적 기술은 사회화를 실천하는 방법적인 역할을 한다. 따라서 구체적으로 어떤 과제를 수행할 능력이 있는가는 사회적 기술의 차원이고, 그 수행의 정도에 따라 사회적 능력의 정도가 좌우된다고 할 수 있다.

더 읽어보기

협동학습법(cooperative learning) 은 대·소집단 구성원이 함께 과제를 수행하며, 학습하도록 유도하는 교수-학습방법이다. 유아는 집단 구성원들과 상호작용하며 협동하여 문제를 해결하고 다양한 친사회적 기술을 배울 수 있다. 또한 생각과 정보를 공유하면서 의사소통 기술을 발달시킬 수 있다.

♣ **효율적인 협동학습을 위한 지도방법**(윤희경 외, 2015)
- 집단활동 시간이나 자유놀이 시간에 문제 해결, 토의, 브레인스토밍 등을 활용할 수 있다. 이때 공동의 목적을 위해 책임감을 갖고 협력하며 경쟁적·배타적이 되지 않도록 한다.
- 공동으로 탐구할 수 있는 주제를 제공하고 유아가 활동목적과 목표를 분명히 인지할 수 있게 한다. 활동 과정에서 피드백을 제공하여 반성적 사고 기회를 제공한다.
- 협동학습 과정 중에 유아가 서로 돕고 배우고 격려하는 경험을 할 수 있도록 한다.

CHAPTER 05-2 사회교육

2017년 B

01 ○○유치원 현장학습과 관련하여 (가)는 진 원감과 교사들이 회의 중에 나눈 대화 내용이고, (나)는 5세반 송 교사와 유아들이 나눈 대화 내용이며, (다)는 진 원감과 송 교사의 평가회의 장면이다. 물음에 답하시오. [5점]

(다)

> … (상략) …
> 진 원감 : 이번 전통 시장 현장학습은 즐겁기도 했지만 문제점도 있었어요.
> 송 교사 : 맞아요. ⓒ 전화로 확인했던 것보다 시장이 넓어서 떡집을 찾느라 너무 헤맸어요.
> … (하략) …

4) (다)의 ⓒ과 같은 문제가 발생하지 않도록 하기 위해 현장학습 준비단계에서 송 교사가 했어야 할 일 1가지를 쓰시오. [1점]

  • _____

답안 4) • 사전 답사를 통해 오고 가는 길, 위험한 장소, 시설을 파악하고 대비한다(사전 답사).

> **더읽어보기 현장학습**
>
> ♣ **현장체험학습 교사의 준비사항**
> (1) 현장 견학의 목표를 확인한다.
>   ① 교사가 현장학습에서 알고자 하는 것이 무엇인지 파악한다.
>   ② 현장 학습지를 통해 알 수 있는 유아들의 질문거리가 무엇인지 파악한다.
>   ③ 현장학습을 통해 유아들이 얻을 수 있는 것이 무엇인지 파악한다.
> (2) 사전 답사를 한다.
>   ① 어떤 것을 볼 것인지, 누구를 만나서 안내와 설명을 들을 것인지 파악한다.
>   ② 안전하게 오고 갈 수 있는 길을 익힌다.
>   ③ 위험한 장소와 시설을 파악하고 대비한다.
>   ④ 적절히 쉴 수 있는 휴식공간이 있는지 살펴둔다.
>   ⑤ 점심식사가 계획되어 있으면 식당 장소를 정한다.
> (3) 현장에 공문을 발송한다.
>   방문할 현장학습지의 사전 방문이 이루어진 후 공문이 필요한 곳인지를 살펴 미리 공문을 발송한다. (공문을 발송하면 "이런 도움이 필요해요", "이런 것들을 보고 싶어요" 보다 구체적 도움을 받을 수 있음)
>   ※ 참고 : 공문을 발송(예상학습내용 / 안전사항 관련 도움 요청 내용 등)함으로써 보다 공식적으로 현장학습지의 도움을 받을 수 있다.
> (4) 안전사고에 대비하여 비상 구급약품을 미리 준비한다.
>   ① 현장학습을 하게 되면 유아들도 기분이 들떠 안전사고가 날 위험성이 높아지므로 미리 안전사고 예방에 대한 지도가 있어야 한다.
>   ② 소화제, 요오드액, 붕대, 암모니아수 등 응급 처치할 수 있는 비상약품을 준비한다.
> (5) 오고 가는 도중 차내 안전 유지와 교통사고를 예방한다.
>   ① 차가 움직이면 유아들이 흥분하여 안전사고의 위험이 있다.
>   ② 좌석에 꼭 앉아 있기, 유리창 밖으로 머리나 손 내놓지 않기 등을 교육시킨다.
>   ③ 교사는 운전사 옆에 앉아 전체 어린이에게 시선을 떼지 않아야 한다.
>   ④ 운전기사(받아야 할 이수교육 등)에 대한 안전교육으로 충동적인 운전이나 졸음운전을 예방한다.
> (6) 에스컬레이터나 회전문이 있는 시설을 이용 시, 안전사고의 위험이 있으므로 반드시 계단 및 손잡이 문을 이용하도록 교육한다.
> (7) 미아가 발생되었을 시의 요령을 교육한다.
>   ① 출발하기 전에 원복이나 식별하기 용이한 표지를 준비하여 부착한다.
>   ② 깃발, 호루라기 등을 준비하여 이탈하는 사고가 발생되지 않게 한다.
>   ③ 조별로 인솔자를 정하여 낙오자가 생기지 않도록 주의한다.
>   ④ 만약 낙오가 되었을 때에 대비하여 행동하는 요령도 지도한다.
> (8) 원장이나 교사의 휴대폰 번호를 유아 전원의 이름표나 배지에다 기록해 주고, 미아 발생 시 주변 어른께 요청하여 전화하게 한다.

CHAPTER 05-2 사회교육

2016년 B

04 (가)는 ○○유치원의 가게 놀이 계획과 관련된 4세반 교사들의 대화이며, (나)는 4세반의 가게 놀이 상황이다. 물음에 답하시오. [5점]

(가) 4세반 교사들의 대화

김 교사 : 가게 놀이를 할 때 역할 영역에 각 나라의 기념품을 비치해서 사고파는 물건으로 사용하면 어떨까요? 지난주 시장 견학을 갔을 때, 아이들이 다른 나라의 기념품에 관심을 많이 가지더라고요. 가게 놀이도 하고 다문화에 대한 이해도 높일 수 있는 기회가 될 것 같아요.

임 교사 : ㉠ 기념품을 제시하는 것만으로는 문화의 차이나 가치를 이해하기 어려울 것 같아요. '세계 여러 나라' 생활주제를 다룰 때 교육과정 목표나 내용은 그대로 두고, 우리 반 다문화 가정 아이의 나라별 전통 음식과 일상 용품을 추가해서 다루기로 해요.

최 교사 : 좋은 생각이에요. 그런데 이번 가게 놀이에서는 아이들이 좋아하는 물건을 직접 고르고 사 보게 하는 것이 좋겠어요. 아이들이 현재 자신이 있는 곳부터 출발하여 주변 세계를 자꾸 경험하다 보면 그 과정 속에서 스스로 중요한 개념과 가치를 발견할 수 있거든요.

(나) 4세반 가게 놀이

 (유아들이 색종이로 만든 돈을 가지고 가게 놀이를 시작한다.)

민호 : (연수와 가희를 향해) 어서 오세요, 손님.
연수 : (가희에게) 나 오늘 공책이랑 연필 살 거야.
가희 : (연수에게) 나는 더 구경하고 살래.
연수 : (공책과 연필을 보여주며) 이거 귀엽지?
가희 : 응. 공책이랑 연필 사고 싶다. 그리고 저 인형도 사고 싶어. 하지만 돈이 2장뿐이야.
연수 : (혼잣말로) 가게 놀이는 사고 싶은 거 다 살 수 있는 건데.

… (중략) …

가희 : 공책 못 사서 아쉽지만, 이번엔 연필이랑 인형 사야지.
 (가희와 연수는 자신이 고른 물건을 민호에게 건넨다.)
민호 : (물건을 돌려주며) 손님, 여기 있어요.
연수 : 고맙습니다. ㉡ (다른 영역으로 이동하며) 재미있다. 또 사러오자.
민호 : 어, 그냥 가면 안 되는데.

… (하략) …

1) ① 씨펠트(C. Seefeldt)의 유아사회교육 접근 방식 중 (가)에 나타난 최 교사의 접근 방식 유형을 쓰고, ② 뱅크스(J. Banks)의 다문화 교육 이론에 근거하여 ㉠에 해당하는 단계를 쓰시오. [2점]
(※ ②는 [02 유아 사회과학 지식영역]에서 살펴봅니다.)
- ① : _____

답안 1) • ① 직접환경 접근방식

CHAPTER 05-2 사회교육

> 2015년 B

04 (가)는 5세 활동 계획안이고, (나)는 교사 저널의 일부이다. 물음에 답하시오. [5점]

(가)

활동명	도서관에 가요
활동 목표	• 우리 동네 도서관에 관심을 가진다. • ㉠ 도서관에서 하는 일을 안다.
활동 자료	도서관 대출증(미리 제작함)
활동 방법	[도입] • 도서관에 가 본 경험에 대해 이야기를 나눈다. • 도서관에서 볼 수 있는 것을 이야기해 본다. [전개] • 도서관으로 차례를 지켜 이동한다. • 도서관에서 일하시는 분에 대해 알아본다. • 책을 빌리는 방법을 알아보고, 책을 빌리는 과정을 살펴본다. • 자신이 읽고 싶은 책을 골라 빌려 본다. [마무리] • 도서관에 다녀온 느낌을 이야기해 본다. • 도서관 건물에 있던 다양한 공간에 대해 이야기를 나눈다.
확장 활동	• 도서관에 계신 분들께 감사의 편지를 쓴다. • 도서관 놀이를 해 본다.

1) (가)에서 이루어지는 활동과 같이 ① 유아 교육 기관 내에서 직접 경험할 수 없는 정보들을 얻는 데 효과적인 사회 교육 활동 유형 1가지를 쓰고, ② ㉠과 관련된 '3~5세 누리과정' 사회관계 영역의 내용 1가지를 쓰시오. [2점]

• ① 활동 유형 : _____

• ② 내용 : _____

답안 1) • ① : 견학(현장학습)
  • ② : 지역사회에 관심 갖고 이해하기

위 문제의 소문항 3)과 4)는 개론 파트의 발달이론에서 다루어지므로 생략합니다.

 **유아사회교육의 교수방법**

출처 : 안영진 『새 누리과정에 의한 유아사회교육』(교육과학사, 2015)

① 토의 : 유아는 토의를 통해 자신의 느낌을 이해하고 말로 표현할 수 있으며 다른 사람들에게도 각기 다른 관점이 있을 수 있다는 것을 인식하는 데 도움이 된다. 교사는 구체적인 상황, 즉 생활 중에 경험할 수 있는 구체적인 상황을 제시하며 유아의 문제에 대한 반응이나 느낌, 설명, 제안을 제시할 수 있다.
② 견학 : 견학을 통해 유아는 주변 실제 세상을 탐색할 수 있는 기회를 갖고, 사회현상을 바르게 이해할 수 있으며, 사회 구성원으로서 살아가는 데 필요한 지식, 가치, 태도를 학습할 수 있다. 견학을 통한 학습 경험은 유아에게 흥미를 촉진, 강화시키고, 확장시키기 때문에 사회학습을 위해 매우 중요하고 가치 있는 활동이라 할 수 있다. 견학이 잘 이루어지기 위해 고려할 점은 다음과 같다.
  - 견학을 하기에 앞서 견학의 목적이 무엇인지 잘 생각해 본다. 그리고 견학이라는 방법이 교육적 효과를 높이기 위해 최선의 방법인지 살펴본다.
  - 유아가 실제 견학을 하기에 앞서 미리 교사는 장소의 선택, 교통편, 소요시간, 견학의 내용 등을 검토하고 답사할 수 있도록 한다.
  - 주간계획안이나 가정통신문을 활용하여 부모에게 견학 계획을 알리고 필요한 준비물이나 주의사항을 안내한다.
  - 견학 전, 유아에게 견학을 가기 위한 안전 수칙, 견학지에서 우리가 무엇을 하고자 하는지, 견학지에 대한 안내 등 사전 배경지식을 제공한다.
  - 견학 후, 사후활동에 대하여 안내하고 활동을 준비한다.
  - 흥미 영역에 견학관련 소품을 첨가해 줌으로써 놀이를 확장할 수 있도록 격려한다.
③ 극놀이 : 극놀이는 사회교육과 관련지어 통합적 지도를 위한 효율적인 학습 활동으로서 다양하게 적용된다. 유아들은 극놀이 활동 속에서 이야기를 통해 자신의 경험을 재경험하기도 하고, 자신이 직접 체험하지 못했지만 많은 사람들이 경험한 것을 간접적으로 체험하기도 한다.

「2019 개정 누리과정」 관련성 살펴보기

❖ 3~5세 연령별 누리과정(2015 개정 유치원 교육과정) : 사회에 관심 갖기

내용	3세	4세	5세
지역사회에 관심 갖고 이해하기	우리 동네의 이름을 안다.	우리 동네에 대해 알아본다.	
	우리 동네 사람들에 관심을 갖는다.	우리 동네 사람들이 하는 일에 관심을 갖는다.	다양한 직업에 관심을 갖는다.
		물건을 살 때 돈이 필요함을 안다.	일상생활에서 돈의 쓰임에 대해 안다.

❖ 2019 개정 누리과정 : 사회에 관심 가지기
• 내가 살고 있는 곳에 대해 궁금한 것을 알아본다.
• 우리나라에 대해 자부심을 가진다.
• 다양한 문화에 관심을 가진다.

CHAPTER 05-2 사회교육

2014년 B

04 (가)는 유치원 교사들의 대화이고, (나)는 4세반 활동계획안의 일부이며, (다)는 장 교사가 쓴 저널의 일부이다. 물음에 답하시오. [5점]

(가)

> 윤 교사 : 유아기에는 무엇보다도 정직, 존중, 예의, 공공규칙 지키기와 같은 태도와 기술을 가르칠 수 있도록 사회교육이 이루어져야 한다고 생각해요. 이러한 태도와 기술은 남들과 어울려 사는데 정말 필요한 것이기 때문이죠.
> 장 교사 : 생활과 연계한 태도나 기술도 중요하지만 사회적 지식도 필요할 것 같아요. 그래서 ㉠ 역사나 지리, 경제, 환경과 같은 분야의 기본 개념을 가르치는 것도 필요하다고 생각해요. 사회 각 분야의 핵심개념을 가르치는 거죠. 어릴 때부터 사회현상에 관심을 갖고 이해하는 것이 필요한 것 같아요.

(나)

활동명	우리 동네 119 구조대원이 하는 일 알아보기	
활동목표	(생략)	
활동방법	• 사회적 탐구 모형을 활용하여 우리 동네 119 구조대원이 하는 일을 알아본다.	
	활동단계	**활동내용**
	문제 구성	우리 동네 119 구조대원이 하는 일을 알아본다.
	(㉡) 설정	'우리 동네 119 구조대원이 없으면 사람들이 편하고 안전하게 살 수 없다.'는 (㉡)을(를) 세운다.
	주제의 명료화	㉢ 우리 동네 119 구조대원이 하는 일을 표, 그림, 동시 짓기 등 다양한 방법으로 나타낸다.
	자료수집	㉣ 우리 동네에 119 구조대원이 없으면 어떻게 될 지, 우리 동네 구조대원은 어떤 일을 하는지에 대해서 알아보기로 한다.
	자료평가 및 분석	㉤ 소방서에 가서 우리 동네 119 구조대원이 하는 일을 조사하고, 책이나 동영상에서 관련 정보를 찾아본다.
	(㉡) 검증 및 일반화	우리 동네에 119 구조대원이 없으면 사람들이 편하고 안전하게 살 수 없다는 것을 알고, 119 구조대원이 하는 일을 안다.

1) ㉠에 해당되는 유아 사회교육의 접근방식 1가지를 쓰시오. [1점]

　• 접근방식 : _____

2) ㉡에 들어갈 용어 1가지를 쓰고, ㉢~㉤을 활동단계에 맞게 순서대로 기호를 쓰시오. [2점]

　• ㉡ : _____

　• 순서 : _____ → _____ → _____

1) • 사회과학 개념의 구조화 접근방식(접근법)

2) • ⓒ : 가설

　• 순서 : ㉣, ㉤, ㉢

 사회과학 개념의 구조화 접근방식

1960년대 브루너가 주장한 지식의 구조화론에 기초하여 접근하게 된 사회교육 방식이다. 구 소련의 인공위성 발사에 충격을 받은 미국의 교육계는 그동안의 교육이론과 방법을 재평가하게 되었고 1959년 열린 우즈호올 회의에서 학교교육의 내용과 학습 방법에 대해 논의를 하게 되었다. 이 회의 이후 브루너는 학문적 지식의 구조화론을 펼치게 되었는데, 여기서 구조란, 학문의 기본이 되는 원리, 개념, 일반화인 동시에 이와 같은 원리, 개념, 일반화에 도달하기 위한 탐구과정을 의미하는 것이다. 그는 학문적 지식의 개념과 이론들이 교육과정의 중심이 되어야 하며, 귀납적 사고활동을 통한 교수방법이 이루어져야 한다고 주장하였다. 이에 따라 수학, 과학은 물론 사회교육 영역에도 지식의 구조화론에 근거해 접근하는 경향을 띠었다. 이 사회교육 접근 방식은 **현대 사회교육 과정에서 경험해야 할 내용들을 나선형적으로 조직**하고 있는 데서 잘 보여주고 있다. (역사학, 경제학, 심리학, 정치학 등의 사회과학 분야의 여러 학문들의 핵심개념을 선정하고 이들을 학습자의 발달과 학습 수준에 맞추어 계열성 있게 조직하는 것) 이러한 접근은 유아가 사회과학적 개념들을 명료하게 형성하는 데 도움이 된다고 할 수 있으나, 자칫 지식중심으로 흐를 수 있다는 우려를 낳는다.

 사회적 탐구과정의 모형

탐구학습은 피아제, 타바, 브루너 등에 의해 계속 발전되었으며 브루너의 발견학습, 마시알라스 등의 탐구학습(수업)모형, 문제해결학습 모형 등 다양한 방법이 있다. 마시알라스 등(1966)은 다음과 같은 6단계의 수업모형을 제안하였다.
① **안내**(orientation) 단계 ▷ 문제에 대한 인식
② **가설** 단계 ▷ 가설을 통해 문제의 요소 규명
③ **정의**의 과정 ▷ 가설에서 나타난 용어를 분명히 규정하고 의사소통을 형성해 나가는 과정
④ **탐색** 활동 ▷ '만약 ～이라면 ～이다'의 논리적 검증을 해 나가는 단계
⑤ **증거제시** 단계 ▷ 가설검증에 따른 사실과 증거를 수집해 제시하는 과정
⑥ **일반화** 단계 ▷ 일반화는 절대적인 것이 아니고 일시적이며 최종적인 것이 아님.

※ '사회적 탐구과정의 모형'은 위 기출문제에서는 다음과 같은 용어와 예시로 출제되었음을 참고해 주세요.

> ① 문제 구성 : 우리 동네 119 구조대원이 하는 일을 알아본다.
> ② 가설 설정 : '우리 동네 119 구조대원이 없으면 사람들이 편하고 안전하게 살 수 없다'는 가설을 세운다.
> ③ 주제의 명료화 : 우리 동네에 119 구조대원이 없으면 어떻게 될지, 우리 동네 구조대원은 어떤 일을 하는지에 대해 알아보기로 한다.
> ④ 자료 수집 : 소방서에 가서 우리 동네 119 구조대원이 하는 일을 조사하고, 책이나 동영상에서 관련 자료를 찾아본다.
> ⑤ 자료 평가 및 분석 : 우리 동네 119 구조대원이 하는 일을 표, 그림, 동시 짓기 등 다양한 방법으로 나타낸다.
> ⑥ 가설 검증 및 일반화 : 우리 동네에 119 구조대원이 없으면 사람들이 편하고 안전하게 살 수 없다는 것을 알고, 119 구조대원이 하는 일을 안다.

CHAPTER 05-2 사회교육

2005년 주관식

04 최교사는 5세 유아들과 박물관 견학을 하려고 한다. 다음에 답하시오. [총 6점]

1) 박물관 견학을 위한 사전 답사에서 점검해야 할 사항 3가지를 쓰시오. [3점]

① _____

② _____

③ _____

답안
- 견학의 목적에 부합되고 전시물이 유아의 수준에 적합한지 확인한다.
- 유아를 위한 부대시설(화장실, 식수, 휴식공간)의 여부 및 위치를 파악한다.
- 견학 과정에 필요한 물품을 확인한다.
- 박물관에 견학을 안내해 줄 사람이 있는지 여부를 확인한다.
- 박물관까지 갈 수 있는 방법이나 거리, 소요 시간, 정확한 지리를 파악한다.

 현장 견학 – 박물관 견학

출처 : 2007년 개정 유치원 지도서 종일반

1) 의의
- 그 자체로 훌륭한 교육자료가 된다(자연, 문화, 역사의 조합).
- 구체적 사물을 직접 관찰할 수 있어 흥미와 관심을 높이며 자율적 학습을 돕는다.
- 전시유형이 다양하여 단순 감상을 위한 전시뿐 아니라 체험적 전시의 형태로 변해 가고 있다.
- 유형 ⇒ 예술 박물관 / 역사 박물관 / 자연사 박물관 / 역사적 가옥 / 문화 유산 박물관 / 특별 박물관 / 온라인 박물관

2) 지도방법
- 박물관 교육이 효과적으로 이루어지려면 무엇보다 박물관의 특성과 유아의 발달 수준을 고려하여 상황에 맞는 적절한 학습 내용을 선정하고 다양한 수준의 질문을 준비하는 것이 중요하다. **예** 관람한 문화재 이름 다시 짓기, 연상되는 것 말하기, 문화재의 재료 및 용도 예측하기, 감상 소감 말하기 등
- 박물관을 방문하기 전 교사는 유아들과 박물관 관람 예절에 관한 이야기 나누기 시간을 갖도록 한다. **예** 조용히 감상하기, 전시물 만지지 않기, 순서 지키기와 같은 기본적 예절
- 박물관에 가면 안내 데스크 앞에 준비해 준 팸플릿이나 전시에 대한 설명을 들은 후 정해진 방향과 순서에 따라 관람하는 태도를 갖도록 지도한다.
- 박물관의 유형에 따라 견학 후 소감을 다양한 방식으로 표현해 본다. **예** 동화책, 역할놀이, 박물관 도록, 광고 포스터, 활동지, 안내 책자, 편지, 그림 카드, 그림 순서도 등

♣ **현장 견학 프로그램에 대한 도움말** 출처 : 유아전통예술 교육 프로그램(교과부, 2009)
- 기관에서 이용할 수 있는 박물관을 선정하여 견학한다.
- 박물관에서 특히 어떤 분야를 관람할 것인지 결정한다.
- 활동 내용과 연계하여 견학이 이루어지도록 박물관과 충분히 협의한다.
- 교사는 학예사나 에듀케이터가 안내하는 내용을 미리 점검하여 유아의 수준에 맞게 내용이나 어휘를 조절한다.
- 사전 답사를 통하여 관람 내용, 전시실과 기타 장소의 위치 등을 확인한다.

CHAPTER 05-2 사회교육

> 2004년 주관식

05 유치원에서 자연체험 활동을 효과적으로 운영하기 위해서는 사전 준비와 철저한 계획이 수립되어야 한다. 자연체험 활동을 위해 유치원에서 가까운 공원으로 걸어서 산책하려고 할 때, 사전 준비 및 활동, 본 활동, 사후 활동을 위해 교사가 해야 할 일을 각각 2가지씩 제시하시오. [총 6점]

1) 사전 준비 및 활동 [2점]
   ①

   ②

2) 본 활동 [2점]
   ①

   ②

3) 사후 활동 [2점]
   ①

   ②

답안 1) ① 산책할 공원에 대해 유아들과 이야기 나누기 활동을 하여 산책에 대한 흥미를 유발한다.

② 유아들이 산책할 공원에 대한 사전 답사를 통해 안전한 장소를 찾아보는 등 안전성 여부를 확인한다.

2) ① 공원에 도착 후 유아들에게 공원에서 지켜야 할 안전 약속 등의 유의사항을 다시 한 번 알려준다.

② 공원에 있는 자연물을 관찰하고 떨어져 있는 자연물을(나뭇잎, 돌멩이 등) 수집한다.

3) ① 공원에서 수집해 온 자연물을 과학 영역에 전시한 후 관찰한다.

② 공원산책을 통해 느낀 점에 대해 유아들과 이야기 나누기 활동을 한 후(그림, 신체표현, 동시 짓기 등) 표현(표상)활동을 전개한다.

자연체험을 위한 산책과 견학의 활용

출처 : 유아를 위한 자연체험 활동자료(교육인적자원부, 2003)

유아의 자연체험을 위하여 자연을 접할 수 있는 환경은 매우 필수적이다. 다행히 기관에 유아가 자연을 접할 수 있는 환경이 있다면 이를 충분히 활용하여 유아가 자연을 많이 느끼고 배울 수 있도록 계획했다. 그러나 자연 환경이 부족하거나 전혀 없는 경우 주변의 자연 환경을 산책하거나 견학하는 기회를 마련하여 유아가 자연을 충분히 접하고 경험할 수 있도록 한다. 산책을 통해 유아는 자연 환경에 매우 익숙하게 되고 친근감을 가지게 된다. 산책의 장소로 가까운 동네 공원이나 인근 학교, 고궁이나 유적지 등의 환경을 이용할 수 있으며, 유치원이 농촌이나 어촌 등에 있다면 인근 들녘이나 바닷가가 훌륭한 산책 장소가 될 수 있다. 유치원 주변에 왕릉이 있는 S 유치원에서는 주기적으로 능에 산책을 간다. 유아들은 이 시간을 매우 즐거워하고, 다양한 자연체험을 통해 유아들이 발견한 내용을 교실로 연계하여 많은 활동들이 확장되기도 하였다. 이와 같이 익숙한 장소를 지속적으로 산책하는 것은 유아로 하여금 계절과 자연의 변화를 더 잘 느낄 수 있도록 하고, 자연을 마음껏 탐구할 수 있게 하는 장점이 있다. 자연체험을 하기 위한 방안으로 좀더 멀리 가야 한다면 산책보다는 견학을 계획하도록 한다. 견학 장소로는 자연 환경이 좀더 풍부하게 조성된 곳이나 자연에 대해 새로운 체험을 할 수 있는 장소가 적절하다. 예를 들어 유치원이 서울에 있는 경우 수목원, 생태 공원 등에 견학을 갈 수 있으며, 분당의 율동 공원, 일산의 호수 공원 등이 견학지로 추천할 만하다. 지역별 견학 추천 장소는 부록에 안내하였다. 산책이나 견학 시에는 매우 세심한 준비가 필요하다. 우선 유아들의 안전 관리가 더욱더 강화되어야 하며, 견학에서 많은 경험들을 잘 할 수 있도록 사전 준비와 철저한 계획을 하도록 한다. 산책 및 견학을 위한 사전 준비 및 활동, 본 활동, 사후활동 등에 대해서 구체적으로 살펴보기로 하자.

(1) 사전 준비 및 활동

산책과 견학 시 유아들이 익숙하지 못해 여러 가지 안전 사고가 발생할 염려가 있으므로 산책 전에 안전 사고에 대한 대비를 해야 한다. 교사가 산책이나 견학 장소를 반드시 사전 답사하여 미리 돌아보고 위험한 장소나 요인이 있는지를 점검한다. 산책이나 견학 시 유아들이 움직이게 되는 동선을 그려 보고, 유아에게 주의시켜야 할 점, 안내해야 할 점 등을 기록하고, 그에 대처해 준비를 한다. 산책과 견학을 가는 동안 차도를 지나가야 한다면 교통 안전에 대한 안내와 산책 장소에서 위험한 행동을 하지 않도록 유아들과 충분한 이야기를 나누어 준비를 시킨다.

다음으로는 필요한 준비물을 챙긴다. 교사는 휴지, 작은 수건, 비상약, 물, 컵, 사진기와 확대경, 기타 계절에 따라 잠자리채나 채집통 등을 준비하고, 유아들은 작은 스케치북, 필기도구 등을 가지고 가서 산책 장소에서 본 것들을 그림으로 그리거나 나름대로 기록하도록 하는 것도 효과적이다. 산책이나 견학을 가기 전 사전 활동으로 산책 갈 장소 안내와 산책 가서 할 놀이나 탐색할 자연물들을 수수께끼나 재미있는 동화로 들려주어서 산책에 대한 흥미를 유발한다. 산책이나 견학 시 교사 혼자서 유아들을 통솔하기 어려우므로 사전에 부모님이나 실습생, 자원봉사자 등 보조인력을 섭외해서 도움을 구한다. 보조인력의 경우에는 미리 산책이나 견학 시 해야 할 일, 주의사항 등에 대한 구체적인 안내나 훈련을 하도록 한다.

CHAPTER 05-2 사회교육

(2) 본 활동

교사는 견학 시 유아의 안전에 신경을 쓰는 것과 더불어 유아와의 적극적인 상호작용을 하는 것이 중요하다. 산책이나 견학을 가는 길에서 접하게 되는 꽃이나 나무, 곤충, 하늘, 여러 가지 풍경들은 모두 흥미로운 관찰 대상이므로 유아들이 그냥 지나치지 않도록 주의를 환기시키고, 자연 환경을 눈으로만 관찰하기보다는 만지고, 듣고, 보고, 냄새 맡는 등 오감을 충분히 활용하도록 격려한다. 만약 숲속으로 산책을 갔다면 유아와 함께 숲에서 나는 냄새를 맡아 보고, 나무 껍질이나 돌멩이, 바위 표면을 손으로 만져 보고, 종이 위에 베끼기도 한다. 조용히 앉아서 자연에서 들려오는 소리에 귀기울여 보기도 하며, 여러 가지 형태의 나뭇잎을 자세히 관찰하고 비교해 보기도 한다. 견학 장소에서 발견한 자연물을 가지고 다양한 놀이를 하고, 자연물이나 흥미로운 것들을 조금씩 수집해 보고, 자연 속에서 느낀 것을 동시나 동화, 노래짓기도 해본다.

(3) 사후활동

산책이나 견학을 마치고 돌아와서는 손을 깨끗이 씻고 정리한 뒤에 휴식을 반드시 취하도록 한다. 충분히 휴식한 후에는 견학하는 동안 유아 각자가 보고 듣고 만져 보고, 느낀 것들에 대해 이야기나 그림으로 표현하는 활동을 계획하여 실시할 수 있으며, 산책 시 수집한 자연물들이 있으면 과학 영역에 전시하여 지속적으로 관찰하고, 활동할 수 있도록 한다.

1999년 주관식

05 현장 견학을 위해 통신문 발송시 넣어야 할 사항 8가지를 쓰시오.

답안 견학장소 / 목적 / 일시 / 준비물 / 출발시간 / 도착시간 / 학부모 참여 여부 / 현장견학 동의서 / 복장

- 부모에 대한 **견학 안내서** 발송 : 학부모에게 견학 안내서를 발송하고 견학 동의서를 받는다. 견학 안내서에는 견학목적, 견학장소, 견학 일시, 준비물, 기타 사항 들이 안내되어야 하며 절취선으로 견학 동의서를 반드시 받아둔다. 또한 학기 초에 학부모들에게 유치원 운영계획을 안내하여 견학 내용을 사전에 이해시켜야 한다.

유아반(만 4세) 소방서 견학 안내 예시

안녕하세요! 어느새 여름이 성큼 우리 곁으로 다가와 1학기 생활도 중반을 넘어섰습니다. 유아반 만 4세 견학에 대해 알려드립니다. 유아반에서는 '우리 동네' 생활주제를 진행하면서 '소방서'를 방문하여 직접 보고, 체험하는 경험을 제공하고자 견학을 마련하였습니다.

아래의 견학 일정과 내용을 참고하여 견학 참여를 희망하는 부모님은 견학 동의서를 5월 2일(금)까지 담임교사에게 반드시 제출하여 주십시오.

- 대상 : 유아반 4세(진달래반, 개나리반, 채송화반)
- 일시 : 5월 11일(목) 오전 9:00 ~ 오전 11:00
- 장소 : ○○소방서
- 준비물 : 활동하기 편한 복장, 모자, 물(어깨에 걸 수 있는 작은 물병에 준비해 주십시오)
- 유의사항
  - 도보로 유치원에서 출발하고 유치원으로 도착합니다.
  - 유아는 오전 9시까지 각 교실로 등원시켜 주시기 바랍니다.
  - 우천 시에는 견학이 취소되며, 오전·오후반 정상수업을 하게 되니 평상시와 같이 등·하원 시켜 주십시오.
  - 차량 혼잡이 예상되오니 부모님은 유아를 등원시킨 후 기다리지 마시고 돌아가셨다가 귀가 시간에 유치원으로 유아를 데리러 오시기 바랍니다.
  - 유아가 멀미를 할 경우나 아픈 경우는 담당교사와 사전에 상의해 주시기 바랍니다.

견학 동의서

( )반 ( )의 소방서 견학을 동의합니다.

년 월 일

부모 성명 : (인)

○○○ 유치원장

출처 : 조운주 외 1인 공저 「유아사회교육」, 창지사

CHAPTER 05-2 사회교육

> 1997년 주관식

05 기본 생활 습관 중 절약 덕목을 강조하기 위하여 유치원에서 '종이 아껴 쓰기'를 지도하고자 한다. 이를 위한 지도방안 중 5가지 사례를 드시오. [5점]

①

②

③

④

⑤

답안 ① 토의활동 : 종이를 아껴 쓸 수 있는 방법에 대해 토의를 진행한다.
② 도서활동 : 관련된 동화를 통해 종이를 아껴써야 하는 이유(필요성)를 알도록 한다.
③ 모델링 : 교사가 종이를 아껴 쓰는 생활 속의 모델을 보여준다.
④ 문제해결활동 : 종이가 없으면 어떤 일이 일어날지 확산적 문제해결의 방법으로 접근해 본다.
⑤ 가정연계활동 : 가정통신문 등을 통해 가정과 연계하여 지도함으로써 효과를 높인다.

MEMO

CHAPTER 06-1 과학교육

01 과학교육 기출경향 분석

❶ 주제별 출제빈도

✽ 다음의 표에서는 내용 주제별로 모든 문제가 분리되어 있으나 실제 기출문제와 해답이 제시된 '기출 문제 분석' 챕터에서는 각각의 주제별로 문제가 분리되어 제시되기도 하고 혹은 동일한 문항 내에서 분리되지 않고 함께 제시되기도 합니다.

✽ 아래 표의 '내용' 중 사례나 답안을 제시하는 괄호 안에 ※ 표기를 넣은 경우는 사례나 답안이 길어 요약하여 제시했을 때를 의미합니다.

주제		출제연도		내용
구성주의 과학교육	과학실험 하기	2001	주07	제시된 과학 실험의 사례를 읽고, 탐구 학습의 원리에 비추어 과학 교수 방법의 문제점 5가지 지적하기(① **20명의 대집단으로 활동을 진행한 점**/ ② 유아들이 참여하는 방식이 아닌 교사가 시범을 보이는 방식으로 교사주도적 실험을 진행한 점/ ③ 유아들의 과학적 사고를 촉진하는 다양한 발문이 아닌 교사가 계획된 방식으로 이끌어 가는 데 중점을 두고 답을 말하게 하는 질문만 한 점/ ④ 유아들의 다양한 흥미와 관심을 반영할 수 있는 유아의 질문 기회를 제공하지 않은 점/ ⑤ 결과 중심적으로 실험을 진행한 점(교사가 뜨고 가라앉는 물체를 구분해 줌)
		2009	B4	과학 활동을 열심히 하고 있으나 유아들이 자신의 수업에 크게 흥미를 느끼지 못해 고민하고 있는 김 교사는 동료인 최 교사에게 자신이 쓴 과학 수업에 대한 '교사 이야기 쓰기'를 보여주며 유아가 흥미 있게 수업에 참여하는 방안에 대한 조언을 부탁 → '구성주의적 관점'을 가진 최 교사는 김 교사의 수업이 유아의 흥미를 이끌어 내고 지속시키기 위해서는 개선할 부분이 있다고 생각하였다. 최 교사의 관점에서 개선해야 할 사항을 3가지 제기하고, 각각의 이유를 논하시오. 그리고 이를 기초로 개선해야 할 사항 3가지에 대하여 최 교사가 제안할 수 있는 대안 1가지씩을 구체적 사례를 들어 제시하기

① 수업의 내용 선정	
• 문제점 : **수업의 내용** 선정 측면에서 '꽃이 열매가 되기까지의 과정'을 암술머리에 꽃가루가 수정이 되고, 씨방과 꽃턱 등으로 구체적으로 전개하려고 계획한 것은 유아들의 수준에 적합하지 않다. 교사가 선정한 수업 내용은 유아가 능동적으로 탐색·탐구의 과정을 통해 스스로 지식을 구성해 나가도록 진행하기에는 어려운 내용이다.	• 대안 : 꽃에서 열매가 되는 과정은 유아들의 수준에서 자세히 다루기에는 어려운 주제이므로 관련된 동화를 선정하여 들려주는 활동으로 진행하는 것이 적절하다. 따라서 '꽃이 열매가 되기까지의 과정'은 동화를 선정하여 도입 부분에서 들려주는 정도로 진행한 뒤 산행에서 수집한 열매를 직접 탐색·탐구할 기회를 갖도록 한다.
② 집단의 구성	
• 문제점 : **집단의 구성** 측면에서 볼 때 전체 과정을 대집단 활동으로 진행한 점은 적합하지 않다. 이와 같이 진행할 경우 유아들의 개별적인 흥미와 관심을 반영하기 어려우며 적극적인 탐색의 기회가 제한된다.	• 대안 : 교사가 주도하는 대집단 활동의 시간을 축소시키고 소집단 활동으로 확장·전개하여 유아들이 개별적 흥미와 관심사를 적극적으로 탐색하고 의사소통할 수 있는 기회를 제공한다.

			③ 교수전략(교수-학습방법)	
			• **문제점**: 교수전략 면에서 볼 때 교사의 설명식 방법을 위주로 전체 수업을 진행하고 있기 때문에 발달 특성상 유아들이 지루해 할 수 있다. 또한 혜영이가 가져온 달팽이에 아이들의 온 관심이 쏠려 있음에도 자신이 계획한 활동만을 진행한 부분은 유아들이 자신의 관심과 흥미에 따라 적극적으로 탐색할 수 있는 기회를 빼앗는 교사 주도적 방식이라고 할 수 있으므로 적합하지 않다.	• **대안**: 수업을 진행하는 중에도 반성적 사고를 통해 아이들의 관심사나 흥미를 반영하고 자신의 계획을 수정하는 융통성을 발휘해야 한다. 또한 설명식 위주의 수업은 유아들에게 지루함을 줄 수 있으므로 유아들이 직접 관찰하고 비교해 볼 수 있는 탐색활동 등의 발견적 학습의 기회를 마련해 주도록 한다.
			④ 교사의 과학적 소양 키우기	
			• **문제점**: 교사의 과학적 자질 면에서 볼 때 교사는 과학 수업을 열심히 해보려는 마음만 있을 뿐 자신의 전문적 지식 부족으로 여전히 과학활동에 대한 자기효능감이 낮다. 뿐만 아니라 자신이 계획한 수업의 실패 원인 분석을 위해 자신을 (반성적으로) 되돌아보기보다 아이들이 활동을 잘 따라주지 않은 탓으로 돌리는 모습을 보이고 있다.	• **대안**: 과학 수업에 관련된 연수, 워크숍 등에 참여하여 전문적 지식을 늘리도록 해야 하며 다른 교사의 수업에 참관하거나 자신의 수업을 모니터링하고 분석해 보는 과정 등을 통해 자신의 문제점을 적극적으로 개선하려고 노력함으로써 과학 수업에 대한 자기효능감과 과학적 자질을 증진시키도록 한다.

2010	B4	어느 화창한 날 박 교사가 만 5세 유아들과 함께 한 '빨래하기' 수업 사례를 간략하게 제시한 것이다. 박 교사 수업의 문제점과 그 예를 활동자료에서 1가지씩, 활동과정에서 2가지씩 찾아 쓰고, 문제점에 대한 대안을 2007년 개정 유치원 교육과정 탐구 생활 영역의 '지도상의 유의점'에 근거하여 문제점별로 각각 논하기

활동자료 측면	
사례에 나타난 문제점	대안
다양한 변인을 통제하지 않고 실험 과정에서 이를 한 번에 제시한 점이 문제이다. 이럴 경우 유아들은 옷이 마른 이유가 무엇인지(재질이나 두께 혹은 크기와 같은 옷의 특성 때문인지, 햇볕 때문인지 등)를 알아보기 위한 과학적 사고가 이루어지기 어렵다. - 재질, 두께, 크기가 서로 다른 인형 옷 - 실외의 햇볕이 있는 곳, 교실, 욕실	• 인형 옷의 두께, 크기, 재질을 하나로 통제하고 빨래를 말림으로써 어느 장소에서 더 잘 마를지 예측해 보고 비교하는 활동을 진행한다. • 빨래를 말리는 장소를 한 장소로 통제하고 나머지 옷의 재질이나 두께, 크기 중에서 한 가지 변인을 선택해 다양하게 제시해 봄으로써 그 변인의 차이에 따라 어떤 것이 더 잘 마를지 예측해 보고 비교해 보는 활동을 진행한다.

활동과정의 측면	
사례에 나타난 문제점	대안
① 교사 주도적 활동으로 진행한 점이 문제이다. 교사가 투명한 그릇에 인형 옷을 넣어 빨며 유아들에게 이 과정을 관찰하도록 하는 실험 진행 방식과 인형 옷을 넣으면 어떻게 될지 질문을 하고 예측대로 되었는지 질문에 답을 하게 하는 진행 방식은 모두 자신의 계획대로 전체 실험의 과정을 이끌고 나가는 교사 주도적인 활동의 방식이기 때문에 유아들이 흥미를 지속시키고 탐구에 지발적으로 몰입하기 어렵다.	미리 계획한 하나의 질문과 그에 대해서 답을 하게 하는 것보다는 빨래의 과정에서 유아들의 개별적인 관심사나 흥미를 반영하여 질문하고 실험의 과정에서도 유아들이 참여할 수 있는 방식으로 각자 다양한 시도를 해볼 수 있는 기회를 제공하도록 한다. 이를 통해 유아들은 각자의 자연스러운 궁금증에 기초한 예측과 검증 과정을 거치며 나름의 결론에 도달할 수 있게 된다.
② 교사가 섣불리 결론을 내리며 활동을 마무리한 점이 문제이다. 활동의 마무리 단계에서 교사의 이야기로 결론을 짓는 진행 방식은 유아의 지속적으로 탐구하는 태도에 방해를 줄 뿐 아니라 오개념을 형성하게 만들 수 있다.	유아들이 발견한 이야기를 나누고 그 결과를 도표, 그림 등으로 다양하게 나타내게 하여 지속적으로 탐구에 대한 동기를 형성하도록 격려하고 의미 있는 학습이 되도록 한다.

2011	객03	유아의 과학적 탐구 과정의 하나인 실험에 대한 설명이다. 바람직한 것을 모두 고르기(**실험 과정 중에 유아의 판단이 과학적 개념이 아닐 때는 인지적 갈등을 통해 스스로 개념을 변형시키게 한다**(○)/**유아들은 실험을 하면서 과학적 문제 해결을 위해 나름대로의 가설을 만들어 시도해보고 나타난 결과를 가지고 초기 가설을 비교해 본다**(○)) (틀린 사례(×) : 실험은 결과가 분명치 않은 자료를 제시하여 일회적이기보다 지속적으로 유아가 참여하게 하는 것이 바람직하다/ 비 만들기나 증발 실험 혹은 화산 실험과 같이 일련의 과정을 거쳐서 기대한 결과를 볼 수 있는 실험이 유아들에게 바람직하다/ 동식물을 대상으로 실험하는 것은 동식물과 인간과의 관계를 일상생활에서 접할 수 있는 기회를 제공하므로 가능한 많이 해보도록 하는 것이 바람직하다)

CHAPTER 06-1 과학교육

2011		B4-2) B4-3)	- 피아제이론의 인지발달기제 중 ㉠(진희는 스티로폼을 손으로 가라앉히려고 물속으로 밀어 보지만, 손을 떼자 가라앉았던 스티로폼이 다시 떠오르고, 진희는 계속 가라 앉히려고 애를 쓴다), ㉢(진희 : (다양한 물체를 반복해서 물에 넣어 보더니) 아하! 이제 알았다. 크다고 가라앉는 건 아니잖아!)에 해당하는 것이 무엇인지 밝히고, ㉠, ㉢의 사례와 관련지어 그 특징을 각각 논하기(㉠ 동화, '크기가 큰 것은 가라앉을 것'이라는 도식을 가진 진희가 스티로폼을 계속 가라앉히려고 애쓰고 있는 사례에서 볼 수 있듯이 동화는 이미 가지고 있는 도식으로 새로운 대상을 해석하려는 과정을 말한다/ ㉢ 조절, 조절이란 ㉢에서 진희가 '크다고 가라앉는 것은 아니라는 것'을 깨닫고 있는 것과 같이 기존의 인지구조를 통해 새로운 대상을 이해하기 어려운 경우 자신의 도식을 변경시키는 과정을 말한다) - 진희의 과학적 사고 발달을 위해 ㉡(㉡ 교사 : (진희의 행동을 지켜보던 교사는, 작지만 가라앉는 물체와 크지만 뜨는 다양한 물체들을 첨가해 주면서) 진희야, 이 물체들도 물에 넣어 보자!)에서 수행한 교사의 역할 3가지를 쓰고, 역할별로 ㉡에서 해당하는 부분을 1가지씩 찾아 논하기(관찰자, 진희를 관찰하며 어떤 점에서 어려움을 겪는지 살펴보았다/ (물리적) 환경 지원자, 작지만 가라앉는 물체와 크지만 뜨는 다양한 물체들을 첨가해 주었다/ 촉진자, "진희야, 이 물체들도 물에 넣어보자."라고 제안하여 실험을 해결할 수 있도록 촉진했다)
2013 (추)		B7-1)	㉡((고개를 갸우뚱하며) 어? 이상하다! 왜 별 모양으로 안 나오지?)에 나타난 사고 과정 1가지를 피아제의 인지발달이론에 기초하여 쓰기(**인지적 불일치(불평형)**)
2016		B8-1) B8-3)	- 위 상황에서 나타난 유아의 오개념을 쓰고(**진서는 비눗방울 틀의 모양대로 비눗방울 모양이 불어질 것이라고 생각하고 있다**), 그 오개념이 과학적 개념으로 변하게 된 이유를 사회적 구성주의 관점에서 쓰기((※ 더 유능한 또래에 의한 비계설정 사례) **비눗방울이 불어지는 모양에 대한 오개념을 가지고 있던 진서는 자신보다 좀더 높은 수준에 있는 또래친구 동주의 비계설정을 통해(~동주와의 상호작용 과정에서 도움을 받음으로써) 혼자서는 도달할 수 없었던 상위 수준의 과학적 개념**(어떤 모양 틀로 비눗방울을 불어도 동그란 모양이 나온다는 과학적 개념)**을 형성할 수 있게 되었다**) - ㉡(동주와 진서는 구름, 하트, 강아지, 토끼 모양의 틀로 비눗방울을 만든다)에 제시된 조작변인(**비눗방울 틀의 모양**)을 쓰고, 이에 관련하여 유아들이 설정한 가설 쓰기(**비눗방울 틀의 모양이 달라도 비눗방울의 모양은 동그랗게 불어질 것이다**)
2017		B8-2) B8-3)	- ㉡(교실 바닥에 마스킹 테이프로 출발선과 볼링핀의 위치를 표시)을 통해 김 교사가 통제하고자 하는 변인 1가지를 쓰기(**출발선에서 볼링핀까지의 거리**) - [A](나은 : 준서야! 살살 굴려!/ 준서 : (나은이가 제안한 대로 살살 굴려 보지만 공이 볼링핀에 닿지 않는다.) 에이! 꽝이야!/ 유리 : 그럼 세게 굴려 봐. 나 봐봐! (공이 볼링핀 옆으로 굴러간다))에서 유아들이 볼링핀을 쓰러뜨리기 위해 적용한 방법과 관련된 변인 1가지 쓰기((공을 굴리는) **힘의 세기**)
2018		B8-1) B8-2)	- 유아의 인식적 발달 특성에 미추어 볼 때 [A](옆 반까지 소리를 선날하려면 얼마나 긴 호스가 필요할지, 어떠한 방법으로 알 수 있는지 이야기 나눈다/ 필요한 길이를 알기 위해 유아들이 생각한 임의 단위를 이용해서 길이를 잰다/ 어제 유아들이 연결해 놓은 호스에 필요한 만큼의 호스를 테이프로 붙여 길게 연결한다/ 길게 연결한 호스를 이

			용하여 옆 반까지 소리를 전달해 본다/ 소리가 호스를 통해 전달되는 과학적 원리를 설명한다)에서 적절하지 않은 내용 1가지를 찾아 쓰기 (**소리가 호스를 통해 전달되는 과학적 원리를 설명한다**) - 다음 ( ) 안에 들어갈 말 쓰기(**변인통제**) (가)의 밑줄 친 ㉠ 활동을 위해서는 유아가 비교하고자 하는 요인 이외의 다른 요인을 동일하게 만들어주는 ( )이/가 필요하다.
	2019	B8-2)	(나)에 나타난 유아의 오개념을 찾아 쓰고("**내 차가 더 멀리 가, 무거우니까.**"), 조작변인 쓰기(**자동차에 실은 블록의 수**/(자동차에 싣는) **블록의 수를 통해 무게를 다르게 하는 것**)
	2019 (추)	B6-1)	교사의 발화 ㉠~㉤(㉠ 어느 것으로 하면 자동차를 멀리 가게 할 수 있는지 찾아보자./ ㉡ 글쎄, 빨대를 길게 해서 불었는데 왜 그럴까?/ ㉢ 다시 한 번 해보렴/ ㉣ 풍선을 자동차 뒤에 대고 바람이 나오게 해보렴) 중 유아의 탐구활동에 도움이 되지 않는 것의 기호 1가지와 그 이유 쓰기 (㉣, 유아는 (문제를 해결하기 위해) **다양한 방법을 시도하는 가운데 탐구하는 태도를 기를 수 있다. 그런데 질문에 대한 해답을 교사가 제시할 경우, 유아는 능동적으로 탐구해 보는 과정을 경험해 볼 기회를 갖지 못하고 수동적으로 실험의 정답을 얻는데 그치게 되기 때문이다**(~되므로 이는 탐구활동에 도움이 되지 않는다))
	2019 (추)	B7-1) B7-3)	- ㉠(프리즘으로 유아들과 무지개를 만들어 보면서 무지개가 생기는 원리를 알려 주는 활동을 하려고 하는데 괜찮을까요?)이 유아의 과학 개념 발달 측면에서 적절하지 않은 이유 1가지 쓰기(**전조작기 유아들은 발달 특성 상 자신이 다양하게 조작할 수 있고 행위에 의한 결과가 분명하여 그 관계를 추론해 볼 수 있는 활동을 통해 과학적 개념을 구성해 나갈 수 있다. 그런데 ㉠의 활동은 그 과정을 통해 유아들이 과학적 사고를 할 수 있는 것이 아니라 교사가** (관찰된 현상에 대한) **과학의 원리를 전달해주어야 인과관계를 알 수 있는 것이므로 적절하지 않다**) - 교육 실습생이 ㉡(블루베리즙)으로 활동하려는 이유를 유아에게 적절한 과학 활동 재료의 특성 측면에서 설명하기((유아들의 과학적 사고와 과학적 개념 형성을 촉진하기 위해) **과학 활동의 재료**(자료)**는 유아의 행위에 대해** (시각적으로) **결과가 분명히 나타나는 반응적인 자료여야 한다. 교육 실습생이 ㉡의 재료로 활동하려는 이유는 블루베리 즙이 딸기 즙보다 색의 변화가 명확히 드러나는 특성을 가지고 있기 때문이다**.)
	2020	B6-2)	- [A](재윤 : 왜 작은 공을 골라야 해?/ 서진 : 탁구공이 축구공보다 가볍잖아/ 지연 : 작은 공이 모두 가볍지는 않아/ 재윤 : 큰 공이 다 무거운 건 아니야/ 서진 : 뭐든지 큰 공은 무겁고 작은 공은 가벼운 거야/ 재윤 : 물놀이 할 때 비치볼은 축구공보다 크지만 더 가벼웠어/ 지연 : 우리 빨간 공과 파란 공 중 어떤 공이 무거운지 알아볼까?)에서 유아의 오개념이 나타난 말을 찾아 쓰기(**뭐든지 큰 공은 무겁고 작은 공은 가벼운 거야**) - (나)의 활동 목표 ㉡(물체의 크기가 같아도 무게가 다를 수 있다는 것을 안다)을 달성하기 위해 ㉢(활동 자료 : 양팔저울, 바둑알, 장난감 공, (㉢))에 들어갈 활동 자료 쓰기(**장난감 공과 크기가 같지만 무게가 다른 공**)
	2020	B7-1) B7-2)	- ㉠에 들어갈 용어를 피아제의 인지적 구성주의에 근거하여 쓰고(**인지적 불일치**(불평형), ㉠을 통해 효린이가 알게 된 것을 (나)의 [A]에서

Chapter 06-1 과학교육

CHAPTER 06-1 과학교육

연도	번호	내용
		찾아 쓰기(내 찰흙이 더 많을 줄 알았는데 똑같네) - 비고츠키이론에 근거하여, ⓒ에 들어갈 용어 쓰기(**비계설정**(scaffolding)) 이번 활동에서는 같은 양의 찰흙 공을 제공해 주어 다양한 형태로 변형시켜보고 다시 원래의 형태로 되돌려보는 활동을 해 보려고 한다. 이 과정에서 유아들은 자신이 알고 있는 사실과 새롭게 발견한 결과 사이에서 (㉠)을/를 경험하고 기존의 자신이 가지고 있던 개념을 변화시켜 볼 수 있을 것 같다. 오늘 활동에서는 유아들의 현재 발달 수준보다 더 높은 수준으로 이끌기위해 구체적인 도움을 주는 (㉡)을/를 해야겠다.
2021	B6-1)	구성주의 관점에서 볼 때, [A](교사 : (나무 막대가 있는 바구니를 보여주며) 새로운 놀잇감을 가져왔어. (나무 막대를 세우며) 이 놀이는 이렇게 세워서 다 쓰러뜨리는 놀이란다. 선생님이 한번 해 볼게/ 맨앞의 나무 막대를 손가락으로 밀친다/ 성준 : (다 쓰러지지 않은 나무 막대를 보며) 선생님, 다 쓰러뜨려 봐요/교사 : 그래. 다 쓰러뜨리려면 나무 막대를 놓을 때 간격을 잘 생각해야 해. (다시 나무 막대를 세우고 밀친다.) 와, 다 쓰러졌네! 쓰러진 것을 바구니에 정리하며) 자, 이제 놀이해 보자)에 나타난 과학 활동 자료 제시 방법이 적절하지 않은 이유 1가지 쓰기((교사가 나무 막대로 할 수 있는 놀이 유형과 방법을 직접적으로 제시하게 되면) **유아**(학습자)**가 능동적이고 주도적으로 활동 자료에 대한 탐구과정**(탐구와 실험)**을 경험함으로써 지식과 개념을 구성해 나갈 수 없기 때문이다**/ 유아가 자료를 직접 조작해보는 과정에서 다양한 방법으로 탐구하며 스스로 개념을 구성해 나갈 기회를 제한했기 때문이다)
2022	B6-1)	㉢(유아들에게 직접적인 탐구 경험을 지속해서 제공할 것)이 적절한 이유를 유아의 전조작기 사고 특성에 비추어 설명하기(**전조작기 유아는 직관적 사고 특성으로 인해 구체적이고 직접적인 탐구와 실험을 통해 지식을 구성해 나가며 그 과정에서 오개념이 형성되기 쉽다. 따라서 일회적 탐구가 아닌 지속적인 탐구의 기회를 제공할 필요가 있으므로 ㉢의 지도방향은 적절하다**/ 전조작기 유아는 직관적 사고 특성으로 인해 어떤 현상이나 그 원인에 대해 오개념을 가지고 있는 경우가 많다. 따라서 직접적인 탐구와 실험을 지속적으로 제공함으로써 스스로 이를 인지하고 과학적 개념으로 수정해 나갈 수 있는 기회를 제공하는 것은 적절하다)
	B6-2)	[A](재린 : (말굽자석을 넣으며) 이것도 넣어 봐/ 다인 : 어, 가라앉네./ 준호 : 그건 크니까 가라앉아/ 재린 : 그래? 다른 것도 넣어 보자. 뭐 넣어 볼까?/ 은우 : (클립을 만지며) 이건 작네/ 준호 : 그건 작으니까 뜰 거야/ (재린이가 클립을 물에 넣는다.) 재린 : 어, 가라앉네!)에 나타난 유아의 오개념이 무엇인지 쓰고(**크기가 큰 물체는 가라앉고, 작은 물체는 뜰 것이라고 생각하는 것이다**), 그 오개념을 수정하기 위해 ㉣(형태와 크기가 동일한 물체를 이용한 실험)과 같은 실험을 할 때, 고려해야 하는 조작 변인 1가지 쓰기(**형태와 크기가 동일하지만 무게가 서로 다른 물체**(물체들))
2023	B7-1)	- ㉠(빔 프로젝터를 가져와서 스크린 앞의 일정 위치에 고정시켜)에서 교사가 통제한 변인을 1가지 쓰기(**빛이 비추는 방향**) - [A](준우 : (빔 프로젝터의 빛이 향하는 반대편에 서서) 어? 예지야, 너는 그림자가 있는데 나는 그림자가 없어. 내 그림자는 어디 있지?/ 예지 : (스크린 앞에 서서) 여기 서 봐. 그럼 나처럼 그림자가 생길 거야/ 준우 : (㉡빔 프로젝터의 빛과 스크린 사이에 서서 ㉢스크린을 가리키며) 아! 이제 생겼어. 여기에 서야 그림자가 생기는구나)에서 준

연도	번호	내용
		우가 경험한 그림자가 생기는 조건을 ⓒ과 ⓔ을 관련지어 쓰기(**빔 프로젝트에서 나오는 빛을 가렸을 때**(~나오는 빛이 향하는 방향에 서서 빛을 가렸을 때) **스크린에 그림자가 생긴다**(※ 그림자 개념: '물체가 빛을 가렸을 때 그림자가 생긴다')
	B7-2)	[B](다현: (스크린 쪽으로 다가가며) 이것 봐. 내가 이렇게 작아졌어. (빔 프로젝터 방향으로 가며) 이젠 점점 커지고 있어/민우: 우와! 거인이 됐다. 선생님, 저도 다현이처럼 커다란 그림자를 갖고 싶어요/ 교사: 민우야, 다현이처럼 커다란 그림자를 만들려면 어떻게 하면 될까요?)에서 교사가 그림자 놀이를 통하여 유아들이 발견하기를 기대하는 그림자 개념 1가지를 설명하기(**빛과 물체 간의 거리를 달리함으로써**(물체를 빛에 가까이에 혹은 멀게 함으로써) **그림자의 크기를 다르게 할 수 있다**)
	B7-3)	-ⓖ(그림자의 진하기를 비교)을 할 때, 유아가 과학과정기술 중 예측하기를 사용하도록 하는 교사의 발문 1가지를 예를 들어 쓰기(**이 중에서 어떤 자료가 가장 그림자가 진하게**(어둡게) **생길 것 같은지, 왜 그렇게 생각하는지 이야기해 볼까요?**) -ⓗ(OHP 필름, 아세테이트지, 색종이, 골판지)의 자료 특성이 그림자의 진하기를 비교하기에 적합한 이유 쓰기(**빛을 투과하는 정도**(투명도)**가 다른 자료를 준비했기 때문이다**)
2024	B7-1)	ⓐ에 들어갈 용어 1가지를 쓰고(**물질**), [A]에 해당하는 과학 활동 예시 1가지 쓰기(**물에 녹이기**(설탕, 소금, 물감 섞기 등), **물에 넣고 가열하기**(밥 짓기, 계란 삶기, 사과잼 만들기, 양초 만들기 등), **기름에 넣고 튀기기**(팝콘, 도넛 등), **오븐에 넣고 굽기**(쿠키, 컵케이크 등) 등과 관련된 활동 중에서 1가지 제시) 김 교사: 유아들이 일상생활 속에서 경험할 수 있는 과학 활동은 무엇이 있을까요? 윤 교사: 액체, 고체, 기체 상태와 같은 (ⓐ)의 상태 변화나 여러 가지 물체의 형태 변화를 다양한 활동을 [A] 통해 경험해 보게 하면 좋을 것 같아요.
	B7-3)	[B](윤 교사: 유아들은 무거운 공이 가벼운 공보다 바닥에 더 빨리 떨어질 것이라고 생각하기도 했고 그렇지 않다고 생각하기도 했어요/ 김 교사: 그럼 유아들이 생각하는 가설을 실험을 통해 직접 알아볼 수 있도록 지원해 주면 좋겠네요.)에 근거하여 실험 활동을 제공할 때 요구되는 변인 통제의 내용 2가지 쓰기(**공의 무게에 따른 차이를 알아보기 위해 다양한 무게의 공을 제공한다/ 공의 무게 외에 다른 변인이 영향을 미치지 않도록 공의 크기, 재질, 공을 떨어뜨리는 높이 등의 다른 조건을 동일하게 한다**)
2025	B8-1)	-[A](민재: (소리 관에서 귀를 떼고는) 와, 정말 말이 나온다! 나도 말해 볼래/ 주원: (소리 관을 들어 보이며) 이걸로 들으면 엄청 잘 들려)에서 유아가 경험하고 있는 소리 전달과 관련된 개념 1가지 쓰기 (**소리를 더 잘 들리게 전달하는 도구가 있다**(※ 넓은 범위로 확장할 경우 '여러 가지 사물을 통해 소리를 전달할 수 있다.')) -ⓐ(손이 떨려)을 시각적으로 직접 확인할 수 있는 활동 예시 1가지 쓰기(**기타 줄, 심벌즈나 트라이앵글 등의 악기를 활용해 물체가 진동**(떨림현상)**할 때 소리가 울리고, 손으로 잡는 등 진동을 멈추게 하면 소리도 멈추는 것을 경험해 보도록 돕는**(~경험해 봄으로써 소리와 떨림 현상의 인과관계를 인식하도록 돕는) **활동을 제공한다**)

CHAPTER 06-1 과학교육

		B8-2)	ⓒ(소리 관을 길게 연결)을 위한 교사의 공간 지원 1가지를 쓰고(**복도공간을 활용하여 옆 반까지 소리 전달하기/ 바깥놀이터로 공간을 확장하여 얼마나 멀리까지 소리가 전달되는지 알아보기**), ⓒ(소리 관을 연결할 때 안정적으로 고정할 수 있는 방법)을 위해 교사가 준비하여 지원할 수 있는 재료 1가지 쓰기(**테이프**)
		B8-3)	비고츠키의 이론에 근거하여 [B](놀이에 참여한 유아들은 개념 이해와 문제 해결 수준에서 다소 차이를 보였다. 소리 놀이의 연계 활동을 위해 소집단을 구성하여 유아 간의 상호작용을 촉진하는 것이 필요할 것 같다. 이를 통해 유아들의 오개념을 과학적 개념으로 변화시킬 수 있을 것이다. 그러면 소집단에 참여하는 유아들을 어떻게 구성하는 것이 좋을까?)를 위해 교사가 고려해야 할 사항 1가지 쓰기(**각 소집단 내에서 보다 유능한 또래에 의해 서로 비계설정이 이루어질 수 있도록 유아들의 수준 차이를 적절히 고려하여 (이질적인) 소집단을 구성한다**)
지식의 3가지 유형	2011	A3-1)	까미-드브리스 프로그램에 따르면 유아들은 다양한 활동을 통해 3가지 유형의 지식을 구성할 수 있다. 유아들이 구성할 수 있는 지식의 유형 중 ⓒ(너는 4칸, 나는 3칸 남았다! 너는 나보다 1칸 더 남았어), ⓒ((주사위를 던져 별이 나오자) 에이, 별이네. 한 번 쉬어야겠다)에 해당되는 것이 무엇인지를 각각 쓰고 그 이유를 논하기(ⓒ **논리·수학적 지식**, 친구와 자신의 게임 판에 남은 칸 수를 비교하고 있으므로 이는 사물 사이의 관계성으로부터 구성되는 논리-수학적 지식에 해당한다/ ⓒ **사회적 지식**, '별이 나오면 쉰다.'라는 놀이의 규칙은 놀이자 간의 약속이다. 따라서 이는 사람들 간에(사회에서) 협의된 규칙(약속)이나 관습에 의해 형성된 지식인 사회적 지식에 해당한다)
	2012	객39	까미-드브리스 프로그램에 따르면 유아들은 3가지 유형의 지식을 구성할 수 있다. 유아들이 구성할 수 있는 지식의 유형 중 '논리·수학적 지식'에 해당되는 것을 모두 고르기(ⓒ **그림자가 아까보다 더 커졌어/** ⓒ **내 그림자가 네 그림자보다 더 커**)
	2013	B1-1)	까미와 드브리스 프로그램에서는 지식을 3가지 유형으로 제시하였다. ⓒ은 이 3가지 지식 유형 중 (①)에 해당한다. ①이 무엇인지 쓰고(**사회적 지식**), ①의 의미를 ⓒ(어른들이 태어나신 날은 생신)의 사례를 들어 설명하기(**사회적 지식이란 '어른들이 태어나신 날은 생신'이라고 표현하는 것과 같이 사회에서 협의된 약속이자 관습 등에 의해 형성된 지식을 의미한다**)
	2014	B7-4)	까미와 드브리스 프로그램에 제시된 지식의 3가지 유형 중 ⓒ(쌀가루는 부드러워요)에 나타난 유형 쓰기(**물리적 지식**)
	2021	B6-2)	피아제의 지식 유형에 근거하여, ⓒ((쓰러진 나무 막대와 쓰러지지 않은 나무 막대를 보다가) 아하! 나무 막대를 가깝게! 부딪치게, 부딪치게…)과 ⓒ((앞의 나무 막대를 가리키며) 이게 뒤에 있는 나무 막대랑 부딪치게 놓아야 해요)에서 은지가 구성한 지식이 무엇인지 쓰고(**논리·수학적 지식**), 그 지식의 개념을 사례와 관련지어 설명하기(**나무 막대의 간격을 부딪칠 정도로 가깝게 조정해야 함을 발견한 것처럼 사물, 사건, 행동 간의 관계(성)에 대한 지식을 형성하는 것이다**)
	2022	B7-2)	피아제의 이론에 근거하여, ⓒ(모양의 이름이 원)에 해당하는 지식 유형을 쓰고(**사회적 지식**) 그 지식 설명하기(**이는 사회구성원 간에 합의된 규칙(약속)이나 관습에 의해 형성된(형성되고 전수되는) 지식을 말한다**)

물리적 지식 활동		2017	B8-1	까미와 드브리스의 '좋은 물리적 지식 활동 선정 기준'에 근거하여 ㉠에 들어갈 말 쓰기(**움직임**(사물의 움직임, 사물의 움직임의 변화))
				며칠 동안 유아들이 유희실에서 공으로 볼링핀을 맞히는 놀이에 흥미를 보이고 있다. 이 놀이는 물체의 반응이 관찰 가능하고 즉각적이며, 유아 자신의 행위를 통해 (㉠)을/를 만들 수 있고, 유아가 행위를 다양하게 바꿀 수 있기 때문에 유아에게 적합한 물리적 지식 활동이라는 생각이 든다.
		2024	B7-2	카미와 드브리스가 제안한 물리적 지식 활동 선정 원리에 근거하여, ㉡(여러 가지 공을 튕겨 보거나 굴려 보기)을 유아에게 적합한 과학 활동으로 볼 수 있는 이유 1가지 쓰기(**유아 자신의 행위를 통해 사물(물체)의 움직임을 만들어 낼 수 있기 때문이다**(※ '생산성'))
과학적 탐구과정 기술 및 태도	과학적 탐구과정 기술	2008	주02	'모양 과자 만들기' 요리활동을 진행할 때 유아의 탐구 능력을 증진하기 위한 과학의 탐구 과정을 적고, 각 과정에 적합한 교사 발문의 예 쓰기 (※ 답안 생략합니다)
		2010	객45	유아의 과학적 탐구 과정 설명 중 ㉠과 ㉡에 알맞은 것 고르기(㉠ **관찰**, ㉡ **분류**)
				(㉠)하기는 유아가 오감각 기관 중 한 가지 이상의 감각 기관이나 도구를 사용하면서 주의를 집중하여 물체의 특징과 변화를 주의 깊게 살펴보는 과정이며, (㉡)하기는 유아가 (㉠)하고 수집한 다양한 자료들을 물체의 색, 모양, 크기 등과 같은 보편적인 속성이나 기능에 의해 정리하고 조직하는 과정이다.
		2013	B8-3	탐구기술 ㉢(비교)과 ㉣(예측)을 활용한 교사 발문의 예를 (다)에서 찾아 각각 1가지씩 쓰기(㉢: **부채를 부칠 때와 선풍기를 돌릴 때 바람이 어떻게 다르니?**/ ㉣: **어떤 도구로 바람을 만들 때 바람개비가 더 잘 돌아갈 것 같니?**)
		2013 (추)	B7-3 B7-4	- ㉤(유아들에게 행위와 결과를 관련지어 생각해 보게 한 후, 언어적 표현으로 행위와 결과 간의 관련성을 나타낼 수 있도록 발문)에 대한 유아 반응 1가지를 ㉡(교사: 비눗방울이 잘 불어졌니?/창수: 네. 잘 불어졌어요/교사: 창수는 잘 불어졌구나/선영: 선생님! 저는 큰 동그라미가 나왔어요/교사: 그래? 어떻게 하니까 비눗방울이 크게 불어졌니?/선영: 내가 '후~' 하고 살살 불었더니 크게 불어졌어요.)에서 찾아 쓰기(**내가 '후~'하고 살살 불었더니 크게 불어졌어요**) - '3~5세 누리과정' 자연탐구 영역의 '세부 내용'에 제시되어 있는 탐구기술 중 ㉠(이 모양 틀로 비눗방울을 불면 어떻게 될까?), ㉥(비눗방울을 살살 불었을 때와 세게 불었을 때의 공통점과 차이점에 대해 알아보는)에 해당하는 탐구기술 1가지를 각각 쓰기(㉠ **예측하기**, ㉥ **비교하기**)
		2014	B7-1	㉠(하트 모양을 모아본다)에 해당하는 탐구기술 1가지 쓰기(**분류하기**)
		2015	B8-2	제시된 교사 발문에서 과학적 탐구 과정 중 '예측하기'에 해당하는 부분 찾아 쓰기(**낙엽끼리 이렇게 비비면 어떻게 될까?**)
		2016	B8-2	2015 개정 유치원 교육과정에 제시된 탐구기술 중 ㉠(봐, 네가 한 거랑 내가 한 거랑 둘 다 동그랗잖아)에서 사용된 탐구기술 2가지 쓰기(**관찰, 비교**)

CHAPTER 06-1 과학교육

	2017	B8-2	ⓐ에 들어갈 말을 쓰고(**실험하기**(experimenting)) 유아들이 궁금한 것을 알아보기 위해 과정을 계획하고 구체적인 자료들을 직접 조작하여 결과를 알아보는 과학적 과정을 (ⓐ)(이)라고 한다.
	2018	B7-2	① [A](김 교사 : (㉠)/ 나라 : (쇠집게를 만져 보며) 차가워요/ 민희 : (나무 블록을 만지며) 이건 딱딱해요/ 수민 : (지우개를 만지며) 부드러워요)에 해당하는 탐구기술과 ㉠에 들어갈 교사 발문을 각각 쓰고, ② [B](김 교사 : (동전을 가리키며) (㉡)/ 나라 : 쇠집게가 붙었으니까 동전도 붙을 것 같아요.)에 해당하는 탐구기술과 ㉡에 들어갈 교사 발문을 각각 쓰기(① **관찰하기**, 바구니 안의 물건을 손으로 만져보니 어떤 느낌이 드나요?/ ② **예측하기**, 교사 발문 : 만약 동전을 자석에 붙이면 어떻게 될까요?)
	2019 (추)	B6-2	ⓐ(빨대를 길게 연결해서 불면 바람이 셀 거야)와 ⓑ(풍선 바람이 자동차 옆으로 나가서 옆으로 갔나 봐요)에 나타난 과학과정 기술을 1가지씩 쓰고, 그 개념을 각각 쓰기(ⓐ : **예측하기**, 현재 알고 있는 지식이나 관찰을 토대로 앞으로 일어날 일을 짐작해 보는 것이다/ ⓑ : **추론하기**, 관찰한 결과의 원인을 되짚어 보는 것을 말한다(관찰한 현상과 그 원인을 연결 지어 사고해 보는 것이다))
	2020	B7-4	[C](장 교사 : 찰흙이 왜 이렇게 부드러워졌을까?/ 효린 : 물을 많이 넣었거든요/ 장 교사 : 물을 넣고 나니까 찰흙이 어떻게 변했니?/ 효린 : 더 말랑말랑해졌어요)에 제시된 장 교사의 발문에서 의도한 유아의 과학적 탐구 과정을 쓰기(**추론하기**)
	2022	B6-1	㉠((조개껍데기 냄새를 맡으며) 바다 냄새다)과 ㉡((바구니 쪽으로 다가가 쇠구슬을 만지작거리며) 딱딱해)에 나타난 유아의 과학과정기술 쓰기(**관찰하기**)
과학적 태도	2015	B8-3	하영이와 민수(※ 하영 : 이 빵 삼각형 모양이다/ 민수 : 아니야, 그거 세모야/ 하영 : 여기 봐, 봐. 뾰족한 곳이 세 개 있잖아. 그러니까 삼각형이 맞아/ 민수 : 그게 왜 삼각형이야. 세모지/ 하영 : 세모 아니야. 내가 맞거든, 삼각형!/민수 : 세모가 맞아. 내 말이 원래 맞거든!)에게 부족한 과학적 태도를 가리키는 용어 1가지를 쓰고(**개방성**), 그 이유를 설명하기(개방성은 '반대의 견해나 결과도 기꺼이 수용하고 새로 밝혀진 근거에 따라 자신의 주장을 변경하는 태도'이다. 이에 비추어 볼 때 제시된 사례의 유아들은 서로의 다른 견해를 수용하거나 고려하지 않고 자신의 주장만을 고집하고 있으므로 개방성의 태도가 부족하다고 할 수 있다)
	2020	B7-3	[B]민석 : 마주 대니까 눈사람 같다. 우리 같이 눈사람 만들어 볼까?/ 효린 : 그럼 나는 얼굴 만들 테니까 너는 몸 만들어/ 민석 : 좋아. 찍기판으로 단추를 만들게. 너도 이걸로 해 봐/ 효린 : 그래. 난 이걸로 코 만들 거야. 우리 둘이 합치면 멋진 눈사람이 될 것 같아)에 근거하여, ㉢에 들어갈 유아의 과학적 태도 쓰기(**협동성**) 오늘 효린이와 민석이는 함께 찰흙으로 눈사람을 만들었다. 이 과정에서 아이디어를 구성하기 위해 서로 협의하고, 역할을 분담하며 도구를 함께 나누어 쓰는 (㉢)을/를 관찰할 수 있었다.
	2021	B6-3	[B](※ 은지, 호진 : (함께 나무 막대 5개를 세워 다 쓰러뜨리자) 와! 재미있다. … (중략) … (은지를 도와 나무 막대를 세우며) 나도 더 길게 세워야지. (나무 막대 7개를 세워 쓰러뜨리려 했지만 다 쓰러지지 않자

218 Part 01 각론과 누리과정

				시무룩한 표정으로) 어떻게 해야 하는 거야? 에이, 모르겠다. 재미없어/ 호진이는 다른 놀이를 하러 간다)와 (나)(※ [B]에 대한 교사의 기록)에 근거하여, 호진이에게 부족한 과학적 태도 1가지를 쓰고(**끈기성**), 그렇게 판단한 이유를 사례와 관련지어 쓰기(**도미노 놀이, 딱지치기 놀이, 모래로 터널 만들기 놀이를 하는 중에 실패할 때마다 이를 해결하려고 노력하기보다는 중도에 포기하는 모습을 보이고 있기 때문이다**)
창의성	구성 요인	2009	객15	유아가 갖추어야 할 능력 중의 하나인 창의성에 관한 설명으로 적절하지 않은 것 고르기(**민감성**(sensibility)**이란 고정적인 사고방식에서 벗어나 여러 각도에서 다양한 해결책을 찾는 능력이다**(×))
		2015	B6-2)	길포드가 제시한 창의성의 구성 요인 중에서 ⓒ(유아들에게 종이를 나눠 주고 20분 동안 종이로 비를 표현하는 방법을 최대한 많이 생각해 보게 하였다)에 해당하는 요인 1가지를 쓰고(**유창성**), 그 요인의 정의 쓰기(**유창성이란 주어진 문제상황**(자극)**에 대해 정해진 시간 내에 가능한 다양하고 많은 양의 반응을 생각해 내는 능력이다**)
		2023	A3-2)	길포드의 창의성 이론에 근거하여, ⓒ(창의성 구성 요소 측면에서 예진이는 기존 사고에서 탈피하여 문제 상황에서 참신하고 독특한 아이디어를 내고, 짧은 시간에 많은 아이디어도 낼 뿐 아니라, 고정적인 방식에서 벗어나 다양한 해결책을 모색하는 창의성 구성 요소를 갖추고 있다. 하지만, (ⓒ)은/는 부족한 것 같아 이를 높일 수 있도록 환경이나 자극을 제공해야겠다)에 해당하는 창의성 구성 요소를 [B](예진이와 윤후를 관찰해 보니 이전에 받았던 창의성 직무 연수가 생각났다. 연수에서는 길포드의 창의성 구성 요소를 독창성, 융통성, 유창성, 정교성으로 제시했다. 그리고 창의성을 발달시키기 위해서는 창의적 사고도 중요하지만 창의적 성향인 독립성, 상상력, 내적 동기 등을 높이기 위해 적절한 환경을 제공하는 것도 중요하다고 하였다)에서 찾아 쓰고(**정교성**(elaboration)), 그 특징 1가지 쓰기(**기존의 아이디어**(처음 제시된 아이디어)**를 다듬고 보완하여 발전시키는 특징이 있다/ 기존의 아이디어에**(흥미롭고 유용한) **세부사항을 추가하여 보다 가치로운 것으로 발전시키는 특징이 있다**)
	창의성 성향	2023	A3-3)	[C](창의적 성향 요소 측면에서 윤후는 독립성, 과제 집착력, 자기 신뢰감 등은 높지만 개방성, 자발성, (ⓔ)의 성향 요소는 낮은 것으로 나타나 이를 기를 수 있는 방법을 생각해 봐야겠다)와 (나)에 근거하여 윤후에게 부족한 창의적 성향요소 ⓔ 쓰기(**호기심**) (나) 유아 윤후 / 요소 독창성, ⓔ, 독립성 / 내용: 참신한 아이디어를 낸다(//, /, //, 5); 새로운 놀이 활동을 좋아한다(/, , /, 2); 수시로 '왜 그럴까?' 묻는다(/, , /, 2); 자기주장이 강하다(/, ////, ///, 9)
	창의성 기법	2017	B1-3)	오스본의 관점을 토대로 송 교사(※ 오늘 전통 시장 가게들에 대해 알아 보려고 해요. 우리가 제일 처음에 갈 곳은 떡집이에요. '떡집' 하면 생각나는 것을 자유롭게 말해 볼까요?)가 유아의 창의적 사고를 향상시키기 위해 사용한 기법을 쓰고(**브레인스토밍**), [A](수민 : 야, 우리 지금 떡집 이야기하는 거잖아? 호랑이가 떡이냐?/ 현철 : 하하하. 호랑이가 떡 먹는대요. 어흥 어흥)와 같은 상황에서 수민이와 현철이를 지도하기 위해 필요한 원리 1가지 쓰기(**비난 금지**(혹은 비판금지와 평가유보))

CHAPTER 06-1 과학교육

그 외	자연체험	2005	주02	비가 오는 날 유아들이 빗방울이 떨어지는 모양과 소리에 관심을 보이고 있다. 교사는 유아들이 비를 통해 변화되는 자연의 모습을 관찰하고 느낄 수 있도록 자연체험 활동을 하고자 한다. 비가 올 때 교사가 전개할 수 있는 자연체험 활동의 예 5가지를 쓰기(**냄새 맡아보기/ 비 오는 소리 들어보기/ 나뭇잎에 떨어지는 빗방울 모양 살펴보기/ 비가 내리는 땅 위를 걸어보기/ 비가 오면 볼 수 있는 달팽이 등을 관찰하기**) (※ 본문에서 해당 문제는 제시되어 있지 않습니다.)
국가수준 교육과정	2019 개정 누리과정	2022	B6-3)	㉤(유아가 관심 있는 분류 기준과 활동 자료를 포함하여 확장 활동을 하면 좋겠음)에 적절한 활동 예시 1가지를 2019 개정 유치원 교육과정의 '일상에서 모은 자료를 기준에 따라 분류한다.'를 고려하여 쓰기(**실험에 사용한 자료의 재질에 관심을 가지고(~재질로 관심을 확장하여) 물에 뜨는 물체의 재질과 물에 가라앉는 물체의 재질을 분류해 보는 활동**)
	누리과정 이전	2004	주11	제시된 '바람' 활동 중 만 3세 유아의 발달 수준에 부적절한 활동을 찾아 쓰고, 이유와 대안 제시하기
		2005	주05	- 제시된 내용에 해당되는 수준별 내용 쓰기 - 제시된 활동 내용 중 적절하지 못한 것 골라 그 기호를 쓰고, 적절하지 못한 이유 쓰기 - 제시된 활동 내용에 해당되는 교사 질문 쓰기
		2009	객19	제6차 유치원 교육과정과 비교할 때, 2007년 개정 유치원 교육과정 탐구 생활 영역의 특징으로 적절하게 기술한 것 고르기
		2009	객45	2007년 개정 유치원 교육과정 탐구 생활 영역의 개정 배경에 대한 기술(과학 교육과 수학 교육에 대한 관점)로 알맞은 것 고르기
		2009	객49	2007년 개정 유치원 교육과정 탐구 생활 영역 중 '과학적 기초 능력 기르기' 내용의 수준별 내용에 적합한 유아의 과학 활동 고르기
		2009	객50	탐구 생활 영역 지도 시 교사가 유의해야 할 사항으로 적절한 것 고르기
		2010	객50	만 3세반 송 교사가 2007 개정 유치원 교육과정 탐구 생활 영역과 관련된 활동을 전개할 때 적절한 활동 고르기
		2010	객49	탐구활동을 지도하는 방법에 대한 설명으로 적절한 것 고르기
		2011	객38	사례에 제시된 교육과정 관련 요소에 근거하여 교사가 진술한 활동의 유의점으로 적합한 것 고르기
		2011	객40	2007년 개정 유치원 교육과정 내용에 비추어 교사의 발언 내용이 바람직한 것을 고르기
		2011	객37	제시된 활동 계획안의 활동 목표와 교육과정 관련요소에 비추어 적합한 것 고르기
	3-5세 연령별 누리과정	2013	B8-1)	'탐구하는 태도 기르기' 내용범주의 내용(호기심을 유지하고 확장하기)을 쓰고, 내용을 적용한 교수행동 사례를 찾아 쓰기(바람개비를 잘 돌게 하는 다른 방법이 무엇이 있는지 물어본 것)
		2013	B7-1)	사례에 기초하여 해당하는 '내용' 쓰기(물체와 물질 알아보기)
		2013 (추)	B7-2)	'3-5세 누리과정' 자연탐구 영역의 내용과 세부내용에 공통으로 들어갈 말 쓰기(호기심)
		2014	B7-2)	제시된 사례와 관련된 '세부 내용' 쓰기(물체와 물질을 여러 가지 방법으로 변화시켜 본다.)

		2015	B8-1)	'3-5세 누리과정' 자연탐구 영역 중 과학적 탐구하기 내용범주에서 제시된 미술 활동과 연관된 내용(물체와 물질 알아보기)과 세부내용 쓰기 (물체와 물질을 여러 가지 방법으로 변화시켜 본다.)
		2016	B8-2)	2015 개정 유치원 교육과정에 제시된 탐구기술 중, 사례에서 사용된 탐구기술 쓰기(관찰, 비교)
		2017	B8-3)	'과학적 탐구하기' 내용범주의 세부내용 쓰기(물체와 물질을 여러 가지 방법으로 변화시켜 본다.)
		2019	A1-2)	제시된 활동에 근거하여, 사례에 들어갈 '자연탐구' 영역의 내용 쓰기 (생명체와 자연환경 알아보기)
		2019	B8-3)	사례와 관련하여 과학적 탐구하기 내용범주의 세부 내용과 관련된 가장 적절한 교사 말 찾아 쓰기(로봇을 가지고 활동하면서 로봇과 같은 새로운 기계의 편리함과 단점에 대해 이야기를 나누려고 해요.)
		2019 (추)	B7-4)	사례와 관련하여 2015 개정 유치원 교육과정 '자연탐구' 영역 탐구하는 태도 기르기 내용범주의 내용 쓰기(유지, 확장), 제시된 활동 목표 중 연계 활동의 목표로 적절하지 않은 것 골라 그 이유 쓰기(밀가루 만드는 과정을 알아본다. 연계활동은 유아가 [B]와 관련된 활동에 대해 지속적으로 호기심을 가지고 다양한 방법으로 탐색할 기회를 제공하는 것이어야 한다. 그런데 '밀가루 만드는 과정'은 단순히 지식을 알려주는 활동이므로 이에 적합하지 않다.)

❷ 최근 출제영역 살펴보기

교육과정 변화 1 3-5세 연령별 누리과정

(★표시는 새롭게 확장된 출제 영역을, ♥은 기존 영역에서 새로운 방식으로 출제된 것을 의미합니다.)

순	내용	2013	2013 (추)	2014	2015	2016	2017	2018	2019	연도별 횟수
1	구성주의에 기초한 유아과학교육					★B8-1) ★B8-3)		♥B8-1) ★B8-2)	♥B8-2)	5회
2	과학과정기술	B8-2) ♥B8-3)	♥B7-3) B7-4)	B7-1)	★B8-2)		★B8-2)	B7-2)		8회
3	과학적 태도				B8-3)					1회
4	창의성				B6-2)		★B1-3)			2회
5	물리적 지식활동/ 지식의 유형	B1-1)		B7-4)			★B8-1) ♥B8-2) ♥B8-3)			5회
6	누리과정 목표/내용범주/내용	B7-1) B8-1)							A1-2)	3회
7	누리과정 세부내용		B7-2)	B7-2)	B8-1)	B8-2)	B8-3)		B8-3)	6회

교육과정 변화 2 2019 개정 누리과정

(★표시는 새롭게 확장된 출제 영역을, ♥은 기존 영역에서 새로운 방식으로 출제된 것을 의미합니다.)

순	내용	2019 (추)	2020	2021	2022	2023	2024	2025	연도별 횟수
1	구성주의에 기초한 유아과학교육	♥B6-1) ♥B7-1) ★B7-3)	♥B6-2)	♥B6-1)	♥B6-1) ♥B6-2)	★B7-1) ★B7-2)	★B7-1) ♥B7-2) ♥B7-3)	★B8-1) ★B8-2) ♥B8-3)	15회
2	과학과정기술	B6-2)	B7-4)		B6-1)	♥B7-3)			4회
3	과학적 태도		★B7-3)	★B6-3)					2회
4	물리적 지식활동/ 지식의 유형			♥B6-2)	B7-2)				2회
5	창의성 구성요소/ 성향					♥B3-2) ★B3-3)			2회
6	창의성 기법								
7	누리과정 목표/내용범주 /내용	B7-4)			B6-3)				2회

 CHAPTER 06-1 과학교육

누리과정 이후 과학교육 관련 영역의 문제 유형 및 난이도 살펴보기

 **기본적인 출제 유형**　　　　난이도 중하에 해당하는 문제 유형

❶ 기입형 문제 유형

교사 간 대화, 유아-교사 간 상호작용, 과학 놀이나 활동 장면, 교사의 저널 등을 통해 구성주의 과학교육의 주요 개념, 창의성의 구성요소 및 성향, 과학 과정 기술 및 과학적 태도 등에 해당하는 용어를 제시하도록 하는 문제들이 이에 해당합니다.
- 제시된 사례와 관련하여 **구성주의 관점의 학자별 주요 개념**의 **용어** 제시하기
- 유아의 사례에 반영된 혹은 사례에서 부족한 **과학 과정 기술**, **과학적 태도** 제시하기
- 유아의 사례에 반영된 혹은 사례에서 부족한 **창의성**의 **인지적·성향적 요인** 제시하기

2023 A형 3-3) 문제 예시 (가)의 [C]와 (나)에 근거하여 윤후에게 부족한 창의적 성향 요소 ㉣을 쓰시오.

(가)

… (상략) …
　창의적 성향 요소 측면에서 윤후는 독립성, 과제 집착력, 자기 신뢰감 등은 높지만 개방성, 자발성, (㉣)의 성향 요소는 낮은 것으로 나타나 이를 기를 수 있는 방법을 생각해 [C] 봐야겠다.

(나)

유아	요소	내용	1주	2주	3주	합계
윤후	독창성	참신한 아이디어를 낸다.	//	/	//	5
	㉣	새로운 놀이 활동을 좋아한다.	/		/	2
		수시로 '왜 그럴까?' 묻는다.	/	/		2
	독립성	자기주장이 강하다.	//	////	///	9

2 서술형 문제 유형

교사 간 대화, 유아-교사 간 상호작용, 과학 놀이나 활동 장면, 교사의 저널 등을 통해 구성주의 과학교육의 주요 개념, 창의성의 구성요소 및 성향, 과학 과정 기술 및 과학적 태도 등에 해당하는 용어를 설명하도록 하는 문제들이 이에 해당합니다.

- 문제의 조건에 부합하도록 구성주의 관점의 학자별 주요 개념을 포함해 방안, 이유, 고려할 점 등 서술하기
- 유아의 사례에 반영된 혹은 사례에서 부족한 **과학 과정 기술, 과학적 태도 설명**하기
- 유아의 사례에 반영된 혹은 사례에서 부족한 **창의성**의 **인지적·성향적 요인 설명**하기

2025 B형 08-3) 문제 예시 비고츠키(L. Vygotsky)의 이론에 근거하여 (나)의 [B]를 위해 교사가 고려해야 할 사항 1가지를 쓰시오.

(나)

> … (상략) …
>
> 놀이에 참여한 유아들은 개념 이해와 문제 해결 수준에서 다소 차이를 보였다. 소리 놀이의 연계 활동을 위해 소집단을 구성하여 유아 간의 상호작용을 촉진하는 것이 필요할 것 같다. 이를 통해 유아들의 오개념을 과학적 개념으로 변화시킬 수 있을 것이다. 그러면 소집단에 참여하는 유아들을 어떻게 구성하는 것이 좋을까? [B]

2023 A형 3-2) 문제 예시 길포드(J. Guilford)의 창의성 이론에 근거하여, ① (가)의 ⓒ에 해당하는 창의성 구성 요소를 [B]에서 찾아 쓰고, ② 그 특징 1가지를 쓰시오.

(가)

> … (상략) …
>
> 예진이와 윤후를 관찰해 보니 이전에 받았던 창의성 직무 연수가 생각났다. 연수에서는 길포드(J. Guilford)의 창의성 구성 요소를 독창성, 융통성, 유창성, 정교성으로 제시했다. 그리고 창의성을 발달시키기 위해서는 창의적 사고도 중요하지만 창의적 성향인 독립성, 상상력, 내적 동기 등을 높이기 위해 적절한 환경을 제공하는 것도 중요하다고 하였다. [B]
>
> 창의성 구성 요소 측면에서 예진이는 기존 사고에서 탈피하여 문제 상황에서 참신하고 독특한 아이디어를 내고, 짧은 시간에 많은 아이디어도 낼 뿐 아니라, 고정적인 방식에서 벗어나 다양한 해결책을 모색하는 창의성 구성 요소를 갖추고 있다. 하지만, (ⓒ)은/는 부족한 것 같아 이를 높일 수 있도록 환경이나 자극을 제공해야겠다.
>
> … (하략) …

CHAPTER 06-1 과학교육

난이도 중상에 해당하는 문제 유형

❶ 과학 실험에 대한 이해도를 묻는 유형

교사 간, 유아-교사 간 상호작용, 과학 놀이나 활동 장면 등에서 제시된 실험과 관련된 과학 개념, 실험 설계(조작 변인, 변인 통제, 확장 활동) 등에 관한 내용을 서술하도록 하는 문제들이 이에 해당합니다.

- 제시된 과학 놀이나 활동에 근거 → 유아들이 얻게 될 **과학적 개념 제시**하기
- 제시된 자료나 상황 등을 토대로 → 유아들이 과학적 개념을 얻기 위한 **실험 설계의 내용 제시**하기
- 현재 유아들이 얻게 된 과학적 개념에 근거 → **연계**(확장)하게 될 **과학 실험/놀이 제시**하기

2025 B형 08-1) 문제 예시 (가)의 ① [A]에서 유아가 경험하고 있는 소리 전달과 관련된 개념 1가지를 쓰고, ② 밑줄 친 ㉠을 시각적으로 직접 확인할 수 있는 활동 예시 1가지를 쓰시오.

(가)

> (유아들이 60 cm 길이의 플라스틱 소리 관을 탐색하고 있다.)
> … (중략) …
> 시 아 : (입을 댄 소리 관을 민재의 귀에 밀착하며) 아! 아!
> 민 재 : (소리 관에서 귀를 떼고는) 와, 정말 말이 나온다! 나도 말해 볼래.
> 주 원 : (소리 관을 들어 보이며) 이걸로 들으면 엄청 잘 들려.   [A]
> 민 재 : (두 손으로 잡은 소리 관을 입에 대고) 아! 아! 아! 말할 때마다 소리 관을 잡고 있는 ㉠ 손이 떨려.
> … (하략) …

2023 B형 07-1) 문제 예시 ① ㉠에서 교사가 통제한 변인을 1가지 쓰고, ② [A]에서 준우가 경험한 그림자가 생기는 조건을 ㉡과 ㉢을 관련지어 쓰시오.

> … (상략) …
>
> [교사의 공간·자료 지원]
>   유치원 강당에는 암막과 스크린이 고정되어 있어 그림자 놀이에 적합하였다. 교사는 ㉠ 빔 프로젝터를 가져와서 스크린 앞의 일정 위치에 고정시켜 빛이 스크린을 향하도록 설치하였다.
>
> [그림자 놀이의 전개]
> 준우 : (빔 프로젝터의 빛이 향하는 반대편에 서서) 어? 예지야, 너는 그림자가 있는데 나는 그림자가 없어. 내 그림자는 어디 있지?
> 예지 : (스크린 앞에 서서) 여기 서 봐. 그럼 나처럼 그림자가 생길 거야.   [A]
> 준우 : (㉡ 빔 프로젝터의 빛과 스크린 사이에 서서 ㉢ 스크린을 가리키며) 아! 이제 생겼어. 여기에 서야 그림자가 생기는구나.
>
> … (하략) …

CHAPTER 06-1 과학교육

02 구성주의 과학교육 내용 기출문제 분석

2025년 B

08 (가)는 5세 반 유아들의 소리 놀이 장면의 일부이고, (나)는 교사 저널의 일부이다. 물음에 답하시오.
[5점]

(가)

> (유아들이 60cm 길이의 플라스틱 소리 관을 탐색하고 있다.)
> 시 아: (소리 관의 한쪽 입구에 입을 대고) 아! 아! 말하니까 소리가 나오네.
> 민 재: 나한테 말해 봐. 내가 들어 볼게.
> 시 아: (입을 댄 소리 관을 민재의 귀에 밀착하며) 아! 아!
> 민 재: (소리 관에서 귀를 떼고는) 와, 정말 말이 나온다! 나도 말해 볼래.
> 주 원: (소리 관을 들어 보이며) 이걸로 들으면 엄청 잘 들려.   [A]
> 민 재: (두 손으로 잡은 소리 관을 입에 대고) 아! 아! 아! 말할 때마다 소리 관을 잡고 있는
>   ㉠ 손이 떨려.
> 시 아: (다른 놀이 공간에 있는 준우를 부르며) 준우야!
> 윤 서: (준우가 대답이 없자) 주변이 시끄러워서 잘 안 들리나 봐.
> 시 아: 그럼 우리 준우 귀에 소리 관을 대고 말해 보자.
> 민 재: 근데 준우는 멀리 있잖아.
> 주 원: (소리 관을 들어 보이며) 소리 관을 여러 개 연결해서 길게 만들면 될 것 같아.
>
>
>
> … (하략) …

(나)

> 　평소 자주 사용하지 않던 소리 관을 과학 영역에 비치해 주자 유아들이 관심을 보이며 소리 놀이를 하였다. 유아들은 소리를 먼 곳까지 전달하기 위해 ㉡ 소리 관을 길게 연결하고 싶어 하였고, ㉢ 소리 관을 연결할 때 안정적으로 고정할 수 있는 방법을 고민하였다.
> 　놀이에 참여한 유아들은 개념 이해와 문제 해결 수준에서 다소 차이를 보였다. 소리 놀이의 연계 활동을 위해 소집단을 구성하여 유아 간의 상호작용을 촉진하는 것이 필요할 것 같다. 이를 통해 유아들의 오개념을 과학적 개념으로 변화시킬 수 있을 것이다. 그러면 소집단에 참여하는 유아들을 어떻게 구성하는 것이 좋을까?   [B]

1) (가)의 ① [A]에서 유아가 경험하고 있는 소리 전달과 관련된 개념 1가지를 쓰고, ② 밑줄 친 ㉠을 시각적으로 직접 확인할 수 있는 활동 예시 1가지를 쓰시오. [2점]

① _____

② _____

2) (나)의 ① 밑줄 친 ㉡을 위한 교사의 공간 지원 1가지를 쓰고, ② 밑줄 친 ㉢을 위해 교사가 준비하여 지원할 수 있는 재료 1가지를 쓰시오. [2점]

① _____

② _____

3) 비고츠키(L. Vygotsky)의 이론에 근거하여 (나)의 [B]를 위해 교사가 고려해야 할 사항 1가지를 쓰시오. [1점]

 1) • ① - 예 1 : 소리를 (더) 잘 들리게 전달하는 도구가 있다.
• ① - 예 2 : (※ 넓은 범위도 인정할 경우) 여러 가지 사물을 통해 소리를 전달할 수 있다.

답안해설

'여러 가지 사물을 통해 소리를 전달할 수 있다.'는 기본 개념이 더 넓은 범주에서 전체적으로 적용될 수도 있으나 소리의 크기를 비교(소리가 더 잘 들려)하고 있는 부분에만 국한해 범위 설정을 한 부분만을 답안의 범위로 의도한 경우에는 '사물, 매질을 통한 소리 전달'의 과학 개념에서 좀 더 나아간 '소리를 더 잘 들리게 전달하는 도구가 있다'의 과학 개념이 답안의 범위가 됩니다.

 **소리를 더 잘 전달하는 도구**

속이 빈 호스나 파이프는 공명을 일으켜 소리의 울림이 생기며, 양쪽이 뚫린 경우 **호스나 관의 끝 부분에 이르면 시작 부분에 비해 진동이 배가 되는 원리**가 적용된다. 그러나 유아의 경우에는 이러한 원리 자체를 배우는 것이 아니라 이러한 도구가 있음을 경험하고 그 후 소리를 잘 전달하는 도구를 만들어 직접 소리를 전달해 보는 실험 활동으로 확장하는 등 이러한 원리가 적용된 현상을 직접 체험하고 조작해보는 실험으로 진행할 수 있다.

- ② : 기타 줄, 심벌즈나 트라이앵글 등의 악기를 활용해 물체가 진동(떨림 현상)할 때 소리가 울리고, (손으로 잡는 등의 방법으로) 진동을 멈추게 하면 소리도 멈추는 것을 경험하도록 돕는(~경험해 봄으로써 소리와 떨림 현상의 인과관계를 인식하도록 돕는) 활동을 제공한다.

2) • ① - 예 1 : 복도공간을 활용하여 옆 반까지 소리 전달하기
   • ① - 예 2 : 바깥놀이터로 공간을 확장하여 얼마나 멀리까지 소리가 전달되는지 알아보기(탐구하기/ 실험하기)
   • ② : 테이프
   (※ 소리 관이 꺾이거나 구멍이 생기지 않는 것이 실험 과정의 실패를 예방하는 핵심이므로 이와 관련된 자료를 제공해야 합니다.)

3) • 각 소집단 내에서 보다 유능한 또래에 의해 서로 비계설정(scaffolding)이 이루어질 수 있도록 유아들의 수준 차이를 적절히 고려하여 (이질적인) 소집단을 구성한다.

 비고츠키(L. Vygotsky)의 사회적 구성학습이론

■ "발달의 원동력은 사회적 상호작용이다."

비고츠키의 견해에 따르면, 아동의 탐구능력은 문제 해결 과정에 다른 사람과 능동적으로 참여하면서 발달해 나간다(Berk & Winsler, 1995). 교사는 학습자의 현재 수준보다 조금 높은 과제를 부여하고 학습자가 더 높은 수준에 도달하는 데 필요한 도움을 제공해야 한다. 이는 학습자에게 더 높은 수준까지 올라갈 수 있게 비계를 설정해 주는 것이다. 이때 아동은 그들의 **현재 능력보다 좀 더 수준 높은 과제**를 가지고 성인이나 연령이 높은 유아 또는 **해당 활동에서 능력이 좀 더 우수한 또래로부터 안내를 받음**으로써 **학습**한다. 이 과정을 통해 아동은 과제를 완수하고 새로운 기능 또는 개념에 대한 이해를 획득하게 된다. 동시에 아동이 공동 작업하는 기회를 가지고, 언어적 상호작용을 하고, 동료의 질문과 도전에 반응하고, 협동적인 문제 해결에 참여하는 것이다.

이와 같이 비고츠키 이론은 학교교육에서도 아동 간, 교사와 아동 간의 능동적 교환이 일상에서 끊임없이 진행되는 교실을 제안한다. 지식은 (성인이 과제를 부여하고 아동이 개별적으로 문제 해결 활동에 몰두해서라기보다는) 교사와 아동이 같이 참여하는 공동체적 노력을 하면서 구성된다.

2024년 B

07 다음은 과학 활동에 대한 아이디어를 공유하는 교사 간 대화의 일부이다. 물음에 답하시오. [5점]

> 김 교사 : 유아들이 일상생활 속에서 경험할 수 있는 과학 활동은 무엇이 있을까요?
> 윤 교사 : 액체, 고체, 기체 상태와 같은 (㉠)의 상태 변화나 여러 가지 물체의 형태 변화를 다양한 활동을 통해 경험해 보게 하면 좋을 것 같아요. ⎤ [A]
> 김 교사 : 네. 일상생활 속에서 경험할 수 있으면 좋겠네요. 유아들이 흥미를 느끼는 과학 활동은 무엇이 있을까요?
> 윤 교사 : 우리 반 유아들은 ㉡ 여러 가지 공을 튕겨 보거나 굴려 보기도 하면서 공의 움직임에 관심을 갖는 것 같아요.
> 김 교사 : 그럼 유아들이 놀이 과정에서 더 궁금해하는 것은 없었나요?
> 윤 교사 : 유아들은 무거운 공이 가벼운 공보다 바닥에 더 빨리 떨어질 것이라고 생각하기도 했고 그렇지 않다고 생각하기도 했어요. ⎤ [B]
> 김 교사 : 그럼 유아들이 생각하는 가설을 실험을 통해 직접 알아볼 수 있도록 지원해 주면 좋겠네요.

1) ① ㉠에 들어갈 용어 1가지를 쓰고, ② [A]에 해당하는 과학 활동 예시 1가지를 쓰시오. [2점]
① _____

② _____

2) 카미와 드브리스(C. Kamii & R. DeVries)가 제안한 물리적 지식 활동 선정 원리에 근거하여, ㉡을 유아에게 적합한 과학 활동으로 볼 수 있는 이유 1가지를 쓰시오. [1점]

3) [B]에 근거하여 실험 활동을 제공할 때 요구되는 변인 통제의 내용 2가지를 쓰시오. [2점]
• _____

• _____

답안 1) • ① : 물질
- ② - 예 1 : 밀가루(녹말가루)와 물을 혼합하는 활동(~을 혼합하면 어떻게 될지 예측하고 탐색해 보는 활동)
- ② - 예 2 : 요리 과정(밀가루와 물 등 재료의 혼합과 오븐에 굽는 과정)에서 상태 변화를 관찰할 수 있는 쿠키 만들기 활동

더 읽어보기 — 물리적 지식 활동

물리적 지식 활동에는 ① **물체의 움직임**(유아가 사물에 가하는 행위가 중요한 활동), ② **물질(물체)의 변화**(물질 그 자체를 변화시키는 것으로 유아의 행위보다 관찰이 더 중요한 활동), 그 외 ③ 움직임과 변화를 모두 포함하는 활동이 있다.

- **물질(물체)의 변화**를 포함하는 활동은 **사물 자체의 속성이 변화되는 것**과 관계되는 활동으로 유아의 행위보다는 사물 자체의 상호작용에 기인한다(교육부, 1995). 즉, 관찰이 기본이 되며 행위는 부수적인 것이다. 활동에 따라 사물이 나타내는 반응은 매우 다르다. 유아는 사물의 속성이 변화되는 것을 관찰하고, 관찰한 내용을 기초로 지식을 구성한다.
  → 활동의 유형으로 물에 녹이기(예 설탕 녹이기, 소금 녹이기, 물감 섞기 등), 물에 넣고 끓이기(예 밥 짓기, 계란 삶기, 사과잼 만들기, 양초 만들기 등), 기름에 넣고 튀기기(예 팝콘 튀기기, 도넛 만들기 등), 오븐에 넣고 굽기(예 쿠키 만들기, 컵 케이크 만들기 등), 냉동실에 얼음 얼리기(예 얼음 얼리기, 얼음사탕 만들기, 아이스크림 만들기 등) 등이 있다.

(※ 서적에 따라 '냉동실에 얼음 얼리기'는 ③의 활동 유형으로 제시하기도 합니다.)

2) • : 유아 자신의 행위를 통해 사물(물체)의 움직임을 만들어 낼 수 있기 때문이다(※ '생산성').

더 읽어보기 — 좋은 물리적 지식 활동의 조건

까미와 드브리스(Kamii & DeVries, 1997)는 피아제(Piaget)의 이론을 기초하여 물리적 지식 활동(PKA : Physical Knowledge Acitivities) 프로그램을 개발하였다. 전통적인 과학교육 활동과 달리 물리적 지식 활동은 다양한 경험을 통해 유아 스스로 제기한 질문과 문제를 해결함으로써 과학의 개념과 결과를 습득하는 것보다 탐구력을 기르는 데 초점을 맞추고 있다. 특히 물리적 지식 활동은 유아가 물리적 지식 활동을 경험함으로써 점차 사고 발달을 이루고, 사물과 사물 간의 관계성을 스스로 알아가면서 논리·수학적 지식을 구성하는 데 중요한 요인으로 강조된다.

♣ 물리적 지식 활동의 네 가지 조건
- 첫째, 유아 자신의 행위를 통해 사물의 움직임을 만들어 낼 수 있어야 한다.
- 둘째, 사물에 대한 행위를 변화시킬 수 있어야 한다.
- 셋째, 나타나는 사물의 반응이 관찰 가능해야 한다.
- 마지막으로 반응이 즉각적이어야 한다.

이러한 기준을 반영한 물리적 지식 활동의 유형으로는 사물에 가한 유아의 행위와 관찰의 관계에 따라 물체의 움직임에 대한 활동, 물체의 변화를 포함하는 활동, 물체의 움직임과 변화 사이의 활동 등이 있다(Kamii & DeVries, 1997).

---

3) • : 공의 무게에 따른 차이를 알아보기 위해 다양한 무게의 공을 제공한다.
- • : 공의 무게 외에 다른 변인이 영향을 미치지 않도록 공의 크기, 재질, 공을 떨어뜨리는 높이 등의 다른 조건을 동일하게 한다.

 변인 통제 이해하기

- 고급 과학 과정 기술 중 '**변인 확인과 조절**'이란 실험하기 위해 한 요인을 끄집어내고, 다른 요인들을 통제하는 등 실험에 영향을 준다고 생각하는 요인들을 확인하는 전 과정을 의미한다. 예를 들어, 줄의 길이를 달리하면서 실험할 수 있으며, 이때 다른 변인들을 변화시키지 않도록 주의한다. 활동에 따라 교사가 미리 변인을 조절한 후 유아들로 하여금 실험하게 하거나, 유아들이 다양하게 실험해 보게 한 후 교사가 변인을 조절해 준 다음 다시 실험하게 하는 방법이 있다.
- 유아의 실험에 있어 반드시 **자료에 의한 변인 통제**가 중요하며, 통제된 자료를 순서적으로 제시함으로써 사고를 한 방향으로 확장시켜 가는 교사의 철저한 사전 계획이 필요하다. 과학적 탐구를 통해 가설을 검증하는 과정에서 핵심이 되는 원인에 해당하는 변인 즉, 변화시켜야 할 것 외의 다른 요소들(변화시키면 안 되는 것)이 실험 과정 및 결과에 영향을 줄 수 없도록 일정하게 유지하는 실험 설계의 과정은 올바른 실험 결과를 도출하기 위해 중요한 절차이다.
- 교사는 유아들 스스로 실험 과정을 계획하고 **변화시키는 변인이 무엇인지 파악**하도록 도와야 한다. 또한 하나의 변인 효과를 관찰하기 위해서는 **그 외 다른 변인은 변화시키지 말아야 한다는 것을 이해**하도록 돕는다.

2023년 B

07 다음은 그림자 놀이 사례의 일부이다. 물음에 답하시오. [5점]

> [그림자 놀이의 시작]
> 유아들이 바깥 놀이에서 그림자 밟기 놀이를 하며 그림자에 관심을 보였다.
>
> [교사의 공간·자료 지원]
> 유치원 강당에는 암막과 스크린이 고정되어 있어 그림자 놀이에 적합하였다. 교사는 ⊙ 빔 프로젝터를 가져와서 스크린 앞의 일정 위치에 고정시켜 빛이 스크린을 향하도록 설치하였다.
>
> [그림자 놀이의 전개]
> 준우 : (빔 프로젝터의 빛이 향하는 반대편에 서서) 어? 예지야, 너는 그림자가 있는데 나는 그림자가 없어. 내 그림자는 어디 있지?　　　　　　　　　　　[A]
> 예지 : (스크린 앞에 서서) 여기 서 봐. 그럼 나처럼 그림자가 생길 거야.
> 준우 : (ⓒ 빔 프로젝터의 빛과 스크린 사이에 서서 ⓒ 스크린을 가리키며) 아! 이제 생겼어. 여기에 서야 그림자가 생기는구나.
> 다현 : (스크린 쪽으로 다가가며) 이것 봐. 내가 이렇게 작아졌어. (빔 프로젝터 방향으로 가며) 이젠 점점 커지고 있어.　　　　　　　　　　　[B]
> 민우 : 우와! 거인이 됐다. 선생님, 저도 다현이처럼 커다란 그림자를 갖고 싶어요.
> 교사 : 민우야, 다현이처럼 커다란 그림자를 만들려면 어떻게 하면 될까요?
> … (중략) …
>
> [교사의 자료 지원]
> ② 그림자의 진하기를 비교해 볼 수 있는 자료를 제시하였다.
> ○ 자료 : ⑩ OHP 필름, 아세테이트지, 색종이, 골판지
> … (하략) …

1) ① ⊙에서 교사가 통제한 변인을 1가지 쓰고, ② [A]에서 준우가 경험한 그림자가 생기는 조건을 ⓒ과 ⓒ을 관련지어 쓰시오. [2점]

　① _____

　② _____

2) [B]에서 교사가 그림자 놀이를 통하여 유아들이 발견하기를 기대하는 그림자 개념 1가지를 설명하시오. [1점]

　• _____

3) ① ㄹ을 할 때, 유아가 과학과정기술 중 예측하기를 사용하도록 하는 교사의 발문 1가지를 예를 들어 쓰고, ② ㅁ의 자료 특성이 그림자의 진하기를 비교하기에 적합한 이유를 쓰시오. [2점]

① _____

② _____

답안

1) ① 빛이 비추는 방향('빛이 어느 방향에서 비추느냐'이다)

(※ '위치'를 고정한 게 무엇을 의미하는가를 물었으므로 '위치'라는 표현을 반복해서 답안으로 제시하지 않았습니다.)

② 빔 프로젝트에서 나오는 빛을 가렸을 때(~나오는 빛이 향하는 방향에 서서 빛을 가렸을 때) 스크린에 그림자가 생긴다.

(※ 그림자 개념 : '물체가 빛을 가렸을 때 그림자가 생긴다.')

2) 빛과 물체 간의 거리를 달리함으로써(물체를 빛에 가까이에 혹은 멀게 함으로써) 그림자의 크기를 다르게 할 수 있다.

3) ① 이 중에서 어떤 자료가 가장 그림자가 진하게(어둡게) 생길 것 같은지, 왜 그렇게 생각하는지 이야기해 볼까요?

② 빛을 투과하는 정도(투명도)가 다른 자료를 준비했기 때문이다.

더 읽어보기 — 그림자 활동

- 물리적 지식 활동의 유형 중 '그림자 활동'은 좋은 물리적 지식 활동의 기준을 모두 충족시킨다. 유아는 ① 그림자를 생성하고, ② 관찰하고, ③ 변화시킬 수 있으며 ④ 움직임에 즉각적인 작용을 가해 결과를 나타낼 수 있다.
- 유아는 빛, 사물, 스크린(벽) 사이의 공간 관계에 대한 법칙을 스스로 발견하게 되는데, 이는 **그림자가 생성되기 위해서는 빛을 비추는 도구**(전등이나 빔 프로젝트 등)**와 사물을 어떻게 배열해야 할지 아는 것**이다.
- 유아는 그림자를 만드는 **물체를 빛에 가까이/ 멀게 함으로써 그림자의 크기를 다르게** 할 수 있으며, **빛이 비치는 방향을 바꿈으로써 그림자가 생기는 위치를 바꿀** 수도 있다. 그렇지만 스크린(벽)에 그림자가 생기는 것은 유아의 행위에 의한 것이기 보다는 '빛과 물체와의 관계' 간의 속성으로 인한 것이기 때문에 그림자 활동은 물체의 움직임과 물질(물체)의 변화라는 두 범주 사이의 활동이 된다.

2022년 B

06 (가)는 유아들의 놀이 상황이고, (나)는 놀이 상황을 관찰한 후, 기록한 교사의 메모이다. 물음에 답하시오. [5점]

(가)

> 은우 : (수조와 그 옆 바구니에 담긴 물체를 보며) 와, 이거 뭐야?
> 준호 : 바구니에 뭐가 많아.
> 재린 : 뭐 있는지 나도 볼래.
> 은우 : (솔방울과 나뭇잎을 보며) 어, 이거 산책 나갔을 때 주운 거네.
> 재린 : ㉠ (조개껍데기 냄새를 맡으며) 바다 냄새다.
> 다인 : ㉡ (바구니 쪽으로 다가가 쇠구슬을 만지작거리며) 딱딱해.
> 준호 : 여기 그릇 같은 거랑 국자도 있네.
> 은우 : (모루를 만지며) 이건 뭐지?
> 재린 : 우리 만들기 할 때 썼잖아.
> 준호 : (야구공, 탁구공, 스티로폼 공을 가리키며) 여기 동그란 공이 많아.
> 다인 : 우리 뭐 넣어 볼까? 나 탁구공 넣어 볼래.
> 은우 : 둥둥 떠.
> 재린 : (말굽자석을 넣으며) 이것도 넣어 봐.
> 다인 : 어, 가라앉네.
> 준호 : 그건 크니까 가라앉아.
> 재린 : 그래? 다른 것도 넣어 보자. 뭐 넣어 볼까?   ⎤
> 은우 : (클립을 만지며) 이건 작네.   [A]
> 준호 : 그건 작으니까 뜰 거야.
>   (재린이가 클립을 물에 넣는다.)
> 재린 : 어, 가라앉네!   ⎦
>
>   … (하략) …

(나)

> ✓ 교실에 물에 뜨고 가라앉는 것을 자유롭게 탐색할 수 있도록 여러 물체와 수조를 지원했음.
> ✓ ⓒ 유아들에게 직접적인 탐구 경험을 지속해서 제공할 것.
> ✓ ⓔ 형태와 크기가 동일한 물체를 이용한 실험으로 확장 필요. 추가로 지원할 자료 정할 것.
> ✓ ⓜ 유아가 관심 있는 분류 기준과 활동 자료를 포함하여 확장 활동을 하면 좋겠음.

1) ① (가)의 ㉠과 ㉡에 나타난 유아의 과학과정기술을 쓰고, ② (나)의 ⓒ이 적절한 이유를 유아의 전조작기 사고 특성에 비추어 설명하시오. [2점]
   (※ ①은 [03 과학적 탐구과정 기술 및 태도]에서 살펴봅니다.)

   ① _____

   ② _____

2) ① (가)의 [A]에 나타난 유아의 오개념이 무엇인지 쓰고, ② 그 오개념을 수정하기 위해 ⓔ과 같은 실험을 할 때, 고려해야 하는 조작 변인 1가지를 쓰시오. [2점]

   ① _____

   ② _____

3) (나)의 ⓜ에 적절한 활동 예시 1가지를 2019 개정 유치원 교육과정의 '일상에서 모은 자료를 기준에 따라 분류한다.'를 고려하여 쓰시오. [1점]

   • _____

CHAPTER 06-1 과학교육

답안

1) • ② - 예 1 : 전조작기 유아는 직관적 사고 특성으로 인해 구체적이고 직접적인 탐구와 실험을 통해 지식을 구성해 나간다. 그 과정에서 오개념이 형성되기 쉬우므로 일회적 탐구가 아닌 지속적인 탐구의 기회를 제공할 필요가 있다. 따라서 ⓒ의 지도방향은 적절하다.

• ② - 예 2 : 전조작기 유아는 직관적 사고 특성으로 인해 어떤 현상이나 그 원인에 대해 오개념을 가지고 있는 경우가 많다. 따라서 직접적인 탐구와 실험을 지속적으로 제공함으로써 스스로 이를 인지하고 과학적 개념으로 수정해 나갈 수 있는 기회를 제공하는 것은 적절하다.

2) • ① : 크기가 큰 물체는 가라앉고, 작은 물체는 뜰 것이라고 생각하는 것이다.

• ② : 형태와 크기가 동일하지만 무게가 서로 다른 물체(물체들)

3) • 실험에 사용한 자료의 재질에 관심을 가지고(~재질로 관심을 확장하여) 물에 뜨는 물체의 재질과 물에 가라앉는 물체의 재질을 분류해 보는 활동

더 읽어보기 | 물에 뜨고 가라앉는 실험과 관련된 개념

• 유아들은 사물이 물에 뜨거나 가라앉는 현상에 대해 크기나 무게 등 물체의 특징을 중심으로 이해하지만 자신의 도식과 다른 실험 결과에 대해 혼란을 느끼기도 한다.
• 유아는 시각적으로 확연히 드러나는 준거인 '**크기**'를 먼저 인식하고, 그 후에 '**무게**'를 인식할 수 있다. 즉, 개념 형성 과정에 있어서 크기가 무게보다 유아의 직관적 사고 특성 상 사고에 더 영향을 미치는 사물의 속성이 되는 것이다. 물 위에 완전히 뜨는 현상은 **밀도**(무게를 부피로 나눈 값)의 차이로 설명될 수 있는데, 거대한 1톤 무게의 나무가 물 위에 뜰 수 있는 이유는 바로 이 밀도 값을 계산했을 때 물보다 거대한 나무의 밀도 값이 작기 때문이다. 또한 물에 약간 잠겨 있거나 물 속에서 떠 있는 경우는 '**부력**'으로 설명될 수 있다.

2022년 B

07 (가)는 혼합연령반의 산책 상황이고, (나)는 교사 저널의 일부이다. 물음에 답하시오. [5점]

(가)

> 교사와 유아들이 유치원 주변을 산책하며 이야기를 나눈다.
> 혜선: (전자 제품 가게 앞을 지나다가) 여기 텔레비전 엄청 큰 거 있다.
> 지우: 진짜 크다.
> 혜선: 어, 이거 네모 모양이야.
> 현수: 그러네.
> 연진: ㉠ <u>문처럼 생겼으니까 네모다.</u>
> 현수: 냉장고도 네모야.
> 지우: 어, 선풍기는 동그랗다.
> 교사: 그래, 이런 모양을 원이라고 부른단다.
> 혜선: ㉡ <u>모양의 이름이 원이라고요?</u>
> 현수: 아, 원이라고 하는구나.
> … (중략) …

2) 피아제(J. Piaget)의 이론에 근거하여, (가)의 ㉡에 해당하는 지식 유형을 쓰고 그 지식을 설명하시오. [1점]

답안 2) • 사회적 지식, 이는 사회구성원 간에 합의된 규칙이나 관습에 의해 형성된(~형성되고 전수되는) 지식을 말한다.

 **피아제(J. Piaget)의 3가지 지식 유형**

피아제(Piaget)는 지식의 종류를 물리적 지식, 논리·수학적 지식, 사회적 지식으로 구분하였다.
- **물리적 지식**은 외부에 존재하고, 외적 실재를 관찰할 수 있는 대상에 대한 지식으로 경험적인 것이며, 이후 추상적인 사고를 위한 토대가 된다. 유아가 물체의 물리적인 속성을 발견할 수 있는 유일한 방법은 물체에 대해 유아가 행위를 하고, 이러한 유아의 행동에 대해 물체들이 어떻게 반응하는가를 알아내는 것이다.
- **논리·수학적 지식**은 관찰할 수 없거나 또는 경험에 입각한 지식으로 그 근원은 유아의 내부에 있다. 이는 유아가 다양한 경험을 통해 형성된 지식을 바탕으로 사물 간의 관계를 이해하는 것에서 비롯된다. 따라서 유아 스스로 개념을 형성할 수 있도록 기회를 제공해야 한다.
- **사회적 지식**은 관습, 특정한 이름, 사물의 분류 등과 같이 사회적으로 전수될 수밖에 없는 임의적이고 문화적인 지식이다. 이러한 사실들은 주변 사람들에 의해 알게 되며, 사회적 지식은 유아들이 성장하면서 사회구성원으로서 잘 적응하기 위해 필요한 지식이 된다.

2021년 B

06 (가)는 4세반 도미노 놀이 상황이고, (나)는 교사의 기록이다. 물음에 답하시오. [5점]

(가)

> 교사 : (나무 막대가 있는 바구니를 보여 주며) 새로운 놀잇감을 가져왔어. (나무 막대를 세우며) 이 놀이는 이렇게 세워서 다 쓰러뜨리는 놀이란다. 선생님이 한번 해 볼게. 맨앞의 나무 막대를 손가락으로 밀친다.
> 성준 : (다 쓰러지지 않은 나무 막대를 보며) 선생님, 다 쓰러뜨려 봐요.
> 교사 : 그래. 다 쓰러뜨리려면 나무 막대를 놓을 때 간격을 잘 생각해야 해. (다시 나무 막대를 세우고 밀친다.) 와, 다 쓰러졌다! (쓰러진 것을 바구니에 정리하며) 자, 이제 놀이해 보자.   [A]
>
> … (중략) …
>
> 은지, 호진 : (함께 나무 막대 5개를 세워 다 쓰러뜨리자) 와! 재미있다.
> 은지 : 이번엔 너랑 나랑 따로 세워 보자.
> 호진 : 그래. (나무 막대를 다시 세워 쓰러뜨린다.) 야호!
> 은지 : 난 길게 만들래. 호진아, 좀 도와줘.
> 호진 : 그래. (은지를 도와 나무 막대를 세우며) 나도 더 길게 세워야지. (나무 막대 7개를 세워 쓰러뜨리려 했지만 다 쓰러지지 않자 시무룩한 표정으로) 어떻게 해야 하는 거야? 에이, 모르겠다. 재미없어.   [B]
> 호진이는 다른 놀이를 하러 간다.
> 은지 : 난 더 놀 거야. (여러 번 반복하지만 다 쓰러지지 않자 시무룩한 표정으로) 손가락으로 밀면 나무 막대가 쓰러진단 말이야. 그런데 왜 다 쓰러지지 않지? ㉠ (쓰러진 나무 막대와 쓰러지지 않은 나무 막대를 보다가) 아하! 나무 막대를 가깝게! 부딪치게, 부딪치게…. 하나, 둘, 셋! (모두 쓰러지는 것을 보며) 성공!
> 교사 : 어떻게 나무 막대를 다 쓰러뜨릴 수 있었니?
> 은지 : ㉡ (앞의 나무 막대를 가리키며) 이게 뒤에 있는 나무 막대랑 부딪치게 놓아야 해요.
>
> … (하략) …

1) 구성주의 관점에서 볼 때, [A]에 나타난 과학 활동 자료 제시 방법이 적절하지 <u>않은</u> 이유 1가지를 쓰시오. [1점]
   • _____

2) 피아제(J. Piaget)의 지식 유형에 근거하여, (가)의 ㉠과 ㉡에서 ① 은지가 구성한 지식이 무엇인지 쓰고, ② 그 지식의 개념을 사례와 관련지어 설명하시오. [2점]
   ① _____
   ② _____

답안 1) • 예 1 : (교사가 나무 막대로 할 수 있는 놀이 유형과 방법을 직접적으로 제시하게 되면) 유아(학습자)가 능동적이고 주도적으로 활동 자료에 대한 탐구과정(탐구와 실험)을 경험하며(경험함으로써) 지식과 개념을 구성해 나갈 수 없기 때문이다.

• 예 2 : 유아가 자료를 직접 조작해 보는 과정에서 다양한 방법으로 탐구하며 스스로 개념을 구성해 나갈 기회를 제한했기 때문이다.

2) • ① : 논리·수학적 지식

• ② : 나무 막대의 간격을 부딪칠 정도로 가깝게 조정해야 함을 발견한 것처럼 사물, 사건, 행동 간의 관계(성)에 대한 지식을 형성하는 것이다.

지식의 유형

피아제(Piaget)는 지식을 3가지 유형으로 구분하여 설명하면서 유형에 맞게 가르쳐야 한다고 했다.

• **사회적 지식** : 유아가 다른 사람들로부터 전수받을 수 있는 지식으로 색깔 이름이나 요일 명, 규칙, 사회 관습 등이 이에 속한다.
• **물리적 지식** : 물체와 그 현상과의 물리적 경험을 통해서만 얻을 수 있는 물리적 세계에 관한 지식이다. 유아가 물체에 어떤 행위를 가하고, 물체가 어떻게 반응하는지 관찰함으로써 유아는 그것으로 무엇을 할 수 있을지 발견하게 된다. 물리적 지식의 원천은 물체 그 자체이므로 물리적 지식을 향상시키기 위해서는 유아가 실험하고 물체의 반응으로부터 배우도록 격려해야 한다.
• **논리-수학적 지식** : 유아들은 물체의 반응을 관찰하면서 논리·수학적 지식도 구성한다. 공과 육면체를 밀어보고 육면체가 공의 움직임과 '다르다'는 차이를 인식한다. 이러한 관계는 공이나 육면체에 있는 것이 아니라, 두 물체를 이러한 관계 속에 놓는 인식 주체의 정신 속에 존재한다.

> 2020년 B

06 (가)는 5세반 유아들의 대화 상황이고, (나)는 (가)를 관찰한 후 교사가 작성한 활동 계획안의 일부이다. 물음에 답하시오. [5점]

(가)

서진 : (파란 공을 들고) 우리 제일 큰 이 공으로 공놀이 하자.
재윤 : 그런데 바구니에 있는 빨간 공이 더 큰 것 같지 않니?
지연 : (잠시 공 두 개를 쳐다본 후) 비슷해서 잘 모르겠는데?
　　　㉠ 어느 공이 더 큰지 대 보자.
재윤 : 내 말이 맞지? 빨간 공이 더 커.
서진 : 큰 공은 무거우니까 우리 가벼운 공으로 놀자. 바구니에서 작은 공을 골라 보자.
재윤 : 왜 작은 공을 골라야 해?
서진 : 탁구공이 축구공보다 가볍잖아.
지연 : 작은 공이 모두 가볍지는 않아.
재윤 : 큰 공이 다 무거운 건 아니야.   [A]
서진 : 뭐든지 큰 공은 무겁고 작은 공은 가벼운 거야.
재윤 : 물놀이 할 때 비치볼은 축구공보다 크지만 더 가벼웠어.
지연 : 우리 빨간 공과 파란 공 중 어떤 공이 무거운지 알아볼까?

(나)

활동 목표	㉡ 물체의 크기가 같아도 무게가 다를 수 있다는 것을 안다. … (하략) …
활동 자료	양팔저울, 바둑알, 장난감공, (㉢)
활동 방법	○ 장난감공과 (㉢)을/를 양팔저울의 접시에 올려 놓는다. 　－ 어느 것이 더 무겁니? 　－ 어느 것이 더 무거운지 어떻게 알 수 있었니?　[B] 　－ 무거운 쪽의 접시가 어떻게 되었니? ○ 바둑알을 사용하여 장난감공과 (㉢)의 무게를 측정한다.

2) ① (가)의 [A]에서 유아의 오개념이 나타난 말을 찾아 쓰고, ② (나)의 활동 목표 ㉡을 달성하기 위해 ㉢에 들어갈 활동 자료를 쓰시오. [2점]

① _____

② _____

답안 2) • ① : 뭐든지 큰 공은 무겁고 작은 공은 가벼운 거야
  • ② : 장난감 공과 크기가 같지만 무게가 다른 공

더 읽어보기 — 유아의 오개념(misconcepion)

유아가 지식과 지능을 구성해가는 과정에서, 물리적 세계와 일상적인 경험을 통해 스스로 생각하고 자연스럽게 터득하게 되는 개념이 있다. 이 중에는 이론적 혹은 과학적 측면에서 볼 때 정확하지 않은 생각인 경우가 있어 학자들 간에는 이를 오개념, 잘못된 개념이라고 하거나, 혹은 발달적 측면에서 고려할 때 전개념(preconception), 초보적 생각(naive ideas)이라고도 한다(DeVries & Sales, 2011/2014).

구성주의에서는 유아로 하여금 과학적 현상과 활동을 주의 깊게 선택하여 자신의 생각이 맞는지 직접 실험해보고 알아내도록 한다(DeVies & Sales, 2011/2014). 인지적 갈등, 즉 불평형은 학습을 촉진하므로 오개념은 구성주의에서 중요시된다(김지민, 2010). 그러므로 **교사는 학습자가 자신의 오개념을 관찰이나 실험 등 다양한 방법을 통해 제대로 밝히고 탐구해 볼 기회를 갖도록** 해야 한다. 유아는 관찰할 수 없는 것에 대한 논리적 추론이 불가능하기 때문에 **유아가 물체를 움직이게 하거나 변화를 관찰할 수 있는 물리적 활동을 하는 것이 오개념을 수정해 나가는데 도움**이 된다(DeVries & Sales, 2011/2014).

2020년 B

07 (가)는 5세반 과학활동 실시 전 장 교사의 수업 메모의 일부이고, (나)는 과학활동 상황이며, (다)는 수업 관찰 기록의 일부이다. 물음에 답하시오. [5점]

(가)

> 유아들은 찰흙 활동을 통해 다양한 아이디어로 찰흙을 변형시켜 보는 경험을 할 수 있다. …(중략)… 이번 활동에서는 같은 양의 찰흙 공을 제공해 주어 다양한 형태로 변형시켜 보고 다시 원래의 형태로 되돌려보는 활동을 해 보려고 한다. 이 과정에서 유아들은 자신이 알고 있는 사실과 새롭게 발견한 결과 사이에서 (㉠)을/를 경험하고 기존의 자신이 가지고 있던 개념을 변화시켜 볼 수 있을 것 같다. 오늘 활동에서는 유아들의 현재 발달 수준보다 더 높은 수준으로 이끌기 위해 구체적인 도움을 주는 (㉡)을/를 해야겠다.

(나)

(유아들이 같은 크기의 동그란 공 모양 찰흙을 가지고 놀이하고 있다.)

민 석 : 와. 동글동글한 찰흙 공이다.
효 린 : 난 두드려서 납작하게 만들 거야.
장 교사 : 찰흙이 어떻게 되었니?
민 석 : (찰흙 공을 굴려서 길게 만들며) 진짜 길어졌어요. 내 것 봐. 내 찰흙이 네 것보다 많아.
효 린 : (찰흙 공을 바닥에 두드리며) 내 찰흙이 더 많아.   [A]
민 석 : 아니야. 내가 더 많아.
효 린 : (반죽 위에 손바닥을 올려놓으며) 이것 봐. 내 손바닥보다 커.
장 교사 : 그럼 다시 동그랗게 뭉쳐볼까?
　　　(효린이와 민석이가 찰흙을 다시 둥글게 뭉친다.)
효 린 : (두 찰흙을 마주 대어 보며) 이거 봐 봐. 내 찰흙이 더 많은 줄 알았는데 똑같네.

민　　석 : 마주 대니까 눈사람 같다. 우리 같이 눈사람 만들어 볼까?
효　　린 : 그럼 나는 얼굴 만들 테니까 너는 몸 만들어.
민　　석 : 좋아. 찍기 판으로 단추를 만들게. 너도 이걸로 해 봐.
효　　린 : 그래. 난 이걸로 코 만들 거야. 우리 둘이 합치면 멋진 눈사람이 될 것 같아.

　　　　　　　　　　　　　… (중략) …

장 교사 : 찰흙에 물을 넣으면 어떻게 될까?
민　　석 : 말랑말랑해질 것 같아요.
장 교사 : 더 말랑말랑해지려면 어떻게 해야 할까?
민　　석 : 손으로 주무르면 돼요.
효　　린 : 물을 넣으면 돼요. 선생님, 이것 보세요. 제 찰흙이 진짜 부드러워졌어요.
장 교사 : 찰흙이 왜 이렇게 부드러워졌을까?
효　　린 : 물을 많이 넣었거든요.
장 교사 : 물을 넣고 나니까 찰흙이 어떻게 변했니?
효　　린 : 더 말랑말랑해졌어요.

[B]

[C]

1) ① (가)의 ㉠에 들어갈 용어를 피아제(J. Piaget)의 인지적 구성주의에 근거하여 쓰고, ② ㉠을 통해 효린이가 알게 된 것을 (나)의 [A]에서 찾아 쓰시오. [2점]
　① _____
　② _____

2) 비고츠키(L. Vygotsky) 이론에 근거하여, (가)의 ㉡에 들어갈 용어를 쓰시오. [1점]
　• _____

답안 1) • ① : 인지적 불일치(불평형)
　　　　 • ② : 내 찰흙이 더 많은 줄 알았는데 똑같네.
　　　2) • 비계설정

CHAPTER 06-1 과학교육

|2019년 추시 B|

06 다음은 ○○유치원 5세반 유아들이 과학영역에서 '바람을 이용하여 자동차 움직이기'를 하는 활동 장면이다. 물음에 답하시오. [5점]

(가)

(나)

(다)

(라)

재호 : (여러 번 반복하여 활동한 후) 자동차가 앞으로 가지 않아요.
교사 : ⓜ 어, 이상하다. 자동차가 왜 앞으로 가지 않을까?
재호 : 아하! ⓑ 풍선 바람이 자동차 옆으로 나가서 옆으로 갔나 봐요.
… (중략) …

(마)

(바)

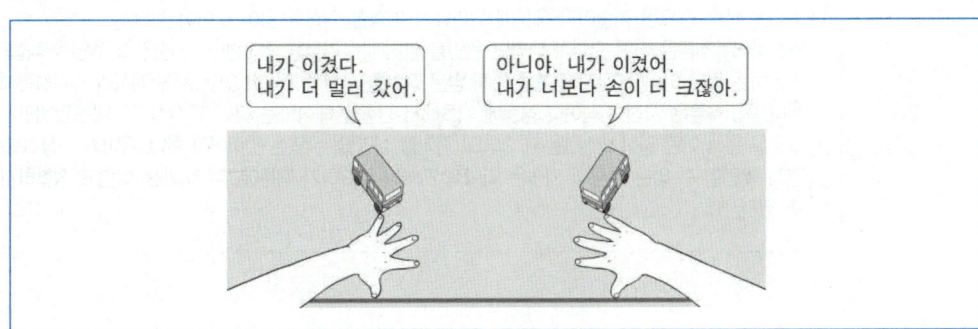

CHAPTER 06-1 과학교육

1) 밑줄 친 교사의 발화 ㉠~㉤ 중 유아의 탐구활동에 도움이 되지 <u>않는</u> 것의 기호 1가지와 그 이유를 쓰시오. [1점]
   • _____

2) (가)의 밑줄 친 ⓐ와 (라)의 밑줄 친 ⓑ에 나타난 과학과정 기술을 1가지씩 쓰고, 그 개념을 각각 쓰시오. [2점]
   ⓐ _____

   ⓑ _____

답안
1) • ㉣, 유아는 (문제를 해결하기 위해) 다양한 방법을 시도하는 가운데 탐구하는 태도를 기를 수 있다. 그런데 질문에 대한 해답을 교사가 제시할 경우, 유아는 능동적으로 탐구해 보는 과정을 경험해 볼 기회를 갖지 못하고 수동적으로 실험의 정답을 얻는데 그치게 되기 때문이다(~되므로 이는 탐구활동에 도움이 되지 않는다.).

2) • ⓐ : 예측하기, 현재 알고 있는 지식이나 관찰을 토대로 앞으로 일어날 일을 짐작해 보는 것이다.

   • ⓑ : 추론하기, 관찰한 결과의 원인을 되짚어 보는 것을 말한다(관찰한 현상과 그 원인을 연결 지어 사고해 보는 것이다.).

 더 읽어보기

• **예측하기** : 예측이란 자료에서 보이는 지식의 패턴에 기초해서 가능한 결과에 대해서 추측하는 것을 의미한다(Carin & Bass, 2006). 관찰한 증거를 잘 활용한다면 우리는 정확한 예측을 할 수 있다. 과학 활동에서 예측은 매우 중요한 기술이기 때문에 유아에게 예측할 기회를 많이 주어야 한다.
• **추론하기** : 추론은 어떤 결과가 나타난 원인을 밝혀내는 기술을 의미한다. 추론은 그 원인을 직접적으로 관찰하는 것은 아니다. 단지 관찰을 통해 얻은 정보를 자신이 지니고 있는 사전 지식과 조정하면서 해석한다. 즉, 추론은 사전 지식이나 경험에 기초해서 관찰을 해석하는 것이다. 직접적이지는 않지만 추론은 그것을 통해 어떤 일이 발생했는지, 그리고 증거를 설명할 수 있는 것이어야 한다. 유아가 직접 보고 느끼면서 확인할 수 없는 추론의 기술은 과학적 지식이 필요하기 때문에 유아에게는 어렵고 적합하지 않을 수 있다.

MEMO

2019년 추시 B

07 ○○유치원 5세반의 교육 실습생과 지도교수 간의 휴대폰 메시지의 일부이다. 물음에 답하시오. [5점]

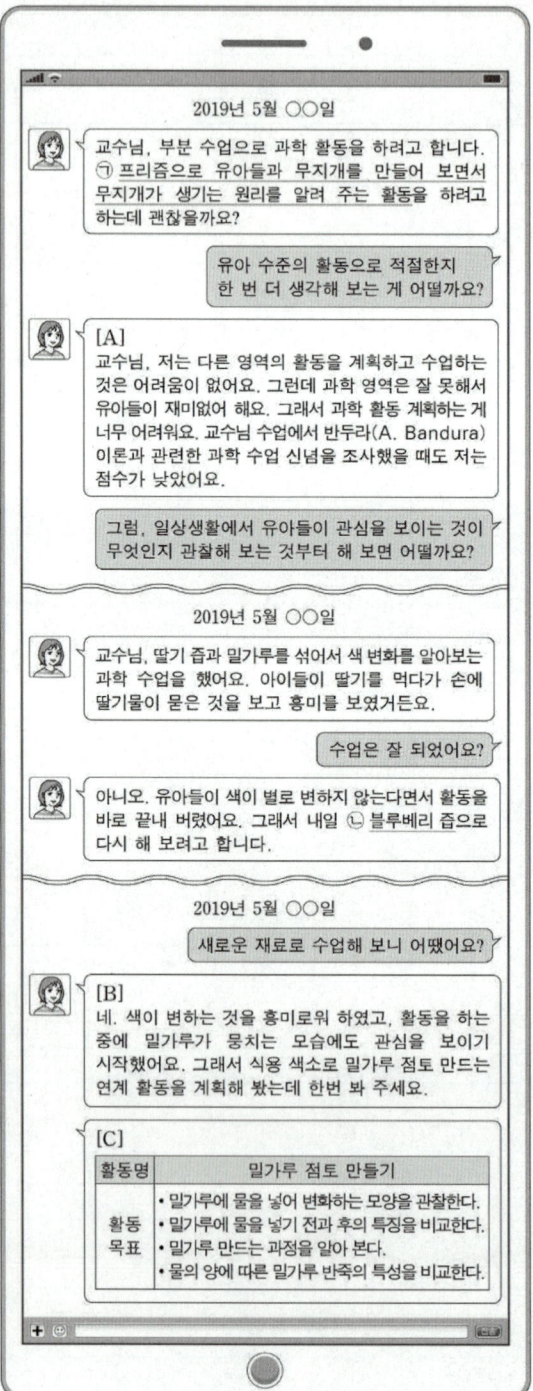

1) 밑줄 친 ㉠이 유아의 과학 개념 발달 측면에서 적절하지 <u>않은</u> 이유 1가지를 쓰시오. [1점]
   • _____

3) 교육 실습생이 밑줄 친 ㉡으로 활동하려는 이유를 유아에게 적절한 과학 활동 재료의 특성 측면에서 설명하시오. [1점]
   • _____

4) ① [B]와 관련하여 2015 개정 유치원 교육과정 '자연탐구' 영역 탐구하는 태도 기르기 내용범주의 내용 ⓐ, ⓑ를 순서대로 쓰고, ② [C]의 활동 목표 중 연계 활동의 목표로 적절하지 <u>않은</u> 것을 골라 그 이유 1가지를 쓰시오. [2점]

내용	세부내용		
	3세	4세	5세
호기심을 (ⓐ)하고 (ⓑ)하기	(생략)	(생략)	주변 사물과 자연세계에 대해 지속적으로 호기심을 갖고 알고자 한다.

① _____

② _____

답안

1) • 전조작기 유아들은 발달 특성 상 자신이 다양하게 조작할 수 있고 행위에 의한 결과가 분명하여 그 관계를 추론해 볼 수 있는(자신의 직접적인 탐색·실험의 결과를 경험할 수 있는) 활동을 통해 과학적 개념을 구성해 나갈 수 있다. 그런데 ㉠의 활동은 (그 과정을 통해 유아들이 과학적 사고를 할 수 있는 것이 아니라) 교사가 (관찰된 현상에 대한) 과학의 원리를 전달해주어야 인과관계를 알 수 있는 것이므로 적절하지 않다.

3) • (유아들의 과학적 사고와 과학적 개념 형성을 촉진하기 위해) 과학 활동의 재료(자료)는 유아의 행위에 대해 결과가 (시각적으로)분명히 나타나는 반응적인 자료여야 한다. 교육 실습생이 ㉡의 재료로 활동하려는 이유는 블루베리 즙이 딸기 즙보다 색의 변화가 명확히 드러나는 특성을 가지고 있기 때문이다.

4) • ① : ⓐ 유지, ⓑ 확장

• ② : 밀가루 만드는 과정을 알아본다. 연계 활동은 유아가 [B]와 관련된 활동에 대해 지속적으로 호기심을 가지고 다양한 방법으로 탐색할 기회를 제공하는 것이어야 한다. 그런데 '밀가루 만드는 과정'은 단순히 지식을 알려주는 활동이므로 이에 적합하지 않다.

「2019 개정 누리과정」 관련성 살펴보기

❖ 2019 개정 누리과정

내용범주	내용 이해
탐구과정 즐기기	• 주변 세계와 자연에 대해 지속적으로 호기심을 가진다. 유아가 물질, 물체, 동식물, 자연현상 등에 호기심을 가지고, 놀이에서 지속적으로 궁금한 것을 찾아가거나 표현하는 내용이다.

> 2019년 B

08 (가)와 (나)는 유아들의 놀이 상황이고, (다)는 교사들의 대화이다. 물음에 답하시오. [5점]

(나)

> (유아들이 평평한 바닥에 앉아 동일한 출발선에서 자동차 시합을 하고 있다.)
> 다현 : 여기 똑같은 자동차가 2개 있네. 이 자동차로 시합하자.
> 선호 : 내 것은 물건을 나르는 자동차야. 물건을 많이 실을 거야.
> (자동차 위에 블록을 가득 싣는다.)
> 상진 : 나는 물건을 안 실을 거야.
> 연주 : 내가 자동차를 똑같은 힘으로 밀어 줄게. 어느 자동차가 더 멀리 갈까?
> 선호 : 내 차가 더 멀리 가, 무거우니까.
> 상진 : 아니야, 내 차가 더 멀리 가, 가벼우니까.

2) (나)에 나타난 ① 유아의 오개념을 찾아 쓰고, ② 조작변인을 쓰시오. [2점]

- ① _____

- ② _____

답안 2) • ① : "내 차가 더 멀리 가, 무거우니까."
　　　　• ② : 자동차에 실은 블록의 수 / (자동차에 싣는) 블록의 수를 통해 무게를 다르게 하는 것

> - **오개념** : 오개념이란 '과학적 개념'과 대비되는 표현으로 일상생활의 경험과 과학적 지식의 관점에서 볼 때 잘못된 개념을 의미한다.
> - 통제변인과 조작변인 : 실행 결과를 명확히 하기 위해서는 변인을 통제하는 것이 필요하다.
>   - **통제변인** : '같게 하는 조건'으로 실험에서 일정하게 유지시키는 조건
>   - **조작변인** : '다르게 하는 조건'으로 실험에서 의도적으로 변화시키는 조건

2018년 B

08 (가)는 만 5세반 '친구에게 소리 전달하기' 활동계획안의 일부이고, (나)는 (가) 활동 중 '임의 단위를 이용한 길이 재기'를 하고 있는 장면이다. 물음에 답하시오. [5점]

(가)

활동명	친구에게 소리 전달하기
활동자료	사전 활동에서 유아들이 길게 만들어 놓은 호스, 30cm 길이의 호스 10개, 호스를 연결할 수 있는 테이프, 길이가 같은 종이 벽돌 블록 20개
활동방법	○ 옆 반까지 소리를 전달하려면 얼마나 긴 호스가 필요할지, 어떠한 방법으로 알 수 있는지 이야기 나눈다. ○ 필요한 길이를 알기 위해 유아들이 생각한 임의 단위를 이용해서 길이를 잰다. ○ 어제 유아들이 연결해 놓은 호스에 필요한 만큼의 호스를 테이프로 붙여 길게 연결한다. [A] ○ 길게 연결한 호스를 이용하여 옆 반까지 소리를 전달해 본다. ○ 소리가 호스를 통해 전달되는 과학적 원리를 설명한다.
확장활동	㉠ 호스의 굵기에 따른 소리의 차이를 비교해 보는 실험 활동

1) 유아의 인지적 발달 특성에 비추어 볼 때 [A]에서 적절하지 <u>않은</u> 내용 1가지를 찾아 쓰시오. [1점]
• _____

2) 다음 ( ) 안에 들어갈 말을 쓰시오. [1점]

(가)의 밑줄 친 ㉠ 활동을 위해서는 유아가 비교하고자 하는 요인 이외의 다른 요인을 동일하게 만들어 주는 ( )이/가 필요하다.

• _____

답안 1) • 소리가 호스를 통해 전달되는 과학적 원리를 설명한다.

2) • 변인 통제

더 읽어보기 — 전조작기 유아의 특징

이 시기를 전조작기(pre-operational stage, 2~7세)라고 부르는 이유는 정신적 표상에 의한 사고가 가능하긴 하지만 아직 논리적 조작능력이 충분히 발달하지 못했기 때문이다. 즉, 이 단계의 유아는 자아중심성, 직관적 사고, 물활론, 인공론 등 비논리적 사고 특성을 갖고 있다. … (중략) … 또한 구체적 조작기(concrete operational stage, 7~12세) 아동은 보존개념 외에도 분류하기, 순서 짓기 등의 논리적 조작을 할 수 있다. 그러나 이러한 조작의 대부분은 아동이 직접적 경험을 함으로써 가능하거나 지각의 한계에 의해 제한될 수 있다.

출처 : 한유미 저 『유아과학교육론』(창지사, 2014)

더 읽어보기 — 변인 통제

- **변인**이란 실험(연구)의 대상이 되는 개체가 서로 구별되는 속성을 말한다.
- 실험을 할 때는 결과를 명확하게 하기 위해 **변인을 통제하는 것이 필요**하다. (※ 독립변인과 종속변인 중 실험자가 통제하고 변화시키는 것은 '독립변인'이다.) **실험을 할 때 어떤 조건을 같고, 다르게 할지를 정하는 것을 '변인 통제'**라고 한다.
- 변인 통제는 실험에서 매우 중요한 부분으로 크게 **통제변인**과 **조작변인**으로 나눌 수 있다. 통제변인이란 '같게 하는 조건'으로 실험에서 일정하게 유지시키는 조건이고, **조작변인이란 '다르게 하는 조건'으로 실험에서 의도적으로 변화시키는 조건**이다.
- 독립변인과 종속변인 : **변인 간의 관계에서 영향을 주는 쪽을 독립변인**이라고 하고, **어떠한 변화가 일어났는지에 대한 측정치를 종속변인**이라고 한다. 독립변인은 실험자가 가정하는 가설의 원인에 해당하는 것으로, 예를 들어 TV 프로그램을 시청하는 것을 실험자가 '독립변인'으로 설정할 수 있다. 종속변인은 독립변인의 변화에 대해 그 값이 변화하는 변인이므로, 예를 들어 TV 시청으로 인해 '공격성이 증가'했다면 '공격성의 증가'가 종속변인에 해당한다.

MEMO

CHAPTER 06-1 과학교육

2017년 B

08 (가)는 ○○유치원 5세반 김 교사의 저널이고, (나)는 유아들의 과학활동 상황이다. 물음에 답하시오. [5점]

(가)

> 며칠 동안 유아들이 유희실에서 공으로 볼링핀을 맞히는 놀이에 흥미를 보이고 있다. 이 놀이는 물체의 반응이 관찰 가능하고 즉각적이며, 유아 자신의 행위를 통해 (㉠)을/를 만들 수 있고, 유아가 행위를 다양하게 바꿀 수 있기 때문에 유아에게 적합한 물리적 지식 활동이라는 생각이 든다.
>
> … (하략) …

(나)

> … (상략) …
>
> 김 교사 : 볼링핀을 쓰러뜨리려면 공을 어떻게 굴려야 할까?
> 유 리 : 힘을 세게 해요.
> 나 은 : 잘 보고 볼링핀이 있는 쪽으로 살살 굴려요.
> 준 서 : 앞으로 더 가까이 가서 굴려요.
> 유 리 : 똑같은 데서 굴려야지! 앞으로 가면 반칙이야!
>
> 김 교사는 유아들의 의견을 토대로 ㉡ 교실 바닥에 마스킹 테이프로 출발선과 볼링핀의 위치를 표시한 후 크기와 무게가 같은 공과 볼링핀을 유아들에게 제공해 주었다.
> … (중략) …
>
> 나 은 : 준서야! 살살 굴려!
> 준 서 : (나은이가 제안한 대로 살살 굴려 보지만 공이 볼링핀에 닿질 않는다.) ⎤
>   에이! 꽝이야!   ⎥
> 유 리 : 그럼 세게 굴려 봐. 나 봐 봐! (공이 볼링핀 옆으로 굴러간다.)   ⎥ [A]
> 준 서 : (유리를 보고) 에이! 또 꽝이네! (자리를 오른쪽으로 옮기며) 유리야, 이쪽으로 ⎥
>   와 봐. 여기서 굴리면 성공할 것 같아.   ⎥
> 나 은 : 더 세게 굴려!   ⎥
> 유 리 : 하나, 둘, 셋! (유리가 공을 굴려 볼링핀 한 개를 쓰러뜨린다.) 와! 한 개 쓰러졌다! ⎦
>   … (하략) …

1) 까미와 드브리스(C. Kamii & R. DeVries)의 '좋은 물리적 지식 활동 선정 기준'에 근거하여 (가)의 ㉠에 들어갈 말을 쓰시오. [1점]

• _____

2) 다음은 (나)에서 이루어진 과학적 과정에 대한 설명이다. ① ⓐ에 들어갈 말을 쓰고, ② ㉡을 통해 김 교사가 통제하고자 하는 변인 1가지를 쓰시오. [2점]

> 유아들이 궁금한 것을 알아보기 위해 과정을 계획하고 구체적인 자료들을 직접 조작하여 결과를 알아보는 과학적 과정을 (ⓐ)(이)라고 한다.

- ① : _____

- ② : _____

3) (나)와 관련하여 ① 2015 개정 유치원 교육과정 '자연탐구' 영역 과학적 탐구하기 내용범주의 세부내용 ⓐ를 쓰고, ② [A]에서 유아들이 볼링핀을 쓰러뜨리기 위해 적용한 방법과 관련된 변인 1가지를 쓰시오. [2점]

내용	3세	4세	5세
물체와 물질 알아보기	… (생략) …	친숙한 물체와 물질의 특성을 알아본다.	… (생략) …
		(ⓐ)	

- ① : _____

- ② : _____

1) • **움직임**(사물의 움직임, 사물의 움직임의 변화)

2) • ① : **실험하기**(experimenting)
   • ② : 출발선에서 볼링핀까지의 거리

3) • ① : 물체와 물질을 여러 가지 방법으로 변화시켜 본다.
   • ② : (공을 굴리는)힘의 세기

> **답안해설**
> 2) 실험하기는 모든 기술이 통합적으로 요구되는 과학과정으로 '궁금한 것을 알아보기 위해 구체적인 자료들을 마련하고 과정을 계획하여 직접 조작함으로써 결과를 알아보는 것'입니다. 제시된 지문에는 이러한 개념 정의가 설명되어 있습니다.

CHAPTER 06-1 과학교육

「2019 개정 누리과정」 관련성 살펴보기

❖ 2019 개정 누리과정

내용범주	내용 이해
생활 속에서 탐구하기	• **물체의 특성과 변화를 여러 가지 방법으로 탐색한다.** 유아가 주변에서 쉽게 발견할 수 있는 친숙한 물체나 물질의 크기, 모양, 색, 냄새, 소리, 질감과 같은 기본적 특성에 관심을 갖는 내용이다. 나아가 그 물체나 물질을 자르고 섞는 등 다양한 방법으로 변화시켜보며, 변화되는 특성과 변화되지 않는 특성이 무엇인지 탐색해 보는 내용이다.

더 읽어보기

'**물리적 지식활동**' : 카미와 드브리스(Kamii & DeVries, 1978, 1990)에 의해 개발된 구성주의 과학교육 프로그램

♣ **교사의 역할** : 환경이 마련된 융통적 분위기에서 유아들이 탐구할 수 있도록 4단계의 교수방법(계획하기, 활동 시작하기, 활동 진행하기, 활동 후 토론 단계)에 따라 활동을 할 수 있도록 도움(유아가 스스로 여러 시도를 하고 가능성이 있는 여러 가지 결과에 대해 생각하도록 격려함).

① 물체의 움직임에 관한 활동	이 범주에 들어가는 모든 활동은 유아의 행위로부터 사물의 움직임이 시작되므로, 유아의 행위가 강조되고 관찰은 부수적 역할을 함. 예 밀기, 굴리기, 미끄럼(썰매타기 등), 기울이기, 던지기, 떨어뜨리기, 불기, 빨기, 끌기, 흔들기, 빙빙돌리기, 균형, 차기, 뛰어오르기
② 물체의 변화에 관한 활동	이 범주에 들어가는 모든 활동은 사물 자체의 속성이 변화되는 것과 관계되는 활동으로, 유아의 행위보다는 사물 자체의 상호작용에 기인하며 따라서 유아의 행위보다도 관찰이 중요함. 예 물에 녹이기, 물에 넣고 끓이기, 기름에 넣고 튀기기, 오븐에 넣고 굽기
③ 움직임과 변화 사이에 존재하는 활동	이 범주에 들어가는 활동은 위의 두 범주에 속하지 않은 것으로서 관찰한 것을 구조화하는 것이 가장 중요하다고 보았다. 예 냉동실에서 얼음 얼리기, 자석에 붙여보기, 그림자놀이 (그 외 : 소리 메아리 만들기, 거울에 물건 비춰보기, 여러 물체를 체로 치기, 물에 가라앉거나 뜨는 물건 발견하기, 확대경으로 보기 등)

더 읽어보기

2015 개정 유치원 교육과정(만 3~5세 누리과정) 5세 : '**물체와 물질을 여러 가지 방법으로 변화시켜 본다.**'

유아가 자신에게 친숙해진 물체나 물질을 여러 가지 방법으로 변화시켜 봄으로써 물체와 물질의 기본 속성을 보다 적극적으로 탐색하도록 하는 내용이다. 만 4, 5세 유아는 관심을 가진 물체나 물질을 발견하면 어떻게 움직이고 변화시킬 수 있을지를 탐구하고 실험한다. 물체나 물질을 움직여보거나 잘라보고 또는 다른 것과 섞거나 분리해 내는 등 여러 가지 방법으로 변화시켜 봄으로써 물체와 물질의 크기, 모양, 색, 질감 등의 속성에서 변화되는 특성은 무엇이고, 변화에도 불구하고 변치 않는 속성은 무엇인지에 대해 알아보게 된다.

MEMO

CHAPTER 06-1 과학교육

2016년 B

08 다음은 ○○유치원 5세 반 유아들이 실외 놀이터에서 비눗방울 놀이를 하는 상황이다. 물음에 답하시오. [5점]

> 동주 : 우리 비눗방울 놀이하자.
> 진서 : 좋아.
> 동주 : 그런데 여기 틀 모양이 여러 가지야. 넌 어떤 것으로 할 거야?
> 진서 : 나는 세모 모양 비눗방울을 만들 거니까 세모로 해야지.
> 동주 : 야, 세모 모양 비눗방울을 어떻게 만들어?
> 진서 : 만들 수 있어.
> 동주 : 비눗방울은 다 동그래.
> 진서 : 아니야, 세모 모양 비눗방울 있어.
> 동주 : 내가 하는 거 잘 봐.
>   (동주는 사각형 틀로 비눗방울을 만든다.)
> 동주 : 봤지? 동그랗지?
> 진서 : 어, 이상하다.
> 동주 : 너도 해 봐.
>   (진서는 삼각형 틀로 비눗방울을 만든다.)
> 동주 : ㉠ <u>봐, 네가 한 거랑 내가 한 거랑 둘 다 동그랗잖아.</u>
> 진서 : 그러네, 진짜 동그랗다.
> 동주 : 우리 다른 틀로도 해 볼까?
>   ㉡ <u>(동주와 진서는 구름, 하트, 강아지, 토끼 모양의 틀로 비눗방울을 만든다.)</u>

1) 위 상황에서 나타난 ① 유아의 오개념을 쓰고, ② 그 오개념이 과학적 개념으로 변하게 된 이유를 사회적 구성주의(social constructivism) 관점에서 쓰시오. [2점]
   - ① : _____
   - ② : _____

2) 2015 개정 유치원 교육과정에 제시된 탐구기술 중, ㉠에서 사용된 탐구기술 2가지를 쓰시오. [1점]
   - ① : _____
   - ② : _____

3) ⓒ에 제시된 ① 조작변인을 쓰고, ② 조작변인과 관련하여 유아들이 설정한 가설을 쓰시오. [2점]

- ① : _____

- ② : _____

1) • ① : 진서는 비눗방울 틀의 모양대로 비눗방울 모양이 불어질 것이라고 생각하고 있다.
   • ② : (※ 더 유능한 또래에 의한 비계설정 사례) 비눗방울이 불어지는 모양에 대한 오개념을 가지고 있던 진서는 자신보다 좀 더 높은 수준에 있는 또래친구 동주의 비계설정을 통해(~동주와의 상호작용 과정에서 도움을 받음으로써) 혼자서는 도달할 수 없었던 상위 수준의 과학적 개념(어떤 모양 틀로 비눗방울을 불어도 동그란 모양이 나온다는 과학적 개념)을 형성할 수 있게 되었다.

2) ㉠에서 사용된 탐구기술 2가지
   • ① : 관찰
   • ② : 비교

3) • ① 조작변인 : 비눗방울 틀의 모양(구름, 하트, 강아지, 토끼 모양의 틀을 제시함.)
   • ② 가설 : 비눗방울 틀의 모양이 달라도 비눗방울의 모양은 동그랗게 불어질 것이다.

인지적 구성주의의 관점에서 적용해보기

오개념이 과학적 개념으로 변하게 된 이유(인지적 구성주의적 관점)를 써보면 다음과 같습니다.
(유아기의 아동들은 자기중심적 사고와 자료에 대한 미숙한 조작 등으로 인해 과학적 오개념을 형성하기 쉬움.) 제시된 사례에서 진서라는 유아는 활동 전에 비눗방울의 모양 틀대로 비눗방울이 불어질 것이라고 생각하는 과학적 오개념(이미 형성되어 있는 선개념)을 가지고 있었지만 실제 여러 가지 모양 틀로 직접 비눗방울을 불어보는 활동을 통해 이러한 자신의 선개념과 실험의 결과에 대한 '인지적 불일치'를 경험하였다. 이에 대해 또 다른 가설과 실험을 계획해 다시 시도해 보는 과정을 통해 자신이 가졌던 오개념을 과학적인 지식으로 재구성할 수 있었다.

「2019 개정 누리과정」 관련성 살펴보기

❖ 3~5세 연령별 누리과정(2015 개정 유치원 교육과정) 관련내용 : 탐구하는 태도 기르기

내용	3세	4세	5세
탐구기술 활용하기		일상생활의 문제를 해결하는 과정에서 탐색, 관찰 등의 방법을 활용해 본다.	일상생활의 문제를 해결하는 과정에서 탐색, 관찰, 비교, 예측 등의 탐구기술을 활용해 본다.

CHAPTER 06-1 과학교육

❖ 2019 개정 누리과정

내용범주	내용 이해
탐구과정 즐기기	• **궁금한 것을 탐구하는 과정에 즐겁게 참여한다.** 유아가 궁금한 것을 알아보기 위해 관찰, 비교, 분류, 예측, 실험 등의 다양한 탐구과정을 자발적으로 즐기는 내용이다.

2014년 B

07 (가)는 4, 5세 혼합연령반 활동계획안의 일부이고, (나)는 활동 후 교사가 작성한 저널의 일부이다. 물음에 답하시오. [총 5점]

(나)

> 유아과학교육에 사용되는 교구나 매체는 브루너(J. Bruner)가 제시한 표상 양식 중 유아가 이해할 수 있는 수준의 표상 양식으로 구성되어야 한다. 그림과 사진으로 구성된 떡 만들기 요리표는 브루너(J. Bruner)의 표상 양식 중 (㉣)에 기초하여 제작한 것으로 글이나 기호로 설명하기에 복잡한 요리 과정을 유아들에게 알려주는 데 적합하였다.
> … (중략) …
> 유아들과 활동에 대한 평가를 하는 중에 철수는 ㉤"쌀가루는 부드러워요.", 수빈이는 "쌀가루에 물을 많이 넣었더니 반죽이 질어졌어요."라고 하였다.

4) 까미와 드브리스 프로그램(Kamii & DeVries Program)에 제시된 지식의 3가지 유형 중 ㉤에 나타난 지식의 유형 1가지를 쓰시오. [1점]
　• ㉤ 지식의 유형 : ＿＿＿＿＿＿＿＿＿＿＿＿＿＿＿＿＿＿＿＿＿＿＿＿

답안 4)• ㉤ 지식의 유형 : 물리적 지식

답안해설

4) ㉤은 '외부에 있는 대상, 즉 사물에 관한 지식'이며 '지식의 근원은 주로 물체 자체'에 있는 경우이므로 이는 물리적 지식에 해당합니다.

더 읽어보기 관련 기출문제 살펴보기 (1999년 객관식)

〈보기〉에서 설명하고 있는 지식의 형태는?

〈보기〉
ㄱ. 얼음은 차다.　　ㄴ. 볼링공은 딱딱하다.　　ㄷ. 종이는 구겨진다.

① 물리적 지식　　② 사회적 지식　　③ 논리적 지식　　④ 수학적 지식

답안 ①

CHAPTER 06-1 과학교육

2013년 추시 B

07 (가)는 5세반 유아들의 비눗방울 놀이 장면의 일부이고, (나)는 홍 교사의 저널 일부이다. 물음에 답하시오. [5점]

(가)

> 선영, 민서, 수연, 창수가 동그란 모양 틀로 비눗방울을 만들고 있다.
> 선영 : 와! 크다!
> 민서 : 어! 나는 자꾸 터지는데, 왜 터지지?
> … (중략) …
> 교사 : (세모, 네모, 별 모양의 틀을 보여주며) ㉠ 이 모양 틀로 비눗방울을 불면 어떻게 될까?
> 선영 : 세모 모양은 세모로 나와요.
> 창수 : 별 모양은 별 모양으로 나올 것 같아요.
> 수연 : 잘 안 불어질 것 같아요.
> (유아들이 세모, 네모, 별 모양의 틀을 가지고 비눗방울을 불기 시작한다.)
> 선영 : ㉡ (고개를 갸우뚱하며) 어? 이상하다! 왜 별 모양으로 안 나오지?
> 창수 : 와~, 난 잘 불어진다!
> … (중략) …
> 교사 : 비눗방울이 잘 불어졌니?
> 창수 : 네. 잘 불어졌어요.
> 교사 : 창수는 잘 불어졌구나.
> 선영 : 선생님! 저는 큰 동그라미가 나왔어요. ㉢
> 교사 : 그래? 어떻게 하니까 비눗방울이 크게 불어졌니?
> 선영 : 내가 '후~'하고 살살 불었더니 크게 불어졌어요.

1) ㉡에 나타난 사고 과정 1가지를 피아제(J. Piaget)의 인지발달이론에 기초하여 쓰시오. [1점]

- 인지적 불일치(인지적 불평형)

답안해설

'세모 모양의 모양 틀로 비눗방울을 불면 세모 모양의 비눗방울이 불어질 것이다.'라는 인지 도식을 가지고 있던 선영이는 자신이 가진 생각의 도식대로 결과가 나오지 않자 "어? 이상하다. 왜 별 모양으로 안 나오지?"라며 의아해하고 있습니다. 이는 피아제가 말한 '자신이 기존에 가지고 있는 도식'으로는 해석할 수 없는 새로운 사건(경험)을 만났을 때 생기는 '**인지적 불일치(불평형)**'에 해당하는 사례라고 할 수 있습니다.

2013년 B

01 다음은 만 5세반의 생일 축하 장면이다. 물음에 답하시오. [총 5점]

> 김 교사 : 오늘은 미나가 태어난 날이야. 태어난 날을 무엇이라고 할까?
> 유아들 : 생일이요.
> 김 교사 : 그래, 생일이라고 하지. 그러면, 어른들이 태어나신 날을 무엇이라고 할까?
> 유아들 : ……
> 김 교사 : ㉠ 어른들이 태어나신 날은 생신이라고 한단다. 함께 말해볼까?
> 유아들 : 생, 신!
>
> … (중략) …

1) 까미와 드브리스 프로그램(Kamii & DeVries Program)에서는 지식을 3가지 유형으로 제시하였다. ㉠은 이 3가지 지식 유형 중 (①)에 해당한다. ①이 무엇인지 쓰고, ①의 의미를 ㉠의 사례를 들어 설명하시오. [2점]

• ① : _____

• ①의 의미 : _____

_____

 CHAPTER 06-1 과학교육

답안 1) • ① : 사회적 지식
 • ①의 의미 : 사회적 지식이란 '어른들이 태어나신 날을 생신'이라고 표현하는 것과 같이 사회에서 협의된 약속(규칙)이자 관습 등에 의해 형성된 지식을 의미한다.

 **사회적 지식**(social knowledge)

사회적 지식은 외부로부터의 특정한 정보를 필요로 한다는 점에서 물리적 지식과 유사하다. 특정한 정보가 없으면 유아는 특정 물체를 컵이라 부르며 일요일에는 유치원에 가지 않는다는 사실을 모르는 것이다. 그러나 물리적 지식의 궁극적 근원은 물체인 반면 사회적 지식의 궁극적 근원은 사람들 사이의 약속이라고 할 수 있다. 사회적 지식은 먼저 지켜야 할 규칙을 알려주고 유아가 규칙을 지키는 습관이 형성되도록 격려하고 도와줌으로써 형성되어 간다.

2012년 객관식

39 다음은 유아들이 교실에 설치된 프로젝터와 스크린 사이에서 우연히 발견한 그림자에 관심을 가지며 놀이하는 상황이다.

현수 : (우연히 스크린에 나타난 자신의 그림자를 발견한다.) 와! 여기 봐! ㉠ 그림자다!
미라 : (현수 옆에 서며) 어? 여기도 있어.
현수 : (자신의 그림자를 보며 프로젝터 앞으로 가까이 걸어가다가 멈춰 선다.) 그런데 ㉡ 그림자가 아까보다 더 커졌어. ㉢ 내 그림자가 네 그림자보다 더 커.
미라 : (현수처럼 프로젝터 앞으로 걸어가며) 야! 나도 커졌어.
현수 : 어? 내가 컸는데 이상하다! (뒤로 물러선다.)
미라 : 어? 진짜, 커졌다 작아졌다 그러네?
······〈중략〉······
철수 : (그림자 놀이를 하고 있는 현수에게) 야, 나도 좀 해 보자.
현수 : 안 돼!
철수 : 너만 많이 했잖아. 나도 좀 해 보자.
현수 : 그래, ㉣ 어떻게 할까?
미라 : 그림, ㉤ 가위바위보 하자.
유아들 : (가위바위보를 한다.)
······〈하략〉······

까미-드브리스 프로그램(Kamii & DeVries Program)에 따르면 유아들은 3가지 유형의 지식을 구성할 수 있다. 유아들이 구성할 수 있는 지식의 유형 중 '논리·수학적 지식'(logico-mathematical knowledge)에 해당되는 것을 위의 ㉠~㉤에서 모두 고른 것은?

① ㉠
② ㉠, ㉢
③ ㉡, ㉢
④ ㉣, ㉤
⑤ ㉡, ㉢, ㉣

CHAPTER 06-1 과학교육

답안 ③

답안해설

㉠ **그림자다!** ▷ 만약 교사가 "물체가 빛을 가려서 그 물체 뒷면에 드리워지는 검은 그늘은 그림자라고 해."라고 소개했다면 이는 **사회적 지식**에 해당합니다.

㉡ **그림자가 아까보다 더 커졌어.** ▷ 그림자의 크기를 이전과 비교하고 있으므로 대상을 관련지어 놓음으로써 구성되는 **논리–수학적** 지식에 해당합니다.

㉢ **내 그림자가 네 그림자보다 더 커.** ▷ 친구와 자신의 그림자의 크기를 비교하고 있으므로 대상을 관련지어 놓음으로써 구성되는 **논리–수학적** 지식에 해당합니다.

더 읽어보기 논리–수학적 지식(logico-mathematical knowledge)

사물 사이의 관계성으로부터 구성된다. 관계성은 대상을 관련지어 놓음으로써 나타난다. 만약 유아가 수저를 관련지어 놓지 않는다면 이러한 관계성은 각각의 대상이 서로 독립적이며 관계성 없이 존재하게 된다. 따라서 논리–수학적 지식은 물리적 지식에서처럼 사물에서 나오는 것이 아니라 유아의 내부로부터 나오는 것이라고 할 수 있다. 이는 유아의 내적 추상 작용에 의해 형성되므로 유아에게 적당한 정답을 제시할 것이 아니라 유아 스스로 결론과 개념을 생각하고 형성할 수 있는 기회를 제공해야 한다.

> 2011년 객관식

03 다음은 유아의 과학적 탐구 과정의 하나인 실험에 대한 설명이다. 바람직한 것을 모두 고른 것은?

> ㄱ. 실험 과정 중에 유아의 판단이 과학적 개념이 아닐 때는 인지적 갈등을 통해 스스로 개념을 변형시키게 한다.
> ㄴ. 실험은 결과가 분명치 않은 자료를 제시하여 일회적이기보다 지속적으로 유아가 참여하게 하는 것이 바람직하다.
> ㄷ. 비 만들기나 증발 실험 혹은 화산 실험과 같이 일련의 과정을 거쳐서 기대한 결과를 볼 수 있는 실험이 유아들에게 바람직하다.
> ㄹ. 유아들은 실험을 하면서 과학적 문제 해결을 위해 나름대로의 가설을 만들어 시도해보고 나타난 결과를 가지고 초기 가설을 비교해 본다.
> ㅁ. 동식물을 대상으로 실험하는 것은 동식물과 인간과의 관계를 일상생활에서 접할 수 있는 기회를 제공하므로 가능한 많이 해보도록 하는 것이 바람직하다.

① ㄱ, ㄹ ② ㄴ, ㄷ ③ ㄱ, ㄴ, ㄷ
④ ㄴ, ㄹ, ㅁ ⑤ ㄱ, ㄴ, ㄹ, ㅁ

답안 ①

> ㄱ. 실험 과정 중에 유아의 판단이 과학적 개념이 아닐 때는 인지적 갈등을 통해 스스로 개념을 변형시키게 한다. (○)

더 읽어보기

■ 2007년 개정 유치원 교육과정 관련내용〉 탐구과정 즐기기〉 해설
Ⅱ 수준에서는 유아가 자신이 고안해 낸 방법으로 계속적으로 탐색하고 실험해 볼 수 있도록 한다. 유아들이 자신이 생각한 방법을 시연해 볼 수 있도록 풍부한 자료와 시간을 제공해 주어야 하며, 유아들이 현재 가지고 있는 가설이 무엇인지 확인시켜 주면서 나타난 결과와 비교해 볼 수 있도록 지원해 주어야 한다. 예를 들어, 유아가 비눗방울 놀이를 하는 과정에서 '비눗방울을 크게 불기 위해서는 빨대를 세게 불면(바람을 세게 불면) 큰 비눗방울을 만들 수 있다.'는 가설을 가지고 있다면 이러한 예측을 토대로 비눗방울을 세게 혹은 느리게, 살살 불어본 반복적인 탐색과 실험을 할 수 있도록 해주고, 이 과정에서 유아 스스로 초기 가설과 결과가 다르게 나온다는 것을 인식할 수 있도록 해 주어야 할 것이다.

■ 2007년 개정 유치원 교육과정 관련내용〉 탐구과정 즐기기〉 지도상의 유의점 中
유아들은 때때로 자기중심적인 태도나 자료에 대한 미숙한 조작 행위로 인해 잘못된 결과가 나왔음에도 이를 사실이며 진리로 생각하는 경우도 있다. 이러한 경우 오히려 실험의 과정이 자칫 오개념을 형성하게 만들 수 있다. 따라서 유아가 자신의 예견이 검증될 때까지 다양한 시도를 해보고 신중하게 결론을 내릴 수 있도록 하는 교사의 세심한 관찰이 요구되며 다시 실험할 수 있도록 권유해야 한다.

■ 만 3~5세 누리과정 관련내용〉 탐구과정 즐기기〉 지도지침 및 유의점 中
- 유아가 고안한 방법에 오류가 있다 하더라도 교사는 직접적인 답을 주지 않고 유아가 오류를 변경할 수 있는 시간을 주도록 한다.
- 유아가 탐구하는 과정에서 처음 예측한 것과 실제 나타난 결과를 비교해 보도록 하여 자신이 생각한 가설과 결과가 다를 수 있음을 알 수 있도록 한다.

ㄴ. 실험은 **결과가 분명치 않은 자료를 제시**하여 (×) 일회적이기보다 지속적으로 유아가 참여하게 하는 것이 바람직하다.

■ 반응적인 자료 제시하기   출처 : 유아과학창의교육(교육과학기술부, 2008)
유아의 행위에 대해 어떠한 반응을 보이는 자료를 제시하는가에 따라 유아의 과학적 사고 확장은 달라진다.
- 유아의 행위에 의한 결과가 분명한 자료를 제시하면 유아는 쉽게 성공감을 느끼고 활동을 지속하며 이렇게 활동이 지속되면 유아는 과학적 사고를 확장시켜 나아갈 수 있으나, 쉽게 결과가 나타나지 않는 자료를 제시하게 되면 그것이 활동을 포기하게 하는 요인이 될 수 있다.
- 의도하던 결과는 아닐지라도 그 결과가 시각적으로 크게 나타나는 자료를 제시하면 유아에게 인지적 갈등이 일어나 과학적 사고의 확장에 도움이 된다.
- 정확한 결과가 나타나지 않은 자료를 제시하는 것은 과학개념 이해에 도움이 되지 않는다.

■ 2007년 개정 유치원 교육과정 관련내용〉 탐구과정 즐기기〉 지도상의 유의점 中
유아는 자신의 행위에 의한 결과가 분명한 자료를 제시할 때 쉽게 성공감을 느끼고 활동을 지속해 나가기 때문에 자료의 결과가 분명한 자료를 제시해야 한다. 자료의 결과가 분명하지 않은 자료를 제시할 경우 오히려 유아의 과학적 사고 확장을 방해할 수 있는데, 예를 들어 실 전화기의 경우 전화기를 통해 소리를 전달하고 그 차이를 변별하는 활동이 아니라 단순히 전화 놀이에 관심을 기울이는 것으로 그쳐 버릴 수 있음을 유의해야 한다.

ㄷ. **비 만들기나 증발 실험 혹은 화산 실험**과 같이 일련의 과정을 거쳐서 기대한 결과를 볼 수 있는 실험이 유아들에게 바람직하다. (×)

■ 2007년 개정 유치원 교육과정 관련내용〉 탐구과정 즐기기〉 지도상의 유의점 中
전조작기 유아의 발달 특성을 고려한다면 유아의 경험은 추상적인 것보다는 직접적인 경험이 가능한 내용이 되어야 하며, 마술적 요소나 의인화된 내용은 전조작기 유아의 과학적 사고 확장에 방해가 될 수 있다. 따라서 무지개 만들기, 비 만들기, 증발 실험, 화산 실험과 같이 일회적이며 마술적인 실험은 유아의 발달 수준을 넘는 과학 실험에 불과하므로 유아 자신의 직접적 조작에 의해 나타나는 다양한 결과 관찰이 가능한 단순한 분류나 측정, 의사소통이 가능한 내용이 바람직하다.

ㄹ. 유아들은 실험을 하면서 과학적 문제 해결을 위해 나름대로의 가설을 만들어 시도해보고 나타난 결과를 가지고 초기 가설을 비교해 본다. (O)

더 읽어보기

■ **만 3~5세 누리과정 관련내용〉 탐구과정 즐기기〉 지도지침 및 유의점 中**
- 유아가 궁금한 점을 알아볼 수 있는 방법에 대해 생각하도록 격려하고 자신이 고안한 방법으로 탐구하는 것을 즐길 수 있도록 충분한 시간을 제공한다.
- 유아가 탐구하는 과정에서 처음 예측한 것과 실제 나타난 결과를 비교해 보도록 하여 자신이 생각한 가설과 결과가 다를 수 있음을 알도록 한다.

ㅁ. **동식물을 대상으로 실험하는 것**은 동식물과 인간과의 관계를 일상생활에서 접할 수 있는 기회를 제공하므로 가능한 많이 해보도록 하는 것이 바람직하다. (×)

더 읽어보기

■ **2007년 개정 유치원 교육과정 관련내용〉 지도상의 유의점 中**
- 유치원에서 동식물을 길러 자연과 인간과의 관계를 일상생활에서 접할 수 있도록 기회를 제공하는 것도 한 방법이 된다. 동식물을 기르는 과정에서 자연스럽게 죽음을 직면하게 될 경우, 유아가 동식물의 입장을 생각해 보면서 작은 생명 하나라도 소중히 여겨야 함을 알아가도록 지도한다.

■ **유아 인성교육을 위한 교사용 부모상담 가이드북(교과부, 육아정책연구소, 2013) 中**
- 유아 발달과 생물에 대한 개념 : 사실 유아는 곤충 등 동물의 유해함이나 유익함에 대한 지식이 없다. 따라서 유아가 이러한 주위 생명체에 대해 갖게 되는 생각이나 행동은 주위 성인이 하는 말이나 행동에 의해 결정된다.
- 유아는 생명체에 대해 주로 동물과 사람을 중심으로 이해한다. 즉, 생명체란 '움직임'이 있는 것이라고 이해하고 있기 때문에, 식물보다는 동물을 생명체로 이해하는 경향이 있다. 생명체란 움직이는 것이라는 생각을 갖고 있는 유아이기에 식물이나 동물도 '죽는다'는 것을 이해하지 못한다. 그리고 자신의 어떤 행동 때문에 생명체가 죽게 되는지 알지 못하는 경우가 많다.
- 생명체를 경시하는 유아를 위한 바람직한 대처방법
  - 곤충을 관찰하거나 동물을 대하는 적절한 방법에 대해 알려준다.
  - 작은 곤충이나 흔한 꽃들도 생명을 가진 가장 귀중한 존재임을 이야기해 준다.
  - 곤충과 동물이 우리 생활에 미치는 영향(해로운 점, 이로운 점)에 대해 알려준다.
  - 야외에서 곤충이나 꽃을 관찰한 후에는 원래 있던 자리에 두고 오도록 지도한다.
  - 아이의 행동으로 곤충 등 동물이 죽게 되거나 다칠 수 있음을 강조하여 설명해 준다.
  - 아무 이유 없이 곤충을 죽이는 경우, 생명의 소중함을 설명해 주고 나쁜 행동임을 알려준다.

> 2011년 A

03 다음은 자유 선택 활동 시간에 일어난 상황이다.

> 수·조작 놀이 영역에서 선희와 기영이가 주사위를 이용하여 판 놀이를 하고 있다. 놀이 방법은 1부터 3까지의 숫자와 별 모양이 있는 주사위를 던져서 숫자가 나오면 말을 이동하고 별이 나오면 한 번 쉬는 것이다. 이렇게 하여 도착점에 먼저 도착하는 사람이 이기는 놀이이다. 교사가 와서 선희와 기영이가 놀고 있는 것을 보고 있다.
>
> 기영 : ㉠ <u>너는 4칸, 나는 3칸 남았다! 너는 나보다 1칸 더 남았어.</u>
> 선희 : ㉡ <u>(주사위를 던져 별이 나오자) 에이, 별이네. 한 번 쉬어야겠다.</u>
>   근데, 이거 너무 오래 걸려 재미없다. 그치?
> 교사 : 그럼, 좀 더 재미있게 할 수 있는 방법이 없을까?
>   … (중략) …
> 기영 : (교사를 보면서) 그러면, 주사위 2개를 던지면 어때요?
> 교사 : 그거 참 좋은 생각이네. 또 다른 방법은 없을까?
> 선희 : 주사위에 별이 나오면 말을 한 번 쉬는 것이 아니라 5칸 더 가기로 해요.
> 기영 : 5칸 더 가는 것이 아니라 자기가 놓고 싶은 곳에 놓기로 하자.
> 선희 : 안 돼. 별이 나왔을 때 (도착점을 가리키며) 여기에 놓으면 놀이가 끝나잖아.
> 기영 : ㉢ <u>(잠시 생각하더니)</u> 그럼, 4칸만 더 가는 것으로 할까?
> 선희 : ㉣ <u>그래. 그럼, 별 나오면 내가 이겨!</u>
>
> 선희와 기영이는 놀이를 다시 시작하고 교사는 다른 곳으로 간다.

1) 까미-드브리스 프로그램(Kamii & DeVries Program)에 따르면 유아들은 다양한 활동을 통해 3가지 유형의 지식을 구성할 수 있다. 유아들이 구성할 수 있는 지식의 유형 중 ㉠, ㉡에 해당되는 것이 무엇인지를 각각 쓰고 그 이유를 논하시오.

   • _____

답안 1) ㉠ 논리-수학적 지식. 친구와 자신의 게임 판에 남은 칸 수를 비교하고 있으므로 이는 사물 사이의 관계성으로부터 구성되는 지식에 해당한다.

㉡ 사회적 지식. '별이 나오면 쉰다.'라는 놀이의 규칙은 놀이자 간의 약속이다. 따라서 이는 사람들 간에 (사회에서) 협의된 규칙(약속)이나 관습에 의해 형성된 지식에 해당한다.

2011년 B

04 다음은 자유 선택 활동 시간에 진희가 과학 영역에 준비된 (가) 활동을 하는 과정에서 일어난 상황이다.

(가)
진희 : (크기가 큰 스티로폼을 물에 넣은 후) 어! 이건 큰데 왜 뜨지?
㉠ 진희는 스티로폼을 손으로 가라앉히려고 물속으로 밀어 보지만, 손을 떼자 가라앉았던 스티로폼이 다시 떠오르고, 진희는 계속 가라앉히려고 애를 쓴다.
㉡ 교사 : (진희의 행동을 지켜보던 교사는, 작지만 가라앉는 물체와 크지만 뜨는 다양한 물체들을 첨가해 주면서) 진희야, 이 물체들도 물에 넣어 보자!
㉢ 진희 : (다양한 물체를 반복해서 물에 넣어 보더니) 아하! 이제 알았다. 크다고 가라앉는 건 아니잖아!

2) 피아제(J. Piaget) 이론의 인지발달기제 중 ㉠, ㉢에 해당하는 것이 무엇인지 밝히고, ㉠, ㉢의 사례와 관련지어 그 특징을 각각 논하시오.

   • _____

3) 진희의 과학적 사고 발달을 위해 ㉡에서 수행한 교사의 역할 3가지를 쓰고, 역할별로 ㉡에서 해당하는 부분을 1가지씩 찾아 논하시오.

   • _____

CHAPTER 06-1 과학교육

답안 2) • ㉠ 동화. '크기가 큰 것은 가라앉을 것'이라는 도식을 가진 진희가 스티로폼을 계속 가라앉히려고 애쓰고 있는 사례에서 볼 수 있듯이 이는 이미 가지고 있는 도식으로 새로운 대상을 해석하려는 과정을 말한다.
• ㉡ 조절. ㉡에서 진희가 '크다고 가라앉는 것은 아니라는 것'을 깨닫고 있는 것과 같이 이는 기존의 인지구조를 통해 새로운 대상을 이해하기 어려운 경우 자신의 도식을 변경시키는 과정을 말한다.

3) • 관찰자, 진희를 관찰하며 어떤 점에서 어려움을 겪는지 살펴봄
• (물리적) 환경 지원자, 작지만 가라앉는 물체와 크지만 뜨는 다양한 물체들을 첨가해 줌
• 촉진자, "진희야, 이 물체들도 물에 넣어보자."라고 제안하여 실험을 해결할 수 있도록 촉진함

답안해설

2) (가)에서는 '평형화'의 과정을 보여 주고 있습니다. 사례에서 드러나는 평형화의 과정은 다음과 같습니다.
• '큰 물체는 가라앉는다'라는 단순한 도식을 가지고 있던 진희가 크지만 물에 뜨는 스티로폼으로 인해 '인지적 불일치'를 느꼈습니다. ("어! 이건 큰데 왜 뜨지?") 진희는 여전히 자신이 가진 도식으로 이 새로운 사건을 이해하려고 시도하는 모습을 보입니다(동화 - "㉠").
• 이때 교사가 촉진자이자 환경의 제공자로서의 역할을 적절히 수행하였기 때문에 진희는 다양한 실험을 할 수 있었고 결국 '크다고 다 가라앉는 것은 아니다'라는 도식의 수정(조절 - "크다고 가라앉는 것은 아니다.")을 통해 평형화를 이룰 수 있습니다.
• 또한 이를 통해 환경에 더욱 적응적이고 보다 정교한 도식으로 자신이 가진 도식을 조직화해 나갈 수 있게 되었습니다.

더 읽어보기 과학 활동 시 교사의 역할

출처 : 허혜경 외 1인 공저 『누리과정에 기초한 영유아과학교육』(문음사) p. 188, 표 6-2

	신은수 외(2009)	라정숙 외(2009)	한유미(2010)
교사의 역할	• 환경제공자 • 안내자 및 평가자 • 상호작용자 • 전문가	• 상호작용자 • 활동 준비자 • 관심 갖는자 • 안내자 • 정리자 • 학습자 • 활동 기록자 • 질문자 • 집단 구성자	• 제시자 • 관찰자 • 질문자 • 촉진자 • 환경 구성자 • 참여자 • 이론 정립가

2010년 B

04 다음은 어느 화창한 날 박 교사가 만 5세 유아들과 함께 한 '빨래하기' 수업 사례를 간략하게 제시한 것이다. 박 교사 수업의 문제점과 그 예를 활동자료에서 1가지씩, 활동과정에서 2가지씩 찾아 쓰고, 문제점에 대한 대안을 2007년 개정 유치원 교육과정 탐구 생활 영역의 '지도상의 유의점'에 근거하여 문제점별로 각각 논하시오.

> 목표 : • 젖은 빨래와 마른 빨래의 상태를 관찰하는 능력을 기른다.
> • 빨래는 햇볕이 있는 곳에서 잘 마른다는 것을 안다.
>
> 활동자료 : 재질과 두께 및 크기가 서로 다른 인형 옷 10벌, 물, 투명한 그릇, 건조대, 비교표
>
> 활동과정 :
> • 도　입 : 유아들과 소집단으로 오늘 날씨에 대해 잠시 이야기한 후, 준비한 '빨래하기' 활동을 소개한다.
> • 전　개 : 먼저 탁자 위에 늘어놓은 여러 가지 인형 옷을 유아들에게 보여주고, 돌아가며 한 번씩 만져본 후 느낌을 말하게 한다. 다음으로 인형 옷을 물에 넣으면 어떻게 될지 한 명씩 예측하고 물에 넣어보게 한 뒤, 예측한대로 되었는지 교사의 질문에 답하게 한다. 이 후 교사는 투명한 그릇에 인형 옷을 넣어 빨면서 유아들에게 이 과정을 관찰하게 한다. 마지막으로 젖은 인형 옷을 말릴 수 있는 방법을 소개하고, 10벌의 인형 옷을 3개의 건조대에 나누어 널어서 실외의 햇볕이 있는 곳, 교실, 욕실에서 말린다.
> • 마무리 : 일정 시간이 지난 뒤 건조대의 인형 옷 상태를 비교표 '어느 곳(실외의 햇볕이 있는 곳, 교실, 욕실)에서 잘 말랐나요?'에 표시하게 한 뒤 '햇볕이 있는 곳에서 인형 옷이 잘 마른다.'는 교사의 이야기로 결론을 내린다.

답안

활동자료 측면	
사례에 나타난 문제점	대안
다양한 변인을 통제하지 않고 실험 과정에서 이를 한 번에 제시한 점이 문제이다. 이럴 경우 유아들은 옷이 마른 이유가 무엇인지(재질이나 두께 혹은 크기와 같은 옷의 특성 때문인지, 햇볕 때문인지 등)를 알아보기 위한 과학적 사고가 이루어지기 어렵다. – 재질, 두께, 크기가 서로 다른 인형 옷 – 실외의 햇볕이 있는 곳, 교실, 욕실	• 인형 옷의 두께, 크기, 재질을 하나로 통제하고 빨래를 말림으로써 어느 장소에서 더 잘 마를지 예측해 보고 비교하는 활동을 진행한다. • 빨래 말리는 장소를 한 장소로 통제하고 나머지 옷의 재질이나 두께, 크기 중에서 한 가지 변인을 선택해 다양하게 제시해 봄으로써 그 변인의 차이에 따라 어떤 것이 더 잘 마를지 예측해 보고 비교해 보는 활동을 진행한다.

활동과정의 측면	
사례에 나타난 문제점	대안
① 교사 주도적 활동으로 진행한 점이 문제이다. 교사가 투명한 그릇에 인형 옷을 넣어 빨며 유아들에게 이 과정을 관찰하도록 하는 실험 진행 방식과 인형 옷을 넣으면 어떻게 될지 질문을 하고 예측대로 되었는지 질문에 답을 하게 하는 진행 방식은 모두 자신의 계획대로 전체 실험의 과정을 이끌고 나가는 교사 주도적인 활동의 방식이기 때문에 유아들이 흥미를 지속하고 탐구에 자발적으로 몰입하기 어렵다.	미리 계획한 하나의 질문과 그에 대해서 답을 하게 하는 것보다는 빨래의 과정에서 유아들의 개별적인 관심사나 흥미를 반영하여 질문하고, 실험의 과정에서도 유아들이 참여할 수 있는 방식으로 각자 다양한 시도를 해볼 수 있는 기회를 제공하도록 한다. 이를 통해 유아들은 각자의 자연스러운 궁금증에 기초한 예측과 검증 과정을 거치며 나름의 결론에 도달할 수 있게 된다.
② 교사가 섣불리 결론을 내리며 활동을 마무리한 점이 문제이다. 활동의 마무리 단계에서 교사의 이야기로 결론을 짓는 진행 방식은 유아가 지속적으로 탐구하는 태도에 방해를 줄 뿐 아니라 오개념을 형성하게 만들 수 있다.	유아들이 발견한 이야기를 나누고 그 결과를 도표, 그림 등으로 다양하게 나타내게 하여 지속적으로 탐구에 대한 동기를 형성하도록 격려하고 의미 있는 학습이 되도록 한다.

1) 실험 과정에서 변인 통제의 중요성 : (2007년 개정 유치원 교육과정) 지도원리 및 유의점 中

전조작기 유아들은 발달 특성상 여러 가지 변인을 고려하지 못한다. 따라서 변인이 통제되지 않은 여러 가지 자료는 오히려 유아의 과학적 사고를 분산시킴으로써 깊이 있는 사고를 방해할 수 있다. 예를 들어 경사로 활동의 경우 굴리는 물건과 경사로의 높이 모두를 다르게 하는 경우 유아들은 어떤 변인 때문에 물건이 잘 굴러가는 것인지 인지하지 못한 상태에서 단순한 놀이 수준으로 그쳐 버릴 수 있다. 분류 활동을 할 때에도 빨간색이면서 네모난 모양 또는 잎사귀이면서 뾰족하고 초록색인 것 등과 같이 두세 가지 속성을 동시에 고려하여 분류하게 하는 것은 논리적 사고를 수반하지 않은 단순 조작에 머무르게 할 수 있다. 따라서 탐구활동을 할 때는 반드시 자료에 의한 변인 통제가 중요하며, 통제된 자료를 순서적으로 제시함으로써 사고를 한 방향으로 확장시켜 가는 교사의 철저한 사전 계획이 필요하다.

2) 변인 통제를 위한 자료의 수 출처 : 유아과학창의교육(교육과학기술부, 2008) 中

교사가 자료와 물리적 공간을 충분하게 제공하지 못하면 또래 간의 갈등을 유발하고 과학적 사고의 확장에 방해가 될 수 있다. 그러나 여러 가지 자료를 동시에 제공하는 경우 또한 변인 통제가 되지 않아 오히려 유아의 과학적 사고를 방해한다. 예를 들어, 물의 압력 실험을 하는데 탐색 단계에서 구멍의 크기가 다양한 물총을 준다거나 구멍의 크기와 높이가 다른 여러 개의 물통을 주는 경우 유아의 누르는 힘과 구멍의 크기 또는 구멍의 크기와 높이 두 가지의 변인이 한꺼번에 작용하여 무엇에 의해 물이 멀리 나가는지를 알 수 없어 단순 놀이가 될 수 있다.
다양한 자료를 주는 것이 좋다는 생각에 익숙해있는 유아교사들이 흔히 범하는 오류인데, 유아들은 여러 가지 속성을 동시에 고려할 수 없기 때문에 과학활동을 할 때는 반드시 자료에 의한 변인 통제가 중요하다.

1) 탐구하는 태도 기르기 및 탐구 동기의 유발 : (2007년 개정 유치원 교육과정) 지도원리 및 유의점 中
전체 유아를 대상으로 같은 질문에 대해 탐구하게 하는 것은 바람직하지 않다. 왜냐하면 하나의 주제 안에서라도 유아들마다 관심 분야가 다를 수 있으며, 같은 관심 분야라 하더라도 그 결과에 대한 생각이 다를 수 있기 때문에 유아들이 각자 관심 있는 부분에 대해서 탐구를 지속적으로 유지할 수 있도록 지원해 주어야 한다. 이때 교사는 유아들마다 가진 다른 가설들을 견주어 줄 수 있는 상호작용을 통해 유아들 간의 상호작용을 촉진시켜 주어야 한다. 유아들은 이러한 사회적 상호작용 속에서 계속적으로 다른 유아의 의견과 자신의 생각을 견주어 보는 토의 과정을 거치게 되며 이를 통해 결론을 도출하는 데 있어 판단을 유보하는 신중성과 객관성, 개방적 태도를 기르게 된다. 따라서 교사는 놀이 과정 속에서 다른 유아와 의사소통할 수 있도록 상호작용해 줄 뿐만 아니라, 소집단 토론 활동을 통하여 자신의 생각을 발표하는 경험을 제공해 주어야 한다.

2) 유아과학 교수방법 : 실험적 교수-학습방법
교사가 유아에게 과학을 가르치기 위해 다양한 교수법을 사용하는 것은 학습의 효과를 높이는 데 필수적이다. 과학교육을 위한 교수-학습 방법은 각각에 따라 장단점이 있으나 활동의 내용과 유아의 발달수준에 따라 선택해 최대의 효과를 얻도록 한다. 여러 교수법들은 한 활동에 한 가지를 적용하는 경우도 있고 같은 주제를 다른 교수-학습방법으로 적용할 수도 있다. 그중 실험적 교수법에 대한 설명은 다음과 같다.
- 유아가 직접 활동을 하는 것으로 재료와 도구를 다루어 주어진 문제의 답을 찾아내는 것이다. 가장 큰 특징은 유아가 직접 실험하는 것이다.
- 유아는 행위에 의한 결과가 분명한 자료를 제시할 때 성공감을 느낄 수 있으므로 자료의 결과가 명확한 자료를 제시하도록 한다.
- 실험적 접근법에서는 다른 접근법에서보다 교사의 역할이 중요한데 교사는 실험을 하기 전 무엇을 하는 활동인지 설명해 주어야 한다. 설명을 할 때에는 정해진 절차나 방법에 대해 설명하는 것이 아니라 유아가 스스로 발견해 낼 수 있도록 목적을 설명해 주고 유아의 선지식이나 경험 수준에 따라 구체적 예나 방안을 알려주는 정도로 한다.
- 실험을 한 후에는 유아가 자신이 발견하고 알게 된 것에 대해 설명하고 서로의 결과를 비교하고 토론하는 시간을 통해 더 의미 있고 가치 있는 시간이 되도록 한다.
- 일회적이고 마술적인 실험은 전조작기 유아에게 바람직하지 않다.

스스로 다양한 시도를 해보고 결론을 내려보는 경험 격려하기 : (2007년 개정 유치원 교육과정) 지도원리 및 유의점 中
특히, 유아의 탐구하는 태도를 기르기 위해서는 교사가 섣불리 결론을 내리지 않도록 해야 한다. 한 예로 경사로에서 자동차 굴리기 활동에서 자동차를 한두 번 굴려본 뒤 교사가 유아들에게, "어디서 굴렸을 때 자동차가 더 멀리 갈까?"와 같은 질문을 한 뒤, "그래, 경사로가 높은 곳에서 더 멀리 갈 수 있구나!"와 같이 정리하는 경우가 종종 있다. 그러나 이는 지속적으로 탐구하는 태도에 방해를 줄 뿐 아니라, 자칫 잘못된 개념을 심어주게 될 수도 있다. 사실 경사로가 어느 정도의 높이 이상으로 높아지면 자동차가 멀리 가는 것이 아니라 오히려 바로 앞에 떨어지게 되며, 이러한 것을 찾아내는 것이 경사로의 높이가 높아지면 자동차가 더 멀리 간다는 개념을 아는 것보다 유아들에게는 더 의미 있는 것임을 기억해야 한다.

CHAPTER 06-1 과학교육

2009년 B

04 유치반을 담당하고 있는 김 교사는 과학 활동을 열심히 하고는 있으나 유아들이 자신의 수업에 크게 흥미를 느끼지 못해 고민하고 있었다. 김 교사는 동료인 최 교사에게 자신이 쓴 과학 수업에 대한 '교사 이야기 쓰기'를 보여주며 유아가 흥미 있게 수업에 참여하는 방안에 대한 조언을 부탁하였다. '구성주의적 관점'을 가진 최 교사는 김 교사의 수업이 유아의 흥미를 이끌어 내고 지속시키기 위해서는 개선할 부분이 있다고 생각하였다. 최 교사의 관점에서 개선해야 할 사항을 3가지 제기하고, 각각의 이유를 논하시오. 그리고 이를 기초로 개선해야 할 사항 3가지에 대하여 최 교사가 제안할 수 있는 대안 1가지씩을 구체적 사례를 들어 제시하시오.

> 나는 늘 과학 활동에 자신이 없다. 전문적 지식이 부족하다는 생각은 과학 활동을 더욱 어렵게 한다. 그러나 나는 과학 수업을 열심히 해 보려는 마음은 있다. 사실 오늘 수업도 나름대로 열심히 준비한 수업이었다.
> 이번 주 과학 활동을 무엇으로 할까 고민하던 중, 지난 주말 산행에서 나무에 달린 탐스러운 열매를 보고 '가을 열매 알아보기'로 결정하였다. 수업에 필요한 열매는 산행을 하면서 수집하기도 하고 일부는 구입하였다. 관련 사진도 교실에 붙여 주고 관련 책도 도서 영역에 내 주었다. 가을 열매에 대해서는 아이들이 많이 알고 있을 것 같아서 꽃에서 열매가 되기까지의 과정(꽃이 핀 다음 암술머리에 수술의 꽃가루가 붙어서 수정이 되면, 씨방이나 꽃턱, 꽃받침 등이 열매로 변한다)에 대한 설명도 함께 하려고 계획하였다.
> 오늘 아침 혜영이가 친구들과 함께 보겠다고 달팽이를 가져 왔다. 아침부터 아이들의 관심은 온통 달팽이에 쏠려 있었다. 그렇지만 나는 지난 주부터 계획한 것이고 준비도 많이 한 터라 계획한 대로 과학 활동을 실시하였다.
> 수업 시작 전 모든 아이들이 잘 보일 수 있도록 자리 배치도 신경 써서 전체가 모이는 카펫에 앉혔다. 드디어 수업을 시작하였다. 그동안 모은 열매를 하나하나 보여주며 이름을 말해 주고 열매의 다양한 특성과 함께 열매가 맺히는 과정도 아주 자세히 설명해 주었다.
> 처음에는 아이들이 흥미 있게 듣는 듯 하더니 이내 딴 짓이었다. 내가 이렇게 열심히 수업을 하는데 떠드는 아이들이 야속했다. 최선을 다해 가르쳤지만 오늘도 아쉬움이 많이 남는다. 아이들은 왜 내 수업에 흥미를 느끼지 못하는 걸까?

답안

① 수업의 내용 선정

- **문제점**: **수업의 내용** 선정 측면에서 '꽃이 열매가 되기까지의 과정'을 암술머리에 꽃가루가 수정이 되고, 씨방과 꽃턱 등으로 구체적으로 전개하려고 계획한 것은 유아들의 수준에 적합하지 않다. 교사가 선정한 수업 내용은 유아가 능동적으로 탐색·탐구의 과정을 통해 스스로 지식을 구성해 나가도록 진행하기에는 어려운 내용이다.

- **대안**: 꽃에서 열매가 되는 과정은 유아들의 수준에서 자세히 다루기에는 어려운 주제이므로 관련된 동화를 선정하여 들려주는 활동으로 진행하는 것이 적절하다. 따라서 '꽃이 열매가 되기까지의 과정'은 동화를 선정하여 도입 부분에서 들려주는 정도로 진행한 뒤 산행에서 수집한 열매를 직접 탐색·탐구할 기회를 갖도록 한다.

② 집단의 구성

- **문제점**: **집단의 구성 측면**에서 볼 때 전체 과정을 대집단 활동으로 진행한 점은 적합하지 않다. 이와 같이 진행할 경우 유아들의 개별적인 흥미와 관심을 반영하기 어려우며 적극적인 탐색의 기회가 제한된다.

- **대안**: 교사가 주도하는 대집단 활동의 시간을 축소시키고 소집단 활동으로 확장·전개하여 유아들이 개별적 흥미와 관심사를 적극적으로 탐색하고 의사소통할 수 있는 기회를 제공한다.

③ 교수전략(교수 - 학습방법)

- **문제점**: **교수전략** 면에서 볼 때 교사의 설명식 방법을 위주로 전체 수업을 진행하고 있기 때문에 발달 특성상 유아들이 지루해 할 수 있다. 또한 혜영이가 가져온 달팽이에 아이들의 온 관심이 쏠려 있음에도 자신이 계획한 활동만을 진행한 부분은 유아들이 자신의 관심과 흥미에 따라 적극적으로 탐색할 수 있는 기회를 빼앗는 교사 주도적 방식이므로 적합하지 않다.

- **대안**: 수업을 진행하는 중에도 반성적 사고를 통해 아이들의 관심사나 흥미를 반영하고 자신의 계획을 수정하는 융통성을 발휘해야 한다. 또한 설명식 위주의 수업은 유아들에게 지루함을 줄 수 있으므로 유아들이 직접 관찰하고 비교해 볼 수 있는 탐색활동 등의 발견적 학습의 기회를 마련해 주도록 한다.

④ 교사의 과학적 소양 키우기

- **문제점**: **교사의 과학적 자질** 면에서 볼 때 교사는 과학 수업을 열심히 해보려는 마음만 있을 뿐 자신의 전문적 지식 부족으로 여전히 과학 활동에 대한 자기효능감이 낮다. 뿐만 아니라 자신이 계획한 수업의 실패 원인 분석을 위해 자신을 (반성적으로) 되돌아보기보다 아이들이 활동을 잘 따라주지 않은 탓으로 돌리는 모습을 보이고 있다.

- **대안**: 과학 수업에 관련된 연수, 워크숍 등에 참여하여 전문적 지식을 늘리도록 해야 하며, 다른 교사의 수업에 참관하거나 자신의 수업을 모니터링하고 분석해 보는 과정 등을 통해 자신의 문제점을 적극적으로 개선하려고 노력함으로써 과학 수업에 대한 자기효능감과 과학적 자질을 증진시키도록 한다.

더 읽어보기

2015 개정 유치원 교육과정(만 3~5세 누리과정): 과학적 탐구하기

내용	3세	4세	5세
생명체와 자연환경 알아보기	나의 출생과 성장에 대해 관심을 갖는다.		나와 다른 사람의 출생과 성장에 대해 알아본다.
	주변의 동식물에 관심을 가진다.	관심 있는 동식물의 특성을 알아본다.	관심 있는 동식물의 특성과 성장과정을 알아본다.
	생명체를 소중히 여기는 마음을 갖는다.		
		생명체가 살기 좋은 환경에 대해 관심을 갖는다.	생명체가 살기 좋은 환경과 녹색환경에 대해 알아본다.

CHAPTER 06-1 과학교육

5세〉 '관심 있는 동식물의 특성과 성장 과정을 알아본다.'
- 유아가 관심을 가지고 있는 동식물을 관찰하고 기르면서 동식물의 특성과 성장하는 과정을 알아가는 것에 중점을 두는 내용이다.
- 만 5세 유아는 관심 있는 동식물의 특성뿐만 아니라 성장 과정에 대해서도 궁금해하며 알아보고자 한다.
- 여러 가지 동물의 특성과 성장 과정을 알아보는 것은 교사가 다양한 동식물에 대한 구체적인 지식을 제공해 주는 것이 아니라 유아가 관심 있는 동식물을 주변 환경에서 직접적으로 경험하고, 길러보며, 계속 성장하는 과정을 알아보는 내용을 다룬다.

지침서〉 지도원리 및 유의점
가. 교사는 일반적인 동식물보다는 유아가 관심을 가지고 있는 동식물을 선택하여 자세히 탐색할 수 있도록 안내해야 한다.

2001년 주관식

07 다음에 제시된 과학 실험의 사례를 읽고, 탐구 학습의 원리에 비추어 과학 교수 방법의 문제점을 5가지 지적하시오. [총 8점]

> 교사가 물이 담긴 수조 한 개와 뜨고 가라앉는 물체들을 준비한 후, 20명의 유아들을 교사 앞에 둘러 앉게 하고 물체의 이름을 차례로 말하도록 하였다. 그 다음에 어떤 물체가 뜨고 가라앉는지 알아보기 위해 교사가 물체를 한 개씩 물에 넣어보고, 그 결과를 유아들이 말하도록 하였다. 활동의 마무리로 교사는 준비된 물체 중 어떤 것이 뜨고 가라앉았는지 구분해 주었다.

①
②
③
④
⑤

답안
① 20명의 대집단으로 활동을 진행한 점
② 유아들이 참여하는 방식이 아닌 교사가 시범을 보이는 방식으로 교사 주도적 실험을 진행한 점
③ 유아들의 과학적 사고를 촉진하는 다양한 발문이 아닌 교사가 계획한 방식으로 이끌어 가는 데 중점을 두고 답을 말하게 하는 질문만 한 점
④ 유아들의 다양한 흥미와 관심을 반영할 수 있는 유아의 질문 기회를 제공하지 않은 점
⑤ 결과 중심적으로 실험을 진행한 점(교사가 뜨고 가라앉는 물체를 구분해 줌.)

답안해설
① 20명의 유아가 1개의 수조를 관찰하게 될 경우 모든 유아들이 실험 과정을 보기 어려울 수 있으므로 소집단으로 실험을 진행하는 것이 적합하다.
② 한 주제 안에서도 관심 분야가 다를 수 있으며 같은 관심 분야라고 해도 그 결과에 대한 생각이 다를 수 있으므로 각자 자신의 가설을 세우고 탐구할 수 있도록 기회를 제공하는 것이 필요하다.
③ 유아의 과학적 탐구능력과 태도의 발달을 위해서는 실험 과정 가운데 이루어지는 상호작용이 중요하므로 유아가 탐구과정에 참여하여 의견을 나누고 토의 과정을 거쳐 결론을 도출하는 가운데 과학적 태도를 길러줄 수 있도록 해야 한다.
④ 어느 것이 뜨고 가라앉는지에 대한 지식을 아는 것보다 유아가 생활 주변의 사물에 관심을 가지고 자연스럽게 생겨나는 궁금증을 해결하기 위해 스스로 다양한 시도를 해보고 결론을 내려보는 경험 속에서 탐구하는 태도를 길러주는 것이 더 의미 있음을 기억해야 한다.

03 과학적 탐구과정 기술 및 태도 기출문제 분석

2022년 B

06 (가)는 유아들의 놀이 상황이고, (나)는 놀이 상황을 관찰한 후, 기록한 교사의 메모이다. 물음에 답하시오. [5점]

(가)

> 은우 : (수조와 그 옆 바구니에 담긴 물체를 보며) 와, 이거 뭐야?
> 준호 : 바구니에 뭐가 많아.
> 재린 : 뭐 있는지 나도 볼래.
> 은우 : (솔방울과 나뭇잎을 보며) 어, 이거 산책 나갔을 때 주운 거네.
> 재린 : ㉠ <u>(조개껍데기 냄새를 맡으며) 바다 냄새다.</u>
> 다인 : ㉡ <u>(바구니 쪽으로 다가가 쇠구슬을 만지작거리며) 딱딱해.</u>
> 준호 : 여기 그릇 같은 거랑 국자도 있네.
> 은우 : (모루를 만지며) 이건 뭐지?
> 재린 : 우리 만들기 할 때 썼잖아.
> 준호 : (야구공, 탁구공, 스티로폼 공을 가리키며) 여기 동그란 공이 많아.
> 다인 : 우리 뭐 넣어 볼까? 나 탁구공 넣어 볼래.
> 은우 : 둥둥 떠.
> 재린 : (말굽자석을 넣으며) 이것도 넣어 봐. ⎤
> 다인 : 어, 가라앉네. |
> 준호 : 그건 크니까 가라앉아. |
> 재린 : 그래? 다른 것도 넣어 보자. 뭐 넣어 볼까? | [A]
> 은우 : (클립을 만지며) 이건 작네. |
> 준호 : 그건 작으니까 뜰 거야. |
>   (재린이가 클립을 물에 넣는다.) |
> 재린 : 어, 가라앉네!   ⎦
>
> … (하략) …

1) ① (가)의 ㉠과 ㉡에 나타난 유아의 과학과정기술을 쓰고, ② (나)의 ㉢이 적절한 이유를 유아의 전조작기 사고 특성에 비추어 설명하시오. [2점]
   (※ ②는 [02 구성주의 과학교육 내용]에서 살펴봅니다.)

   ① _____

   ② _____

답안 1) • ① : 관찰하기

> 과학과정기술(탐구기술)은 정보를 발견·수집하고 사고·탐구하여 문제를 해결하는 과정에서 사용되는 기술을 의미하는 용어로, 교사는 유아가 나타내는 세상에 대한 호기심을 과학과 연결 짓도록 돕기 위해 이러한 과학과정기술을 경험하고 활용할 기회를 제공해야 한다. 과학과정기술에 대한 분류는 학자별로 다양하나 일반적으로 관찰, 비교, 분류, 측정, 예측, 추론, 의사소통, 실험 등을 유아와 초등 저학년에 적합한 과정기술로 제시하고 있다.
>
> • **관찰**은 주의 집중하여 사물을 세밀하게 보는 활동으로 단순히 어떤 것을 쳐다보는 것이 아니라 무엇인가를 발견하겠다는 목적을 가지고 다양한 감각을 활용하여 자세히 보는 것을 의미한다(유연화, 임경애, 최현정, 2015).
> • **관찰하기**는 유아 과학 활동의 기초가 되는 중요한 활동으로 관찰하기를 통하여 유아는 주변의 관심 있는 사물에 대한 정보를 습득할 뿐만 아니라 주변의 많은 사물과 사건들에 대한 흥미와 관심을 지속시킬 수 있다. 일반적으로 관찰하기를 시각만 이용하여 실행하는 경우가 많으나 관찰하기는 유아가 주의 집중하여 오감각을 사용하거나 도구를 이용하면서 물체의 특성과 변화를 관찰하고 기술하는 활동이다.

2021년 B

06 (가)는 4세반 도미노 놀이 상황이고, (나)는 교사의 기록이다. 물음에 답하시오. [5점]

(가)

> … (상략) …
> 은지, 호진 : (함께 나무 막대 5개를 세워 다 쓰러뜨리자) 와! 재미있다.
> 은지 : 이번엔 너랑 나랑 따로 세워 보자.
> 호진 : 그래. (나무 막대를 다시 세워 쓰러뜨린다.) 야호!
> 은지 : 난 길게 만들래. 호진아, 좀 도와줘.
> 호진 : 그래. (은지를 도와 나무 막대를 세우며) 나도 더 길게 세워야지. (나무 막대 7개를 세워 쓰러뜨리려 했지만 다 쓰러지지 않자 시무룩한 표정으로) 어떻게 해야 하는 거야? 에이, 모르겠다. 재미없어.
>   호진이는 다른 놀이를 하러 간다. [B]
> 은지 : 난 더 놀 거야. (여러 번 반복하지만 다 쓰러지지 않자 시무룩한 표정으로) 손가락으로 밀면 나무 막대가 쓰러진단 말이야. 그런데 왜 다 쓰러지지 않지? ㉠ (쓰러진 나무 막대와 쓰러지지 않은 나무 막대를 보다가) 아하! 나무 막대를 가깝게! 부딪치게, 부딪치게…. 하나, 둘, 셋! (모두 쓰러지는 것을 보며) 성공!
> 교사 : 어떻게 나무 막대를 다 쓰러뜨릴 수 있었니?
> 은지 : ㉡ (앞의 나무 막대를 가리키며) 이게 뒤에 있는 나무 막대랑 부딪치게 놓아야 해요.
> … (하략) …

(나)

> 이름 : 호진
>
> ○월 ○일 : 혼자 도미노 길을 만들어 쓰러뜨리기에 실패하자 놀이를 중단하고 다른 놀이를 하러 감.
> ○월 △일 : 딱지치기를 하면서 딱지가 잘 뒤집히지 않자 놀이를 중단하고, 팽이 돌리기를 하고 있는 수지에게 가서 함께 놀자고 함.
> ○월 □일 : 혼자 모래로 터널을 만들다가 무너지자 놀이를 중단함.
> ⇒ 호진이에게 부족한 과학적 태도 향상을 위한 지원 방법 모색할 것.

3) [B]와 (나)에 근거하여, ① 호진이에게 부족한 과학적 태도 1가지를 쓰고, ② 그렇게 판단한 이유를 사례와 관련지어 쓰시오. [2점]

① _____

② _____

답안 3) • ① : 끈기성

• ② : 도미노 놀이, 딱지치기 놀이, 모래로 터널 만들기 놀이를 하는 중에 실패할 때마다 이를 끝까지 해결하려고 노력하기보다는 중도에 포기하는 모습을 보이고 있기 때문이다.

> **끈기성**은 문제를 **중간에 포기하지 않고 끝까지 해내려는 태도**이다. 현대 과학에서 끈기성은 실험 도중 실패했더라도 실험을 반복해서 결과를 얻으려고 지속적으로 노력하도록 이끌어 준다. 끈기성에는 실험에 실패했더라도 중단하지 않고 끝까지 노력하기, 계속해서 시도하기, 한 문제가 해결되면 또 다른 문제를 해결하려고 시도하기 등이 포함될 수 있다.

2020년 B

07 (가)는 5세반 과학활동 실시 전 장 교사의 수업 메모의 일부이고, (나)는 과학활동 상황이며, (다)는 수업 관찰 기록의 일부이다. 물음에 답하시오. [5점]

(나)

(유아들이 같은 크기의 동그란 공 모양 찰흙을 가지고 놀이하고 있다.)

민 석 : 와. 동글동글한 찰흙 공이다.
효 린 : 난 두드려서 납작하게 만들 거야.
장 교사 : 찰흙이 어떻게 되었니?
민 석 : (찰흙 공을 굴려서 길게 만들며) 진짜 길어졌어요. 내 것 봐. 내 찰흙이 네 것보다 많아.
효 린 : (찰흙 공을 바닥에 두드리며) 내 찰흙이 더 많아.
민 석 : 아니야. 내가 더 많아.
효 린 : (반죽 위에 손바닥을 올려놓으며) 이것 봐. 내 손바닥보다 커.
장 교사 : 그럼 다시 동그랗게 뭉쳐볼까?
　　　(효린이와 민석이가 찰흙을 다시 둥글게 뭉친다.)
효 린 : (두 찰흙을 마주 대어 보며) 이거 봐 봐. 내 찰흙이 더 많은 줄 알았는데 똑같네. ⎤ [A]
민 석 : 마주 대니까 눈사람 같다. 우리 같이 눈사람 만들어 볼까?
효 린 : 그럼 나는 얼굴 만들 테니까 너는 몸 만들어.
민 석 : 좋아. 찍기 판으로 단추를 만들게. 너도 이걸로 해 봐. ⎤ [B]
효 린 : 그래. 난 이걸로 코 만들 거야. 우리 둘이 합치면 멋진 눈사람이 될 것 같아.
　　　　　　　　　　… (중략) …
장 교사 : 찰흙에 물을 넣으면 어떻게 될까?
민 석 : 말랑말랑해질 것 같아요.
장 교사 : 더 말랑말랑해지려면 어떻게 해야 할까?
민 석 : 손으로 주무르면 돼요.
효 린 : 물을 넣으면 돼요. 선생님, 이것 보세요. 제 찰흙이 진짜 부드러워졌어요.
장 교사 : 찰흙이 왜 이렇게 부드러워졌을까?
효 린 : 물을 많이 넣었거든요. ⎤ [C]
장 교사 : 물을 넣고 나니까 찰흙이 어떻게 변했니?
효 린 : 더 말랑말랑해졌어요.

(다)

> 오늘 효린이와 민석이는 함께 찰흙으로 눈사람을 만들었다. 이 과정에서 아이디어를 구성하기 위해 서로 협의하고, 역할을 분담하며 도구를 함께 나누어 쓰는 (ⓒ)을/를 관찰할 수 있었다.

3) (나)의 [B]에 근거하여, (다)의 ⓒ에 들어갈 유아의 과학적 태도를 쓰시오. [1점]
   • _____

4) (나)의 [C]에 제시된 장 교사의 발문에서 의도한 유아의 과학적 탐구 과정을 쓰시오. [1점]
   • _____

답안 3) • 협동성

4) • 추론하기

> **더 읽어보기**
>
> • **협동성**은 개인보다는 **집단의 이익을 먼저 생각하고 행동하며 다른 의견이 있을 때 서로 협의하는 태도**이다. 협동성을 나타내는 행동으로는 집단 내의 이견을 서로 협의하기, 실험도구를 나누어 사용하기, 실험 후 정리 정돈을 함께 하기, 집단 전체의 생각을 따르기, 실험에서 역할 분담하기 등이 포함된다.
>
> • **추론하기**는 유아가 **관찰한 것의 인과관계를 생각하여 결론을 이끌어 내는 과학과정기술**이다. 추론하기가 과학에서 중요한 이유는 관찰된 결과와 논리적 관계를 갖는 근거를 연결 짓도록 하기 때문이다. 하지만 추론하기는 유아에게 어려운 작업이므로 추상적인 것보다는 즉각적으로 실험할 수 있는 소재로 확인할 수 있도록 하는 것, 유아가 경험을 많이 했던 사물이나 현상에 대해서 추론하기 질문을 하는 것이 바람직하다.

2018년 B

07 다음은 만 5세반 자유선택활동 시간에 과학 영역에서 이루어지고 있는 활동 장면이다. 물음에 답하시오. [5점]

(유아 3명이 쇠집게, 가위, 나무 블록, 지우개 등이 들어 있는 바구니와 자석을 책상으로 가져와서 탐색을 하고 있다.)

김 교사 : (㉠) ⎤
나　라 : (쇠집게를 만져 보며) 차가워요. ⎥
민　희 : (나무 블록을 만지며) 이건 딱딱해요. ⎬ [A]
수　민 : (지우개를 만지며) 부드러워요. ⎦

(유아들이 쇠집게, 가위, 나무 블록 등 다양한 물체를 자석에 붙여 보는 활동을 시작한다.)

… (중략) …

(유아들이 활동을 충분히 한 후)
김 교사 : 자석에 붙여 보니까 어떻게 되었니?
민　희 : (나무 블록을 가리키며) 이건 붙지 않았어요.
수　민 : (가위 앞을 가리키며) 이쪽에 붙이면 붙는데, (손잡이를 가리키며) 이쪽에는 붙지 않았어요.
나　라 : (쇠집게를 가리키며) 이건 자석에 붙고 (지우개를 가리키며) 이건 안 붙었어요.

… (중략) …

(김 교사는 유아들이 놀이 시 사용했던 바구니에 100원, 500원짜리 동전을 여러 개 넣어 둔다.)

김 교사 : (동전을 가리키며) (㉡) ⎤
나　라 : 쇠집게가 붙었으니까 동전도 붙을 것 같아요. ⎬ [B]
김 교사 : 왜 그렇게 생각하니? ⎦
나　라 : 쇠집게와 동전은 색깔이 같으니까 붙을 거예요.
민　희 : 잘 모르겠어요. 해 봐야 알 것 같아요.

(유아들이 동전을 자석에 직접 붙여 보는 활동을 한다.)

나　라 : (동전을 자석에 붙여 보며) 어! 이상하다? 안 붙어. 선생님! 안 붙어요.
민　희 : 나도 안 붙어.

(유아들은 계속해서 자석에 동전과 쇠집게를 번갈아 가면서 붙여 본다.)

… (하략) …

2) ① [A]에 해당하는 탐구기술과 ㉠에 들어갈 교사 발문을 각각 쓰고, ② [B]에 해당하는 탐구기술과 ㉡에 들어갈 교사 발문을 각각 쓰시오. [2점]

• ① _____

• ② _____

2) • ① 관찰하기(observation)
　　　교사 발문 : 바구니 안의 물건을 손으로 만져보니 어떤 느낌이 드나요?

　• ② 예측하기(predicting)
　　　교사 발문 : 만약 동전을 자석에 붙이면 어떻게 될까요?

2) • [A]에서 교사는 바구니 안의 여러 가지 물체를 감각을 활용하여 알아볼 수 있는 탐색의 기회를 제공하고 있으므로 이는 '관찰하기'에 해당합니다.
　• [B]에서 교사의 발문 ㉡에 대한 유아의 반응은 자신이 관찰하고 경험한 내용을 토대로 앞으로 일어날 일을 미리 짐작해 보고 있는 것이므로 이는 '예측하기'의 과정을 촉진한 사례에 해당합니다.

• 예측하기(Predicting) : 이는 현재 알고 있는 지식이나 관찰을 토대로 앞으로 일어날 일을 미리 예상하는 것이다. 관찰 자료에 기초하여 합리적인 추측을 해야 하므로 직접 경험을 통한 사전 지식을 갖는 것이 중요하다(Lind, 2005). 구체적인 자료를 조작해 보며 결과를 예측해 보는 경험을 충분히 제공해 주고, 즉각적으로 결과가 나타날 수 있는 예상 가능한 상황에서 '만약~한다면 어떤 일이 생길까?'라고 질문하는 것이 바람직하다. 예측하기는 경험, 관찰을 통해 입증되므로 가설 세우기-조사-수정의 과정을 거치게 된다.

2015년 B

08 다음은 유치원 활동의 예이다. 물음에 답하시오. [5점]

(가)

　강 교사는 5세 반 유아들과 가을 동산에서 모아온 낙엽이 완전히 말랐다는 것을 확인한 후, 낙엽을 이용한 미술 활동을 전개하였다. 유아들은 낙엽을 색깔별로 분류한 후, 색에 따라 10장씩 세어서 도화지 위에 놓았다.

교사 : 낙엽끼리 이렇게 비비면 어떻게 될까?
소정 : 망가져요.
우진 : 뜨거워져요.
보경 : 부서져요.
교사 : 그럼, 어떻게 되는지 직접 해 볼까?
　(유아들이 낙엽을 비벼 본다.)
교사 : 비비니까 어떻게 되었니?
소정 : 가루가 되었어요.
교사 : 가루를 만들 수 있는 다른 방법은 없을까?

　유아들은 손바닥으로 비비거나 연필로 두드리는 등의 방법으로 낙엽을 가루로 만들었다. 유아들은 낙엽 가루를 도화지에 붙여 사자나 코끼리, 소방차 같은 모양을 만들어 자신의 작품을 완성하였다.

(나)

　송 교사는 4세 반 유아들이 우리 동네 사람들이 하는 일에 관심을 가질 수 있는 활동을 전개하면서 빵 가게를 방문하였다. 유아들은 진열대에 놓여 있는 다양한 모양의 빵을 보고 자신들이 알고 있는 도형과 연관 짓기 시작하였다.

하영 : 이 빵 삼각형 모양이다.
민수 : 아니야, 그거 세모야.
하영 : 여기 봐, 봐. 뾰족한 곳이 세 개 있잖아. 그러니까 삼각형이 맞아.
민수 : 그게 왜 삼각형이야. 세모지.
하영 : 세모 아니야. 내가 맞거든, 삼각형!
민수 : 세모가 맞아. 내 말이 원래 맞거든!

2) (가)의 교사 발문에서 과학적 탐구 과정 중 '예측하기'에 해당하는 부분을 찾아 쓰시오. [1점]
   • _____

3) (나)에서 나타나는 하영이와 민수에게 부족한 ① 과학적 태도를 가리키는 용어 1가지를 쓰고, ② 그 이유를 설명하시오. [2점]
   • ① 과학적 태도 : _____

   • ② 이유 : _____

답안 2) • 낙엽끼리 이렇게 비비면 어떻게 될까?

3) • ① 과학적 태도 : 개방성

   • ② 이유 : 개방성은 '반대의 견해나 결과를 기꺼이 수용하고 새로 밝혀진 근거에 따라 자신의 주장을 변경하는 태도'이다. 이에 비추어 볼 때 제시된 사례의 유아들은 서로의 다른 견해를 수용하거나 고려하지 않고 자신의 주장만을 고집하고 있기 때문이다(~있으므로 개방성의 태도가 부족하다고 할 수 있다.).

답안해설

2) 예측하기란 '현재 알고 있는 지식이나 관찰을 토대로 앞으로 일어날 일을 미리 짐작하는 것'으로 사례의 강 교사는 "낙엽끼리 이렇게 비비면 어떻게 될까?"라는 질문을 통해 유아들의 예측하기를 격려하고 있습니다.

더 읽어보기

• **예측하기**가 중요한 이유는 선개념과 경험에서 보다 객관적 근거를 선정해 관계 지어 보는 사고를 격려하기 때문이다. 예측하기 활동에 유아가 적극적으로 참여하도록 돕기 위해서는 유아가 구체적 자료를 조작해 보며 결과를 예측해 보는 경험을 충분히 제공해 주어야 한다. 이때 실제적 결과가 나타나는 데 너무 오래 시간이 소요되거나 추상적인 것에 대해 질문하는 것은 유아의 실제적 관심을 끌기 어려우므로 즉각적 결과가 나타날 수 있는 것에 대해 질문해야 한다.

• **개방성**은 새롭게 밝혀진 근거에 따라 자신의 주장을 변경·수정하려는 과학적 태도를 말한다. 유아들은 새롭게 밝혀진 결과를 통해 기존의 자신의 주장, 견해와 태도를 변경할 수 있어야 한다. 교사는 유아의 개방성을 길러주기 위해 유아들이 가설을 스스로 설정하고 이를 검증할 수 있는 실험절차를 생각해 볼 수 있는 기회를 제공해야 한다. 개방성의 유형으로는 자기 주장에 대한 비판 수용하기, 실패한 실험 결과 인정하기, 한 가지 문제에 대해 여러 가지 의견 듣기, 여러 사람들의 의견을 듣고 수용하기 등을 들 수 있다.

CHAPTER 06-1 과학교육

> 2014년 B

07 (가)는 4, 5세 혼합연령반 활동계획안의 일부이고, (나)는 활동 후 교사가 작성한 저널의 일부이다. 물음에 답하시오. [5점]

(가)

활동명	떡을 만들어요
활동목표	(생략)
활동방법	• 떡 만들기에 필요한 재료를 탐색해본다. … (중략) …  • 쌀가루 반죽을 다양한 모양과 크기의 찍기 도구로 찍어본다. • 찍어 놓은 반죽의 공통점과 차이점을 살펴본 후, ⊙ 하트 모양을 모아본다. • ⓒ 찍어놓은 초록색 반죽을 모은 후, 그 중에서 별 모양을 모아본다. • ⓒ 쌀가루 반죽을 쪄서 익힌 후, 먹어본다.
확장활동	(생략)

1) ⊙에 해당하는 탐구기술 1가지를 쓰고, '3-5세 누리과정' 중 '기초적인 자료 수집과 결과 나타내기'의 '세부 내용'에 근거하여 ⓒ이 4세 유아에게 적합하지 않은 <u>이유</u> 1가지를 쓰시오. [2점]
   [※ ⓒ은 '수학교육' 파트에서 살펴봅니다.]
   • 탐구기술 : _____

답안 • 탐구기술 : 분류하기

MEMO

CHAPTER 06-1 과학교육

2013년 추시 B

07 (가)는 5세반 유아들의 비눗방울 놀이 장면의 일부이고, (나)는 홍 교사의 저널 일부이다. 물음에 답하시오. [5점]

(가)

> 선영, 민서, 수연, 창수가 동그란 모양 틀로 비눗방울을 만들고 있다.
> 선영 : 와! 크다!
> 민서 : 어! 나는 자꾸 터지는데, 왜 터지지?
> … (중략) …
> 교사 : (세모, 네모, 별 모양의 틀을 보여주며) ㉠ 이 모양 틀로 비눗방울을 불면 어떻게 될까?
> 선영 : 세모 모양은 세모로 나와요.
> 창수 : 별 모양은 별 모양으로 나올 것 같아요.
> 수연 : 잘 안 불어질 것 같아요.
> (유아들이 세모, 네모, 별 모양의 틀을 가지고 비눗방울을 불기 시작한다.)
> 선영 : ㉡ (고개를 갸우뚱하며) 어? 이상하다! 왜 별 모양으로 안 나오지?
> 창수 : 와~, 난 잘 불어진다!
> … (중략) …
> 교사 : 비눗방울이 잘 불어졌니?
> 창수 : 네. 잘 불어졌어요.
> 교사 : 창수는 잘 불어졌구나.
> 선영 : 선생님! 저는 큰 동그라미가 나왔어요.   ㉢
> 교사 : 그래? 어떻게 하니까 비눗방울이 크게 불어졌니?
> 선영 : 내가 '후~' 하고 살살 불었더니 크게 불어졌어요.

(나)

> 세모, 네모, 별 모양의 틀을 제공해 주었더니 ㉣ 유아들이 어떤 모양이 나올지에 대해 새로운 관심을 보이며 계속 비눗방울을 불었다. … (중략) … ㉤ 유아들에게 행위와 결과를 관련지어 생각해 보게 한 후, 언어적 표현으로 행위와 결과 간의 관련성을 나타낼 수 있도록 발문하였다. 내일은 유아들이 ㉥ 비눗방울을 살살 불었을 때와 세게 불었을 때의 공통점과 차이점에 대해 알아보는 활동을 해야겠다.

2) ㉣은 '3~5세 누리과정'의 자연탐구 영역에 제시되어 있는 5세 '내용' 및 '세부 내용'과 관련된다. ①에 공통으로 들어갈 말 1가지를 쓰시오. [1점]

내용	세부 내용
(①)을 유지하고 확장하기	주변 사물과 자연세계에 대해 지속적으로 (①)을 갖고 알고자 한다.

- ① : _____

3) ㉤에 대한 유아 반응 1가지를 ㉢에서 찾아 쓰시오. [1점]

- _____

4) '3~5세 누리과정' 자연탐구 영역의 '세부 내용'에 제시되어 있는 탐구기술 중 ㉠, ㉥에 해당하는 탐구기술 1가지를 각각 쓰시오. [2점]

- ㉠ : _____

- ㉥ : _____

답안 2) • ① : 호기심

3) • 내가 '후~'하고 살살 불었더니 크게 불어졌어요.

4) • ㉠ : 예측하기, ㉥ : 비교하기

위 문제의 소문항 1)은 개론 파트의 발달이론(피아제)에서 다루었으므로 생략합니다.

3) 사례에서 교사는 "어떻게 하니까 ~게 되었니?"라는 질문을 통해 유아들에게 행위와 결과 간의 관련성을 나타낼 수 있도록 격려하고 있으며 이를 통해 유아는 '후~' 하고 비눗방울을 불었던 자신의 행위와 비눗방울이 크게 불어진 결과를 연결지어 생각할 수 있었습니다. 이와 같은 과정은 결과의 원인을 되짚어보는 '추론' 과정의 기초가 될 수 있습니다.

2015 개정 유치원 교육과정(만 3~5세 누리과정) : 탐구하는 태도 기르기

내용	3세	4세	5세
호기심을 유지하고 확장하기	주변 사물과 자연세계에 대해 호기심을 갖는다.	주변 사물과 자연세계에 대해 지속적으로 호기심을 갖는다.	주변 사물과 자연세계에 지속적으로 호기심을 갖고 알고자 한다.

 **추론하기**(reasoning)

추론하기란 어떤 결과를 관찰하고 이러한 결과의 원인을 되짚어 설명하는 것을 말한다. 추론하기가 중요한 이유는 보이는 현상과 논리적 관계를 갖는 근거를 연결 짓도록 하기 때문이다. 유아에게 추론하기는 어려운 작업일 수 있기 때문에 복잡한 것이나 추상적인 것에 관해 "왜 이렇게 되었을까?"와 같은 추론을 요구하는 질문보다는 유아가 많이 경험한 사물이나 현상에 대해 질문을 하고 유아가 즉각적으로 실험해서 확인할 수 있는 것에 대해서는 추론하기 질문을 하는 것이 바람직하다(예 유아들이 식물이 자라는 데 물이 필요하다는 것을 알게 되었다면 잘 자라던 고추 모종이 힘없이 늘어져 있는 것을 발견하고 "왜 고춧잎들이 이렇게 되었을까?"라고 물었을 때 "물을 마시지 못해서요."라고 대답할 수 있고, 실제로 물을 주고 난 후 어떻게 변화해 가는지 직접 확인해 봄으로써 추론이 적합하였는지 알 수 있게 됨).

2015 개정 유치원 교육과정(만 3~5세 누리과정) : 탐구하는 태도 기르기

내용	3세	4세	5세
탐구기술 활용하기		일상생활의 문제를 해결하는 과정에서 탐색, 관찰 등의 방법을 활용해 본다.	일상생활의 문제를 해결하는 과정에서 탐색, 관찰, 비교, 예측 등의 탐구기술을 활용해 본다.

MEMO

CHAPTER 06-1 과학교육

2013년 B

08 (가)는 누리과정 자연탐구 영역의 일부이고, (나)는 만 5세반 장 교사가 기록한 저널의 일부이며, (다)는 (나)에 따라 실행된 '도구를 활용한 바람 만들기' 실험 상황의 일부이다. 물음에 답하시오. [5점]

(가)

내용범주	내용	세부내용
탐구하는 태도 기르기	㉠	(생략)
	(생략)	(생략)
		탐구과정에서 서로 다른 생각에 관심을 갖는다.
	탐구기술 활용하기	일상생활의 문제를 해결하는 과정에서 (㉡), (㉢), ㉣ <u>비교</u>, ㉤ <u>예측</u> 등의 탐구기술을 활용해 본다.

(나)

　실외놀이터에서 유아들이 오전 자유놀이 시간에 자신들이 만든 바람개비를 가지고 나와서 이리저리 뛰어 다니고 있었다. 나는 유아들이 서로 부딪힐까봐 걱정이 되어 조심하라고 주의를 주었다. 유아들은 바람개비를 돌리기 위해 뛰는데도 바람개비가 잘 돌아가지 않자 속이 상한 모습이었다. 연아는 "바람개비가 잘 안 돌아가요. 왜 안 돌아가지?"라고 했고, 민호는 "입으로 불면 돼." 하면서 바람개비를 '후~후~' 하고 불었다. 나는 바람개비를 잘 돌게 하는 다른 방법은 무엇이 있는지 물어보았다. 그러자 옆에 있던 유아들도 바람을 만들기 위해 손 부채질을 하거나 팔과 몸을 이리저리 움직이면서 바람개비를 돌리려고 하였다.
　유아들이 바람 만들기에 계속 열중했으나 실외놀이를 마칠 시간이 되어 나는 서둘러서 활동을 마무리하였다. 나는 오늘과 같이 유아들이 보이는 호기심을 의미 있는 학습상황으로 연결해주는 교사의 역할에 관심이 많지만 짜여진 하루일과를 운영하다보면 생각대로 잘되지 않는다.
　　　　　　　　　　　… (후략) …

(다)

교사 : 바람을 만들려면 어떤 도구가 필요하니?
유아 : 부채요. 큰 부채요.
교사 : 그래. 부채도 필요하지. 그리고 선생님이 준비해 온 다른 도구도 한 번 같이 보자.
유아 : 와, 선풍기다!
교사 : 그래. 그럼 이 도구를 이용해서 바람을 만들어 볼까?
　　　(각 도구를 이용해 바람을 만들어 본 후) 부채로 부칠 때 바람이 어땠니?
유아 : 시원해요.

> 교사 : 부채를 부칠 때와 선풍기를 돌릴 때 바람이 어떻게 다르니?
> 유아 : 선풍기 바람이 더 시원해요.
> 교사 : 그렇구나. 그러면 부채와 선풍기를 사용하여 바람개비를 돌려볼까? 어떤 도구로 바람을 만들 때 바람개비가 더 잘 돌아갈 것 같니?
> 유아 : 선풍기요. 근데 잘 갖다 대야 돼요.
> … (후략) …

1) ㉠을 쓰고, 장 교사가 ㉠을 적용한 교수행동 사례를 (나)에서 찾아 1가지 쓰시오. [2점]
   - ㉠ : _____

   - ㉠의 사례 : _____

2) ㉡과 ㉢에 들어갈 적절한 용어를 쓰시오. [1점]
   - ㉡ : _____

   - ㉢ : _____

3) 탐구기술 ㉣과 ㉤을 활용한 교사 발문의 예를 (다)에서 찾아 각각 1가지씩 쓰시오. [2점]
   - ㉣의 예 : _____

   - ㉤의 예 : _____

CHAPTER 06-1 과학교육

답안 1) • ㉠ : 호기심을 유지하고 확장하기
  • 사례 : 바람개비를 잘 돌게 하는 다른 방법이 무엇이 있는지 물어본 것(나는 바람개비를 잘 돌게 하는 다른 방법은 무엇이 있는지 물어보았다.)

2) • ㉡ : 탐색, ㉢ : 관찰

3) • ㉣ : 부채를 부칠 때와 선풍기를 돌릴 때 바람이 어떻게 다르니?
   • ㉤ : 어떤 도구로 바람을 만들 때 바람개비가 더 잘 돌아갈 것 같니?

답안해설

3) • ㉣ : 부채를 부칠 때와 선풍기를 돌릴 때 바람이 어떻게 다르니? ⇨ 이는 '관찰한 사실을 근거로 둘 간의 유사성 혹은 차이점을 견주어 보도록 하는 발문'이므로 '**비교하기**' 과정을 촉진하는 교사 발문입니다.
   • ㉤ : 어떤 도구로 바람을 만들 때 바람개비가 더 잘 돌아갈 것 같니? ⇨ 이는 '현재 알고 있는 지식이나 관찰을 토대로 앞으로 일어날 일을 미리 짐작해 보도록 하는 발문'이므로 '**예측하기**' 과정을 촉진하는 사례입니다.

더 읽어보기

2015 개정 유치원 교육과정(만 3~5세 누리과정) : 탐구하는 태도기르기

내용	3세	4세	5세
호기심을 유지하고 확장하기	주변 사물과 자연세계에 대해 호기심을 갖는다.	주변 사물과 자연세계에 대해 지속적으로 호기심을 갖는다.	주변 사물과 자연세계에 지속적으로 호기심을 갖고 알고자 한다.
탐구과정 즐기기	궁금한 점을 알아보는 과정에 흥미를 갖는다.	궁금한 점을 알아보는 탐구과정에 관심을 가지고 참여한다.	궁금한 점을 알아보는 탐구과정에 참여하고 즐긴다.
			탐구과정에서 서로 다른 생각에 관심을 갖는다.
탐구기술 활용하기		일상생활의 문제를 해결하는 과정에서 탐색, 관찰 등의 방법을 활용해 본다.	일상생활의 문제를 해결하는 과정에서 탐색, 관찰, 비교, 예측 등의 탐구기술을 활용해 본다.

→ 해설서) '호기심을 유지하고 확장하기'는 유아가 탐구하는 태도를 기르는 데 필요한 가장 기초적인 성향을 갖추도록 하는 내용이다. 자신이 경험한 사물이나 현상에 대하여 단순히 호기심을 갖는 것에서 시작하여 끊임없이 궁금한 것을 찾아내고 지속적으로 호기심을 유지하면서 자신의 궁금증을 해결하기 위해 구체적으로 알고자 하는 태도를 갖는 것이다. 유아가 자신과 주변 세계에 대하여 호기심을 나타내고 유지하고 확장하는 것은 탐구하는 태도 형성의 중요한 부분이다.

5세〉 '주변 사물과 자연세계에 대해 지속적으로 호기심을 갖고 알고자 한다.'
• 유아가 주변 사물과 자연세계에 대해 지속적으로 호기심을 갖고 주변의 또래나 교사에게 물어보거나, 자신이 스스로 탐색해 알고자 하는 내용이다.
• 만 5세 유아는 어떤 사물이나 현상에 대해 호기심이 생기면 궁금한 문제를 해결하기 위해 주어진 환경에서 다양한 방법으로 탐색하고, 조사하고, 관련된 활동을 경험하면서 자신의 호기심을 유지·확장시켜 나갈 수 있다.

 **2007년 개정유치원 교육과정 관련내용**

Ⅱ 수준 '궁금한 점에 대해 지속적으로 관심을 가진다.'에서는 유아들이 궁금한 점에 대해 지속적으로 관심을 가질 수 있도록 상호작용해 주는 것이 중요하다. 이때 충분한 탐색 시간을 주지 않고, 교사가 "달팽이의 눈은 어디 있니?", "달팽이는 무엇을 먹고 살까?"와 같이 단순히 달팽이에 관한 지식을 알려주는 것을 목적으로 언어적 상호작용을 한다면, 유아들의 호기심은 지속적인 관심으로 확장되기가 어려울 것이다.

유아의 호기심을 지속적인 관심으로 확장하기 위해 교사가 계속적으로 질문하는 것보다는 유아들이 '무엇에 호기심을 가지고 있는지'를 경청하고 그로부터 유아의 호기심과 관심을 읽어내고 이끌어낼 수 있도록 유아에 대해 민감하게 관찰하는 것이 더 중요하다. 또한 교사는 유아들이 정말로 궁금해하고 호기심을 가지고 있는 주제라고 판단되면 그것이 일상적인 경험으로 끝나지 않고 지속적으로 확장될 수 있도록 흥미 영역이나 대집단 활동으로 연계될 수 있도록 물리적 환경을 구성해 줄 필요성이 있다. … (중략) … 이러한 과정에서 유아는 호기심, 자진성과 적극성, 솔직성, 개방성과 같은 과학적 태도를 기르게 된다.

CHAPTER 06-1 과학교육

> 2010년 객관식

45 다음의 내용은 유아의 과학적 탐구 과정을 설명한 것이다. ㉠과 ㉡에 알맞은 것은?

(㉠)하기는 유아가 오감각 기관 중 한 가지 이상의 감각 기관이나 도구를 사용하면서 주의를 집중하여 물체의 특징과 변화를 주의 깊게 살펴보는 과정이며, (㉡)하기는 유아가 (㉠)하고 수집한 다양한 자료들을 물체의 색, 모양, 크기 등과 같은 보편적인 속성이나 기능에 의해 정리하고 조직하는 과정이다.

	㉠	㉡
①	관찰	분류
②	분류	측정
③	측정	관찰
④	예측	분류
⑤	관찰	측정

답안 ①

2008년 주관식

02 '모양 과자 만들기' 요리활동을 하기 위해 재료(밀가루, 베이킹 파우더, 설탕, 소금, 물)와 도구(여러 가지 찍기 틀, 계량컵, 계량 스푼 등)를 준비하였다. 다음 질문에 답하시오. [총 7점]

2) 위 요리활동을 진행할 때 유아의 탐구 능력을 증진하기 위한 과학의 탐구 과정 5가지를 적고, 각 과정에 적절한 교사 발문의 예를 쓰시오. [5점]

과학의 탐구 과정	교사 발문의 예
예) 의사소통하기	네가 과자를 어떻게 만들었는지 친구들에게 이야기해 줄 수 있니?

답안
- 관찰하기 : 밀가루는 색깔이 어떠니? 만지면 어떤 느낌이니? 어떤 냄새가 나?
- 비교하기 : 밀가루와 설탕을 만져보면 느낌이 어떻게 다르니? 색깔은?
- 예측하기 : 밀가루에 물을 넣으면 가루가 어떻게 변할까?
- 실험하기 : 그럼 이제 밀가루에 물을 조금씩 부으면서 어떻게 변하는지 실제로 해보자.
- 측정하기 : 컵으로 밀가루를 2컵 넣으면 그릇을 얼마나 채울 수 있는지 보자.

04 창의성 인지적·성향적 요인/창의성 기법 기출문제 분석

2023년 A

03 (가)는 교사 저널의 일부이고, (나)는 유아들에 대한 체크리스트의 일부이다. 물음에 답하시오. [5점]

(가)

… (상략) …

　예진이와 윤후를 관찰해 보니 이전에 받았던 창의성 직무 연수가 생각났다. 연수에서는 길포드(J. Guilford)의 창의성 구성 요소를 독창성, 융통성, 유창성, 정교성으로 제시했다. 그리고 창의성을 발달시키기 위해서는 창의적 사고도 중요하지만 창의적 성향인 독립성, 상상력, 내적 동기 등을 높이기 위해 적절한 환경을 제공하는 것도 중요하다고 하였다. ⎬ [B]

　창의성 구성 요소 측면에서 예진이는 기존 사고에서 탈피하여 문제 상황에서 참신하고 독특한 아이디어를 내고, 짧은 시간에 많은 아이디어도 낼 뿐 아니라, 고정적인 방식에서 벗어나 다양한 해결책을 모색하는 창의성 구성 요소를 갖추고 있다. 하지만, (ⓒ)은/는 부족한 것 같아 이를 높일 수 있도록 환경이나 자극을 제공해야겠다.

　창의적 성향 요소 측면에서 윤후는 독립성, 과제 집착력, 자기 신뢰감 등은 높지만 개방성, 자발성, (ⓔ)의 성향 요소는 낮은 것으로 나타나 이를 기를 수 있는 방법을 생각해 봐야겠다. ⎬ [C]

(나)

유아	요소	내용	1주	2주	3주	합계
윤후	독창성	참신한 아이디어를 낸다.	//	/	//	5
	ⓔ	새로운 놀이 활동을 좋아한다.	/		/	2
		수시로 '왜 그럴까?' 묻는다.	/	/		2
	독립성	자기주장이 강하다.	//	////	///	9

2) 길포드(J. Guilford)의 창의성 이론에 근거하여, ① (가)의 ⓒ에 해당하는 창의성 구성 요소를 [B]에서 찾아 쓰고, ② 그 특징 1가지를 쓰시오. [2점]

① _____

② _____

3) (가)의 [C]와 (나)에 근거하여 윤후에게 부족한 창의적 성향요소 ②을 쓰시오. [1점]

• _____

답안 2) ① 정교성(elaboration)

② 기존의 아이디어(처음 제시된 아이디어)를 다듬고 보완하여 발전시키는 특징이 있다./ 기존의 아이디어에 (흥미롭고 유용한) 세부사항을 추가하여 보다 가치로운 것으로 발전시키는 특징이 있다.

더 읽어보기 길포드의 창의성 구성요인

용어	정의
유창성	특정한 문제상황(주어진 자극에 대해) (정해진 시간 내) 가능한 많은 아이디어나 반응을 생각해 내는 능력이다.
융통성	고정적 사고방식이나 관점을 변화시켜 다양한 해결책을 찾아내는 능력으로 사물을 여러 각도에서 보는 등 이리저리로 생각해 보는 것(다양성)과 관련된다.
독창성	기존의 것에서 벗어나 새롭고 독특한 아이디어를 새로운 차원에서 창출하는 능력이다.
정교성	기존의 다듬어지지 않은 아이디어에 유용한 세부사항을 추가해 보다 가치로운 것으로 발전시키는 능력이다. 처음부터 완벽한 아이디어는 없으므로 특히, 창의적 사고의 후반 단계에서 필요하다.
민감성	오감을 통해 들어오는 다양한 정보에 대해 관심을 보이고 이를 통해 새로운 영역을 탐색해 가는 능력이다.

3) 호기심

 **창의성의 정의적 영역/성향 요인**

창의성의 정의적 영역 혹은 성향이란 창의적인 사고가 작용하는 과정에서 개인에게 요구되는 내적인 동기나 태도 등을 말한다.
- **민감성**(sensitivity) : 주변의 환경에 대해서 민감한 관심을 보이고, 이를 통해 새로운 탐색 영역을 넓히려는 특성이다.
- **자발성**(spontaneity) : 문제 상황에서 아이디어를 자진해서 산출하려는 성향이나 태도를 말한다.
- **독립성**(독립심, independent/ 독자성) : 자신이 생각해 낸 아이디어, 자신만의 규칙 설정 등에 대한 가치를 인정하고, 다른 사람들의 평가로부터 구애받지 않으려는 성향이나 태도를 말한다.
- **호기심**(curiosity) : 호기심이란 주변의 사물에 대해 의문을 갖고 끊임없이 질문을 제기하려는 성향을 말한다.
- (변화에 대한) **개방성**(openness) : 새로운 경험이나 생각을 기꺼이 수용하려는 성향을 말한다.
- **과제집착력**(과제집착성) : 문제를 해결하기 위해 가능한 다양한 정보를 수집하고 문제가 해결될 때까지 끈질기게 물고 늘어지는 성향을 말한다.

(※ '과제집착력'의 경우 '근면성'으로 용어를 제시하기도 합니다.)
- **근면성**(industry) : 문제를 해결하기 위해 가능한 한 다양한 정보를 수집하고, 그 문제가 해결될 때까지 끈기 있고 지속적으로 탐색해 나가는 성향을 말한다.

- **자기신뢰감**(자신감, self-confidence) : 자신이 관심을 가진 영역에서 문제상황이 발생할 때 문제를 해결할 수 있다는 자신감을 말한다.

2017년 B

01 ○○유치원 현장학습과 관련하여 (가)는 진 원감과 교사들이 회의 중에 나눈 대화 내용이고, (나)는 5세반 송 교사와 유아들이 나눈 대화 내용이며, (다)는 진 원감과 송 교사의 평가회의 장면이다. 물음에 답하시오. [5점]

(나)

> 송 교사: 전통 시장 가는 날이 바로 내일이에요.
> 유아들: 와! 신난다.
> 송 교사: 그래서 오늘 전통 시장 가게들에 대해 알아보려고 해요. 우리가 제일 처음에 갈 곳은 떡집이에요. '떡집' 하면 생각나는 것을 자유롭게 말해 볼까요?
> 유아들: 떡이 많아요. 떡은 맛있어요. 생일, 꿀떡, 무지개떡, 송편, 쫄깃쫄깃……. (각자 아는 것을 신나게 말한다.)
> 지 영: 호랑이.
> 수 민: 야, 우리 지금 떡집 이야기 하는 거잖아? 호랑이가 떡이냐? ┐
> 현 철: 하하하. 호랑이가 떡 먹는대요. 어흥 어흥. ┘ [A]
> 지 영: 떡 하나 주면 안 잡아 먹지. 그 호랑이잖아.
> 유 정: 나도 그 이야기 알아.
> 송 교사: 지영이, 유정이는 선생님이 들려준 그 옛날이야기가 생각났구나.
> 현 철: 추석 때 엄마랑 떡집 갔는데 사람이 많았어요.
> 지 영: 나도 갔었는데……. 근데 나는 안 기다렸어.
> 송 교사: 와! 재미있는 생각들이 많네. 그럼 너희들이 떡을 만든다면 어떤 모양의 떡을 만들고 싶니?
> 유아들: 동그란 떡, 별 모양 떡, 하트 모양 떡. (생각나는 것을 각각 이야기한다.)
> 현 철: 호랑이 모양 떡.
>
> … (하략) …

3) 오스본(A. Osborn)의 관점을 토대로 ① (나)에서 송 교사가 유아의 창의적 사고를 향상시키기 위해 사용한 기법을 쓰고, ② (나)의 [A]와 같은 상황에서 수민이와 현철이를 지도하기 위해 필요한 원리 1가지를 쓰시오. [2점]

• ① : _____

• ② : _____

- ① : 브레인스토밍
- ② : 비난 금지(혹은 비판금지와 평가유보)

소문항 3)에서 언급한 4가지 규칙 혹은 원리는 용어로만 제시되는 것이 아니기 때문에 서술하거나 용어로 쓴 경우 모두 정답이 되어야 할 것이라고 판단됩니다.

 브레인스토밍의 4가지 기본규칙(원리)

광고 회사의 부사장인 오스본의 창의성 기법으로 알려졌으며 빠른 시간 안에 많은 아이디어를 내는 것에 역점을 둠.
① 비난하거나 평가하지 않는다(비난 금지, 평가 유보의 원리).
② 엉뚱한 아이디어도 수용해야 한다(개방성의 원리).
③ 아이디어는 많을수록 좋다(다양성의 원리).
④ 이미 제안된 아이디어로부터 다른 아이디어를 이끌어낼 수 있도록 한다(무임승차의 원리).

2015년 B

06 (가)는 활동 계획안의 일부이고, (나)와 (다)는 교사 저널의 일부이다. 물음에 답하시오. [5점]

(가)

활동명	비 오는 날의 산책
활동 방법	• 교실에서 비에 대해 이야기를 나눈다. - 교실 창문에 맺힌 빗방울의 모양 관찰하기 • 빗속을 걸으며, 여러 감각을 활용해 비를 탐색한다. - 빗소리의 강함과 약함 느껴 보기 - ㉠ 비가 손에 닿을 때의 촉감 느껴 보기 - 비에 젖은 나뭇잎의 색깔 관찰하기 - ㉡ 빗속에서 걸을 때와 뛸 때 나는 소리 비교하기 - 빗줄기의 방향과 모습 관찰하기 - 비 냄새 맡아 보기

(나)
　산책활동 후, 이어서 비를 표현해 보는 활동을 전개하였다. 이번 표현 활동에서는 특히 창의성에 주안점을 두고 활동을 진행하였다. 그래서 ㉢ 유아들에게 종이를 나눠 주고 20분 동안 종이로 비를 표현하는 방법을 최대한 많이 생각해 보게 하였다. 유아들은 종이를 손으로 찢고, 구기고, 말고, 이어붙이며 비를 다양하게 표현하였다. (2014년 ○월 ○일)

(다)
　어제 활동과 연계하여 오늘은 비 오는 풍경을 그림으로 표현해 보는 활동을 하였다. 주연이는 빗속을 걸어가는 가족의 모습을 그렸는데, 유독 형만 종이 귀퉁이에 아주 작게 그렸다. ㉣ 지난번 활동에서도 형을 생략하거나 까맣게 칠해 놓아 형과의 관계에 문제가 있지 않나 했다. 주연이는 계속해서 그림에 형에 대한 자기 내면의 억압된 감정을 무의식적으로 표출하는 것 같다. 주연이와 형의 관계에 대해 부모님과 상담이 필요하다는 생각이 들었다. (2014년 ○월 ○일)

2) 길포드(J. P. Guilford)가 제시한 창의성의 구성 요인 중에서 ① ㉢에 해당하는 요인 1가지를 쓰고, ② 그 요인의 정의를 쓰시오. [2점]

• ① 요인 : _____

• ② 정의 : _____

답안 2) • ① 요인 : 유창성
• ② 정의 : 유창성이란 주어진 문제상황(자극)에 대해 정해진 시간 내에 가능한 다양하고 많은 양의 반응을 생각해 내는 능력이다.

2009년 객관식

15 유아가 갖추어야 할 능력 중의 하나인 창의성에 관한 설명으로 적절하지 <u>않은</u> 것은?

① 창의성의 구성 요소는 민감성, 유창성, 융통성, 독창성, 정교성 등이다.
② 다양한 표상 형식의 예술 활동은 창의적 표현 능력을 발달시킬 수 있는 효과적인 방법 중 하나이다.
③ 민감성(sensibility)이란 고정적인 사고방식에서 벗어나 여러 각도에서 다양한 해결책을 찾는 능력이다.
④ 길포드(J.P. Guilford)의 지능 구조 모델에서 제시된 확산적 사고(divergent thinking)는 창의적 사고의 주된 특성이다.
⑤ 유아로 하여금 자신의 생각과 느낌을 주도적으로 표현할 수 있는 분위기를 만들어 주고, 결과물보다는 표현 과정을 중시하는 것이 창의성 발달에 필요하다.

답안 ③

고정적인 사고방식에서 벗어나 여러 각도에서 다양한 해결책을 찾는 능력은 '융통성'에 해당합니다. '민감성'은 '오감을 통해 들어오는 다양한 정보에 대해 관심을 보이고 이를 통해 새로운 영역을 탐색해 가는 능력'을 말합니다.

 **길포드 : 지능에 대한 분류**

길포드는 지능을 기억력과 사고력으로 분류하였는데, 사고력 중 생산적 사고력을 수렴적 사고력과 확산적 사고력으로 구분하였다.
① 확산적 사고력(산출) : 주어진 문제에 대해 개인이 새롭고 독특하고 다양한 답을 유창하고 융통성 있게 만들어 내는 능력
② 수렴적 사고력(산출) : 확산적 사고와 달리 주어진 정보에 따라 하나의 옳은 답에 집중해야 하는 일련의 능력들을 말함.

06-2 수학교육

01 수학교육 기출경향 분석

❶ 주제별 출제빈도

✱ 다음의 표에서는 내용 주제별로 모든 문제가 분리되어 있으나 실제 기출문제와 해답이 제시된 '기출문제 분석' 챕터에서는 각각의 주제별로 문제가 분리되어 제시되기도 하고 혹은 동일한 문항 내에서 분리되지 않고 함께 제시되기도 합니다.

✱ 아래 표의 '내용' 중 사례나 답안을 제시하는 괄호 안에 ※ 표기를 넣은 경우는 사례나 답안이 길어 요약하여 제시했을 때를 의미합니다.

주제		출제연도		내용
구성주의 수학교육-수학적 과정기술 등	수학적 과정기술	2013	B7-2)	유아들의 수·과학적 지식 형성을 돕기 위해 교사들이 확장활동으로 제안한 시각적 표상 활동 1가지 찾아 쓰기(**유아들이 (블록으로) 만든 집이나 다리를 그려보는 활동**)
		2013 (추)	B8-3)	ⓒ(활동 결과들이 친구들 간에 왜 서로 다른지 생각)은 수학적 과정 중 '추론하기'에 해당 → ⓒ(문제가 무엇인지 이해하고, 해결 방법을 스스로 결정하고 그 방법을 실행), ⓔ(자신의 전략이나 방법을 친구들에게 말하고 들으며 서로의 생각을 공유하는 것)에 해당하는 수학적 과정 1가지를 각각 쓰기(ⓒ **문제해결하기**, ⓔ **의사소통하기**)
		2017	B7-2)	㉠(왜 네모 모양이 와야 한다고 생각하는지 이야기해 보는 활동), ⓒ(한 활동에서 학습한 수학적 개념을 다른 활동에 적용해서 설명해 보는 과정)의 활동을 통하여 유아가 학습할 수 있는 수학적 과정 기술을 각각 쓰기(㉠ **추론하기**, ⓒ **연계하기**)
		2019	B7-4)	ⓒ(위에서 본 모습을 그림으로 그려보는 것) 활동을 통하여 유아가 학습할 수 있는 수학적 과정 기술 쓰기(**표상하기**)
		2020	B8-4)	ⓒ과 ⓑ에 공통으로 들어갈 말 쓰기(**의사소통하기**) • 오늘 수·조작영역에서 유아들은 밤 5개를 몇 개로 나눌 것인지와 모두 모으면 몇 개가 되는지에 대한 자신의 생각을 말로 이야기 나누는 과정에서 수학적 과정 기술 중 (ⓒ)을/를 활용하였다. • (ⓑ)은/는 유아들이 일상생활과 수학적 상황에서 수학적 언어 및 상징을 사용하고, 수학으로 이해한 것을 다른 사람과 공유하기 위해 말이나 글로 표현하는 수학적 과정 기술을 의미한다.
		2022	B7-3)	[A](실외에서 동그라미와 네모를 찾았으니 교실에서는 동그라미와 네모뿐 아니라 세모도 찾아보도록 해야겠다. 그리고 빨대나 이쑤시개로 모양 만들기도 해야겠다.)에 해당하는 수학적 과정기술을 쓰고(**연계하기**(connection)), 그 수학적 과정기술의 개념 설명하기(**수학 개념을 일상생활이나 다른 수학적 개념 혹은 다른 교과 지식 등과 연결 짓는 것이다**(~ 연결 짓는 기술을 의미한다))

		연도	문항	내용
수와 연산 (수개념)	수의 의미/ 일대일 대응 및 수세기	2024	B8-3	코플리의 이론에 근거하여, ⓒ(어떻게 나누었는지 말해 줄래?)과 ⓗ(색깔 말고 또 다른 방법으로 나누어 볼 수 있겠니?)에 해당 하는 교사 개입 수준의 명칭을 순서대로 각각 쓰기(**재검토하고 다시 생각하게 하기, 도전하도록 하기**(도전하기))
		2010	객17	㉠에 공통적으로 들어갈 수 세기의 원리로 알맞은 것 고르기(**기수의 원리**) (㉠)는 한 집합의 물체의 수를 셀 때 마지막 물체에 적용된 수 단어가 그 집합의 전체 수량을 나타낸다는 것이다. 따라서 마지막 수 단어는 그 물체에 대응된 수 단어일 뿐 아니라 그 집합의 전체 수량을 표상하는 특정 수 단어의 의미도 함께 가진다는 것을 뜻한다. 유아들에게 "모두 몇 개니?" 하고 물으면, 세는 행동은 하지만 마지막 수 단어를 말하지 못하며, 다시 "모두 몇 개니?" 하고 물으면 세는 행동을 반복하는 경우를 흔히 본다. 이러한 경우는 유아가 (㉠)를 이해하지 못한 것으로 해석된다.
		2014	B8-1	㉠(아빠랑 엄마랑 동물원에 세 번 갔다 왔어요)에서 유아가 '추상화의 원리'로 수세기를 하고 있다고 판단되는 이유 쓰기(**진희가 동물원에 다녀온 경험을 '세 번'이라고 세어 표현한 것은 사물뿐 아니라 소리, 사건 등과 같은 추상적인 내용도 수 세기가 가능하다는 추상화의 원리를 이해한 것이기 때문이다**)
		2015	B7-2	㉢(지호 : (주사위 두 개를 동시에 던지며) 난 두 개랑 여섯 개가 나왔네. 여섯 개에서 두 개를 빼면 다섯 개네/ 미나 : 아니야. (자신의 손가락을 펴 보이며) 이렇게 여섯 개에서 두 개를 빼면, 나머지 하나, 둘, 셋, 넷, 네 개지/ 지호 : (손가락 여섯 개를 펴며) 여섯 개에서 두 개를 빼면, 나머지 하나, 둘, 셋, 넷, 아~하! 넷이구나.)에서 비고스키의 이론에 따른 비계에 해당하는 것을 1가지 쓰기(**지호 보다 유능한 또래인 미나가 손가락을 통한**(이용한) **수 세기를 보여주고 있는 것**)
			B7-3	– 유아들이 ㉡((두 개 주사위가 책상 위에 떨어지는 것과 동시에) 미나, 다희 : 다섯, 넷.지호 : 넷, 다섯)과 같이 수량을 인식하는 것을 지칭하는 용어 1가지 쓰기(**즉지**) – ㉣(다희 : 우리 하나씩 과일을 세어서 누가 더 많은지 보자.(미나와 다희가 동시에 과일 그림 카드를 각자 하나씩 바구니에서 꺼내 놓으며)미나, 다희 : (동시에) 하나. 미나, 다희 : (동시에) 하나.… (중략) …미나, 다희 : (동시에) 하나. 미나, 다희 : (동시에) 하나/ 미나 : 난 이제 없어/ 다희 : 와! (바구니에 남아 있는 과일 그림 카드를 보며) 내가 더 많다. 하나, 둘, 셋. 내가 너보다 세 개 더 많아!)에서 다희와 미나가 수량 비교하기 활동에 사용한 방법 1가지 쓰기(**일대일 대응**)
		2016	B7-3	㉡(여기 단풍잎만 세어보자. 이쪽부터 세어도 하나, 둘, 셋이고, 저쪽부터 세어도 하나, 둘, 셋이야)에서 나타난 영희의 수세기 원리 쓰기(**순서무관의 원리**)
		2018	B6-2	[A](나눔 : 소방서요. 소방차도 보여요/ 은별 : 와! 소방차다. 119야, 119/ 경표 : 나도 119 알아요.)와 [B](은별 : 빵집 안에 사람들이 있어요/ 교사 : 어, 그러네. 모두 몇 사람이 있니?/ 은별 : (하나, 둘, 셋, 넷) 모두 네 명이에요/ 교사 : 아, 모두 네 명이 있구나)에서 유아들이 사용하고 있는 수의 의미를 각각 1가지씩 쓰기([A] **이름수**, [B] **집합수**)

CHAPTER 06-2 수학교육

	연도	문항	내용
	2019 (추)	B8-2)	(나)는 겔만과 갈리스텔의 5가지 수 세기 원리를 근거로 서로 다른 방법을 제시한 것(보물 수 세기 지도 방법 / 활동 자료 : 동일한 보물 쪽지(5cm×5cm)) (나) 보물 수 세기 지도 방법 **방법 1**: 일대일 대응의 원리에 따라, 보물 쪽지를 하나씩 바닥에 그려진 원 안에 놓으며 대응되도록 세어 주기 **방법 2**: (㉡)에 따라, 개수를 셀 때 수의 순서를 익히도록 순서대로 천천히 세어 주기 **방법 3**: (㉢)에 따라, 개수를 셀 때 마지막 수가 전체 수량을 나타낸다는 것을 이해하도록 세어 주기 **방법 4**: (㉣) ㉡의 수 세기 원리를 쓰고(**안정된 순서의 원리**), ㉢의 원리 이해를 돕기 위한 질문 1가지와((㉢-**기수의 원리) 여기 보물쪽지가 전부 몇 개가 있니?**) ㉣에 제시할 수 있는 수 세기 원리 지도방법 1가지 쓰기 **('순서무관의 원리'에 따라, 어느 방향과 순서로 세어도 수량이 동일함을 이해하도록** (한 줄로 놓여 있는 보물쪽지를 오른쪽에서부터 시작하여 세어준 뒤 다시 왼쪽에서부터) **세어 주기**)
	2021	B7-2)	㉠((친구들을 보며) 우리 세 밤 자고 유치원에서 종이비행기 날리기 열 번 하자)에 나타난 합리적 수 세기의 원리 쓰기(**추상화의 원리**)
	2025	B7-1)①	㉠(첫째, 빵에 잼을 바르고, 둘째, 햄을 올리고, 셋째, 치즈를 얹고 …), ㉡(성훈이를 6번이라고 부르자), ㉢(23! 모두 23개네.)에서 나타난 수의 의미를 순서대로 쓰기(㉠ **순서수**, ㉡ **이름수**, ㉢ **집합수**)
수 간의 관계(부분과 전체 등)/ 비형식적 연산(더하기와 빼기 등)/	2020	B8-1)	(나)에서 (다)로 진행된 활동에서 유아들이 경험한 연산 쓰기(**부분과 전체/ 모으기**)
		B8-2)	ⓐ에 들어갈 말을 쓰고(**합리적 수세기**), ㉠(나란히 배열된 밤을 하나씩 가리키며 수 이름을 말한다)에 근거하여 ⓐ의 특징 쓰기(**물체의 수와 수 이름을 일치시키는 일대일 대응의 방법을 사용한다.**) 수 세기는 각 수를 지칭하는 이름을 순서대로 기억하여 기계적으로 세는 일반적 수세기와 (ⓐ)이/가 있다.
		B8-3)	㉡((밤 5개 중에서 3개를 접시 밖으로 옮긴 후 남은 밤을 하나씩 가리키며 하나, 둘, 두 개요.)과 관련된 구체물을 활용한 빼기 전략 쓰기(**덜어내기**)
	2025	B7-2)	㉤("사탕이 10개보다 많을까?", "사탕이 15개보다 적을까?")에 나타난 교사의 지도 전략 1가지 쓰기(**참조가 되는 수**(특정한 참조 수)를 활용하여(~와 비교하여) (실제 값에 가까운) **타당한 수를 추측해 보도록 하였다**(~어림을 조정해 보도록 도왔다))

공간과 도형	도형	2012	B4-1)	민수와 혜주의 도형 이해 능력을 알 수 있는 각 사례를 찾아 제시하고 그 발달 경향과 함께 각각 논하기(**혜주는 도형의 형태를 인식할 수 있으나** (네모가 필요한 상황에서 사각형처럼 생긴 타원형의 모양을 맞춰볼 뿐) **세모 블록으로 네모를 구성할 수 있다는 것을 모르고 있다. 반면 민수는** (혜주가 고른 타원형 모양을 '네모처럼 뾰족한 곳이 없어서 안 된다.'라고 말하는 것처럼) **꼭지점과 같은 도형의 성질을 인식하고 있으며 삼각형을 합하여 네모를 구성하려 시도해 보고 있다. 유아의 도형 이해 능력은 전체적 인상에 따라 도형을 판별하고 이름을 말하는 혜주의 수준**(혜주의 '**시각적 인식**' 수준)**에서 도형의 속성을 인식하고 이를 토대로 판단하는 민수의 수준**(민수의 '**기술적·분석적**' 수준)**으로 발달해 나간다.**)
			B4-3)	ⓒ(이 삼각형을 옮기거나 뒤집어보자. 어떻게 될까?)을 통해 향상될 수 있는 유아의 공간 능력 1가지를 제시하고, 그 이유를 논하기(**공간 시각화,** (정신적 표상과정인) **공간시각화 능력을 발달시키려면 유아가 구체적이고 직접적인 조작을 통해 변화시켜보는 경험을 충분히 하는 것이 필요하다. 따라서 유아가 도형의 변화할 형태에 대한 이미지를 상상해보고, 도형의 변환**(옮기기, 뒤집기, 돌리기를 통한 도형 이동)**을 실제로 경험할 수 있도록 돕는 ⓒ의 발문은 공간시각화 능력을 향상시키는 데 도움이 된다.**)
		2019	B7-1) B7-2)	– [A]에서 반힐레의 이론에 근거하여 연희의 기하 도형에 대한 이해 수준을 쓰고(**시각화 수준**(수준 ○)), 그 근거를 [A]에서 찾아 쓰기('**세모는 산처럼 생겼는데**'(~라고 이해하고 있는 것이다)) – [B]에서 유아의 공간시각화 개념과 관련된 가장 적절한 사례를 보여 주는 유아의 이름과 말을 찾아 쓰기(**영채, "세모 2개를 가지고 이쪽과 저쪽으로 방향을 돌리니까 네모가 됐지?"**)
		2022	B7-1)	클레멘츠와 사라마의 이론에 근거하여, ㉠(문처럼 생겼으니까 네모다)에 나타난 연진이의 도형 이해 수준을 높이기 위한 지도 내용 1가지 쓰기(**연진이는** (도형의 속성을 기준으로 도형을 변별하기 보다는) **전체적인 외양을 토대로 도형을 인식하는 '시각적 수준'에 해당한다. 따라서 교사는** (도형 이해 수준을 높이기 위해) **주변의 여러 물체들을 통해 각 도형의 기본적인 속성**(특성 및 구성요소)**을 인식하고 이를 탐색할 수 있도록 지도할 수 있다/ 교사는 전체적 외양을 토대로 도형을 인식하는 연진이의 도형이해수준에 근거하여 도형의 구성요소나 특성을 인식할 수 있도록 지도하는 것이 필요하다**(~을 인식할 수 있도록 관찰과 실험의 기회를 제공하도록 한다))
		2023	B8-3) ①	㉣((서준이가 만들어 놓은 모양에서 세모 1개를 움직이며) 서준아, 이것 봐. 나비처럼 되었어)에서 하은이가 사용한 도형 변환 전략을 1가지 쓰기(**돌리기**(turn)(※ 넓은 범위에서 '뒤집기'를 포함))
		2024	B8-1)	델 그란데의 이론에 근거하여, ㉠(아까 그림책 속에 옷장이 있었잖아)에 해당하는 공간 능력 요소 중 1가지의 명칭을 쓰고(**시각적 기억**(시각적 기억 및 회상, visual memory)), 그 특징 쓰기(**시야에서 보이지 않을 때도**(짧은 시간에 물체를 보고 눈앞에서 사물이 사라진 이후에도) **대상물을 회상할 수 있는 특징이 있다**)
			B8-2)	클레멘츠와 사라마의 이론에 근거하여, ㉡~㉣(㉡로봇이 이 집 문에 들어갈 수 있을까?/ ㉢로봇 팔을 약간 돌려서 넣으면 될까? 어떻게 하면 들어갈까?/ ㉣로봇을 눕혀서 넣어 보면 어떨까?)과 같은 질문을 통해 공통적으로 발달되는 유아의 공간 능력 유형 쓰기(**공간(적) 시각화**(spatial visualization))

Chapter 06-2 수학교육

CHAPTER 06-2 수학교육

		2025	B7-3	ⓑ(정사각형 색종이 한 장으로 대칭 활동)의 예시 1가지 쓰기(**색종이를 삼각형 모양 혹은 직사각형의 모양으로 반으로 접었을 때 완전히 모양이 겹쳐진다는 것과 다시 펼치면 좌우가 동일함을 경험**(탐색, 인식)**해 볼 수 있다**)
	공간	2018	B6-1	아래의 ⓐ, ⓑ에 들어갈 말을 순서대로 쓰고(**자기중심적 표상, 지표물중심적 표상**), 위 사례에서 ⓐ에 해당하는 교사 발문 1가지와(**나눔아, 네 옆에 무엇이 있니?**) ⓑ에 해당하는 교사 발문 1가지를 각각 찾아 쓰기(**빵집에서 가장 가까운 곳에는 무엇이 있을까?**) 시글러(R. S. Siegler)는 3차원 공간에서 위치의 관계에 대한 이해가 (ⓐ) → (ⓑ) → '객관 중심적 표상'의 순서로 발달해 간다고 하였다.
		2019 (추)	B8-1	(가)는 3차원 공간 내에서 위치 관계를 이해하도록 돕는 활동 방법 (가) 보물 위치 안내 방법 | 1단계 방법 | 2단계 방법 | 3단계 방법 | | 유아를 중심으로 보물 위치를 찾도록 안내하기 | ㉠ | 지도를 활용해 보물 위치를 찾도록 안내하기 | 공간능력 2가지 중 기르고자 하는 능력이 무엇인지 쓰고(**공간방향화**), 그에 근거하여 ㉠에 들어갈 적절한 안내 문장 쓰기(**놀이 시설 등 바깥놀이터 환경 내의 다른 물체와 관련지어 보물 위치를 찾도록 안내하기**)
		2022	B7-1	수진이와 다영이(정현 : 여기 장난감 가게 옆에 아이스크림 가게 있다 / 희영 : 진짜? 아이스크림 먹고 싶다 / 다영 : 나도/ 수진 : 내 옆에는 없는데…/ 다영 : 장난감 가게 옆에 있어/ 수진 : 아니야, 내 옆에는 아이스크림 가게 없어)의 공간 이해 수준의 차이를 설명하기(**수진이는 자신과 관련지어 위치 관계를 이해하는 자기중심적 표상 단계에 해당한다. 반면 다영이는 주변의 다른 사물 등을 지표로 활용하는(~활용하여 위치를 파악하고 표상하는) 지표물 중심적 표상 단계의 수준을 보여주고 있다**)
측정 (비교하기 / 순서짓기 등)	비교하기	2020	B6-1	측정 활동 중 ㉠(어느 공이 더 큰지 대 보자)에 사용된 비교하기 유형의 명칭 쓰기((실물의) **직접적 비교**)
		2022	B8-2	㉢과 ㉣에 해당하는 비교 유형의 특징 각각 설명하기(**㉢은 우산이라는 제 3의 물체를 사용하여 양쪽을 비교하는 간접(간접적) 비교의 방법이고, ㉣은 두 비교 대상(물체)를 나란히 놓거나 겹쳐 놓고 그 차이를 비교하는 직접(직접적) 비교의 방법이다**)
	순서짓기	2016	B7-3	㉢(아빠 단풍잎은 여기에 담고(큰 접시 위에 큰 단풍잎을 올려놓는다.), 엄마 단풍잎은 여기에 담고(중간 접시 위에 중간 단풍잎을 올려놓는다.), 애기 단풍잎은 여기에 담자(작은 접시 위에 작은 단풍잎을 올려놓는다.).)에서 나타난 순서짓기의 특징 쓰기(**1:1 대응을 사용해

			두 집단의 사물을 순서대로 배열하는 '이중서열'의 특징이 나타난다)
	2021	B7-1)	[A](※ 출발선에서 날린 종이 비행기가 날아간 순서대로 일등, 이등, 삼등이라고 등수를 매기는 사례)에서 유아가 사용한 순서 짓기의 유형을 쓰고(**단순 순서 짓기**(단순 서열)), 그 개념을 사례와 관련지어 설명하기(출발선으로부터 멀리 간 순서대로 등수를 매기고 있는 것과 같이 세 개 이상의 물체를 한 가지 속성에 따라 순서대로 배열하는 것을 의미한다)
측정하기	1998	주06	키재기 활동을 할 때 비표준 단위를 이용한 측정활동에서 교사 발문의 예 쓰기((비교하기 : 누가 더 클까? 누가 더 작을까? 선생님 손으로 잴 때랑 너희 손으로 잴 때랑 다른지 한 번 기록해 볼까?/ 임의의 단위 사용해 측정하기 : 우리 손바닥을 이용해서 키를 재어 볼까? 또 교실의 물건 중에서 키를 잴 때 손바닥처럼 사용해 볼 수 있는 물건이 있을까?)
	2009	객06	'고구마 삶기' 요리 활동 순서표와 관련하여 만 3세 학급에서 이루어질 수 있는 유아의 활동으로 가장 적절한 것 고르기(**고구마의 맛에 대한 자신의 느낌을 자유롭게 표현한다**(○)) (× 사례들 : 시계로 요리 시간을 재어 본다/ 안전한 사용법을 익힌 후 핫플레이트를 사용한다/ 삶기 전과 후에 고구마의 무게를 저울로 측정한다/ 삶기 전과 후에 고구마의 어떤 점이 변화하였는지 비교하여 표로 만든다)
	2013 (추)	B8-1)	(가)에서 은주가 책상의 길이를 잴 때 범한 측정 오류 1가지 쓰기 ― (가) ― 박 교사 : 저희 반 은주가 어제 자유선택활동 시간에 책상의 길이를 유니트 블록으로 재었는데, 동일한 길이의 유니트 블록 4개를 책상 위에 올려놓고 '책상은 블록 4개랑 길이가 똑같네.'라고 하더군요. (**길이를 비교하기 위해서는 비교하는 물체들의 시작점을 같게 맞추고 끝지점을 비교해야 한다는 사실을 인식하지 못하고 있다**(길이 측정이란 시작점에서 끝지점 사이의 거리를 측정하는 것이라는 점을 인식하지 못하고 있다))
	2016	B7-2)	㉠(그래, 맞아. 그런데 네 것이 내 것보다 얼마나 더 길까? 음… 아, 내가 알 수 있어. 이 나뭇가지로 재 볼게. 내 나뭇잎 기차는 이 나뭇가지로 두 번 갔고, 네 것은 세 번 갔어. 네 것이 한 번 더 갔어)에서 동수가 측정할 때 사용한 나뭇가지를 지칭하는 용어 쓰기((객관적인) **임의 측정단위**)
	2019 (추)	B6-3)	(마)와 (바)는 바람을 이용한 자동차 경주하기의 상황

Chapter 06-2 수학교육

CHAPTER 06-2 수학교육

			그림과 대화를 보고 정확한 측정 결과를 얻기 위하여 교사가 지도해야 할 사항 2가지 쓰기(얼마나 멀리갔는지의 거리를 측정하기 위해서는 시작 지점(출발선)을 동일하게 하고 측정해야 한다는 점을 이해할 수 있도록 지도해야 한다/ 신체 단위는 사람에 따라 달라 결과가 달라진다는 점을 인식하고 (연필, 블록 등의) 임의 단위를 사용하여 측정해 보도록 지도해야 한다)
	2020	B6-3)	(나)(※ 활동목표: 물체의 크기가 같아도 무게가 다를 수 있다는 것을 안다/ 활동 자료 양팔저울, 바둑알, 장난감공, (ⓒ))에 반영된 찰스워스와 린드의 유아 측정 개념 발달 단계의 명칭을 쓰고, (**임의단위 사용 단계**) (나)의 [B](어느 것이 더 무겁니?/ 어느 것이 더 무거운지 어떻게 알 수 있었니? /무거운 쪽의 접시가 어떻게 되었니?)에 근거하여 양팔저울이 유아의 측정 활동에 적합한 이유 1가지를 쓰기(**유아들이** (바둑알이나 장난감공 등을 올려놓는 등 직접 조작해 보며) **시각적으로 무게의 차이를 즉각적으로**(직접) **관찰하여 비교할 수 있기 때문이다**)
	2021	B7-3)	찰스워스의 관점에 근거하여 - [B](교사 : 너희들 더 놀이하고 싶구나. 오늘이 금요일이니까, 세 밤 자고 월요일에 만나서 많이 하자/ 지수 : (친구들을 보며) 우리 세 밤 자고 유치원에서 종이비행기 날리기 열 번 하자/ 유아들 : 그래, 열 번, 백 번 하자. 하하./ 교사 : (시계를 가리키며) 긴 바늘이 8에 있으니까 40분이야. 11시 40분이 되었네)에 포함되어 있는 시간 개념 중 1가지 쓰기(**문화적 시간**) - [C](모두 : 유치원에 와서♪ 다음! 이야기 나누기를 하고♪ 다음! 간식을 먹고♪ 다음! 자유 놀이를 하고♪ 다음! 바깥 놀이를 하고♪ 다음!/유아들 : 점심시간!)에 포함되어 있는 시간 개념의 가치 쓰기 ('**사회적 활동 시간**'은 유아들이 (일상생활 속에서 정해진 일과를 이해하는 가운데) **자연스럽게 '사건의 순서**(sequence)'**에 대한 시간의 개념을 이해하도록 돕는다**)
	2022	B8-1)	- [A]에서 ㉠과 ㉡의 길이를 측정할 수 있는 자료의 특성 쓰기(측정 자료는 리본테이프 등과 같이 (**유아들이 측정 자료**(리본 테이프)**를 활용하여 그 결과를 비교할 수 있는 가시적 자료의 특성을 지닌 것이어야 한다**/리본 테이프 등과 같이 ㉠과 ㉡의 길이 측정 활동 이후 측정 자료를 활용해 간접 비교를 할 수 있는 것이어야 한다) - 유아가 길이를 측정할 때, 필요한 측정기술 2가지 쓰기((㉠과 ㉡의 길이를 측정할 때) **길이 측정의 경우 두 점 사이의 거리를 측정하는 것이라는 점을 인식해야 한다**(길이를 측정할 때는 어디에서부터 어디까지 재어야 하는지 그 기준을 먼저 정해야 한다/ (측정 자료를 통해 그 결과를 비교할 때) **길이 비교를 위해서는 비교하는 자료**(물체)**의 시작점을 같게 해야 한다**)
	2023	B8-1)	㉠(첫 번째, 케이크 가루와 우유를 섞어 반죽을 만들어요. 두 번째,

318 Part 01 각론과 누리과정

		연도	문항	내용
규칙성				반죽을 빵틀에 넣고 오븐에 구워요. 세 번째, 구워진 빵 위에 크림을 발라요)과 ⓒ(오븐에 넣은 빵이 다 구워지려면 30분 정도 걸리니까)에 나타난 시간 개념의 특징을 각각 순서대로 쓰기('**순차적 시간(sequence)**'은 사건의 순서를 나타내어 주는 특징이 있다/ '**시간 간격(duration)**'은 사건이 얼마나 오래 걸렸는가를 의미한다)
	패턴의 유형	2007	주12-3)	규칙성과 관련한 활동에서 일상생활의 소재를 이용하고자 할 때, 규칙성을 찾을 수 있는 소재를 3가지 이상 쓰기(**월, 화, 수, 목, 금, 토, 일의 '요일'이 돌아오는 것 / 유치원의 하루 일과 / 셔츠의 줄무늬 색깔의 반복 /접시에 있는 무늬 등**)
		2014	B8-2)	ⓒ(짧은 것, 긴 것, 짧은 것, 긴 것)은 물체나 그림을 이용하여 구성하는 시각적 패턴 유형 → ⓒ(앉았다, 일어났다, 앉았다, 일어났다, 앉았다, 일어났다)에 해당되는 패턴 유형 1가지 쓰기(**운동적 패턴**)
		2017	B7-3)	ⓒ(동그라미, 세모, 네모로 패턴을 만드는 활동을 확장해서 이 패턴을 몸으로 표현해 보는 활동)에 해당하는 패턴의 표상양식 2가지 쓰기(**시각적 패턴, 운동적 패턴**)
		2023	B8-3)②	ⓜ((동그라미-세모-세모-동그라미세모-세모-동그라미-세모-세모의 순서대로 초콜릿을 놓으며)에 해당하는 생성 방식에 따른 패턴의 유형 쓰기(**반복패턴**)
		2025	B7-1)②	ⓔ((파란색-파란색-노란색-파란색-파란색-노란색 순으로 종이컵을 계속 놓으며)에 해당하는 패턴 규칙을 적용하여 청각적 패턴의 예시 1가지 쓰기(**발구르기-발구르기-손뼉치기로 '쿵-쿵-짝'의 소리패턴 연주하기(반복하기)**)
			B7-3)	ⓢ(감과 귤을 이용한 증가 패턴 활동)의 예시 1가지 쓰기('**감귤-감귤-감귤'의 기본 패턴 중 '감' 혹은 '귤'의 요소를 '감귤-감귤귤-감귤귤귤' 등으로 1개씩 계속 증가시켜 보는 활동을 진행할 수 있다**)
	패턴 발달 순서/ 활동 유형	2007	주12-2)	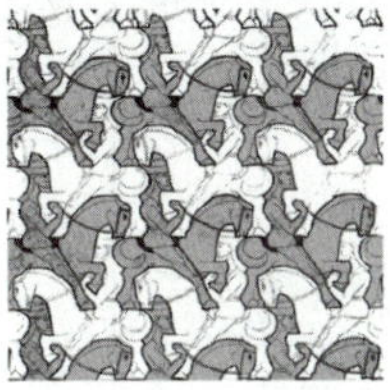 위의 그림을 감상한 후 규칙성과 관련하여 동작, 음악, 미술 영역으로 통합하고자 할 때 적절한 활동의 예를 각각 1가지씩 쓰기 • ① 동작: **갤로핑 등 기본 운동동작 활동에 관한 수업을 진행할 때 동작과 관련된 운동적 패턴 만들어 보기(갤로핑-걷기, 갤로핑-걷기 등)** • ② 음악: **소리탐색 및 표현과 관련된 수업을 진행할 때 소리와 관련된 청각적 패턴 만들어 보기(따각따각-또각또각, 따각따각-또각또각 등)** • ③ 미술: **에셔의 기마병 그림 감상 후 기마병 그림으로 시각적 패턴 만들어 보기(빨강 말-노랑 말, 빨강 말-노랑 말 등)**
		2016	B7-1)	- 2015 개정 유치원 교육과정 자연탐구 영역 '수학적 탐구하기' 세부 내용과 관련하여 [A](동수 : 영희야, 내가 나뭇잎 놓은 것 좀 봐. 은행잎, 단풍잎, 은행잎, 단풍잎, 은행잎, 단풍잎 놓았어. 너는 어떻게 놓을래?/ 영희 : 음……. 모르겠어. 나도 네가 놓은 것처럼 은행잎, 단풍잎, 은행잎, 단풍잎, 은행잎, 단풍잎 이렇게 놓고 싶어. 봐, 봐. 나도 너랑 똑같이 놓는다.)에서 알 수 있는 동수와 영희의

CHAPTER 06-2 수학교육

				차이점 서술하기(동수는 스스로 '은행잎, 단풍잎'이 반복되는 패턴을 만든 후 영희에게 자신이 만든 규칙성을 설명해주고 있으므로 만 5세 세부내용 '스스로 규칙성을 만들어 본다.'에 해당하는 단계이다. 반면 영희는 스스로 패턴을 만들지는 못하지만 동수가 만든 나뭇잎 패턴을 보고 똑같이 따라 하고 있으므로, 만 4세 세부내용인 '반복되는 규칙성을 인식하고 모방한다.'에 해당하는 단계이다) – [B](동수 : 영희야! 네가 나뭇잎 놓을 때마다 우드블록으로 소리를 다르게 내볼게.(동수는 영희가 은행잎을 놓을 때는 우드블록을 쳐서 '틱' 소리를 내고, 단풍잎을 놓을 때는 '톡' 소리를 낸다. 동수가 틱, 톡, 틱, 톡, 틱, 톡 … 소리를 낸다.))에서 동수가 영희를 보면서 '틱', '톡'으로 소리 낸 것을 가리키는 용어 쓰기(**전이하기**(패턴의 전이))
		2021	B8-1)	㉠의 패턴 유형을 쓰고(**성장**(발전) **패턴**), ㉡(대칭 패턴을 동작으로 표상)의 활동 예시 1가지 쓰기(두 팔을 위로– 두 팔을 아래로 반복하기) 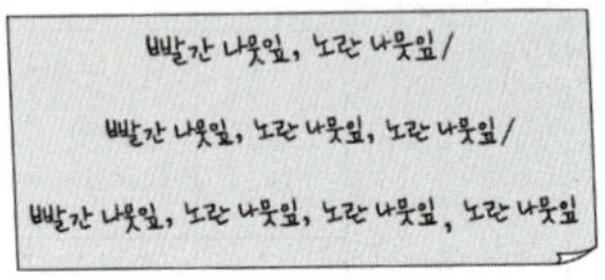
자료수집 및 결과 나타내기 (분류/ 그래프 등)	분류하기	2014	B7-1)	4~5세 혼합연령반 활동계획안 → '3~5세 누리과정' 중 '기초적인 자료수집과 결과 나타내기'의 '세부내용'에 근거하여 ㉢(찍어놓은 초록색 반죽을 모은 후, 그 중에서 별 모양을 모아본다)이 4세 유아에게 적합하지 않은 이유 1가지 쓰기(㉢**은 색깔이라는 한 가지 기준으로 분류한 자료를 모양이라는 다른 기준으로 재분류해 보는 활동에 해당하며, 이는 만 5세 세부내용에 해당하므로 만 4세 유아에게 적합하지 않다**)
		2015	B7-1)	'3~5세 누리과정' 수학적 탐구하기에서 '한 가지 기준으로 분류한 자료를 다른 기준으로 재분류해 본다.'는 세부 내용과 관련된 교사의 발문 1가지를 찾아 쓰기(사과와 대추로 나누고, 나눈 사과를 다시 빨강과 초록으로 나눠 볼래?)
		2017	B7-4)	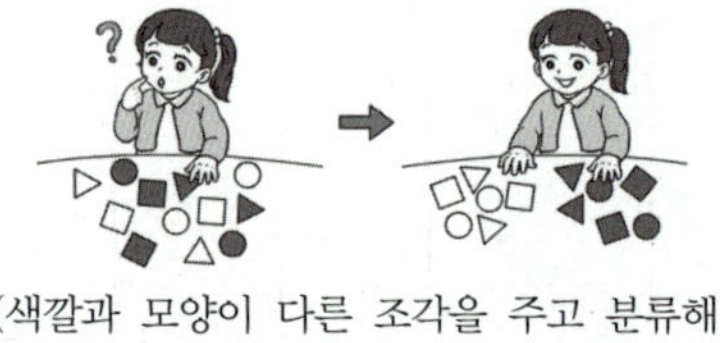 윤 교사는 ㉣(색깔과 모양이 다른 조각을 주고 분류해 보는 활동)을 하기 위해 유아에게 색깔이 다른 세모, 네모, 동그라미 모양 조각을 제공해 주었다. 다음의 그림에서 유아가 적용한 분류의 유형과(**단순분류**) 분류의 준거 쓰기(**색깔**)
		2021	B8-2)	 ㉢, ㉣에 나타난 분류 유형을 각각 쓰기(㉢ **복합분류**(multiple classification), ㉣ **짝짓기**(관련짓기))
		2023	B8-2)	㉢(선생님이 동그라미, 세모, 네모의 세 가지 모양의 초콜릿을 준비했어요. 그 중에서 세모 모양은 여기에 두었고 세모가 아닌 모양은 저기에 두었으니)에 해당하는 분류 개념 쓰기(**보충유목**)

		연도	문항	내용
		2011	객38	'자료 정리 및 결과 나타내기'에 근거하여 적합한 것 고르기
	자료수집 및 결과 나타내기	2021	B8-3)	(나)에서 교사가 활용한 그래프 유형 쓰기(**그림/사진 그래프**(그림 그래프)) (나) [그림: '어떤 나뭇잎이 가장 많을까' 나뭇잎 카드를 색깔에 따라 구분하여 해당 칸에 올려놓아요. 빨강/노랑/…]
	2019 개정 누리과정	2022	B6-3)	사례에 적절한 활동 예시를 2019 개정 유치원 교육과정의 '일상에서 모은 자료를 기준에 따라 분류한다.'를 고려하여 쓰기(**실험에 사용한 자료의 재질에 관심을 가지고 물에 뜨는 물체의 재질과 물에 가라앉는 재질을 분류해 보는 활동**)
국가수준 교육과정	누리과정 이전	2002	주05	가족 사진으로 이야기 나누기 후 사후 활동으로 수학 활동을 전개할 때 제6차 유치원 교육과정 탐구생활 영역 중 이 활동과 관련될 수 있는 '수학적 탐구' 내용과 각 내용별로 전개할 수 있는 활동 쓰기
		2006	주03	'비행기'를 주제로 한 신체표현 활동을 제6차 교육과정의 '공간과 도형의 기초 개념'과 통합해 지도할 때 Ⅰ수준의 내용을 쓰고, 각 내용별로 발문 쓰기
		2007	주12-1)	그림을 감상하고 느낌을 이야기하는 활동을 '수학적 탐구' 내용과 통합할 때 관련된 제6차 교육과정에 제시된 규칙성에 대한 수준별 내용 쓰고, 적절한 발문의 예 쓰기
		2009	객41	탐구 생활 영역 '수학적 기초 능력 기르기'의 Ⅰ수준 내용으로 적절한 활동 고르기
		2009	객48	유치원 교육과정의 탐구 생활 영역의 '수학적 기초 능력 기르기'의 하위 내용과 초등학교 교육과정의 '수학'영역의 연계성을 관련 지은 표를 보고 수준별 내용으로 알맞은 것 고르기
		2010	객47	제시된 활동 계획안의 내용에 해당하는 2007년 개정 유치원 교육과정 탐구 생활 영역의 하위 내용 고르기
		2010	객48	제시된 활동 계획안의 내용에 해당하는 2007년 개정 유치원 교육과정 탐구 생활 영역의 하위 내용과 관련된 활동 고르기
		2011	객36	제시된 탐구 생활 영역 '수학적 기초 능력 기르기'의 내용에 적절한 지도 방법 고르기
		2012	객35	지문에 들어갈 '수준별 내용'과 '세부 내용'을 모두 찾아 알맞게 짝지은 것 고르기
		2012	B4-2)	사례에 비추어 '공간 및 도형에 대해 알아보기'의 Ⅱ수준에 근거한 활동 목표를 제시하고, 탐구생활 영역의 '지도상의 유의점'에 근거하여 활동 지도 시 교사가 유의할 점 논하기
		2012	객36	수준별 내용에 근거하여 만 3세 유아를 지도한 사례와 다루고 있는 수학적 개념을 바르게 연결한 것 고르기
		2012	객38	'수학적 탐구하기-기초적인 자료 수집과 결과 나타내기'에 기초하여 확장활동을 실행할 때 적절한 내용 고르기

	2013	B7-3	누리과정 '수학적 탐구하기'의 내용을 쓰고, 세부내용에 해당하는 사례 찾아 쓰기(공간과 도형의 기초개념 알아보기)[해당 사례는 '보는 위치와 방향에 따라 사물이 다르게 보임을 탐색'한 김 교사 활동을 들 수 있다.] [(한 가지 기준으로 분류한 자료를 다른 기준으로 재분류해 본다.)에 해당하는 사례로는 여러 블록을 모양별로 분류해 본 후에 색깔로 재분류해 보는 박 교사의 활동을 들 수 있다.]
	2013 (추)	A6-5	사례에 근거가 되는 '공간과 도형의 기초개념 알아보기'에 제시된 '세부 내용' 쓰기(여러 방향에서 물체를 보고 그 차이점을 비교해 본다.)
	2013 (추)	B8-2	'수학적 탐구하기'에 제시된 5세 '내용'(수와 연산의 기초개념 알아보기)과 '세부 내용'에 해당하는 활동 찾아 쓰기(주사위 2개를 던져서 나온 수의 합만큼 말을 움직이는 판 게임)
3-5세 연령별 누리과정	2014	B8-3	제시된 사례와 관련된 '세부 내용' 쓰기(스스로 규칙성을 만들어 본다.)
	2015	B7-1	수학적 탐구하기에서 사례에 해당하는 세부 내용(스무 개 가량의 구체물을 세어보고 수량을 알아본다.)을 쓰고, '한 가지 기준으로 분류한 자료를 다른 기준으로 재분류해 본다.'의 세부 내용과 관련된 교사의 발문 찾아 쓰기
	2016	B7-1	수학적 탐구하기에서 제시된 사례에 해당하는 세부내용 쓰기(스무 개 가량의 구체물을 세어보고 수량을 알아본다.)
	2017	B7-1	사례와 같이 교사가 발문을 계획한 근거가 되는 수학적 탐구하기 내용범주의 세부내용 쓰기(기본 도형의 공통점과 차이점을 알아본다.)
	2019	B7-3	제시된 활동의 근거가 되는 수학적 탐구하기 내용범주의 세부내용 쓰기(여러 방향에서 물체를 보고 그 차이점을 비교해 본다.)
	2020	A5-2	제시된 사례를 참고하여 2015 개정 유치원 교육과정 수학적 탐구하기의 내용 쓰기(규칙성 이해하기)

❷ 최근 출제영역 살펴보기

교육과정 변화 1 3-5세 연령별 누리과정

(★표시는 새롭게 확장된 출제 영역을, ♥은 기존 영역에서 새로운 방식으로 출제된 것을 의미합니다.)

순	내용	2013	2013 (추)	2014	2015	2016	2017	2018	2019	연도별 횟수
1	수학적 과정기술	B7-2)	B8-3)				B7-2)		B7-4)	4회
2	수			B8-1)	B7-2) B7-3)	B7-3)		★B6-2)		5회
3	공간							B6-1)	B7-2)	2회
4	도형								B7-1)	1회
5	측정(순서 짓기)		B8-1)			B7-2) ★B7-3)				3회
6	패턴			B8-2)			B7-3)			2회
7	분류	B7-3)		B7-1)	B7-1)		B7-4)			4회
8	누리과정 목표/내용범주/내용	B7-1) B8-1)					B7-1)		A1-2)	4회
9	누리과정 세부내용	B7-3)	A6-5) B8-2)	B8-3)	B7-1)	B7-1)	B7-1)		B7-3)	8회

CHAPTER 06-2 수학교육

교육과정 변화 2 2019 개정 누리과정

(★표시는 새롭게 확장된 출제 영역을, ♥은 기존 영역에서 새로운 방식으로 출제된 것을 의미합니다.)

순	내용	2019 (추)	2020	2021	2022	2023	2024	2025	연도별 횟수
1	구성주의 수학교육/ 수학적 과정기술		B8-4)		B7-3)		★B8-3)		3회
2	수개념	♥B8-2)	★B8-1) ★B8-2) ★B8-3)	B7-2)			B7-1) ①	★B7-2)	7회
3	공간	B8-1)			B7-1)		★B8-1)		3회
4	도형				B7-1)	★B8-3) ①	B8-2)	♥B7-3) ㅂ	4회
5	측정 (비교, 순서 짓기)	B6-3)	★B6-1) ♥B6-3)	♥B7-1) ★B7-3)	♥B8-1) ★B8-2)	♥B8-1)			8회
6	규칙성 (패턴)			B8-1)		B8-3) ②	♥B7-1) ② ♥B7-3) ㅅ		4회
7	분류			B8-2)		★B8-2)			2회
8	그래프			B8-3)					1회
9	누리과정 목표/내용범주 /내용		A5-2)		B6-3)				2회

MEMO

누리과정 이후 수학교육 관련 영역의 문제 유형 및 난이도 살펴보기

기본적인 출제 유형   난이도 중하에 해당하는 문제 유형

❶ 기입형 문제 유형

교사 간, 유아-유아 간, 교사-유아 간 대화, 수학 놀이나 활동 장면 등 문제에서 요구한 개념에 해당하는 용어를 제시하는 문제들이 이에 해당합니다.
- 수학교육의 내용 영역에 근거해 제시된 사례에 해당하는 **주요 개념 용어** 제시하기
- 제시된 사례에 반영된 **수학적 과정기술**에 해당하는 **용어** 제시하기

2025 B형 07-1) 문제 예시 (가)의 ① 밑줄 친 ㉠, ㉡, ㉢에서 나타난 수의 의미를 순서대로 쓰고,

> 소민 : (벽면에 게시된 샌드위치 요리 방법을 보며) 만드는 방법은 ㉠ <u>첫째, 빵에 잼을 바르고, 둘째, 햄을 올리고, 셋째, 치즈를 얹고…</u>
> ⋯ (중략) ⋯
> 찬민 : 그래? 그럼 이제부터 ㉡ <u>성훈이를 6번이라고 부르자.</u>
> ⋯ (중략) ⋯
> 지희 : (종이컵을 손가락으로 하나씩 짚어 가며) 1, 2, 3, 4 … ㉢ <u>23! 모두 23개네.</u>

2023 B형 08-2) 문제 예시 ㉢에 해당하는 분류 개념을 쓰시오.

> ⋯ (상략) ⋯
> 유나 : 정말 나비 모양이네! 난 목걸이 모양으로 꾸며야지. ㉢ (동그라미-세모-세모-동그라미-세모-세모-동그라미-세모-세모의 순서대로 초콜릿을 놓으며) 나는 이렇게 할 거야.
> ⋯ (하략) ⋯

❷ 서술형 문제 유형

교사 간, 유아-유아 간, 교사-유아 간 대화, 수학 놀이나 활동 장면 등 문제에서 요구한 개념에 해당하는 용어의 개념, 특징 등을 설명하거나 해당 예시를 찾아 쓰도록 요구하는 문제들이 이에 해당합니다.

- 수학교육의 내용 영역에 근거해 제시된 사례에 해당하는 **주요 개념의 정의/ 특징 설명**하기
- 제시된 사례에 해당하는 **수학적 과정기술의 정의 설명**하기
- 수학교육의 내용 영역의 **주요 개념, 수학적 과정기술**에 해당하는 **예시 찾아 쓰기**

2025 B형 07-1) 문제 예시
② 밑줄 친 ㉣에 해당하는 패턴 규칙을 적용하여 청각적 패턴의 예시 1가지를 쓰시오.

(가)

> … (상략) …
> 찬민 : ㉣ (파란색-파란색-노란색-파란색-파란색-노란색 순으로 종이컵을 계속 놓으며) 이렇게 울타리를 만들자.
> … (하략) …

2023 B형 08-1) 문제 예시
㉠과 ㉡에 나타난 시간 개념의 특징을 각각 순서대로 쓰시오.

> 교사 : 오늘은 케이크를 만들기로 했지요? 먼저 케이크 만드는 방법을 알아볼게요. (그림 카드를 제시하며) ㉠ 첫 번째, 케이크 가루와 우유를 섞어 반죽을 만들어요. 두 번째, 반죽을 빵틀에 넣고 오븐에 구워요. 세 번째, 구워진 빵 위에 크림을 발라요. 그다음에는 장식할 모양을 만들어서 빵 위에 올려요. ㉡ 오븐에 넣은 빵이 다 구워지려면 30분 정도 걸리니까,
> … (하략) …

 난이도 중상에 해당하는 문제 유형

❶ 주요 개념 외 확장 범위의 문제 유형

교사 간, 유아-유아 간, 교사-유아 간 대화, 수학 놀이나 활동 장면 등을 통해 수학교육의 내용 중 해당 내용 범위를 판단하고, 그 영역에서 가장 중요한 지도 방법(교수-학습의 주안점 등)을 제시하도록 요구하는 문제가 이에 해당합니다.
(※ 용어 위주로 공부를 하다보면 자칫 소홀해 질 수 있는 내용이므로 변별력이 높은 유형으로 분류하였습니다.)
• 수학교육의 내용 영역의 주요 개념의 **지도 전략/ 주안점** 등 제시하기

2025 B형 07-2) 문제 예시 (나)의 밑줄 친 ㉤에 나타난 교사의 지도 전략 1가지를 쓰시오.

(나)

> 우리 반 유아들은 20 이상의 합리적 수 세기를 할 수 있으니, 성훈이가 했던 수량 어림하기 활동을 다른 유아들도 경험할 수 있도록 해야겠다. 수량 어림하기 활동에서 유아에게 수량을 추측하게 하는 것보다 13개 정도의 사탕을 보여준 뒤, ㉤ "사탕이 10개보다 많을까?", "사탕이 15개보다 적을까?" 등과 같은 발문들을 활용해야겠다.
> … (중략) …

❷ 수학교육의 내용 영역별 지도의 구체적 예시를 묻는 유형

교사 간, 유아-유아 간, 교사-유아 간 대화, 수학 놀이나 활동 장면 등을 통해 수학교육의 내용 중 해당 내용의 주요 개념을 지도하기 위한 활동 예시(위의 ❶의 예시 버전), 개념을 적용한 구체적인 예시를 제시하도록 요구하는 문제가 이에 해당합니다.
(※ 예시를 제시하는 문제는 주요 개념이나 지도 방법에 대한 정확한 이해를 가지고 있어야 채점에 유리한 방식으로 답안을 작성할 수 있는 문제이므로 변별력이 높은 유형으로 제시합니다.)
• 수학교육의 내용 영역의 **주요 개념**을 지도할 수 있는 **활동 예시 제시**하기
• 수학교육의 내용 영역의 **주요 개념**을 나타낼 수 있는 **예시 제시**하기

`2025 B형 07-3) 문제 예시` **(나)의 밑줄 친 ⓑ, ⓐ의 예시를 순서대로 1가지씩 쓰시오.**

(나)

> … (중략) …
> 우리 반에서 대칭과 패턴을 경험해 볼 수 있는 수학활동에는 무엇이 있을까? ⓑ <u>정사각형 색종이 한 장으로 대칭 활동</u>을 해 보면 어떨까? 유아들이 다양한 패턴을 이해할 수 있도록 유아들에게 친숙한 과일인 ⓐ <u>감과 귤을 이용한 증가 패턴 활동</u>도 경험해 보면 좋을 것 같다.
> … (하략) …

❸ 수학교육의 내용 영역 간의 횡적 연결 문제

교사 간, 유아–유아 간, 교사–유아 간 대화, 수학 놀이나 활동 장면 등에서 수학교육의 내용 영역 간/ 혹은 하나의 내용 영역 내의 특정 개념 간에 연결된 부분이 무엇인지 파악하고 답하는 문제가 이에 해당합니다.
(※ 이런 문제의 경우 해당 영역에 대한 이해도가 높지 않으면 '무엇을 묻는지조차 모르겠다'라고 생각되는 문제이므로 변별력이 높은 유형으로 제시합니다.)
• 수학 영역 간 **연계된 영역을** 파악 → 해당 영역의 **주요 개념의 정의**로 답안 제시하기

`2022 B형 08-1) 문제 예시` ① **(가)의 [A]에서 ㉠과 ㉡의 길이를 측정할 수 있는 자료의 특성을 쓰고,**

(가)

> 이번 주에는 유아들이 종이컵과 벽돌블록을 이용하여 성 쌓기 놀이를 하였습니다. 유아들은 어느 성이 더 긴지에 관심을 보였습니다.
>
> [A] ┌ 다음 주에는 성의 모양을 따라 가며 길이를 재어 보는 놀이를 할 것으로 예상됩니다.
>
>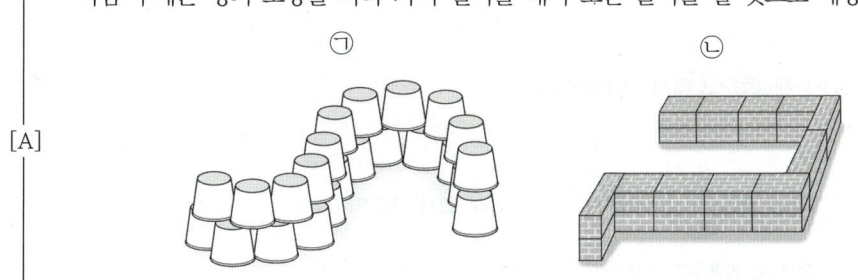
>
> └ 가정에서도 다양한 방법으로 여러 가지 물건의 길이를 재어 보시기 바랍니다.
> … (하략) …

02 구성주의 수학교육(수학적 과정기술 등) 기출문제 분석

2024년 B

08 (가)와 (나)는 5세반 유아들의 쌓기 놀이 장면의 일부이다. 물음에 답하시오. [5점]

(나)

> … (중략) …
> (교사는 유아들이 만든 여러 가지 변신 로봇의 사진을 찍었다.)
> 유민 : 선생님, 변신 로봇 사진들을 바닥에 펼쳐 놓았어요.
> 교사 : 유민이가 변신 로봇 사진들을 바닥에 펼쳐 놓았구나.
> 성우 : 변신한 로봇 사진이 많네. 우리 비슷한 것끼리 모아볼까?
> 유민 : 그래, 모아 보자!
> (성우와 유민이가 변신 로봇 사진들을 색깔별로 모은다.)
> 교사 : 유민이와 성우가 변신 로봇 사진을 비슷한 것끼리 나누었구나. ⓜ 어떻게 나누었는지 말해 줄래?
> 성우 : 우리는 색깔별로 나누었어요.
> 교사 : 그랬구나. ⓗ 색깔 말고 또 다른 방법으로 나누어 볼 수 있겠니?

3) 코플리(J. Copley)의 이론에 근거하여, (나)의 ⓜ과 ⓗ에 해당하는 교사 개입 수준의 명칭을 순서대로 각각 쓰시오. [2점]

- _____
- _____

답안 3) • : 재검토하고 다시 생각하게 하기
  • : 도전하도록 하기(도전하기)

> **더 읽어보기** 코플리(Copley, 2000) 교사 개입의 3수준
> • **본 대로 말해주기**(기술하기) : 교사가 영유아가 하는 행동이나 만든 것을 보고 그대로 기술하는 것이다.
> • **재검토하고 다시 생각하게 하기** : 유아가 자신의 사고과정을 다시 검토하도록 유도하는 질문이나 언급이다.
> • **도전하도록 하기**(도전하기) : 유아에게 또 다른 사고로 확장하고, 새로운 도전을 시도하도록 유도하는 질문이나 언급이다.

2022년 B

07 (가)는 혼합연령반의 산책 상황이고, (나)는 교사 저널의 일부이다. 물음에 답하시오. [5점]

(나)

> 오늘 산책하며 유아들의 수학적 사고를 엿볼 수 있었다. 유아들은 도형에 관심을 보였고, 공간에 대한 이해에서 차이가 나타났다. 유아가 주도적으로 놀이하고 그 속에서 배움이 이루어져야 하지만, 교사의 적극적인 지원도 필요한 것 같다.
> 실외에서 동그라미와 네모를 찾았으니 교실에서는 동그라미와 네모뿐 아니라 세모도 찾아보도록 해야겠다. 그리고 빨대나 이쑤시개로 모양 만들기도 해야겠다. [A]
> … (하략) …

3) ① (나)의 [A]에 해당하는 수학적 과정기술을 쓰고, ② 그 수학적 과정기술의 개념을 설명하시오. [2점]

① _____

② _____

답안 3) • ① : 연계하기(connection)

• ② : 수학 개념을 일상생활이나 다른 수학적 개념 혹은 다른 교과 지식 등과 연결 짓는 것이다.
   (~ 연결 짓는 기술을 의미한다.)

 **연계하기**(connecting)

> **연계하기(connecting)**는 매일의 생활과 수학, 유아의 비형식적 지식과 수학개념, 수학의 개념 간, 수학과 다른 교과의 관련을 찾아내는 것으로, 유아에게 수학을 의미있게 만든다. 즉, 유아가 수학개념이 서로 분리된 것이 아니라 한 덩어리로 연결되며 실생활의 문제를 해결하는 데 유용하다는 것을 이해하고, 수학을 학습하는 목적과 즐거움을 갖게 한다. 또한 수학적 지식을 발전시키고 좀 더 효과적으로 개념과 기술을 적용할 수 있는 능력을 확장시킨다.

2020년 B

08 (가)~(라)는 5세반 자유선택활동 상황의 일부이고, (마)는 김 교사 저널의 일부이다. 물음에 답하시오.
[5점]

(마)

> 오늘 수·조작영역에서 유아들은 밤 5개를 몇 개로 나눌 것인지와 모두 모으면 몇 개가 되는지에 대한 자신의 생각을 말로 이야기 나누는 과정에서 수학적 과정 기술 중 (ⓒ)을/를 활용하였다.

4) (마)의 ⓒ과 ⓑ에 공통으로 들어갈 말을 쓰시오. [1점]

> (ⓑ)은/는 유아들이 일상생활과 수학적 상황에서 수학적 언어 및 상징을 사용하고, 수학으로 이해한 것을 다른 사람과 공유하기 위해 말이나 글로 표현하는 수학적 과정 기술을 의미한다.

답안 4) • 의사소통하기

 의사소통하기(communication)

> 의사소통하기(communication)는 영유아가 수학적으로 사고한 것을 상대방에게 말과 글로 이야기하는 것으로, 일상생활과 수학적 상황에서 사용하는 언어를 수학적 언어 및 상징과 관련시키는 것이다(Althouse, 1994). 즉, 수학교육에서 의사소통이란 수학적 언어와 상징을 사용하여 자신이 이해한 수학적 지식과 문제해결의 방법을 다른 사람과 나누는 것이다. 의사소통이 잘 이루어지기 위해서는 의사전달 체계가 일치해야 하는데, 영유아가 다양한 상징과 문화적 규칙을 포함한 상징체계를 이해하기 위해서는 오랜 과정이 요구된다. 특히 상징체계는 사회 구성원 간에 맺은 약속이며 사회 구성원들에 따라 달라지므로 영유아들이 경험을 통해 익혀야 한다. 영유아가 자신이 이해한 것을 수학적 의사소통으로 표현하는 방법은 기존의 사회적 약속과 다를 수 있으나, 영유아의 표현을 존중해 주고 점차 사회적 약속의 상징을 사용할 수 있게 해주어야 한다.

2019년 B

07 (가)는 유아들이 수학영역에서 활동하는 장면이며, (나)는 만 5세반 교사들의 대화이다. 물음에 답하시오. [5점]

(나)

> 이 교사 : 유아들이 쌓기영역에서 놀이하는 것을 좋아해요. 수학활동으로 좀 더 확장해 보고 싶은데, 어떤 활동이 있을까요?
> 최 교사 : 저는 블록의 모양에 따라 분류하기 활동을 주로 계획해요. 그리고 작은 원기둥을 쌓아서 하나의 커다란 원기둥 만들기 활동도 자주 해요.
> 민 교사 : ㉠ 유아들이 만든 입체 구성물을 옆에서 봤을 때와 위에서 봤을 때 어떻게 보이는지를 살펴보는 활동도 의미 있어요.
> 이 교사 : 그 활동을 하고 난 후 ㉡ 위에서 본 모습을 그림으로 그려보는 것은 어떨까요?
> 최 교사 : 좋아요. 그 구성물을 어떤 방법으로 만들었는지 친구들과 이야기하는 것도 도움이 될 것 같아요.
> … (하략) …

4) (나)의 ㉡ 활동을 통하여 유아가 학습할 수 있는 수학적 과정 기술(mathematical process skill)을 쓰시오. [1점]

• _____

답안 4) • 표상하기

 **표상하기**(representation)

표상하기(representation)는 영유아가 이해하고 있는 사물이나 사건에 관한 수학적 개념이나 사고를 말, 언어, 동작, 그림과 숫자 등의 다양한 매개물을 활용하여 표현하는 것이다. 이 수학적 과정기술은 수학적 사고나 그 사고과정을 다른 사람과 의사소통할 때 매우 유용하다. 영유아는 친구에게 생일카드를 만들기 위해 친구 얼굴과 하트를 그림으로 그리거나 자신이 만든 블록을 만지지 말라고 금지 표지로 표현하기도 한다. 마트 견학을 다녀온 후 물건의 종류와 크기를 그리고, 물건의 코너를 표시하는 상징이나 그림을 표상하기도 한다. 수학적 아이디어를 표상하기 위해서 그림, 구체물, 말하기, 관련된 상황, 상징의 다섯 가지 방법을 사용할 수 있는데, 이러한 표상방법 간에 상호 연계하는 것이 중요하다(Clement, 2004; Lesh, Post & Behr, 1987).

2017년 B

07 (가)는 ○○유치원 5세반 윤 교사의 수학활동계획안이고, (나)는 윤 교사가 동료 교사와 나눈 대화 내용이다. 물음에 답하시오. [5점]

(나)

> 윤 교사 : 오늘은 수·조작 영역에서 여러 가지 모양 조각으로 교통기관 만들기 활동을 해 보았어요. 수학활동으로 좀 더 확장해 보고 싶은데 어떤 활동이 있을까요?
> 허 교사 : 저는 늘 모양 조각 탐색 후에는 여러 가지 특성을 기준으로 분류해 보기 활동을 해요.
> 김 교사 : 모양이나 색깔 패턴 만들기 활동도 좋아요. 패턴 만들기 활동에서 ○△□○△ 다음에 어떤 모양이 와야 하는지 생각해 보게 하고, ㉠ 왜 네모 모양이 와야 한다고 생각하는지 이야기해 보는 활동으로 전개해도 좋을 것 같아요.
> 허 교사 : ㉡ 동그라미, 세모, 네모로 패턴을 만드는 활동을 확장해서 이 패턴을 몸으로 표현해 보는 활동도 재미있을 것 같아요. 이처럼 ㉢ 한 활동에서 학습한 수학적 개념을 다른 활동에 적용해서 설명해 보는 과정은 유아들의 수학적 사고를 확장시켜 줄 수 있을 것 같아요.
> 윤 교사 : 선생님들의 의견을 들어보니 ㉣ 색깔과 모양이 다른 조각을 주고 분류해 보는 활동을 먼저 해보아야겠어요.
> … (하략) …

2) (나)의 ㉠, ㉢의 활동을 통하여 유아가 학습할 수 있는 수학적 과정 기술(mathematical process skill)을 각각 쓰시오. [2점]

• ㉠ : _____

• ㉢ : _____

답안 2) • ㉠ : 추론하기
 • ㉡ : 연계하기

 **추론하기**

추론하기는 유아가 주어진 문제를 해결하려고 할 때 자신이 가지고 있는 모든 정보와 지식을 활용하여 두 사물이나 정보 간의 관계성이나 규칙성을 찾아내고 이를 자신의 문제해결에 활용하는 사고과정이다. 일반적으로 추론능력에는 귀납, 연역, 유추가 포함되는데, 이 중 유아 수학교육에서 가장 많이 활용되는 추론의 방법은 유추능력이 요구되는 분류활동과 패턴활동이다.
- 분류활동 시 교사는 구멍과 색이 다양한 단추를 한 바구니에 담은 후 색이나 구멍 수가 같은 것끼리 모아 놓고 "선생님이 왜 이것들을 같은 바구니에 담았을까?"라고 질문하여 유아들이 추론해 보도록 할 수 있다. 유아들은 바구니에 담긴 것들의 공통점 혹은 차이점을 추론해 본 후 자신의 추론을 증명하기 위해 자신의 생각을 논리적으로 답하게 된다. 이러한 과정이 유아의 추론능력을 향상시킨다.
- 패턴활동 시 교사는 빨강, 노랑, 파랑, 빨강, 노랑, 파랑 스티커를 붙인 후 유아에게 "다음엔 어떤 색깔이 와야 할까?"라고 물을 수 있다. 유아는 앞에 나열된 색깔들의 규칙성이나 관계성을 추론하고 자신의 논리적인 추론을 입증하기 위해 직접적 활동 혹은 언어로 설명하게 된다. 이와 같은 추론하기 과정기술을 활용하도록 격려하는 데 있어서는 유아가 자신의 추론과 다른 친구의 추론이 적절한지 들어보고 이를 알아보기 위해 반증을 사용하는 태도를 가질 수 있도록 격려해야 한다.

2013년 추시 B

08 다음은 5세반 김 교사와 박 교사가 나눈 대화의 일부이다. 물음에 답하시오. [5점]

> … (중략) …
> 박 교사 : 선생님, 새로운 수학활동 좀 추천해 주세요.
> 김 교사 : ㉠ '교실의 여러 물체를 연필, 끈 등으로 재어 보는 활동', '주사위 2개를 던져 나온 수의 합만큼 말을 움직이는 판 게임', '비밀주머니 안에 있는 도형을 만져 보고 찾는 활동', '우리 반 친구들의 수를 한 명씩 세어 보는 활동'은 어떠세요?
> 박 교사 : 선생님은 아이디어가 참 많으시네요.
> 김 교사 : 그런데 수를 세어 보고, 물체를 측정해 보는 등의 활동 자체도 중요하지만 활동을 실행해 본 후, 수치나 모양 등의 ㉡ 활동 결과들이 친구들 간에 왜 서로 다른지 생각해 보도록 하는 것이 중요한 것 같아요.
> 박 교사 : 맞아요. 유아들이 ㉢ 문제가 무엇인지 이해하고, 해결 방법을 스스로 결정하고 그 방법을 실행해 보는 과정도 필요하더라고요.
> 김 교사 : 저도 그렇게 생각해요. 유아들이 선택한 방법을 자유롭게 실행해 보고 자신들의 생각을 그림이나 글로 기록하도록 하는 것도 좋더라고요.
> 박 교사 : 맞아요. 활동이 마무리된 후 유아들이 함께 모여 활동 과정에서 사용한 ㉣ 자신의 전략이나 방법을 친구들에게 말하고 들으며 서로의 생각을 공유하는 것도 좋겠어요.

3) ㉡은 수학적 과정 중 '추론하기'에 해당한다. ㉢, ㉣에 해당하는 수학적 과정 1가지를 각각 쓰시오. [2점]

- ㉢ : _____

- ㉣ : _____

답안 3) • ⓒ : 문제해결하기
  • ⓓ : 의사소통하기

>  **문제 해결하기**
>
> 문제해결은 유아에게 자연스럽고 선천적인 것이다. 유아는 해답을 찾기 위해 몇 번의 시행착오를 거치기도 하지만 이러한 시행착오의 과정을 통해 자신만의 해답을 구축하게 되고, 이와 같은 실질적인 문제해결에 참여하여 기본적인 문제해결전략을 발달시키고 수학적 지식을 확대하게 되므로 문제해결과정은 수학적 사고를 발달시키는 데 중요한 수단이 된다(NCTM, 2000).
>
> • **문제해결하기** : 문제해결하기는 수학적 지식을 발달시키는 중요한 수단으로 유아가 일상생활이나 동화의 수학적 상황 등에서 아직 해결방법을 모르는 과제에 참여해 문제에서 요구하는 답을 찾아가는 과정을 의미한다. 유아에게 문제해결은 자연스러운 것으로 새로운 상황과 직면했을 때 유아는 호기심을 보이며, 놀이상황에서 놀이도구나 해결되어야 하는 문제가 발생할 때도 융통성을 발휘하며 문제를 해결하려는 성향을 보인다.

03 수학교육 내용 : 수와 연산(수 개념) 기출문제 분석

2025년 B

07 (가)는 5세 반 유아들의 놀이 장면의 일부이고, (나)는 교사 저널의 일부이다. 물음에 답하시오. [5점]

(가)

> (유아들이 교실에서 자유놀이를 하고 있다.)
> 소 민 : (벽면에 게시된 샌드위치 요리 방법을 보며) 만드는 방법은 ㉠ <u>첫째, 빵에 잼을 바르고, 둘째, 햄을 올리고, 셋째, 치즈를 얹고…</u>.
> 지 희 : 소민아, 이리 와. 같이 놀자.
> … (중략) …
> 찬 민 : (지희가 만든 탑을 보면서) 우와! 멋지다.
> 성 훈 : 몇 층이야?
> 지 희 : (탑의 아래부터 손가락으로 가리키면서) 1층, 2층, 3층, 4층, 5층, 6층. 6층이야!
> 성 훈 : 6층! 6? 나 축구할 때 등 번호가 6번이야.
> 찬 민 : 그래? 그럼 이제부터 ㉡ <u>성훈이를 6번이라고 부르자.</u>
> 지 희 : 민성아, 너는 몇 층짜리 만들었어?
> 민 성 : 나는 5층이야.
> 소 민 : 지희야, 탑 쌓는 데 종이컵 몇 개 썼어?
> 지 희 : 한번 세어 볼까?
> 성 훈 : 음… 한 열다섯 개쯤 아니야?
> 지 희 : (종이컵을 손가락으로 하나씩 짚어 가며) 1, 2, 3, 4 … ㉢ <u>23! 모두 23개네.</u>
> 찬 민 : 우리, 탑이 쓰러지지 않게 울타리를 만들어 주자.
> … (하략) …

(나)

> 우리 반 유아들은 20 이상의 합리적 수 세기를 할 수 있으니, 성훈이가 했던 수량 어림하기 활동을 다른 유아들도 경험할 수 있도록 해야겠다. 수량 어림하기 활동에서 유아에게 수량을 추측하게 하는 것보다 13개 정도의 사탕을 보여준 뒤, ㉣ <u>"사탕이 10개보다 많을까?", "사탕이 15개보다 적을까?"</u> 등과 같은 발문들을 활용해야겠다.
> … (하략) …

1) (가)의 ① 밑줄 친 ㉠, ㉡, ㉢에서 나타난 수의 의미를 순서대로 쓰고, ② 밑줄 친 ㉣에 해당하는 패턴 규칙을 적용하여 청각적 패턴의 예시 1가지를 쓰시오. [2점]
   (※ ②는 [06 수학교육 내용 : 규칙성(패턴)]에서 살펴봅니다.)
   ① _____

   ② _____

2) (나)의 밑줄 친 ㉤에 나타난 교사의 지도 전략 1가지를 쓰시오. [1점]

답안 1) • ① : ㉠ 순서수, ㉡ 이름수, ㉢ 집합수

(※ 기호와 함께 제시하라는 조건이 문제기술에 명시되지는 않았으나 순서대로 적으라는 기술도 없어서 함께 제시합니다.)

(※ ②는 [06 수학교육 내용 : 규칙성(패턴)]에서 살펴봅니다.)

2) • **참조가 되는 수**(특정한 참조 수)**를 활용하여**(~와 비교하여) (실제 값에 가까운) **타당한 수를 추측해 보도록 하였다**(~어림을 조정해 보도록 도왔다.).

 **수와 연산 개념의 발달**

♣ **수의 의미**
우리는 장난감 개수를 헤아릴 때, 마트에서 계산을 할 때와 같이 일상에서 다양하게 수를 사용한다. 유아는 상황에 따라 **집합수, 순서수, 이름수**의 의미로 각기 다르게 수를 사용하는데, 일상에서 주로 경험하는 수는 자연수(natural number)이다.
• **집합수**는 집합에 속한 수의 양으로 유아가 사물의 수를 세고 수량을 알아볼 때 사용한다.
• **순서수**는 첫째, 둘째, 셋째와 같이 차례를 나타내는 수로, 순서수는 기준에 따라 그 위치가 상대적이다.
• **이름수**는 운동선수의 등 번호, 휴대전화 번호 등과 같이 수를 사용해서 명명하는 것을 의미한다.

♣ **어림하기**
• **어림하기** : 수량 어림하기는 유아기부터 경험하게 되는 중요한 수의 관계로 정확한 실제 값을 구하는 것이 아니라 **합리적인 추측**으로 **실제의 값에 가까운 타당한 값을 결정하는 것**이다. 만 4~5세 유아들은 5, 10, 20처럼 **특정한 참조 수**가 주어진다면 수량 어림하기가 가능하다(Baroody & Galzke, 1991). Sowder(1989) 등은 만 5세 유아들은 제시된 두 개의 집합 중에서 주어진 수에 어느 집합이 가까운지 어림할 수 있다고 하였다.

 **CHAPTER 06-2 수학교육**

> 2021년 B

07 다음은 바깥 놀이터에서의 놀이 상황이다. 물음에 답하시오. [5점]

> … (상략) …
> 교 사 : (정리 시간을 알리며) 얘들아, 이제 모이자.
> 서 영 : 선생님, 우리 종이비행기 날리기 조금밖에 못했어요.
> 다 빈 : 종이비행기 한 번 더 날리고 싶은데….
> 교 사 : 너희들 더 놀이하고 싶구나. 오늘이 금요일이니까, 세 밤 자고 월요일에 만나서 많이 하자.
> 지 수 : ㉠ (친구들을 보며) 우리 세 밤 자고 유치원에서 종이비행기 날리기 열 번 하자. [B]
> 유아들 : 그래, 열 번, 백 번 하자. 하하.
> 교 사 : (시계를 가리키며) 긴 바늘이 8에 있으니까 40분이야. 11시 40분이 되었네.
> … (하략) …

2) ㉠에 나타난 합리적 수 세기의 원리를 쓰시오. [1점]
  •

 2) • 추상화의 원리

> **추상화의 원리**(abstraction principle)
>
> 물리적으로 전혀 다른 대상이라고 할지라도 수세기의 대상이 됨을 이해하는 것을 의미한다. 즉, 사과, 꽃 등 물리적으로 완전히 다른 대상도 수를 세는 과정에서 똑같이 수 단어 하나와 대응시켜 나감을 이해하는 것이다. 또한 구체물 뿐만 아니라 경험이나 사건도 수세기가 가능함을 이해하는 것을 말한다. 만 4세경이면 물리적으로 이질적인 물건도 수의 이름을 적용할 수 있게 된다(Gelman & Gallistel, 1978).

MEMO

2020년 B

08 (가)~(라)는 5세반 자유선택활동 상황의 일부이고, (마)는 김 교사 저널의 일부이다. 물음에 답하시오.
[5점]

(가)

(나)

(다)

(라)

> … (중략) …
> 김 교사 : (밤 5개를 모으게 한 후에) 접시에 있는 밤의 수를 세어 보자.
> 수　　지 : ㉠ <u>나란히 배열된 밤을 하나씩 가리키며 수 이름을 말한다.</u> 하나, 둘, 셋, 넷, 다섯.
> 김 교사 : 그럼 밤이 2개 남으려면 어떻게 해야 할까?
> 지　　호 : ㉡ <u>(밤 5개 중에서 3개를 접시 밖으로 옮긴 후 남은 밤을 하나씩 가리키며) 하나, 둘, 두 개요.</u>

1) (나)에서 (다)로 진행된 활동에서 유아들이 경험한 연산을 쓰시오. [1점]
   • _____

2) ① ⓐ에 들어갈 말을 쓰고, ② (라)의 ㉠에 근거하여 ⓐ의 특징을 쓰시오. [2점]

> 수 세기는 각 수를 지칭하는 이름을 순서대로 기억하여 기계적으로 세는 일반적 수세기와
> (　ⓐ　)이/가 있다

   ① _____

   ② _____

3) (라)의 ㉡과 관련된 구체물을 활용한 빼기 전략을 쓰시오. [1점]
   • _____

CHAPTER 06-2 수학교육

답안 1) • 예 1 : 부분과 전체
• 예 2 : 모으기

2) • ① : 합리적 수세기
• ② : 물체의 수와 수 이름을 일치시키는 일대일 대응의 방법을 사용한다.

3) • 덜어내기

[수 간의 관계]
수세기 다음에 바로 더하기와 빼기로 연결되는 것으로 생각하기 쉽지만 보다 광범위하고 풍부한 수 개념을 형성하기 위해서는 더 많은/ 더 적은, 하나 더 많은/ 하나 더 적은 등의 수의 비교와 순서, **부분과 전체**, 수량 어림하기와 같은 수 간의 관계에 대한 이해가 필요하다.

• **부분과 전체** : 부분과 전체는 하나의 전체는 여러 부분으로 나뉠 수 있고, 이 부분들을 합치면 전체와 같고(전체 = 부분1 + 부분2), 전체는 하나의 부분보다 크다(전체 > 부분 1이나 부분 2)는 개념이다.
• **모으기와 가르기** : 어떤 수들이 모여 하나의 수를 만드는 것이 '**모으기**'이고, 반대로 한 수를 둘 이상의 수로 나누는 것이 '**가르기**'다. 이 방법은 덧셈과 뺄셈의 기본전략이 되므로 유아 때 놀이를 통해 자연스레 익히면 나중에 연산의 디딤돌이 된다.

[수세기]
수세기는 즉지하기로 불리기도 하는 직관적 수세기(subitizing)와 일반적 수세기(counting)로 나눌 수 있다. 직관적 수세기는 일일이 수를 세지 않고 직관적으로 양을 파악하는 능력을 말하며, 일반적 수세기는 각 수를 지칭하는 이름을 순서대로 기억하는 '말로 수세기(oral counting) 또는 기계적 수세기(rote counting)'와 실제 사물에 수의 이름을 차례대로 대응시켜 수를 세는 '**물체 수세기**[(object counting) 또는 **합리적 수세기**(rational counting)'로 나뉜다.

• **합리적 수세기**(rational counting)는 수 단어를 암송하는 것 이상의 복잡한 과정이다. 물체의 수를 세기 위해서는 수세기에 내재된 수세기의 원리를 이해해야 한다.(Gelman & Gallistel, 1978).
• **1대 1 대응의 원리**(one-to-one correspondence principle) : 일대일 대응의 원리는 수세기의 원리 중 하나로 물체 한 개와 수 단어 하나가 대응되어야 함을 이해하는 것을 의미한다. 수 단어를 익혔지만 1대 1 대응의 원리를 이해하지 못한 유아는 물체 하나에 여러 개의 수 단어를 대응시키거나 반대로 물체를 빠뜨리고 세기도 한다(Fuson, 1988).

[더하기와 빼기 전략]
더하기와 빼기를 해결하는 전략은 점차 세련되어진다. 처음에는 물체나 손가락을 사용하여 모두세기(counting-all)를 사용하지만 어느 시점이 되면 더하기의 경우 더해지는 수를 첫 번째 수의 다음부터 세는 이어세기(count-on from first number)와 같은 언어적 수세기를 사용한다. 모두세기(counting-all)와 **덜어내기**(separating from first number)와 같은 전략은 이어세기(count-on from first number), 큰 수부터 세기(count-on from larger number), 세어 내려가기(count-down), 세어 올라가기(count-up)의 수세기 전략을 거쳐(Baroody & Coslick, 1998; Carpenter, et al., 1983; Thompson, 1997), 인출로 발전한다.

• **덜어내기**(separating from first number) : 구체물로 처음 제시된 수(피감수)에서 나중에 제시된 수(감수)를 덜어내고 나머지를 세는 전략을 말한다.

2019년 추시 B

08 다음은 ○○유치원의 '보물찾기' 활동에 대한 교사협의 후 작성한 활동 방법이다. 물음에 답하시오.
[5점]

보물찾기 활동 방법

- 활동 일시 : 5월 ○○일 ○○시~○○시
- 활동 장소 : 바깥놀이터와 뒷동산
- 활동 자료 : 동일한 보물 쪽지(5cm × 5cm)

(나) 보물 수 세기 지도 방법

방법 1	방법 2
일대일 대응의 원리에 따라, 보물 쪽지를 하나씩 바닥에 그려진 원 안에 놓으며 대응되도록 세어 주기	(ⓒ)에 따라, 개수를 셀 때 수의 순서를 익히도록 순서대로 천천히 세어 주기

방법 3	방법 4
(ⓒ)에 따라, 개수를 셀 때 마지막 수가 전체 수량을 나타낸다는 것을 이해하도록 세어 주기	(②)

※ 하원 시, 보물 쪽지와 준비된 보물을 교환하여 주기

---

2) (나)는 겔만과 갈리스텔(R. Gelman & C. Gallistel)의 5가지 수 세기 원리를 근거로 서로 다른 방법을 제시한 것이다. ⓒ의 수 세기 원리를 쓰고, ⓒ의 원리 이해를 돕기 위한 질문 1가지와 ②에 제시할 수 있는 수 세기 원리 지도방법 1가지를 쓰시오. [3점]

ⓒ _____

ⓒ _____

② _____

답안 2) • ⓒ : 안정된 순서의 원리
- ⓒ : (ⓒ- 기수의 원리) 여기 보물쪽지가 전부 몇 개가 있니?
- ⓔ : '순서무관의 원리'에 따라, 어느 방향과 순서로 세어도 수량이 동일함을 이해하도록 (한 줄로 놓여 있는 보물쪽지를 오른쪽에서부터 시작하여 세어준 뒤 다시 왼쪽에서부터) 세어 주기

> **더 읽어보기**
>
> - **안정된 순서의 원리(stable order principle)** : 수세기를 할 때 수 단어는 항상 동일한 순서로 사용됨을 이해하는 것이다. 즉, 수 이름의 순서에 관한 원리이다. 아직 수 단어의 순서를 안정적으로 익히지 못한 경우, 1, 2, 3, 5, 6, 4…와 같이 수 단어를 건너뛰거나 바꿔 센다. 9 혹은 그 이상까지 수를 세어도 십 자리 수를 세거나 십 자리 수의 변화 규칙에 따라 세는 것(19 다음에 20)은 어려워하기도 한다(Baroody & Wilkins, 1999).
> - **순서무관의 원리(order-irrelevance principle)** : 한 집합의 사물을 셀 때 어떤 방향이나 순서로 수를 세어도 그 결과에는 변화가 없다는 것을 이해하는 것이다. 만 3세 유아도 순서무관의 원리를 어느 정도 이해한다(Gelman, 1980).

> 2018년 B

06 다음은 만 4세반 교사가 유아들과 함께 유치원 주변을 돌아보며 나눈 대화이다. 물음에 답하시오.
[5점]

교 사 : 오늘은 우리 유치원 주변을 돌아보기로 했지요?
유아들 : 네, 빨리 가고 싶어요.

··· (중략) ···

교 사 : 자, 이제 무엇이 있는지 잘 살펴보며 갈까?
나 눔 : (유치원 앞 공원을 보며) 와! 공원이다.
교 사 : 그래, 공원이 있구나.
경 표 : 선생님, 나무도 있어요.
은 별 : 집도 있어요.
교 사 : (소방서 옆에 멈추어서) 나눔아, 네 옆에 무엇이 있니?
나 눔 : 소방서요. 소방차도 보여요.
은 별 : 와! 소방차다. 119야, 119.   [A]
경 표 : 나도 119 알아요.

··· (중략) ···

(빵집 앞에 서서)

은 별 : 빵집 안에 사람들이 있어요.
교 사 : 어, 그러네. 모두 몇 사람이 있니?
은 별 : (하나, 둘, 셋, 넷) 모두 네 명이에요.   [B]
교 사 : 아, 모두 네 명이 있구나.

(세탁소로 걸어간 후 앞에 서서)

교 사 : 빵집에서 가장 가까운 곳에는 무엇이 있을까?
유아들 : 세탁소요.
은 별 : 빵집 옆에 세탁소가 있어요.

··· (하략) ···

---

2) ① [A]와 ② [B]에서 유아들이 사용하고 있는 수의 의미를 각각 1가지씩 쓰시오. [2점]

• ① _____

• ② _____

> 답안 2) • ① 이름수
> • ② 집합수

{2016년 B}

07 다음은 바깥놀이 중 마당에 떨어져 있는 나뭇잎 놀이를 하고 있는 동수와 영희의 대화 내용의 일부이다. 물음에 답하시오. [5점]

> … (중략) …
> 영희 : ⓒ 여기 단풍잎만 세어 보자. 이쪽부터 세어도 하나, 둘, 셋이고, 저쪽부터 세어도 하나, 둘, 셋이야.
> 동수 : 응, 그래. 그런데 나뭇잎 크기가 다 달라.
> 영희 : 그러네. (큰 단풍잎을 가리키며) 이건 아빠 단풍잎, (중간 단풍잎을 가리키며) 이건 엄마 단풍잎, (작은 단풍잎을 가리키며) 이건 애기 단풍잎. 애기 단풍잎이 제일 귀엽다, 그렇지? 우리 이 단풍잎을 접시에 담아볼까?
> 동수 : 그래, 그러자. 내가 접시 가지고 올게.
> … (하략) …

3) ① ⓒ에서 나타난 영희의 수세기 원리를 쓰고, ② ⓒ에서 나타난 순서짓기의 특징을 쓰시오. [2점]
(※ ②는 [05 수학교육 내용 : 측정]에서 살펴봅니다.)

- ① : _____

- ② : _____

 3) • ① : 순서무관의 원리

(※ ②는 [05 수학교육 내용 : 측정]에서 살펴봅니다.)

> 3) – ① ⓒ은 여러 형태로 배열되어 있는 사물들을 어떤 순서로 수 세기를 하여도 그 결과는 변함 없음을 이해하는 '**순서무관의 원리**'에 해당하는 사례입니다.

CHAPTER 06-2 수학교육

2015년 B

07 (가)는 5세 반 활동 계획안이고, (나)는 (가)와 관련된 게임 장면이다. 물음에 답하시오. [5점]

(나)

> 교사 : (세 명의 유아들 앞으로 주사위 두 개를 던지며) 얘들아, 몇 개니?
> ┌ (두 개 주사위가 책상 위에 떨어지는 것과 동시에)
> ㉡ 미나, 다희 : 다섯, 넷.
> └ 지호 : 넷, 다섯.
> 미나 : (주사위 두 개를 던져 나온 다섯 개와 세 개를 보고 손가락 다섯 개를 펴며) 다섯 개. (펴진 다섯 개 손가락 중 세 개를 접고) 세 개. 하나, 둘. 두 개 담아야지. (바구니에 두 개의 과일 그림 카드를 담는다.)
> ┌ 지호 : (주사위 두 개를 동시에 던지며) 난 두 개랑 여섯 개가 나왔네. 여섯 개에서 두 개를 빼면 다섯 개네.
> │ 미나 : 아니야. (자신의 손가락을 펴 보이며) 이렇게 여섯 개에서 두 개를 빼면, 나머지 하나, 둘, 셋, 넷, 네 개지.
> ㉢ 지호 : (손가락 여섯 개를 펴며) 여섯 개에서 두 개를 빼면, 나머지 하나, 둘, 셋, 넷. 아~하! 넷이구나.
>
>
>
> … (중략) …
>
> 지호 : (20개 과일 그림 카드를 바구니에 다 담고) 내가 이겼다!
> 미나 : 그럼, 다희와 나 중에 누가 더 많지?
> ┌ 다희 : 우리 하나씩 과일을 세어서 누가 더 많은지 보자.
> │ (미나와 다희가 동시에 과일 그림 카드를 각자 하나씩 바구니에서 꺼내 놓으며)
> │ 미나, 다희 : (동시에) 하나.
> │ 미나, 다희 : (동시에) 하나.
> │   … (중략) …
> ㉣
> │ 미나, 다희 : (동시에) 하나.
> │ 미나, 다희 : (동시에) 하나.
> │ 미나 : 난 이제 없어.
> └ 다희 : 와! (바구니에 남아 있는 과일 그림 카드를 보며) 내가 더 많다. 하나, 둘, 셋. 내가 너보다 세 개 더 많아!

2) (나)의 ㉢에서 비고스키(L. S. Vygotsky)의 이론에 따른 비계(scaffolding)에 해당하는 것을 1가지 쓰시오. [1점]

• _____

3) 유아들이 ㉡과 같이 수량을 인식하는 것을 지칭하는 용어 1가지와, ㉣에서 다희와 미나가 수량 비교하기 활동에 사용한 방법 1가지를 각각 쓰시오. [2점]

• ① 용어 : _____

• ② 방법 : _____

답안 2) • 지호보다 유능한 또래인 미나가 손가락을 통한(이용한) 수 세기를 보여주고 있는 것

3) • ① 즉지

• ② 일대일 대응

답안해설

2) 비고츠키의 이론에 근거하여 볼 때 수 세기에 손가락을 활용한 것은 외적인 매개체(mediator)를 활용한 것입니다. 또한 이 사례에서 **비계설정**(scaffolding)은 지호보다 유능한 또래인 미나가 손가락을 통한 수 세기를 통해 보여주고 있는 것입니다. 지호는 미나의 도움으로 손가락을 통한 수 세기를 해 보면서 5개가 아닌 4개라는 답을 발견할 수 있었습니다.

3) – ① **즉지**란 세지 않고 감각적으로 수량을 인식하는 것을 말합니다. 유아들이 주사위의 점을 하나씩 세지 않고 바로 몇 개인지 말하고 있는 사례는 수량인식의 방법 중 '즉지'에 해당합니다.

3) – ② 사례에서 두 유아는 수량을 비교하기 위해 '**일대일 대응**'의 방법을 사용하고 있습니다. 이러한 일대일 대응은 집합의 크기를 비교할 때나 비형식적인 연산활동들에서 유아들에게 우선적으로 활용되는 방법입니다. 만약 이러한 상황을 '두 과일 바구니 중 어느 것이 더 많은가'(얼마나 차이가 나는가)의 뺄셈상황의 '수 세기 전략'으로 적용해 본다면, 이는 '덜어내기' 전략에 해당합니다. 이처럼 물체를 덜어내고 나머지 수량을 세어보는 뺄셈상황의 전략을 덜어내기라고 합니다.

더 읽어보기

2015 개정 유치원 교육과정(만 3~5세 누리과정) 누리과정 지침서 – 지도지침 및 유의점

집합의 크기를 비교할 때에는 1대1 대응을 사용하거나 수 세기를 활용하도록 격려한다.

더 읽어보기 수학교육에 관련된 이론서들의 내용 요약

비형식적 더하기와 빼기 능력 : 유아들의 비형식적 연산 능력은 수 세기 / 일대일 대응에 의존한다.

CHAPTER 06-2 수학교육

2014년 B

08 (가)와 (나)는 5세반 놀이 상황의 일부이다. 물음에 답하시오. [5점]

> (가)
> 교사 : 얘들아, 어제 친구들이랑 동물원을 갔다 왔는데 어땠니?
> 보경 : 친구랑 가니까 좋아요. 동물도 보고, 간식도 먹었어요.
> 진희 : 저는요, ㉠ 아빠랑 엄마랑 동물원에 세 번 갔다 왔어요.
> 교사 : 그랬구나. 그럼 동물원은 어떻게 만들면 좋을까? 선생님이 한 것처럼 종이벽돌을 짧은 것, 긴 것, 짧은 것, 긴 것으로 놓아서 울타리를 만들어 보자.
> 보경 : (교사가 만든 ㉡ 짧은 것, 긴 것, 짧은 것, 긴 것을 보며) 나도 이렇게 할 거에요.
> 준수 : (울타리를 보면서 ㉢ 앉았다, 일어났다, 앉았다, 일어났다, 앉았다, 일어났다를 반복하며) 저는 이렇게 할 거에요.
> 진희 : 선생님, ㉣ 저는 꽃으로 울타리를 꾸며 볼래요. 빨간꽃, 노란꽃, 분홍꽃, 빨간꽃, 노란꽃, 분홍꽃을 놓았어요.

1) ㉠에서 진희가 '추상화의 원리'로 수세기를 하고 있다고 판단되는 이유 1가지를 쓰시오. [1점]
   • 이유 : _____

답안 1) • 진희가 동물원에 다녀온 경험을 '세 번'이라고 세어 표현한 것은 사물뿐 아니라 소리, 사건 등과 같은 추상적인 내용도 수 세기가 가능하다는 추상화의 원리를 이해한 것이기 때문이다.

> **답안해설**
> 1) 동물원에 다녀온 경험을 세어보는 것은 '서로 같은 종류의 사물뿐 아니라 서로 다른 종류, 사건, 경험, 동작, 소리 등과 같은 추상적인 것들도 수 세기가 가능하다.'라는 것을 이해하는 **추상화의 원리**에 해당하는 사례입니다.

> **더 읽어보기**
> **2015 개정 유치원 교육과정(만 3~5세 누리과정) 지침서**
> 수 세기가 요구되는 놀이, 게임, 숫자노래, **일상경험** 등 수 세기를 할 수 있는 기회를 많이 제공하도록 한다.

2010년 객관식

17 다음의 ㉠에 공통적으로 들어갈 수 세기의 원리로 알맞은 것은?

> (㉠)는 한 집합의 물체의 수를 셀 때 마지막 물체에 적용된 수 단어가 그 집합의 전체 수량을 나타낸다는 것이다. 따라서 마지막 수 단어는 그 물체에 대응된 수 단어일 뿐 아니라 그 집합의 전체 수량을 표상하는 특정 수 단어의 의미도 함께 가진다는 것을 뜻한다. 유아들에게 "모두 몇 개니?" 하고 물으면, 세는 행동은 하지만 마지막 수 단어를 말하지 못하며, 다시 "모두 몇 개니?" 하고 물으면 세는 행동을 반복하는 경우를 흔히 본다. 이러한 경우는 유아가 (㉠)를 이해하지 못한 것으로 해석된다.

① 일대일 대응의 원리　　② 기수의 원리　　③ 안정된 순서의 원리
④ 추상화의 원리　　　　⑤ 순서 무관의 원리

 ②

> **기수의 원리**란 수 단어(이름)는 세고 있는 사물의 전체 수량을 나타낸다는 것을 이해하는 것으로 이를 이해하고 있지 못한 유아들은 제시된 사례에서와 같이 "모두 몇 개니?" 하고 물으면 세는 행동은 하지만 마지막 수 단어를 말하지 못하고 세는 행동만 반복하는 현상을 보인다.

04 수학교육 내용 : 공간과 도형 기출문제 분석

2025년 B

07 (가)는 5세 반 유아들의 놀이 장면의 일부이고, (나)는 교사 저널의 일부이다. 물음에 답하시오. [5점]

(나)

> … (중략) …
> 우리 반에서 대칭과 패턴을 경험해 볼 수 있는 수학활동에는 무엇이 있을까? ⓗ <u>정사각형 색종이 한 장으로 대칭 활동을 해 보면 어떨까?</u> 유아들이 다양한 패턴을 이해할 수 있도록 유아들에게 친숙한 과일인 ⓐ <u>감과 귤을 이용한 증가 패턴 활동</u>도 경험해 보면 좋을 것 같다.
> … (하략) …

3) (나)의 밑줄 친 ⓗ, ⓐ의 예시를 순서대로 1가지씩 쓰시오. [2점]
   (※ ⓐ은 [06 수학교육 내용 : 규칙성(패턴)]에서 살펴봅니다.)

   • ⓗ : _____

답안 3) • ㉥ : 색종이를 삼각형 모양 혹은 직사각형의 모양으로 반으로 접었을 때 완전히 모양이 겹쳐진다는 것과 다시 펼치면 좌우가 동일함을 경험(탐색, 인식)해 볼 수 있다.

(※ Ⓐ은 [06 수학교육 내용 : 규칙성(패턴)]에서 살펴봅니다.)

 **도형의 변환과 대칭**

도형의 학습 개념으로는 **도형의 인식과 명명**, **도형의 변환과 대칭**, **도형의 합성과 분할**을 들 수 있다. (※ 도형의 변환이란 옮기기, 뒤집기, 돌리기를 말한다. 옮기기란 이동할 때 옮기기는 물체를 일정한 방향으로 일정한 거리만큼 이동하는 것이고, 뒤집기는 대칭축을 중심으로 반으로 접어서 반대방향으로 이동하는 것이며, 돌리기는 일정한 각도만큼 회전시키는 것이다.)

• **대칭**(symmetry)은 **어떤 모양을 반으로 접었을 때 완전히 겹쳐지는 것**을 말한다. 대칭은 형태에 균형을 부여하고 우리에게 심미감을 제공한다. 대칭은 수직대칭과 수평대칭으로 나뉘는데, 수직대칭은 수직선을 중심으로 좌의 모양이 동일한 것이고, 수평대칭은 수평선을 중심으로 상하의 모양이 같은 것이다. **대칭개념을 확실히 이해하고 활용하는 것은 초등학교 2학년 경이 되어야 가능**하지만 대칭에 대한 **직관적 이해는 영아기부터 나타나기 시작**한다. 유아는 비대칭적인 모양보다 대칭적인 모양을 더 잘 기억하고, 변별하고, 좋아한다. 특히 **수직선을 중심으로 한 좌우 대칭**이 수평선을 중심으로 한 **상하 대칭보다 빨리 발달**하며, 생후 4~12개월이면 수직 대칭에 대한 선호가 발견된다.

이러한 분류 외에도 도형의 기하학적 내용으로 운동기하, 협응기하, 선 대칭, 합동의 개념 분류를 제시하는 경우도 있는데 이는 다음과 같다.

① 운동기하 : 운동기하란 모양들을 공간 속에서 미끄러지거나 방향을 바꾸거나 회전에 의해 이동시켜도 그 모양은 같다는 사실을 의미한다. 운동기하의 대표적인 교구는 패턴 블록, 칠교, 퍼즐조각 등으로, 이들 교구의 공통점은 이동시켜 방향을 바꾸고 회전해서 다른 모양을 만들 수 있다는 것이다.

② 협응기하 : 협응기하는 비형식적 지식을 계발시키는 것으로, '길 따라가기', '지도 만들기'와 같은 활동이 대표적이다. 즉 협응체계를 사용함으로써 지도에서 어떤 특정 거리의 위치를 찾을 수 있다.

③ 선 대칭 : 선 대칭은 물체, 사진, 그림 또는 디자인이 두 개의 똑같은 조각으로 나누어짐으로써 균형감을 주며 눈을 즐겁게 해주는 특징이 있다. 대표적인 활동은 나비나 사람 등을 반쪽만 플라스틱 거울로 비춰보기 또는 종이로 도형 접기 등이다. 이러한 활동을 통해 점차 수직선과 수평선도 이해하게 된다.

④ 합동 : 합동이란 두 개를 겹쳤을 때 도형들이 같은 크기이고 같은 모양을 띠는 것을 의미한다. 예를 들어, 종이를 반으로 접은 왼쪽 면에 있는 나비, 우산, 꽃, 사람 등의 대칭되는 반쪽 그림을 그리는 것으로 합동의 개념을 익힐 수 있다.

2024년 B

08 (가)와 (나)는 5세반 유아들의 쌓기 놀이 장면의 일부이다. 물음에 답하시오. [5점]

(가)

(유아들이 쌓기 영역에 있는 '우리 집' 그림책을 보고 있다.)
태호 : (함께 보던 그림책을 덮으며) 민수야, 하은아! 우리 블록으로 그림책에 있는 집 만들어 보자.
민수, 하은 : 그래. 좋아!
(유아들이 블록으로 각자 집을 만든 뒤, 바깥 놀이를 하고 돌아왔다.)
민수 : 하은아, 너 그림책에 있는 집 다 만들었어?
하은 : 응. 다 만들었어. ㉠ 아까 그림책 속에 옷장이 있었잖아. 그래서 옷장도 만들었어.

(나)

(유아들이 블록으로 변신 로봇과 로봇의 집을 만들고 있다.)
민아 : 애들아, 변신 로봇을 로봇 집 안에 넣어 보자.
수범 : 그런데 ㉡ 로봇이 이 집 문에 들어갈 수 있을까?
경수 : 로봇 집의 문이 조금 작은 것 같아.
준호 : ㉢ 로봇 팔을 약간 돌려서 넣으면 될까? 어떻게 하면 들어갈까?
수범 : ㉣ 로봇을 눕혀서 넣어 보면 어떨까?
 … (하략) …

1) 델 그란데(J. Del Grande)의 이론에 근거하여, ① (가)의 ㉠에 해당하는 공간 능력 요소 중 1가지의 명칭을 쓰고, ② 그 특징을 쓰시오. [2점]

① _____

② _____

2) 클레멘츠와 사라마(D. Clements & J. Sarama)의 이론에 근거하여, (나)의 ㉡~㉣과 같은 질문을 통해 공통적으로 발달되는 유아의 공간 능력 유형을 쓰시오. [1점]

답안 1) • ① : 시각적 기억(시각적 기억 및 회상, visual memory)

• ② : 시야에서 보이지 않을 때도(짧은 시간에 물체를 보고 눈앞에서 사물이 사라진 이후에도) 대상물을 회상할 수 있는 특징이 있다.

> **더 읽어보기**  **델 그란데의 공간능력 요소**
>
> 델 그란드(Del Grande)는 영유아의 공간을 인지하는 능력은 다음의 일곱 가지 하위 범주로 나누어 볼 수 있으며 이들은 개별적으로 발달하기보다는 통합적으로 작용한다고 보았다.
> - 신체의 움직임과 시각의 협응이 가능한 '**눈-운동 협응**'
> - 어떤 상황에서 특수한 형태를 인식하는 능력으로, 보이지 않는 형태나 가려진 형태도 지각하는 '**형태-바탕 지각**'
> - 공간에서 위치, 크기, 질감, 그림자의 변화에도 기하 형태의 유사성을 변별하는 '**지각적 항상성**'(지각 지속성)
> - 한 공간 내에서 물체와 자신의 관계를 인식하여 앞, 뒤, 위, 아래 등의 위치 관계를 인지하는 '**공간 내에서 위치 지각**'
> - 물체와 물체 간의 관계를 인식하는 '**공간 관계 지각**'
> - 사물의 차이에 대한 변별력이 있어 같은 물건과 다른 물건을 구별할 수 있는 '**시각적 변별(력)**'
> - 눈에서 보이지 않아도 물체를 회상할 수 있는 '**시각적 기억**'

2) • : 공간(적) 시각화(spatial visualization)

> **더 읽어보기**
>
> • **공간적 시각화** : 주어진 대상이나 공간정보를 마음속으로 조작하여 대상을 회전, 재배열 또는 조합하여 머릿속에 가시화할 수 있는 표상 능력으로, 이차원 및 삼차원 대상의 가상적인 움직임을 이해하고 실행하는 것을 말한다.

CHAPTER 06-2 수학교육

2023년 B

08 다음은 요리 활동 장면의 일부이다. 물음에 답하시오. [5점]

> … (중략) …
> 교사 : 케이크 위에 각자 장식하고 싶은 모양을 종이 접시에 먼저 놓아 볼까요?
> 하은 : 서준아, 넌 어떤 모양으로 할 거야?
> 서준 : 나비 모양을 만들고 싶은데 나비 모양 초콜릿이 없어.
> 하은 : 서준아, 세모 모양 초콜릿으로 나비 모양을 만들어 봐.
> 서준 : (종이 접시 위에 세모 2개를 놓으면서) 이건 나비 모양이 아닌 것 같은데….
>
>
>
> 하은 : ㉣ 서준이가 만들어 놓은 모양에서 세모 1개를 움직이며) 서준아, 이것 봐. 나비처럼 되었어.
> 유나 : 정말 나비 모양이네! 난 목걸이 모양으로 꾸며야지. ㉤ 동그라미-세모-세모-동그라미-세모-세모-동그라미-세모-세모의 순서대로 초콜릿을 놓으며) 나는 이렇게 할 거야.
> … (하략) …

3) ① ㉣에서 하은이가 사용한 도형 변환 전략을 1가지 쓰고, ② ㉤에 해당하는 생성 방식에 따른 패턴의 유형을 쓰시오. [2점]
(※ ②은 [06 수학교육 내용 : 규칙성(패턴)]에서 살펴봅니다.)

① _____

② _____

　① 돌리기(turn)
(※ 넓은 범위에서 '뒤집기'를 포함할 수 있습니다.)

(※ ②은 [06 수학교육 내용 : 규칙성(패턴)]에서 살펴봅니다.)

도형 변환 전략

도형 변형에는 도형의 이동, 돌리기, 뒤집기 등이 있다. 이 중에서 이동이 가장 쉽고, 돌리기와 뒤집기 등의 회전이 가장 어려운 과제이다. 도형은 이동, 돌리기, 뒤집기를 할 때 위치만 변화하고 모양이나 크기는 변하지 않는 특성을 갖고 있다. 기하학적 변형에 대한 이해는 이동(옮기기), 회전(돌리기), 뒤집기 순으로 나타난다고 보고 있으나, 변형의 방향이 회전과 뒤집기의 상대적 어려움에 영향을 준다.

- **옮기기**(밀기, 도형의 이동)란 도형을 돌리거나 뒤집지 않고 일정한 방향으로 일정한 거리만큼 그대로 움직여서 위치만 변화시키는 것이다.
- **돌리기**는 도형을 다양한 각도로 회전하는 것 즉, 도형을 다양한 각도에 따라 360° 이내에서 바꾸는 것이다. 도형을 시계방향으로 돌리면 도형의 모양은 위쪽 부분이 오른쪽 → 아래쪽 → 왼쪽 → 위쪽으로 바뀌고 도형을 시계 반대방향으로 돌리면 위쪽 부분이 왼쪽 → 아래쪽 → 오른쪽 위쪽으로 바뀐다.
- **뒤집기**는 도형을 위아래 방향이든 좌우 방향이든 대칭축을 중심으로 도형의 앞뒤 면을 바꾸는 것이다.

도형은 일상생활에서 같은 형태로 제시되는 것이 아니라 변환되어 보인다. 도형을 밀거나 뒤집거나 회전해서 위치를 바꾸어도 도형의 크기나 형태는 달라지지 않는다. 이동과 돌리기, 뒤집기에 대한 직관적 이해는 유아들이 대상을 움직인 후 결과인 위치를 관찰함으로써 형성하게 된다.

2022년 B

07 (가)는 혼합연령반의 산책 상황이고, (나)는 교사 저널의 일부이다. 물음에 답하시오. [5점]

(가)

> 교사와 유아들이 유치원 주변을 산책하며 이야기를 나눈다.
> 혜선 : (전자 제품 가게 앞을 지나다가) 여기 텔레비전 엄청 큰 거 있다.
> 지우 : 진짜 크다.
> 혜선 : 어, 이거 네모 모양이야.
> 현수 : 그러네.
> 연진 : ㉠ 문처럼 생겼으니까 네모다.
> 현수 : 냉장고도 네모야.
> 지우 : 어, 선풍기는 동그랗다.
> 교사 : 그래, 이런 모양을 원이라고 부른단다.
> 혜선 : ㉡ 모양의 이름이 원이라고요?
> 현수 : 아, 원이라고 하는구나.
> … (중략) …
> 정현 : 여기 장난감 가게 옆에 아이스크림 가게 있다.
> 희영 : 진짜? 아이스크림 먹고 싶다.
> 다영 : 나도.
> 수진 : 내 옆에는 없는데….
> 다영 : 장난감 가게 옆에 있어.
> 수진 : 아니야, 내 옆에는 아이스크림 가게 없어.
> … (하략) …

1) ① 클레멘츠와 사라마(D. Clements & J. Sarama)의 이론에 근거하여, (가)의 ㉠에 나타난 연진이의 도형 이해 수준을 높이기 위한 지도 내용 1가지를 쓰고, ② 수진이와 다영이의 공간 이해 수준의 차이를 설명하시오. [2점]

① _____

② _____

답안 1)
- ① - 예 1 : 연진이는 (도형의 속성을 기준으로 도형을 변별하기 보다는) 전체적인 외양을 토대로 도형을 인식하는 '시각적 수준'에 해당한다. 따라서 교사는 (도형 이해 수준을 높이기 위해) 주변의 여러 물체들을 통해 각 도형의 기본적인 속성(특성 및 구성요소)을 인식하고 이를 탐색할 수 있도록 지도할 수 있다.
- ① - 예 2 : 교사는 전체적 외양을 토대로 도형을 인식하는 연진이의 도형이해 수준에 근거하여 도형의 구성요소나 특성을 인식할 수 있도록 지도하는 것이 필요하다.(~을 인식할 수 있도록 관찰과 실험의 기회를 제공하도록 한다.)
- ② : 수진이는 자신과 관련지어 위치관계를 이해하는 자기중심적 표상 단계에 해당한다. 반면 다영이는 주변의 다른 사물 등을 지표로 활용하는(~활용하여 위치를 파악하고 표상하는) 지표물 중심적 표상 단계의 수준을 보여주고 있다.

> **더 읽어보기**  클레멘트 외(Clements & Battista)의 도형개념 발달(기하학적 이해수준)
>
> - **0수준 전인지 수준** : 형태라는 것을 지각하지만 여러 도형 중 서로 다른 모양을 구별하지는 못한다. 곡선과 직선도형이 다른 것을 인식하나 직선도형 내에서 사각형과 삼각형 간의 차이를 구분하지 못하는 수준으로 3세 이하 유아가 대부분 이 단계에 속한다.
> - **1수준 시각적 수준** : 전체적 시각적 외양을 토대로 도형을 인식하는 수준으로 도형의 속성에 근거하여 변별하기보다는 전체적 인상에 따라 도형을 판별하고 이름을 말한다.
> - **2수준 기술적 수준** : 모양을 전체로 받아들이는 단계를 넘어 도형의 속성을 기준으로 도형을 인식하고 판단하며 도형의 속성을 기술할 수도 있다. 그러나 동일한 유형의 도형 간 차이나 관계를 알지는 못한다. 직사각형과 정사각형의 속성을 인지하고 기술할 수 있지만 정사각형, 직사각형이 특정 부류라든지 등의 관계적인 면은 알지 못하며 6세 유아에서 초등 저학년의 아동이 이 단계에 속한다.
> - **3수준 추상적 수준** : 도형에 대한 추리적 관계를 포함하는 추상적 지식을 사용하는 수준이다.

> **더 읽어보기** 3차원 공간에서의 위치 관계를 이해하는 3가지 방법(R. S. Siegler)
>
> - **1단계 자기중심적 표상(egocentric representation)** : 자기 자신과 관련지어 위치를 이해하는 수준을 의미한다. 자기중심적 표상에서 벗어나기 위해서는 공간적 관계를 탐색하기 위한 주도적 공간 경험의 제공이 중요하다.
> - **2단계 지표물 중심적 표상(landmark-based representation)** : 주위 환경에 있는 다른 물체와 관련지어 나타내는 것으로 지표가 되는 물체를 활용하는 것이다. 일상생활에서 새로운 곳을 찾아갈 때나 기억할 때 주변의 특정 건물이나 나무 등을 지표로 삼는 것을 말한다.
> - **3단계 객관 중심적 표상(allocentric representation)** : 주위 환경에 있는 목표물을 일반적이고 객관적인 참조의 추상적 관계와 관련지어 나타내는 것으로 대표적인 것이 지도의 활용이다. 자기중심적 표상과 지표물 중심의 표상은 언어적으로 표현하는 것이 가능하고 비교적 쉬우나 객관 중심적 표상은 공간에 있는 모든 물체의 관계를 나타내야 하므로 언어적으로만 나타낼 수 없고 추상적 체계를 포함해야 하는 어렵고 도전적인 과제이다.

2019년 추시 B

08 다음은 ○○유치원의 '보물찾기' 활동에 대한 교사협의 후 작성한 활동 방법이다. 물음에 답하시오.
[5점]

보물찾기 활동 방법

- 활동 일시 : 5월 ○○일 ○○시~○○시
- 활동 장소 : 바깥놀이터와 뒷동산
- 활동 자료 : 동일한 보물 쪽지(5cm × 5cm)

(가) 보물 위치 안내 방법

1단계 방법	2단계 방법	3단계 방법
유아를 중심으로 보물 위치를 찾도록 안내하기	㉠_____ _____ _____	지도를 활용해 보물 위치를 찾도록 안내하기

---

1) (가)는 3차원 공간 내에서 위치 관계를 이해하도록 돕는 활동 방법이다. ① 공간능력 2가지 중 기르고자 하는 능력이 무엇인지 쓰고, ② 그에 근거하여 ㉠에 들어갈 적절한 안내 문장을 쓰시오.
[2점]

① _____

② _____

답안 1) • ① : 공간방향화(공간오리엔테이션)
• ② : 놀이 시설 등 바깥놀이터 환경 내의 다른 물체와 관련지어 보물 위치를 찾도록 안내하기

- **공간방향화** : 공간에서 위치들 간의 관계를 이해하고 조작할 수 있는 능력을 말한다. 이는 위치를 파악하고 목적지까지 갈 수 있는 능력과 제시된 형상이 다른 시각에서 어떻게 나타나는가를 이해하는 능력으로 공간적 추론을 가능하게 하는 기초 능력이다

MEMO

CHAPTER 06-2 수학교육

2019년 B

07 (가)는 유아들이 수학영역에서 활동하는 장면이며, (나)는 만 5세반 교사들의 대화이다. 물음에 답하시오. [5점]

(가)

(모양 조각을 이용하여 다양한 모양을 만드는 활동을 하고 있다.)
연희 : 세모는 산처럼 생겨서 세모라고 해. 난 세모가 제일 좋아.
우진 : 세모는 뾰족한 곳이 세 개, 평평한 곳이 세 개, 이름도 세모야.
연희 : 세모는 산처럼 생겼는데…….
우진 : 네모는 뾰족한 곳이 네 개, 평평한 곳이 네 개, 이름도 네모야.

[A]

… (중략) …

승우 : 집을 만들려면 네모가 있어야 하는데, 네모가 하나도 없어.
은영 : 여기 동그라미랑 세모는 있는데…….
영채 : 동그라미랑 세모는 몇 개씩 있어?
승우 : 네모가 없어서 집을 못 만들겠어.
영채 : 만들 수 있어. 자, 봐. 세모 2개를 가지고 이쪽과 저쪽으로 방향을 돌리니까 네모가 됐지?

[B]

… (하략) …

(나)

이 교사 : 유아들이 쌓기영역에서 놀이하는 것을 좋아해요. 수학활동으로 좀 더 확장해 보고 싶은데, 어떤 활동이 있을까요?
최 교사 : 저는 블록의 모양에 따라 분류하기 활동을 주로 계획해요. 그리고 작은 원기둥을 쌓아서 하나의 커다란 원기둥 만들기 활동도 자주 해요.
민 교사 : ㉠ 유아들이 만든 입체 구성물을 옆에서 봤을 때와 위에서 봤을 때 어떻게 보이는지를 살펴보는 활동도 의미 있어요.
이 교사 : 그 활동을 하고 난 후 ㉡ 위에서 본 모습을 그림으로 그려보는 것은 어떨까요?
최 교사 : 좋아요. 그 구성물을 어떤 방법으로 만들었는지 친구들과 이야기하는 것도 도움이 될 것 같아요.

… (하략) …

1) [A]에서 반힐레(P. van Hiele)의 이론에 근거하여 ① 연희의 기하 도형에 대한 이해 수준을 쓰고, ② 그 근거를 [A]에서 찾아 쓰시오. [2점]

- ① _____

- ② _____

2) [B]에서 유아의 공간시각화 개념과 관련된 가장 적절한 사례를 보여 주는 유아의 이름과 말을 찾아 쓰시오. [1점]

- _____

3) (나)의 ㉠ 활동의 근거가 되는 2015 개정 유치원 교육과정의 '자연탐구' 영역 수학적 탐구하기 내용 범주의 세부내용 1가지를 쓰시오. [1점]

- _____

답안 1) • ① : 시각화 수준(수준 0)

• ② : '세모는 산처럼 생겼는데'(~라고 이해하고 있는 것이다.)

2) • 영채, "세모 2개를 가지고 이쪽과 저쪽으로 방향을 돌리니까 네모가 됐지?"

3) • (5세) 여러 방향에서 물체를 보고 그 차이점을 비교해 본다.

더 읽어보기 van Hiele의 기하학습이론

반 힐레(van Hiele)에 의하면 기하학습에는 다섯 수준이 존재하며, 각 수준에는 독특한 언어 구조가 있어서 서로 다른 수준에 있는 사람끼리는 의사소통에 많은 어려움을 겪는다.

① 제1수준 : **시각적 인식 수준**
　이 수준의 아동은 전체적인 모양새로 도형을 인식하여 도형의 성질에 주목하지 않는다. '이 도형이 왜 정사각형일까요?'라는 질문에 대해 이 수준의 학생들은 '정사각형처럼 보이니까요.'라고 대답한다.

② 제2수준 : **기술적/분석적 인식 수준**
　이 수준의 아동들은 도형의 성질에 주목하며 도형의 성질을 분석할 수 있다. 학생들은 시각적으로 지각되는 모양을 분석함으로써 도형의 성질을 알게 되고 결과적으로 도형을 성질에 의해 인식하고 특징짓는다. 예를 들어 '마름모'라는 용어는 '마름모라고 부르도록 배웠던 성질의 집합'을 의미한다. 그러나 학생들은 도형들 사이의 포함관계에 대해서는 완전히 이해하지 못한다.

③ 제3수준 : **관계적/추상적 인식 수준**
　이 수준에서는 도형의 성질이나 도형 자체가 논리적으로 정의된다. 이 시기의 아동들은 수학적 개념에 대한 추상적 정의를 형성하며 기하 영역에서 논리적으로 논쟁하기도 한다. 이 시기에는 여러 도형 사이의 관계와 한 도형의 여러 성질 사이의 관계를 이해하여 도형들의 성질을 정렬함으로써 도형들을 위계적으로 분류할 수 있고 자신들의 도형 분류를 정당화하기 위하여 비형식적 논증을 제시할 수 있다.

2018년 B

06 다음은 만 4세반 교사가 유아들과 함께 유치원 주변을 돌아보며 나눈 대화이다. 물음에 답하시오.
[5점]

> 교 사 : 오늘은 우리 유치원 주변을 돌아보기로 했지요?
> 유아들 : 네, 빨리 가고 싶어요.
>
> … (중략) …
>
> 교 사 : 자, 이제 무엇이 있는지 잘 살펴보며 갈까?
> 나 눔 : (유치원 앞 공원을 보며) 와! 공원이다.
> 교 사 : 그래, 공원이 있구나.
> 경 표 : 선생님, 나무도 있어요.
> 은 별 : 집도 있어요.
> 교 사 : (소방서 옆에 멈추서서) 나눔아, 네 옆에 무엇이 있니?
> 나 눔 : 소방서요. 소방차도 보여요.   ⎤
> 은 별 : 와! 소방차다. 119야, 119.   ⎬ [A]
> 경 표 : 나도 119 알아요.   ⎦
>
> … (중략) …
>
> (빵집 앞에 서서)
>
> 은 별 : 빵집 안에 사람들이 있어요.   ⎤
> 교 사 : 어, 그러네. 모두 몇 사람이 있니?   ⎥
> 은 별 : (하나, 둘, 셋, 넷) 모두 네 명이에요. ⎬ [B]
> 교 사 : 아, 모두 네 명이 있구나.   ⎦
>
> (세탁소로 걸어간 후 앞에 서서)
>
> 교 사 : 빵집에서 가장 가까운 곳에는 무엇이 있을까?
> 유아들 : 세탁소요.
> 은 별 : 빵집 옆에 세탁소가 있어요.
>
> … (하략) …

1) ① 아래의 ⓐ, ⓑ에 들어갈 말을 순서대로 쓰고, 위 사례에서 ② ⓐ에 해당하는 교사 발문 1가지와 ③ ⓑ에 해당하는 교사 발문 1가지를 각각 찾아 쓰시오. [3점]

> 시글러(R. S. Siegler)는 3차원 공간에서 위치의 관계에 대한 이해가 (ⓐ) → (ⓑ) → '객관 중심적 표상'의 순서로 발달해 간다고 하였다.

- ①　　　　　　　　　　　　　　　　　　　　　　　　　　　　　　　　

- ②　　　　　　　　　　　　　　　　　　　　　　　　　　　　　　　　

- ③　　　　　　　　　　　　　　　　　　　　　　　　　　　　　　　　

답안 1) • ① 자기중심적 표상, 지표물중심적 표상

- ② 나눔아, 네 옆에 무엇이 있니?

- ③ 빵집에서 가장 가까운 곳에는 무엇이 있을까?

더 읽어보기  Siegler의 공간 내 위치관계에 대한 표상

이는 공간능력의 요인 중 공간 방향화에서 공간 내의 다른 위치 간의 관계를 이해하고 조작하는 것을 말한다. 유아 자신이 어디에 있으며, 주변 환경에 어떻게 둘러싸여 있는가를 표상하기 위해 사용하는 참조체계는 다음 3가지로 구분할 수 있다(Siegler, 1998).

① **자기중심적 표상**(egocentric representations)
자기 중심적 표상은 자기 자신과 관련지어 위치를 이해하는 것이다. 예를 들어, 한 아이가 "내 앞에 앉지 마라."라고 했음에도 그 아이 앞에 앉는 경우를 볼 수 있다. 이는 말한 유아의 입장에서 위치적 관계를 생각하지 못하기 때문에 나타날 수 있다.

② **지표물중심적 표상**(landmark-based representations)
이는 주위 환경에 있는 다른 물체와 관련지어 나타내는 것으로 흔히 지표가 되는 물체를 활용하는 것이다. 일상생활에서 흔히 활용하는 것으로 새로운 곳을 찾아갈 때나 기억할 때 주변의 특정 건물이나 나무 또는 동상 같은 특징물을 지표로 삼는 것이다. 5세경이 되면 여러 지표물을 활용할 수 있게 되며, 자신의 위치에 덜 의존적이 된다. 그리고 유아들은 점차 지도가 공간을 표상한다는 것을 이해할 수 있게 되며, 축소된 건물이나 그림으로 상징된 것들을 위치에 놓는 간단한 구체물 지도를 구성할 수 있다.

③ **객관중심적 표상**(allocentric representations)
주위 환경에 있는 목표물을 일반적이고 객관적인 참조의 추상적 체계와 관련지어 나타내는 것으로 대표적인 것이 지도의 활용이다. 자기중심적 표상과 지표물중심의 표상은 언어적으로 표현하는 것이 가능하고 비교적 쉽지만, 객관중심적 표상은 공간에 있는 모든 물체의 관계를 나타내야 하므로 언어적으로만은 나타낼 수 없으며, 참조의 추상적 체계를 포함해야 하는 어렵고 도전적 과제이다. 초등학교 3학년 이후에는 주변 상황의 여러 체계를 조작하는 정신적 지도(mental map)를 구성할 수 있다. 일반적으로 유아들이 좌표를 사용하여 지도를 읽거나 만들기 어려운 것으로 인식하고 있는 이유는 유아가 공간에 대한 이해가 미흡하기 때문이 아니라 참조물의 구체적 체계와 추상적 체계 간의 관계를 이해하는 데 있어 갈등(혼란)을 겪는 점에 기인한다고 보고하고 있다(Clement, 1999).

2013년 추시 A

06 (가)는 김 교사의 일일교육계획안, (나)는 데일(E. Dale)의 '경험의 원추', (다)는 김 교사의 저널 일부이다. 물음에 답하시오. [5점]

(다)

> 3, 4, 5세 혼합연령 학급 담임으로서 나는 유아들의 발달 특성을 고려하여 교육 활동을 연령별로 구성하는 것이 중요하다고 생각한다. 그래서 3, 4세 유아는 오후 시간에 최 선생님과 바깥놀이 활동으로 토끼를 관찰하였고, 나는 ⓜ 5세 유아들과 동물원 현장체험 중 여러 방향에서 찍어 온 동물 사진을 보고 그 차이를 알아보는 활동을 하였다.

5) ⓜ의 근거가 되는 '3-5세 누리과정'의 '공간과 도형의 기초개념 알아보기'에 제시된 '세부 내용' 1가지를 쓰시오. [1점]

• _____

답안 5) • 여러 방향에서 물체를 보고 그 차이점을 비교해 본다.

「2019 개정 누리과정」 관련성 살펴보기

❖ 3~5세 연령별 누리과정(2015 개정 유치원 교육과정) : 수학적 탐구하기

내용	3세	4세	5세
공간과 도형의 기초개념 알아보기	나를 중심으로 앞, 뒤, 옆, 위, 아래를 알아본다.	위치와 방향을 여러 가지 방법으로 나타내 본다.	
			여러 방향에서 물체를 보고 그 차이점을 비교해 본다.
	물체의 모양에 관심을 갖는다.	기본 도형의 특성을 인식한다.	기본 도형의 공통점과 차이점을 알아본다.
		기본 도형을 사용하여 여러 가지 모양을 구성해 본다.	

5세〉 '여러 방향에서 물체를 보고 그 차이점을 비교해 본다.'
• 한 물체의 모양은 바라보는 위치와 방향에 따라서 달라진다는 것을 알고 각 방향에서의 모양을 비교하는 내용이다.
• 만 5세 유아는 물체를 정면에서 봤을 때, 옆에서 봤을 때, 그리고 위에서 내려다 봤을 때 보이는 모습이 서로 다르다는 것을 알게 된다. 이는 위치의 변화에 따른 결과에 대해 유아가 공간적 추론을 하도록 한다.

❖ 2019 개정 누리과정

내용범주	내용 이해
생활 속에서 탐구하기	• **물체의 위치와 방향, 모양을 알고 구별한다.** 유아가 자신과 물체를 기준으로 앞, 뒤, 옆, 위, 아래 등 공간 안에서 위치와 방향을 알아가는 내용이다. 유아가 주변 환경에서 네모나 세모, 둥근 기둥, 상자 모양 등을 찾고 다양한 모양에서 공통점과 차이점을 알아가는 내용이다.

더 읽어보기  공간능력

공간에 대한 개념은 학자마다 다르게 정의되나, 공간능력을 크게 공간방향화와 공간시각화로 나누는 것이 공통적 견해이다(Clement, 2004; McGee, 1979; Tartre, 1990).

① **공간방향화** : (공간에서 위치들 간의 관계를 이해하고 조작할 수 있는 능력) 위치를 파악하고 목적지까지 갈 수 있는 능력과 제시된 형상이 다른 시각에서 어떻게 나타나는가를 이해하는 능력으로 공간적 추론을 가능하게 하는 기초 능력이다.
② **공간시각화** : 이미지를 생성, 조직할 수 있는 능력으로 2차원 및 3차원 대상의 가상적 움직임을 이해하고 실행하는 것이다. 즉, 주어진 대상이나 공간 정보를 마음속으로 조작하여 대상을 회전, 재배열, 조합하여 머릿속에 가시화할 수 있는 능력을 말한다.

CHAPTER 06-2 수학교육

> 2013년 B

07 다음은 만 5세 유아들의 블록놀이를 관찰한 후에 가진 교사협의회 장면이다. [5점]

> 김 교사 : 유아들이 블록을 가지고 집과 다리 만들기 놀이를 하는 걸 보았는데 이런 일상적 놀이 경험을 수·과학적 지식으로 확장시켜주면 좋겠어요.
> 박 교사 : 저도 그렇게 생각해서 지난주에 유아들과 각 블록의 특성을 알아보고, 그 결과를 함께 표로 만들어 보았는데 한번 보실래요?
>
> (가) 활동결과표
>
> | 블록 종류 | 블록 모양 | 블록 특성 |
> |---|---|---|
> | 레고 블록 | | 플라스틱으로 만들었다. 색깔이 여러 가지다. 사람 모양도 있다. 끼우기 쉽게 올록볼록하다. |
> | 종이 벽돌 | | 두꺼운 종이로 만들었다. 진짜 벽돌은 아니다. 네모 모양이다. 세게 밟으면 찌그러진다. |
> | 유니트 블록 | | 나무로 만들었다. 여러 가지 모양이 있다. 색깔은 한 가지다. 나무색이다. 밟아도 안 부서진다. |
>
> 김 교사 : [활동결과표 (가)를 함께 보면서] 이렇게 정리해서 보니까 좋은데요. 보통 탐구 활동은 수학과 과학을 분리해서 생각하곤 했는데 활동결과표를 보니까 블록 활동이 '수학적 탐구'도 되고 ㉠ '과학적 탐구'도 되는군요.
> 박 교사 : 그렇죠. 이제 유아들의 블록놀이에 대한 확장활동을 계획해 보면 어떨까요?
> 김 교사 : 먼저 유아들이 만든 집이나 다리를 그림으로 그려보게 하면 어떨까요?
> 박 교사 : 좋은 생각이에요. 유아들이 만든 집이나 다리를 다양한 위치에서 보고 서로 비교해 보는 활동도 재미있어 할 것 같아요.
> 김 교사 : 좋은 활동이네요. 그렇게 하면 유아들이 보는 위치와 방향에 따라 사물의 모양이 다르게 보인다는 것을 충분히 탐색할 수 있겠죠.
> 박 교사 : 그리고 여러 가지 블록을 모양별로 분류해 본 후에 색깔별로 재분류해보는 것도 좋겠어요.
>
> … (후략) …

2) 위에서 유아들의 수·과학적 지식 형성을 돕기 위해 교사들이 확장활동으로 제안한 시각적 표상 활동 1가지를 찾아 쓰시오. [1점]

• _____

3) 다음은 누리과정 '수학적 탐구하기'의 '내용'과 '세부 내용' 중 일부이다. ①을 쓰고, ②와 ③에 해당하는 사례를 김 교사와 박 교사가 제안한 내용에서 각각 1가지씩 찾아 쓰시오. [3점]

내용	세부 내용
①	위치와 방향을 여러 가지 방법으로 나타내 본다.
	②
	기본 도형의 공통점과 차이점을 알아본다.
	기본 도형을 사용하여 여러 가지 모양을 구성해 본다.

• ① : _____

• ②의 사례 : _____

답안 2) • 유아들이 블록으로 만든 집이나 다리를 그려보는 활동(김 교사)

3) • ① 내용 : 공간과 도형의 기초개념 알아보기
  • 세부내용 ② (여러 방향에서 물체를 보고 그 차이점을 비교해 본다.)의 해당 사례는 '보는 위치와 방향에 따라 사물이 다르게 보임'을 탐색한 김 교사 활동을 들 수 있다.

답안해설

2) 수학적 과정기술 중 **표상하기**란 '수학적 개념과 관계를 파악하기 위해 다양한 매개물로 자신의 내적 사고를 나타내는 것'입니다. 제시된 사례 중 유아들이 만든 집이나 다리를 그림으로 그려보게 하는 활동은 '시각적 표상활동'에 해당합니다.

더 읽어보기

2015 개정 유치원 교육과정(만 3~5세 누리과정) : 수학적 탐구하기

내용	3세	4세	5세
공간과 도형의 기초개념 알아보기	나를 중심으로 앞, 뒤, 옆, 위, 아래를 알아본다.	위치와 방향을 여러 가지 방법으로 나타내 본다.	
			여러 방향에서 물체를 보고 그 차이점을 비교해 본다.
	물체의 모양에 관심을 갖는다.	기본 도형의 특성을 인식한다.	기본 도형의 공통점과 차이점을 알아본다.
		기본 도형을 사용하여 여러 가지 모양을 구성해 본다.	

CHAPTER 06-2 수학교육

2012년 B

04 (가)는 만 4세 민수와 혜주의 놀이 활동을 관찰한 내용이고, (나)는 (가)에 따라 만 3–4세 유치원 교육과정에 근거하여 '패턴블록으로 모양 만들기' 활동을 계획한 것이다.

(가)	자유 선택 활동 시간에 민수와 혜주는 수·조작 놀이 영역에서 패턴 블록을 가지고 놀고 있다. 배를 만들고 있던 혜주가 "어, 여기에 네모가 필요한데 동그라미, 세모밖에 없어. 어떡하지?"라고 하면서 사각형처럼 생긴 타원형 모양을 몇 번 맞춰보다가 "안 되네. 못하겠다."라고 말한다. 그러자 옆에서 놀고 있던 민수가 "왜 안 되는데? 내가 한번 해볼까?"라고 하면서 혜주가 만들고 있던 배를 살펴본다. 그리고 민수는 혜주가 넣은 타원형 모양을 뺀 후 "봐봐, 이거는 뾰족한 데가 없잖아. 네모는 이것처럼 뾰족한 데가 있어야 해."라고 말하며 삼각형을 사용하여 빈 곳에 맞추어 본다.
(나)	〈활동명〉 패턴 블록으로 모양 만들기 (1) 목표 : 도형의 이름과 특징을 안다. 　　㉠ _____ (2) 활동 자료 : 패턴 블록, 모양본 (3) 활동 방법 : 　• 여러 가지 패턴 블록 모양과 모양본을 탐색한다. 　• 선택한 모양본에 패턴 블록을 올려놓으며 맞추어 본다. 　• 패턴 블록으로 여러 가지 모양을 만들어 본다. 　㉡ 이 모양을 맞추려면 사각형 말고 다른 어떤 모양이 필요할까? 　㉢ 이 삼각형을 옮기거나 뒤집어보자. 어떻게 될까?

1) (가)에서 나타난 민수와 혜주의 도형 이해 능력을 알 수 있는 각 사례를 찾아 제시하고 그 발달 경향과 함께 각각 논하시오.
   • _____

3) ㉢을 통해 향상될 수 있는 유아의 공간 능력 1가지를 제시하고, 그 이유를 논하시오.
   • _____

답안 1) • 혜주는 도형의 형태를 인식할 수 있으나 (네모가 필요한 상황에서 사각형처럼 생긴 타원형의 모양을 맞춰볼 뿐) 세모 블록으로 네모를 구성할 수 있다는 것을 모르고 있다. 반면 민수는 (혜주가 고른 타원형 모양은 '네모처럼 뾰족한 곳이 없어서 안 된다.'라고 말하는 것처럼) 꼭지점과 같은 도형의 성질을 인식하고 있으며 삼각형을 합하여 네모를 구성하려 시도해 보고 있다. 유아의 도형 이해 능력은 전체적 인상에 따라 도형을 판별하고 이름을 말하는 혜주의 수준(혜주의 '시각적 인식' 수준)에서 도형의 속성을 인식하고 이를 토대로 판단하는 민수의 수준(민수의 '기술적·분석적' 수준)으로 발달해 나간다.

3) • 공간시각화, (정신적 표상과정인) 공간시각화 능력을 발달시키려면 유아가 구체적이고 직접적인 조작을 통해 변화시켜보는 경험을 충분히 하는 것이 필요하다. 따라서 유아가 도형의 변화할 형태에 대한 이미지를 상상해보고, 도형의 변환(옮기기, 뒤집기, 돌리기를 통한 도형 이동)을 실제로 경험할 수 있도록 돕는 ⓒ의 발문은 공간시각화 능력을 향상시키는 데 도움이 된다.

> **공간시각화 : 2007년 개정 유치원 교육과정 관련내용(수학적 기초능력 기르기 해설 中)**
> 교사는 "원을 반으로 자르면 어떤 모양이 될까?", "사각형 색종이를 반을 접어서 자르면 어떤 모양이 될까?"와 같은 질문을 통해 유아들은 **변화할 형태에 대한 이미지를 생성하고 이미지 속에서 도형을 옮기기, 뒤집기, 돌리기와 같은 도형 이동**을 할 수 있는 공간시각화 능력을 향상시킬 수 있다. 이때 공간 시각화 능력의 발달은 정신적 표상과정이므로 **유아가 도형을 구체적으로 조작해 보면서 변화시켜 보는 경험이 충분히 일어나도록** 한다. 뿐만 아니라, 그림에 맞게 패턴 블록 놓아보기, 탱그램 만들기와 같이 그림을 보고 여러 가지 구성물을 만들어 보고 만든 구성물을 다시 그림으로 표상해 보는 과정도 유아들이 공간의 형태를 인식할 수 있도록 도울 수 있다.

05 수학교육 내용 : 측정(비교하기/순서짓기 등) 기출문제 분석

2023년 B

08 다음은 요리 활동 장면의 일부이다. 물음에 답하시오. [5점]

> 교사 : 오늘은 케이크를 만들기로 했지요? 먼저 케이크 만드는 방법을 알아볼게요. (그림 카드를 제시하며) ㉠ 첫 번째, 케이크 가루와 우유를 섞어 반죽을 만들어요. 두 번째, 반죽을 빵틀에 넣고 오븐에 구워요. 세 번째, 구워진 빵 위에 크림을 발라요. 그다음에는 장식할 모양을 만들어서 빵 위에 올려요. ㉡ 오븐에 넣은 빵이 다 구워지려면 30분 정도 걸리니까, 그동안 어떤 장식을 할지 미리 생각해 보기로 해요. ㉢ 선생님이 동그라미, 세모, 네모의 세 가지 모양의 초콜릿을 준비했어요. 그 중에서 세모 모양은 여기에 두었고 세모가 아닌 모양은 저기에 두었으니, 원하는 모양의 초콜릿을 가져가세요.
> … (하략) …

1) ㉠과 ㉡에 나타난 시간 개념의 특징을 각각 순서대로 쓰시오. [2점]

- _____

- _____

답안 1) • '순차적 시간(sequence)'은 사건의 순서를 나타내어 주는 특징이 있다.
- '시간 간격(duration)'은 사건이 얼마나 오래 걸렸는가를 의미한다.

답안해설

유아기 시간 개념 발달
시간에는 또한 순차적 시간과 시간 간격이라는 두 가지 측면이 있다.
- **순차적 시간**은 아침에 일어나서, 세수하고, 옷을 입고, 아침을 먹는 등과 같은 사건의 순서와 관계가 있다.
- **시간 간격**은 사건이 얼마나 오래 걸렸는가(초, 분, 시간, 일, 주, 월, 년)에 관한 것이다. 유아는 대개 시간 간격보다 먼저 사건의 순서에 기초하여 시간개념을 이해한다

MEMO

08 (가)는 유치원에서 가정으로 보내는 '바다반 놀이 이야기' 자료의 일부이고, (나)는 유아가 가져온 자료의 일부이다. 물음에 답하시오. [5점]

(가)

> 이번 주에는 유아들이 종이컵과 벽돌블록을 이용하여 성 쌓기 놀이를 하였습니다. 유아들은 어느 성이 더 긴지에 관심을 보였습니다.
> [A] 다음 주에는 성의 모양을 따라 가며 길이를 재어 보는 놀이를 할 것으로 예상됩니다.
>
> ㉠   ㉡
>
>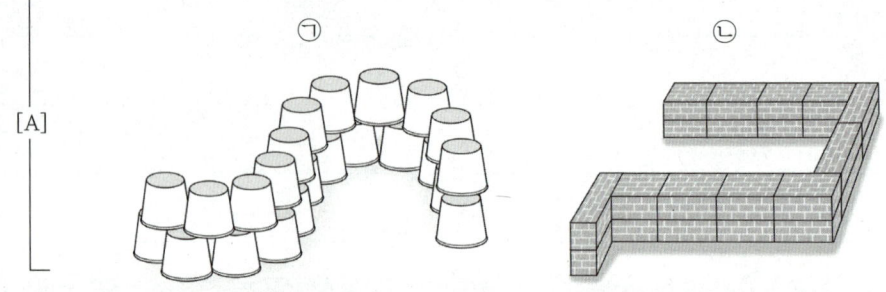
>
> 가정에서도 다양한 방법으로 여러 가지 물건의 길이를 재어 보시기 바랍니다.
> … (하략) …

(나)

- 윤지: 우산으로 소파와 탁자 비교
- 승민: 아빠와 키 비교
- 경수: 풀과 지우개 비교

㉢

1) ① (가)의 [A]에서 ㉠과 ㉡의 길이를 측정할 수 있는 자료의 특성을 쓰고, ② 유아가 길이를 측정할 때, 필요한 측정기술 2가지를 쓰시오. [3점]

   ① _____

   ② • _____

      • _____

2) (나)의 ㉢과 ㉣에 해당하는 비교 유형의 특징을 각각 설명하시오. [1점]

   • _____

답안 1) • ① – 예 1 : 측정 자료는 리본테이프 등과 같이 (㉠과 ㉡의 길이 측정 활동 이후) 유아들이 측정 자료(예) 리본 테이프)를 활용하여 그 결과를 비교할 수 있는 가시적 자료의 특성을 지닌 것이어야 한다.

• ① – 예 2 : 리본 테이프 등과 같이 ㉠과 ㉡의 길이 측정 활동 이후 측정 자료를 활용해 간접 비교를 할 수 있는 것이어야 한다.

• ② :
- (㉠과 ㉡의 길이를 측정할 때) 길이 측정의 경우 두 점 사이의 거리를 측정하는 것이라는 점을 인식해야 한다.(길이를 측정할 때는 어디에서부터 어디까지 재어야 하는지 그 기준을 먼저 정해야 한다.)
- (측정 자료를 통해 그 결과를 비교할 때) 길이 비교를 위해서는 비교하는 자료(물체)의 시작점을 같게 해야 한다.

2) • ㉢은 우산이라는 제 3의 물체를 사용하여 양쪽을 비교하는 간접(간접적) 비교의 방법이고, ㉣은 두 비교 대상(물체)를 나란히 놓거나 겹쳐 놓고 그 차이를 비교하는 직접(직접적) 비교의 방법이다.

> **더 읽어보기 비교하기 유형**
>
> • **직관적(시각적) 비교** : 시각적 비교는 엄마 코끼리와 아기 코끼리, 백과사전과 동화책과 같이 눈으로 보아서 양의 크기 차이가 두드러진 대상을 비교할 때 사용한다. 아직 보존 개념이 형성되지 않은 전조작기 유아는 주로 지각에 의존하여 비교한다.
> • **직접(적) 비교** : 직접 비교는 시각적 차이가 두드러지지 않을 경우, 두 물체를 나란히 놓거나 한 물체를 다른 물체 위에 겹쳐 놓고 그 차이를 비교할 때 사용한다. 예를 들어, 키가 비슷한 유아가 서로 등을 맞대고 누구의 키가 더 큰지 비교하거나, 책 크기가 비슷한 경우에 책 위에 다른 책을 겹쳐놓고 크기를 비교하는 경우이다.
> • **간접(적) 비교** : 간접 비교는 물건이 너무 크거나 벽에 붙어있는 등 **직접 비교가 가능하지 않을 때 제 3의 물체를 사용하여 양쪽을 비교**하는 방법이다. 예를 들어, 화장실 벽 거울과 역할놀이 화장대 거울의 크기를 비교할 때, 두 개의 거울에 같은 크기의 포스트잇을 붙인 후 각각 몇 개의 포스트잇을 붙였는지 세어 크기를 비교할 수 있다.

MEMO

2021년 B

07 다음은 바깥 놀이터에서의 놀이 상황이다. 물음에 답하시오. [5점]

다 빈 : (출발선에서 날린 다빈이의 종이비행기가 지수의 종이비행기를 지나 깃발 바로 옆에 떨어지자) 와! 내가 일등이다!
지 수 : 어, 뭐야! 그럼 이제 다빈이가 첫 번째야? 아까는 내가 일등이었는데. 아깝다! 이제 누가 할 거야?
서 영 : 나. 나도 멀리 보내야지. (출발선에서 날린 서영이의 종이비행기가 다빈이의 종이비행기를 지나 바닥에 떨어지자) 하하! 내가 제일 멀리 갔으니까, 일등!   [A]
다 빈 : 와, 서영이 비행기는 엄청 잘 날았어!
지 수 : (바닥에 떨어진 종이비행기들을 집어 들며) 서영이가 일등, 다빈이가 이등, 내가 삼등이네.
서 영 : 우리 또 하자!
유아들 : 그래!
교 사 : (정리 시간을 알리며) 애들아, 이제 모이자.
서 영 : 선생님, 우리 종이비행기 날리기 조금밖에 못했어요.
다 빈 : 종이비행기 한 번 더 날리고 싶은데….
교 사 : 너희들 더 놀이하고 싶구나. 오늘이 금요일이니까, 세 밤 자고 월요일에 만나서 많이 하자.
지 수 : ㉠ (친구들을 보며) 우리 세 밤 자고 유치원에서 종이비행기 날리기 열 번 하자.   [B]
유아들 : 그래, 열 번, 백 번 하자. 하하.
교 사 : (시계를 가리키며) 긴 바늘이 8에 있으니까 40분이야. 11시 40분이 되었네.
유아들 : 이제 우리 뭐 해요?
교 사 : 아침에 함께 불렀던 노래, 다시 불러 보자.
모 두 : 유치원에 와서 ♪ 다음! 이야기 나누기를 하고 ♪ 다음! 간식을 먹고 ♪ 다음! 자유놀이를 하고 ♪ 다음! 바깥 놀이를 하고 ♪ 다음!   [C]
유아들 : 점심시간!

1) [A]에서 ① 유아가 사용한 순서 짓기의 유형을 쓰고, ② 그 개념을 사례와 관련지어 설명하시오. [2점]

① _____

② _____

3) 찰스워스(R. Charlesworth)의 관점에 근거하여, ① [B]에 포함되어 있는 시간 개념 중 1가지를 쓰고, ② [C]에 포함되어 있는 시간 개념의 가치를 쓰시오. [2점]

① _____

② _____

답안 1) • ① : 단순 순서 짓기(단순 서열)

• ② : 이는 출발선으로부터 멀리 간 순서대로 등수를 매기고 있는 것과 같이 세 개 이상의 물체를 한 가지 속성에 따라 순서대로 배열하는 것을 의미한다.

3) • ① : 문화적 시간

• ② : '사회적 활동 시간'은 유아들이 (일상생활 속에서 정해진 일과를 이해하는 가운데) 자연스럽게 '사건의 순서(sequence)'에 대한 시간의 개념을 이해하도록 돕는다. (※ '사회적 활동 시간'의 의의는 일상생활 (사회적 활동) 가운데 자연스럽게 사건의 순서를 이해하도록 하는 것이므로 '사회적 활동 시간'을 통해 '사건 순서' 이해라는 두 기준이 필요하겠습니다.)

 **유아가 학습해야 할 시간개념**

찰스워스(Charlesworth, 2000)는 유아가 학습해야 할 시간개념으로 개인적 시간과 사회적 시간, 문화적 시간의 개념을 제시하였다.
• **개인적(경험) 시간**은 유아가 자신의 경험을 중심으로 과거와 현재 그리고 미래를 생각하는 것이다.
• **사회적 활동 시간**은 유아가 사회 적응을 위해 정해진 일과를 이해하고 학습하는 것과 관련이 있다. 유아가 사회 활동을 통해 정해진 일과의 순서를 예측하는 능력을 사회적 시간개념이라고 하는데, 유아의 개인적 시간과 사회적 시간에 대한 이해는 문화적 시간의 개념으로 확장된다.
• **문화적 시간**은 시계와 달력과 같은 객관적인 시간을 이해하는 것으로 더디게 나타난다(Charelesworth & Lind, 1990). 따라서 유아기에는 시계를 읽는 것보다는 유아 자신의 경험을 중심으로 한 개인적 시간과 일과 계획을 생각해 보는 기초적인 사회적 시간개념 관련 활동을 우선적으로 제공하는 것이 바람직하다.

CHAPTER 06-2 수학교육

2020년 B

06 (가)는 5세반 유아들의 대화 상황이고, (나)는 (가)를 관찰한 후 교사가 작성한 활동 계획안의 일부이다. 물음에 답하시오. [5점]

(가)

서진 : (파란 공을 들고) 우리 제일 큰 이 공으로 공놀이 하자.
재윤 : 그런데 바구니에 있는 빨간 공이 더 큰 것 같지 않니?
지연 : (잠시 공 두 개를 쳐다본 후) 비슷해서 잘 모르겠는데?
　　　㉠ 어느 공이 더 큰지 대 보자.
재윤 : 내 말이 맞지? 빨간 공이 더 커.
서진 : 큰 공은 무거우니까 우리 가벼운 공으로 놀자. 바구니에서 작은 공을 골라 보자.
재윤 : 왜 작은 공을 골라야 해?
서진 : 탁구공이 축구공보다 가볍잖아.
지연 : 작은 공이 모두 가볍지는 않아.
재윤 : 큰 공이 다 무거운 건 아니야.   [A]
서진 : 뭐든지 큰 공은 무겁고 작은 공은 가벼운 거야.
재윤 : 물놀이 할 때 비치볼은 축구공보다 크지만 더 가벼웠어.
지연 : 우리 빨간 공과 파란 공 중 어떤 공이 무거운지 알아볼까?

(나)

활동 목표	㉡ 물체의 크기가 같아도 무게가 다를 수 있다는 것을 안다. … (하략) …
활동 자료	양팔저울, 바둑알, 장난감공, (㉢)
활동 방법	○ 장난감공과 (㉢)을/를 양팔저울의 접시에 올려 놓는다. － 어느 것이 더 무겁니? － 어느 것이 더 무거운지 어떻게 알 수 있었니? [B] － 무거운 쪽의 접시가 어떻게 되었니? ○ 바둑알을 사용하여 장난감공과 (㉢)의 무게를 측정한다.

1) 측정 활동 중 (가)의 ㉠에 사용된 비교하기 유형의 명칭을 쓰시오. [1점]
　·

3) ① (나)에 반영된 찰스워스와 린드(R. Charlesworth & K. Lind) 의 유아 측정 개념 발달 단계의 명칭을 쓰고, ② (나)의 [B]에 근거하여 양팔저울이 유아의 측정 활동에 적합한 이유 1가지를 쓰시오. [2점]

① _____

② _____

답안 1) • (실물의) 직접적 비교

3) • ① : 임의단위 사용 단계
 • ② : 유아들이 (바둑알이나 장난감공 등을 올려놓는 등 직접 조작해 보며) 시각적으로 무게의 차이를 즉각적으로(직접) 관찰하여 비교할 수 있기 때문이다.

 임의단위의 사용

자신의 신체를 이용하여 측정을 하던 유아는 점차 보다 객관적인 단위 사용의 필요성을 느끼고 **주변에서 쉽게 접할 수 있는 친숙한 물건이나 자료를 사용하여 측정**을 하게 된다. 유아는 다양한 임의 단위를 사용하며 큰 단위와 작은 단위의 관계를 이해하고, 측정 가능한 속성인 길이, 넓이, 들이, 무게에 대한 감각을 익힐 수 있다.

♣ NCTM : 측정 활동의 제시 순서
1. 측정 가능한 속성 탐색하기
2. 사물을 직접 비교하고 순서 짓기
3. 차이를 알아보는 질문을 통해 측정의 필요성 인식하기
4. 신체단위를 사용하여 측정하기
5. 신체단위의 불합리성 인식하기
6. 임의단위 사용하여 측정하기
7. 표준단위의 필요성 인식하기

CHAPTER 06-2 수학교육

06 다음은 ○○유치원 5세반 유아들이 과학영역에서 '바람을 이용하여 자동차 움직이기'를 하는 활동 장면이다. 물음에 답하시오. [5점]

(마)

(바)

3) (마)와 (바)는 바람을 이용한 자동차 경주하기의 상황이다. 그림과 대화를 보고 정확한 측정 결과를 얻기 위하여 교사가 지도해야 할 사항 2가지를 쓰시오. [2점]

• _____

답안 3) • 예 1-1 : 얼마나 멀리갔는지의 거리를 측정하기 위해서는 시작 지점(출발선)을 동일하게 하고 측정해야 한다는 점을 이해하도록 지도해야 한다.
• 예 1-2 : 어디에서 시작해서 어디까지를 재어 볼지(시작점과 끝지점 사이의 거리를 측정한다는 점)를 인식하도록(결정하도록) 지도해야 한다.
• 예 2-1 : 신체 단위는 사람에 따라 달라 결과가 달라진다는 점을 인식하고 (연필, 블록 등의) 임의 단위를 사용하여 측정해 보도록 지도해야 한다.
• 예 2-2 : 신체 단위의 불합리성을 인식하고 보다 객관적인 임의 단위를 사용하여 측정해 볼 수 있도록 지도한다.

2016년 B

07 다음은 바깥놀이 중 마당에 떨어져 있는 나뭇잎 놀이를 하고 있는 동수와 영희의 대화 내용의 일부이다. 물음에 답하시오. [5점]

> ⋯ (중략) ⋯
> 동수 : 영희야, 우리 나뭇잎 기차 만들자. 우리 누가 더 길게 놓는지 한번 시합해 볼래?
> 영희 : 와! 정말 기차 같네? 내 것이 네 것보다 길지?
> 동수 : ㉠ 그래, 맞아. 그런데 네 것이 내 것보다 얼마나 더 길까? 음⋯.아, 내가 알 수 있어. 이 나뭇가지로 재 볼게. 내 나뭇잎 기차는 이 나뭇가지로 두 번 갔고, 네 것은 세 번 갔어. 네 것이 한 번 더 갔어.
>
>
>
> ⋯ (중략) ⋯

2) ㉠에서 동수가 측정할 때 사용한 나뭇가지를 지칭하는 용어를 쓰시오. [1점]

  • _____

답안 2) • (객관적인) 임의 측정 단위

「2019 개정 누리과정」 관련성 살펴보기

❖ **3~5세 연령별 누리과정(2015 개정 유치원 교육과정) : 수학적 탐구하기**

내용범주	❷ 수학적 탐구하기		
내용	3세	4세	5세
기초적인 측정하기	두 물체의 길이, 크기를 비교해 본다.	일상생활에서 길이, 크기, 무게 등을 비교해 본다.	일상생활에서 길이, 크기, 무게, 들이 등의 속성을 비교하고 순서를 지어본다.

5세〉 '임의 측정 단위를 사용하여 길이, 면적, 들이, 무게 등을 재본다.'
- 유아가 측정을 위해 자신의 신체나 연필, 블록 같은 생활 주변의 측정 단위를 사용할 수 있도록 하는 내용이다.
- 만 5세 유아는 처음에는 손 뼘이나 발 크기 등 자신의 신체를 이용하여 측정하다가 점차 신체 단위가 사람마다 다름을 느끼게 되면서 보다 더 객관적인 임의 측정 단위가 필요함을 인식하고 다양한 방법으로 측정 경험을 해본다.
- 유아는 연필이나 끈을 이용하여 길이를, 색종이를 이용하여 면적을, 컵을 이용하여 들이를 측정할 수 있음을 이해하면서 측정할 대상에 따라 적절한 임의 측정 단위를 선택할 수 있게 된다.

❖ **2019 개정 누리과정**

내용범주	내용 이해
생활 속에서 탐구하기	• **일상에서 길이, 무게 등의 속성을 비교한다.** 유아가 일상에서 길이나 무게 등 측정 가능한 속성을 알고, 이 속성을 기준으로 물체를 비교하여 순서 지어 보는 내용이다. 이 과정에서 유아는 자신의 신체를 비롯하여 다양한 물체를 활용하고, 다양한 비교 어휘를 사용하면서 순서를 지어보는 내용이다.

2016년 B

07 다음은 바깥놀이 중 마당에 떨어져 있는 나뭇잎 놀이를 하고 있는 동수와 영희의 대화 내용의 일부이다. 물음에 답하시오. [5점]

> … (상략) …
>
> (동수는 모래놀이 옆에 있는 역할놀이 교구장에서 큰 접시, 중간 접시, 작은 접시 세 개를 찾아서 영희에게로 온다.)
>
> 동수 : ⓒ 아빠 단풍잎은 여기에 담고(큰 접시 위에 큰 단풍잎을 올려놓는다.), 엄마 단풍잎은 여기에 담고(중간 접시 위에 중간 단풍잎을 올려놓는다.), 애기 단풍잎은 여기에 담자(작은 접시 위에 작은 단풍잎을 올려놓는다.).

3) ① ⓒ에서 나타난 영희의 수세기 원리를 쓰고, ② ⓒ에서 나타난 순서짓기의 특징을 쓰시오. [2점]
(※ ①는 [02 수학교육 내용 : 수와 연산]에서 살펴봅니다.)

• ① : _____

• ② : _____

답안 3) • ② : 1:1 대응을 사용해 두 집단의 사물을 순서대로 배열하는 '이중서열'의 특징이 나타난다.

(※ ①는 [02 수학교육 내용 : 수와 연산]에서 살펴봅니다.)

더 읽어보기

- **단순서열** : 순서짓기 유형 중 가장 기본적인 것으로, 세 개 이상의 물체를 한 가지 속성에 따라 배열하는 것을 의미한다. (예) 가게에 진열된 상품이 소형, 중형, 대형 크기대로 진열됨.)
- **복합서열**(multiple seriation) : 두 가지 속성에 따라 순서짓기를 하는 유형으로 유아들이 이해하기 어려운 수준에 속한다. (예) X축과 Y축에 의해 결정되는 점의 위치)
- **이중서열** : 두 집단의 사물을 1:1 대응하여 순서대로 배열하는 것이다.
  (예) 아빠곰에게는 가장 큰 빵, 엄마곰에게는 중간 크기 빵, 아기곰에게는 가장 작은 빵을 주는 것)

> 2013년 추시 B

08 다음은 5세반 김 교사와 박 교사가 나눈 대화의 일부이다. 물음에 답하시오. [5점]

> (가)
> 박 교사 : 저희 반 은주가 어제 자유선택활동 시간에 책상의 길이를 유니트 블록으로 재었는데, 동일한 길이의 유니트 블록 4개를 책상 위에 올려놓고 '책상은 블록 4개랑 길이가 똑같네.'라고 하더군요.
>
> 김 교사 : 저도 다른 유아들에게서 비슷한 사례를 본 적이 있어요.
> … (중략) …

1) (가)에서 은주가 책상의 길이를 잴 때 범한 측정 오류 1가지를 쓰시오. [1점]
   •

답안 1) • 길이를 비교하기 위해서는 비교하는 물체들의 시작점을 같게 맞추고 끝지점을 비교해야 한다는 사실을 인식하지 못하고 있다(길이 측정이란 시작점에서 끝지점 사이의 거리를 측정하는 것이라는 점을 인식하지 못하고 있다).

1) 은주는 유니트 블록을 사이가 벌어지지 않도록 잘 연결했지만, 책상의 길이와 유니트 블록의 길이를 비교하여 측정하는 데 있어서 어디까지 재어야 하는지는 정확히 인식하지 못하고 있습니다. 따라서, 물체들의 한쪽 끝을 맞춘 뒤(시작점) 끝지점을 비교하는 것과 같은 측정기술에 대해 인식할 수 있도록 도울 필요가 있습니다.

2009년 객관식

06 다음은 '고구마 삶기' 요리 활동 순서표이다. 이와 관련하여 만 3세 학급에서 이루어 질 수 있는 유아의 활동으로 가장 적절한 것은?

① 시계로 요리 시간을 재어 본다.
② 안전한 사용법을 익힌 후 핫 플레이트를 사용한다.
③ 삶기 전과 후에 고구마의 무게를 저울로 측정한다.
④ 고구마의 맛에 대한 자신의 느낌을 자유롭게 표현한다.
⑤ 삶기 전과 후에 고구마의 어떤 점이 변화하였는지 비교하여 표로 만든다.

답안 ④

답안해설

① 시계로 요리 시간을 재어 본다. (×)
  ⇨ 만 3세 유아에게는 적합하지 않다.

② 안전한 사용법을 익힌 후 핫플레이트를 사용한다. (×)
  ⇨ 높은 열을 이용한 기구이므로 만 3세 유아가 사용하기에 적합하지 않다.

③ 삶기 전과 후에 고구마의 무게를 저울로 측정한다. (×)
  ⇨ 3세-Ⅰ 수준 활동으로는 '길이'와 '크기'를 비교하는 측정 활동을 진행하는 것이 적합하다.

④ 고구마의 맛에 대한 자신의 느낌을 자유롭게 표현한다. (○)

⑤ 삶기 전과 후에 고구마의 어떤 점이 변화하였는지 표로 만든다. (×)
  ⇨ 모은 자료를 다양한 방법(표 등)으로 나타내 보는 것은 Ⅱ 수준 활동에 해당한다.

1998년 주관식

06 유치원에서 키 재기 활동을 할 때 비표준 단위를 이용한 측정활동에 있어 교사의 발문의 예를 3가지만 쓰시오.

①

②

③

답안
- 비교하기 : 누가 더 클까? 누가 더 작을까? 선생님 손으로 잴 때랑 너희 손으로 잴 때랑 다른지 한 번 기록해 볼까?
- 임의의 단위 사용해 측정하기 : 우리 손바닥을 이용해서 키를 재어 볼까? 또 교실의 물건 중에서 키를 잴 때 손바닥처럼 사용해 볼 수 있는 물건이 있을까?

06 수학교육 내용 : 규칙성(패턴) 기출문제 분석

2025년 B

07 (가)는 5세 반 유아들의 놀이 장면의 일부이고, (나)는 교사 저널의 일부이다. 물음에 답하시오. [5점]

(가)

> (유아들이 교실에서 자유놀이를 하고 있다.)
> … (중략) …
> 찬 민 : 우리, 탑이 쓰러지지 않게 울타리를 만들어 주자.
> 소 민 : 그래. 저기 있는 색깔 종이컵으로 만들자.
> (소민이와 찬민이가 종이컵을 가져온다.)
> 찬 민 : ㉣(파란색-파란색-노란색-파란색-파란색-노란색 순으로 종이컵을 계속 놓으며) 이
> 렇게 울타리를 만들자.
> … (하략) …

(나)

> … (중략) …
> 우리 반에서 대칭과 패턴을 경험해 볼 수 있는 수학활동에는 무엇이 있을까? ㉥ 정사각형 색종이 한 장으로 대칭 활동을 해 보면 어떨까? 유아들이 다양한 패턴을 이해할 수 있도록 유아들에게 친숙한 과일인 ㉦ 감과 귤을 이용한 증가 패턴 활동도 경험해 보면 좋을 것 같다.
> … (하략) …

1) (가)의 ① 밑줄 친 ㉠, ㉡, ㉢에서 나타난 수의 의미를 순서대로 쓰고, ② 밑줄 친 ㉣에 해당하는 패턴 규칙을 적용하여 청각적 패턴의 예시 1가지를 쓰시오. [2점]
 (※ ①은 [03 수학교육 내용 : 수와 연산(수개념)]에서 살펴봅니다.)
 ② _____

3) (나)의 밑줄 친 ㉥, ㉦의 예시를 순서대로 1가지씩 쓰시오. [2점]
 (※ ㉥은 [04 수학교육 내용 : 공간과 도형]에서 살펴봅니다.)
 • ㉦ : _____

 • ㉥ : _____

답안 1) • ② : 발구르기-발구르기-손뼉치기의 순서로 '쿵-쿵-짝'의 소리 패턴 연주하기(반복하기)

(※ ①은 [03 수학교육 내용 : 수와 연산(수개념)]에서 살펴봅니다.)

3) • Ⓐ : '감귤-감귤-감귤'의 기본 패턴 중 '감' 혹은 '귤'의 요소를 '감귤-감귤귤-감귤귤귤' 등으로 1개씩 계속 증가시켜 보는 활동을 진행할 수 있다.

> **더 읽어보기 — 생성 방식에 따른 패턴 유형**
>
> - **반복 패턴**은 기본단위나 규칙이 변화하지 않으며 반복되는 패턴이다. 영아의 일상 중 '우유 마시기-낮잠 자기-기저귀 갈기' 패턴이 반복되는 것이나 유치원에서 '등원 및 인사 나누기-자유선택활동-이야기 나누기'와 같은 일과가 계속 반복되는 것을 말한다.
> - **성장 패턴**은 모양, 숫자, 행동 등에서 기본단위나 규칙성이 증가(예 AB, ABB, ABBB)하는 패턴을 말한다. 예를 들어 도형의 별 모양을 이용한 성장 패턴을 살펴보자. 첫 번째는 별 모양이 하나, 두 번째는 가로, 세로 모두 별 모양이 두 개씩 증가하였으며, 세 번째는 두 번째를 기준으로 가로, 세로 모두 별 모양이 두 개씩 증가하는 패턴을 보인다. 이를 숫자로 보면 1, 5, 9...와 같이 가로와 세로의 별 모양의 수가 증가하는 것이다.
> - **관계 패턴**이란 두 세트 사이에서 연결이 일어나는 패턴을 말한다. 예를 들어 3명의 친구가 밴드를 이용하여 삼각형을 만들 때, 3명의 친구가 모이면 삼각형 1개, 6명의 친구가 모이면 삼각형 2개, 9명의 친구가 모이면 삼각형이 3개가 만들어진다. 이를 패턴화하면 '3-1', '6-2', '9-3'과 같은 관계 패턴이 된다.
> - **대칭 패턴**은 기본 단위가 대칭을 보이는 규칙성(패턴)을 형성하는 것을 말한다. 예를 들어 △▽△▽△▽ △▽와 같이 위-아래 방향으로 모양이 반대로 대칭을 이루며 기본단위가 반복될 수 있다.
> - **회전 패턴**은 기본 단위가 회전을 하면서 규칙성(패턴)이 나타나는 것을 말한다. 예를 들어 △▷▽◁△▷ ▽◁ …와 같은 회전 패턴은 90도로 회전하며 규칙성(패턴)이 나타나는 경우이다.

CHAPTER 06-2 수학교육

2023년 B

08 다음은 요리 활동 장면의 일부이다. 물음에 답하시오. [5점]

> … (상략) …
> 교사 : 케이크 위에 각자 장식하고 싶은 모양을 종이 접시에 먼저 놓아 볼까요?
> 하은 : 서준아, 넌 어떤 모양으로 할 거야?
> 서준 : 나비 모양을 만들고 싶은데 나비 모양 초콜릿이 없어.
> 하은 : 서준아, 세모 모양 초콜릿으로 나비 모양을 만들어 봐.
> 서준 : (종이 접시 위에 세모 2개를 놓으면서) 이건 나비 모양이 아닌 것 같은데….
>
>
>
> 하은 : ㉣ (서준이가 만들어 놓은 모양에서 세모 1개를 움직이며) 서준아, 이것 봐. 나비처럼 되었어.
> 유나 : 정말 나비 모양이네! 난 목걸이 모양으로 꾸며야지. ㉤ (동그라미-세모-세모-동그라미-세모-세모-동그라미-세모-세모의 순서대로 초콜릿을 놓으며) 나는 이렇게 할 거야.
> … (하략) …

3) ① ㉣에서 하은이가 사용한 도형 변환 전략을 1가지 쓰고, ② ㉤에 해당하는 생성 방식에 따른 패턴의 유형을 쓰시오. [2점]
(※ ①은 [04 수학교육 내용 : 공간과 도형]에서 살펴봅니다.)

① _____

② _____

답안 3) ② 반복 패턴
(※ ①은 [04 수학교육 내용 : 공간과 도형]에서 살펴봅니다.)

2021년 B

08 다음은 혼합 연령반 교사가 작성한 일지의 일부이다. 물음에 답하시오. [5점]

(가)

일시 : 2020년 10월 ○○일

바깥 놀이 시간에 유아들과 자연물을 가지고 패턴 활동과 분류 활동을 하였다. 패턴 활동에서는 패턴 생성 방식에 따라 다음 유형을 포함해 다양한 유형이 나타났다.

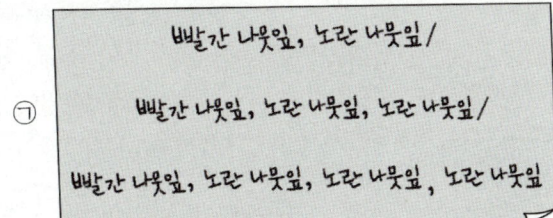

㉠

다양한 패턴 활동을 하기 위하여 ㉡ 대칭 패턴을 동작으로 표상해 보도록 하였고, 유아들이 매우 즐거워하였다.

분류 활동에서는 다음 3가지 유형이 나타났다.

㉢   ㉣

바깥 놀이에서 유아들은 2019 개정 유치원 교육과정 '자연 탐구' 영역의 '생활 속에서 탐구하기'와 관련된 수학 요소에 흥미를 보였다. 내일은 분류 경험을 확장하기 위한 활동을 준비해야겠다.

1) (가)의 ① ㉠의 패턴 유형을 쓰고, ② ㉡의 활동 예시 1가지를 쓰시오. [2점]

① _____

② _____

> 답안 1) • ① : 성장(발전) 패턴
>
> • ② : 두 팔을 위로 – 두 팔을 아래로 반복하기 (좌·우로 움직이는 동작이나 혹은 위·아래로 움직이는 동작 등 반대되는 동작의 예시가 해당됩니다.)
>
> (※ 대칭 패턴(기본 단위가 대칭되면서 만들어지는 패턴의 유형)이므로 반대되는 방향성을 보여주면 가장 명확하게 사례를 보여줄 수 있습니다.)

2017년 B

07 (가)는 ○○유치원 5세반 윤 교사의 수학활동계획안이고, (나)는 윤 교사가 동료 교사와 나눈 대화 내용이다. 물음에 답하시오. [5점]

(나)

> 윤 교사 : 오늘은 수·조작 영역에서 여러 가지 모양 조각으로 교통기관 만들기 활동을 해 보았어요. 수학활동으로 좀 더 확장해 보고 싶은데 어떤 활동이 있을까요?
> 허 교사 : 저는 늘 모양 조각 탐색 후에는 여러 가지 특성을 기준으로 분류해 보기 활동을 해요.
> 김 교사 : 모양이나 색깔 패턴 만들기 활동도 좋아요. 패턴 만들기 활동에서 ○△□○△ 다음에 어떤 모양이 와야 하는지 생각해 보게 하고, ㉠ 왜 네모 모양이 와야 한다고 생각하는지 이야기해 보는 활동으로 전개해도 좋을 것 같아요.
> 허 교사 : ㉡ 동그라미, 세모, 네모로 패턴을 만드는 활동을 확장해서 이 패턴을 몸으로 표현해 보는 활동도 재미있을 것 같아요. 이처럼 ㉢ 한 활동에서 학습한 수학적 개념을 다른 활동에 적용해서 설명해 보는 과정은 유아들의 수학적 사고를 확장시켜 줄 수 있을 것 같아요.
> 윤 교사 : 선생님들의 의견을 들어보니 ㉣ 색깔과 모양이 다른 조각을 주고 분류해 보는 활동을 먼저 해보아야겠어요.
> … (하략) …

3) (나)의 ㉡에 해당하는 패턴의 표상양식 2가지를 쓰시오. [1점]

- ① : _____
- ② : _____

 3) • ① : 시각적 패턴
• ② : 운동적 패턴

> 패턴의 유형은 '생성방식', '표상방식' 등에 따라 다양하게 분류될 수 있습니다. 문제에서는 '표상양식'에 따른 분류에 근거하여 답할 것을 요구하고 있으므로 찰스워스(Charlesworth, 2000)가 제시한 표상양식의 분류 세 가지(운동적 패턴, 청각적 패턴, 시각적 패턴)에 근거하여 답할 수 있습니다.

2016년 B

07 다음은 바깥놀이 중 마당에 떨어져 있는 나뭇잎 놀이를 하고 있는 동수와 영희의 대화 내용의 일부이다. 물음에 답하시오. [5점]

> 동수 : 영희야, 내가 나뭇잎 놓은 것 좀 봐. 은행잎, 단풍잎, 은행잎, 단풍잎, 은행잎, 단풍잎 놓았어. 너는 어떻게 놓을래?
> 영희 : 음…. 모르겠어. 나도 네가 놓은 것처럼 은행잎, 단풍잎, 은행잎, 단풍잎, 은행잎, 단풍잎 이렇게 놓고 싶어. 봐, 봐. 나도 너랑 똑같이 놓는다. ⎬ [A]
> 동수 : 영희야! 네가 나뭇잎 놓을 때마다 우드블록으로 소리를 다르게 내 볼게.
> (동수는 영희가 은행잎을 놓을 때는 우드블록을 쳐서 '틱' 소리를 내고, 단풍잎을 놓을 때는 '톡' 소리를 낸다. 동수가 틱, 톡, 틱, 톡, 틱, 톡 … 소리를 낸다.) ⎬ [B]
> … (중략) …

1) ① 2015 개정 유치원 교육과정 자연탐구 영역 '수학적 탐구하기' 세부 내용과 관련하여 [A]에서 알 수 있는 동수와 영희의 차이점을 서술하고, ② [B]에서 동수가 영희를 보면서 '틱', '톡'으로 소리 낸 것을 가리키는 용어를 쓰시오. [2점]

• ① : _____

• ② : _____

답안 1) • ① : 동수는 스스로 '은행잎, 단풍잎'이 반복되는 패턴을 만든 후 영희에게 자신이 만든 규칙성을 설명해 주고 있으므로, 만 5세 세부내용 '스스로 규칙성을 만들어 본다.'에 해당하는 단계이다. 반면 영희는 스스로 패턴을 만들지는 못하지만 동수가 만든 나뭇잎 패턴을 보고 똑같이 따라 하고 있으므로, 만 4세 세부내용인 '반복되는 규칙성을 인식하고 모방한다.'에 해당하는 단계이다.

• ② 패턴의 전이

「2019 개정 누리과정」 관련성 살펴보기

❖ 3~5세 연령별 누리과정(2015 개정 유치원 교육과정) : 수학적 탐구하기

내용	3세	4세	5세
규칙성 이해하기	생활 주변에서 반복되는 규칙성에 관심을 갖는다.	생활 주변에서 반복되는 규칙성을 알아본다.	생활 주변에서 반복되는 규칙성을 알고 다음에 올 것을 예측해 본다.
		반복되는 규칙성을 인식하고 모방한다.	스스로 규칙성을 만들어 본다.

4세〉'생활 주변에서 반복되는 규칙성을 알아본다.'
• 유아가 생활 주변에서 단순하게 반복되는 규칙성에 관심을 가지고 적극적으로 알아보는 내용이다.
• 만 4세 유아는 일상생활에서 반복되는 상황이나 사물에 관심을 가지고 궁금해하며, ○× 또는 ○○×× 유형과 같은 단순한 규칙성을 인식하고 말로 설명하거나 찾아볼 수 있다. 따라서 유아가 주변에서 일정하게 반복되는 규칙성에 주목하고 규칙을 발견하도록 격려한다.

5세〉'생활 주변에서 반복되는 규칙성을 알고 다음에 올 것을 예측해 본다.'
• 유아가 일상생활에서 경험하는 다양한 규칙성을 이해하고 그것을 토대로 다음 상황을 예측할 수 있는 내용이다.
• 만 5세 유아는 규칙성을 단순하게 인식하고 따라하는 수준을 넘어서 다음에 올 것을 예측할 수 있다. 또한 제시된 규칙의 중간에 빠진 것을 추론하여 찾아보거나 단순한 규칙을 한 가지 유형에서 다른 유형으로 전이할 수 있다. 예를 들어, ○×라는 요소가 반복되는 '앉고-서고-앉고-서는' 운동적 규칙을 '큰 소리-작은 소리-큰 소리-작은 소리'의 청각적 규칙으로 바꿀 수 있다.

❖ 2019 개정 누리과정

내용범주	내용 이해
생활 속에서 탐구하기	• **주변에서 반복되는 규칙을 찾는다.** 유아가 생활 주변에서 사물이나 사건의 양상이 일정한 순서로 반복 배열되는 것에 관심을 갖고 즐기며, 반복되는 배열에 숨어 있는 질서와 규칙을 발견하여 다음에 올 것이 무엇인지를 예측하는 내용이다.

CHAPTER 06-2 수학교육

2014년 B

08 (가)와 (나)는 5세반 놀이 상황의 일부이다. 물음에 답하시오. [5점]

> (가)
> 교사 : 얘들아, 어제 친구들이랑 동물원을 갔다 왔는데 어땠니?
> 보경 : 친구랑 가니까 좋아요. 동물도 보고, 간식도 먹었어요.
> 진희 : 저는요, ㉠ <u>아빠랑 엄마랑 동물원에 세 번 갔다 왔어요.</u>
> 교사 : 그랬구나. 그럼 동물원은 어떻게 만들면 좋을까? 선생님이 한 것처럼 종이벽돌을 짧은 것, 긴 것, 짧은 것, 긴 것으로 놓아서 울타리를 만들어 보자.
> 보경 : (교사가 만든 ㉡ <u>짧은 것, 긴 것, 짧은 것, 긴 것을 보며</u>) 나도 이렇게 할 거예요.
> 준수 : (울타리를 보면서 ㉢ <u>앉았다, 일어났다, 앉았다, 일어났다, 앉았다, 일어났다를 반복하며</u>) 저는 이렇게 할 거예요.
> 진희 : 선생님, ㉣ <u>저는 꽃으로 울타리를 꾸며 볼래요. 빨간꽃, 노란꽃, 분홍꽃, 빨간꽃, 노란꽃, 분홍꽃을 놓았어요.</u>

2) ㉡은 물체나 그림을 이용하여 구성하는 시각적 패턴 유형이다. ㉢에 해당되는 패턴 유형 1가지를 쓰시오. [1점]
 • 패턴 유형 : _____

 2) • 운동적 패턴

> 2) 운동적 패턴이란 '동작을 통해 패턴을 만들고 찾는 것'을 의미하므로 **직접 움직여 동작 패턴을 만드는** ㉢의 사례는 이에 해당합니다.

2007년 주관식

12 다음 그림은 에셔(Escher)의 「기마병과 함께 하는 평면의 규칙적 분할 연구」이다. 물음에 답하시오.
[총 9점]

2) 위의 그림을 감상한 후 규칙성과 관련하여 동작, 음악, 미술 영역으로 통합하고자 할 때 적절한 활동의 예를 각각 1가지씩 쓰시오. [3점]

- ① 동작 : _____

- ② 음악 : _____

- ③ 미술 : _____

3) 규칙성과 관련한 활동에서 일상생활의 소재를 이용하고자 할 때, 규칙성을 찾을 수 있는 소재를 3가지 이상 쓰시오. [2점]
  - _____

CHAPTER 06-2 수학교육

답안 2) • ① 동작 : 갤로핑 등 기본 운동 동작 활동에 관한 수업을 진행할 때 동작과 관련된 운동적 패턴 만들어 보기(갤로핑 – 걷기, 갤로핑 – 걷기 등)

• ② 음악 : 소리탐색 및 표현과 관련된 수업을 진행할 때 소리와 관련된 청각적 패턴 만들어 보기
(따각따각 – 또각또각, 따각따각 – 또각또각 등)

• ③ 미술 : 에셔의 기마병 그림 감상 후 기마병 그림으로 시각적 패턴 만들어 보기
(빨강 말 – 노랑 말, 빨강 말 – 노랑 말 등)

※ 참고 : 수학 과정 기술 : 연관짓기(연계하기, connecting) : 다른 교과 영역과 수학적으로 연관되어 유아의 아이디어와 활동이 한 과제에서 다음 과제로 순환되어지는 것

3) • 월, 화, 수, 목, 금, 토, 일의 '요일'이 돌아오는 것 / 유치원의 하루 일과 / 셔츠의 줄무늬 색깔의 반복 / 접시에 있는 무늬 등

위 2007년의 1)번 문항은 누리과정 이전의 교육과정과 관련된 문제로 다음과 같습니다.

1) 박 교사는 유아와 함께 위의 그림을 감상하고 느낌을 이야기하는 활동을 '수학적 탐구' 내용과 통합하려고 한다. 이와 관련하여 제6차 유치원 교육과정에 제시된 규칙성에 대한 수준별 내용을 쓰고, 그에 적절한 발문의 예를 쓰시오. [4점]

내용 수준		교사 발문의 예
Ⅰ	①	②
Ⅱ	③	④

답안 1) Ⅰ 수준 : 단순한 규칙성을 찾아본다. ⇒ 발문 : 말의 색깔이 무슨 색과 무슨 색으로 반복되고 있니?

Ⅱ 수준 : 단순한 규칙성을 찾아보고 다음을 예상해 본다. ⇒ 발문 : 검은 말 다음에는 어떤 색의 말이 올까?

MEMO

07 수학교육 내용 : 자료수집 및 결과 나타내기(분류 등) 기출문제 분석

2023년 B

08 다음은 요리 활동 장면의 일부이다. 물음에 답하시오. [5점]

> 교사 : 오늘은 케이크를 만들기로 했지요? 먼저 케이크 만드는 방법을 알아볼게요. (그림 카드를 제시하며) ㉠ 첫 번째, 케이크 가루와 우유를 섞어 반죽을 만들어요. 두 번째, 반죽을 빵틀에 넣고 오븐에 구워요. 세 번째, 구워진 빵 위에 크림을 발라요. 그다음에는 장식할 모양을 만들어서 빵 위에 올려요. ㉡ 오븐에 넣은 빵이 다 구워지려면 30분 정도 걸리니까, 그동안 어떤 장식을 할지 미리 생각해 보기로 해요. ㉢ 선생님이 동그라미, 세모, 네모의 세 가지 모양의 초콜릿을 준비했어요. 그 중에서 세모 모양은 여기에 두었고 세모가 아닌 모양은 저기에 두었으니, 원하는 모양의 초콜릿을 가져가세요.
> … (하략) …

2) ㉢에 해당하는 분류 개념을 쓰시오. [1점]

• _____

답안 2) • 보충유목

 **유목포함과 보충유목**

사물 간의 위계적 관계인 유목포함의 개념은 전조작기 유아가 이해하기 힘들다. 이때 유목포함의 개념의 기초를 형성할 수 있도록 **보충유목**의 개념을 활용하여 상호작용하거나 활동하는 것이 도움이 된다. 보충유목이란 '〜이 아닌 것'으로 공통의 속성으로 분류하여 유목화시키는 것이 아니라, '〜이 아닌 것'을 분류하여 제외하고 유목화시키는 것을 의미한다.

MEMO

CHAPTER 06-2 수학교육

2021년 B

08 다음은 혼합 연령반 교사가 작성한 일지의 일부이다. 물음에 답하시오. [5점]

(가)

일시 : 2020년 10월 ○○일

바깥 놀이 시간에 유아들과 자연물을 가지고 패턴 활동과 분류 활동을 하였다. 패턴 활동에서는 패턴 생성 방식에 따라 다음 유형을 포함해 다양한 유형이 나타났다.

ㄱ)
빨간 나뭇잎, 노란 나뭇잎/
빨간 나뭇잎, 노란 나뭇잎, 노란 나뭇잎/
빨간 나뭇잎, 노란 나뭇잎, 노란 나뭇잎, 노란 나뭇잎

다양한 패턴 활동을 하기 위하여 ㄴ) 대칭 패턴을 동작으로 표상해 보도록 하였고, 유아들이 매우 즐거워하였다.

분류 활동에서는 다음 3가지 유형이 나타났다.

빨갛고 큰 나뭇잎들 / 노랗고 작은 나뭇잎들 (ㄷ)
나뭇잎 1개 / 나뭇가지 1개 (ㄹ)
빨간 나뭇잎들 / 노란 나뭇잎들

바깥 놀이에서 유아들은 2019 개정 유치원 교육과정 '자연 탐구' 영역의 '생활 속에서 탐구하기'와 관련된 수학 요소에 흥미를 보였다. 내일은 분류 경험을 확장하기 위한 활동을 준비해야겠다.

(나)

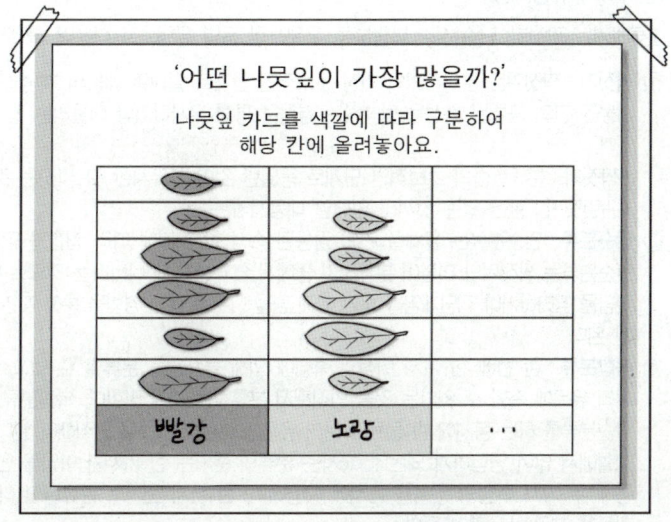

2) (가)의 ㉢, ㉣에 나타난 분류 유형을 각각 쓰시오. [2점]

㉢ _____

㉣ _____

3) (나)에서 교사가 활용한 그래프 유형을 쓰시오. [1점]

• _____

답안 2) • ㉢ : 복합 분류(multiple classification)

• ㉣ : 짝짓기(※ 큰 범주로 적용시), 관련짓기(※ 세분화된 범주 적용시)

(※ 큰 범주에서 볼 때 짝짓기 유형에 '관련짓기'가 속하므로 '짝짓기'의 용어로 제시하였지만 더 명확히 구분하면 제시된 사례는 '관련짓기'에 해당합니다. 서적에 따라서 두 가지를 나누어서 제시하기도 하고 큰 범주로 포함해서 제시하기도 하며 「3-5세 연령별 누리과정」에서도 이 두 가지가 내용 해설에 언급되었었기 때문에 둘 다 유사 답안의 범위로 적용되었을 것입니다.)

3) • 그림/사진 그래프(그림 그래프)

[분류하기 유형(내용)]

분류하기는 짝짓기, 단순분류, 복합분류, 유목포함 등의 유형으로 나누어 볼 수 있다.

① **짝짓기** : 짝짓기는 분류하기의 가장 초보적인 단계로 일대일 대응의 개념과도 관계가 있다. 유아들은 사물들 간의 공통된 속성을 탐색하는 경험을 통해 유사하거나 어울리는 것끼리 짝짓기 활동을 할 수 있다.
  • 짝짓기 : 분류학습의 초보적인 단계로 동일한 것이나 유사한 것 짝짓는 것(일대일 대응)
  • 관련짓기 : 관련 있는 것끼리 일대일 대응시키는 것
② **단순분류** : 단순분류는 물체들 간의 공통된 속성 한 가지에 따라 집합을 만들어 보는 활동을 말한다. 단순분류는 짝짓기와 더불어 분류하기 중에서 쉽고 초기에 나타나는 것으로 유아들은 일상생활에서 놀잇감을 정리하거나 집단게임을 하기 위해 팀을 나누는 등의 경험을 통해 자연스럽게 단순분류를 경험하게 된다.
③ **복합분류** : 한 번에 한 가지 이상의 속성에 의해 물체들을 분류할 수 있고, 한 가지의 사물이 동시에 여러 유목에 속할 수 있다는 것을 인식해서 분류하는 것을 말한다. 복합분류를 할 수 있으려면 유아는 단순분류를 하는 동시에 한 물체가 여러 유목에 속한다는 것을 인식해야 한다. 이러한 복합분류는 일상생활에서 많이 경험하게 되는데, 교사는 분류의 준거는 한 가지가 아님을 인식하게 하기 위해 일과를 통해 두 가지 속성의 용어를 동시에 사용하며, 한 가지 준거로 분류하되 다른 준거로 재분류해 보는 활동을 제공하는 것이 좋다.
④ **유목포함** : 사물들 간의 위계적 관계를 말하는 것으로 어떤 한 가지 유목에 속하는 물체는 다시 상위 유목에 포함될 수 있다는 것을 의미한다. 유목포함은 짝짓기, 단순분류, 복합분류보다 고차원적인 것으로 전조작기 유아에게는 어려운 과제이다. 자연적인 상황에서 유목포함을 습득하기는 어려우며, 또 말로 설명하거나 시각자료로 반복해 가르쳐도 아직 전조작기 유아에게는 이해하기 힘들기 때문이다. 따라서 교사는 자연스럽게 일과를 통해 전체와 부분 용어를 함께 사용하여 유목포함의 개념의 기초를 형성하도록 하는 것이 좋다.

[그래프의 유형]

그래프 그리기와 이해는 구체적인 것에서 추상적인 것으로 발달해 간다. 즉, 그래프는 유아들의 발달 정도에 따라 실물 그래프, 그림 그래프, 상징 그래프를 활용한다(Baratta-Lorton, 1995).

① **실물 그래프** : 실물 그래프는 구체적인 사물을 사용하여 그래프를 만드는 것이다. 실물 그래프는 가장 어린 유아에게 적합한 그래프이다.
② **그림 그래프** : 그림 그래프는 그림 카드, 사진을 이용하여 그래프를 만드는 것이다. 그림 그래프는 실물을 그림 또는 모형을 활용한 그래프이므로 실물 그래프보다 추상적이다. 실물과 추상을 연결하는 연습을 하게 되고, 다음 단계인 상징 그래프를 준비할 수 있도록 적절한 자극을 주므로 두 번째 단계가 되는 그림 그래프의 경험은 무엇보다 중요하다.
③ **상징 그래프** : 상징 그래프는 칸이 그려진 차트지에 상징 기호를 사용하거나 색칠하여 그래프를 만드는 것이다.

2017년 B

07 (가)는 ○○유치원 5세반 윤 교사의 수학활동계획안이고, (나)는 윤 교사가 동료 교사와 나눈 대화 내용이다. 물음에 답하시오. [5점]

(나)

> 윤 교사 : 오늘은 수·조작 영역에서 여러 가지 모양 조각으로 교통기관 만들기 활동을 해 보았어요. 수학활동으로 좀 더 확장해 보고 싶은데 어떤 활동이 있을까요?
> 허 교사 : 저는 늘 모양 조각 탐색 후에는 여러 가지 특성을 기준으로 분류해 보기 활동을 해요.
> 김 교사 : 모양이나 색깔 패턴 만들기 활동도 좋아요. 패턴 만들기 활동에서 ○△□○△ 다음에 어떤 모양이 와야 하는지 생각해 보게 하고, ㉠ <u>왜 네모 모양이 와야 한다고 생각하는지 이야기해 보는 활동</u>으로 전개해도 좋을 것 같아요.
> 허 교사 : ㉡ <u>동그라미, 세모, 네모로 패턴을 만드는 활동을 확장해서 이 패턴을 몸으로 표현해 보는 활동</u>도 재미있을 것 같아요. 이처럼 ㉢ <u>한 활동에서 학습한 수학적 개념을 다른 활동에 적용해서 설명해 보는 과정</u>은 유아들의 수학적 사고를 확장시켜 줄 수 있을 것 같아요.
> 윤 교사 : 선생님들의 의견을 들어보니 ㉣ <u>색깔과 모양이 다른 조각을 주고 분류해 보는 활동</u>을 먼저 해보아야겠어요.
> … (하략) …

4) (나)에서 윤 교사는 ㉣을 하기 위해 유아에게 색깔이 다른 세모, 네모, 동그라미 모양 조각을 제공해 주었다. 다음의 그림에서 유아가 적용한 ① 분류의 유형과 ② 분류의 준거를 쓰시오. [1점]

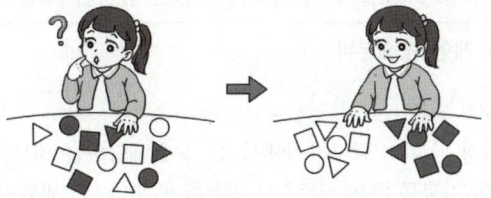

- ① : _____
- ② : _____

답안 4) • ① : 단순 분류
• ② : 색깔

2015년 B

07 (가)는 5세 반 활동 계획안이고, (나)는 (가)와 관련된 게임 장면이다. 물음에 답하시오. [5점]

(가)

활동명	바구니에 담아요.
활동 목표	… (생략) …
활동 자료	과일 그림 카드(빨간 사과, 초록 사과, 빨간 대추, 초록 대추 각 20개), 바구니 3개, 주사위 2개

활동 방법	1) 게임 준비물을 탐색한다.
	  – ⊙ 빨간 사과는 모두 몇 개니?
	2) 과일 그림 카드를 가지고 여러 가지 방법으로 배열해 본다.
	  – 사과만 모아 볼래?
	  – 빨간 과일만 모아 볼래?
	  – 빨간 과일과 초록 과일로 나눠 볼래?
	  – 사과와 대추로 나누고, 나눈 사과를 다시 빨강과 초록으로 나눠 볼래?
	3) 교사와 유아가 함께 게임 방법을 알아본다.
	
	〈게임 방법〉
	① 주사위 두 개를 동시에 던진다.
	② 두 개 주사위의 수를 비교해서 큰 수에서 작은 수를 뺀다.
	③ 뺀 수만큼의 과일 그림 카드를 바구니에 담는다.
	④ 20개를 먼저 바구니에 담은 유아가 이긴다.
	
	4) 게임을 해본다.
	… (생략) …

1) '3~5세 누리과정' 수학적 탐구하기에서 ① ⊙에 해당하는 세부 내용을 쓰고, (가)에서 ② '한 가지 기준으로 분류한 자료를 다른 기준으로 재분류해 본다.'는 세부 내용과 관련된 교사의 발문 1가지를 찾아 쓰시오. [2점]
 • ② 발문: _____

답안 1) • ② 사과와 대추로 나누고, 나눈 사과를 다시 빨강과 초록으로 나눠 볼래?

2014년 B

07 (가)는 4, 5세 혼합연령반 활동계획안의 일부이고, (나)는 활동 후 교사가 작성한 저널의 일부이다. 물음에 답하시오. [총 5점]

(가)

활동명	떡을 만들어요
활동목표	(생략)
활동방법	• 떡 만들기에 필요한 재료를 탐색해본다. • 떡 만들기에 사용되는 도구의 사용법을 알아본다. • 요리표를 보며 요리 방법을 알아본다. • 다양한 색의 쌀가루 반죽을 만들며, 변화된 반죽의 색을 탐색해본다. • 쌀가루 반죽을 다양한 모양과 크기의 찍기 도구로 찍어본다. • 찍어 놓은 반죽의 공통점과 차이점을 살펴본 후, ㉠ 하트 모양을 모아본다. • ㉡ 찍어놓은 초록색 반죽을 모은 후, 그 중에서 별 모양을 모아본다. • ㉢ 쌀가루 반죽을 쪄서 익힌 후, 먹어본다.
확장활동	(생략)

1) ㉠에 해당하는 탐구기술 1가지를 쓰고, '3~5세 누리과정' 중 '기초적인 자료 수집과 결과 나타내기'의 '세부 내용'에 근거하여 ㉡이 4세 유아에게 적합하지 <u>않은</u> 이유 1가지를 쓰시오. [2점]
(※ ㉠은 '과학교육' 파트에서 살펴봅니다.)
• 이유 : _____

 CHAPTER 06-2 수학교육

답안 1) • 적합하지 않은 이유 : ⓒ은 색깔이라는 한 가지 기준으로 분류한 자료를 모양이라는 다른 기준으로 재분류해 보는 활동에 해당하며, 이는 만 5세 세부내용에 해당하므로 만 4세 유아에게 적합하지 않다.

 답안해설

1) • ⓒ : '초록색'이라는 기준으로 한 가지 분류를 한 이후에 다시 '별 모양'이라는 다른 기준으로 재분류를 하는 활동은 만 5세 세부내용에 해당하는 활동입니다.

 「2019 개정 누리과정」 관련성 살펴보기

❖ 2019 개정 누리과정

내용범주	내용 이해
생활 속에서 탐구하기	• 일상에서 모은 자료를 기준에 따라 분류한다. 유아가 일상생활에서 흥미와 관심에 따라 필요한 자료를 다양한 방법으로 모으고, 수집한 자료의 공통점과 차이점을 탐색하며, 이를 하나 또는 그 이상의 다양한 기준(예) 모양, 크기, 색깔 등)에 따라 정리하고 조직해보는 내용이다.

 더 읽어보기 **분류 유형의 발달 과정**

유아의 분류하기는 짝짓기, 단순분류, 복합분류, 유목포함 관계로 발달하게 된다.
• **짝짓기**는 같은 것 또는 관련 있는 것끼리 연결하는 것을 말한다. 짝짓기는 분류하기의 가장 기초적인 단계로서 일대일 대응의 개념과 관련된다. 유아는 물체의 차이점보다는 공통점을 먼저 인식하므로 자연스럽게 같은 물체끼리 짝짓는 경험을 한다. 예를 들어 유아는 신발이나 놀잇감을 정리하는 것을 통해 짝짓기를 해 볼 수 있다. 또한 어미와 새끼 동물, 실과 바늘 등 유사하거나 어울리는 것끼리 짝지어 볼 수 있다.
• **단순분류**(simple classification)는 공통된 속성 한 가지를 기초로 물체를 분류하는 것을 말한다. 단순분류를 할 때 처음에는 "이 물체의 특성은 무엇인가?"에 초점을 두고 점차 "다른 물체는 왜 포함되지 않았을까?"라는 것으로 옮겨가야 한다. 어린 유아도 지각적으로 차이가 뚜렷한 구체적인 대상은 쉽게 단순분류할 수 있다.
• **복합분류**(multiple clasiffication)는 두 가지 이상의 속성을 동시에 고려하여 물체를 분류하는 것이다. 이를 위해서는 한 가지 물체(예) 우레탄 블록)에 여러 속성(예) 색과 크기)이 있음을 알아야 한다. 유아기에 복합분류를 하기 위해서는 물체의 속성을 충분히 경험하여야 하며, 이를 기초로 **물체를 하나의 기준으로 분류한 다음, 다른 기준으로 분류하는 재분류 경험이 선행되어야** 한다. 이 과정에서 유아들끼리 자신들이 분류한 이유를 설명해 보게 하면 물체의 속성과 분류의 기준 사이의 관계를 이해하는 데 도움이 된다. 점차 유아는 두 가지 기준을 동시에 사용하여 분류하는 복합분류가 가능해진다.

2013년 B

07 다음은 만 5세 유아들의 블록놀이를 관찰한 후에 가진 교사협의회 장면이다. [5점]

> 김 교사 : 유아들이 블록을 가지고 집과 다리 만들기 놀이를 하는 걸 보았는데 이런 일상적 놀이 경험을 수·과학적 지식으로 확장시켜주면 좋겠어요.
> 박 교사 : 저도 그렇게 생각해서 지난주에 유아들과 각 블록의 특성을 알아보고, 그 결과를 함께 표로 만들어 보았는데 한번 보실래요?
>
> (가) 활동결과표
>
> | 블록 종류 | 블록 모양 | 블록 특성 |
> |---|---|---|
> | 레고 블록 | (그림) | 플라스틱으로 만들었다. 색깔이 여러 가지다. 사람 모양도 있다. 끼우기 쉽게 올록볼록하다. |
> | 종이 벽돌 | (그림) | 두꺼운 종이로 만들었다. 진짜 벽돌은 아니다. 네모 모양이다. 세게 밟으면 찌그러진다. |
> | 유니트 블록 | (그림) | 나무로 만들었다. 여러 가지 모양이 있다. 색깔은 한 가지다. 나무색이다. 밟아도 안 부서진다. |
>
> 김 교사 : [활동결과표 (가)를 함께 보면서] 이렇게 정리해서 보니까 좋은데요. 보통 탐구 활동은 수학과 과학을 분리해서 생각하곤 했는데 활동결과표를 보니까 블록 활동이 '수학적 탐구'도 되고 ㉠ '과학적 탐구'도 되는군요.
> 박 교사 : 그렇죠. 이제 유아들의 블록놀이에 대한 확장활동을 계획해 보면 어떨까요?
> 김 교사 : 먼저 유아들이 만든 집이나 다리를 그림으로 그려보게 하면 어떨까요?
> 박 교사 : 좋은 생각이에요. 유아들이 만든 집이나 다리를 다양한 위치에서 보고 서로 비교해 보는 활동도 재미있어 할 것 같아요.
> 김 교사 : 좋은 활동이네요. 그렇게 하면 유아들이 보는 위치와 방향에 따라 사물의 모양이 다르게 보인다는 것을 충분히 탐색할 수 있겠죠.
> 박 교사 : 그리고 여러 가지 블록을 모양별로 분류해 본 후에 색깔별로 재분류해보는 것도 좋겠어요.
> … (후략) …

3) 다음은 누리과정 '수학적 탐구하기'의 '내용'과 '세부 내용' 중 일부이다. ①을 쓰고, ②와 ③에 해당하는 사례를 김 교사와 박 교사가 제안한 내용에서 각각 1가지씩 찾아 쓰시오. [3점]

내용	세부내용
기초적인 자료 수집과 결과 나타내기	필요한 정보나 자료를 수집한다.
	③
	그림, 사진, 기호나 숫자를 사용해 그래프로 나타내 본다.

• ③의 사례 : _____

답안 3) • 세부내용 ③ (한 가지 기준으로 분류한 자료를 다른 기준으로 재분류해 본다.)에 해당하는 사례는 여러 가지 블록을 모양별로 분류해 본 후에 색깔별로 재분류해 보는 박 교사의 활동을 들 수 있다.

2015 개정 유치원 교육과정(만 3~5세 누리과정) : 수학적 탐구하기

내용	3세	4세	5세
기초적인 자료 수집과 결과 나타내기	같은 것 끼리 짝을 짓는다.	필요한 정보나 자료를 수집한다.	
		한 가지 기준으로 자료를 분류해 본다.	한 가지 기준으로 분류한 자료를 다른 기준으로 재분류해 본다.
			그림, 사진, 기호나 숫자를 사용해 그래프로 나타낸 본다.

MEMO

01 건강교육 기출경향 분석

❶ 주제별 출제빈도

✱ 다음의 표에서는 내용 주제별로 모든 문제가 분리되어 있으나 실제 기출문제와 해답이 제시된 '기출 문제 분석' 챕터에서는 각각의 주제별로 문제가 분리되어 제시되기도 하고 혹은 동일한 문항 내에서 분리되지 않고 함께 제시되기도 합니다.

✱ 아래 표의 '내용' 중 사례나 답안을 제시하는 괄호 안에 ※ 표기를 넣은 경우는 사례나 답안이 길어 요약하여 제시했을 때를 의미합니다.

건강교육 주제		출제연도		내용
건강관리	투약	2006	주12	– 투약 의뢰서에 포함되어야 하는 내용을 4가지 이상 쓰기(**유아명 / 증상 / 약의 종류와 용량 / 투약시간과 의뢰자인 부모명**) – 제시된 상황에서 투약 절차와 관련하여 교사의 부적절한 행동을 쓰고, 수정하기 | 부적절한 행동	수정 행동
---	---
유아의 약을 피아노 뒤에 놓아둔 것	유아들의 손이 닿지 않도록 별도의 약 보관함에 넣어 안전하게 보관해야 한다.
투약 의뢰서에 대한 기록을 확인하지 않은 점	투약 의뢰서를 참고로 정확한 용량과 용법으로 투약하도록 한다.
'감기 기운이 조금 떨어진 것 같아요'라고 주관적인 보고를 한 것	투약 후에는 유아의 상태를 투약 보고서에 객관적으로 기록하고 이를 기초로 부모에게 보고하도록 한다.	 – 유아의 진료와 관련하여 유치원과 교사가 갖추어야 할 관리 체계와 준비 사항을 각각 1가지씩 쓰기(① 유치원의 관리 체계 : 유아의 치료, 검진 및 예방 접종을 위해 부모 등의 자원 인사를 활용해 연계해 운영할 수 있으며 위급시 진료를 위한 지정 병원을 정하도록 한다/ ② 교사의 준비 사항 : 응급처치법을 정확히 인지하고 비상약품을 상비하도록 하며 가정에서 가져오는 약은 투약 의뢰서를 기준으로 투약하고 기록·보고하도록 한다)
		2012	객16	만 4세반 담임교사들이 환경에 대한 안전 교육을 실천한 사례 → 건강 생활 영역의 '환경오염이나 재난에 대비하기'에 비추어 볼 때, 적절한 것을 모두 고르기(어린 유아들이지만 환경에 대한 안전 교육으로 물, 공기, 흙의 오염과 관련된 위험성을 인식하고 이를 개선하려는 태도 뿐만 아니라 실천 능력까지 길러 주려고 노력한답니다(○)/우리 유치원 옆에는 하천이 흐르는데 주변에 담배 꽁초 등 쓰레기가 버려져 있고, 물이 고여 썩은 데도 있어요. 그래서 저는 깨끗한 물을 만들기 위해 유아들이 실천할 수 있는 일이 무엇일지 토의해 보게 한답니다(○)/ 요즘은 사람들이 마시는 물에 주의를 많이 기울입니다. 그래서 저는 유아들을 데리고 산으로 자연체험을 하러 갈 때마다 산에서 흐르는 물이 깨끗해 보일지라도 유아들이 함부로 마시지 않도록 한답니다(○))

7대 안전 감염병 관리		2015	A6-2)	다음 상황에서 교사가 반드시 취해야 할 행동 쓰기(**유아를 격리시키는 조치를 취해야 한다**) 현경이는 미열이 나고 발진이 보여 수두가 의심되었다. 바로 원감 선생님에게 상황을 이야기했다. 원감 선생님은 즉시 현경이를 병원에 데려갔고, 수두라는 것을 확인한 후, 함께 유치원으로 돌아왔다. 다른 유아들도 수두에 감염될 수 있어 현경이 어머니한테 전화를 했지만 연락이 되지 않았다. 그래서 현경이의 비상 연락망에 있는 제2 연락처에 전화를 했으나 연락이 되지 않았다.
		2019 (추)	A5-2) A5-3)	- ⓒ(박 교사 : 네. 저희 반의 성진이가 오전 내내 열이 나고 기침을 많이 하면서 머리가 아프다고 하기에 열을 재 보았더니 38℃나 됐어요 …(중략)… 먼저 마스크를 씌워 주었어요. 그리고 원감 선생님과 상의한 결과 전파 우려가 있는 감염병이 의심되었어요. 그래서 (ⓒ)이/가 필요한 것으로 판단하여 조치를 취했어요)에 들어갈 말을 쓰고(**격리**(격리 조치)), ⓒ(진료 확인서)에서 교원이 확인해야 하는 사항 중 2가지 쓰기(**진단**(의심) **질환명, 소견 내용**) - ⓔ(교실 위생 관리를 위한 조치)에 해당하는 것 2가지 쓰기(**교실 환기 및 소독**)
		2023	A5-1) A5-2)	- '유아는 건강검진실시 의무에 따라 (㉠)년에 (㉡)번 이상 건강검진을 받아야 합니다'의 ㉠과 ㉡에 해당하는 것을 순서대로 쓰고(㉠: 1, ㉡: 한), '학교안전교육 7대 영역'(「학교안전교육 실시 기준 등에 관한 고시」[교육부고시 제2021-21호, 2021.7.14., 일부개정])의 [별표2] 중 ㉢(손 씻기와 소독하기 등 청결 유지하기)의 내용이 들어 있는 영역 이름 쓰기(**응급처치교육**) - [A]에서 잘못된 행동을 찾아 쓰고(**유빈이를 안고 일시적 관찰실로 데려가**(~데려가 격리함)), 잘못됐다고 생각되는 이유 쓰기(**일시적 관찰실로 격리를 위해 이동 시 감염병 환자나 의심 환자의 이동수칙에 따라 교사와 유아 모두 마스크를 착용하고 적정 거리를 유지한 채 이동해야 하기 때문이다**) ❖ 조치 결과 • 감염병이 의심되어 보건선생님께 연락함. • 보건선생님이 교실에 와서 유아들 마스크 착용을 확인함. • 유빈이를 안고 일시적 관찰실로 데려가서 격리함. • 유빈이 어머님께 연락하여 귀가 조치와 진료를 요청함. • 유빈이의 귀가 시 등원 중지와 진료 확인서 양식을 안내함. • 유빈이의 귀가 후 일시적 관찰실과 교실의 기본방역을 실시함. [A]
기본생활 습관지도	화장실 사용	2011	객18	교사들이 유치원에서 유아들에게 화장실 사용법을 지도하기 위한 방법 중 적절하지 않은 것 고르기(**화장실 사용법에 대한 지도는 연중 지속적으로 실시하기 보다는 학기 초에만 다양한 형태로 집중적으로 실시한다**(×)) • 만 3세 유아에게는 화장실에 직접 데리고 가서 변기나 세면대 등의 실물을 활용하여 행동의 모델을 제시한다(○) • 만 5세 유아에게는 화장실 사용에 대한 약속이 계속 지켜지지 않을 때 토의를 통해 약속을 지킬 수 있도록 지도한다(○) • 용변을 본 후 물을 내리지 않는 유아에게는 "대변을 본 후에는 물을 내리고 나오자."라고 구체적인 말과 행동으로 지도한다(○) • 화장실에서 손을 씻는 방법에 대한 이야기를 나눈 후, 손 씻기 순서도를 세면대 앞에 붙여 주어 유아 스스로도 화장실을 바르게 사용할 수 있도록 지도한다(○)

CHAPTER 07-1 건강교육

식습관 지도	지도방법 및 내용	2009	객25	다음과 같은 식습관을 가진 유아들에 대한 교사의 지도 내용으로 적절한 것 모두 고르기(이야기 나누기, 동화, 조형 활동, 음률 활동 등을 통해 통합적으로 바른 식습관을 지도한다(○)/ 유아들이 남긴 음식의 양을 일정 기간 동안 비교해 보고, 음식물 쓰레기를 줄이는 방법에 대해 토의해 본다(○)/ 야채에 포함된 영양분이 우리 건강에 어떤 영향을 미치는지에 대해 이야기해 본다(○)) • 교사가 직접 지도하기보다는 유아 스스로 바른 식습관을 형성하도록 인내를 가지고 지켜본다(×) • 바른 식습관 형성을 위해 유아가 야채를 먹을 때까지 당분간 고기 음식을 주지 않는다(×) 한수는 음식을 먹을 때 자기가 좋아하는 음식만 골라먹는 버릇이 있습니다. 한수가 가장 좋아하는 음식은 고기입니다. 한수 어머니가 한수에게 몸에 좋은 야채도 먹으라고 타일러도 좋아하는 고기 음식만 고집합니다. 유치원에 와서도 한수는 좋아하는 음식만 많이 먹고, 싫어하는 것은 전혀 먹지 않으려고 합니다. 결국 한수가 남긴 음식은 모두 쓰레기통에 버려집니다.
		2012	객15	요리 활동 계획안의 일부 → 유치원 교육과정에 비추어 볼 때, 만 3세 Ⅰ 수준 유아들을 위한 활동 방법과 활동의 유의점으로 적절한 것을 ㉠~㉤ 중에서 모두 고르기(㉠ 오감을 활용하여 바나나, 오이, 양상추, 토마토를 탐색해 보고/ ㉣ 유아들의 손 씻기 지도를 위하여 교사는 손 씻는 행동의 모델을 제시한다/ ㉤ 샐러드에 포함된 과일과 채소를 편식하지 않고 골고루 먹도록 지도한다)
	영양소	2012	객12	유아기 신체 성장과 영양에 관한 내용이다. ㉠~㉢에 들어갈 말을 알맞게 나열한 것 고르기(㉠ 신장, 체중 ㉡ 지방 ㉢ 비타민) • (㉠)은(는) 유아의 건강과 영양 상태를 반영해 주는 신체적 성장의 중요한 지표이다. 유치원에서는 유아의 기본적인 신체적 성장을 알아보기 위해 (㉠)을(를) 계측할 수 있으며, (㉠)은(는) 유아의 비만을 판단하는 기초 자료가 되기도 한다. • 유치원 교사는 영양소에 관한 기본 지식을 지니고 있어야 한다. 이러한 지식은 유아에게 제공할 급 간식에 대한 메뉴를 이해하고, 유아의 올바른 식습관을 바르게 형성하도록 지도하는 데 기초가 되기 때문이다. 영양소는 탄수화물, (㉡), 단백질, 무기질, (㉢), 물 등 6가지로 분류되며, 이 중 탄수화물, (㉡), 단백질은 3대 영양소라 불린다.
영유아의 정신건강	정신건강 증진 활동	2012	객17	교사들이 유아들의 정신 건강 증진을 돕기 위해 실천한 〈보기〉의 사례 중 적절한 것을 모두 고르기(이 교사는 유아들이 놀이 기구를 이용하여 신체를 활발히 움직여 보는 시간을 충분히 가질 수 있도록 하였다(○)/ 송 교사는 유아들이 다양한 음악에 맞추어 자유롭게 신체를 움직여 보게 하여 즐거움을 느낄 수 있게 해 주었다(○)/ 황 교사는 유아들이 핑거 페인팅(finger painting)으로 자신의 생각이나 느낌을 마음껏 표현해 보게 하였다(○)) • 김 교사는 컴퓨터 영역에 유아들이 원하는 게임 프로그램을 제공해 주고 사용 시간과 놀이 인원을 제한하지 않았다(×) • 윤 교사는 슬픔, 두려움, 미움 등과 같은 부정적 감정을 이야기 나누기 시간에 다루지 않도록 하였다(×)

정신건강 문제	2025	A5-1) A5-2)	- [A](교사 : 지수의 행동 관찰 기록을 살펴보니, 학기 초부터 지금까지 두 달 이상 등원할 때마다 심하게 울면서 엄마와 헤어지지 않으려고 매달리고 있어요. 그래서 다시 상담 요청드렸습니다/ 지수 어머니 : 배가 아프다고 울면서 유치원에 안 가겠다고 발버둥치니 아침마다 전쟁이에요. 집에서도 제 옆에만 붙어 있으려 하고 잠시 떨어지는 것도 두려워해요. 엄마가 죽으면 어떡하냐고 지나치게 걱정하기도 해요)와 [B](교사 : 그렇군요. 상담 요청을 드린 또 한 가지 이유는 지수가 유치원에서 선생님과 친구들에게 전혀 이야기를 하지 않는다는 거예요. 친구들이 놀자며 다가가면 지수는 피해 버려요. 저희 반 유아들이 지수가 말을 안 한다고 매일 저에게 말해요/ 지수 어머니 : 집에서 가족과는 말을 잘해요. 그런데 돌봐 주시던 외할머니께서 작년에 돌아가신 후 밖에 나가거나 낯선 사람이 있으면 꼭 말을 해야 하는 상황에서도 말문을 닫기 시작했어요. 지난번 병원에 다녀온 후에도 '언젠가는 하겠지.'라는 기대를 갖고 있었는데 이제는 너무 걱정되네요) 각각에 나타난 유아의 심리·정서적 어려움이 무엇인지 순서대로 쓰기(**분리불안 장애**(separation anxiety disorder), **선택적 함구(묵)증**(selective mutism)) - [B]에 나타난 지수의 심리·정서적 어려움에 대한 교사의 지도방안으로 잘못된 점을 [D](저는 지수가 유치원에서 다른 유아들 앞에서 말을 하게 시키려고요. 놀이를 통해 다른 유아들과 친해지게 하면서 지수가 말하는 데 도움이 되는 다양한 활동을 시도하려고 해요. 그리고 말하기를 어려워하면 그림으로 표현할 수도 있게 하려고요)에서 찾아 그 이유 설명하기(**다른 유아들 앞에서 말을 하게 시키려고 하는 것이다. 선택적 함구증의 경우** (다른 사람들과 스스로 말로 표현하고 소통할 상황과 기회를 제공하는 것이 중요하나) **다른 유아들 앞에서 말을 하게 되기까지는 단계적인 지도가 요구되기 때문에 처음부터 이러한 방법으로 지도할 경우** (사회적) **불안감을 크게 자극하여 더욱 위축될 수**(위축되고 스트레스를 받아 역효과가 날 수) **있기 때문이다.**)

❷ 최근 출제영역 살펴보기

교육과정 변화 1 3-5세 연령별 누리과정

(★표시는 새롭게 확장된 출제 영역을, ♥은 기존 영역에서 새로운 방식으로 출제된 것을 의미합니다.)

순	내용	2013	2013(추)	2014	2015	2016	2017	2018	2019	연도별 횟수
1	감염병 관리				★A6-2)					1회

교육과정 변화 2 2019 개정 누리과정

(★표시는 새롭게 확장된 출제 영역을, ♥은 기존 영역에서 새로운 방식으로 출제된 것을 의미합니다.)

순	내용	2019(추)	2020	2021	2022	2023	2024	2025	연도별 횟수
1	감염병 관리	★A5-2) A5-3)				★A5-1) ★A5-2)			4회
2	영유아 정신건강							★A5-1) ★A5-2)	2회

MEMO

02 건강관리 및 감염병 대응 기출문제 분석

2023년 A

05 다음은 ○○유치원 안전교육 관련 협의회에서 나눈 대화의 일부이다. 물음에 답하시오. [5점]

(가)

> 원　감 : 유아는 건강검진실시 의무(「유아교육법 시행규칙」 제2조의6(건강검진) 제1항〈개정 2020. 2. 27., 2020. 7. 30., 2022. 6. 29.〉)에 따라 (㉠)년에 (㉡)번 이상 건강검진을 받아야 합니다. 건강검진결과통보서는 교육정보시스템을 이용하거나, 학부모로부터 제출받아 생활기록부에 기록하고, 비밀을 유지해야 합니다. 이 내용을 학부모님께 안내하여 주시고 유아 감염병 예방을 위해 교실의 기본 방역을 철저히 해 주세요.
>
> 부장교사 : 네. 우리 반에서는 감염병 예방 교육을 위해 ㉢손 씻기와 소독하기 등 청결 유지하기를 반복 지도하고 있습니다.
>
> … (중략) …
>
> 장　교사 : 오늘 점심 식사 전 목이 아프다고 한 유빈이의 체온을 측정했는데 열이 37.8℃였습니다. 그래서 유치원 안전교육 계획 감염병 유증상자 대응 수칙에 따라 다음과 같이 조치하였습니다.
>
> > ❖ 조치 결과
> > • 감염병이 의심되어 보건선생님께 연락함.
> > • 보건선생님이 교실에 와서 유아들 마스크 착용을 확인함.
> > • 유빈이를 안고 일시적 관찰실로 데려가서 격리함.
> > • 유빈이 어머님께 연락하여 귀가 조치와 진료를 요청함.
> > • 유빈이의 귀가 시 등원 중지와 진료 확인서 양식을 안내함.
> > • 유빈이의 귀가 후 일시적 관찰실과 교실의 기본방역을 실시함. [A]
>
> … (하략) …

1) ① ㉠과 ㉡에 해당하는 것을 순서대로 쓰고, ② '학교안전교육 7대 영역'(「학교안전교육 실시 기준 등에 관한 고시」[교육부고시 제2021-21호, 2021.7.14., 일부개정])의 [별표2] 중 ㉢의 내용이 들어 있는 영역 이름을 쓰시오. [2점]

① ㉠ : _____ , ㉡ : _____

② _____

2) [A]에서 ① 잘못된 행동을 찾아 쓰고, ② 잘못됐다고 생각되는 이유를 쓰시오. [2점]

① _____

② _____

1) ① ㉠ : 1, ㉡ : 한

② 응급처치교육

1)

[유아교육법 시행규칙]
[시행 2023. 1. 1.] [교육부령 제290호, 2022. 12. 1., 일부개정]

제2조의6(건강검진)
① 법 제17조제4항에 따라 유치원의 장(이하 "원장"이라 한다)은 교육하고 있는 유아에 대하여 1년에 한 번 이상 건강검진을 실시해야 한다. 〈개정 2020. 2. 27., 2020. 7. 30., 2022. 6. 29.〉
… (하략) …

2)

[학교안전교육 실시 기준 등에 관한 고시(제2023-33호, 고시, 2023. 10. 16., 일부개정)]		
안전교육 영역	교육시간/ 횟수	교육내용
응급처치교육	2시간/ 학기당 1회 이상	① 응급상황 알기 및 도움 요청하기 ② 119 신고와 주변에 알리기 ③ <u>손 씻기와 소독하기 등 청결 유지하기</u> ④ 상황별 응급처치 방법 알기

2) ① 유빈이를 안고 일시적 관찰실로 데려가(~데려가서 격리함)

② 격리를 위해 일시적 관찰실로 이동 시 감염병 환자나 의심 환자의 이동수칙에 따라 교사와 유아 모두 마스크를 착용하고 적정 거리를 유지한 채 이동해야 하기 때문이다.

 감염병 (의심)환자 이동 수칙

출처 : (학교 감염병 예방·위기대응 매뉴얼 제3차 개정판, 2022)

- 감염병 (의심)환자가 원내에서 혼자 이동하는 것은 원칙적으로 금지
- 이동 시에는 해당 학급 교사 외 다른 교직원이 동행
- <u>필요시 감염병 (의심)환자와 이동 담당 교직원 모두 마스크 착용</u>

[일시적 관찰실 설치 및 운영 방안] 中
- 관찰실 내에서 교직원과 유아는 <u>1m 이상의 거리를 유지하도록 노력</u>하고 보호자에게 인계 후에는 반드시 손씻기 및 소독

CHAPTER 07-1 건강교육

> 2019년 추시 A

05 (가)는 유치원 안전 교육 자료의 일부이고, (나)는 원장과 박 교사 간 대화의 일부이다. 물음에 답하시오. [5점]

(나)

> 원 장 : 제가 연수를 간 사이, 박 선생님 학급에 감염병 의심 유아가 발생했다는 이야기를 들었어요.
> 박 교사 : 네. 저희 반의 성진이가 오전 내내 열이 나고 기침을 많이 하면서 머리가 아프다고 하기에 열을 재 보았더니 38℃나 됐어요.
> 원 장 : 저런! 그래서 어떻게 하셨나요?
> 박 교사 : 먼저 마스크를 씌워 주었어요. 그리고 원감 선생님과 상의한 결과 전파 우려가 있는 감염병이 의심되었어요. 그래서 (ⓒ)이/가 필요한 것으로 판단하여 조치를 취했어요.
> … (중략) …
> 박 교사 : 다행히 어머니께서 급히 데리러 오셔서 상황을 잘 말씀드렸어요.
> 원 장 : 등원 중지 안내서와 ⓒ 진료 확인서 양식도 전달하셨고요?
> 박 교사 : 네. 어머니께서 병원을 다녀오신 후 연락을 주셨는데, 독감이어서 다음 주 수요일까지 등원이 어려울 것 같다고 하셨어요.
> 원 장 : 그렇군요. 참, ⓔ 교실 위생 관리를 위한 조치는 취하셨나요?
> 박 교사 : 네. 물론요. 그리고 유아들에게 손 씻기와 기침 예절의 중요성에 대해 말해 주고, 열이 나거나 기침을 하면 선생님에게 알려 달라고 했어요.
> 원 장 : 수고 많으셨어요.

2) 괄호 안의 ⓒ에 들어갈 말을 쓰고, 밑줄 친 ⓒ에서 교원이 확인해야 하는 사항 중 2가지를 쓰시오. [2점]

ⓒ _____

ⓒ _____

3) 밑줄 친 ⓔ에 해당하는 것을 2가지 쓰시오. [1점]

• _____

답안
2) • ⓒ : 격리(격리 조치)
   • ⓒ : 진단(의심) 질환명, 소견 내용
3) • 교실 환기 및 소독

2015년 A

06 (가)와 (나)는 교사 저널이고, (다)는 5세 반 교사와 유아 간 대화의 일부이다. 물음에 답하시오. [5점]

(나)

> 현경이는 미열이 나고 발진이 보여 수두가 의심되었다. 바로 원감 선생님에게 상황을 이야기 했다. 원감 선생님은 즉시 현경이를 병원에 데려갔고, 수두라는 것을 확인한 후, 함께 유치원으로 돌아왔다. 다른 유아들도 수두에 감염될 수 있어 현경이 어머니한테 전화를 했지만 연락이 되지 않았다. 그래서 현경이의 비상 연락망에 있는 제2 연락처에 전화를 했으나 연락이 되지 않았다.
> … (생략) …

2) (나) 상황에서 교사가 반드시 취해야 할 행동을 쓰시오. [1점]

• _____

답안 2) • 유아를 격리시키는 조치를 취해야 한다.

 **감염병이 의심되는 영유아에 대한 일반적 지침**(보건복지부, 대한소아과학회, 2011)

많은 영유아가 함께 생활하는 영유아 보육·교육기관에서 감염성 질환이 발생하지 않도록 예방하는 것만큼 중요한 것은 감염성 질환에 노출된 영유아를 조기에 발견하고 적절한 대처를 하는 것이다. 이를 통해 감염성 질환이 확산되는 것을 방지할 수 있다. 교사는 영유아를 주의 깊게 관찰하여 감염성 질환의 발병 여부를 가능한 한 빨리 파악하고, 격리가 필요한 경우 부모에게 알려 적절한 치료를 받을 수 있도록 하며, 완치 후 등원할 수 있도록 해야 한다.

• 아픈 영유아가 발생하면 **즉시 다른 영유아와 격리**한다.
• 아픈 영유아의 증상을 잘 관찰하여 건강 기록지에 기록한다. 다음의 증상을 유의하여 본다(평소와 다른 행동, 기침, 발열, 식욕저하, 설사, 무기력, 발진, 구토).
• 장기적 격리가 필요하면 집에서 영유아를 돌보도록 한다.
• 만약 영유아가 법정감염병이 의심되면 관할 보건소로 보고하며, 보건소 또는 협력 소아청소년과 의사의 지시에 따른다.
• 만약 영유아가 자극에 반응이 없다든지, 호흡이 곤란한 경우, 경련이 있을 경우, 상태가 급격히 악화되는 경우에는 즉각적인 응급진료를 받을 수 있게 한다.

1) 감염병 질환의 관리 [출처 : 정미라 외 2인 공저 『영유아를 위한 건강 및 영양교육』(양서원. 2013)]

예방적 대응이 가능한 전염성 질환의 경우 적절한 시기에 예방접종을 함으로써 대부분 예방할 수 있다. 그러나 예방적 대응이 불가능하거나 용이하지 않은 전염성 질환(예를 들어 감기, 뇌수막염 등)의 경우 그

CHAPTER 07-1 건강교육

질환에 노출된 유아를 조기에 발견하고 격리시킴으로써만이 전염성 질환이 확산되는 것을 방지할 수 있다. 특히 질병에 대한 감수성이 예민한 유아들은 단체로 생활하는 유아교육기관에서는 전염의 속도가 빠르고 일단 감염된 후에는 병세가 깊어지는 속도도 매우 빠르므로 적절한 시기에 전염원이 되는 유아를 격리해야 한다.

유아를 격리시킬 때는 부모에게 정확한 이유와 기간을 설명해 주어야 한다. 더구나 질병의 정도가 심하지 않거나 회복되는 시기에는 다 나은 것처럼 보이므로 대부분의 부모들은 다른 유아들에 대한 전염의 가능성을 고려하지 않고 유아를 기관에 보내고자 하는 경우가 많다. 따라서 교사는 부모들에게 다음과 같은 격리의 이유를 설명하고 필요한 기간만큼 유아들을 가정에서 보호할 수 있도록 해야 한다.

- 유아가 가정에서 보호될 때 충분한 휴식과 빠른 치유가 가능하다.
- 아픈 유아를 개별적으로 돌볼 수 있는 교사가 따로 없으므로 아픈 유아의 요구를 충분히 만족시킬 수 없다.
- 다른 유아에게 질병을 전염시킬 수 있다.
- 전염성 질환은 회복기에 가장 전염력이 높으므로 건강한 유아들과 격리시킬 필요가 있다.

♠ 주요 감염병 역학적 특성과 관리 방안

감염병	임상증상	전염 가능 기간	전파 차단을 위한 등교중지(격리) 기간[1]	잠복기[2]	밀접 접촉자 파악	일시적 격리[3]	마스크 착용
b형 헤모필루스 인플루엔자	수막염, 후두개염, 폐렴, 관절염 등	항생제 치료 후 48시간	항생제 치료 시작 후 24시간까지	2~4일	O	O	×
감기군	발열, 기침, 객담 등 호흡기계 증상	이환기간 내내	등교중지 안함	병원체마다 다양 (보통 2~14일)	×	O	O
결핵	발열, 전신피로감, 식은땀, 체중감소	약물 치료 시작 후 2주까지	약물 치료 시작 후 2주까지	수년까지 가능 (50% 2년 이내)	O	O	O
급성 출혈성 결막염	충혈, 안통, 이물감, 많은 눈물, 눈곱, 눈부심, 결막하출혈	발병 후 4일~1주일	격리 없이 개인위생수칙을 철저히 지킬 것 권장	8~48시간	O	O	×
노로 바이러스	오심, 구토, 설사, 복통, 권태감, 발열	급성기부터 설사가 멈추고 48시간 후까지	증상 소실 후 48시간까지	24~48시간 (평균 33시간)	O	O	×
백일해	상기도 감염 증상, 발작적 기침, 구토	2주간 전염력이 높으며 증상발생 4주 후 전염성 소실	항생제 투여 후 5일까지	7~20일 (평균 5~10일)	O	O	O

성홍열	미만성 구진, 발열, 두통, 구토, 복통, 오한 및 인후염	항생제 치료 시작 후 24시간까지	항생제 치료 시작 후 24시간까지	1~3일	○	○	○
수두	피부 발진, 수포, 발열, 피로감	수포가 생기기 1~2일 전부터 모든 수포에 가피가 형성될 때까지	모든 수포에 가피가 형성될 때까지	10~21일 (평균 14~16일)	○	○	○
수막구균성 수막염	두통, 발열, 경부 경직, 오심, 구토	항생제 치료 시작 후 24시간까지	항생제 치료 시작 후 24시간까지	2~10일 (평균 3~4일)	○	○	○
수족구병	발열, 손, 발바닥 및 구강 내 수포 및 궤양	발병 후 7일간 가장 전염력 강함. 피부 병변(수포)에 가피가 형성될 때 까지	수포 발생 후 6일간 또는 가피가 형성될 때까지	3~7일	○	○	○
유행성 각결막염	충혈, 안통, 이물감, 많은 눈물, 눈곱, 눈부심, 결막하출혈	발병 후 14일까지	격리 없이 개인위생수칙을 철저히 준수 권장	5~7일	○	○	×
유행성 이하선염	이하선 부종, 발열, 두통, 근육통	증상 발생 3일전부터 발생 후 5일까지	증상 발생 후 5일까지	14~25일 (평균 14~18일)	○	○	○
인플루엔자	발열, 두통, 근육통, 인후통, 기침, 객담	증상 발생 1일 전부터 5일까지	해열제 없이 정상체온 회복 후 24시간이 경과할 때 까지. 단, 해열제를 투약한 경우 마지막 해열제 투약 시점부터 48시간이 경과해야 함. (중증의 증상이나 면역저하자 등의 경우 의사의 판단에 따라 등교중지 기간이 달라질 수 있음)	1~4일 (평균 2일)	×	○	○

| 풍진 | 구진성 발진, 림프절 종창, 미열 등 감기증상 | 발진 생기기 7일 전부터 생긴 후 7일까지 | 발진이 나타난 후 7일까지 | 14~23일 (평균 16~18일) | ○ | ○ | ○ |
| 홍역 | 발진, 발열, 기침, 콧물, koplik반점 | 발진발생 4일전부터 발진발생 4일후까지 | 발진이 나타난 후 4일까지 | 7~21일 (평균 10~12일) | ○ | ○ | ○ |

출처 : 학생 감염병 예방·위기대응 매뉴얼, 인플루엔자 관리지침

2) 2015 개정 유치원 교육과정(만 3~5세 누리과정) 지침서 '질병 예방하기' > 지도원리 및 유의점

- 전염병에 대한 면역력이 약한 유아가 질병의 위험을 알고 주의하며, 날씨와 상황에 맞게 옷을 조절하여 입게 함으로써 체온을 조절하고 건강을 유지할 수 있도록 하는 내용이다.
① 유아들의 질병관리를 위해 실내의 습도 및 온도를 적절하게 유지한다.
② 전문 업체에 의뢰하여 정기적으로 공기 질 검사를 실시하고, 복도 및 교실의 창문을 수시로 열어 환기시킨다.
③ 질병에 걸린 유아가 등원할 경우 회복이 느릴 뿐 아니라 다른 유아들에게 전염될 수 있으므로 해당 유아는 가정에서 휴식을 취하도록 권장한다.
④ 유아들이 질병을 예방할 수 있는 생활 태도를 갖도록 일상생활에서 지속적으로 지도한다.
⑤ 유아들 중 기관에서 활동하기에 부적절한 옷(예 드레스, 정장, 구두 등)을 입고 오는 경우, 때와 장소에 알맞은 옷차림에 대해 알아보고 상황과 장소에 맞는 옷을 선별하여 입을 수 있도록 지도한다.
⑥ 질병 예방하기는 가정과의 연계가 중요하므로 정기적인 부모교육을 통해 그 중요성과 내용 및 방법을 안내하고 함께 지도하도록 한다.

> 2012년 객관식

16 다음은 만 4세반 담임교사들이 환경에 대한 안전 교육을 실천한 사례이다. 건강 생활 영역의 '환경오염이나 재난에 대비하기'에 비추어 볼 때, 적절한 것을 모두 고른 것은?

> ㄱ. 김 교사 : 환경오염 때문에 질병도 더 많아졌어요. 그래서 저는 유아들이 수인성 전염병이나 세균성 피부병에 걸리지 않도록 수영장에 가기 전에는 유치원에 비치된 예방약을 모든 유아들에게 먹이고, 다녀온 뒤에는 손을 씻게 한답니다.
> ㄴ. 송 교사 : 요즈음은 유아들이 바깥에서 놀이하는 시간이 너무 부족해요. 그러니까 유아들 몸 자체에서 비타민 형성도 덜 되고 자연을 너무 모르게 되는 거죠. 그래서 저는 유아들을 실외로 자꾸 데리고 나가서 자외선을 가능한 한 많이 쪼일 수 있도록 한답니다.
> ㄷ. 지 교사 : 어린 유아들이지만 환경에 대한 안전 교육으로 물, 공기, 흙의 오염과 관련된 위험성을 인식하고 이를 개선하려는 태도뿐만 아니라 실천 능력까지 길러 주려고 노력한답니다.
> ㄹ. 최 교사 : 우리 유치원 옆에는 하천이 흐르는데 주변에 담배 꽁초 등 쓰레기가 버려져 있고, 물이 고여 썩은 데도 있어요. 그래서 저는 깨끗한 물을 만들기 위해 유아들이 실천할 수 있는 일이 무엇일지 토의해 보게 한답니다.
> ㅁ. 한 교사 : 요즘은 사람들이 마시는 물에 주의를 많이 기울입니다. 그래서 저는 유아들을 데리고 산으로 자연체험을 하러 갈 때마다 산에서 흐르는 물이 깨끗해 보일지라도 유아들이 함부로 마시지 않도록 한답니다.

① ㄱ, ㄴ　　　　　② ㄱ, ㄷ　　　　　③ ㄱ, ㄷ, ㅁ
④ ㄴ, ㄷ, ㄹ　　　⑤ ㄷ, ㄹ, ㅁ

  ⑤

> ㄱ. 김 교사 : 환경오염 때문에 질병도 더 많아졌어요. 그래서 저는 유아들이 수인성 전염병이나 세균성 피부병에 걸리지 않도록 수영장에 가기 전에는 **유치원에 비치된 예방약을 모든 유아들에게 먹이고**, 다녀온 뒤에는 손을 씻게 한답니다. (×) ⇨ 부모의 동의 없이는 유아들에게 약물을 함부로 제공할 수 없으므로 이는 적절하지 않은 설명입니다.
>
> ㄴ. 송 교사 : 요즈음은 유아들이 바깥에서 놀이하는 시간이 너무 부족해요. 그러니까 유아들 몸 자체에서 비타민 형성도 덜 되고 자연을 너무 모르게 되는 거죠. 그래서 저는 유아들을 실외로 자꾸 데리고 나가서 **자외선을 가능한 한 많이 쪼일 수 있도록** 한답니다. (×) ⇨ 자외선의 긍정적 역할(살균작용 비타민 D 합성 등)이 있다고 하더라도 부정적 영향도 있으므로 유아들에게 이를 '가능한 한 많이 쪼일 수 있도록'하는 것은 부적절한 조치라고 볼 수 있습니다.

약은 정해진 규칙대로 / 부모님이 주신 약만 먹어요(지도 시 유의점 및 평가)

출처 : 안전교육 7대 표준안 수정본(2016)

- 어린이집(유치원)에서는 투약 의뢰서를 통해 부모님이 영유아에게 먹여달라고 부탁한 약만 먹인다는 것을 함께 설명해 준다.
- 약은 설명서에 따라 꼭 필요할 때에 사용해야 함을 알고 있는지 평가한다. (약은 반드시 처방대로 먹어야 한다는 것을 알고 있는지 평가한다.)

출처 : 식품의약품안전처, 한국의약품안전관리원

♣ 어린이를 위한 의약품 사용안내

STEP 01 약 이름, 아이 이름 보고	약 이름, 아이 이름을 꼭 확인하세요. • 약의 종류와 용량은 아이의 질병 상태와 체중에 따라 달라요. • 친구나 형제, 자매끼리 약을 나누어 먹이지 마세요.
STEP 02 정확한 용량 보고	약 투약 시 계량컵, 계량스푼 또는 의약품 주입기를 사용하세요. • 어른을 기준으로 어린이 용량을 유추하여 먹이지 마세요. • 아이가 약을 먹은 시간과 용량을 적어두는 습관을 기르세요.
STEP 03 유통기한 보고	유통기한이 지난 약은 과감하게 버리세요. • 유통기한이 지난 약은 효과와 품질을 보장할 수 없습니다. • 특히 물약은 알약이나 가루약보다 더 불안정하여 오래 두면 성질이 변하기 쉽다는 점 기억하세요. ※ 약을 안전하게 버리는 방법 　- 약을 변기에 쏟아버리거나 생활쓰레기와 함께 버리면 환경오염의 주범이 됩니다. 　- 유통기한이 지났거나 더 이상 사용할 수 없는 약은 안전하게 폐기처분되도록 가까운 약국의 폐의약품 수거함에 버리세요.
STEP 04 보관 장소 보고	어린이 손에 닿는 곳에 의약품을 보관하면 우발적인 중독사고의 원인이 됩니다. • 영양제를 포함한 모든 약은 반드시 잠금 장치가 있는 장소나 어린이 손에 닿지 않는 장소에 보관하세요.
STEP 05 부작용 보고	약을 복용한 후, 부작용이 의심되면 한국의약품안전관리원으로 신고하세요. • 응급상황일 때에는 가까운 병원 응급실(응급의료센터) 또는 119 구급대로 전화하세요. ※ 의약품부작용신고방법 안내 　전화　의약품부작용신고센터(☎ 1644-6223)로 신고 　인터넷 한국의약품안전관리원 홈페이지(http://www.drugsafe.or.kr), 　　　　이메일(kids_qna@drugsafe.or.kr)로 신고

2006년 주관식

12 다음의 상황을 읽고 물음에 답하시오. [총 6점]

> 〈등원〉
> 승우 어머니 : 선생님, 오늘 저희 승우가 감기 기운이 있는 것 같아서 약을 가지고 왔어요.
> 김 교사 : 알겠습니다. 투약 의뢰서 기록하셨지요?
> 승우 어머니 : 예, 약과 함께 넣었습니다.
>
> 〈점심〉
> 김 교사 : (피아노 위에 놓아 두었던 약을 들고) 승우야, 밥 다 먹었니?
> 승우 : 네.
> 김 교사 : 어머니가 주신 약을 먹자.
>
> 〈귀가〉
> 승우 어머니 : 오늘 우리 승우가 잘 지냈나요?
> 김 교사 : 네, 잘 지냈습니다. 감기 기운이 조금 떨어진 것 같아요.
> 승우 어머니 : 감사합니다.

1) 투약 의뢰서에 포함되어야 하는 내용을 4가지 이상 쓰시오. [2점]

2) 위 상황에서 투약 절차와 관련하여 교사의 부적절한 행동을 쓰고, 수정하시오. [2점]

부적절한 행동	수정 행동
①	②

3) 유아의 진료와 관련하여 유치원과 교사가 갖추어야 할 관리 체계와 준비 사항을 각각 1가지씩 쓰시오. [2점]

① 유치원의 관리 체계 :

② 교사의 준비 사항 :

답안 1) 투약 의뢰서의 내용 : 유아명 / 증상 / 약의 종류와 용량 / 투약시간과 의뢰자인 부모명

2) 부적절한 행동과 수정 내용

부적절한 행동	수정 행동
① 유아의 약을 피아노 뒤에 놓아둔 것	② 유아들의 손이 닿지 않도록 별도의 약 보관함에 넣어 안전하게 보관해야 한다.
투약 의뢰서에 대한 기록을 확인하지 않은 점	투약 의뢰서를 참고로 정확한 용량과 용법으로 투약하도록 한다.
'감기 기운이 조금 떨어진 것 같아요'라고 주관적인 보고를 한 것	투약 후에는 유아의 상태를 투약 보고서에 객관적으로 기록하고 이를 기초로 부모에게 보고하도록 한다.

3) ① 유치원의 관리 체계 : 유아의 치료, 검진 및 예방 접종을 위해 부모 등의 자원 인사를 활용해 연계해 운영할 수 있으며 위급시 진료를 위한 지정 병원을 정하도록 한다.

② 교사의 준비 사항 : 응급처치법을 정확히 인지하고 비상약품을 상비하도록 하며 가정에서 가져오는 약은 투약 의뢰서를 기준으로 투약하고 기록·보고하도록 한다.

MEMO

03 기본 생활습관 지도 기출문제 분석

2011년 객관식

18 교사들이 유치원에서 유아들에게 화장실 사용법을 지도하기 위한 방법 중 적절하지 <u>않은</u> 것은?

① 만 3세 유아에게는 화장실에 직접 데리고 가서 변기나 세면대 등의 실물을 활용하여 행동의 모델을 제시한다.
② 화장실 사용법에 대한 지도는 연중 지속적으로 실시하기 보다는 학기 초에만 다양한 형태로 집중적으로 실시한다.
③ 만 5세 유아에게는 화장실 사용에 대한 약속이 계속 지켜지지 않을 때 토의를 통해 약속을 지킬 수 있도록 지도한다.
④ 용변을 본 후 물을 내리지 않는 유아에게는 "대변을 본 후에는 물을 내리고 나오자."라고 구체적인 말과 행동으로 지도한다.
⑤ 화장실에서 손을 씻는 방법에 대한 이야기를 나눈 후, 손 씻기 순서도를 세면대 앞에 붙여 주어 유아 스스로도 화장실을 바르게 사용할 수 있도록 지도한다.

②

② 화장실 사용법에 대한 지도는 연중 지속적으로 실시하기 보다는 학기 초에만 다양한 형태로 집중적으로 실시한다. (×) ⇨ 화장실 사용법과 같은 기본생활 습관의 지도는 특정한 시간을 정해 집중적으로 지도한다고 이루어지는 것이 아니므로 일상생활 속에서 연중 지속적으로 실시되어야 하므로 이는 적절하지 않은 설명입니다.

2015 개정 유치원 교육과정(만 3~5세 누리과정) 총론〉 구성방향

가. 질서, 배려, 협력 등 기본생활습관과 바른 인성을 기르는 데 중점을 두어 구성한다.
··· (중략) ···
기본생활습관과 바른 인성은 하루아침에 이루어지는 것이 아니며 특정한 시간을 정해 놓고 집중적으로 지도한다고 이루어지는 것도 아니다. 이는 일상생활 속에서 유아기부터 지속적으로 실시되어야 하며, 생활하는 모든 공간과 시간 속에서 통합적인 과정으로 이루어져야 한다. 이에 따라 3~5세 연령별 누리과정에서는 유아의 기본생활습관과 바른 인성을 기르는 데 중점을 두어 구성하였으며, 각 영역의 내용뿐 아니라 성격 및 목표에도 이를 전반적으로 반영하였다.

04 식습관 지도 기출문제 분석

2012년 객관식

12 다음은 유아기 신체 성장과 영양에 관한 내용이다. ㉠~㉢에 들어갈 말을 알맞게 나열한 것은?

> • (㉠)은(는) 유아의 건강과 영양 상태를 반영해 주는 신체적 성장의 중요한 지표이다. 유치원에서는 유아의 기본적인 신체적 성장을 알아보기 위해 (㉠)을(를) 계측할 수 있으며, (㉠)은(는) 유아의 비만을 판단하는 기초 자료가 되기도 한다.
> • 유치원 교사는 영양소에 관한 기본 지식을 지니고 있어야 한다. 이러한 지식은 유아에게 제공할 급·간식에 대한 메뉴를 이해하고, 유아의 올바른 식습관을 바르게 형성하도록 지도하는 데 기초가 되기 때문이다. 영양소는 탄수화물, (㉡), 단백질, 무기질, (㉢), 물 등 6가지로 분류되며, 이 중 탄수화물, (㉡), 단백질은 3대 영양소라 불린다.

	㉠	㉡	㉢
①	신장, 체중	지방	비타민
②	신장, 체중	비타민	지방
③	체중, 흉위	칼슘	지방
④	체중, 허리둘레	지방	비타민
⑤	체중, 허리둘레	비타민	칼슘

 ①

'신장과 체중'은 유아의 신체 발달상황을 알아보기 위한 기본적 검사항목이며 비만도를 산출하는 기준이 됩니다.

「학교건강검사규칙」 [시행 2025. 3. 10.] [교육부령 제354호, 2025. 3. 10., 일부개정]

제4조(신체의 발달상황에 대한 검사항목 및 방법)
① 신체의 발달상황은 키와 몸무게를 측정한다. 〈개정 2006. 1. 10.〉
② 신체의 발달상황에 대한 검사의 방법은 별표 1과 같다. 〈개정 1999. 3. 8., 2006. 1. 10.〉
③ 신체의 발달상황에 대한 검사는 매학년도 제1학기 말까지 실시해야 하며, 필요한 경우 추가로 실시할 수 있다. 〈신설 2020. 1. 9.〉 [제목개정 2006. 1. 10.]

♣ 학교건강검사규칙 [별표 1] 〈개정 2020. 1. 9.〉

신체의 발달상황에 대한 검사항목 및 방법(제4조제2항 관련)

검사항목	측정단위	검사방법
키	센티미터 (cm)	1. 검사대상자의 자세 　가. 신발을 벗은 상태에서 발꿈치를 붙일 것 　나. 등·엉덩이 및 발꿈치를 측정대에 붙일 것 　다. 똑바로 서서 두 팔을 몸 옆에 자연스럽게 붙일 것 　라. 눈과 귀는 수평인 상태를 유지할 것 2. 검사자는 검사대상자의 발바닥부터 머리끝까지의 높이를 측정
몸무게	킬로그램 (kg)	옷을 입고 측정한 경우 옷의 무게를 뺄 것
비만도	-	1. 비만도는 학생의 키와 몸무게를 이용하여 계산된 체질량지수(BMI, Body Mass Index : kg/m²)를 성별·나이별 체질량지수 백분위수 도표에 대비하여 판정한다. 2. 비만도의 표기방법은 다음 각 목과 같다. 　가. 체질량지수 백분위수 도표의 5 미만인 경우 : 저체중 　나. 체질량지수 백분위수 도표의 85 이상 95 미만인 경우 : 과체중 　다. 체질량지수 백분위수 도표의 95 이상인 경우 : 비만 　라. 가목부터 다목까지의 규정에 해당되지 않는 경우 : 정상

※ 비고 : 수치는 소수 첫째자리까지 나타낸다(측정값이 소수 둘째자리 이상까지 나오는 경우에는 둘째자리에서 반올림 한다).

CHAPTER 07-1 건강교육

2012년 객관식

15 다음은 요리 활동 계획안의 일부이다. 유치원 교육과정에 비추어 볼 때, 만 3세 Ⅰ 수준 유아들을 위한 활동 방법과 활동의 유의점으로 적절한 것을 ㉠~㉤ 중에서 모두 고른 것은?

> ■ 활동명 : 과일 채소 샐러드
> ◉ 활동 방법 :
> 1) 유아들과 함께 ㉠ 오감을 활용하여 바나나, 오이, 양상추, 토마토를 탐색해 보고, ㉡ 두 가지 기준(맛과 색깔)을 동시에 적용하여 분류해 본다.
> 2) ㉢ 당질과 무기질의 주요 기능 및 이 영양소들이 우리 몸에 미치는 영향에 대하여 이야기 나눈다.
> 3) 요리할 준비(앞치마 입기, 책상 닦기, 손 씻기)를 한 후에 모여 앉는다.
> 4) 요리 도구의 올바른 사용법에 대하여 이야기 나눈다.
> 5) 요리 순서표에 따라 요리를 한다.
> 6) 책상에 둘러앉아 샐러드를 먹는다.
> 7) 요리 활동을 하면서 어려웠던 점, 즐거웠던 점에 대하여 이야기 나눈다.
> ◉ 활동의 유의점 :
> • ㉣ 유아들의 손 씻기 지도를 위하여 교사는 손 씻는 행동의 모델을 제시한다.
> • ㉤ 샐러드에 포함된 과일과 채소를 편식하지 않고 골고루 먹도록 지도한다.
> • 유아들이 음식을 소중히 여기고 바른 자세로 먹도록 지도한다.

① ㉡, ㉣   ② ㉠, ㉡, ㉣   ③ ㉠, ㉢, ㉤
④ ㉠, ㉣, ㉤   ⑤ ㉡, ㉢, ㉣, ㉤

 ④

㉡ 두 가지 기준을 동시에 적용하여 분류 (×) ⇨ 2015 개정 유치원 교육과정(만 3~5세 누리과정)에서 제시하는 세부내용에 근거해 볼 때 두 가지 기준을 동시에 적용하는 복합분류 활동은 만 3세 학급 유아들에게 적절하지 않은 활동에 해당합니다.

㉢ 당질과 무기질의 주요 기능 및 이 영양소들이 우리 몸에 미치는 영향에 대하여 이야기 (×) ⇨ 2015 개정 유치원 교육과정(만 3~5세 누리과정)의 연령별 세부내용에 근거해 볼 때 영양소들의 주요 기능 및 영향에 대해 다루는 내용은 만 3세 수준에 적합하지 않은 활동에 해당합니다.

2015 개정 유치원 교육과정(만 3~5세 누리과정) 〈신체운동·건강 영역〉 해설서 내용 참조

내용범주〉 ❹ 건강하게 생활하기			
내용	3세	4세	5세
바른 식생활하기	몸에 좋은 음식에 관심을 갖는다.	몸에 좋은 음식을 알아본다.	몸에 좋은 음식을 선택할 수 있다.

3세〉 '몸에 좋은 음식에 관심을 갖는다.'
- 유아가 건강과 영양과의 관계를 알고 건강을 유지하는 데 좋은 음식과 그렇지 못한 음식이 있음을 알고 관심을 갖게 하는 내용이다.
- 최근 우리사회에서 증가하고 있는 소아비만 등은 대부분 잘못된 식습관과 연관되어 있으므로 만 3세 유아에게는 몸에 좋은 식품에 관심을 갖고 이러한 식품을 섭취할 수 있게 지도한다.

4세〉 '몸에 좋은 음식을 알아본다.'
- 유아가 음식에 포함된 기본적인 영양분에 관심을 갖고, 신체 발달에 필요한 칼슘이나 비타민, 단백질 등이 풍부한 우유나 멸치, 생선, 야채, 과일 등을 선택할 수 있게 하는 것이다.
- 만 4세 유아는 음식물에 포함된 영양소의 개념을 이해할 수 있으므로 생활 속에서 유아가 신체건강을 유지하기 위해 필요한 음식을 알 수 있도록 지도한다.

5세〉 '몸에 좋은 음식을 선택할 수 있다.'
- 유아가 우리 몸의 건강과 영양 간의 관계를 알고 이를 스스로 실천할 수 있는 태도를 길러주기 위한 내용이다.
- 만 5세 유아는 야채나 생선, 고기, 과일, 유제품 등에 들어 있는 영양소가 우리 몸의 건강에 어떠한 영향을 미치는지 이해할 수 있다.
- 이와 함께 유아가 몸에 좋은 음식을 충분히 섭취했을 때와 그렇지 못했을 때 우리 몸에 어떤 일이 생길 수 있는지를 알아 몸에 좋은 음식을 스스로 선택할 수 있게 한다.

2015 개정 유치원 교육과정(만 3~5세 누리과정) 신체운동·건강 영역〉 지침서 활동예시〉 몸에 좋은 음식 먹기

3세	4세	5세
몸에 좋은 음식에 관심을 갖는다.	몸에 좋은 음식을 알아본다.	몸에 좋은 음식을 선택할 수 있다.
유아들에게 몸에 좋은 음식을 알려주고 먹어 보게 한다.	다양한 음식들 중에서 우리 몸에 좋은 음식에 대해 알아보고, 선택하여 먹어 본다.	음식이 우리 몸에 미치는 영향에 대해 알아보고, 직접 식단을 계획하여 요리하여 먹어 본다.

2019 개정 누리과정 – 신체운동·건강 영역

- 내용범주 : 건강하게 생활하기
- 목표 : 건강한 생활습관을 기른다.

● **몸에 좋은 음식에 관심을 가지고 바른 태도로 즐겁게 먹는다.**
  유아가 몸을 건강하게 하는 음식에 관심을 가지고, 음식을 소중히 여기며, 제자리에 앉아서 골고루 즐겁게 먹는 내용이다.

CHAPTER 07-1 건강교육

2009년 객관식

25 다음과 같은 식습관을 가진 유아들에 대한 교사의 지도 내용으로 적절한 것을 〈보기〉에서 모두 고른 것은?

> 한수는 음식을 먹을 때 자기가 좋아하는 음식만 골라먹는 버릇이 있습니다. 한수가 가장 좋아하는 음식은 고기입니다. 한수 어머니가 한수에게 몸에 좋은 야채도 먹으라고 타일러도 좋아하는 고기 음식만 고집합니다. 유치원에 와서도 한수는 좋아하는 음식만 많이 먹고, 싫어하는 것은 전혀 먹지 않으려고 합니다. 결국 한수가 남긴 음식은 모두 쓰레기통에 버려집니다.

〈보기〉

ㄱ. 교사가 직접 지도하기보다는 유아 스스로 바른 식습관을 형성하도록 인내를 가지고 지켜본다.
ㄴ. 이야기 나누기, 동화, 조형 활동, 음률 활동 등을 통해 통합적으로 바른 식습관을 지도한다.
ㄷ. 바른 식습관 형성을 위해 유아가 야채를 먹을 때까지 당분간 고기 음식을 주지 않는다.
ㄹ. 유아들이 남긴 음식의 양을 일정 기간 동안 비교해 보고, 음식물 쓰레기를 줄이는 방법에 대해 토의해 본다.
ㅁ. 야채에 포함된 영양분이 우리 건강에 어떤 영향을 미치는지에 대해 이야기해 본다.

① ㄱ, ㄴ ② ㄴ, ㄹ ③ ㄱ, ㄷ, ㄹ
④ ㄴ, ㄹ, ㅁ ⑤ ㄱ, ㄴ, ㄹ, ㅁ

답안 ④

ㄱ. 교사가 직접 지도하기보다는 유아 스스로 바른 식습관을 형성하도록 (×) ⇨ 유아기는 스스로 바른 식습관을 형성하도록 인내를 가지고 지켜보아야 할 시기이기보다 주변의 지도에 의해 배워나가는 식생활의 자립기입니다. 따라서 교사는 유아를 대상으로 한 바른 식생활 지도를 해야 하므로 이는 적절하지 않은 설명입니다.

ㄷ. 바른 식습관 형성을 위해 유아가 야채를 먹을 때까지 당분간 고기 음식을 주지 않는다. (×) ⇨ 유아기는 발육과 운동량에 사용되는 영양소가 많은 시기입니다. 따라서 식품섭취 구성에 불균형을 야기하는 식단을 구성해 주어서는 안 되므로 이는 적절하지 않은 설명입니다.

 **영양관리의 중요성**

출처 : 『유치원 급식운영관리 지침서』(육아정책연구소, 2013)

유아기에는 발육과 운동량에 사용되는 영양소 필요량이 증가되는 시기이나 신체의 소화, 흡수 능력의 발달이 미숙하므로, 끼니별 음식 공급량의 조절과 간식 제공, 식품 선택과 음식 조리 방법에 세심한 배려가 요구된다. 이 시기는 식사 행동을 스스로 터득할 수도 있으나, 주변의 지도에 의하여 배워 나가는 식생활의 자립기로 간주되며, 바른 식습관의 정립이 신체의 성장 발육 측면만이 아니라 성인 건강의 기초가 되는 개인의 식습관 확립 차원에서도 매우 중요하다. 유아의 식생활은 주변 보호자에 의하여 관리가 이루어지게 되므로 어린이를 대상으로 한 바른 식생활 지도뿐만 아니라 유치원의 교사와 학부모를 대상으로 한 어린이 식생활 지도 교육이 필요한 시기이다.

 **유치원 급식관리의 중요성**

출처 : 『유치원 급식운영관리 지침서』(육아정책연구소, 2013)

- 유아기는 신체와 정신의 발달이 왕성한 시기이며 건강한 체질과 올바른 식생활 습관이 형성되는 기초 단계이므로 양적·질적으로 충분한 식사를 균형 있게 하는 것이 중요함
- 유아들의 기본교육과정이 일일 4~5시간, 방과 후 과정의 경우 8시간 이상 유치원에서 보내므로 유치원에서 제공되는 급식이 중요함
- 유치원의 급·간식 시간은 식생활 지도를 실천적 교육과정의 일환으로 실시할 수 있는 시간으로 바람직한 식습관 형성을 위한 영양교육 효과를 기대할 수 있음
- 유아를 위한 안전한 영양의 공급이 이루어지도록 점심급식과 간식식단을 구성하고 배식하는 일뿐 아니라 식재료의 구매에서부터 보관, 조리 및 뒤처리에 이르는 과정에서 위생적이고 안전한 조리과정의 확립이 유치원의 주요 업무로 자리매김함

 **유아기 식생활 지도의 필요성**

출처 : 『유치원 급식운영관리 지침서』(육아정책연구소, 2013)

- 유아기는 자아와 사회성의 발달로 사물을 받아들이거나 거부하는 능력이 형성되면서 음식에 대한 받아들임과 거부의 의사가 분명해져 좋아하는 음식과 싫어하는 음식을 구분하기 시작하는 시기
- 최근 손쉽게 접할 수 있는 패스트푸드나 인스턴트 식품 등의 가공식품이 많아지고 쉽게 선택할 수 있는 환경이 만들어지면서 지방의 과다 섭취로 인해 소아비만 문제가 대두되고 있어 유아기부터 올바른 식품 선택에 대한 교육이 필요함
- 또한, 다른 행동을 하면서 음식을 먹거나, 편식을 하는 유아의 경우 올바른 태도로 식사를 할 수 있도록 식생활 지도가 이루어져야 함
- 유아의 식생활 태도 및 식습관은 부모나 가족의 영향을 가장 많이 받으므로 유치원에서 부모대상 교육도 관심을 가져야 함

05 정신건강 증진 기출문제 분석

2025년 A

05 다음은 ○○유치원 3세 반 교사의 부모상담 내용의 일부이다. 물음에 답하시오. [5점]

> 교사 : 지수의 행동 관찰 기록을 살펴보니, 학기 초부터 지금까지 두 달 이상 등원할 때마다 심하게 울면서 엄마와 헤어지지 않으려고 매달리고 있어요. 그래서 다시 상담 요청드렸습니다.
> 지수 어머니 : 배가 아프다고 울면서 유치원에 안 가겠다고 발버둥치니 아침마다 전쟁이에요. 집에서도 제 옆에만 붙어 있으려 하고 잠시 떨어지는 것도 두려워해요. 엄마가 죽으면 어떡하냐고 지나치게 걱정하기도 해요. [A]
>
> 교사 : 그렇군요. 상담 요청을 드린 또 한 가지 이유는 지수가 유치원에서 선생님과 친구들에게 전혀 이야기를 하지 않는다는 거예요. 친구들이 놀자며 다가가면 지수는 피해 버려요. 저희 반 유아들이 지수가 말을 안 한다고 매일 저에게 말해요.
> 지수 어머니 : 집에서 가족과는 말을 잘해요. 그런데 돌봐 주시던 외할머니께서 작년에 돌아가신 후 밖에 나가거나 낯선 사람이 있으면 꼭 말을 해야 하는 상황에서도 말문을 닫기 시작했어요. 지난번 병원에 다녀온 후에도 '언젠가는 하겠지.'라는 기대를 갖고 있었는데 이제는 너무 걱정되네요. [B]
>
> 교사 : 그러실 것 같아요. 어머니와 지수의 관계는 어떤가요?
> 지수 어머니 : 어릴 때부터 제가 없으면 심하게 울고 장난감이 있어도 저에게 집착하는 모습을 보였어요. 돌이켜 보니 ㉠ 제가 기분 좋고 편할 때는 지수가 요구하는 걸 무엇이든 들어주고 반응해 주다가, 제가 힘들면 지수가 울면서 저를 부를 때 냉담하게 대했던 것 같아요. 지금도 어떨 때는 아기 대하듯 먹여 주고 입혀 주고 다 해 주다가, 또 어떨 때는 너 스스로 하라고 야단치게 돼요. [C]
>
> … (중략) …
>
> 교사 : 저는 지수가 유치원에서 다른 유아들 앞에서 말을 하게 시키려고요. 놀이를 통해 다른 유아들과 친해지게 하면서 지수가 말하는 데 도움이 되는 다양한 활동을 시도하려고 해요. 그리고 말하기를 어려워하면 그림으로 표현할 수도 있게 하려고요. [D]

1) [A]와 [B] 각각에 나타난 지수의 심리·정서적 어려움이 무엇인지 순서대로 쓰시오. [2점]

• _____

• _____

2) [B]에 나타난 지수의 심리·정서적 어려움에 대한 교사의 지도방안으로 <u>잘못된</u> 점을 [D]에서 찾아 그 이유를 설명하시오. [1점]

답안 1) • 분리불안 장애(separation anxiety disorder)

• 선택적 함구(묵)증(selective mutism)

2) • 다른 유아들 앞에서 말을 하게 시키려고 하는 것이다. 선택적 함구증의 경우 (다른 사람들과 스스로 말로 표현하고 소통할 상황과 기회를 제공하는 것이 중요하나) 다른 유아들 앞에서 말을 하게 되기까지는 단계적인 지도가 요구되기 때문에 처음부터 이러한 방법으로 지도할 경우 (사회적) 불안감을 크게 자극하여 더욱 위축될 수(위축되고 스트레스를 받아 역효과가 날 수) 있기 때문이다.

답안해설

답안과 별개로 선택적 함구증에서 비언어적 소통은 진단 방법이자 단계적 지도 방법의 적용에서 초기 단계에서의 소통 방법 중 하나로 활용할 수 있다는 점과 결국(궁극적으로) 중요한 지도 중점(목표)은 '스스로 말로 표현하도록 하는 것'임을 참고해주세요!

더 읽어보기 유아기 정신건강 문제와 이상행동

• **분리불안 장애**(separation anxiety disorder) : 분리불안 장애는 애착이 형성된 대상과 분리되거나 분리가 예상될 때 일상생활이 어려울 정도로 심하고 지속적인 불안을 느끼는 것을 말한다. 낯가림이 낯선 사람에 대한 불안에서 비롯된 것이라면, 친숙한 사람과의 분리에서 시작된 것이 분리불안이다. 분리불안 장애는 영유아의 의존적 성향, 부모의 과잉 보호, 지나치게 밀착되거나 불안정한 가족관계 등으로 인해 나타날 수 있으며, 부모의 질병이나 출산, 가족갈등, 이사나 전학 등의 스트레스 발생으로 생기기도 한다. 주로 남보다 여아에게서 더 많이 나타나며, 유아교육기관이나 학교에 가지 않으려고 하거나 두통, 복통 등의 신체증상을 호소하기도 한다. 분리불안은 일반적으로 돌 전후에 시작해서 생후 36개월 이후부터는 사라지는 것이 정상적인 발달의 패턴이다.
  → 분리불안에 따른 불안감을 해소시켜 주기 위해서 부모나 교사는 영유아가 느끼는 감정을 충분히 이야기하도록 하고 감정을 수용해 주는 것이 좋으며, 또한 긍정적인 자기표현을 통해 자신감을 갖도록 도와준다.

• **선택적 함구증**(Selective Mutism) : 선택적 함구증은 어떠한 상황에서는 말을 잘하는데도 특정한 장소나 상황에서는 말을 하지 못하는 것이다. 즉, 친숙한 환경이나 가까운 사람과 있을 때는 말을 잘하다가도 특정한 상황에서는 전혀 말을 하지 않는 문제행동을 의미한다. 예를 들면, 낯선 장소, 낯선 사람 앞에서 침묵하거나 유치원 등 외부에서 말을 하지 않는 경우를 말한다. 말을 하지 않는 행동이 1개월 이상 지속되고 학습이나 의사소통을 방해한다면 선택적 함구증이라고 볼 수 있다. 이러한 장애가 1개월 이상 지속되거나, 학업적 성취나 사회적 의사소통에 문제가 있을 때 선택적 함구증이라고 할 수 있다. 대개 5세 이전에 발병하며 몇 달 정도 지속되지만, 더 오래 지속되기도 하고 몇 년 동안 지속될 수도 있다. 선택적 함구증은 5세 미만의 유아에게서 발생할 확률이 높으며, 사회성 발달 및 학업수행에 부정적인 영향을 초래할 수 있다. 원인으로는 심한 부끄러움이나 두려움, 위축, 강박적 특성, 반항 등이 있다.

CHAPTER 07-1 건강교육

→ 선택적 함구증을 가진 영유아는 또래에게 놀림을 당하거나 집단 따돌림을 당하기 쉽다. 선택적 함묵증 자체가 불안장애로 분류되지는 않으나, 사회적 불안과 관련이 있으며 불안 장애, 정신지체, 입원, 극심한 심리·사회적 스트레스로 이어지기도 한다. 정서적 어려움과 언어 및 사회성 발달과 관련되어 있으며, 빠른 시간 내에 해결할 수 있도록 도움을 주어야 한다. 처음부터 대집단에서 말하도록 하는 것이 아니라 소집단에서부터 점차 확장시키도록 한다.

→ 함묵증 유아는 말하지 않음으로써 자신이 선호하지 않는 과제(혐오 자극)를 피할 수 있게 되고, 이를 통해 부적 강화가 이루어질 수 있음으로 말하지 않음으로써 과제에서 벗어날 수 있는 것이 아님을 명확히 해주는 것이 필요하다. 또한 다른 유아나 교사가 '대변'하게 될 경우 말할 필요성이 없어지고, 특별한 관심을 받는 아이(정적 강화로 작용함)가 되므로 이에 특히 유의해야 한다.

> 2012년 객관식

17 무궁화 유치원 교사들이 유아들의 정신 건강 증진을 돕기 위해 실천한 〈보기〉의 사례 중 적절한 것을 모두 고른 것은?

> ㄱ. 김 교사는 컴퓨터 영역에 유아들이 원하는 게임 프로그램을 제공해 주고 사용 시간과 놀이 인원을 제한하지 않았다.
> ㄴ. 윤 교사는 슬픔, 두려움, 미움 등과 같은 부정적 감정을 이야기 나누기 시간에 다루지 않도록 하였다.
> ㄷ. 이 교사는 유아들이 놀이 기구를 이용하여 신체를 활발히 움직여 보는 시간을 충분히 가질 수 있도록 하였다.
> ㄹ. 송 교사는 유아들이 다양한 음악에 맞추어 자유롭게 신체를 움직여 보게 하여 즐거움을 느낄 수 있게 해 주었다.
> ㅁ. 황 교사는 유아들이 핑거 페인팅(finger painting)으로 자신의 생각이나 느낌을 마음껏 표현해 보게 하였다.

① ㄱ, ㄴ   ② ㄴ, ㄷ   ③ ㄹ, ㅁ
④ ㄷ, ㄹ, ㅁ   ⑤ ㄴ, ㄷ, ㄹ, ㅁ

CHAPTER 07-1 건강교육

답안 ④

답안해설

ㄱ. 원하는 게임 프로그램을 제공해 주고 사용 시간과 놀이 인원을 제한하지 않았다. (×) ⇨ 유아들은 정해진 한계선 안에서의 자유를 경험하는 가운데 심리적 안정감을 느끼고 자기 조절력을 발달시켜 나갈 수 있습니다. 전자미디어에 대한 자기조절력을 증진시켜 주기 위해서는 전자미디어의 사용에 대한 자신의 행동과 그에 따른 결과를 생각해 볼 수 있는 기회를 제공해 주어야 하므로 이는 적절하지 않은 지도방법이라고 볼 수 있습니다.

ㄴ. 슬픔, 두려움, 미움 등과 같은 부정적 감정을 이야기 나누기 시간에 다루지 않도록 하였다. (×) ⇨ 부정적 감정이 나쁜 것이 아니라 자연스러운 감정의 유형이라는 점에 대해서 이야기를 나눔으로써 유아들이 부정적 감정을 수용하고 인식하며 더 나아가 이를 조절할 수 있는 능력을 길러줄 수 있다.

더 읽어보기 전자미디어 교육활동 자료(2007)

유치원에서는 다양한 활동을 통해서 유아들이 전자미디어의 순기능적 요소를 생활 속에서 적극적으로 활용할 수 있는 방법을 안내하고 경험할 수 있는 과정적이고 체험적인 교육이 이루어져야 한다. 또한 일방적으로 전자미디어의 역기능을 금지하거나 통제하는 것이 아니라 유아 스스로 역기능의 부적 영향을 예측하고 이에 대처할 수 있는 다양한 대안을 제시할 수 있는 예방적 교육이 함께 이루어져야 할 것이다.
미디어능력을 갖추기 위한 교육은 단기적이고 일회적인 방법으로 학습자의 태도 변화에 영향을 주지 못하므로, 근원적이고 단계적인 교육이 필요하다.

전자미디어에 대한 자기 조절력 형성하기	- 미디어를 통해 경험하는 정보의 적절한 선택 능력 형성 - 미디어 관련 문제 상황과 관련된 스스로의 행동(시간, 태도, 사용 방법 등)에 대한 결과와 원인 분석을 통해 문제 상황에 대한 대처 능력 형성 - 일상생활의 현실과 미디어의 세상을 분리하여 즐기는 태도 형성

MEMO

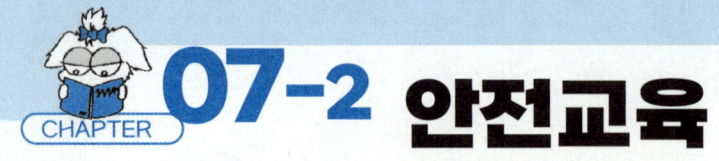

01 안전교육 기출경향 분석

❶ 주제별 출제빈도

✱ 다음의 표에서는 내용 주제별로 모든 문제가 분리되어 있으나 실제 기출문제와 해답이 제시된 '기출 문제 분석' 챕터에서는 각각의 주제별로 문제가 분리되어 제시되기도 하고 혹은 동일한 문항 내에서 분리되지 않고 함께 제시되기도 합니다.

✱ 아래 표의 '내용' 중 사례나 답안을 제시하는 괄호 안에 ※ 표기를 넣은 경우는 사례나 답안이 길어 요약하여 제시했을 때를 의미합니다.

안전교육 주제		출제연도		내용
안전사고 대처 및 관리	기관에서의 안전사고 대처	2009	객24	유아를 위한 안전교육 및 안전사고 시 대처 방법에 대한 기술로 적절한 것을 모두 고르기(오존 경보 시에는 실외 활동을 하지 않는 것이 좋습니다(○)/소방 대피 훈련을 할 때는 되도록 가정통신문을 통해 대피 훈련이 있음을 알립니다(○)/ 수인성 전염병 등을 막기 위해 눈으로 보아 깨끗한 물이라도 함부로 마시지 않도록 해야 합니다(○)) • 행동 안전 규칙을 세우고 시설 안전 점검 시에 유아들을 참여시킵니다(×) • 교통사고로 유아의 의식이 없을 때에는 흔들어 깨워 일으키고, 출혈이 심할 때는 지혈 조치를 해야 합니다(×)
		2018	A4-4)	1. 상황에 맞는 (㉤) 하기 / 유아의 상황을 신속히 파악한 후 필요한 (㉤)을/를 한다. 2. 사고 알리기 / … (생략) … 3. 학급 안정시키기 / 다른 유아들이 동요하지 않도록 차분히 안내하고 다른 교사에게 학급 관리를 인계한다. 4. 필요한 의료조치 받기 / … (생략) … 5. 사고 후 처리하기 / 사고 발생 24시간 이내에 (㉥)을/를 작성하여 부모에게 전달한다. ㉤과 [유치원에서는 매년 유아 입학 시 안전사고에 대비하여 유아에 대한 ( ) 동의서를 받아 비치해 두고 있다]의 괄호 안에 공통으로 들어갈 말을 쓰고(**응급처치**), ㉥에 들어갈 말 쓰기(**사고보고서**)
		2021	A5-1)	(※ 바깥 놀이 시간에 꽃을 관찰하다 귀에 작은 벌레가 들어갔는데 부모님과 다른 보호자 모두 전화를 안 받는 상황) → ㉠(이런 상황에 대비해서 학기 초에 받아 놓은 서류)에 해당하는 서류 1가지 쓰기(**응급처치동의서**)

448 Part 01 각론과 누리과정

안전교육 교수방법 및 접근법	안전교육 접근법	2011	객17	화재에 대한 유아들의 관심이 높아진 교실 상황 → 만 5세반 유아들을 대상으로 교사들이 화재가 발생한 다음 날 실행한 지도 사례 중 적절하지 않은 것 고르기(**유아들의 관심이 집중되어 있는 화재에 대해서는 소방대피훈련을 하는 날에 알아보기로 하고 현재 학급에서 전개되고 있는 주제를 그대로 진행하였다(×)**) • 유아들이 가정에서 불이 났을 때의 대처 요령을 익힐 수 있도록 가정통신문을 가정으로 보냈다(○) • 유치원에 있는 소화기의 위치를 함께 알아보고 교사가 소화기 사용법에 대하여 시범을 보이면서 지도하였다(○) • 유아들이 119 구조대 놀이를 할 수 있도록 놀이에 필요한 자료를 역할놀이 영역과 쌓기 놀이 영역에 제공하였다(○) • 화재 사건이 보도 된 신문을 활용하여 불이 난 이유에 대하여 알아보고, 화재가 나서 옷에 불이 붙었을 때 어떻게 대처해야 하는지에 대해서도 알아보았다(○)
		2013	A8-1)	김 교사는 '생활도구와 미디어의 안전'과 같은 (㉠)을(를) 중심으로 안전교육을 실시하였고, (가)와 같이 민수가 벌에 쏘인 우발적 사건을 계기로 (㉡)을(를) 중심으로 안전교육을 실시하였다 → ㉠과 ㉡에 들어갈 알맞은 말 쓰기(㉠ **주제**, ㉡ **: 상황**)
생활안전 교육	시설 및 제품이용 안전	2002	주08	유치원에서는 놀이시설과 관련된 안전 사고가 자주 일어날 수 있다. 이러한 안전 사고를 예방하기 위한 교사의 역할을 3가지 제시하고, '그네 타기'와 관련하여 구체적인 실례를 각각 1가지씩 쓰기 |	교사의 역할 (3점)	'그네 타기'와 관련된 역할의 실례 (3점)
---	---	---
①	안전한 놀이 공간과 시설 마련하기	- 안전기준에 적합한 그네를 설치한다. - 그네를 안전하게 탈 수 있는 충분한 공간을 확보한다. - 그네의 안전성을 정기적으로 점검하고 수리한다.
②	유아들이 안전하게 놀이를 할 수 있도록 계속 관찰하기	- 그네 타는 영역을 늘 관찰한다. - 유아들이 그네를 올바르고 안전하게 사용하는 규칙을 지키는지 관찰한다.
③	유아들이 안전하게 놀이할 수 있도록 지도하기	- 그네를 탈 때 지킬 규칙을 유아들과 함께 정해본다. - 그네를 안전하게 타는 방법들을 여러 활동을 통해 경험해 본다.	
	체육 및 여가 활동 안전	2013	A8-4)	버스 안전띠 착용에 대해 이야기 하려고 했지만 아이들이 민수의 부어 있는 이마에 관심을 보여 ㉢ 벌이 자신의 주변에 나타났을 때 어떻게 해야 할지 알아보는 것으로 대체하였다. 하지만 아이들은 벌이 나타났을 때 벌을 만지면 안 된다는 것 외에는 알지 못하여 ㉣ 다른 대처행동에 대해 이야기 하였다. (가)에서 벌이 나타났을 때, 벌을 만지면 안 된다는 것 외에 교사가 벌의 특성을 고려하여 유아들에게 가르쳐야 할 교육 내용으로 ㉣에 해당하는 1가지 쓰기(**벌이 나타났을 때에 손으로 젓지 말고 제자리에서 가만히 움직이지 않도록 한다**)
	교육내용	2020	A4-1)	'학교안전교육 7대 영역' 중 밑줄 친 안전교육(일상에서 발생할 수 있는 안전사고 예방을 위한 안전교육)은 무엇인지 쓰고(**생활안전 교육**), 그 교육내용 중 2가지를 쓰기(※ 5가지 내용 중 2가지 기재 → 1. 교실, 가정, 등하굣길에서 안전하게 생활하기/ 2. 안전한 장소를 알고 안전하게 놀이하기/ 3. 놀이기구나 놀잇감, 도구의 바른 사용법을 알고 안전하게 사용하기/ 4. 실종, 유괴, 미아 상황 알고 도움 요청하기/ 5. 몸에 좋은 음식, 나쁜 음식 알기)

교통안전 교육	교육내용	2003	주08	유아들의 교통 안전과 관련하여 가정할 수 있는 다음의 상황과 관련하여 교사가 교통 안전교육을 실시하고자 할 때, 교육 내용으로 포함되어야 할 지식, 태도, 기술을 각각 2가지씩 제시하기 • 유아들이 달려오는 차를 보고 급하게 건넌다. • 유아들이 찻길 주변에서 공놀이를 한다. • 유아들이 친구나 엄마가 부르면 신호등이나 횡단보도를 보지 않은 채 건넌다. • 유아들이 녹색 신호등이 켜지자마자 좌우를 살피지 않고 곧바로 건넌다. 1) 교통 안전 지식(**녹색 신호등은 건너는 것을 의미하고, 적색 신호등은 멈추는 것을 의미한다/ 횡단보도는 찻길에서 사람이 건너갈 수 있는 길이다/ 자동차가 보는 신호등과 사람이 보는 신호등이 다르다/ 찻길은 차가 다니는 길이고 인도는 사람이 다니는 길이다**) 2) 교통 안전 태도(**교통신호 규칙을 지킨다/ 보행안전 규칙을 지킨다/ 안전한 장소에서만 놀이한다/ 찻길에서는 놀지 않는다**) 3) 교통 안전 기술(**녹색 신호등을 보고 건넌다/ 신호등이 바뀐 직후에는 일단 좌우를 살핀다/ 횡단보도를 건널 때에는 손을 들고 건넌다**)
	보행자 안전/ 자전거 안전	2014	A8-1) A8-3)	– ㉠에 들어갈 말 1가지 쓰기(**자전거 전용도로**) 선생님이 보여 주는 표지판을 잘 보세요.(파란색 바탕에 흰 선으로 자전거가 표시되어 있는 둥근 표지판을 보여 주며)이 표지판은 (㉠)(이)라는 뜻이에요. – ㉡(은수는 자전거를 타기 전에 핸들, 타이어 공기, 브레이크와 체인을 확인한다. 그 다음 두르고 있던 긴 머플러를 벗어 놓는다. 헬멧, 팔꿈치와 무릎보호대 등을 착용하고 자전거를 탄다. 그리고 횡단보도 앞에서 잠깐 멈춘 후, 자전거를 타고 횡단보도를 건너간다.)에서 자전거 안전규칙에 비추어 적절하지 않은 은수의 행동 1가지를 찾아 바르게 고쳐 쓰기(**횡단보도를 건널 때는 자전거에서 내려서 자전거를 끌고 길을 건너야 한다**)
		2015	A6-3)	사례에서 안전한 행동에 대해 잘못 이해하고 있는 유아 2명을 찾아(정호: 차가 멈춰 있지만 다시 한 번 확인하고 재빨리 건너야 해요/ 승현: 자동차 밑으로 공이 굴러 들어가면 자동차가 멈춰 있는지 다시 잘 보고 꺼내 와야 해요), 안전한 행동으로 고쳐 쓰기(**정호, 횡단보도에 차가 정차되어 있다면 가급적 어른과 함께 건너는 것이 필요하다. 또한 재빨리 건너기보다는 정지된 차량의 운전자와 눈을 마주친 상태에서 차를 계속 보며 건너가야 한다/ 승현, 멈춰 있는 자동차는 출발할 위험이 있으므로 유아가 자동차 아래로 절대로 들어가서는 안 되며 어른에게 도움을 요청하도록 한다**)
		2019	A5-1)	㉠(어린이 교통안전 시설)과 관련하여, 다음의 교통안전표지에서 생략된 ⓐ, ⓑ 쓰기(ⓐ **어린이보호**(어린이보호구역), ⓑ **보행자 전용도로**)
폭력예방 및 신변보호	교육내용	2021	A5-2)	㉢(아동 학대 신고 및 대처 방법 알기)이 해당되는 안전교육의 명칭 쓰기(**폭력예방 및 신변보호교육**)

대분류	소분류	연도	번호	내용
교육	성폭력	2004	주02	[영희가 화장실에 들어가서 소변을 보고 있었다. 그 때 갑자기 철수가 화장실 문을 열었다. 영희는 놀라서 소리를 질렀다] 유아들이 철수와 같은 행동을 하게 되는 원인을 3가지 쓰고, 각각의 경우에 해당되는 지도 방법 제시하기 |	원인(3점)	지도방법(3점)
---	---	---
①	여자아이가 놀라는 것을 보고 싶어서 재미로 문을 열었다.	재미로 한 행동에 대해 그것을 당하는 친구의 기분은 좋지 않을 수 있다는 것을 이야기 나눈다. (그림자료 활용)
②	여자 아이가 어떻게 용변을 보는지 궁금해서 문을 열었다.	성교육의 차원으로 남아와 여아의 신체적 차이를 이야기하고 이로 인해 달라질 수 있는 점에 대해 이야기 나눈다.
③	화장실에 갈 때 노크를 해야 한다는 사실을 모르거나 잊었다.	화장실에 들어가기 전 해야 할 행동에 대해 이야기 나누고 다시 상기시킨다.	
		2008	주07	– 제시된 사례(※ 옆집 아저씨와 관련되어 발생한 사례)에서 유아의 발달 특성상 민서가 성폭력에 노출되기 쉬운 이유를 2가지 쓰기(**유아들은 어떤 것이 성폭력인지, 성폭력이 잘못된 것인지 아직 알 수 없다/ 유아들은 위험한 상황에서 자신을 보호하는 방법과 필요성을 알지 못한다/ 유아들은 기분 좋은 접촉과 나쁜 접촉을 명확히 구분하지 못할 수 있다/ 유아들은 비밀을 반드시 지켜져야 하는 것으로 생각할 수 있다**) – 사례에서 유아의 발달 특성을 고려하여 교사가 민서에게 가르쳐야 할 교육 내용을 2가지 쓰기(**기분 좋은 접촉과 나쁜 접촉을 구별한다/ 위험한 일을 당했을 때 교사나 부모에게 알린다/ 내 기분과 의사를 명확히 표현할 수 있도록 한다**) – 사례와 같은 성폭력 관련 사건이 발생했을 때, 교사가 대처해야 할 방안을 2가지 쓰기(**평소처럼 담담하게 유아를 대하며 유아가 잘못한 일이 아니라는 점을 알려주고 위로하고 안심시켜 준다/ 너무 자세하게 물어보지 않는다/ 가능한 한 증거를 보존한다**)
		2009	객20	유아 성교육에 대한 설명으로 가장 적합한 것 고르기(**우리 몸의 중요한 부분을 보호하는 방법과 다른 사람에게 보여주지 말아야 하는 이유에 대해 이야기를 나눈다. 그러나 우리 몸을 보호하고 건강하게 하기 위해서는 다른 사람에게 몸을 보여주어야 할 때도 있음을 알려준다**(○)) • 교사가 유아의 성폭력 피해를 알게 되면 즉시 유아가 겪은 일을 구체적으로 물어 보아야 한다. 그리고 평소보다 더 따뜻하고 특별하게 관심을 보이면서 유아에게 걱정할 필요가 없다고 계속해서 위로해 준다(×) • 만 3세 남자 유아 찬호는 바지보다 치마를 더 좋아한다. 교사는 찬호가 남자다운 성역할을 학습할 시기라고 생각하여 찬호의 행동을 변화시키려는 계획을 세우고 지도한다(×) • 유아는 병원 놀이, 목욕탕 놀이를 하면서 다른 유아의 신체나 성기를 만지기도 하는데 이는 유아기에 나타날 수 있는 자연스러운 현상이므로 교사는 유아의 행동이 그칠 때까지 크게 관심을 두지 않는다(×) • 유아는 '고추' 등 성과 관련된 말을 하면서 재미를 느끼고 좋아하는데 이러한 행동을 그냥 두면 더욱 증가하므로 초기부터 하지 않도록 지도해야 한다(×)
	학교폭력	2005	주09 2)	유치원에서 놀이를 할 때 여러 유아가 한 유아를 따돌리는 경우 → 따돌림을 받는 원인과 따돌림을 하는 원인을 1가지씩 쓰고, 이에 알맞은 지도 내용을 1가지씩 쓰기 (1) 따돌림을 받는 유아 ① 원인 : (유아 개인적인 측면) **외형적으로 드러나는 외모의 현저한 차이 및 신체구조상의 문제, 자신감 결여, 허약함, 소극적인 성격, 또래와의 사회적 대화 기술 부족, 어눌한 언어 구사 능력**(말솜씨),

				타인에 대한 무흥미 등이 원인이 될 수 있다. ② 지도내용: 피해 유아에게는 "하지 마!", "싫어!"라고 분명히 말하는 등 자신의 주장을 단호하게 표현하도록 하는 훈련이 필요하다. 또한 피해를 당했을 때 아무 조치를 취하지 않으면 폭력은 점점 심해지고 지속될 수 있으므로 부모님이나 학교(교사나 부모님)에 도움을 요청해야 함을 지도한다. (2) 따돌림을 하는 유아 ① 원인 : (유아 개인적인 측면) (※ 자신감이 넘치며 또래와 의사소통을 잘하고 언어적 반응이 빠른 특성이 나타나는 경우가 있으나 그럴 경우에도 다음과 같은 특성이 나타남) 공격적, 충동적이고 수치심이나 동정심이 없는 성향을 가졌으며 힘이 세고 약한 또래의 불편함과 고통을 즐기면서 따돌릴 수 있는 상황을 조성함으로써 또래 사이에서 힘과 명예를 얻으려는 것이 원인이 될 수 있다. 또한 타인에 대한 이해나 책임 의식이 부족한 것도 따돌림 행동의 원인이 된다. ② 지도내용 : 가해 유아(따돌리는 유아)는 실제로 자신이 무엇을 잘못 했는지 모르는(자신이 폭력을 행사하는 줄 모르는) 경우가 대다수이므로 우선 따돌림 행동은 잘못된 행동(명확한 학교폭력)이라는 것을 알려주어 분명히 인식하도록 해야 행동을 멈출 수 있다. 이와 동시에 자신의 행동이 미치는 영향과 그로 인해 다른 사람이 느끼게 될 감정 등 행동의 결과를 인식하도록 돕는 활동을 통해 자기 반성의 기회를 제공하도록 한다(~제공하고, 이전과는 다른 행동 방식을 연습할 수 있도록 지도해야 한다.).
약물 및 사이버 중독예방 교육	사이버 중독	2005	주03	텔레비전 시청이 유아에게 미치는 긍정적, 부정적 영향/가정과 연계하여 지도할 내용 3가지씩 쓰기(※ 답안 생략합니다)
		2009	객18	유아를 위한 전자 미디어 교육의 내용을 범주로 나눈 것이다. 각 범주와 〈보기〉의 활동을 바르게 짝지은 것 고르기 • 전자 미디어를 통해 정보를 활용하기 → 인터넷에서 검색할 '삼색 주먹밥 요리 과정'에 따라 즐거운 마음으로 요리하고 먹는다(○) • 전자 미디어에 대한 자기 조절력 형성하기 → '컴퓨터만 하고 싶은 민호'의 이야기를 듣고 컴퓨터 중독을 예방하는 방법에 대해 알아본다(○) • 전자 미디어와 관련된 윤리 의식 기르기 → 인터넷을 하는 사람끼리 서로 지켜야 할 약속에 대해 조사하기와 이야기 나누기를 한다(○)
재난안전 교육	화재	2005	주10	교실에서 유아들과 함께 이야기 나누기를 하고 있을 때 매캐한 냄새가 나며 교실 문 밑으로 연기가 들어오는 것이 발견되었다. 화재가 발생한 긴급 상황에서 박교사가 유아들을 안전하게 대피시키기 위해 취해야 할 조치들을 다음에 제시된 단계별로 2가지씩 쓰기 1) 유아들을 대피시키기 전 취해야 할 조치(남아 있는 유아가 없는지 확인한다/ 천이나 담요 등을 물에 적셔 유아들을 감싸 화상을 입기 쉬운 부분을 보호한다/ 코와 입을 막을 때는 물에 적신 수건이 효과적이지만 찾기 힘든 경우 긴팔 소매로 가리거나 한다/ 위치를 신속하게 파악하여 안전한 대피 경로의 동선을 정한다/ 유아들에게 연기가 보이면 한 손으로 코와 입을 가리고 기어서 신속히 밖으로 나가야 한다는 사실을 숙지시킨다) 2) 유아들을 대피시키는 과정에서 취해야 할 조치(비상구 표시를 따라 이동한다/ 유아들이 겁을 먹거나 당황하여 침착하게 행동하기 어려우므로 안전하게 대피할 수 있도록 침착하게 유아를 통제한다/ 필요한 경우 소화기를 이용해 진화한다)

				3) 유아들을 안전하게 대피시킨 후 취해야 할 조치(**대피한 유아들의 인원을 다시 점검해 본다**/ **다친 유아에게 응급처치를 한다**)
		2010	객21	만 4세반 유아들에게 '건강과 안전'의 생활 주제를 전개하는 과정에서 계획된 활동 → (가)의 활동 시 지도상의 유의점으로 적절한 것을 〈보기〉에서 모두 고르기(소방 대피 훈련은 사전에 유아와 가정에 알린 후 실시한다(○)/ 평소에도 소방 대피 훈련을 실시하여 화재 발생 시 대처 요령을 유아가 숙지하도록 한다(○)/ 비상사태 시 대피할 장소와 통로가 표시된 비상 대피 경로를 교실과 복도 등 눈에 잘 띄는 곳에 게시한다(○))
		2023	A5-3)	[B](우리 반에서는 유아들에게 『불이 났어요』 동화를 들려준 후, 화재 대피 시 유아행동요령을 바탕으로 사전 활동을 했습니다. 화재 경보음이 울리면 '불이야' 하고 소리를 지르며, 놀잇감을 두고, 질서 있게 이동하는 법을 지도하였습니다. 그리고 엘리베이터를 이용해 빠르게 대피하며, 유치원 앞마당의 지정된 장소로 가야 한다고 지도하였습니다)에서 잘못된 행동 요령 1가지를 찾아(※ 잘못된 행동요령 : 엘리베이터를 이용해 빠르게 대피하며) 바르게 고쳐 쓰기(**재난 발생**(화재 등)**에 대비한 대피로**(대피와 출입구)**를 이용해 빠르게 대피하며**)
지진		2019 (추)	A5-1)	「아동복지법 시행령」(대통령령 제29627호, 2019.3.19., 일부개정) [별표 6]에 근거해 (가)의 내용이 해당되는 교육의 명칭과 그 교육의 연간 최소 실시 시간을 쓰고(**재난대비 안전교육, 6시간**), 빈 칸의 ㉠에 들어갈 말 쓰기(**흔들림이 멈춘 이후**)

단계	행동 요령
발생 직후	• 밖으로 급하게 달려 나가지 않는다. • 책상 아래로 들어가 몸을 웅크리고 책상 다리를 잡는다.
㉠	• 대피 지시가 있을 때까지 침착하게 기다린다.
대피 시	• 질서 있게 대피 경로를 따라 이동한다. • 손이나 책, 가방 등으로 머리를 보호하며 이동한다.
대피 이후	• 다치거나 아픈 곳이 있으면 선생님에게 이야기한다. • 여진 등 위험 상황에 대비해 안전지대에서 머물며 선생님의 안내에 따른다.	
폭염		2024	A6-1)	– ㉠(30℃ 이상의 불볕더위가 며칠간 계속될 때에는 그에 대처하여 일과를 운영하고 있어요)상황에서 요구되는 교사의 일과 운영 방안을 2가지 쓰기(**실외놀이와 활동을 자제한다**(~자제하고 실내 활동으로 대체하여 운영한다)/ (실내에서는 냉방병 예방을 위해 적정 실내온도(26~28℃)를 유지하고) **충분한 수분 섭취와 휴식을 취하게 한다**) – ㉡(폭염 경보가 발령)의 상황이 발생될 수 있는 기준을 구체적으로 쓰기(**일 최고 체감온도**(기온) **35℃ 이상인 상태가 2일 이상 지속될 것으로 예상될 때**)
			A6-2)	제시된 사례의 유아 행동 요령에서 잘못된 부분 1곳을 찾아 쓰고, 그 이유를 함께 제시하기(**지진 대피시 담벼락을 따라 이동하는 것**, (실외 지진의 경우) **담벼락의 붕괴 위험이나 낙하물에 의해 부상당할 위험이 있어 담벼락으로부터 일정 거리를 유지한 채 이동해야 하기 때문이다**)
			A6-3)	㉢(안전지대 대피 이후 유아 안전 관련 사항 확인)에 해당하는 내용 1가지를 구체적으로 쓰기(**유아 전원 대피 여부 파악하고, 환자 및 불안 증세를 보이는 유아 여부를 파악하여 필요한 조치를 받도록 한다**)

CHAPTER 07-2 안전교육

응급처치	교육내용	2021	A5-2)	「학교안전교육 실시 기준 등에 관한 고시」(교육부 고시 제2019-214호, 2020. 1. 1., 일부개정) [별표 2]는 '학생 안전교육 내용 및 방법'이다. 이에 근거하여 ㉢(선우가 뭔가 귀에 들어간 상황이 위험하다고 인지하고, 빨리 도와달라고 해서 응급 처치가 신속하게 이루어진 것 같아요. 지난번에 했던 학교안전교육 7대 영역에 해당하는 안전 교육 중 응급처치교육)에 해당하는 '응급처치교육'의 내용 1가지 쓰기(**응급 상황 알기 및 도움 요청하기**)
	상황별 응급처치/ 응급처치의 이해와 필요성	2010	객23	교사의 응급처치 방법으로 옳지 않은 것 고르기(**코피가 나는 경우, 고개를 뒤로 젖히고 코뼈 바로 밑의 코 부분을 두 손가락으로 5~10분간 꼭 누르고 냉찜질한다**(×)) • 눈이 찔린 경우, 이물질을 제거하지 않고 양쪽 눈을 가리고 119에 구급차를 요청한다(○) • 눈에 모래나 먼지 등 이물질이 들어간 경우, 눈물을 흘리게 하여 자연적으로 빠지게 하거나 이물질이 들어간 눈을 아래쪽으로 하고 생리 식염수나 깨끗한 물을 눈에 흘려 씻어낸다(○) • 칼이나 가위 등 날카로운 것에 베인 경우, 상처가 깊지 않은 때에는 생리 식염수나 흐르는 물에 비누로 상처 부위를 씻어 주고 소독한 거즈로 덮어 지혈한다(○) • 이가 부러지거나 빠진 경우, 거즈를 둥글게 말아 다친 부분에 넣어 물고 있게 하고, 냉찜질한다(○) • 부러지거나 빠진 이는 우유에 담가 상태를 보존하고 24시간 내에 치과 진료를 받도록 해야 한다(○)
		2011	객15	유치원의 바깥 놀이터에서 유아가 놀다가 그네에서 떨어져 머리를 부딪쳤다. 이러한 상황에서 유치원과 교사가 취할 수 있는 적절한 조치 사항을 〈보기〉에서 모두 고르기(**유아에게 특별한 외상이 없더라도 교사는 사고 보고서를 작성한다**(○)/ 유아에게 응급처치가 필요한 상황에 대비하여 병원으로 갈 때에는 동행한 교직원이 부모 동의서, 상해보험 등의 서류를 가지고 간다(○)/ 유아의 머리에 경미한 상처만 있고 정상적으로 잘 놀면 상처 난 부위를 소독한 후 반창고나 거즈를 붙이고 해당 유아의 보호자에게 알린다(○)) • 유아가 의식이 없고 호흡을 제대로 못 할 경우 교사는 해당 유아의 보호자에게 먼저 알린 후 119 구조대에 연락한다(×) • 사고 상황을 목격한 유아들이 불안해할 수 있으므로 사고에 대한 언급을 하지 않고 유아들도 말하지 않도록 주의를 준다(×)
		2014	A8-4)	[경수는 자전거를 타다가 넘어지면서 손가락을 다쳤다. 교사는 경수의 손가락을 살펴보고, ㉣ 골절이 되었다고 판단하였다.] ㉣에 적절한 응급처치 방법 1가지를 쓰고(**손톱이 보이도록** (다친 부위의 뼈보다 길게) **골절이 발생한 손가락의 옆의 손가락까지 포함하여 부목을 대준다**), ㉤(응급처치가 필요할 경우를 대비해 보호자에게 받은 서류)의 서류명 1가지 쓰기(**응급처치 동의서**)
		2015	A6-1)	(가)(※ 먼저 예진이의 청바지를 벗기고 화상 부위를 찬물로 식혔다. 예진이 어머니는 연고를 발라야 한다고 했지만 섣불리 약을 바르는 것이 부적절할 수 있다고 설명하였다. 물집이 생겼으나 화상이 심해 보이지는 않아, 화기를 뺀 후 수건으로 예진이의 몸을 느슨하게 가려서 병원으로 데리고 갔다)에서 화상에 대한 부적절한 응급 처치 1가지를 찾아 쓰고(**청바지를 벗긴 것**), 그 이유 1가지 쓰기(**화상 시 반지나 시계, 벨트 등은 조심스럽게 제거할 수 있으나 의복은 제거하지 않는 것이 좋다. 상처를 더 손상시킬 수 있기 때문이다**)

		2017	A5-1)	⊙~@ 중 적절하지 않은 응급처치 2가지를 찾아 기호를 쓰고, 각각 바르게 고쳐 쓰기(ⓒ 옆 손가락까지 함께 (부드러운 천으로 감싼) **부목을 대고**/ @ ㉢ **먹을 것을 주어서는 안 된다**)
				오늘 자유선택활동 시간에 태훈이가 넘어지면서 손가락을 다쳤다. 태훈이가 많이 울었고 피가 나지는 않았지만 손가락이 약간 휘어 보였다. 손가락 골절로 생각이 되어 즉시 ⊙ 손톱이 보이도록 ⓒ 손에 부목을 대고 붕대를 감아 고정하였다. 바로 병원으로 가면서, 차 안에서 ⓒ 몸을 따뜻하게 해 주었고, 태훈이가 불안해 하지 않도록 이야기를 나누며 @ 우유를 먹였다.
		2021	A5-1)	(※ 바깥 놀이 시간에 귀에 작은 벌레가 들어간 상황) → ⓒ(응급 처치)에 해당하는 응급처치 방법 중 유치원에서 교사가 처치할 수 있는 방법 2가지 쓰기(**주위를 어둡게 하고 밝은 빛의 손전등을 귀에 비춰 벌레가 불빛을 보고 밖으로 나오게 한다**/ (죽은 벌레가 귀에 들어간 경우) **베이비오일을 한두 방울 귀에 떨어뜨린 후 귀를 아래쪽으로 향하게 하여 오일에 묻어 밖으로 나오도록 한다**)
		2024	A5-1)	(※ 하임리히법 사례)⊙의 부위를 구체적으로 쓰고(**배꼽과 명치 사이** (명치 끝과 배꼽사이)), ⓒ에서 해야 할 교사의 행동을 쓰기(**다른 한 손으로 주먹 쥔 손을 감싼다**(양팔로 배를 감싼다))
				1. 유아 뒤에 서서 허리를 양팔로 안는다. 2. 한 손을 주먹 쥐고, 유아의 ⊙ 복부에 놓는다. 3. _____ⓒ_____ 4. 빠르고 강하게 위쪽으로 당겨 올린다. 5. 이물질이 배출될 때까지 반복한다.
			A5-2)	ⓒ(다른 반 유아가 집에서 땅콩을 먹다가 갑자기 아나필락시스 반응이 나타나 응급 상황이 발생하였고)과 관련하여 호흡 곤란, 기도 막힘과 함께 나타나는 증상 1가지 쓰기(**청색증**)
			A5-3)	(※ 심폐소생술에 관한 가정통신문이 제시됨) @(주의! 가슴압박을 할 때 압박 부위와 깊이 유지가 중요해요)과 관련하여 압박의 부위를 구체적으로 쓰고(**가슴뼈**(흉골) **아래쪽 1/2지점** (양쪽 젖꼭지 부위를 잇는 선 정중앙의 아래 부분 절반 위치)), 압박의 깊이 유지가 중요한 이유 쓰기((심장이 마비된 상태에서) **인공적으로 혈액을 순환시킬만큼 충분히 압박하기 위해서이다**(압박 깊이가 충분하지 않을 경우 심장을 충분히 압박하지 못해 혈액순환이 이루어지지 못하기 때문이다))
개정 이전 누리과정에 근거한 문제	5세 누리과정	2012	A3-1) A3-2) A3-3)	안전교육 연간 계획안 작성 시 고려해야 할 점 - 5세 누리과정 신체운동·건강 영역의 세부내용 제시(재난 및 사고 등 비상시 적절하게 대처하는 방법을 안다.) (학대, 성폭력, 유괴 상황을 알고 도움을 요청하는 방법을 안다.) - 건강생활 영역의 수준별 내용과 필요성 제시/교사의 역할을 지도상의 유의점에 근거하여 제시 - 건강 생활 영역과 사회생활 영역의 하위내용/두 영역 간 연계의 근거 논하기(수준별 내용의 측면에서)
	3-5세 연령별 누리과정	2013	A8-3)	누리과정 신체운동·건강 영역의 '내용' 쓰기(비상 시 적절히 대처하기)
		2013 추시	A1-3)	사례에 제시된 내용과 관련된 '3~5세 누리과정' 신체운동·건강 영역의 3세 '세부내용' 쓰기(학대, 성폭력, 실종, 유괴 상황을 알고 도움을

				요청한다.)
		2014	A8-2)	'3~5세 누리과정' 중 '교통안전 규칙 지키기'의 '세부내용'에 근거하여 제시된 사례가 3세 유아에게 적합하지 않은 이유 쓰기(3세 '교통안전 규칙을 안다.' 세부내용에 근거하여 교통안전 규칙을 지속적으로 알려주는 것이 필요하다. 따라서 내용을 기억해 규칙을 지키라는 ⓒ의 지도방법은 적합하지 않다.)
관련 법령	아동복지법	2012	객13	인형의 성기 부분을 만지는 유아를 발견한 김 교사가 아동복지법에 따라 의무적으로 취해야 할 행동

❷ 최근 출제영역 살펴보기

[교육과정 변화 1] **3-5세 연령별 누리과정**

(★표시는 새롭게 확장된 출제 영역을, ♥은 기존 영역에서 새로운 방식으로 출제된 것을 의미합니다.)

순	내용	2013	2013 (추)	2014	2015	2016	2017	2018	2019	연도별 횟수
1	안전사고 대처 및 관리							★A4-4)		1회
2	교통안전교육								♥A5-1)	1회
3	관련 법령									

[교육과정 변화 ○] **2019 개정 누리과정**

(★표시는 새롭게 확장된 출제 영역을, ♥은 기존 영역에서 새로운 방식으로 출제된 것을 의미합니다.)

순	내용	2019 (추)	2020	2021	2022	2023	2024	2025	연도별 횟수
1	안전사고 대처 및 관리			A5-1)					1회
2	「학교안전교육 7대 표준안」 생활안전교육		★A4-1)						1회
3	「학교안전교육 7대 표준안」 재난안전교육	★A5-1)				★A5-3)	★A6-1) ★A6-2) ★A6-3)		5회
4	「학교안전교육 7대 표준안」 응급처치교육			★A5-1) ★A5-2)			★A5-1) ★A5-2) ★A5-3)		5회
5	관련 법령								

02 안전사고대처 및 관리 기출문제 분석

> 2021년 A

05 (가)는 ○○유치원에서 발생한 응급 상황이고, (나)는 응급상황 대처 이후 나눈 원감과 김 교사 간 대화의 일부이다. 물음에 답하시오. [5점]

(가)

> 바깥 놀이 시간에 몇몇 유아들이 꽃을 관찰하고 있다.
> 선 우 : (엉엉 울면서 뛰어와) 아악! 선생님, 귀에 뭔가 들어간 것 같아요. 빨리 도와주세요!
>
> 김 교사는 선우의 귀를 살펴본 뒤, 선우를 안심시키고 서둘러 교무실로 들어간다.
> 김 교사 : 원감 선생님, 선우 귀에 작은 벌레가 들어간 것 같아요.
> 원　감 : 상황이 긴급하니 김 선생님은 바로 응급 처치를 준비해 주세요.
> 김 교사 : 네, 알겠습니다.
>
> 원감은 선우 부모님께 전화를 걸면서, 동시에 선우의 건강조사서를 확인한다.
> 원　감 : 부모님과 다른 보호자 모두 전화를 안 받으시네요.
> 김 교사 : 그럼 어떻게 하지요?
> 원　감 : 걱정하지 마세요. ㉠ 이런 상황에 대비해서 학기 초에 받아 놓은 서류가 있잖아요.
> 김 교사 : 네, 그럼 바로 ㉡ 응급 처치 할게요.
> … (하략) …

1) ① ㉠에 해당하는 서류 1가지를 쓰고, ② ㉡에 해당하는 응급처치 방법 중 유치원에서 교사가 처치할 수 있는 방법 2가지를 쓰시오. [3점]
   ① _____

답안 1) • ① : 응급처치동의서

2018년 A

04 (가)는 시설 여건이 다른 유치원에 근무하는 교사들의 바깥놀이 운영에 대한 대화이고, (나)는 2015 개정 유치원 교육과정 '신체운동·건강' 영역 내용의 일부이며, (다)는 유치원에서 안전사고 발생 시 대처 방안의 일부이다. 물음에 답하시오. [5점]

(다)

1. 상황에 맞는 (ⓜ) 하기	유아의 상황을 신속히 파악한 후 필요한 (ⓜ)을/를 한다.
2. 사고 알리기	… (생략) …
3. 학급 안정시키기	다른 유아들이 동요하지 않도록 차분히 안내하고 다른 교사에게 학급 관리를 인계한다.
4. 필요한 의료조치 받기	… (생략) …
5. 사고 후 처리하기	사고 발생 24시간 이내에 (ⓗ)을/를 작성하여 부모에게 전달한다.

4) ① (다)의 ⓜ과 다음 ( )에 공통으로 들어갈 말을 쓰고, ② (다)의 ⓗ에 들어갈 말을 쓰시오. [1점]

> 유치원에서는 매년 유아 입학 시 안전사고에 대비하여 유아에 대한 ( ) 동의서를 받아 비치해 두고 있다.

- ① _____
- ② _____

답안 4) • ① 응급처치
• ② 사고보고서

더 읽어보기 — 안전사고 발생 시 대처방안

1. 상황에 맞는 응급처치하기	유아의 상황을 신속히 파악한 후 필요한 응급처치를 한다.
2. 사고 알리기	119나 의료기관에 도움을 요청할 경우에는 정확한 환자의 상태 및 응급처치의 내용을 알린다.
3. 학급 안정시키기	다른 유아들이 동요하지 않도록 차분히 안내하고 다른 교사에게 학급 관리를 인계한다.
4. 필요한 의료조치 받기	현장에서 응급처치로 의식이 회복되었을 경우에도 전문 의료인에게 반드시 인계한다.
5. 사고 후 처리하기	사고 발생 24시간 이내에 사고보고서를 작성하여 부모에게 전달하고, 이를 토대로 위험물 제거 및 재발 방지를 위한 교정활동 계획을 수립한다.

CHAPTER 07-2 안전교육

2009년 객관식

24 〈보기〉에서 유아를 위한 안전 교육 및 안전사고 시 대처 방법에 대한 기술로 적절한 것을 모두 고른 것은?

보기

ㄱ. 장 교사 : 오존 경보 시에는 실외 활동을 하지 않는 것이 좋습니다.
ㄴ. 최 교사 : 행동 안전 규칙을 세우고 시설 안전 점검 시에 유아들을 참여시킵니다.
ㄷ. 박 교사 : 소방 대피 훈련을 할 때는 되도록 가정통신문을 통해 대피 훈련이 있음을 알립니다.
ㄹ. 김 교사 : 수인성 전염병 등을 막기 위해 눈으로 보아 깨끗한 물이라도 함부로 마시지 않도록 해야 합니다.
ㅁ. 윤 교사 : 교통사고로 유아의 의식이 없을 때에는 흔들어 깨워 일으키고, 출혈이 심할 때는 지혈 조치를 해야 합니다.

① ㄱ, ㄴ ② ㄱ, ㅁ ③ ㄷ, ㅁ
④ ㄱ, ㄷ, ㄹ ⑤ ㄷ, ㄹ, ㅁ

 ④

ㄴ. 시설 안전 점검 시에 유아들을 참여시킵니다. (×) ⇨ 시설 안전 점검은 교사의 역할에 해당하므로 이는 적절하지 않은 설명입니다.

ㅁ. 의식이 없을 때에는 흔들어 깨워 일으키고(×) ⇨ 목이나 척추에 이상이 있을 수 있으므로 의식이 없는 경우에는 그대로 두고 119에 연락해 가능한 한 빨리 병원으로 이송해야 합니다.

 응급처치 주의사항

출처 : 유아 재난대비·생활안전교육 프로그램(2013)

- 골절이나 탈구, 염좌가 의심되는 경우, 상처부위를 주무르거나 자세를 함부로 바꾸지 않는다.
- 목이나 척추에 이상이 의심되는 경우에는 유아를 그대로 둔다.
- 의식이 없는 경우에는 119에 연락하고 가능한 한 빨리 병원으로 이송한다.
- 부목이 없는 경우에는 부목 대용품(쿠션, 담요, 신문지, 잡지 등)을 활용한다.

MEMO

03 안전교육 교수방법 및 접근법 기출문제 분석

2013년 A

08 다음은 소망유치원의 만 5세반 김 교사가 작성한 일일교육계획안의 일부이다. [5점]

(생략)	생활도구	㉠	생활도구와 미디어의 안전	(생략)	생활도구를 안전하게 사용하기
목표	\multicolumn{5}{l}{• 생활도구의 안전한 사용방법에 대하여 안다. • 다양한 생활도구를 안전하고 바르게 사용할 수 있다.}

시간/활동	활동 내용	자료 및 유의점	평가
… (중략) …			
12:30 ~ 12:50 동시	〈조심해야지〉 • 생활도구를 보여 주며 이야기 나눈다. • '조심해야지' 동시를 들려주고 읊어 본다. • 동시에 나오는 생활도구의 안전한 사용법에 대해 이야기 나눈다.	(생략)	아이들이 칫솔과 같은 생활 도구에 관한 안전 의식이 미흡하여 내일 식사 시간 전에 칫솔 사용 시의 안전에 대한 이야기를 좀 더 나누어야 하겠다.
12:50 ~ 13:40 바깥놀이	〈모래놀이 도구를 바르게 사용해요〉 • 모래놀이 도구의 종류를 알아본다. • 모래놀이 도구를 안전하게 사용하며 놀이한다.	(생략)	㉡ 평소 곤충을 좋아하는 민수가 벌이 위험하다는 것을 알면서도 벌을 발견하고 잡으려다 쏘였다. 이 바람에 경황이 없어 아이들이 모래놀이 도구를 안전하게 사용하는지를 관찰하지 못했으므로 내일 다시 관찰해야겠다.
13:40 ~ 14:00 평가 및 귀가	• 하루 일과를 평가한다. • 버스 안에서 안전띠 착용에 대하여 이야기 한다. • 인사 후 귀가한다.	(생략)	(가) 버스 안전띠 착용에 대해 이야기 하려고 했지만 아이들이 민수의 부어 있는 이마에 관심을 보여 ㉢ 벌이 자신의 주변에 나타났을 때 어떻게 해야 할지 알아보는 것으로 대체하였다. 하지만 아이들은 벌이 나타났을 때 벌을 만지면 안 된다는 것 외에는 알지 못하여 ㉣ 다른 대처행동에 대해 이야기 하였다.
총평	\multicolumn{3}{l}{• 바깥놀이 시간에 민수가 벌에 쏘였다. 나를 포함한 유치원의 모든 선생님들은 벌에 쏘인 민수의 이마를 보고 놀라 우왕좌왕하여 응급처치하기까지 시간이 많이 지체되었으므로 이에 대한 대책이 마련되어야겠다. 벌에 대한 안전을 알아보는 과정에서 아이들은 벌 이외의 다른 곤충에 대한 안전의식도 미흡하여 이에 대한 교육을 계획해야겠다.}

1) 김 교사는 '생활도구와 미디어의 안전'과 같은 (㉠)을(를) 중심으로 안전교육을 실시하였고, (가) 와 같이 민수가 벌에 쏘인 우발적 사건을 계기로 (㉡)을(를) 중심으로 안전교육을 실시하였다. ㉠과 ㉡에 들어갈 알맞은 말을 쓰시오. [2점]

- ㉠ : _____

- ㉡ : _____

답안 1) • ㉠ : 주제
     • ㉡ : 상황

2015 개정 유치원 교육과정(만 3~5세 누리과정) 신체운동·건강 영역 비상 시 적절히 대처하기 내용

내용범주	❺ 안전하게 생활하기		
내용	3세	4세	5세
비상 시 적절히 대처하기	학대, 성폭력, 실종, 유괴상황을 알고 도움을 요청한다.	학대, 성폭력, 실종, 유괴상황 시 도움을 요청하는 방법을 알고 행동한다.	
	재난 및 사고 등 비상 시 적절하게 대처하는 방법을 안다.	재난 및 사고 등 비상 시 적절하게 대처하는 방법을 알고 행동한다.	

• 학대, 성폭력, 실종, 유괴 상황과 재난 및 사고 등의 비상 상황을 알고 적절하게 대처함으로써 자신을 보호하는 데 필요한 지식, 기능, 태도를 형성하는 내용이다.

2019 개정 누리과정 – 신체운동·건강 영역

- 내용범주 : 안전하게 생활하기
- 목표 : 안전한 생활습관을 기른다.

● **안전사고, 화재, 재난, 학대, 유괴 등에 대처하는 방법을 경험한다.**
  유아가 안전사고, 화재, 재난, 학대, 유괴 등의 위험에 처한 상황을 알고, 주변에 도움을 요청하는 방법을 배우며, 평소 훈련에 따라 대피하는 연습을 하는 등의 안전교육과 관련된 내용이다.

CHAPTER 07-2 안전교육

2011년 객관식

17 다음은 화재에 대한 유아들의 관심이 높아진 교실 상황이다. 만 5세반 유아들을 대상으로 교사들이 화재가 발생한 다음 날 실행한 지도 사례 중 적절하지 <u>않은</u> 것은?

> 하늘 유치원의 유아들은 유치원에서 친구들과 함께 유치원 인근의 높은 건물에 큰불이 나서 연기가 나는 것을 보았다. 유아들은 그 날 저녁 집에서 뉴스를 통해 화재 현장에서 일어난 여러 상황들을 보았다.
> 그 다음날 유치원에서 유아들은 전날의 화재에 대하여 말하느라 이야기 나누기 시간에 집중하지 않았다.

① 유아들이 가정에서 불이 났을 때의 대처 요령을 익힐 수 있도록 가정통신문을 가정으로 보냈다.
② 유치원에 있는 소화기의 위치를 함께 알아보고 교사가 소화기 사용법에 대하여 시범을 보이면서 지도하였다.
③ 유아들이 119 구조대 놀이를 할 수 있도록 놀이에 필요한 자료를 역할 놀이 영역과 쌓기 놀이 영역에 제공하였다.
④ 유아들의 관심이 집중되어 있는 화재에 대해서는 소방대피훈련을 하는 날에 알아보기로 하고 현재 학급에서 전개되고 있는 주제를 그대로 진행하였다.
⑤ 화재 사건이 보도 된 신문을 활용하여 불이 난 이유에 대하여 알아보고, 화재가 나서 옷에 불이 붙었을 때 어떻게 대처해야 하는지에 대해서도 알아보았다.

 ④

교육과정을 계획·운영할 때에는 유아들의 흥미나 욕구, 우발적인 상황 등을 고려하여 활동의 내용이나 방법, 자료 등을 융통성 있게 변경하는 것이 필요합니다. 현재 유아들의 관심이 전날의 화재에 있으므로 '상황에 근거한' 안전교육을 실시하는 것이 적합할 수 있습니다.

안전교육 접근법 : 상황중심(상황에 근거한) 안전교육

- **상황중심 안전교육** : 이는 일상생활 중에서 안전과 관계되는 특별한 경우(기관의 사전 발생, 뉴스 보도 등)가 발생했을 때 그 상황을 이용하거나(상황을 근거로) 또는 그 상황에 필요한 내용에 대해 안전교육을 실시하는 것이다.
    → 일상생활 중 유아의 주변에서 발생하는 위험 상황에 대처하기 위한 실제 상황을 중심으로 한 교육이기 때문에 유아들이 일상생활에서 쉽게 경험할 수 있고 친숙한 주제를 선정하여 효과적인 배움을 기대할 수 있다는 장점이 있다.
    → 유아들이 직·간접적으로 경험한 상황을 근거로 하므로 동기유발이 쉽고 실제와 직접 연결된다는 점 또한 장점이다.

04 생활안전교육 기출문제 분석

2020년 A

04 다음은 안전교육에 관하여 교사들이 나눈 대화의 일부이다. 물음에 답하시오. [5점]

> 김 교사 : 오늘 게임 활동은 잘 하셨어요?
> 홍 교사 : 네, 아이들하고 재미있게 진행은 잘 했어요. 그런데 게임을 하다 보니 장소가 협소해서 안전사고가 종종 발생하네요. 그래서 말인데 안전에 대한 교육을 좀 더 해야겠어요.
> 김 교사 : 맞아요. 그래서「학교안전사고 예방 및 보상에 관한 법률 시행규칙」에도 학교안전교육 실시에 대한 부분이 있잖아요. 2015년 7월 21일에 개정된 시행규칙의 변경된 내용은 알고 계시죠?
> 홍 교사 : 그럼요. 이전의 약물오·남용 예방교육도 사이버 중독 예방이 포함되면서 약물 및 사이버 중독 예방교육으로 바뀌었잖아요.
> 김 교사 : 그렇지요. 그리고 <u>일상에서 발생할 수 있는 안전사고 예방을 위한 안전교육</u>도 해야 하구요.
> 홍 교사 : 항상 느끼는 거지만, 안전교육은 정말 중요한 것 같아요. 아이들이 언제, 어디서 사고가 날지 모르잖아요. 우리도 유치원 정교사 2급 자격증을 받기 위해 교직 적성 및 인성 검사 적격 판정을 받아야 했고, 응급처치 및 (㉠) 실습을 2회 이상 받아야만 했잖아요.
> 김 교사 : 그러게요. 그때는 유치원 교사 자격증을 받기 위해 응급처치 및 (㉠) 실습을 왜 꼭 받아야만 하나 싶었는데, 유치원 교사가 되고 보니 반드시 필요하다는 생각이 들더라고요. 그리고 안전사고 대처 요령도 숙지해야겠어요. 며칠 전에 저희 반 현우가 놀이를 하다가 넘어졌는데 그만 이가 부러졌어요. 처음에는 저도 너무 당황해서 무엇을 해야 할지, 누구에게 도움을 요청해야 할지 아무 생각도 안 나더라고요.
> 홍 교사 : 아이구, 그런 일이 있으셨군요. 그래서 교무실에 비상사태를 대비하여 (㉡)이/가 붙어 있잖아요. 원장님이 자신의 역할을 숙지하라고 당부도 하셨고요. 유치원 평가 지표에도 교직원의 (㉡) 작성 및 역할 숙지에 대한 내용이 있어요.

1) '학교안전교육 7대 영역' 중 ① 밑줄 친 안전교육은 무엇인지 쓰고, ② 그 교육내용 중 2가지를 쓰시오. [3점]

① _____

② _____

답안 1) • ① : 생활안전 교육

• ② : 다음의 5가지 내용 중 2가지를 기재해야 합니다.

> ※ **학생 안전교육 내용 및 방법 中 생활안전 교육내용**
> 1. 교실, 가정, 등하굣길에서 안전하게 생활하기
> 2. 안전한 장소를 알고 안전하게 놀이하기
> 3. 놀이기구나 놀잇감, 도구의 바른 사용법을 알고 안전하게 사용하기
> 4. 실종, 유괴, 미아 상황 알고 도움 요청하기
> 5. 몸에 좋은 음식, 나쁜 음식 알기

2013년 A

08 다음은 소망유치원의 만 5세반 김 교사가 작성한 일일교육계획안의 일부이다. [5점]

(생략)	생활도구	(㉠)	생활도구와 미디어의 안전	(생략)	생활도구를 안전하게 사용하기
목표	• 생활도구의 안전한 사용방법에 대하여 안다. • 다양한 생활도구를 안전하고 바르게 사용할 수 있다.					
시간/활동	활동 내용		자료 및 유의점	평가	
... (중략) ...					
12:30 ~ 12:50 동시	〈조심해야지〉 • 생활도구를 보여 주며 이야기 나눈다. • '조심해야지' 동시를 들려주고 읊어 본다. • 동시에 나오는 생활도구의 안전한 사용법에 대해 이야기 나눈다.		(생략)	아이들이 칫솔과 같은 생활 도구에 관한 안전 의식이 미흡하여 내일 식사 시간 전에 칫솔 사용 시의 안전에 대한 이야기를 좀 더 나누어야 하겠다.	
12:50 ~ 13:40 바깥놀이	〈모래놀이 도구를 바르게 사용해요〉 • 모래놀이 도구의 종류를 알아본다. • 모래놀이 도구를 안전하게 사용하며 놀이한다.		(생략)	㉡ 평소 곤충을 좋아하는 민수가 벌이 위험하다는 것을 알면서도 벌을 발견하고 잡으려다 쏘였다. 이 바람에 경황이 없어 아이들이 모래놀이 도구를 안전하게 사용하는지를 관찰하지 못했으므로 내일 다시 관찰해야겠다.	
13:40 ~ 14:00 평가 및 귀가	• 하루 일과를 평가한다. • 버스 안에서 안전띠 착용에 대하여 이야기 한다. • 인사 후 귀가한다.		(생략)	(가) 버스 안전띠 착용에 대해 이야기 하려고 했지만 아이들이 민수의 부어 있는 이마에 관심을 보여 ㉢ 벌이 자신의 주변에 나타났을 때 어떻게 해야 할지 알아보는 것으로 대체하였다. 하지만 아이들은 벌이 나타났을 때 벌을 만지면 안 된다는 것 외에는 알지 못하여 ㉣ 다른 대처행동에 대해 이야기 하였다.	
총평	• 바깥놀이 시간에 민수가 벌에 쏘였다. 나를 포함한 유치원의 모든 선생님들은 벌에 쏘인 민수의 이마를 보고 놀라 우왕좌왕하여 응급처치하기까지 시간이 많이 지체되었으므로 이에 대한 대책이 마련되어야겠다. 벌에 대한 안전을 알아보는 과정에서 아이들은 벌 이외의 다른 곤충에 대한 안전의식도 미흡하여 이에 대한 교육을 계획해야겠다.				

4) (가)에서 벌이 나타났을 때, 벌을 만지면 안 된다는 것 외에 교사가 벌의 특성을 고려하여 유아들에게 가르쳐야 할 교육 내용으로 ㉣에 해당하는 1가지를 쓰시오. [1점]

• _____

답안 4) • 벌이 나타났을 때에 손으로 젓지 말고 제자리에서 가만히 움직이지 않도록 한다.

 벌에 대한 일반적 대처방법

출처 : 유아를 위한 자연체험활동자료(2003)

[활동 4 : 벌·나비가 날아와요]
유아에게 나비는 호기심의 대상이지만 벌은 두려움의 대상이 되기도 한다. 유아가 벌의 특성을 알고 안전하게 대처하는 방법을 알게 되면 벌에 대해 느끼는 공포나 무서움을 감소시킬 수 있을 것이다. 뿐만 아니라 벌이 우리에게 주는 여러 가지 좋은 점들에 대한 안내를 통해 벌에 대한 긍정적인 감정을 가질 수 있도록 한다.
• 벌은 꿀과 같은 달콤한 냄새를 좋아하니까 벌이 가까이 오지 않게 하려면 달콤한 냄새가 나는 로션을 바르지 않는 것이 좋다.
• 벌이 가까이 오면 손으로 젓거나 **몸을 움직이지 말고 입으로 바람을 불어 벌을 날려보내는 것**이 좋다.

CHAPTER 07-2 안전교육

2002년 주관식

08 유치원에서는 놀이시설과 관련된 안전 사고가 자주 일어날 수 있다. 이러한 안전 사고를 예방하기 위한 교사의 역할을 3가지 제시하고, '그네 타기'와 관련하여 구체적인 실례를 각 1가지씩 쓰시오.
[총 6점]

	교사의 역할 (3점)	'그네 타기'와 관련된 역할의 실례 (3점)
①		
②		
③		

답안

	교사의 역할 (3점)	'그네 타기'와 관련된 역할의 실례 (3점)
①	안전한 놀이 공간과 시설 마련하기	- 안전기준에 적합한 그네를 설치한다. - 그네를 안전하게 탈 수 있는 충분한 공간을 확보한다. - 그네의 안전성을 정기적으로 점검하고 수리한다.
②	유아들이 안전하게 놀이를 할 수 있도록 계속 관찰하기	- 그네 타는 영역을 늘 관찰한다. - 유아들이 그네를 올바르고 안전하게 사용하는 규칙을 지키는지 관찰한다.
③	유아들이 안전하게 놀이할 수 있도록 지도하기	- 그네를 탈 때 지킬 규칙을 유아들과 함께 정해본다. - 그네를 안전하게 타는 방법들을 여러 활동을 통해 경험해 본다.

MEMO

05 교통안전교육 기출문제 분석

2019년 A

05 (가)는 활동계획안의 일부이고, (나)와 (다)는 안전교육과 관련된 법령의 일부이다. 물음에 답하시오. [5점]

(가)

활동명	유치원 오고 가는 길
활동목표	… (생략) …
활동자료	여러 종류의 신호등 모형, 교통안전 그림자료

활동방법	○ 집에서 유치원까지 안전하게 다니는 방법에 대해 이야기 나눈다.
	○ 신호등을 보며 이야기 나눈다.
	○ 신호등의 종류와 의미에 대해 알아본다.
	○ 안전하게 길을 다니는 방법을 알아본다.
	○ 신호등에 따라 횡단보도를 건너는 방법에 대해 이야기 나눈다.
	  -빨간등이 켜졌을 때
	    • 횡단보도를 건너서는 안 된다.
	… (하략) …

확장활동	○ ㉠ 어린이 교통안전 시설을 이용한 체험활동을 실시한다.
	  -보도로 걷기
	  -횡단 시설 이용하기

1) (가)의 ㉠과 관련하여, 다음의 교통안전표지에서 생략된 ⓐ, ⓑ를 쓰시오. [1점]

- ⓐ _____

- ⓑ _____

 1) • ⓐ : 어린이보호(어린이보호구역)
- • ⓑ : 보행자 전용도로

ⓐ와 ⓑ의 용어에 대해 '보행자 전용', '어린이보호구역안' 등 여러 표기가 있기 때문에 답안의 범위를 어느 정도까지 해주었을지 정확히 알 수 없는 문제입니다.

도로교통법 시행규칙

[시행 2022. 4. 20.] [행정안전부령 제328호, 2022. 4. 20., 일부개정]

제8조【안전표지】 ① 법 제4조에 따른 안전표지는 다음 각 호와 같이 구분한다. 〈개정 2019. 6. 14〉
1. 주의표지
   도로상태가 위험하거나 도로 또는 그 부근에 위험물이 있는 경우에 필요한 안전조치를 할 수 있도록 이를 도로사용자에게 알리는 표지
2. 규제표지
   도로교통의 안전을 위하여 각종 제한·금지 등의 규제를 하는 경우에 이를 도로사용자에게 알리는 표지
3. 지시표지
   도로의 통행방법·통행구분 등 도로교통의 안전을 위하여 필요한 지시를 하는 경우에 도로사용자가 이에 따르도록 알리는 표지
4. 보조표지
   주의표지·규제표지 또는 지시표지의 주기능을 보충하여 도로사용자에게 알리는 표지
5. 노면표시
   도로교통의 안전을 위하여 각종 주의·규제·지시 등의 내용을 노면에 기호·문자 또는 선으로 도로사용자에게 알리는 표지
② 제1항에 따른 안전표지의 종류, 만드는 방식, 설치하는 장소·기준, 표시하는 뜻은 별표 6과 같다. 〈개정 2019. 6. 14〉

[별표 6.] 〈개정 2021. 12. 31.〉

안전표지의 종류, 만드는 방식 및 설치·관리 기준

(제8조 제2항 및 제11조 제1호 관련)

1. 주의표지

일련번호	종류	만드는 방식(단위 : 밀리미터)	표시하는 뜻	설치기준 및 장소
133	어린이 보호표지	(삼각형 표지, 360, 280/360)	• 어린이 또는 영유아의 통행로나 횡단보도가 있음을 알리는것 • 학교, 유치원 등의 통학, 통원로 및 어린이놀이터가 부근에 있음을 알리는 것	• 어린이 또는 영유아의 보호가 특별히 요청되는 통행로나 횡단보도가 있는 경우에 설치 • 학교 및 통행로에 있어서는 학교의 출입구로부터 1킬로미터 이내의 구역에 설치 • 어린이 보호지점 또는 구역 전 50미터 내지 200미터의 도로우측에 설치

3. 지시표지

일련번호	종류	만드는 방식(단위 : 밀리미터)	표시하는 뜻	설치기준 및 장소
302	자전거 전용도로 표지	(자전거전용 표지 그림)	• 자전거 전용도로 또는 전용구간임을 지시하는 것	• 자전거 전용도로의 구간 또는 장소 내의 필요한 지점 양측에 설치 • 구간의 시작 및 끝의 보조표지를 부착·설치 • 구간 내에 교차하는 도로가 있을 경우에는 교차로 부근의 도로우측에 설치
321	보행자 전용도로 표지	(보행자전용도로 표지 그림)	• 보행자 전용도로임을 지시하는 것	• 보행자전용도로의 입구 기타 필요한 구간의 도로우측 또는 중앙에 설치 • 구간의 시작 및 끝의 보조표지를 부착·설치 • 구간내에 교차하는 도로가 있을 경우에 교차로부근의 도로우측 또는 중앙에 설치
324	어린이 보호표지 (어린이 보호구역 안)	(어린이보호 표지 그림)	• 어린이보호구역 안에서 어린이 또는 영유아의 보호를 지시하는 것	• 어린이보호구역이 시작되는 지점에 설치 • 어린이보호구역의 도로양측에 설치

2015년 A

06 (가)와 (나)는 교사 저널이고, (다)는 5세 반 교사와 유아 간 대화의 일부이다. 물음에 답하시오. [5점]

(다)

> 교사 : 애들아, 횡단보도를 안전하게 건너려면 어떻게 해야 할까?
> 희선 : 신호등에 초록불이 들어와도 차가 멈췄는지 확인하고 건너가야 해요.
> 교사 : 그럼 신호등이 없는 길에선 어떻게 하지?
> 주헌 : 그럴 땐 차가 오나 안 오나 더 잘 보고 가야 돼요.
> 소연 : 길 건널 때 꼭 손을 들어서 내가 먼저 건너 갈 거니까 멈춰 달라고 알려 줘야 돼요.
> 미진 : 근데 가끔 횡단보도에 차가 멈춰 있어 차 사이로 건너야 할 때도 있어요.
> 교사 : 그럴 경우에는 어떻게 하면 좋을까?
> 정호 : 차가 멈춰 있지만 다시 한 번 확인하고 재빨리 건너야 해요.
> 교사 : 집 근처에서 안전하게 놀이하려면 어떻게 해야 할까?
> 현수 : 우리 동네에는 자동차가 너무 많아서 놀 곳도 별로 없어요.
> 대건 : 자동차의 바퀴 같은 거 만지면 안 돼요.
> 승현 : 자동차 밑으로 공이 굴러 들어가면 자동차가 멈춰 있는지 다시 잘 보고 꺼내 와야 해요.
> …… (생략) ……

3) (다)에서 안전한 행동에 대해 잘못 이해하고 있는 유아 2명을 찾아, 안전한 행동으로 고쳐 쓰시오. [2점]

- ① 안전한 행동 : _____

- ② 안전한 행동 : _____

 CHAPTER 07-2 안전교육

답안 3) • ① 정호, 횡단보도에 차가 정차되어 있다면 가급적 어른과 함께 건너야 한다. 이때 재빨리 건너기보다는 정지된 차량의 운전자와 눈을 마주친 상태에서 차를 계속 보며 건너가야 한다.
• ② 승현, 멈춰 있는 자동차는 출발할 위험이 있으므로 유아가 자동차 아래로 절대로 들어가서는 안 되며 어른에게 도움을 요청하도록 한다.

 신호등 없는 횡단보도를 건널 때의 지침

손을 들어 길을 건너겠다는 의사를 밝히고 운전자와 눈을 마주친 후 횡단보도 선을 벗어나지 않게 건넌다.
관련자료) 안전교육 7대 표준안(2016 수정본)

더 읽어보기 신호등 없는 횡단보도를 건널 때의 지침

• 신호등 없는 횡단보도는 혼자 건너기 위험하므로 가급적 어른과 같이 길을 건넌다.
• 유아는 달려오는 차의 속도나 정지거리에 대한 판단력이 부족하기 때문에 차의 멈춤을 확인하거나 차를 먼저 보내고 길을 건너도록 한다.
• 제동을 늦게 한 차에 대비하여 횡단보도는 반드시 오른쪽으로 건너도록 한다.
• 손을 들어 길을 건너겠다는 의사를 밝히고 운전자와 눈을 마주친 후 횡단보도 선을 벗어나지 않게 건넌다.

◉ 신호등 없는 횡단보도를 건널 때 다음과 같은 교통안전지도가 필요하다.
어린이는 횡단보도를 건널 때 절대로 뛰거나 성급한 행동을 하지 않도록 학습하고, 가급적 어른과 함께 건너도록 지도한다.
또한 어린이는 운전자와 눈을 맞추어 서로 존재를 확인 후에 건너도록 해야 하며 다음과 같은 '횡단보도 건너기 5원칙 지키기'에 따라 횡단할 수 있도록 지도가 필요하다.
① 멈춘다. 도로를 건너거나 차도로 나갈 때는 일단 멈춘다.
② 도로 왼쪽, 오른쪽을 주의 깊게 살핀다. 차량이 완전히 멈추었는지 확인한다.
③ 차량을 확인할 때는 꼭 운전자와 눈을 맞춘다.
④ 횡단보도의 오른쪽에서 운전자를 보며 손을 든다. 차는 왼쪽에서 다가오므로 횡단보도의 오른쪽에서 왼손을 들고 왼쪽 방향의 차량을 확인하며 출발한다.
⑤ 횡단보도를 건너는 동안 차를 계속 보며 건넌다. 도로를 건널 때는 손을 들고 차를 계속 보면서 대각선 방향으로 건넌다.
출처 : 안전교육 7대 표준안(2016 수정본)

 정지된 차량과 관련된 지침

- 안전하게 보행하기) 정지된 자동차 가까이로 건너지 않는다.
- 통학버스 이용안전) 통학 버스 가까이에 물건을 떨어뜨린 경우, 절대로 유아가 줍지 못하게 하기(반드시 운전자에게 말을 한 후 보호자가 주어야 함)
출처 : 유아를 위한 안전교육자료(2004)

MEMO

CHAPTER 07-2 안전교육

2014년 A

08 (가)는 5세반 이야기 나누기 장면의 일부이고, (나)와 (다)는 실외놀이터에서 일어난 상황의 일부이다. 물음에 답하시오. [5점]

(가)
교사 : 오늘은 바깥놀이 시간에 자전거를 탈거예요. 자전거를 안전하게 타는 방법에 대해 이야기 해 볼까요?
유아들 : 네.
교사 : 선생님이 보여 주는 표지판을 잘 보세요.
(파란색 바탕에 흰 선으로 자전거가 표시되어 있는 둥근 표지판을 보여 주며) 이 표지판은 (㉠)(이)라는 뜻이에요.

(나)
교사 : 애들아, ㉡ 교실에서 이야기 나눈 내용을 기억하고 있지? 자, 이제 규칙을 잘 지키며 자전거를 타도록 하자.
(실외놀이터에서 유아들이 자전거를 탄다.)
㉢ ┌ 은수는 자전거를 타기 전에 핸들, 타이어 공기, 브레이크와 체인을 확인한다. 그 다음 두르고 있던 긴 머플러를 벗어 놓는다. 헬멧, 팔꿈치와 무릎보호대 등을 착용하고 자전거를 탄다. 그리고 횡단보도 앞에서 잠깐 멈춘 후, 자전거를 타고 횡단보도를 └ 건너간다.

(다)
경수는 자전거를 타다가 넘어지면서 손가락을 다쳤다. 교사는 경수의 손가락을 살펴보고, ㉣ 골절이 되었다고 판단하였다. 교사는 급히 응급처치를 한 후, 원장 선생님에게 상황을 보고하였다. 원장 선생님은 ㉤ 응급처치가 필요할 경우를 대비해 보호자에게 받은 서류와 비상연락망을 찾아 후속 조치를 취하였다.

1) ㉠에 들어갈 말 1가지를 쓰시오. [1점]
- ㉠ : _____

3) ㉢에서 자전거 안전규칙에 비추어 적절하지 않은 은수의 행동 1가지를 찾아 바르게 고쳐 쓰시오. [1점]
- _____
_____

답안 1) • ㉠ : 자전거 전용도로
3) • 횡단보도를 건널 때는 자전거에서 내려서 자전거를 끌고 길을 건너야 한다.

 지시표시

- 지시표시는 파랑색(청색) 바탕에 흰색의 그림으로 되어 있으며 운전자나 보행자에게 교통 안전을 위하여 지시사항을 알리는 것으로 파랑 바탕에 흰색 그림으로 되어 있다.
- 자전거 전용도로, 자전거 및 보행자 겸용도로, 보행자 전용도로, 횡단보도, 어린이 보호, 자전거 횡단도로 등이 있다.

자전거 전용도로	자전거 및 보행자 겸용도로	보행자 전용도로	횡단보도	어린이보호 (어린이보호 구역안)	자전거 횡단도로

자전거를 타고 횡단보도를 건너는 방법

- 횡단보도로 길을 건널 때는 자전거에서 내려서 자전거를 끌고 길을 건너기
- 자전거 횡단도로 길을 건널 때는 자전거를 타고 주의하며 건너기
- 길을 걸을 때와 마찬가지로 자전거를 타고 옆으로 길을 늘어서서 주행하는 것은 위험하므로 한 줄로 지나가기

CHAPTER 07-2 안전교육

2003년 주관식

08 다음은 유아들의 교통 안전과 관련하여 가정할 수 있는 상황이다.

> - 유아들이 달려오는 차를 보고 급하게 건넌다.
> - 유아들이 찻길 주변에서 공놀이를 한다.
> - 유아들이 친구나 엄마가 부르면 신호등이나 횡단보도를 보지 않은 채 건넌다.
> - 유아들이 녹색 신호등이 켜지자마자 좌우를 살피지 않고 곧바로 건넌다.

이러한 상황과 관련하여 교사가 교통 안전교육을 실시하고자 할 때, 교육 내용으로 포함되어야 할 지식, 태도, 기술을 각각 2가지씩 제시하시오. [총 6점]

1) 교통 안전 지식 [2점]
   ① _____
   ② _____

2) 교통 안전 태도 [2점]
   ① _____
   ② _____

3) 교통 안전 기술 [2점]
   ① _____
   ② _____

답안 1) 교통 안전 지식
- 녹색 신호등은 건너는 것을 의미하고, 적색 신호등은 멈추는 것을 의미한다.
- 횡단보도는 찻길에서 사람이 건너갈 수 있는 길이다.
- 자동차가 보는 신호등과 사람이 보는 신호등이 다르다.
- 찻길은 차가 다니는 길이고 인도는 사람이 다니는 길이다.

2) 교통 안전 태도
- 교통신호 규칙을 지킨다.
- 보행안전 규칙을 지킨다.
- 안전한 장소에서만 놀이한다.
- 찻길에서는 놀지 않는다.

3) 교통 안전 기술
- 녹색 신호등을 보고 건넌다.
- 신호등이 바뀐 직후에는 일단 좌우를 살핀다.
- 횡단보도를 건널 때에는 손을 들고 건넌다.

06 폭력 예방 및 신변보호교육 기출문제 분석

2021년 A

05 (가)는 ○○유치원에서 발생한 응급 상황이고, (나)는 응급 상황 대처 이후 나눈 원감과 김 교사 간 대화의 일부이다. 물음에 답하시오. [5점]

(나)

> 원 감 : 김 선생님, 오늘 많이 놀라셨지요?
> 김 교사 : 네, 많이 당황했어요. 그래도 선우 귀에서 벌레가 빠져 나와서 다행이에요. ⓒ <u>선우가 뭔가 귀에 들어간 상황이 위험하다고 인지하고, 빨리 도와달라고 해서 응급 처치가 신속하게 이루어진 것 같아요.</u> 지난번에 했던 학교안전교육 7대 영역에 해당하는 안전교육 중 응급처치교육을 기억하고 있다가 그대로 해서 참 기특했어요.
> 원 감 : 그러게 말이에요. 그래서 반복적인 안전 교육이 중요하지요.
> 김 교사 : 응급처치교육과 마찬가지로 아동 학대와 같은 경우에도 유아가 학대 상황을 인지하고 대처하는 방법을 아는 것이 중요한 것 같아요. 그래서 다음주에는 ⓔ '<u>아동 학대 신고 및 대처 방법 알기</u>'에 대한 안전교육을 신경 써서 준비해 보려고 해요.
> 원 감 : 네, 좋은 생각이네요. 학교안전정보센터 사이트에서 교육 자료를 찾아보시면 도움이 될 것 같아요.
>   … (하략) …

2) 「학교안전교육 실시 기준 등에 관한 고시」(교육부 고시 제2019-214호, 2020. 1. 1., 일부개정) [별표 2]는 '학생 안전교육 내용 및 방법'이다. 이에 근거하여 ① ⓒ에 해당하는 '응급처치교육'의 내용 1가지를 쓰고, ② ⓔ이 해당되는 안전교육의 명칭을 쓰시오. [2점]
② _____

답안 2) • ② : 폭력예방 및 신변보호교육

더 읽어보기 — 학교안전교육 실시 기준 등에 관한 고시 (2023.10.16.)

안전교육 영역	교육시간/ 횟수	교육내용
폭력 예방 및 신변 보호	8시간/ 학기당 2회 이상	① 내 몸의 소중함과 정확한 명칭 알기 ② 좋은 느낌과 싫은 느낌 알기 ③ 성폭력 예방 및 대처방법 알기 ④ 나와 내 주변사람(가족, 친구 등)의 소중함을 알고 사이좋게 지내기 ⑤ 아동학대 신고 및 대처방법 알기

2009년 객관식

20 최근 성적 호기심을 자극하는 환경이 심화되고, 유아 성폭력 피해가 증가하면서 유치원 교육과정에 유아 성교육에 대한 내용이 포함되었다. 〈보기〉에서 유아 성교육에 대한 설명으로 가장 적합한 것은?

보기

ㄱ. 교사가 유아의 성폭력 피해를 알게 되면 즉시 유아가 겪은 일을 구체적으로 물어 보아야 한다. 그리고 평소보다 더 따뜻하고 특별하게 관심을 보이면서 유아에게 걱정할 필요가 없다고 계속해서 위로해 준다.

ㄴ. 만 3세 남자 유아 찬호는 바지보다 치마를 더 좋아한다. 교사는 찬호가 남자다운 성역할을 학습할 시기라고 생각하여 찬호의 행동을 변화시키려는 계획을 세우고 지도한다.

ㄷ. 유아는 병원 놀이, 목욕탕 놀이를 하면서 다른 유아의 신체나 성기를 만지기도 하는데 이는 유아기에 나타날 수 있는 자연스러운 현상이므로 교사는 유아의 행동이 그칠 때까지 크게 관심을 두지 않는다.

ㄹ. 우리 몸의 중요한 부분을 보호하는 방법과 다른 사람에게 보여주지 말아야 하는 이유에 대해 이야기를 나눈다. 그러나 우리 몸을 보호하고 건강하게 하기 위해서는 다른 사람에게 몸을 보여주어야 할 때도 있음을 알려준다.

ㅁ. 유아는 '고추' 등 성과 관련된 말을 하면서 재미를 느끼고 좋아하는데 이러한 행동을 그냥 두면 더욱 증가하므로 초기부터 하지 않도록 지도해야 한다.

① ㄱ   ② ㄴ   ③ ㄷ   ④ ㄹ   ⑤ ㅁ

답안 ④

(ㄱ) 즉시 유아가 겪은 일을 구체적으로 물어보아야 / 평소보다 더 따뜻하고 특별하게 관심을 보이면서 (×) ⇨ 이와 같이 일이 발생했을 때 교사는 평소처럼 담담하게 대하며 유아가 겪은 일을 너무 자세히 (지나치게 구체적으로) 묻지 않아야 합니다.

성폭력 피해를 알게 되었을 시 교사의 대처와 태도

출처 : 성교육 및 성폭력 예방교육 지침서(부모용 소책자)

- 평소처럼 담담하게 대합니다. → 매우 놀라고 당황스러워 하는 성인의 반응은 유아에게 뭔가 크게 잘못한 일이라는 느낌을 갖게 할 수 있습니다.
- "네 잘못이 아니야." → 유아가 잘못한 일이 아니므로 크게 걱정할 필요가 없다고 위로하고, 안심을 시켜줍니다.
- 너무 자세히 물어보지 않습니다. → 유아가 겪은 일을 자세히 아는 것도 중요하지만, 너무 꼬치꼬치 묻게 되면 유아는 사실이 아닌 거짓으로 대답을 할 수 있습니다.

★ 성폭력 피해가 의심되는 유아와 해서는 안 될 대화의 방법
- 당황하여, 다그치면 안됩니다.
- 지나치게 구체적으로 묻지 않습니다.
- 반복해서 묻지 않습니다.
- 대답을 유도하지 않습니다.
- 추궁하거나 비난하지 않습니다.

(ㄴ) 찬호가 남자다운 성역할을 학습할 시기라고 생각하여 찬호의 행동을 변화시키려는 계획을 세우고 지도 (×) ⇨ 유아를 위한 성교육에서는 상대 성역할도 자연스럽게 해나가며 역할의 폭을 넓혀가는 경험을 통해 양성평등 의식을 생활화할 수 있도록 도와야 합니다.

성교육 시 성역할 지도

출처 : 유아를 위한 성교육 프로그램(2007)

성역할 교육	남녀 성역할의 평등함을 알고, 상대의 성을 존중하고, 상대의 성의 역할도 자연스럽게 해낼 수 있도록 가능한 역할의 폭을 넓혀 가도록 이끄는 교육〉 훗날 균형 있는 가정생활과 조화로운 사회공동생활을 이루도록 하기 위해 필요한 교육

출처 : 성교육 및 성폭력 예방교육 지침서(부모용 소책자)

★ 성교육 시 필요한 태도
다르지만 모두 소중함을 알려줍니다. → 유아들에게 남자다움과 여자다움을 강조하지 않도록 평소에 양성평등 의식을 생활화하는 것도 타인에 대한 배려와 존중을 알게 하는 유익한 습관이 됩니다.

(ㄷ) 다른 유아의 신체나 성기를 만지기도 하는데 이는 유아기에 나타날 수 있는 자연스러운 현상 / 교사는 크게 관심을 두지 않는다. (X) ⇨ 유아를 위한 성교육에서는 유아가 성폭력 피해자가 되지 않게 할 뿐 아니라, 가해자가 되지 않도록 타인에 대한 배려 중심의 인성 교육을 병행하도록 지침을 제시하고 있습니다.

1) 유아에게 적합한 성교육의 내용범주 3가지〉 성도덕 교육 참조

성기중심 교육	남녀의 해부학적 성 기관, 성 기능의 차이 등을 다루는 교육을 통해 인체와 성적 행동을 이해하도록 돕는 교육〉 유아를 대상으로 하는 성기 중심의 교육에서는 남자와 여자의 신체 차이 알기, 유아와 성인의 신체 차이 알기, 성장에 따른 신체의 변화, 올바른 대소변 배설 및 청결 유지하기, 성기 소중히 하기, '성기 장난 안 하기', 성과 관련된 습관적인 문제행동 금지하기, 출생의 과정 및 탄생에 대해 이해하기 등
성 역할 교육	남녀 성 역할의 평등함을 알고, 상대의 성을 존중하고, 상대의 성역할도 자연스럽게 해낼 수 있도록 가능한 역할의 폭을 넓혀 가도록 이끄는 교육〉 훗날 균형 있는 가정생활과 조화로운 사회공동생활을 이루도록 하기 위해 필요한 교육으로 자녀로 하여금 아버지 역할과 어머니 역할 모두가 중요하다는 것을 깨닫게 하고, 가정은 남자와 여자가 사랑으로 함께 이루는 곳이라고 지도하는 것 필요. 이는 남성과 여성의 신체부위는 서로 다르게 보이지만 그 기능은 똑같이 중요하다는 것을 의미하는 것이며, 남자와 여자가 하는 역할이 서로 달라도 그 각자의 역할은 모두 중요하다는 것을 의미함.
성도덕 교육	유아에게 자신을 사랑하며 동시에 타인을 존중하고 사랑하는 것을 가르침으로써 훗날 자신과 타인의 삶을 소중하게 여기고, 책임 있는 삶, 노력하는 삶, 더 나아가 통제할 수 있는 삶을 살도록 이끄는 교육〉 성도덕 교육의 토대가 되는 인간존중의식은 동물이나 주변의 모든 것을 귀하게 다루어야 한다는 생명존중의 의미로까지 확대할 수 있음. 성도덕 교육의 내용에는 남의 몸 함부로 만지지 않기, 성과 관련된 습관적 문제 행동 금지, 자신의 몸 보호하기, 몸을 소중히 간수하기, 성폭력 예방하기 등의 내용과 더불어 다른 사람이 만지려 할 때 '안 돼', '싫어'라고 분명히 거부 의사를 표현하는 성폭력 대처 방법까지 포함시키고 있음.

2) 유아 성폭력 예방교육의 내용체계〉 가해예방교육 참조

구분		신체	감정	상황
나 (피해예방)	성교육 차원	• 신체 부위의 명칭 알기 • 신체 부위의 기능 알기 • 신체 부위의 중요성 알기	• 일반적인 내 기분 인식하기 • 일반적인 내 기분 표현하기	
	성폭력 예방 차원	• 내 몸의 소중함 인식하기 • 내 몸 보호하기	• 신체 접촉 시 내 기분 인식하기 • 신체 접촉 시 내 기분 표현하기	• 성폭력 상황 인식하기 • 성폭력 상황 대처하기 (즉각 및 사후대처) • 성폭력 유발 요인 이해하기
타인 (가해예방)	성교육 차원	• 남자와 여자의 신체 특징 이해하기 • 어른과 유아의 신체 특징 이해하기	• 일반적인 타인의 기분 인정하기 • 일반적인 타인의 기분 존중하기	
	성폭력 예방 차원	• 타인의 몸 소중함 인식하기 • 타인의 몸 보호하기	• 신체 접촉 시 타인의 기분 인정하기 • 신체 접촉 시 타인의 기분 존중하기	• 타인에 대한 좋지 않은 성적 행동 인식하기 • 자신의 행동 조절하기 (즉각적 멈춤과 사과)

CHAPTER 07-2 안전교육

(ㅁ) 유아는 '고추' 등 성과 관련된 말을 하면서 재미를 느끼고 좋아하는데 이러한 행동을 그냥 두면 더욱 증가하므로 **초기부터 하지 않도록 지도해야** (×) ⇨ 유아의 발달상 재미를 느끼는 것은 자연스러운 현상이며 성과 관련된 어떤 행동의 경우 크게 놀라거나 갑자기 야단을 칠 경우 죄의식을 갖고 더욱 은밀하게 하는 등 오히려 역효과를 일으킬 수 있습니다. 다만 타인을 불쾌하게 할 경우에는 지도가 필요합니다.

 성교육 시 필요한 태도

출처 : 성교육 및 성폭력 예방교육 지침서(부모용 소책자), 2007)

① 유아에 대한 이해가 필요합니다. → 유아의 연령, 호기심 정도, 발달 수준 등을 잘 알고 있어야 어떠한 내용의 성교육이 적절한지 알 수 있습니다.
② 자연스럽게 반응합니다. → 유아가 성에 대한 질문이나 성적 행동을 보였을 때 당황하거나 야단치지 말아야 합니다. 유아가 성에 대해 부정적인 생각을 갖기 쉽습니다.
③ 사실적이고 간단하게 알려줍니다. → 유아의 질문에 대답할 때는 유아가 이해할 수 있는 범위에서 설명합니다. 성교육 내용을 차분히 전달하면, 유아 스스로 성에 대해 중요하다는 의식을 갖게 됩니다.

2008년 주관식

07 다음 사례를 읽고 질문에 답하시오. [총 6점]

> 만 5세인 민서가 집에서 혼자 놀고 있는데 옆집 아저씨가 오셨다. 민서는 아는 아저씨라서 문을 열어 드렸다. 아저씨는 민서가 예쁘다고 안아주면서 몸을 만지고 쓰다듬었다. 그런데 아저씨가 그렇게 할 때 민서는 기분이 이상하였다. 아저씨는 "민서야, 이건 너와 나만 아는 비밀이니까 아무한테도 말하면 안 돼. 그리고 비밀은 꼭 지켜야 착한 아이란다."라고 하셨다. 그래서 민서는 엄마에게도 이 사실을 이야기하지 않았다.

1) 위 사례에서 유아의 발달 특성상 민서가 성폭력에 노출되기 쉬운 이유를 2가지 쓰시오. [2점]

    • _____

    • _____

2) 위 사례에서 유아의 발달 특성을 고려하여 교사가 민서에게 가르쳐야 할 교육 내용을 2가지 쓰시오. [2점]

    • _____

    • _____

3) 위 사례와 같은 성폭력 관련 사건이 발생했을 때, 교사가 대처해야 할 방안을 2가지 쓰시오. [2점]

    • _____

    • _____

 CHAPTER 07-2 안전교육

답안 1) • 유아들은 어떤 것이 성폭력인지, 성폭력이 잘못된 것인지 아직 알 수 없다.
- 유아들은 위험한 상황에서 자신을 보호하는 방법과 필요성을 알지 못한다.
- 유아들은 기분 좋은 접촉과 나쁜 접촉을 명확히 구분하지 못할 수 있다.
- 유아들은 비밀을 반드시 지켜져야 하는 것으로 생각할 수 있다.
- 유아들은 어른에게 칭찬받는 것을 좋아한다.

2) • 기분 좋은 접촉과 나쁜 접촉을 구별한다.
- 위험한 일을 당했을 때 교사나 부모에게 알린다.
- 내 기분과 의사를 명확히 표현할 수 있도록 한다.

3) • 평소처럼 담담하게 유아를 대하며 유아가 잘못한 일이 아니라는 점을 알려주고 위로하고 안심시켜 준다.
- 너무 자세하게 물어보지 않는다.
- 가능한 한 증거를 보존한다. (몸은 씻지 않고, 옷도 그대로 보존하여 병원에 가기 / 피해 후 48시간 이내에 여아는 산부인과나 외과를, 남아는 항문외과나 비뇨기과를 가기)

 유아가 성폭력에 취약한 이유

출처 : 성교육 및 성폭력 예방교육 지침서(부모용 소책자, 2007)

① 유아는 힘이 약합니다.
② 유아는 다른 사람을 잘 믿고 따릅니다.
③ 유아는 얼굴이 험하게 생기지 않으면, 착한 사람이라고 생각합니다.
④ 유아는 잘 모르는 사람도 친절한 태도를 보이면, 호감을 갖고 따릅니다.
⑤ 유아는 자신이 아는 사람은 모두 좋은 사람이라고 생각합니다.
⑥ 유아는 호기심이 많아 새로운 경험이라고 생각합니다.
⑦ 유아는 어른에게 칭찬받는 것을 좋아합니다.
⑧ 유아는 성개념과 지식이 부족합니다.

1) 성폭력 예방교육의 내용

출처 : 유아를 위한 성교육 프로그램(2007)

내용 영역	내 용
지식	• 어떤 것이 성폭력인지를 알게 된다. • 위험한 상황에서 자신을 보호하는 방법을 알게 한다. • 위험한 상황에서 자신을 보호해야 할 필요성을 알게 한다. • 기분 좋은 접촉과 나쁜 접촉을 구별하게 한다.
태도	• 자신의 몸이나 타인의 몸을 소중하게 여기도록 한다. • 위험한 상황에 대처하는 바른 태도를 기르게 한다. • 위험한 상황에서 자신을 보호하려는 적극적인 태도를 기르게 한다. • 위험에 처했을 때 침착하게 대처하는 행동을 기르게 한다. • 위험 상황이 있음을 알고, 위험에 처한 사람을 돕는 태도를 기르게 한다. • 위험한 상황을 인식하고 대처하는 태도를 기르게 한다.
기술	• 위험한 상황으로부터 도움을 청하는 방법을 알게 한다. • 성폭력 가능성을 인식하고 올바른 방법으로 대처하도록 한다. • 성폭력을 당했을 때 도움을 구하거나 대처할 수 있는 방법을 알게 한다.

학교안전교육 실시 기준 등에 관한 고시 (2023.10.16.)

안전교육 영역	교육시간/ 횟수	교육내용
폭력 예방 및 신변 보호	8시간/ 학기당 2회 이상	① 내 몸의 소중함과 정확한 명칭 알기 ② 좋은 느낌과 싫은 느낌 알기 ③ 성폭력 예방 및 대처방법 알기 ④ 나와 내 주변사람(가족, 친구 등)의 소중함을 알고 사이좋게 지내기 ⑤ 아동학대 신고 및 대처방법 알기

「아동복지법」에 근거한 어린이집 5대 안전교육기준

※ 아동복지법 시행령 [별표 6] 교육기준(제28조 제1항 관련)

안전교육 영역	교육시간/ 횟수	교육내용
성폭력 예방교육	6개월에 1회 이상 (연간 4시간 이상)	1. 내 몸의 소중함 2. 내 몸의 정확한 명칭 3. 좋은 느낌과 싫은 느낌 4. 성폭력 예방법과 대처법 5. 성폭력의 개념 및 성폭력의 주체에 대한 교육

 **성폭력 피해를 알게 되었을 시 교사의 대처와 태도**

출처 : 성교육 및 성폭력 예방교육 지침서(부모용 소책자), 2007)

- **평소처럼 담담하게 대합니다.** → 매우 놀라고 당황스러워 하는 성인의 반응은 유아에게 뭔가 크게 잘못한 일이라는 느낌을 갖게 할 수 있습니다.
- **"네 잘못이 아니야."** → 유아가 잘못한 일이 아니므로 크게 걱정할 필요가 없다고 위로하고, 안심을 시켜 줍니다.
- **너무 자세히 물어보지 않습니다.** → 유아가 겪은 일을 자세히 아는 것도 중요하지만, 너무 꼬치꼬치 묻게 되면 유아는 사실이 아닌 거짓으로 대답을 할 수 있습니다.
- **가능한 증거를 보존합니다.** → 몸은 씻지 않고, 옷도 그대로 보존하여 병원에 갑니다. 피해 후 48시간 이내에 여아는 산부인과나 외과를, 남아는 항문외과나 비뇨기과를 갑니다.
- **필요한 도움과 치료를 받습니다.** → 관련기관을 찾아 의료적·법률적 지원과 치료를 받습니다.

♣ **증거 확보**
- **병원에 가는 것이 좋습니다.**
  심한 피해를 입은 직후에는 의학적 증거 채취를 위해 여아는 산부인과나 외과를, 남아는 항문외과나 비뇨기과를 갑니다. 몸을 씻거나 화장실을 가지 않고, 옷도 갈아입지 않고 병원으로 바로 갑니다.
- **사진을 찍어 둘 수 있습니다.**
  피해 후 당황하여 기억이 정확하지 않을 수도 있으니, 피해 장소나 정황 등을 사진으로 촬영해 놓는 것도 좋은 방법입니다.
- **목격자의 증언을 확보합니다.**
  목격자가 있으면 즉시 목격자로부터 정확한 날짜와 시간, 장소와 목격자의 신원 및 연락처, 그리고 목격한 사실에 대해 육하원칙에 입각하여 작성한 사실 확인서를 받아 둡니다.

- **꼭 상담합니다.**
  소아정신과나 관련 전문기관을 찾아가 당시의 상황을 자세히 상담한 후 담당의사의 소견서나 진단서를 받습니다.

> 2005년 주관식

09 유아들에게 다른 사람을 이해하고 수용하는 태도를 길러주기 위하여 교육 활동을 전개하고자 한다. 다음 물음에 답하시오. [총 8점]

2) 유치원에서 놀이를 할 때 여러 유아가 한 유아를 따돌리는 경우가 있다. 이러한 경우 따돌림을 받는 원인과 따돌림을 하는 원인을 1가지씩 쓰고, 이에 알맞은 지도 내용을 1가지씩 쓰시오. [4점]

(1) 따돌림을 받는 유아
① 원인 : _____
② 지도 내용 : _____
_____

(2) 따돌림을 하는 유아
① 원인 : _____
② 지도 내용 : _____
_____

답안 (※ 가정 환경적 측면에서는 따돌림을 받는 유아와 따돌림을 하는 유아 모두 '부모의 양육태도'가 부적절할 경우가 가장 큰 원인으로 제시됨)

(1) 따돌림을 받는 유아

① 원인 : (유아 개인적인 측면) 외형적으로 드러나는 외모의 현저한 차이 및 신체구조상의 문제, 자신감 결여, 허약함, 소극적인 성격, 또래와의 사회적 대화 기술 부족, 어눌한 언어 구사 능력(말솜씨), 타인에 대한 무흥미 등이 원인이 될 수 있다.

② 지도내용 : 피해 유아에게는 "하지 마!", "싫어!"라고 분명히 말하는 등 자신의 주장을 단호하게 표현하도록 하는 훈련이 필요하다. 또한 피해를 당했을 때 아무 조치를 취하지 않으면 폭력은 점점 심해지고 지속될 수 있으므로 부모님이나 학교(교사나 부모님)에 도움을 요청해야 함을 지도한다.

(2) 따돌림을 하는 유아

① 원인 : (유아 개인적인 측면) (※ 자신감이 넘치며 또래와 의사소통을 잘하고 언어적 반응이 빠른 특성이 나타나는 경우가 있으나 그럴 경우에도 다음과 같은 특성이 나타남) 공격적, 충동적이고 수치심이나 동정심이 없는 성향을 가졌으며 힘이 세고 약한 또래의 불편함과 고통을 즐기면서 따돌릴 수 있는 상황을 조성함으로써 또래 사이에서 힘과 명예를 얻으려는 것이 원인이 될 수 있다. 또한 타인에 대한 이해나 책임의식이 부족한 것도 따돌림 행동의 원인이 된다.

② 지도내용 : 가해 유아(따돌리는 유아)는 실제로 자신이 무엇을 잘못했는지 모르는(자신이 폭력을 행사하는 줄 모르는) 경우가 대다수이므로 우선 따돌림 행동은 잘못된 행동(명확한 학교폭력)이라는 것을 알려주어 분명히 인식하도록 해야 행동을 멈출 수 있다. 이와 동시에 자신의 행동이 미치는 영향과 그로 인해 다른 사람이 느끼게 될 감정 등 행동의 결과를 인식하도록 돕는 활동을 통해 자기반성의 기회를 제공하도록 한다(~제공하고, 이전과는 다른 행동 방식을 연습할 수 있도록 지도해야 한다.).

더 읽어보기 — 학교폭력 – 따돌림

사회문제로 확산된 '집단 따돌림'또는 '왕따'라 불리는 또래 괴롭힘 문제는 관계적 공격성의 하위영역에 포함되는 내용이다. 관계적 공격성은 또래 관계를 조절하기 위해 특정 유아를 집단에서 배척시키고 뒤에서 나쁜 소문내기, 우정 철회하기와 같은 행동을 하는 것을 말한다. 관계적공격성은 또래 관계나 사회적 소속감을 손상시키거나 조종하는 것에 의해 다른 사람에게 의도적인 해를 입히는 행동이다(Crick, 1997 ; Crick & Grotpeter, 1995 ; Dodge & Coie, 1987).

따돌림이란 한 명 또는 그 이상이 또래에 의해 나타나는 지속적이고 반복적인 부정적 행위이다. 유아교육기관에서의 따돌림은 새로운 현상이 아니다. 학령기 아동보다 강도는 미약할지라도 또래관계 속에서 이미 나타나고 있다. 유아기에 발생하는 따돌림은 취학 후에도 또래들로부터 괴롭힘을 받는 악순환을 만들고 있다(Perren & Alasker, 2006). 유치원에서의 집단 따돌림은 무리 내 집단 전체에 영향을 미치기 때문에 공격성을 띤 유아에게는 사회적 기술을 습득하도록 하는 훈련, 피해 유아에게는 자신의 주장을 단호하게 표현하도록 하는 훈련이 필요하다. 이러한 목적이 달성되기 위해서는 유치원 내에서 공개적인 토의가 이루어져야 하며, 피해 유아의 무리 내 집단 활동 참여를 증진시키고 연령이 높은 또래가 곁에서 함께 상호작용하는 노력이 필요하다.

[관련 법령] – 학교폭력예방법
제2조(정의) 이 법에서 사용하는 용어의 정의는 다음 각 호와 같다.
1. "학교폭력"이란 학교 내외에서 학생을 대상으로 발생한 상해, 폭행, 감금, 협박, 약취·유인, 명예훼손·모욕, 공갈, 강요·강제적인 심부름 및 성폭력, 따돌림, 사이버폭력 등에 의하여 신체·정신 또는 재산상의 피해를 수반하는 행위를 말한다.
1의2. "따돌림"이란 학교 내외에서 2명 이상의 학생들이 특정인이나 특정집단의 학생들을 대상으로 지속적이거나 반복적으로 신체적 또는 심리적 공격을 가하여 상대방이 고통을 느끼도록 하는 모든 행위를 말한다.

…(이하 생략)…

[따돌림의 예시상황]
- 집단으로 상대방을 의도적이고 반복적으로 피하는 행위
- 싫어하는 말로 바보 취급 등 놀리기, 빈정거림, 면박주기, 겁주는 행동, 골탕 먹이기, 비웃기
- 다른 학생들과 어울리지 못하도록 막는 행위

[학교안전교육 7대 표준안 관련 내용 살펴보기]
- **학교폭력 알아보기** : 학교폭력의 개념 및 정의를 명확하게 설명하기보다는 '폭력'이 친구의 몸과 마음을 아프게 하는 행동이라는 것을 유아가 이해할 수 있는 수준에서 설명하고, 구체적인 사례를 통해 폭력을 이해하고 지양해야 하는 행동임을 알려준다. 학교폭력의 유형은 다음과 같다.
  - 신체폭력 : 신체를 손, 발로 때리는 등 아프게 하는 행동
  - 언어폭력 : 여러 사람 앞에서 기분 나쁜 말을 하는 행동
  - 금품갈취 : 돌려줄 생각 없으면서 상대방 물건을 뺏는 행동
  - 강요 : 하기 싫은 행동을 강요하는 것
  - **따돌림** : 다른 친구들과 놀지 못하게 하는 말과 행동
  - 성폭력 : 싫다고 해도 친구가 나의 몸을 만지는 행동
  - 사이버폭력 : 휴대전화로 기분 나쁜 말이나 사진을 보내는 행동

- **집단 따돌림 알아보기**(유의어 : 소외, 왕따) : 집단 따돌림의 사전적 의미 : 한 집단 내에서 특정한 사람을 따로 떼어 멀리하는 일을 말한다. 은 다음과 같다.

집단 따돌림 시 지도 내용	집단 따돌림에 대한 대응방법 지도내용
• 어린 연령인 경우는 '집단 따돌림' 영상 대신 지난 시간에 배운 '집단 따돌림 이해하기' 영상의 내용을 회상해본다. • 따돌림 당하는 친구를 지켜만 보는 것(무관심)도 그 친구에게 상처가 된다는 것을 알려준다.	• "하지 마!", "싫어!"라고 분명히 말한다. • 부모님이나 학교에 도움을 요청한다.

2004년 주관식

02 다음은 최 교사의 유치원에서 일어난 일이다.

> 영희가 화장실에 들어가서 소변을 보고 있었다. 그 때 갑자기 철수가 화장실 문을 열었다. 영희는 놀라서 소리를 질렀다.

유아들이 철수와 같은 행동을 하게 되는 원인을 3가지 쓰고, 각각의 경우에 해당되는 지도 방법을 제시하시오. [총 6점]

	원인(3점)	지도방법(3점)
①		
②		
③		

답안

	원인(3점)	지도방법(3점)
①	여자아이가 놀라는 것을 보고 싶어서 재미로 문을 열었다.	재미로 한 행동에 대해 그것을 당하는 친구의 기분은 좋지 않을 수 있다는 것을 이야기 나눈다. (그림자료 활용)
②	여자 아이가 어떻게 용변을 보는지 궁금해서 문을 열었다.	성교육의 차원으로 남아와 여아의 신체적 차이를 이야기하고 이로 인해 달라질 수 있는 점에 대해 이야기 나눈다.
③	화장실에 갈 때 노크를 해야 한다는 사실을 모르거나 잊었다.	화장실에 들어가기 전 해야 할 행동규칙(약속)에 대해 이야기 나누고 다시 상기시킨다.

MEMO

07 약물 및 사이버 중독예방교육 기출문제 분석

2009년 객관식

18 다음은 유아를 위한 전자 미디어 교육의 내용을 범주로 나눈 것이다. 각 범주와 〈보기〉의 활동을 바르게 짝지은 것은?

> a. 전자 미디어의 기능과 역할 인식하기
> b. 전자 미디어의 사용법 익히기
> c. 전자 미디어를 통해 정보를 활용하기
> d. 전자 미디어에 대한 자기 조절력 형성하기
> e. 전자 미디어와 관련된 윤리 의식 기르기

보기

> ㄱ. '컴퓨터만 하고 싶은 민호'의 이야기를 듣고 컴퓨터 중독을 예방하는 방법에 대해 알아 본다.
> ㄴ. 개구리의 생활에 대해 궁금해 하는 유아와 함께 인터넷을 통해 알아 본다.
> ㄷ. 컴퓨터가 있어서 좋은 점이 무엇인지 이야기해 보고 동시로 꾸며 본다.
> ㄹ. 인터넷을 하는 사람끼리 서로 지켜야 할 약속에 대해 조사하기와 이야기 나누기를 한다.
> ㅁ. 전자 미디어와 관련된 기기를 직접 조작해 보는 경험을 반복해서 해 본다.
> ㅂ. 인터넷에서 검색한 '삼색 주먹밥 요리 과정'에 따라 즐거운 마음으로 요리하고 먹는다.

① a-ㄷ, b-ㅁ, c-ㄹ
② a-ㄴ, b-ㅂ, e-ㄱ
③ b-ㅁ, d-ㄱ, e-ㅂ
④ b-ㅂ, c-ㄷ, e-ㄹ
⑤ c-ㅂ, d-ㄱ, e-ㄹ

답안 ⑤

 [전자 미디어] 교육활동 내용

출처 : 전자미디어 교육활동자료(2007)

전자 미디어의 기능과 역할 인식하기	- 일상생활에서 활용되는 다양한 미디어의 종류 인식 - 미디어의 색, 모양, 구조, 기호 등 미디어를 구성하고 있는 외부적 요소 탐색 - 미디어의 요소가 가지고 있는 기능과 역할에 대한 탐색과 경험
전자 미디어의 사용법 익히기	- 일상생활에서 미디어의 필요성 인식을 통한 사용법 학습에 대한 동기 유발 - 미디어의 각 기능에 대한 반복적, 직접적 경험을 통한 숙련 - 능동적인 미디어 활용을 준비하는 자유로운 사용 능력의 습득
전자 미디어를 통해 정보를 활용하기	- 일상생활에서 미디어 활용의 장점 탐색 - 다양한 활동을 통한 정보수집, 정보와 경험의 공유, 타인과 관계 맺기 등과 같은 미디어의 긍정적 활용방법에 대한 직접 경험 - 미디어와 일상생활(On - Off line)과의 상호교류 활동과제 수행을 통한 시너지효과 경험
전자 미디어에 대한 자기 조절력 형성하기	- 미디어를 통해 경험하는 정보의 적절한 선택 능력 형성 - 미디어 관련 문제 상황과 관련된 스스로의 행동(시간, 태도, 사용 방법 등)에 대한 결과와 원인 분석을 통해 문제 상황에 대한 대처 능력 형성 - 일상생활의 현실과 미디어의 세상을 분리하여 즐기는 태도 형성
전자 미디어와 관련된 윤리의식 기르기	- 일상생활에서 미디어 사용의 과오에 의해 발생하는 문제 인식 - 나-미디어, 미디어-타인, 나-타인과의 올바른 관계 맺기를 위한 방법 모색 - 미디어에 대한 자기 조절력과 자신감을 바탕으로 하는 윤리의식의 내면화

> 2005년 주관식

03 텔레비전 시청이 유아에게 미치는 긍정적, 부정적 영향을 각각 2가지씩 쓰고, 가정과 연계하여 지도해야 할 내용 3가지를 쓰시오. [총 7점]

1) 긍정적 영향 [2점]
   ① _____

   ② _____

2) 부정적 영향 [2점]
   ① _____

   ② _____

3) 지도 내용 [3점]
   ① _____

   ② _____

   ③ _____

답안

1) 긍정적 영향
   - 자연 다큐 프로그램이나 일기예보 등을 통해 다양한 지식과 정보를 얻을 수 있다.
   - 전자 미디어(텔레비전)의 다양한 기능을 인식할 수 있다.
   - 텔레비전을 시청함으로써 다양한 세상을 경험해 볼 수 있다.

2) 부정적 영향
   - 지속적으로 접하고자 하는 현상 등으로 신체 운동 기능의 발달이 저하될 수 있다.
   - 폭력 등에 노출될 수 있으며 현실과 환상의 혼동에 따른 문제 상황이 야기될 수 있다.
   - 일방적인 시청에 익숙해지면 사회적 관계의 단절을 가져오게 되어 사회성 발달에 어려움을 갖게 될 수 있다.

3) 지도 내용
   - 유아가 나홀로 시청하는 것을 금하고, 가족들과 함께 볼 수 있도록 안내한다. 친구, 형제 어른들과 함께 대화를 나누며 본다면 내용을 좀더 객관적으로 받아들일 수 있을 뿐더러 스스로 생각을 정리하는 법도 익히게 된다.
   - 부모와 함께 좋은 프로그램을 선택하는 것이 중요함을 안내한다. 한 가지 내용으로 구성된 프로그램보다는 애니메이션, 음악, 미술 등 다양한 프로그램을 선별해서 보여주며 이때 프로그램을 선별할 때는 엄마의 입장보다는 아이의 연령, 호기심, 이해능력을 고려하는 것이 중요하다.
   - 자극적, 폭력적인 것은 피하고 비디오 시청 시간을 줄일 수 있도록 안내한다.

CHAPTER 07-2 안전교육

08 재난안전 교육 기출문제 분석

2024년 A

06 (가)는 ○○유치원 교사들이 재난 안전에 대해 나눈 대화의 일부이고, (나)는 박 교사가 작성한 실외 지진 대피 훈련 계획이다. 물음에 답하시오. [5점]

(가)

> 최 교사 : 요즈음 뉴스를 보면 세계 곳곳에서 집중 호우, 기습 한파, 폭염 등의 재난 빈도가 높아지고 있어요.
> 박 교사 : 맞아요. 그래서 저는 ㉠ 30℃ 이상의 불볕더위가 며칠간 계속될 때에는 그에 대처하여 일과를 운영하고 있어요.
> 김 교사 : 불볕더위와 관련하여 어떤 구체적 기준이 있나요?
> 박 교사 : 네, 있어요. 일 최고 기온이 33℃ 이상인 상태가 2일 이상 지속될 것으로 예상될 때에는 폭염 주의보가 발령돼요.
> 송 교사 : 지난달에는 ㉡ 폭염 경보가 발령되었잖아요.
> 김 교사 : 저도 유아들이 각종 재난 상황에서 민첩하고 적절하게 행동할 수 있도록 좀 더 신경을 써야겠어요.
> 최 교사 : 다음 달 계획된 지진 대피 훈련은 유아가 실외에 있을 때 지진이 발생한 경우를 대비한 훈련이지요?
> 박 교사 : 네. 제가 훈련 계획을 세워 봤어요.

(나)

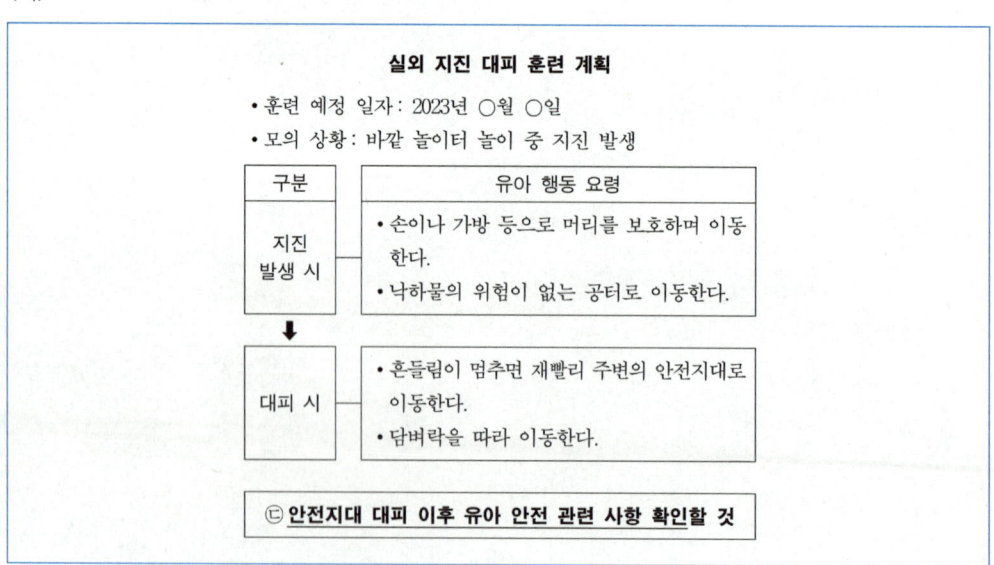

실외 지진 대피 훈련 계획

- 훈련 예정 일자 : 2023년 ○월 ○일
- 모의 상황 : 바깥 놀이터 놀이 중 지진 발생

구분	유아 행동 요령
지진 발생 시	• 손이나 가방 등으로 머리를 보호하며 이동한다. • 낙하물의 위험이 없는 공터로 이동한다.
대피 시	• 흔들림이 멈추면 재빨리 주변의 안전지대로 이동한다. • 담벼락을 따라 이동한다.

㉢ 안전지대 대피 이후 유아 안전 관련 사항 확인할 것

1) (가)의 ① ㉠ 상황에서 요구되는 교사의 일과 운영 방안을 2가지 쓰고, ② ㉡의 상황이 발생될 수 있는 기준을 구체적으로 쓰시오. [3점]

　① •_____

　　•_____

　② _____

2) (나)의 유아 행동 요령에서 잘못된 부분 1곳을 찾아 쓰고, 그 이유를 함께 제시하시오. [1점]

3) (나)의 ㉢에 해당하는 내용 1가지를 구체적으로 쓰시오. [1점]

답안 1) ① • **실외놀이와 활동을 자제한다**(~자제하고 실내 활동으로 대체하여 운영한다.).

　　　　• (실내에서는 냉방병 예방을 위해 적정 실내온도(26~28℃)를 유지하고) **충분한 수분 섭취와 휴식을 취하게 한다.**

 폭염 시 – 학생행동요령 中 학교에서

출처 : 학교현장 재난유형별 교육훈련 매뉴얼(교육부·학교안전공제중앙회, 2024)

- 학교 지시에 따라 안전한 학교생활을 준수한다.
  - 쉬는 시간과 점심시간의 체육활동 등 실외 및 야외활동을 자제한다.(폭염경보 발령 시에는 체육활동 등 모든 실외 및 야외활동을 금지한다.)
  - 손 씻기 등 개인위생을 철저히 한다.
- 깨끗한 음용수를 규칙적으로 섭취한다.

※ 폭염 대비 건강수칙(학교에서) : 규칙적인 물 섭취/ 실외 및 야외 활동 자제/ 시원하게 지내기(출처 : 학교안전공제중앙회, 2021)

② 일 최고 체감온도(기온) 35℃ 이상인 상태가 2일 이상 지속될 것으로 예상될 때

 폭염경보

폭염으로 인하여 다음 중 어느 하나에 해당하는 경우
① 일최고체감온도 35℃ 이상인 상태가 2일 이상 지속될 것으로 예상될 때
② 급격한 체감온도 상승 또는 폭염 장기화 등으로 광범위한 지역에서 중대한 피해발생이 예상될 때

 CHAPTER 07-2 안전교육

2) 지진 대피시 담벼락을 따라 이동하는 것, (실외 지진의 경우) 담벼락의 붕괴 위험이나 낙하물에 의해 부상당할 위험이 있어 담벼락으로부터 일정 거리를 유지한 채 이동해야 하기 때문이다.

> **더 읽어보기**  **실외(운동장, 교외 활동) 교육 활동 중 지진이 발생한 경우 : 대피 시**
>
> 출처 : 학교현장 재난유형별 교육훈련 매뉴얼(교육부·학교안전공제중앙회, 2024)
> - 흔들림이 멈추면 재빨리 주변의 안전지대로 이동한다.
>   - 건물의 붕괴 위험이나 낙하물 발생 여부에 주의를 기울이며 멀리 벗어난다.
>   - 학교 외벽(담벼락)이 건물보다 쉽게 붕괴될 수 있으므로 절대 기대지 않는다.
>   - 해안에서 지진을 느꼈다면 곧 지진해일이 올 수도 있으므로 해안에서 멀리 떨어진 높은 곳으로 신속하게 대피한다.

3) 유아 전원 대피 여부 파악하고, 환자 및 불안증세를 보이는 유아 여부를 파악하여 필요한 조치를 받도록 한다.

> **더 읽어보기** **실외(운동장, 교외 활동) 교육 활동 중 지진이 발생한 경우 : 대피 이후 행동**
>
> 출처 : 학교현장 재난유형별 교육훈련 매뉴얼(교육부·학교안전공제중앙회, 2024)
> - 안전지대에서는 인솔 교사 및 주위 안내요원의 지시에 따라 행동한다.
>   - 환자 및 불안증세를 보이는 학생은 인솔 교사(안내요원)에게 이야기하고 조치를 받는다.
>   - 불필요한 대화는 삼가고 침착하게 인솔 교사(안내요원)의 지시에 따른다.
>   - 인솔 교사(안내요원)의 지시나 안전이 확보되기 전까지 안전지대를 벗어나지 않는다.

2023년 A

05 다음은 ○○유치원 안전교육 관련 협의회에서 나눈 대화의 일부이다. 물음에 답하시오. [5점]

(가)

> … (중략) …
> 원 감 : 안전하게 조치해 주셔서 감사합니다. 다음 주 화재대피 훈련은 유치원 안전교육 계획 일정에 따라 진행될 예정입니다. 각 반에서 화재 대피 요령과 관련한 사전 활동을 하고 계신가요?
> 김 교사 : 네. 우리 반에서는 유아들에게 『불이 났어요』 동화를 들려준 후, 화재 대피 시 유아행동요령을 바탕으로 사전 활동을 했습니다. 화재 경보음이 울리면 "불이야" 하고 소리를 지르며, 놀잇감을 두고, 질서 있게 이동하는 법을 지도 하였습니다. 그리고 엘리베이터를 이용해 빠르게 대피하며, 유치원 앞마당의 지정된 장소로 가야 한다고 지도하였습니다. ┤[B]
> 원 감 : 네. 감사합니다.

3) [B]에서 잘못된 행동 요령 1가지를 찾아 바르게 고쳐 쓰시오. [1점]

답안 3) (※ 잘못된 행동요령 : 엘리베이터를 이용해 빠르게 대피하며)

② 재난 발생(화재 등)에 대비한 대피로(대피로와 출입구)를 이용해 빠르게 대피하며

 **화재 발생 시 학생행동요령 中 - 학교에서 -**

출처 : 교육부 – 학교현장 재난유형별 교육훈련 매뉴얼(2024)

→ 화재 발생 즉시 최초 화재 목격자는 "불이야!" 하고 외치고, 비상벨을 누른다.
→ 선생님에게 즉시 알리고 선생님의 지시에 따라 대피로를 통해 지정된 장소로 대피한다.

① 소지품은 그대로 두고 한 줄로 이동한다.
② 질서 있게 행동한다.
③ <u>대피 시 엘리베이터를 이용하지 않는다.</u>
④ 이동 중 연기에 휩싸이면 손으로 입을 막고, 자세는 낮춘 뒤 빠르게 이동한다.
⑤ <u>아래층으로 대피를 못할 경우, 옥상으로 대피 후 구조를 요청한다.</u>

05 (가)는 유치원 안전 교육 자료의 일부이고, (나)는 원장과 박 교사 간 대화의 일부이다. 물음에 답하시오. [5점]

(가)

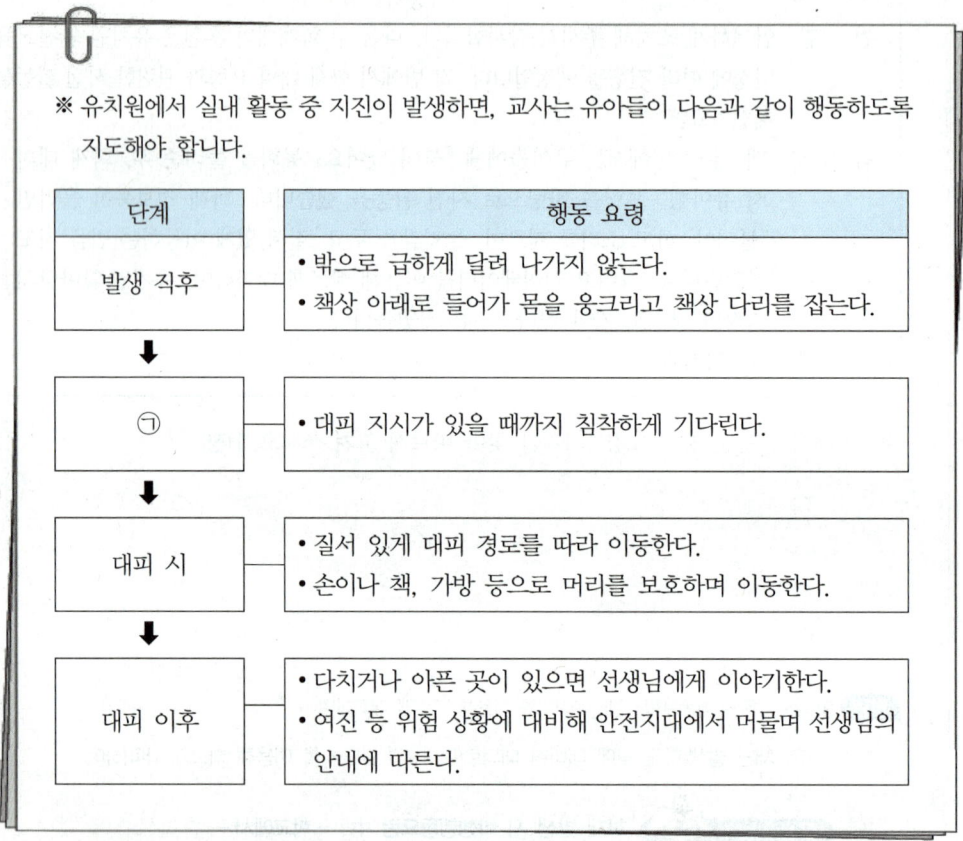

1) 「아동복지법 시행령」(대통령령 제29627호, 2019.3.19., 일부개정) [별표 6]에 근거해 ① (가)의 내용이 해당되는 교육의 명칭과 그 교육의 연간 최소 실시 시간을 쓰고, ② 빈 칸의 ㉠에 들어갈 말을 쓰시오. [2점]

① _____

② _____

답안 1) • ① : 재난대비 안전교육, 6시간
• ② : 흔들림이 멈춘 이후

> **더 읽어보기 — 지진 발생에 따른 행동 요령**
>
> - 지진 발생 시 크게 흔들리는 시간은 길어야 1~2분이므로, **탁자나 책상 등의 밑으로 들어가 몸을 피하고, 탁자 등이 없을 때는 방석, 쿠션 등으로 머리를 보호**한다.
> - 문을 열어서 출구를 확보하고 가스와 전기 등을 차단한다.
> - 화재 발생 시 침착하고 빠르게 불을 꺼야 하며, 불을 조기에 진화할 기회는 크게 흔들리기 전, 큰 흔들림이 멈춘 직후, 발화된 직후의 3번으로 화재의 규모가 작을 때이다.
> - 지진 발생 때는 건물의 창문이나 간판 등의 부착물이 떨어져 위험하므로, 무조건 밖으로 뛰어나가지 않는다.
> - 엘리베이터를 이용하지 말아야 하고, 이미 타고 있다면 신속하게 내린 후 대피한다. 만일 갇혔다면 인터폰이나 비상전화번호로 구조를 요청한다. **큰 진동(흔들림)이 멈춘 후** 대피 지시에 따라 가까운 운동장, 공터, 공원 등 넓은 공간으로 대피한다. 또한, 고정되지 않은 물건 등은 넘어질 우려가 있으므로 가까이 가지 않는다.

2010년 객관식

21 다음은 만 4세반 유아들에게 '건강과 안전'의 생활 주제를 전개하는 과정에서 계획된 활동이다. (가)의 활동 시 지도상의 유의점으로 적절한 것을 〈보기〉에서 모두 고른 것은?

주제	안전한 놀이와 생활
소주제	위험한 상황 대처하기
활동명	비상 대피 훈련
목표	• 사고 발생 시 침착하고 안전하게 행동할 수 있다. • 안전 사고가 나지 않도록 질서와 규칙을 지킬 수 있다.
활동 자료	비상구 표지판, 소화기, 비상시 연락 구급 전화, 교통 안전 표지판
활동 방법	(가)
확장 활동	1) 화재 대피 훈련 및 119 구조대 놀이, 병원 놀이 등을 연간 계획에 의해 정기적으로 실시한다. 2) 비상시 사용할 긴급 전화부 및 안내판을 만들어 보도록 한다.

보기

ㄱ. 소방 대피 훈련은 사전에 유아와 가정에 알린 후 실시한다.
ㄴ. 평소에도 소방 대피 훈련을 실시하여 화재 발생 시 대처 요령을 유아가 숙지하도록 한다.
ㄷ. 가상 화재 발생 시간 및 장소, 대피 통로 등 비상 대피 훈련의 일정과 방법을 유아들과 함께 의논한다.
ㄹ. 비상사태 시 대피할 장소와 통로가 표시된 비상 대피 경로를 교실과 복도 등 눈에 잘 띄는 곳에 게시한다.
ㅁ. 대피 안내, 화재 신고, 급수, 의료, 후송, 연락, 대피 훈련 일지 기록 등의 역할을 교사가 유아와 분담하여 실시한다.

① ㄱ, ㄹ ② ㄴ, ㄷ ③ ㄱ, ㄴ, ㄹ
④ ㄴ, ㄷ, ㅁ ⑤ ㄱ, ㄷ, ㄹ, ㅁ

 ③

ㄷ. 가상 화재 발생 시간 및 장소, 대피 통로 등 비상 대피 훈련의 일정과 방법을 유아들과 함께 의논한다. (×)

ㅁ. 대피 안내, 화재 신고, 급수, 의료, 후송, 연락, 대피 훈련, 일지 기록 등의 역할을 교사가 유아와 분담하여 실시한다. (×)

⇨ ㄷ과 ㅁ은 유아와 의논하고 분담하여야 하는 내용이 아니라 교직원들이 함께 의논하고 분담해야 하는 내용이므로 이는 적절하지 않은 설명입니다.

2019 개정 누리과정 – 신체운동·건강 영역
- 내용범주 : 안전하게 생활하기
- 목표 : 안전한 생활습관을 기른다.
- **안전사고, 화재, 재난, 학대, 유괴 등에 대처하는 방법을 경험한다.**
  유아가 안전사고, 화재, 재난, 학대, 유괴 등의 위험에 처한 상황을 알고, 주변에 도움을 요청하는 방법을 배우며, 평소 훈련에 따라 대피하는 연습을 하는 등의 안전교육과 관련된 내용이다.

2015 개정 유치원 교육과정(만 3~5세 누리과정) '비상시 적절히 대처하기' 지도원리 및 유의점
- 학대, 성폭력, 실종, 유괴 상황과 재난 및 사고 등의 비상 상황을 알고 적절하게 대처함으로써 자신을 보호하는 데 필요한 지식, 기능, 태도를 형성하는 내용이다.
① 유아의 안전을 위협하는 여러 가지 비상 상황에서 믿을 만한 성인이나 교사에게 도움을 요청하는 방법을 구체적으로 알려준다. 그 후 개인적인 안전과 보호에 대한 지식을 형성하도록 지속적인 정보 제공과 교육을 실시하며, 점차 위험한 상황을 인식하고 스스로 자신을 보호할 수 있는 방법을 알도록 지도한다.
② 교사뿐만 아니라 유치원이나 어린이집 내의 모든 교직원들이 함께 주기적으로 전문적인 안전교육을 받도록 한다.
③ 사회에서 보편적으로 가지고 있는 선입견이나 편견(예) 낯선 사람은 모르는 사람이거나 무섭게 생겼다, 어른의 부탁을 거절할 경우 나쁜 어린이다 등) 혹은 교사의 주관적인 생각들이 그대로 전달되지 않도록 다양한 유형과 상황에 대해 안내한다.
④ 재난 대피 훈련을 할 때에는 반드시 사전에 교사 회의에서 훈련 일정과 방법을 논의하고, 가정에도 가정신문을 통해 재난 대피 훈련에 대해 알려 준다.
⑤ 재난 대피 훈련을 처음 실시할 경우 사이렌 소리에 유아들이 놀라거나 당황하는 경우가 있으므로 예정된 훈련 시간과 대피 장소에 대해 미리 안내한다.
⑥ 재난 대피 훈련은 정기적으로 실시하며, 가까운 곳부터 먼 곳까지 대피 장소와 방법을 변경하여 실시함으로써 상황에 따라 다양한 대피방법을 경험하게 한다.

CHAPTER 07-2 안전교육

2005년 주관식

10 박교사는 교실에서 유아들과 함께 이야기 나누기를 하고 있었다. 이 때 매캐한 냄새가 나며 교실 문 밑으로 연기가 들어오는 것이 발견되었다. 화재가 발생한 긴급 상황에서 박교사가 유아들을 안전하게 대피시키기 위해 취해야 할 조치들을 다음에 제시된 단계별로 2가지씩 쓰시오. [총 6점]

1) 유아들을 대피시키기 <u>전</u> 취해야 할 조치 [2점]
   ① _____
   ② _____

2) 유아들을 대피시키는 <u>과정</u>에서 취해야 할 조치 [2점]
   ① _____
   ② _____

3) 유아들을 안전하게 대피시킨 <u>후</u> 취해야 할 조치 [2점]
   ① _____
   ② _____

답안 1) 유아들을 대피시키기 전 취해야 할 조치
- 남아 있는 유아가 없는지 확인한다.
- 천이나 담요 등을 물에 적셔 유아들을 감싸 화상을 입기 쉬운 부분을 보호한다.
- 코와 입을 막을 때는 물에 적신 수건이 효과적이지만 찾기 힘든 경우 긴팔 소매로 가리거나 한다.
- 위치를 신속하게 파악하여 안전한 대피 경로의 동선을 정한다.
- 유아들에게 연기가 보이면 한 손으로 코와 입을 가리고 기어서 신속히 밖으로 나가야 한다는 사실을 숙지시킨다.

2) 유아들을 대피시키는 과정에서 취해야 할 조치
- 비상구 표시를 따라 이동한다.
- 유아들이 겁을 먹거나 당황하여 침착하게 행동하기 어려우므로 안전하게 대피할 수 있도록 침착하게 유아를 통제한다.
- 필요한 경우 소화기를 이용해 진화한다.

3) 유아들을 안전하게 대피시킨 후 취해야 할 조치
- 대피한 유아들의 인원을 다시 점검해 본다.
- 다친 유아에게 응급처치를 한다.

09 응급처치 기출문제 분석

2024년 A

05 (가)는 응급 처치 경험에 대한 4세반 교사 저널의 일부이고, (나)는 안전교육 관련 가정통신문의 일부이다. 물음에 답하시오. [5점]

(가)

> 오늘은 교실에서 응급 상황이 발생하였다. 서준이가 간식으로 나온 떡을 먹다가 떡이 그만 목에 걸려 버렸다. 매우 당황스러웠지만 침착하게 응급 처치를 하였고, 다행히 목에 걸렸던 떡이 입으로 나왔다. 나중에 또 이런 일이 발생할 수 있기 때문에 응급 처치 방법을 잘 기록하고 기억해 둬야겠다.
>
> 1. 유아 뒤에 서서 허리를 양팔로 안는다.
> 2. 한 손을 주먹 쥐고, 유아의 ㉠ 복부에 놓는다.
> 3. _____㉡_____
> 4. 빠르고 강하게 위쪽으로 당겨 올린다.
> 5. 이물질이 배출될 때까지 반복한다.
>
> 일과 후, 교사 회의 시간에는 ㉢ 다른 반 유아가 집에서 땅콩을 먹다가 갑자기 아나필락시스 반응이 나타나 응급 상황이 발생하였고, 119 구조대가 오기까지 유아의 아버님이 심폐소생술을 하여 잘 대처했다고 들었다. 그래서 가정에서도 응급 처치를 알고 실천할 수 있도록 부모 대상 안전교육의 필요성이 언급되었다.
> 내일은 우리 반 부모님들이 응급 처치에 대해 알고 기억할 수 있도록 가정통신문을 보내야겠다.

(나)

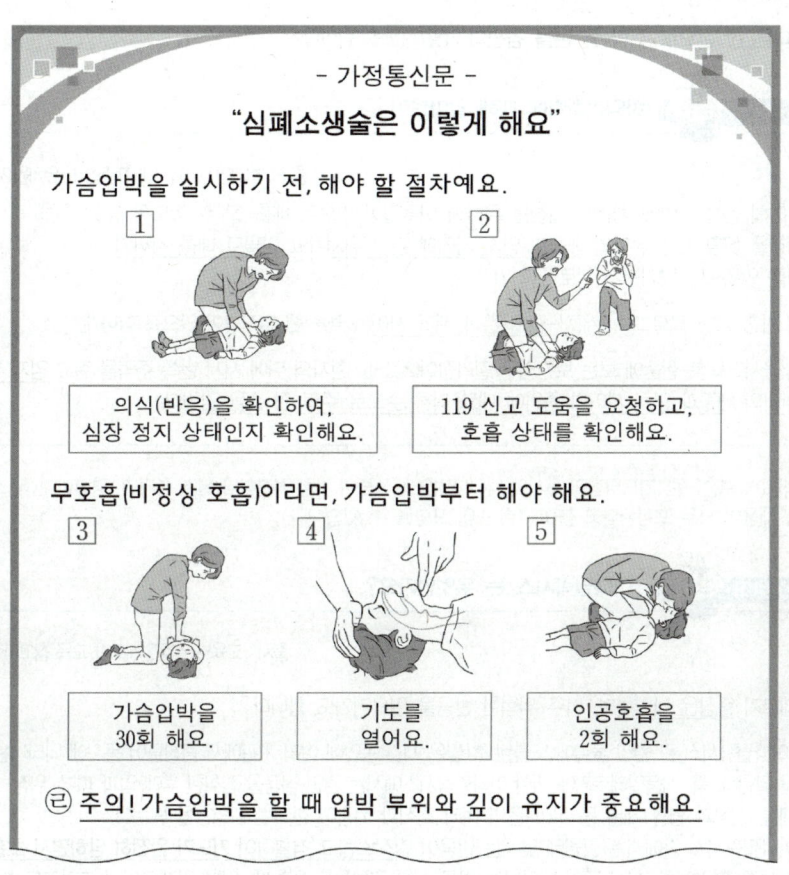

1) (가)에서 ① ㉠의 부위를 구체적으로 쓰고, ② ㉡에서 해야 할 교사의 행동을 쓰시오. [2점]

   ① _____

   ② _____

2) (가)의 ㉢과 관련하여 호흡 곤란, 기도 막힘과 함께 나타나는 증상 1가지를 쓰시오. [1점]

3) (나)에서 ㉣과 관련하여 ① 압박의 부위를 구체적으로 쓰고, ② 압박의 깊이 유지가 중요한 이유를 쓰시오. [2점]

   ① _____

   ② _____

 CHAPTER 07-2 안전교육

답안 1) ① 배꼽과 명치 사이(명치 끝과 배꼽사이)

② 다른 한 손으로 주먹 쥔 손을 감싼다(양팔로 배를 감싼다.).

 하임리히법에 대해 알아보기

출처 : 학교안전교육 7대 표준안 1. 유치원(24년 12월)

- 유아의 등을 가볍게 치면서 기침을 유발해 이물질이 밖으로 배출 될 수 있도록 유도
- 기침을 못할 때는 유아의 배꼽과 명치 사이에 손을 위치하고 양팔로 배를 감싸기
- 배를 안쪽으로 당기면서 위로 올리기

※ 소방청 공식 블로그 : 손위치-명치 끝과 배꼽 사이(주먹을 쥔 엄지측이 안으로 향하게)

※ 서울시교육청-한눈에 보는 보건업무 길라잡이(2023) : 환자의 뒤에 서서 한쪽 주먹을 쥐고 <u>엄지 부분을 환자의 배꼽과 명치 사이의 중앙에 대고 다른 손으로 주먹 쥔 손을 감싼다.</u>

2) 청색증(※ 호흡곤란, 기도막힘과 동시에 나타나려면 청색증이 가장 적합하나 넓게 본다면 '격렬한 반응' 으로 분류 되는 내용이 모두 포함된다고 볼 때 '실신'이 포함될 수 있습니다.)

 「아나필락시스」는 무엇인가요?

출처 : 교육부-식품알레르기 교육 참고자료(2016)

"알레르기 증상은 다양하며, 아주 위험한 반응을 일으키기도 합니다."

◆ 「아나필락시스」란 원인 물질에 노출된 후 짧은 시간 동안에 여러 기관에서 증상들이 동시에 나타나는 현상 을 말한다. 즉, 식품알레르기에 의한 아나필락시스에서는 원인 식품을 섭취한 후에 입과 피부, 위장, 호흡기 계통, 심장과 혈관 계통 등 우리 몸의 여러 조직과 기관이 한꺼번에 영향을 받는다.

◆ 아나필락시스 중에서는 항원에 맞서는 반응이 갑작스럽고 격렬하여 <u>기도가 완전히 닫히면서 호흡곤란, 청색증, 혈압저하, 실신</u> 등이 나타나는 아주 심한 경우들도 있는데, 이를 알레르기 쇼크라고도 한다. 이런 알레르기 쇼크는 아주 위험해서 갑자기 숨이 멈춰 죽는 경우도 있다.

3) ① 가슴뼈(흉골) 아래쪽 1/2지점(양쪽 젖꼭지 부위를 잇는 선 정중앙의 아래 부분 절반 위치)

② (심장이 마비된 상태에서) 인공적으로 혈액을 순환시킬만큼 충분히 압박하기 위해서이다.(압박 깊이가 충 분하지 않을 경우 심장을 충분히 압박하지 못해 혈액순환이 이루어지지 못하기 때문이다.)

가슴압박 부위
- 가슴 압박점 찾기 : 가슴 가운데(가슴뼈 아래쪽 1/2) (출처 : 학교안전교육 7대 표준안 1. 유치원 24.2)
- 가슴 압박 30회 시행 : 깍지를 낀 두 손의 손바닥으로 환자의 가슴뼈의 아래쪽 절반 부위를 찾아 30회 가슴압박을 실시한다. (출처 : 서울시교육청-학생 안전 매뉴얼(2020))

가슴압박이 중요한 이유
심장마비가 발생하면 온몸으로의 혈액순환이 중단되기 때문에, 바로 조치를 취하지 않으면 사망하거나 심 각한 뇌손상이 일어날 수 있습니다. 뇌는 혈액 공급이 4~5분만 중단돼도 영구적으로 손상될 수 있습니다. 심폐소생술은 심장마비가 발생했을 때 인공적으로 혈액을 순환시키고 호흡을 돕는 응급치료법입니다. 심폐

소생술은 심장이 마비된 상태에서도 혈액을 순환시켜 뇌의 손상을 지연시키고 심장마비 상태로부터 회복하는데 결정적인 도움을 줍니다.

2021년 A

05 (가)는 ○○유치원에서 발생한 응급 상황이고, (나)는 응급 상황 대처 이후 나눈 원감과 김 교사 간 대화의 일부이다. 물음에 답하시오. [5점]

(가)

> 바깥 놀이 시간에 몇몇 유아들이 꽃을 관찰하고 있다.
> 선 우 : (엉엉 울면서 뛰어와) 아악! 선생님, 귀에 뭔가 들어간 것 같아요. 빨리 도와주세요!
>
>   김 교사는 선우의 귀를 살펴본 뒤, 선우를 안심시키고 서둘러 교무실로 들어간다.
> 김 교사 : 원감 선생님, 선우 귀에 작은 벌레가 들어간 것 같아요.
> 원   감 : 상황이 긴급하니 김 선생님은 바로 응급 처치를 준비해 주세요.
> 김 교사 : 네, 알겠습니다.
>
>   원감은 선우 부모님께 전화를 걸면서, 동시에 선우의 건강조사서를 확인한다.
> 원   감 : 부모님과 다른 보호자 모두 전화를 안 받으시네요.
> 김 교사 : 그럼 어떻게 하지요?
> 원   감 : 걱정하지 마세요. ㉠ <u>이런 상황에 대비해서 학기 초에 받아 놓은 서류가 있잖아요.</u>
> 김 교사 : 네, 그럼 바로 ㉡ <u>응급 처치</u> 할게요.
>   … (하략) …

(나)

> 원   감 : 김 선생님, 오늘 많이 놀라셨지요?
> 김 교사 : 네, 많이 당황했어요. 그래도 선우 귀에서 벌레가 빠져 나와서 다행이에요. ㉢ <u>선우가 뭔가 귀에 들어간 상황이 위험하다고 인지하고, 빨리 도와달라고 해서 응급 처치가 신속하게 이루어진 것 같아요.</u> 지난번에 했던 학교안전교육 7대 영역에 해당하는 안전교육 중 응급처치교육을 기억하고 있다가 그대로 해서 참 기특했어요.
> 원   감 : 그러게 말이에요. 그래서 반복적인 안전 교육이 중요하지요.
> 김 교사 : 응급처치교육과 마찬가지로 아동 학대와 같은 경우에도 유아가 학대 상황을 인지하고 대처하는 방법을 아는 것이 중요한 것 같아요. 그래서 다음주에는 ㉣ <u>'아동 학대 신고 및 대처 방법 알기'</u>에 대한 안전교육을 신경 써서 준비해 보려고 해요.
> 원   감 : 네, 좋은 생각이네요. 학교안전정보센터 사이트에서 교육 자료를 찾아보시면 도움이 될 것 같아요.
>   … (하략) …

1) ① ㉠에 해당하는 서류 1가지를 쓰고, ② ㉡에 해당하는 응급처치 방법 중 유치원에서 교사가 처치할 수 있는 방법 2가지를 쓰시오. [3점]
　　②

2) 「학교안전교육 실시 기준 등에 관한 고시」(교육부 고시 제2019-214호, 2020. 1. 1., 일부개정) [별표 2]는 '학생 안전교육 내용 및 방법'이다. 이에 근거하여 ① ㉢에 해당하는 '응급처치교육'의 내용 1가지를 쓰고, ② ㉣이 해당되는 안전교육의 명칭을 쓰시오. [2점]
　　①

답안 1) • ② - 예 1 : 주위를 어둡게 하고 밝은 빛의 손전등을 귀에 비춰 벌레가 불빛을 보고 밖으로 나오게 한다.
　　　　• ② - 예 2 : (죽은 벌레가 귀에 들어간 경우) 베이비오일을 한두 방울 귀에 떨어뜨린 후 귀를 아래쪽으로 향하게 하여 오일에 묻어 밖으로 나오도록 한다.
　　　　　　(※ 오일과 손전등의 방법이 여러 서적에서 공통적으로 제시되기 때문에 두 가지를 제시했습니다)
　　　2) • ① : 응급상황 알기 및 도움 요청하기

CHAPTER 07-2 안전교육

2017년 A

05 (가)는 ○○유치원 5세반 윤 교사의 저널이고, (나)는 윤 교사와 최 원감이 모래 관리·점검에 대해 나눈 대화이다. 물음에 답하시오. [5점]

(가)

> 오늘 자유선택활동 시간에 태훈이가 넘어지면서 손가락을 다쳤다. 태훈이가 많이 울었고 피가 나지는 않았지만 손가락이 약간 휘어 보였다. 손가락 골절로 생각이 되어 즉시 ㉠ <u>손톱이 보이도록</u> ㉡ <u>손에 부목을 대고 붕대를 감아 고정하였다.</u> 바로 병원으로 가면서, 차 안에서 ㉢ <u>몸을 따뜻하게 해 주었고</u>, 태훈이가 불안해하지 않도록 이야기를 나누며 ㉣ <u>우유를 먹였다.</u>
>
> … (중략) …
>
> 병원에서 치료한 후 나는 나의 응급처치가 부적절했음을 알게 되었다. 그래서 태훈이에게 미안했고, 교사로서의 역할을 제대로 하지 못한 것 같아 속상했다. 앞으로는 응급처치에 대한 지식을 좀 더 정확하게 알고 대처해야겠다.

1) (가)의 ㉠~㉣ 중 적절하지 <u>않은</u> 응급처치 2가지를 찾아 기호를 쓰고, 각각 바르게 고쳐 쓰시오. [2점]

• ① : _____

• ② : _____

답안
- ① : ⓒ 옆 손가락까지 함께 (부드러운 천으로 감싼) 부목을 대고
- ② : ㉣ 먹을 것을 주어서는 안 된다.

 골절 시 응급처치

출처 : 국민건강지식센터 / 응급처치 가이드 / 유아건강안전교육(정민사/전남련 외)

① 부목은 다친 부위의 뼈보다 긴 것을 사용해야 한다. 부목은 골절된 부위의 위·아래 관절까지 포함시킬 수 있는 긴 것이어야 하고 폭은 골절된 부위보다 넓은 것이 좋다. 예를 들어 아래 팔에 골절이 생겼다면 손목과 팔꿈치 관절을 포함할 수 있는 길이의 부목이어야 하고 손가락에 골절이 발생했다면 바로 옆에 있는 손가락까지 함께 부목으로 고정해야 한다.
② 부목은 다친 부위의 뼈보다 길어야 하고 부드러운 천으로 감싸 피부에 직접 닿아 손상을 주지 않도록 해야 한다.
③ 골절이 의심되어 병원으로 데리고 갈 때는 몸을 따뜻하게 보온해 주고 먹을 것을 주지 않는다.

2015년 A

06 (가)와 (나)는 교사 저널이고, (다)는 5세 반 교사와 유아 간 대화의 일부이다. 물음에 답하시오. [5점]

(가)

> 어머니들이 학부모 공개 수업으로 유치원을 방문하였다. 모든 활동이 잘 진행되고 있었다. 그런데 예진이 어머니가 물을 마시려고 자리를 옮기자, 예진이도 따라가 정수기의 뜨거운 물을 따라 주겠다고 고집을 부렸다. 그러다가 예진이가 그만 물을 엎질러 허벅지에 화상을 입었다. 먼저 예진이의 청바지를 벗기고 화상 부위를 찬물로 식혔다. 예진이 어머니는 연고를 발라야 한다고 했지만 섣불리 약을 바르는 것이 부적절할 수 있다고 설명하였다. 물집이 생겼으나 화상이 심해 보이지는 않아, 화기를 뺀 후 수건으로 예진이의 몸을 느슨하게 가려서 병원으로 데리고 갔다. 다행히 화상이 깊지 않았지만 유아들과 지내는 동안 더욱 조심해야겠다.
>
> (2014년 ○월 ○일)

1) (가)에서 ① 화상에 대한 부적절한 응급 처치 1가지를 찾아 쓰고, ② 그 이유 1가지를 쓰시오. [2점]
- ① 부적절한 처치 : _____

- ② 이유 : _____

답안 1) • ① 부적절한 처치 : 청바지를 벗긴 것
- ② 이유 : 화상 시 반지나 시계, 벨트 등은 조심스럽게 제거할 수 있으나 의복은 제거하지 않는 것이 좋다. 상처를 더 손상시킬 수 있기 때문이다.

1) 화상에 대한 응급처치 (출처 : 유아 재난대비·생활안전교육 프로그램 2013)

열에 의한 가벼운 화상의 경우	화상부위가 5~10cm 이상인 경우
① 흐르는 차가운 물로 15분 정도 식혀준다. 유아가 심하게 떨거나 저체온이 의심될 경우는 멈추도록 한다. ② 상처에 항생제 연고나 화상용 연고를 발라준다. ③ 상처부위를 소독한 거즈로 덮어 준다.	① 119에 구급차를 요청한다. ② 흐르는 차가운 물로 15분 정도 식혀준다. ③ 상처부위를 소독한 거즈로 덮어 준다. ④ 화상부위를 제외하고 담요를 덮어 체온을 유지한다. ⑤ 가능한 한 빨리 병원으로 이송한다.

★ 주의사항
- 화상부위의 물집을 터뜨리지 않는다.
- 화상부위에 밀착된 의복은 억지로 벗기지 않는다.

*** 그 외) 화학약품에 의한 화상인 경우
① 가루형태인 경우 가루를 털어내고, 액체형태인 경우 생리식염수나 물로 씻어낸다.
② 화학약품이 눈에 들어간 경우에는 응급처치를 받을 때까지 계속 물로 씻는다.
③ 가능한 한 빨리 병원에 간다.

2) 화상에 대한 응급처치　　　　　　　　　　　　(출처 : 안전교육 7대 표준안 수정본-교사용 지도서, 2016)

열에 의한 가벼운 화상의 경우	화상부위가 5~10cm 이상인 경우
1. 흐르는 차가운 물에 15분 정도 식혀준다. 유아가 심하게 떨거나 저체온이 의심될 경우는 멈추도록 한다. 2. 상처에 항생제 연고나 화상용 연고를 발라준다. 3. 상처부위를 소독한 거즈로 덮어준다.	1. 119에 구급차를 요청한다. 2. 흐르는 차가운 물로 15분 정도 식혀준다. 3. 화상부위에 밀착된 의복은 억지로 벗기지 않으며, 물집이 있다면 터뜨리지 않는다. 4. 상처부위를 소독한 거즈로 덮어준다. 　(병원 이송 전 함부로 연고 등 약품을 바르지 않는다.) 5. 화상부위를 제외하고 담요를 덮어 체온을 유지한다. 6. 가능한 한 빨리 병원으로 이송한다.

*** 그 외) 화상을 입었을 때 응급실에 가야 하는 경우
1. 화상부위가 5~10cm 이상으로 클 때
2. 물집이 잡히는 2도 이상의 화상인 경우
3. 얼굴, 목, 성기 등 몸의 주요 부분의 화상인 경우
4. 전기나 화학제품에 의한 화상인 경우
5. 화재 현장에서 연기를 맡았다고 생각이 될 때
*** 선택학습 자료) 4단원 화상은 위험해요(참고자료)

화상	화상이란 열이나 화학물질, 전기, 태양열 등으로 인한 피부손상을 말하며, 손상 정도에 따라 1도·2도·3도 화상으로 분류합니다.
화상을 입었을 때의 응급처치 방법	• 흐르는 찬물로 10분 정도 열을 식힌다. 　(혈액순환을 방해하여 회복을 지연시키므로 얼음물로 하지 않는다.) • 옷이 달라붙은 경우에는 억지로 떼어내지 않는다. • 물집은 일부러 터뜨리지 않는다. • 깨끗한 거즈로 화상부위를 덮어 감염을 예방한다. • 화학약품으로 화상을 입었을 경우에는 흐르는 물에 20분 정도 씻고 병원에 간다. • 심한 화상을 입었을 경우에는 아무것도 바르지 말고 찬 수건을 감은 채 병원으로 간다.
병원으로 즉시 가야 하는 화상	• 화학약품이나 전기로 인한 화상, 열기를 코나 입으로 흡입한 화상 • 화상 부위가 얼굴, 손, 발, 관절, 생식기관인 경우 • 화상의 부위가 넓은 경우 • 화상에 의한 통증이 계속될 경우

3) 화상을 당했을 때　　　　　　　　　　　　　　　　(출처 : 유아를 위한 안전교육 자료, 2004)
- 화상부위 즉시 흐르는 차가운 물에 식히기(얼음을 환부에 직접 닿게 하면 피부에 붙어 더 위험해짐.)
- 물집 터뜨리지 않기(터뜨릴 경우 2차 감염이 발생할 수 있으므로 저절로 벗겨지도록 함.)
- 환부를 식힌 후에는 반드시 약국이나 병원 등 전문가 치료(아무 연고나 바르지 않도록 함.)

CHAPTER 07-2 안전교육

08 (가)는 5세반 이야기 나누기 장면의 일부이고, (나)와 (다)는 실외놀이터에서 일어난 상황의 일부이다. 물음에 답하시오. [5점]

(가)
교사 : 오늘은 바깥놀이 시간에 자전거를 탈거예요. 자전거를 안전하게 타는 방법에 대해 이야기 해 볼까요?
유아들 : 네.
교사 : 선생님이 보여 주는 표지판을 잘 보세요.
(파란색 바탕에 흰 선으로 자전거가 표시되어 있는 둥근 표지판을 보여 주며) 이 표지판은 (㉠)(이)라는 뜻이에요.

(나)
교사 : 얘들아, ㉡ 교실에서 이야기 나눈 내용을 기억하고 있지? 자, 이제 규칙을 잘 지키며 자전거를 타도록 하자.
(실외놀이터에서 유아들이 자전거를 탄다.)
㉢ 은수는 자전거를 타기 전에 핸들, 타이어 공기, 브레이크와 체인을 확인한다. 그 다음 두르고 있던 긴 머플러를 벗어 놓는다. 헬멧, 팔꿈치와 무릎보호대 등을 착용하고 자전거를 탄다. 그리고 횡단보도 앞에서 잠깐 멈춘 후, 자전거를 타고 횡단보도를 건너간다.

(다)
경수는 자전거를 타다가 넘어지면서 손가락을 다쳤다. 교사는 경수의 손가락을 살펴보고, ㉣ 골절이 되었다고 판단하였다. 교사는 급히 응급처치를 한 후, 원장 선생님에게 상황을 보고하였다. 원장 선생님은 ㉤ 응급처치가 필요할 경우를 대비해 보호자에게 받은 서류와 비상연락망을 찾아 후속 조치를 취하였다.

4) ㉣에 적절한 응급처치 방법 1가지를 쓰고, ㉤의 서류명 1가지를 쓰시오. [2점]

• 응급처치 방법 : _____

• 서류명 : _____

답안 4) • 응급처치 방법 : 손톱이 보이도록 (다친 부위의 뼈보다 길게) 골절이 발생한 손가락의 옆의 손가락까지 포함하여 부목을 대준다.

• 서류명 : 응급처치 동의서

> **더 읽어보기 골절 시 부목을 대는 방법 및 유의사항**
>
> – 부목은 다친 부위의 뼈보다 긴 것을 사용한다. 만약 손가락인 경우 바로 옆에 있는 손가락까지 함께 부목을 대도록 하며 손의 뼈가 골절된 경우 손, 팔목까지 손목인 경우 손, 손목과 팔꿈치까지 포함하여 부목을 대어야 한다. 또한 손톱을 보이게 하여 혈액순환을 돕는다.
> – 함부로 옮기거나 건드려 관련된 신경, 근육 등을 손상시키거나 복합골절이 되지 않도록 한다.
> – 골절이 의심되어 병원에 갈 경우에는 몸을 따뜻하게 보온해 주고 먹을 것을 주지 않는다.

CHAPTER 07-2 안전교육

[2011년 객관식]

15 유치원의 바깥 놀이터에서 유아가 놀다가 그네에서 떨어져 머리를 부딪쳤다. 이러한 상황에서 유치원과 교사가 취할 수 있는 적절한 조치 사항을 〈보기〉에서 모두 고른 것은?

보기

ㄱ. 유아에게 특별한 외상이 없더라도 교사는 사고 보고서를 작성한다.
ㄴ. 유아가 의식이 없고 호흡을 제대로 못 할 경우 교사는 해당 유아의 보호자에게 먼저 알린 후 119 구조대에 연락한다.
ㄷ. 사고 상황을 목격한 유아들이 불안해할 수 있으므로 사고에 대한 언급을 하지 않고 유아들도 말하지 않도록 주의를 준다.
ㄹ. 유아에게 응급처치가 필요한 상황에 대비하여 병원으로 갈 때에는 동행한 교직원이 부모 동의서, 상해보험 등의 서류를 가지고 간다.
ㅁ. 유아의 머리에 경미한 상처만 있고 정상적으로 잘 놀면 상처 난 부위를 소독한 후 반창고나 거즈를 붙이고 해당 유아의 보호자에게 알린다.

---

① ㄱ, ㄹ, ㅁ ② ㄴ, ㄷ, ㅁ ③ ㄴ, ㄹ, ㅁ
④ ㄱ, ㄴ, ㄷ, ㄹ ⑤ ㄴ, ㄷ, ㄹ, ㅁ

답안 ①

 「안전사고 처리 이해하기」

영유아에게 안전사고가 발생했을 때는 빠르고, 세심하게 성의를 가지고 조치를 취하는 것이 중요하다.
- 일반적으로 안전사고 처리의 첫 단계는 침착하게 필수적인 응급처치를 실시하며, 원장에게 즉시 보고하는 것이다. 만약 원장이 부재상태라면 원감이나 주임 등 경험이 많은 교사에게 알린다.
- 또한 학부모에게 연락하여 안전사고 상황을 정확하게 설명하며, 연락이 여의치 않을 경우 학기 초 받아두었던 응급처치 동의서에 기록된 제2보호자에게 연락하여 병원으로 내원하도록 조치하여야 한다. 이때 응급사고자를 병원으로 이송해야 할 상황에서는 원장과 학부모에게 연락하는 것은 거의 동시에 이루어지며, 부모나 보호자의 의견을 반영하여 병원으로 이송한다. 어느 곳에도 연락이 되지 않을 때는 동의서에 기입한 의료기관으로 가도록 한다.
- 간단한 의료처치가 아닌 수술 수준의 전문의료 처치가 필요한 경우, 부모의 동의하에 처치를 실시한다. 의사 처치 후 사고 발생 **24시간 이내**에 **안전사고보고서를 작성**하고 안전공제회에 신고한다. 사고보고서 작성 시 **부상 상황과 응급처치에 대해 상세히 서술**한다. 이후, 안전공제회나 별도의 상해보험 처리절차에 따라 이행한다. 상당수의 기관에서 사고 발생 사실이 원아모집 등 기관 운영에 피해를 초래한다는 이유로 비밀리에 사고 처리를 하고 있으나 사고에 대한 보고가 정확하게 이루어져야 사고의 원인과 유형이 정확하게 분석되어 그에 맞는 예방대책을 수립할 수 있음은 물론 또 다른 사고의 발생을 방지할 수 있다.
- 영유아교육기관에서는 즉시 작성한 사고보고서를 1부는 부모에게 전달하고 1부는 영유아 개인 파일에 보관하며 작성된 사고 보고서를 토대로 위험물 제거 및 교정활동 계획을 수립한다. 연말에는 지난 1년간의 사고보고서를 분석하여 영유아교육기관 내 자주 발생하는 사고 유형 및 원인을 분석하여 이후 내년도 안전관리 및 안전교육 계획 수립 시 반영하도록 한다. 이와 더불어 신입교사 훈련 시 교육내용에 포함한다.
- 신고 접수된 안전사고보고서에 의해 안전공제회에서는 안전사고에 대한 공제급여의 청구 절차를 개시한다. 즉, 사고 발생을 공제회에 통지함으로써 안전사고 발생이 효력을 갖게 되면 공제급여의 청구가 가능하다.

2010년 객관식

23 다음은 유치원에서 유아에게 발생할 수 있는 응급 상황과 이에 대한 대처의 예이다. 교사의 응급처치 방법으로 옳지 <u>않은</u> 것은?

① 눈이 찔린 경우, 이물질을 제거하지 않고 양쪽 눈을 가리고 119에 구급차를 요청한다.
② 코피가 나는 경우, 고개를 뒤로 젖히고 코뼈 바로 밑의 코 부분을 두 손가락으로 5~10분간 꼭 누르고 냉찜질한다.
③ 눈에 모래나 먼지 등 이물질이 들어간 경우, 눈물을 흘리게 하여 자연적으로 빠지게 하거나 이물질이 들어간 눈을 아래쪽으로 하고 생리 식염수나 깨끗한 물을 눈에 흘려 씻어낸다.
④ 칼이나 가위 등 날카로운 것에 베인 경우, 상처가 깊지 않은 때에는 생리 식염수나 흐르는 물에 비누로 상처 부위를 씻어 주고 소독한 거즈로 덮어 지혈한다.
⑤ 이가 부러지거나 빠진 경우, 거즈를 둥글게 말아 다친 부분에 넣어 물고 있게 하고, 냉찜질한다. 부러지거나 빠진 이는 우유에 담가 상태를 보존하고 24시간 내에 치과 진료를 받도록 해야 한다.

 ②

코피가 나는 경우 고개를 뒤로 젖히면 기도가 막힐 위험이 있으므로 고개를 약간 앞으로 숙이도록 해야 하므로 '뒤로 젖히고'라는 설명은 잘못된 방법입니다.

 **코피가 나는 경우의 응급처치**

출처 : 유아 재난대비·생활안전교육 프로그램(2013)

① 유아를 의자에 앉게 하고 고개를 약간 앞으로 숙이게 한다.
② 코뼈 바로 밑의 코 부분을 두 손가락으로 5~10분간 꼭 누른다.
③ 코피가 나오는 쪽의 콧구멍에 거즈를 둥글게 말아 너무 깊지 않게 막는다. 이런 경우 끝이 조금 밖으로 나오게 해둔다.
④ 냉찜질한다.

★ **주의사항**
• 코피가 20분 이상 멈추지 않으면 빨리 병원으로 옮긴다.
• 외상 때문에 코피가 나는 경우라면 지혈을 하지 않는다.
• 코를 풀거나 코피를 삼키지 않도록 한다.

10 관련법령 기출문제 분석

2012년 객관식

13 유치원 김 교사는 담임반 유아 한 명이 인형을 가지고 노는 장면을 관찰하던 중, 유아가 인형의 성기 부분을 계속 만지는 행동을 발견하였다. 그리고 곧바로 유아와 면담하는 과정에서 김 교사는 유아가 성폭력을 당한 사실을 알게 되었다. 이때 김 교사가 아동 복지법에 따라 의무적으로 즉시 취해야만 하는 행동은?

① 유치원 원장과 협의한다.
② 해당 유아의 가정을 방문한다.
③ 해당 유아의 부모에게 알린다.
④ 해당 유아를 격리하여 보호한다.
⑤ 아동보호전문기관 또는 수사기관에 신고한다.

답안 ⑤

「아동학대범죄의 처벌 등에 관한 특례법」 제10조(아동학대범죄 신고의무와 절차) 등에 근거하여 볼 때 신체학대, 성적 학대, 정서적 학대, 방임 등의 아동학대와 관련해서는 유치원장, 교직원 및 그 외 관련 종사자에게 〈신고의무〉가 있습니다.

저자_ 민정선

학력
- 중앙대학교 일반대학원 유아교육과 석사졸업
- Unites way of Metropolitan Nashville, 〈Read to Succeed program〉 연수
- Tennessee State University 〈발달적으로 적합한 실제(DAP)〉 연수
- McGraw Hill 출판사 〈Doors to Discovery Curriculum〉 연수
- 한국 외국어 대학교 Young Learner TESOL 과정 수료
- Kindermusik Inc. 교사 라이센스 과정 수료
- 목회상담 2급 자격증

저서
- 유아임용 기출분석집 1권, 2권, 3권(에듀에프엠)
- 유아교육개론/교수학습 & 교육과정/각론 1권~5권(양서원)
- 요약하개 1권, 2권(양서원)
- 민이와 쭌의 맛있는 책(길벗출판사)
- 수업실연을 위한 이론과 실제(학지사)
- 놀이이론과 실제(신지원)

강의경력
- (현) G·스쿨 유아임용 강사
- (주) 윌비스 임용 고시(유아임용 강사)
- 배화여자대학교 평생교육원 아동학과 강사
- KBS온라인 평생교육원 『유아교육개론』 강의
- EBS유아독학사〈놀이이콘과 실제〉
- 계양플러스 평생교육원(보육교사 직무연수 : 아동미술심리/ 아동식습관지도)
- 서울폴리텍 평생교육원/ 다송 사이버 평생교육원 아동학과 (촬영 및 운영교수)
- 교육사랑 교컴『아동생활지도사』자격증과정(소아정신과 손석한 박사 공동)

산업체경력
- (주) 킨더슐레 놀이학교 부설 교육연구소
- (주) 천재교육 유치교육사업부
- 위즈코리아 3세 프로그램 개발 외주연구원

그외
- 수행 프로젝트 : KT 공동프로젝트(2008.11-2009.2) "iRobi 로봇을 활용한 수준별 영어프로그램" 개발
- 서울시 식생활 교육지원센터 '푸드포체인지' 자문위원

민쌤의 기출문제분석집 3

초판인쇄 2025년 5월 13일
초판발행 2025년 5월 19일
편 저 자 민 정 선
발 행 인 김 용 한
등   록 제319-2012-22호
발 행 처 에듀 에프엠
주   소 서울 동작구 노량진 1동 217-43(202호)
교재문의 TEL) 02-6004-5476 / FAX) 02-822-2320
학습문의 www.edufm.net
I S B N 979-11-6170-196-7

본서의 무단 전재·복제 행위는 저작권법에 의거, 5년 이하의 징역 또는 5,000만원 이하의 벌금에 처하거나 이를 병과할 수 있습니다.

저자와의 협의 하에 인지를 생략합니다.

정가 29,000원